第一部精选、详释永宁方言的专著

词语多，释义准，分类细，有注音

集实用性、知识性、趣味性于一体

本地人案头必备，外地人值得一读

西莽，本名范长华，宁夏永宁县李俊镇人，退休公务员，宁夏作家协会会员。长期生活、劳动、工作在农村。1973年开始发表短篇小说，2009年出版百万字农村题材长篇小说《乡下秀才》，本书是他的第二部长篇力作。

电子邮箱：fanchanghua01@163.com

永宁方言精选

西莽 编著

黄河出版传媒集团
宁夏人民出版社

图书在版编目(CIP)数据

永宁方言精选 / 西莽编著. — 银川：宁夏人民出版社，2015.10

ISBN 978-7-227-06122-9

Ⅰ.①永… Ⅱ.①西… Ⅲ.①西北方言—汇编—永宁县 Ⅳ.①H172.2

中国版本图书馆 CIP 数据核字(2015)第 245248 号

永宁方言精选　　西　莽　编著

责任编辑　周淑芸
责任印制　肖　艳

黄河出版传媒集团
宁夏人民出版社　出版发行

地　　址　银川市北京东路 139 号出版大厦(750001)
网　　址　http://www. yrpubm.com
网上书店　http://www.hh-book.com
电子信箱　renminshe@yrpubm.com
邮购电话　0951-5052104
经　　销　全国新华书店
印刷装订　宁夏精捷彩色印务有限公司
印刷委托书号　(宁)0002331

开　本　720mm × 980mm　1/16
印　张　55.75
字　数　700 千字
印　数　2000 册
版　次　2015 年 10 月第 1 版
印　次　2015 年 10 月第 1 次印刷
书　号　ISBN 978-7-227-06122-9/H·91

ISBN 978-7-227-06122-9

定　价　168.00 元

序 言

林 涛

《永宁方言精选》一书即将由宁夏人民出版社付梓出版了。这部70余万字的鸿篇巨制，是西莽先生殚思竭虑、含辛茹苦、广泛搜集、勤奋笔耕的又一力作。对本书的问世，我表示衷心的祝贺。

我和西莽相识在6年前。那是2009年仲夏的一天，有人突然造访我家。见面后，来者自我介绍他叫范长华，是永宁县人，最近出版了一部用永宁方言创作的长篇小说《乡下秀才》，请我“雅正”。我是教师，教书之余主要从事宁夏方言和中亚东干语研究，读语言类书籍较多，很少有机会看小说。可翻开西莽三卷本的《乡下秀才》后，眼前不禁一亮：该书不仅在创作题材、故事情节、人物形象等方面引起我的阅读兴趣，更重要的是书中渗透着浓郁乡土气息的方言土语，令我爱不释手，便一口气全部读完。

想不到时间仅仅过去数年，西莽又将一部《永宁方言精选》的书稿呈现在我面前，并请我代写序文。我反复阅读书稿后，认为该书收录的语言材料非常丰富。入选的词条和语汇从历史源流上看，古代汉语中的掇、敹、佴、毕、恐、庚帖等，近代汉语小说、词曲中的社火、营生、赶斋、路数、待招、抄花子等靡不涵盖；从义类关系上看，天文、地理、时令、农事、植物、动物、房舍、用器、亲属、人品、身体、服饰、饮食、病痛、医疗、婚丧、文化、教育、礼仪、风俗等全都包容；更为难能可贵的是书中收取了不少普通百姓、市井百工经常使用的风圈、登粟、方尺、牙行、绲边、斗子、关饷、嘈、姿势、些(读"靴"音)许、谷莠子、锢漏锅、没来头等口语词语。这些语言材料，若不做广泛搜集、认真考查和长期积累，是断然不易得到的。

该书除了内容丰富、收词全面的特点外，还有通俗、准确、独特和新颖几个特点。通俗是指大多数词条来自普通百姓的口语，是永宁城乡及其周边群众耳熟能详的土话。凡需要注释的词语都做了简明通俗的解释，有些重点词语还以附录形式详加说明，尽量让读者易懂。准确是指用字、注音、释义等方面比较精当，做到了形正、音准、义通。尤其是涉及方言本字，不少书都因不易写出而用同音字代替，该书却能认真查证，正确使用。如前面所提到的"绲边"，是妇女手工缝制服饰的一种女工针法，普遍写作"滚边"，是为同音字的误用。章炳麟先生在《新方言·释器》中指出："凡织带皆可以为衣服缘边，故今称缘边曰绲边，俗误书滚。"这类方言本字在该书中还有很多，篇幅所限，容不一一列举。独特是指该书的乡土风味和地域特色明显。书中收录的词条，绝大部分是永宁的方言土话，有的可谓土得掉渣儿，有的会让人觉得有点粗俗，但它们都饱含着浓郁的乡土味、家乡情，会使永宁甚至银川平原的读者倍感亲切。新颖是指书中不仅有常用方言词语，还有谚语、调侃语、隐语，甚至载入了一些儿歌、谜语和顺口溜。这些语言材料，构成了一幅幅永宁地区社会生活的画面，映射出人民群众的音容笑貌,几乎涵盖了当地方言的全貌。

语言是人类历史文化的载体,方言是特定地区人们所使用的语言。俗话说:“一方水土养一方人。”一方人都会有自己的方言土语,这种方言土语,通常被称作“乡音”或“母语”。有位学者曾经说过,母语是通过吮吸母亲乳汁注入人们生命之中,然后通过声带、舌头及口型所传达出来的有声的呼吸。母语的力量就是母乳的力量、文化的力量、根的力量。所以人们也常说“乡音难改”。然而现在,随着普通话推广的深入,方言有逐渐向普通话靠拢的趋势。但作为地域性方言(包括永宁话),将会在很长一段时间内和普通话共存,在各族群众日常生活生产、社会交往以及同国内外朋友的友好往来中发挥重要作用。不过,现在方言使用的范围正在逐步缩小,这也是语言发展中不争的事实。有一些方言和语言在逐渐消失,这种情况亟待我们去抢救。从这个意义上说,《永宁方言精选》是一本具有挖掘、抢救人类非物质文化遗产意义和价值的著作。它不仅可以作为一本知识性读物,也可作为查阅永宁方言的资料书,甚至在汉语教学、普通话推广、方言调查和研究等方面发挥一定作用。

汉语方言的调查与研究,不光是方言学家的专利,也需要使用方言的有心人的搜集和整理。近些年来,我国已经出现了这样的书,如内蒙古自治区扎兰屯市的董联声先生,自称“草根学者”,在 2013 年出版了《中国·东北方言》。我想《永宁方言精选》一书的出版,会壮大这支队伍,为我国方言研究做出新的贡献。

毋庸讳言，什么事物都不会十全十美，本书也会有不足之处。比如收词广度、用字释义方面难免有疏漏和讹误,词条注音未能使用国际音标等。这样的要求对于一个非语言专业的作者来说，也许过于苛刻了。我希望西莽先生能有更多的成果奉献给广大读者。

是为序。

2015年3月于银川溪桥花园

林涛，北方民族大学教授，宁夏回族自治区高级专家，享受国务院特殊津贴。在高等院校工作期间主要从事教学、科研和行政管理工作。教学之余，致力于宁夏方言和中亚东干语研究，承担多项省部级和国家级科研项目，发表论文50余篇，出版著作15部。现为中国语言学会会员、全国汉语言学会会员、中国回族学会常务理事。

目　录

题　记

按照方言区划分，永宁方言属北方方言——西北方言——兰银官话——银川片区，是由当地原住民和历代移入的山陕、冀鲁豫、江淮吴越等地人以及回、满、蒙古等少数民族语言融合而成。《永宁方言精选》就是一部精选、详释永宁县及其周边地区的地域性方言专著。含方言词语13300余条，加上释义、注音等文字，共计70余万字。集实用性、知识性、趣味性于一体，重在实用，雅俗共赏。下面对永宁方言的历史渊源、分布区域以及同中有异等情况做简要说明。

历史渊源。永宁县正式建县较晚（1941年），建县前分属宁夏、宁朔两县。而其方言的形成远早于建县。据灵武水洞沟遗址考古发现，早在三万年前的旧石器时代晚期，永宁就有古人类生活。斗转星移，世事沧桑。明洪武初年，统治者无力控制边陲，将宁夏府、灵州等地（永宁亦在其内）的大部分居民迁往内地，留下的少部分居民编入卫所，与军余一起屯垦。明洪武三十二年（1399年）后，国力逐渐恢复，为发展生产，重徙“五方之人实之”。后又“实以齐鲁燕晋周楚之民，而吴越居多”。各地移民和留守军民在长期生产生活交往中,语言相互影响,逐步形成了永宁土话(方言)。直到今天,永宁方言中仍然保留着不少外地方言词语或音调。因此,本书所收集的永宁方言词语,在时间上至少可上溯到建县以前的六七百年。

分布区域。现在永宁县的行政区域,是历史上多次调整变动的结果。在历次行政区划调整中,毗邻区域连同人口一起被划出或划入。划出区域的人口仍说永宁话,划入区域人口也逐渐使用永宁方言。永宁方言是银川方言的重要方言点,是宁夏川区方言的代表话,在宁夏诸方言中占有重要地位。其使用范围遍及银川市永宁县、兴庆区、金凤区、西夏区、贺兰县、灵武市,石嘴山市平罗县、惠农区,以及吴忠市利通区、青铜峡市川区等,面积约12000平方公里,人口约200万人(详见附录三)。对银南、银北地区的十多个市县的方言起着统领作用。因此,本书选录的永宁方言,在地域上不限于现在的永宁县,而是包括了上述(即原宁夏府大部分)地区。

同中有异。新中国成立以来,国家多次从外省或宁夏本区向永宁县移民,如北京、河南、陕西、甘肃、上海、浙江(含杭州市)等省市以及宁南山区的部分县。来永宁较早的年轻移民逐步使用了永宁方言(尽管带有部分乡音),年龄较大或来永宁较晚(如来自宁南山区吊庄)的移民,则仍使用原籍方言。因此,永宁方言在保持整体相对统一稳定的同时,又有小区域或部分人群的差异。如本县李俊镇的宁化和西邵村,有些方言字音跟中卫话差不多。原因是这两个村在1960年前属宁朔县邵岗堡(现青铜峡市邵岗镇),说话跟邵岗镇部分村落一样;而这些村落的方言形成又与地域连接、语言交流、人口迁徙流动等有关。

综上所述,永宁方言是融会各地方言元素而自成体系的地域性方言,是地域文化的直接标志。里面有大量形象、生动、富有表现力和生命力的词语,真实地记录了当地社会、文化和语言发展历史以及人的生存状况,是一份珍贵的非物质文化遗产。

世间一切事物都有产生、发展和消亡的过程,永宁方言也不例外。随着社会生产力发展、城市化进程加快以及社会形态变化,加上普通话的推广普及,当地在校学生、部分机关工作人员以及某些服务行业的人员都说普通话,使永宁方言呈现出逐步向普通话靠拢的趋势,有些词语正在逐渐消失。这是自然规律,非人的意志所能改变。但是,一种方言的被同化甚至自然消失是一个非常漫长的过程,以永宁方言目前的情况看,除前述几部分人群使用普通话外,农民和多数城镇居民仍使用方言,这种共存混用的现象将会长期存在,不能也不会很快消失,这是符合事物发展规律的客观现实。因此,抢救、传承和保护永宁方言这份非物质文化遗产,尊重地域文化,保护文化多样性,拉近人与人之间的关系,促进社会和谐,丰富汉语口头交流和书面写作语汇,了解永宁方言和普通话的区别、推动普通话推广等,都是本书编撰出版的目的所在。

本书力求简明、通俗、易懂,具有初中以上文化水平的人即可阅读和使用。有关语言学、文字学、音韵学以及方言来源区探究等问题,读者可查阅这方面的专著,或由这方面的专家做深入研究。语音方面的问题可参阅《永宁县志》1995 年版第二十四篇第一章第一节“语音概述”。

体　例

一、词语选录

选录原则：

（一）永宁县及其周边地区群众普遍使用、当地独有（普通话里没有或不说）的词语。

（二）用字与普通话（以《新华字典》和《现代汉语词典》为准）相同，但意思或读音不同的词语。

（三）一些现在很少使用或完全不用、历史上曾经使用过的方言词语，酌情选录。

（四）少数虽在《现代汉语词典》等权威辞书中存在的成语，但已成为当地的惯用语，也适当选录。

（五）为保持方言的原生状态，部分话丑理长、具有科学性的词语也适当选录。

（六）对于区划不同的方言，只选录永宁“原住民”方言，暂不选录与永宁方言区划不同的移民方言（如中原官话区秦陇、陇中、关中片区的固原、彭阳、泾源、西吉、隆德、海原等县方言以及介于中原官话和兰银官话之间的中卫话和盐池话等）。

(七)属于社会方言范畴的纯民族、宗教性词语,它们有独立的语言体系,本书不予选录。

(八)有碍民族团结、过于粗俗和带有侮辱性的词语不予选录。

选录内容:永宁方言词语、成语、谚语、熟语、歇后语、儿歌、顺口溜、谜语、固定短语等,共13300余条。

二、编排方法

为方便读者查阅,本书正文采用两种排序方法:一是按条目第一字汉语拼音声母顺序排列,如a、b、c、d等。条目第一字使用同一汉字的,尽量排在一起。条目字体为汉字黑体,用方括弧加黑包括;紧接条目的是标有声调的汉语拼音注音,可读出方言本音(音序各单元的条目按声调排列);注音之后是修辞标志,如词、熟语、谚语、歇后语等,用圆括弧包括;最后是释义和例句。例句用"[例]"标示,其中的"~"代表条目名称,有两个以上例句的,中间用"|"号相隔。二是按词语意义(亦即学科体系)排列,如时空名物类、人际关系类、涉农词汇类、哲理谚语类等,共10个大单元。大单元中包括若干中单元和小单元。小单元所辖词语按字数从少到多排列,意义分类持宜粗不宜细原则。个别字同义不同的词目分列于不同单元。词目后面以阿拉伯数字标出该词目在正文中的页码。三是附录,分别为"部分词目详解""特字特词略考""永宁政区沿革"和"参考书目"等。

三、词义解释

本书的词语释义主要针对方言意义,个别义项较多且含有普通释义的,方言释义在前,余在后。为补充释义不足,部分释义后面加了例句,使词义在具体语境中得到更充分的表达。个别含义广泛或来源复杂的词目,在附录中做了详细解释。

四、注音标调

(一)从方便、实用、面向大众的角度考虑,本书用汉语拼音为词目注音,同时按方言读音标调。

(二)永宁方言虽属普通话“基础方言”——“北方话”范畴,但在发音方面与普通话还有不小差别, 本书在注音标调时分别做如下处理:

1. 声调差别。普通话有阴平、阳平、上声、去声四个调类,永宁话有阴平、阳平上、去声三个调类,只在连读时出现个别上声调。在不同地域(乡镇村队)、不同年龄段、不同职业、不同迁徙渊源和不同语言环境中,声调还有更细微的差别。本书在标注声调时,只以比较普遍的方言读音大致标注,没有面面俱到,顾及细微。

2. 韵母 u 和鼻音尾韵母与普通话的发音差别。u 在普通话中发音时,双唇聚圆,留一小孔,舌头往后缩,舌根接近软腭。在永宁方言发音时,是上齿与下唇相合挤出的音。如 wu(乌)、wa(挖)、wo(握)、wai(歪)、wei(威)、wan(弯)、wang(汪)、weng(翁)等,阅读时要注意。韵母为前鼻音 an、en、in、un、ün 的字, 全部读作后鼻音 ang、eng、ing、ong,因此注音时一律注后鼻音,不注前鼻音。

3. 部分字、词的读音差别。分两种情况:一种是读音完全不同,如“街”读“该”、“鞋”读“海”、“科”读“扩”、“绿”读“录”、“德”“得”读“达”、“吃亏”读“恰亏”、“白”“北”读 bia、“拍”读 pia 等,这些字、词通过注音即可辨别。个别字在汉语拼音方案中没有规范拼法,为了符合方言读音，作者自造了拼音，如“白”和“北”注为 bia ，“拍”注为 pia 等。一种是普通话里以“zh”“ch”“sh”做声母的字，永宁方言里多读作“z”“c”“s”声母，如“扎”读“砸”、“争”读“增”、“助”读“足”、“站”读“赞”，“插”读“擦”、“愁”读“凑”、“锄”读“粗”、“炊”读“催”、“昌”读“仓”，“事”读“四”、“生”读“森”、“瘦”读“搜”、“朔”读“索”等。这是吴越方言融会、遗留的结果。对这类字，均以当地实际读音注音。为了提示读者，本书将词目中这类汉字印刷为常规宋体，与黑体相区别。

4. 本县李俊镇宁化村、西邵村的人说话与本县其他地方的差别。这两个村的人把韵母为 ai 的字全部说成 an，如“爱”说“按”、“来”说“兰”、“排”说“盘”、“菜”说“灿”、“卖”说“慢”等。一些老年人还把“人”叫 rei、把“门”叫“梅”、把“蹲”叫“堆”、把“盆子”叫“陪子”、把“磙子”叫“鬼子”，把“遭瘟”叫“遭威”等，跟中卫话一样。对这些读音，本书不单独注音。

总之，用汉语拼音为词目注音并按方言读音标调，个别字还打破汉语拼音方案注音范围自造拼法，是对汉语拼音的一种尝试性借用。目的在于方便读者，没有冲击汉语拼音方案和标新立异的意思，望读者和专家见谅。

五、结束语

汉语词语浩如烟海，永宁方言是汉语的一个小小分支和组成部分。本书所选录的词语只是沧海中之一粟，难免有挂一漏万之憾，如有可能，将在再版时加以补充。对书中存在的缺点、错误，愿意接受读者和行家的指教，接受语言实际和历史的检验。

拼音排序

A

a

【阿勃麦子】ā bō miá zi(词)20 世纪 60—70 年代在当地推广的小麦当家品种。

【阿訇】á hong(词)波斯语的音译,意为“私塾教师”。也是回族穆斯林对主持清真寺宗教事务人员的称呼。

【啊】ǎ(词)应答声,犹哎 āi。

ai

【哎是你们爹的小名字】āi shí ní meng diē di xiáo míng zi(词)讽语。对不叫姓名或尊称而以“哎”呼唤人的不礼貌行为的回敬。

【唉声叹气】āi shēng tán qí(熟)因心中郁闷而叹息。[例]成天~的,咋了吗?

【挨己】āi jí(词)知己、信任的人。[例]找个~人问一问。

【挨家挨户】āi jiā āi hú(词)一户不漏地进行。多指告知或检查、普查。

【挨紧】āi jǐng(词)靠紧,不留间隙。[例]大家~点,开始照相了。

【挨了打不记窝窝子】ài le dà bú jí wō wo zi(谚)犯了错误不汲取教训。窝窝子:地方。

【挨门门子】āi mèng meng zi (熟)挨家逐户。[例]~通知了一遍。

【挨着来】āi zhe lài(词)按照先后次序做。

【矮子总嫌衣裳长】ái zi zòng xiàn yī shang chàng(谚)比喻罔顾自身缺陷,只怨外因。

【艾,艾,你爱我不爱,稀屎拉了你两锅盖】ái, ái, ní ái wó bú ái, xī shi lá le nì liàng guō gái(儿)孩童们挖野菜时对他人挖到艾草的戏语。

【爱财如命】ái cài rù míng(词)形容把钱财看得跟生命一样重要。

【爱戴高帽子】ái dái gāo máo zi(词)爱听奉承话。

【爱干净】ái gān jing(熟)喜欢清洁,讲究卫生。

【爱好】ái hào(词)爱惜好的事物。[例]一点都不~,新鞋穿了一天就整脏了!

【爱见小】ái jián xiào(词)心胸狭窄,喜

欢见怪。[例]那个人~,你说话要注意。

【爱哭的娃娃多吃奶】ái kú di wà wa duō chí nài(熟)比喻爱哭穷的人能得到更多的救济或资助。

【爱面子】ái mián zi（词）❶自尊自爱，注重维护自己的人格和尊严,不许别人侮辱或歧视。❷虚荣心的一种表现。

【爱民如子】ái mìng rù zì(词)旧时称赞某些统治者爱护老百姓,就像爱护自己的子女一样。

【爱那个调调子】ái neí ge diáo diáo zi(熟)有某种嗜好或爱好。

【爱钱不爱脸】ái qiàn bú ái liàn（熟）指为了得到钱财而不顾脸面和名誉。

【爱亲做亲】ái qīng zuó qīng（词)在良好关系的基础上结为亲家。多用于产生矛盾时对前情的追述。[例]本来是~,没想到弄成现在这个样子。

【爱啥的务营啥】ái shá di wú ying shá(熟)爱好什么就喜欢钻研和学习什么。

【爱酸的爱酸,爱甜的爱甜】ái suān di ái suān,ái tiàn di ái tiàn(词)谓喜好、习惯不同。

【爱惜人】ái xi rèng(熟)令人喜爱。[例]庄稼长得~。

【爱眼小】ái yàn xiào(词)爱贪小便宜。[例]吃了~的亏。

【爱咋咋】 ái zà zà(熟)放弃,不再关心,任凭别人作为或处置。

【挨呲】ài cī(熟)挨批评,受斥责。

【挨打猫】ài dà mào(词)因经常犯错而挨打的人。多指小孩。

【挨刀的】ài dāo di(词)咒骂牲畜的话。

【挨千刀的】ài qiān dāo di(词)骂词。犹言不得好死。

【挨头子】ài tòu zi(词)挨训,挨批评。

【挨瞎打】ài xiá dà（熟）挨没名堂的打,多指咎由自取。

【挨了打才想起拳来】ài le dà cài xiàng qi quàn lai(熟)比喻事后才想起办法来。拳指拳术。

【碍手碍脚】ài shòu ái jué(词)影响、妨碍别人做事。

an

【安安稳稳】ān ān wéng weng（词）安稳,无风险。[例]~地待着,别闹那些事。

【安顿】ān dong(词)❶嘱咐。[例]早就给他~过。❷安置。[例]先把住处~好。

【安分守己】ān féng shòu ji(词)规矩老实,守本分,不做出格的事。

【安抚】ān fu(词)指安慰,安置。[例]费了好大劲,才~下去。

【安家落户】ān jiā luó hú(词)到新的地方安家,长期居住。[例]一批杭州知识青年到永宁县~。

【安了止了】ān le zhī le(熟)犹结束,停止,晚了。[例]等把医生找来,早~。

【安然】ān ran(词)平安,安定,安安稳稳。[例]饭饱生余事,饥寒自~。

【安上变驴的心】ān shang bián lǜ di xīng(熟)图谋不轨,起了淫心。

【安稳】ān weng(词)指平安,稳定。有时指秩序,有时指睡觉。[例]不地震了,可以睡个~觉了。

【安下心,扎下根】ān xia xīng,zhá xia gēng(熟)指来到一个新地方或新单位,就安下心来做事。

【安置】ān zhi(词)安顿、安抚,不使其闹事。[例]把家道万神好好~~,免得老是搅扰后人。

【安庄稼】ān zhuāng jia (熟) 安排庄稼,下种。[例]春节一过,就该~了。

【鹌老鹑跌折膀子——死吃】ān lao chong dié shè báng zi—sí chí (歇)比喻靠别人养活。鹌老鹑:鹌鹑。

【鞍前马后】ān qiàn má hóu(词)指追随左右。[例]跟着他~十几年,难道不念一点情分?

【俺们】án meng(词)我们,咱们。[例]~一起走。

【按时按节】án shì án jié(词)按规定时间或节日。[例]~把赡养费交给父母。

【按手印子】án shóu yíng zi(词)指在文书上按指纹。[例]在借条上~。

【按下去】án xia ke(熟)比喻控制,抑止,化解矛盾或纠纷。[例]费了好大劲,才把这事~。

【按住葫芦起了瓢】án zhu hú lu qí le piào(熟)比喻这边刚安抚下去,那边又闹起来。

【按住牛头不喝水】án zhu niù toù bú hé shuì(谚)谓强迫别人做不愿做的事,很难有效果。

【暗处治人】án chu zhí rèng(词)指暗中伤人害人。[例]老在~。

【暗箭伤人】án jián shāng rèng(词)比喻躲在暗地里用阴谋手段伤害他人。

【暗杠】án gáng(词)麻将术语,即自己手里有三张同样的牌,又抓到一张同样的牌,可以成为不公开的杠牌(四张),叫~。

【暗治人】án zhí rèng(词)用阴谋手段暗中整治人。

ang

【嗌】āng(词)应诺声。犹哎、是。[例]甲:“明天早点来。”乙:“~。”详见附录二。

【肮脏】āng zang(词)❶心里烦恼,不平静。[例]今天心里~的。❷脏,不干净。比喻卑鄙丑恶。[例]做的事太~了!

ao

【熬倒了】āo dáo le(词)因长期困苦、劳累而倒下。

【熬光阴】āo guāng ying(词)艰苦地创立家业,艰难度日。

【熬煎】āo jian(词)比喻遭受苦难与忧愁。[例]娃娃不好好学习,真~人!

【熬买卖】āo mái mai(词)指生意人靠延长营业时间和耐心来赚钱。[例]

~~,不熬咋办?

【熬天天子】āo tiān tian zi(熟)比喻老人或病人不久于人世。

【熬灯费油】ào dēng fèi yòu(词)因加夜班做事而耗费灯油。

【熬胶】ào jiāo(词)❶用动物皮、骨制胶。❷比喻失去使用价值的人。[例]要上你~呢。❸对做饭时间过长的揶揄。

【熬米汤】ào mí tang(词)煮稀粥。

【熬药】ào yué(词)煎中药。

【聱牙费口】ào yà fèi kóu(词)费口舌。[例]再别~了,他根本不听。

【嗷——哩,嗷——哩】āo—li, āo—li(词)呼唤牛回来的声音。

【嗷嗷嗷】áo áo áo(词)让驴、马、骡右拐弯的口令。

【嗷——嗷,睡觉觉,隔山来了个老道道,打青草,喂羊羔,羊羔喂饱了,娃娃睡好了】ào—ào, shuí jiáo jiao, gá shān lài le ge láo dáo dao, dà qīng cào, wéi yàng gāo, yàng gāo wéi báo le, wà wa shuí háo le(儿)哄幼儿睡觉的歌谣。

【嗷𠯑】ào qiu(词)让牛前进的口令。

【袄子】áo zi(词)上衣。[例]棉~,夹~。

【傲气】ǎo qi(词)傲慢,高傲。[例]~啥?不就考了个第一名嘛。

【鏊子】ǎo zi(词)烙饼或炒油料的平底浅沿锅。[例]胡麻~。

B

ba

【巴巴地】bā bā di(词)目不转睛地看着。[例]两眼~看着姑娘。

【巴不得】bā bú de(词)求之不得,迫切地希望。[例]~早点放假。

【巴官】bā guān(词)千方百计往更高的官位上爬。

【巴家】bā jiā(词)勤俭持家或尽量往自己家里聚敛财富。

【巴家鬼鬼】bā jiā guí gui(词)指善于勤俭持家的儿媳。

【巴拉子】bā la zi(词)谷物象鼻虫。

【巴碌碌】bā lú lu(熟)用乞求、羡慕、疼爱的眼神盯住看。

【巴欠欠】bā qián qian(词)❶期盼,巴望。❷奉承、讨好。❸喜爱、怕失去。[例]婆婆对儿媳妇~的。

【巴上咽喉子】bā shang yān hou zi(熟)放开嗓门(喊、唱、哭)。[例]~喊了半天,没人答应。

【巴燥】bā zao(词)脸上因缺乏油性或水分而产生的巴裂、紧绷感。[例]出门没擦油,脸上~的。

【扒股股子】bā gú gu zi(熟)指儿女们都想从父母那里多得到些财产。

【扒光阴】bā guāng ying(词)通过自己的劳动增加家庭积累,也叫巴光阴。

【扒灰】bā hūi(熟)公公和儿媳通奸。

【疤疤疖疖】bā ba jíe jie(词)疮疖。[例]正月二十三燎疳,把一年的~都燎掉。

【疤疤子】bā bā zi(词)疤疖或伤口结成的干痂。[例]嘴上起了个~。

【笆笆】bā ba(词)用于盖房或搭棚的芦苇帘子。

【笆笆柴】bā ba chài(词)用于打席子、做苇笆的干芦苇。

【笆斗】bā dou(词)用柳条编织或用废纸糨糊糊制的扁圆形容器。

【笆子】bā zi(词)用芨芨草、芦苇、柳条等编织的长条片状用品。可做圈挡用具。[例]车~。

【八宝茶】bá bào chà(词)回族特色茶水,用开水冲泡茶叶、糖和各种干果而成。

【八宝饭】bá báo fán(词)回族特色食

品，用糯米、白糖、果干等蒸制而成。

【八宝粥】bá bào zhōu(词)一种在腊八节用多种食材熬制的粥。

【八辈子】bá bei zi(词)形容时代久远或时间极长。[例]羞了~先人！

【八成】bá chèng(词)❶头脑不健全或不明事理的人。[例]那是个~，别招他。❷多半、大概。[例]~来不了了。

【八大碗】bá dá wàn(词)一种宴席布局。

【八对十六跐】bá duì shí liú cī(熟)要"花花子"术语，即一人抓到的牌正好为八对16张。可按"跐"牌优先赢牌。详见附一"花花子"条。

【八竿子打不着】bá gān zi dá bú zhuò(词)指血缘关系很远的亲戚。

【八哥的嘴巧，说不过潼关】bá gē di zuì qiào，shuó bú guǒ tòng guan(谚)比喻谎言好听，但经不住事实检验。详见附一。

【八九不离十】bá jiú bú lì shí (词)差不多，与实际情况或要求很接近。[例]钱准备得~了。

【八渠】bá qù(词)地名，以渠序得名，属胜利乡。[例]~大队(1963年)。|~村(1983年6月后)。

【八十乏】bá shi fà(熟)比喻费了好大劲。[例]跑了个~，连人也没见上。

【八十岁老妈门前站，临死还要吃碗倒头饭】bá shi sui lào mā mèng qiàn zhán，lìng sì huàn yáo chí wàn dáo tou fán(谚)比喻父母未死前儿女必须赡养；就是死了，也得负责安葬。

【八十岁老妈嫁了个卖面的，不图生养，光图日囊】bá shi sui lào mā jiá le ge mái mián di，bú tù sēng yàng，guāng tù rí nang(熟)谓只图吃饭(享受)，不图做事(贡献)。日囊：吃。

【八十岁学鼓手——气短了】bá shi sui xué gù shou—qí duán le(歇)鼓手：唢呐。

【八万九饼子】bá wǎn jiù bíng zi(熟)比喻小孩的脸糊得很脏，像麻将牌里的~。

【八下里】bá xia ni(词)各方面。[例]~不受看。|~够不到。

【八仙】bá xiān(词)传说中道教的八位仙人：钟汉离、张果老、吕洞宾、铁拐李、韩湘子、曹国舅、蓝采和、何仙姑。

【八仙过海，各显其能】bá xiān guó hài，gé xiàn qì nèng(谚)比喻充分发挥每个人的长处。

【八仙桌】bá xiān zhuó(词)旧时的四方地桌。

【八一子】bá yi zi(词)对八一式手枪的代称，也泛指小手枪。[例]腰里别着个~。

【八月的辣角子——甩红了】bá yue di lá ge zi—shuài hòng le(歇)比喻神气活现，不可一世的样子。

【八月十五】bá yue shí wu(词)即中秋节。

【八月十五云遮月,正月十五雪打灯】 bá yue shí wu yòng zhē yué,zhēng yue shí wu xuē dà dēng(谚)这两个节气出现上述天气预示农业要丰收。

【八字】 bá zi(词)指星命家以人的出生时间配以天干地支推算人的命运。

【八字步】 bá zi bú(词)❶指走路时两脚呈八字形,分外八字和内八字。❷戏曲中的八字步,也叫四方步。❸比喻斯斯文文、不慌不忙、大而慢的步子。

【八字胡】 bá zi hù(词)泛指生长于男性上唇的胡须。

【八字没见一撇】 bá zi mú jián yí pié(熟)比喻事情毫无眉目。

【八字眉】 bá zi mì(词)眉梢往下的眉毛。

【八字墙】 bá zi qiàng(词)土坯房房门两侧或斗渠口两侧呈八字形的墙。

【八字衙门朝南开,有理无钱莫进来】 bá zi yà meng cháo nàn kāi,yòu lì wù qiàn mó jíng lai(顺)对旧时官府腐败的概括。

【八字硬】 bá zi yíng(词)算命用语。谓~的人不被他人相克,但对身边亲人不利。迷信。

【罢】 bá(词)别、不要之义。[例]~惹他。

【罢伤风,罢咳嗽,明天早起起来啃个大骨头】 bá shāng fēng,bá ké sou,mìng tiān zào qi qì lai kéng ge dá gú tou(顺)大人给小孩脱换内衣时的吉语。

【罢说】 bá shuó(词)揣测且带有肯定的意思。[例]你~,也许他真的会看病呢。

【罢咋的了】 bá zà dí le(熟)本义为不计较、不讲究、放弃。但常反其意而用之,表示不服气,不满意、不接受等意思。[例]真格~,给他们道歉呢!

【巴希】 bá xí(词)语气助词,犹什么的。[例]种上些小油菜,调个饭~的。

【拔摆交鱼】 bá bài jiāo yù(熟)"花花子"出牌方法之一。头家不够牌,下家要掀牌, 头家便以这种常规方法出牌。详见附一。

【拔掉萝卜地皮宽】 bá diao luò bo dí pì kuān(谚)比喻清除了异己或障碍好行事。

【拔掉萝卜有眼眼子, 摘掉茄子有杆杆子】 bá diao luò bo yòu yán yan zi, zé diao qiè zi yòu gán gan zi (顺)一种慷慨说法,表示对损失不在乎。

【拔掉头号有头号】 bá diao tòu hao yòu tòu hao(熟)比喻优秀人才层出不穷。

【拔顶】 bá dìng(词)脱顶。

【拔飞碗子】 bá fēi wán zi(词)赌博者未下注而抢揭骰碗的违规做法。[例]因为~,叫聚赌的人打了一顿。

【拔缝】 bá fèng(词)❶木器因过于干燥或陈旧而裂缝。❷衣服针线缀连处开缝。

【拔火罐子】 bá huó guán zi(词)一种民间医术。以火罐吸附于体表特定部位产生刺激,达到防病治病、强壮身体的目的。

【汊凉】bá liàng(词)冰凉。[例]暖气片~~的,还收采暖费?

【拔萝卜】bá luò bo(词)形容打篮球时一种抢球的动作。

【拔五不输双】bá wú bú shū shuáng(熟)“花花子”术语,指头家给二家或三家出牌时,将手中的五张大牌下去,占了叶子,可避免同时输两家。

【拔腰】bá yāo(词)一种体育活动,两人互相夹住对方的腰,用力往起拔,双脚先离地者为败。又叫拔桩。

【汊一汊】bá yi bá(词)把东西放在冷水里降温变凉。

【拔一根汗毛比腰粗】bá yi gēng hàn mao bì yāo cū(熟)用于富人和穷人的比较。有时为富人自诩,有时为穷人自谦。

【拔桩】bá zhuāng(词)同拔腰。

【把不住火】bá bú zhu huò(熟)管不住自己的嘴,易说冒失话。

【把持】bà chì(词)犹把守,把握。[例]只要~好,日子也能过。

【把丑话说到前头】bá chóu huá shuó dao qiàn tou(熟)事先说明可能出现的困难和后果。

【把底蹾下】bá dì dōng xia(熟)❶把容器的底蹾掉。❷比喻把人丢下。

【把粉往沟子上搽】bá fěng wáng gōu zi shang chà(熟)埋怨他人做好事不宣扬,送礼物不留名。

【把杆杆子立起来】bá gān gan zi lí qi lai(熟)指做好初创的准备工作。[例]我们帮他们~,以后的事情就叫他们干去。

【把胳嵴窝里的干粮拿掉】bá gé lao wō ni di gān liang nà diao(熟)喻指伸直并扬起臂膀,系老农指导初学扬场和撒播稻种者的话语。胳嵴窝:肩胛下的夹角处。

【把话听到鼻子里去了】bá huá tīng dao bí zi ni ké le(熟)没听明白或没领会意思。[例]会都听了,还胡说八道,难道~?

【把缰绳放得长长的叫他(她)跳】bá jiāng sheng fáng di chàng chàng di jiáo tā(tā)tiáo(熟)谓尽量宽容,让对方自己觉悟。

【把脚步腾开】bá jué bu tèng kāi(熟)比喻把理占住,把责任分清,免得自己担责。

【把脚底下的坷垃踢干净】bá jué dí xia di ké la tí gān jing(熟)比喻正人先正己,不要给别人留下话柄。[例]先~再说别人。

【把脸皮子创破】bá liàn pì zi chuáng pó(熟)指闹新房时强迫新郎新娘做亲昵动作,消除羞涩。也指青年男女经过第一次性生活后不再羞涩。

【把脸装到荷包子里头】bá liàn zhuāng dao hè bao zi lí tou(熟)为达到某种目的而不顾脸面。

【把路指开】bá lú zhì kāi(熟)比喻指明方向,扫清障碍。

【把人惹翻了】bá rèng rè fān le(熟)由于某种利益的诱惑而招来很多人。

【把伞把收了】bá sàn ba shōu le(熟)比喻中止正在做或准备做的事。

【把舌头擩到人家嘴里】bá shè tou rú dao rèng jia zuí ni(熟)比喻已经说出口的话成为别人的把柄。有埋怨义。

【把势】bá shi(词)有某种技术或技能的师傅。

【把谁家的娃娃撂到井里了,把谁家的牛缆筋砍断了】bá shuì jiā di wà wa liáo dao jíng ni le,bá shuì jiā di niù lán jing kán duán le(熟)指没做这样阴损缺德的事,却遭到莫名的报复或非议。牛缆筋:牛蹄腕筋。

【把太阳拴住也说不清】bá tái yang shuān zhu yè shuó bú qīng(熟)形容一时纠缠、辩论不清的问题。

【把调子叫一】bá diáo zi jiáo yí(熟)把意见搞统一。

【把吐出的痰舐起来】bá tú chú lài di tàn shí qi lai(熟)比喻食言。舐:舔。

【把我收了去】bá wò shōu le ke(熟)收:指阎王爷终止人的阳寿,收至阴间。多系老年人不堪虐待或病人不堪病痛、盼望早死的话。

【把戏】bá xi(词)旧时指魔术和部分杂技。[例]看~去。

【把戏把戏,都是假的】bá xi bá xi,dōu shi jiá di(熟)民间专指魔术。

【把心拿公】bá xīng nà gōng(熟)出以公心,公平办事。

【把咽喉子勒了】bá yān hou zi liá le(熟)断了经济或食物来源。[例]这么做,等于把大家的咽喉子勒了。

【把眼睛掰大】bá yán jing biá dá(熟)气话,意为把眼睛睁大,看清楚。

【把眼窝擦亮】bá yán wo cá liáng(熟)骂语,意谓擦亮眼睛,看清我是谁。[例]你~,我可不像他那么好欺负!

【罢的】bá di(词)制止语,即不要那样。[例]千万~。

【罢了】bá le(词)❶犹不要,算了。[例]快~,别惹祸了。❷助词,即就是了,而已。[例]只不过不说~。

【罢了伙夫的官照当炊事员】bá le huó fu di guān zháo dāng cuī shi yuàn(熟)调侃语,即称谓变了,工作没变。

【霸道】bá dáo(词)❶专权。[例]行事太~。❷蛮不讲理。[例]太~了,啥东西都一个人霸着!

【霸气】bá qí(词)强横霸道。[例]你也太~了,打了人,还不叫人说话!

【霸王】bá wang(词)形容极为霸道的人。[例]简直成了班里的~。

【霸王硬上弓】bá wang yíng sháng gōng(词)指强奸。强弓射出去的箭是"强箭",谐音为"强奸"。

【爸爸】bá ba(词)旧时当地人对叔叔的称谓,现代指父亲。

【把守】bà shou(词)❶管理,把关,多指经济开支。[例]只要~得好,维持正常生活没问题。❷守卫、扼守重要关口。

【把稳】bà weng(词)可靠,稳定。[例]靠劳动吃饭最~。

bai

【白头到老】bái tòu dáo lào(词)比喻夫妻共同生活到老。

【白头人送黑头人】bái tòu rèng sóng héi tòu rèng(熟)指儿孙死在父辈前头。

【白战日头夜战灯,没有月亮挂马灯】bái zhán rí tou yé zhán dēng,mú yóu yué liang guá mà dēng (熟)1958年"大跃进"时期的口号。

【百年不遇】bái niàn bú yú(词)形容很少见或少有的机会。

【百善孝为先】bái shán xiáo wèi xiān(谚)孝顺父母是美德之首。

【百依百顺】bái yī bái shóng(词)形容什么都听从顺从。

【摆到桌面上】bái dáo zhuó mián shang(熟)指把话说到当面或公开场合。

【败火】bái huò(词)中医指泻火、清热。[例]喝绿豆汤能~。

【败家王】bái jiā wàng(词)犹败家子。[例]好好的东西硬拆坏了,真是个~!

【败家星】bái jiā xing(词)犹败家子。

【拜把子】bái bá zi(词)指没有血缘关系的人结为兄弟姐妹。

【拜干亲】bái gān qing(词)结成没有血缘关系的亲家。

【拜四方】bái sí fāng(词)❶下葬前道士先~,以求神灵护佑。❷卖艺人开场前~,求高人不要搅场子。

【拜毯】bái tàn(词)又称"礼拜毯",为穆斯林礼拜时的铺垫。质地一般为羊毛、棉等。

【拜天地】bái tiān di(词)即拜堂,中国旧式婚礼仪式。

【拜毡】bái zhān(词)行跪拜礼时所用的毡垫。

【稗米】bái mi(词)❶用稗子碾的米。❷大米中分离出的碎米。

【摆】bài(词)"花花子"术语,即"天""黑十"和"红八"的组合。可吃"鱼"。详见附一。

【摆兵布阵】bài bīng bú zhéng(词)指排列队伍,摆列战斗阵势。引申为安排、部署。

【摆臭架子】bài chóu jiá zi(词)指高傲自大,装腔作势。[例]会干就搭把手,别~。

【摆阔】bài kuó(词)大事铺张或故意暴露贵重物品,显示富有。[例]手上戴了几个金镏子,~呢!

【摆老资格】bài lào zī ge(词)以资历

或功劳自居。[例]几个老汉动不动就~。

【摆耧】bài lù(词)木耧播种时需左右摇摆,故名。[例]~是个技术活,多由老农承担。

【摆母猪阵】bài mú zhu zhéng(词)碰头撒死地耍赖、混闹。[例]动不动就~。

【摆平】bài pìng(词)安抚,妥善处理矛盾。[例]这事交给我,一定能~。

【摆谱儿】bài púr(词)讲排场,图阔气或拿架子。[例] 才当了几天师傅,就~。

【摆设】bài she(词)❶摆在屋里的箱柜或其他家具。❷比喻没有实际用处的东西或人。[例]聋子的耳朵——~。

【摆摊摊子】bài tān tan zi(词)将货物陈列在街边或市场里出售。[例]每逢集日,就到街上~。

【摆田】bài tiàn(词)指旧时用木耧播种,需左右摇摆,使子粒下漏。后虽用机器播种,仍沿用~一词。

【摆文】bài wèng(词)比喻卖弄口才。[例]快干活去,少在这里~。

【摆籽儿】bài zír(词)指蚕蛾、鱼类、蛙类产卵。

ban

【扳倒葫芦洒了油】bān dáo hú lu sǎ le yòu(熟)扳倒葫芦才能得到油,犹一不做二不休。

【扳王根】bān wàng gēng(词)王根原指王侯的儿孙或他们的生殖器。比喻依仗某种权势。

【扳网】bān wàng(词)在沟渠等处安装的有杠杆扳手的捕鱼罾网。

【扳腕子】bān wǎn zi(词)一种比试手腕力量的体育活动。

【扳玉米】bān yú mi(词)把玉米从植株上掰下来。

【班房子】bān fàng zi(词)监狱或拘留所的俗称。

【搬阿訇】bān á hong(词)清真寺聘迎开学阿訇的仪式。

【搬人】bān rèng(词)❶用车辆或牲畜将亲属、亲戚等接到家里。❷请求有权势的人帮忙。

【瘢点子】bān dián zi(词)雀瘢。

【板板子】bán ban zi(词)担在墙壁上放零碎东西的小型窄木板儿。[例]灶爷~。

【板茬子】bán cha zi(词)秋后不翻犁而越冬的土地。

【板对眼不对】bán duí yán bú duí(熟)板眼,民族音乐和戏曲中的节拍。比喻合不上拍节或配不上套,常用于调侃。

【板牙】bán ya(词)形容门牙较大。[例]长了两个大~。

【板子】bán zi(词)❶旧时农家担在墙上扣放碗碟的长条形木板。❷古时用竹片或窄木条制成的笞具。[例]挨老师的~。

【办年货】bán niàn huo(词)购买过年用品。[例]春节前忙着~。

【半边人】bán biān rèng(词)残疾人。

【半仯子】bán chào zi(熟)犹半吊子。指不明事理、动辄大吵大闹的人。

【半大子老汉】bán da zi láo han(词)处于中年和老年之间的男子。[例]今年五十岁,也算个~了。

【半道】bán dáo(词)中途,尚未完成。[例]书念了个~就不念了。

【半吊子】bán diáo zi(词)头脑简单、说话粗鲁、举止随便的人。

【半个浪里】bá ge láng ni(词)指进行到中间、半道。

【半截老腰】bán jié láo yāo(词)❶中间部位。[例]从~里断了。❷进行中。[例]电影演到~里,停电了。

【半截晌午】bán jié shàng wu (词)接近中午时分。[例]8 点钟上工,你怎么磨到~才来?

【半截小子，吃死老子】bán jié xiáo zi,chí sí láo zi(谚)比喻少年男孩能吃饭。

【半截子革命派】bán jié zi gé míng pái(熟)旧指革命工作干到半道就意志衰退或停步不前的人,与彻底革命派相对。

【半截子桩，盛饭的缸】bán jie zi zhuāng,shèng fán di gāng(谚)指少年儿童正是能吃饭的时候。

【半斤面的锅盔——头号饼子】bán jīng mián di guō kui—tòu hao bíng zi(歇)对调皮捣蛋者的嗔语。锅盔:白面饼,这里指较小的面饼。

【半空中】bán kōng zhong(词)悬而未决。[例]这事没研究,还悬在~。

【半拉子】bán lá zi(词)❶半个,一半。[例]用围巾遮住~脸。❷半道,半截。[例]活干了~就撂下跑了。

【半来来子】bán lài lai zi(熟)犹一半。[例]连他的~都没有。

【半劳力】bán lào li(词)农村里指未成年或体弱的劳动力。

【半路出家】bán lú chú jiā(词)比喻中途改行。

【半路夫妻】bán lú fū qi(词)指二婚夫妻。

【半路上】bán lú shang(词)正在进行,尚无结果。[例]还在~走着呢,到最后才能知道结果。

【半瓶子醋】bán pìng zi cú(词)比喻对某种专业技术一知半解。

【半趄】bán qié(词)半躺着。

【半身不遂】bán shēng bú suì (词)半身瘫痪。

【半升子】bán shēng zi(词)旧时口大底小的棱台体木制量具,为一升的一半,也叫半升升。

【半生不熟】bán sēng bú shú (词)❶技艺不熟练。❷未成熟的瓜果或未煮熟的食物。[例]不会挑瓜,买了个~的西瓜。

【半天】bán tiān(词)好久,时间长。[例]就几步路,怎么去了这~?

【半途而废】bán tù èr fèi(词)指不能坚持到底,有始无终。

【半脱产干部】bán tuó chán gán bù(词)特指一边靠参加集体生产劳动挣工分,一边享受少量补贴工分的农村干部。

【半仙】bán xiān(词)对江湖上算命看相的人的称呼。也用于对某些见多识广、有一定预见能力的人的称谓(有调侃义)。

【半新不旧】bán xīng bú jiú(词)不新不旧。[例]穿一身~的衣裳。

【半夜里熬羊头,就为了两个眼睛珠子】bán yé ni ào yàng tòu,jiú wéi le liáng ge yán jing zhū zi(熟)煮熟的羊眼珠比较好吃。比喻花工费时,就为了达到某个目的。

【半夜里抠腔子——得了想钱风】bán yé ni kōu qiāng zi—dá le xiàng qian fēng(歇)对一心想发财的人的讽刺。风:一种疾病。

【半夜里偷香瓜子——拣着软的捏】bán yé ni tōu xiāng gua zi—jián zhe ruán di nié(歇)比喻欺负软弱者。

【半夜三更】bán yé sān gēng(词)泛指夜里。[例]~的,谁敲门?

【半夜子时】bán yé zí shi(词)即零时。

【半月二十天】bán yué ér shi tiān(熟)犹十几二十天,大约时间。

【半中间】bán zhōng jian(词)中途、一半。[例]活干到~就走了。

【半中腰】bán zhōng yāo(词)中间。

【伴档】bán dang(词)做伴,搭手的。[例]小女儿老给我打~。

【伴君如伴虎】bán jiōng rù bán hù(谚)谓与帝王走得太近,易招杀身之祸。

【拌疙瘩】bán gé da(词)即面疙瘩汤。

【拌面疙瘩】bán mián gé da(熟)❶比喻把事情办糟了。[例]啥事都干不成,尽~!❷心里有鬼,嘴里支支吾吾。[例]嘴里乱~。

【拌屁】bán pí(词)即放屁,骂人的话。

【拌汤】bán tang(词)即面疙瘩汤。

【拌嘴】bán zuì(词)❶母驴发情时嘴巴连续张合的现象(生理反应)。❷吵架。

【绊】bán(词)指缚在牲畜前后蹄腕上限制其快走的短绳索。

【绊绊跶跶】bán bán dá dá(词)形容带着东西或小孩上路干活,很不方便。

【绊脚啰唆】bán jue luò suò(熟)比喻脚下有障碍物,行动受阻。

【绊子】bán zi(词)❶摔跤的一种招数。❷比喻暗中设障。[例]心术不正,爱给人使~。

【板凳猧子】bàn déng gè zi(词)猧:短嘴狗。泛指短腿矮个儿的小狗。

【板凳猧子跳门槛,又蹾沟子又蹾脸】bàn déng gè zi tiáo mèng kàn,yóu dōng gōu zi yóu dōng liàn(顺)比喻

扫兴,难堪。"板凳獦子"见该条。

【板颈硬】bàn jing yǐng(熟)比喻性格耿直,不肯服软。

【板颈】bàn jīng(词)脖颈后面。也作板筋 。[例]真是个犟~驴!

【板皮子】bàn pì zi(词)原木解板时最外面的两块废板。

【板桥】bàn qiào(词)地名,因桥得名。今属望远镇。[例]~乡(1955 年)。|~大队(1958 年)。|~村(1983 年 6 月)。

【板箱】bàn xiāng(词)用薄木板做的放置衣物的箱子。

bang

【邦克楼】bāng ke lòu(词)清真寺配套建筑。即立于清真寺礼拜大殿前两侧的塔形建筑。高于清真寺,是清真寺用以召唤穆斯林们礼拜的处所。

【帮衬】bāng cheng(词)帮助、扶持。[例]兄弟姊妹要互相~。

【帮厨】bāng chù(词)帮助炊事员工作的非正式炊事人员。

【帮夫命】bāng fū míng(词)迷信认为某些女人有扶助丈夫顺利发达的命相。

【帮腔】bāng qiāng(词)支持别人,帮着说话。[例]在一边~。

【帮人帮到底,送人送到家】bāng rèng bāng dao dì,sóng rèng sóng dao jiā(熟)指做好事要有始有终,不能半途而废。

【帮闲帮不了忙】bāng xiàn bāng bú liao màng(熟)谓请人帮忙只能在别人有空闲的时候。

【梆嘴老乌丧家虫】bāng zui láo wu sáng jiā chòng(熟)犹乌鸦嘴,特指对外人说家里或本单位坏话的人。

【傍傍子】bāng bang zi(词)❶犹主体的旁边[例]从~走过去。❷擦边儿,接近。[例]虽然不完全像,也随个~。

【傍肩儿】bāng jiānr(熟)差不多,很接近。[例]这还~,不像原来那样离谱。

【榜纸】báng zhì(词)指用于抄写公告或画画的厚纸。

【棒槌】báng chui(词)❶捶打粮食或捶洗衣物的短木棒。❷戏谑语,犹不懂门道,缺心眼儿。

【棒打鸳鸯】báng dà yuān yang(词)鸳鸯:鸟名,常比喻夫妻。比喻强行拆散恩爱夫妻或情侣。

【棒头上出孝子】báng tòu shang chú xiáo zì(谚)谓从小严格管束的孩子长大后比较孝顺父母。

【棒头上教子,枕头上教妻】báng tòu shang jiáo zì,zhéng tou shang jiáo qī(谚)比喻对不同的人采取不同的教导方法。

【棒长一拃,宁戳不打】báng chàng yí zhà,níng chuó bú dà(熟)用木棍对打时的一种技巧。一拃:拇指和食指伸展的距离。

【傍个梁里】báng ge liàng ni（词）指偏离目标或中心。[例]钱都花到~了。

【傍个子】báng ge zi（词）❶一边，旁边，非正规渠道。[例]从~把钱领上走了。❷一半，半个。[例]一口气吃了~西瓜。

【傍个子人脸，傍个子狗脸】báng ge zi rèng liàn，báng ge zi gòu liàn（熟）比喻当头头的既要对下属有爱心，又要在特殊情况下拉得下脸子，严格管理。

【谤嘴】báng zuì（词）从旁说坏话。[例]办这种事，就怕有人在中间~。

【膀膀子底下】báng báng zi dí xia（熟）比喻父母长期把子女放在身边。[例]老把儿女放在~不利于他们成长。

【膀子】báng zi（词）❶鸟类的翅膀，人的胳膊。❷比喻助手。

【绑腿】bàng tui（词）指缠在裤腿小腿段的布条，可使走路方便，旧时士兵多用。

bao

【包办婚姻】bāo bán hōng ying（词）指由父母或其他人违反婚姻自由原则、包办他人婚姻的行为。

【包包子】bāo bao zi（词）旧指包袱。泛指背包、挎包。[例]夹着~回了娘家。

【包封子】bāo fēng zi（词）男女定亲时，男方将红白糖、茶叶、果干等包成若干包儿（须双数），作为礼品送往女方家。

【包袱皮子】bāo fu pì zi（词）包裹衣物等所用的方形布块。

【包袱子搂满了】bāo fu zi lōu mán le（熟）比喻捞到足够多的不义之财。[例]~，装病不干了！

【包袱子太小了】bāo fu zi tái xiáo le（词）对大包大揽者的质疑。[例]前者说："这事我包了！" 后者说："你的~吧？"

【包工头】bāo gōng tòu（词）挑头承揽工程或某项工作的人。

【包管】bāo guán（词）保证、肯定。[例]这回做的衣裳~叫你满意。

【包裹】bāo guo（词）旧指请老娘婆接生。[例]请老娘婆给~~。

【包夹小组】bāo jiá xiào zù（词）"四清"运动时，在农村基层成立的对"四类分子"实行监督改造的临时群众组织。

【包尖货】bāo jiān huó（词）指有包皮的阴茎。

【包浆豆腐】bāo jiāng dóu fu（词）指水分过多过嫩的豆腐。

【包来回】bāo lài huì（词）❶可以退换的货物。❷指说话没准儿，未置可否。[例]尽说些~的话。

【包兰公路】bāo làn gōng lú（词）包头至兰州的公路，现为北京至拉萨的109国道，永宁县内过境长度30公里。

【包兰铁路】bāo làn tié lú（词）包头

至兰州的铁路。[例]~从永宁县西部通过。

【包馍馍】bāo mò mo(词)饺子的另一种叫法。[例]那年去你家,你妈给我们吃的是~。

【包手】bāo shòu(词)晚上睡觉前将指甲草掺白矾捣碎,用苍耳草叶子包在手上,第二天即可染红指甲和手指。

【包席】bāo xí(词)预订整桌酒席。[例]是点菜还是~?

【包油】bāo yòu(词)老式榨油工艺。因在榨油时需要把磨碎的油料包在麻把子和罗框内制成坨,然后榨取油脂,故名。

【包园儿】bāo yuànr(熟)一人独揽,不让别人插手。[例]今天的会叫他一个人~了,别人连发言的机会都没有。

【包子】bāo zi(词)❶对麻袋的另一种叫法。❷一种有馅的面食。

【包子搁里头馊了】bāo zi gé lí tou sōu le(熟)比喻秘密从内部泄露出来,也比喻内讧。

【包子几个面几个,吃上几个算几个】bāo zi jí ge mián jí ge,chí shang jí ge suán jí ge(词)比喻有账慢慢算,不必着急。

【包子有肉不在褶上】bāo zi yóu róu bú zái zhé shang(谚)比喻重内容,轻外表。

【包子嘴】bāo zi zuì(词)形容嘴唇鼓出的嘴形。

【龅牙】bāo yà(词)虎牙长得太高太长或从旁长出多余的牙齿。

【褒贬】bāo pi(词)缺憾,小瑕疵。[例]别处都好,就是腿有点~。

【饱鼻子饱眼睛】báo bí zi bào yán jing(词)指五官饱满好看。

【包头白】báo tòu biá(词)即包头白菜。

【饱汉子不知饿汉子饥,骑驴的不知空走的】báo hán zi bú zhī wó han zi jī,qì lǚ di bú zhī kōng zóu di (熟)比喻有钱有势的人难以体会平民百姓的苦楚。

【饱一顿饥一顿】báo yi dóng jī yi dóng(熟)❶指吃饭不定时。[例]~,把胃都弄坏了。❷比喻粮食匮缺,经常断顿儿。

【宝贝疙瘩】báo bei gé da(词)极其珍爱的东西或人。[例] 爷爷把孙子看成~。

【保不定】báo bú díng(词)说不定,有可能。[例]~这事是他干的。

【保不住】báo bú zhú(词)说不定,不敢保证。[例]~哪一阵来。

【保得了一时,保不了一世】báo de liáo yí shì,báo bú liáo yí shí (词)特指做媒的人只能保证新婚夫妇目前的结合,保证不了一辈子和睦。

【保甲】báo jiá(词)旧时统治者用户籍编制管制老百姓的制度,保设保长,甲设甲长。中华人民共和国成立后废除。

【保山】báo shan(词)旧称保人或媒人。

【保住】báo zhu(词)❶保持,保证。[例]谁能~一辈子不害病?❷保护,维护。[例]住了几次院,也没把命~。

【菢鸡】báo jī(词)母鸡孵蛋。也叫抱鸡。

【报功扬名】báo gōng yàng mìng(词)多指通过新闻媒体把成绩宣扬出去,以邀功出名。

【报国忠良无下场】báo guó zhōng liàng wù xiá chang(熟)民间对忠心报国或忠于事业者遭受诬陷、迫害的同情和感叹。

【报丧】báo sāng(词)把死者去世的消息通知亲友。[例]儿子拿着丧棒到各处~。

【报喜不报忧】báo xí bú báo yōu(熟)❶下级向上级汇报工作只说成绩,不说问题。❷儿女对父母只说高兴事儿,不说烦心事儿。

【报销】báo xiāo(词)❶比喻彻底损失。[例]轮胎~了。❷用开支清单或票据到财务部门领取款项,核销预借款。

【报孝的】báo xiáo di(词)报丧的。

【报应】báo ying(词)佛教用语,指行善得善果,作恶得恶果。后专指作恶得恶果。

【抱粗腿】báo cū tuì(熟)比喻攀附或倚仗有权势的人。

【抱打不平】báo dá bú píng(词)遇见不公平的事挺身而出,帮助受欺负一方。[例]一生就爱~。

【抱裙裙】báo qiòng qiong(词)抱婴儿出门的小被子或棉斗篷。

【抱上垡垃洗泥去】báo shang fá lā xì mì ke(熟)戏谑语。垡垃本是泥土,根本洗不干净。[例]队长说:“你半截晌午才来上工,快~!”(意为没活可派)

【抱着膀膀子】báo zhe báng bang zi(词)❶两臂交叉放在胸前的样子。❷也指天冷时穿着单薄, 双臂相抱,萎缩怕冷的样子。

【暴发户】báo fá hú(词)突然发财得势的人或家庭。[例]看那个穿戴做派,就知道是个~。

【暴死】báo sì(词)因急病或外部原因而突然死亡。

【饱肚子,饿眼睛】bào dú zi,wó yán jing(熟)谓肚子已吃饱,眼睛还馋。比喻贪得无厌。

【保本】bào bèng(词)保住本钱。[例]为了回笼资金,就~销售。

【保丁】bào dīng(词)旧时保里的差役。

【保媒】bào mèi(词)给别人做媒。

【保长】bào zhàng(词)实行保甲制时保的负责人。

【保准】bào zhòng(词)保证,肯定,一定。[例]明天~到货。

bei

【背斗子】bēi dóu zi(词)指撮合不正当男女关系的行为,也叫拉皮条。

【背黑锅】bēi héi guō(词)代人受过。

【背罗锅睡了个拱腰炕，说话就抬杠】bēi luo guō shuí le ge gōng yāo káng，shuó huá jiú tài gáng（谚）背罗锅：驼背。拱腰炕：有凸起的炕。比喻互相抵触，发生争执。

【背山】bēi shān（词）比喻负重或进行重体力劳动。［例］吃那么多干啥，难道~去呢？

【背上】bēi shang（词）承担。［例］既然你不听劝，贴了钱你全~！

【背上醋葫芦上坟——穷酸了】bēi shang cú hú lu sháng fèng—qiòng suān le（歇）形容过于寒酸。

【背上二斗干粮访一访】bēi shang ér dòu gān liang fáng yí fàng（词）干粮：炒面或饼子。访一访：调查。比喻花时间调查。常表示自负。

【背上鼓手下乡——没事找事】bēi shang gù shou xiá xiāng—mú shí zháo shí（熟）鼓手：唢呐。比喻自找麻烦。

【背上口袋满街游——安的不量（良）的心】bēi shang kóu dai màn gāi yòu—ān di bú liàng（liàng）di xīng（歇）量：买进粮食。意为不打算买粮食，而有别的企图。比喻没安好心。

【背上五斗寻一石】bēi shang wù dòu xiòng yí dán（谚）斗、石为旧时计量单位，十斗为一石。比喻没事找事，自加罪责。

【背上西瓜上刀山——耍红瓤（人）呢】bēi shang xī gua sháng dāo shān—shuà hòng ràng（rèng）ni（熟）讽刺语。

【背上猪头认不得庙】bēi shang zhū tòu réng bú de miáo（熟）比喻拿着礼物找不到进献的地方。有时为自负，有时为嗔怪义。

【背着牛头不认赃】bēi zhe niù toù bú réng zāng（谚）比喻在赃证面前不认账（罪）。

【背篼扣鱼——不是好罩（兆）】béi dòu kòu yù—bú shi háo zhāo（zháo）（歇）不是好兆头。罩：捕鱼工具。背篼上部无口，即使能捕到鱼也取不出来。

【背篼架子】béi dòu jiá zi（词）支撑背篼的三脚木架，旧时一人用背篼运送土粪时的辅助工具。

【背过里】béi guó ni（熟）避开别人，单独。［例］~给他说说。

【背过身子】béi guo shēng zi（熟）将脊背对着别人。［例］~哭鼻子。

【背后疙崂子】béi hou gé lāo zi（词）僻静的角落。

【背后湾湾子】béi hou wān wan zi（词）背后。［例］老在~讲人。

【背后之言】béi hóu zhī yàn（词）❶背后的话。❷听到的闲话。

【背靠背】béi káo béi（熟）指跟当事人分别谈话的方式。

【背靠大树好乘凉】béi káo dá shú háo chéng liàng（谚）指依仗某种势力得好处。

【背炮打死人】béi páo dà si rèng(谚)象棋术语。比喻用不光明的手段将人置于死地。

【背气】béi qí(词)因疾病或极度生气等原因突然休克。[例]气得差点~了!

【背时】béi shì(词)时运不顺,倒霉。[例]真~,到手的生意丢了!

【悖晦】béi huì(词)糊涂,昏聩,多指老年人。[例]活~了。

【被挡头】béi dáng tou(词)缝在被子一边,防止脖子、头部把被边磨脏的布子。

【被书皮子】béi shū pì zi(词)包书皮儿。

【被窝里放屁——独吞】béi wō ni fáng pí—dú tōng(歇)比喻一人独享共同成果。

【辈辈有个传流】béi béi yóu ge chuàn liù(词)❶指上代人给后代留下的影响和习惯。❷也指下代对上代传统的继承和发扬。

【辈辈有个接脚的】béi béi yóu ge jié jué di(熟)指一成不变地承袭上辈人的某些习惯和做法。

【辈历】béi li(熟)辈分。[例]两个人~不对,不能找对象。

【焙干】béi gān(词)微火烧烤或隔一层东西加热烘干。[例]娃娃吃住了(积食),把鸡肫肝用瓦片~研碎喝上就好了。

【褙子】béi zi(词)把纸和布一层层粘起来晒干,作为做鞋的材料。[例]打几张~做鞋。

beng

【奔颅头】bēng lu tòu(词)指前额凸出的脑袋。

【锛】bēng(词)木匠使用的像镢头样的削木工具。

【蹦子跳的】bēng zi tiǎo di(熟)指激动时跳蹦子。[例]动不动~。

【奔】béng(词)接近。[例]撂掉四十~五十的人了。

【奔不到】béng bú dáo(词)因距离远而走不到,见不着,联系不上。

【奔生】béng sēng(词)临盆,婴儿即将出生。

【本地不服本地僧,外来的沙弥子能念经】béng dí bú fú béng dí sēng,wái lài di shā mi zi nèng nián jīng(谚)比喻看不起本地人才、只迷信外聘人才的片面认识和做法。

【本米】béng mì(词)普通稻米。与糯米相区别。

【本年】béng nian(词)本命年。[例]今年是~,系个红裤带吧。

【本年生一子,铁榔头打不死】béng nian sēng yí zi,tié làng tou dá bú sì(谚)迷信认为已婚男子于本命年生的儿子,命大寿长。

【本钱】béng qian(词)❶男性外生殖器的另一种叫法。❷可倚重的本领、资源等。[例]胆量也是创业的一种"~"。

【本事】béng si(词)能力,本领。

【本事不大,毛病不小】béng si bú dá, mào bing bú xiào(熟)意思如文。

【坌】béng(词)飞扬的尘土落到物体上。[例]家具上~了一层灰。

【笨鸟先飞】béng niào xiān fēi(词)比喻能力差的人先行动。

【笨人自有笨办法】béng rèng zí yóu béng bán fa(熟)比喻解决问题的方法有多种,各有其法。

【笨嘴拙舌】béng zuí zhuó shè(词)形容没口才,不善言辞。

【蚌壳子】béng ke zi(词)即河蚌。

【绷扯了】bēng ché le(词)因过度撑绷而撕裂。[例]蹲的时候小心点,别把裤裆~。

【绷撑】bēng ceng(词)形容拥挤,吃紧,挤占。[例]家里娃娃多,~得大人吃不好。

【绷紧】bēng jìng(词)❶把布子、绳子、金属丝等软的东西拉展。[例]把花绷子~点。❷指面部表情严肃。[例]脸绷得紧紧的。

【蹦蹦车】béng beng chē(词)指从事客货运输的小型三轮车。

【蹦跶】béng da(词)蹦跳。多比喻挣扎。[例]秋后的蚂蚱,~不了几天了。

【本登】bèng dèng(词)形容阴茎猛然勃起。比喻本事、能力、胆量等(略含讥诮、怀疑之义)。[例]你有那个~吗?

【本式花子】bèng shí huā zi(词)简单朴素的花纹图案。[例]袜底子上绣了几朵~。

bi

【屄哒烂闲话】bī da lán xiàn hua(词)说牢骚话,发怨言。[例]别叫他知道,免得~的。

【屄烦麻由】bī fan mà yòu(熟)尽说些杂七杂八的牢骚话。[例]不要叫他,免得他~的。

【屄皮吊舌】bī pi diáo shè(词)形容本来完好的设备或器具变得支离破碎,七零八落。[例]好好的东西,叫他拆得~的。

【卑鄙下贱】bī pi xiá jián(词)品行恶劣,行为下作,不知廉耻。[例]那个家伙净做些~的事!

【逼得猴上树】bí di hòu sháng shú(口)比喻极为窘迫,到了无法可想的地步。[例]银行不放贷,开发商一个个~呢!

【逼供信】bí góng xíng(词)谓采用酷刑或威胁等手段逼迫当事人招供并据以定案的做法。

【逼楔子】bí xié zi(词)比喻紧逼,加压力。[例]不给下面~,任务咋完成?

【鼻凹里】bí wá ni(词)鼻翼两侧的凹处。

【鼻囊颔水】bí nang hān shui (词)形容嘴唇、下巴上堆满鼻涕涎水。

【鼻青脸肿】bí qīng liàn zhòng(词)形

容脸部受伤。[例]叫别家打了个~。

【鼻须】bí xu(词)穿在牛或骆驼鼻子上拴系缰绳的小木棍儿。[例]牛~。

【鼻子出了个大泡】bí zi chū le ge dá páo(熟)鼻子:鼻涕;出:鼻涕因充气而起泡。流鼻涕的人突然破涕为笑时出现的情况。

【鼻子大了把嘴压住了】bí zi dá le bá zuí yá zhú le(词)比喻以权势压人。

【鼻子底下没长着个嘴】bí zi dí xia mú zháng zhe ge zuì(熟)反诘语,意谓自己有嘴,为什么不问不说?

【鼻子还没钻过烟】bí zi hài mú zuān guó yān(熟)比喻尚未经过独立生活的磨炼,体会不到当家过日子的难处。

【鼻子揩干净吃老虎去】bí zi kāi gān jing chí lào hu ke(熟)要"花花子"调侃语,即上家出"虎"牌让下家吃。

【鼻子窟窿】bí zi kū long(词)即鼻孔。

【鼻子里插葱——装象】bí zi ni chá cōng——zhuāng xiáng(谚)讽语,不懂装懂,假装正经。

【鼻子嗵隆出好汉】bí zi tōng long chú háo hǎn(谚)谓小时经常流鼻涕的孩子,长大后可能成材。嗵隆:吸鼻涕的声音。

【鼻子往眼窝里流】bí zi wáng yán wó ni liù(熟)鼻子、鼻涕。比喻地位高的不能屈就(服)于地位低的。[例]叫长辈去求晚辈,不是~吗?

【鼻子一把眼泪一把】bí zi yí bà yán lui yí bà(熟)形容边哭诉边抹鼻涕眼泪。

【秕子】bí zi(词)谷物里不饱满的颗粒。

【笔杆子】bí gán zi(词)指会写文章的人。[例]他是我们单位的~。

【笔体】bí tì(词)笔迹。[例]一看~,就知道信是谁写的。

【笔头子】bí tòu zi(词)指写作能力。[例]嘴头子~都行。

【毕了】bí le(词)完了,没指望,结束了。[例]~,救不活了。

【闭口无言】bí kòu wù yàn(词)形容理屈词穷,无话可讲。

【闭气】bí qí(词)❶人接触某些有毒有害气体或液体时呼吸受到抑制的感觉。[例]氨水的气道~呢。❷指暂时屏住呼吸。[例]淹猛子要会~。

【滗药】bí yué(词)中药熬好后挡住渣滓让液体流出。

【滗汤】bí tāng(词)挡住稠物,倒出汤水。

【碧玉麦】bí yu miá(词)小麦品种,原产澳大利亚,1942 年引入宁夏。20 世纪 50 年代后期曾大面积种植。

【篦子】bí zi(词)用竹子制作的梳头用具,中间有梁儿,两侧有密齿。

【避背】bí bei(词)回避,避嫌,隐蔽。[例]他不肯说是~你呢。

【避讳】bí hui(词)回避,忌讳。[例]都是自己人,不要~。

【避嫌】bí xiàn(词)避免嫌疑。[例]人家谈私事你听啥?不知道~!

【避邪】bí xiè(词)避开或预防鬼神给予的灾祸。迷信。

【辟语】bí yú(熟)人死前失语。[例]已经~了,快准备后事吧。

【比上不足,比下有余】bí sháng bú zú, bí xiá yòu yù(谚)形容处于中间状态或知足常乐的心态。

【比猴还灵】bì hòu hài lìng(熟)形容特别聪明。[例]他~,能上你的当?

【比鸡骂狗】bì jī má gòu(熟)犹指桑骂槐。

【比屎多两个耳朵】bì qiù duō liáng ge ér duo(熟)讽刺语,谓跟普通人一样。[例]有啥了不起,也不就~!

【比三国说列国】bì sān guo shuó lié guo(熟)指以典故做例子进行劝说。

【比张良骂韩信】bì zhāng liàng má hàn xíng(谚)犹指桑骂槐。张良和韩信都是刘邦的重臣。

【比坐月子的婆姨还虚】bì zuó yué zi di pò yi hài xū(词)讽刺语,比喻行为太虚伪或身体太虚弱。

【秕钱钱】bì qiàn qian(词)形容豆类的荚实像榆钱一样不饱满。

bia

【咟】biā(词)象声词,拍打声。也可做动词,犹粘贴。[例]把泥~到墙上。|脸上~满了纸条儿。

【掰开】biá kāi(词)用手把东西分成两半。[例]把馍馍~吃。

【掰开沟子叫人看】biá kāi gōu zi jiáo rèng kán(熟)自暴隐私或家丑。[例]不悄悄压了,还~。

【掰开沟子往外掀】biá kāi gōu zi wáng wái xiān(熟)自暴隐私。[例]那些丑事,别人不说也就算了,你还~!

【掰开眼睛】biá kāi yán jing(词)刚起床,睁开眼睛。[例]~就要吃东西。

【白白的】biá biá di(熟)❶白色。多指成片的白色或坌上了白色粉尘。[例]在磨坊里耍了半天,身上坌得~。❷徒劳,白费时间或力气。[例]~等了半天。

【白吃馍馍还嫌分量轻】biá chí mò mo hài xiàn féng liang qīng(熟)比喻不识好歹,不知满足。

【白吃谁不吃,不吃白不吃】biá chí shuì bú chí,bú chí biá bú chí (熟)指吃喝不要钱的。

【白搭】biá dá(词)❶白给。❷白费劲,毫无用处。[例]人家不听,说多少话也是~。

【白搭秤】biá dá chéng(词)另外白给的好处。[例]给多少也是~,谁念你的好?

【白搭话】biá dá huá(词)见了年长的人不叫尊称而直接搭话。

【白刀子进去,红刀子出来】biá dāo zi jìng ke,hòng dāo zi chú lai(熟)指用刀子戳。威胁性语言。

【白得儿哈】biá der hā(熟)徒劳,无效,不能怎样。[例]查了半天,还不是~。

【**白瞪眼**】biá déng yan(词)❶束手无策的样子。[例]谁来了也是~,没办法。❷指白眼仁多的眼睛。

【**白葫芦子**】biá hú lu zi(词)形容脸白得像白色的葫芦一样。

【**白话**】biá hua(词)即谎话,空话,造谣。[例]那人爱说~,不能信。

【**白话三千**】biá hua sān qiān (熟)全是假话。[例]你~的胡说啥呀!

【**白尽义务**】biá jíng yí wu(熟)没有报酬的劳动。[例]干活不给工钱,难道叫人~?

【**白来白去**】biá lài biá ké(词)不送礼而求人办事。[例]想办事,就不能~。

【**白了**】biá le(词)黄了,完了,白白没了。[例]莫非~不成?

【**白蛉子**】biá ling zi(词)一种很小的白色飞蛾。

【**白露**】biá lu(词)二十四节气之一,每年9月8日前后,气温降低,出现露水。

【**白露的雷,不空回**】biá lu di luì,bú kōng huì(谚)该节气响雷,必定要下雨。

【**白卵子耍船,黑卵子打柴**】biá làn zi shuà chuàn,héi làn zi dà chài(谚)卵子:睾丸。谓卵子白的小孩享福,卵子黑的小孩受苦。唯心说法。

【**白麻子**】biá mà zi(词)出天花后留下的与皮肤颜色相同的凹坑,俗称~。相对黑麻子而言。

【**白马拉缰**】biá mà lā jiāng(熟)传说唐徕渠、汉延渠初凿不成,后按皇帝派遣的一匹白马拉的缰绳印儿开凿,终获成功。

【**白麦子**】biá miá zi(词)当地指碧玉麦。

【**白么拉拉**】biá me lā lā(词)没有怎么样,不能怎么样。[例]他把车整坏了,还不是~的。

【**白煤匠,黑船匠**】biá mèi jiang,héi chuàn jiang(谚)煤矿工人晒不到太阳,洗去煤灰后脸是白的;船工不离水,却洗不白被太阳晒黑的皮肤。

【**白沫子乱翻**】biá mo zi lán fān (熟)说话时间太长,嘴角上出现白色唾沫泡儿。

【**白胖白胖,鸡鸡子朝上**】biá páng biá páng,jī jī zi chào sháng(谜)谜底:白瓷茶壶。

【**白胖白胖,鸡鸡子朝上,眼睛一斜,进去半截**】biá páng biá páng,jī jī zi chào sháng,yán jing yí xiè,jíng ke bán jiè(谜)形容用白色陶瓷小壶喝茶水的样子。

【**白皮稻**】biá pi dáo(词)当地20世纪60年代前种植的水稻品种。生长期短,皮薄,米质适口,但抗病差,易倒伏。

【**白皮匠**】biá pì jiang(词)指以羊、狐狸、兔等动物毛皮鞣制皮草的工匠,皮草可制服装。因鞣制后的板皮为白色，故名。与臭皮匠相对。

【白皮蒜】biā pi suán（词）指蒜头皮薄洁白、蒜瓣少有夹瓣、黏辣郁香的大蒜，对紫皮蒜而言。

【白屎不懂，稀屎拉了两裤筒】biā qiù bú dòng，xī shi lá le liáng kú tòng（顺）犹傻瓜或不懂装懂。

【白日鬼】biá rí guì（词）指谎话不断、招摇撞骗的人。

【白生生】biá séng seng（词）指食物或织物的颜色，多有珍惜之意。[例]~的米饭，吃不完就倒了！

【白石头】biá shí tou（词）地名，即内蒙古阿拉善左旗巴润别立镇白石头嘎查村。与永宁县一山之隔，两地民间交往频繁。

【白实实】biá shí shi（熟）形容睁眼干坐，无所事事。[例]一个人~地坐在家里，难道不心慌？

【白水面】biá shui mián（词）指不加任何佐料的面条或面片，在因病忌口等特殊情况下食用。

【白水炸辣子】biá shui zhá lá zi（熟）比喻种地不上粪。

【白填馅子】biá tiàn xián zi（词）白给好处，没有回报。[例]给的再多，也是~。

【白贴五谷】biá tié wú gu（熟）白搭吃喝，不会劳动或创造财富。

【白头暄翻】biá tou xuàn fān（词）形容满头白发。

【白效劳】biá xiáo lào（词）无报酬的工作或帮助，含不情愿义。

【白烟打了】biá yān dá le（词）某些燃料燃烧后产生的微型飘浮颗粒落在物体上呈现出的白色。[例]刮风天忘了关窗子，屋里跟~一样。

【白眼翻】biá yàn fān（熟）形容不知情或回答不上来。[例]一问一个~。

【白眼窝子】biá yàn wo zi（词）借戏剧中抹白眼窝的角色比喻看风使舵、八面讨好的人。[例]那是个见啥人说啥话的~。

【白杨树是谁栽的，黑老乌是谁惹的】biá yang shú shi shuì zāi di，héi láo wu shi shuì ré di（熟）比喻要弄清事情（故）的因果关系。老乌：乌鸦。

【白雨】biá yu（词）雷阵雨、暴雨。

【白哲哲】biá zhé zhe（词）形容脸色发白，没有血色。

【白纸黑字】biā zhì héi zí（词）比喻有文字凭据，不容抵赖。

【白龇龇】biá cí ci（词）形容布匹或其他物品颜色太白或褪色。[例]这件衣裳~的，不好看。

【白字先生】biá zi xiān seng（词）经常读错或写错字的人。

【白案】biá án（词）指做面点的案板，也指面点师。

【白道】biá dáo（词）江湖上称正派人为白道，邪派人为黑道。

【白骨精】biá gú jīng（词）本指《西游

记》中白骨变成的妖精。现多指妖冶多事的女子。

【白马认成龙了，黑狗认成熊了】biá má réng chèng lòng le,héi gòu réng chèng xiòng le(顺)讽语,比喻不辨真假,看错了身份或能力。

【白忙乎】biá màng hu(词)徒劳。[例]~了一气。

【白面书生】biá mian shū seng(词)指只读书,不劳作,面孔白净,见识浅薄的读书人。

【白铁皮】biá tié pì(词)镀锌铁皮的俗称。

【白铜】biá tong(词)铜钴镍合金。

【百灵嘴】biá ling zuì(词)比喻能说会道的人。

【百屎知】biá qiù zhī(熟)对自诩无所不知者的讽语。

【百姓百姓，一百条心】biá xing biá xing,yí biá tiào xīng(熟)指人各有各的想法,不可能整齐划一。

【百家姓】biá jiā xíng(词)一本辑录中文姓氏的书，共收姓氏 504 个,与《三字经》《千字文》共为古代幼儿启蒙读物。

【百九的六十——二百五】biá jiú di lú shi——ér bia wù(歇)意在强调二百五。详见"二百五"条。

【北斗七星】biá dòu qí xīng(词)由天枢、天璇、天玑、天权、玉衡、开阳、摇光七颗星组成的斗形天体,可辨别方向和四季。

【北面子】biá mián zi(词)北面的地方。[例]~的田全种麦子。

【北渠】biá qù(词)地名,因渠得名。原属增岗乡,现属望洪镇。[例]~生产大队(1961 年)。|~村(1985 年 3 月后)。

【北塔】biá yá(词)又称海宝塔,在银川市北郊。塔高 53.9 米,亚字形十一级楼阁式砖制佛塔。相传为公元 5 世纪大夏国主赫连勃勃所建，故又称"赫宝塔"。该塔曾因地震多次毁坏。现塔系清乾隆年间重建。

【北银】biá yìng(词)银川北部地区。[例]从~里来的亲戚。

【咱吖】bià dà(词)拍打声。比喻本事、能耐。[例]你有那个~?

bian

【边边子】biān bian zi(词)指边缘,边上。[例]车往~停着点。

【边墙】biān qiàng(词)长城,当地人指贺兰山东麓的明长城。

【边头边脑】biān tou biān nào（词）❶边远处的散地。❷边角料。

【边外的鞑子】biān wái di dá zi(词)指边塞以外的夷族。比喻非正式成员。

【边张子】biān zhang zi(词)麻将牌中三张数序连接的牌靠边的一张,如三四五中的三或五。

【砭】biān(词)古代中医用石针疗病的方法,现指用火针治病。[例]拿火针~—~。

【编斗子】biān dóu zi(词)尿床的戏谑说法。[例]要睡觉了,还喝那么多水,愁得晚夕不~?

【编筐筐子】biān kuāng kuang zi(熟)❶比喻编造陷害他人的问题或罪名。❷用细枝条编筐。

【编沓】biān ta(词)编排,生编硬造。[例]~着骂人呢。

【鞭打快牛】biān dá kuái niù (熟)比喻头一次任务完成得好、下次布置任务时加码的做法。

【鞭打的快牛,多窝两个回头】biān dá di kuái niù,duō wō liáng ge huì tou(熟)回头即回趟,比喻欲速而不达。

【鞭打绳拴】biān dà shèng shuān(词)形容旧时平民遭受官府或恶霸的欺压。

【鞭打绳子】biān dà sheng zi(词)拴在鞭鞘末梢的细皮条,甩鞭子时能发出响声,并可保护鞭鞘。

【鞭鞘】biān shāo(词)拴在鞭杆上的细皮绳。

【鞭子】biān zi(词)❶牛、羊等雄性动物的阳物。❷一种用来抽打的工具。通常由鞭杆(柄)和鞭绳构成。

【鞭子是给牲口指路的】biān zi shí gèi sēng kou zhì lú di(熟)劝导人爱惜牲口,不要动辄用鞭子抽。

【扁扁货】bián bian huó(词)暗指女性生殖器。

【扁扁子】bián bian zi(词)使物品变扁。[例]一锤把铜壶砸了个~。

【扁大扁大】bián dá bián dá(熟)对脸盘大、身体壮实的青少年的赞语。[例]孙子长得~的。

【扁食】bián shi(词)饺子的另一种叫法。

【变工】bián gōng(词)以工换工。

【变工队】bián gōng duí (词)20世纪50年代前期,农民在农业生产中相互调剂人力、畜力的组织形式,也叫变工。

【变狗】bián gòu(词)对小儿生病的婉语。[例]娃娃这两天~呢。

【变卦】bián guá(词)指改变已定的事情。[例]说好的事咋能~?

【变货头】bián huo tòu(词)本指变了种的瓜果。比喻野蛮、粗暴、不讲理的男子。[例]那是个~,没法跟他说!

【变脸比脱裤子还快】bián liàn bì tuó kú zi hài kuái(词)比喻说翻脸就翻脸(贬义)。

【变驴】bián lǘ(熟)比喻做乱伦之事。

【变色龙】bián sé lòng(词)比喻在政治上善于变化和伪装的人。

【变腾】bián teng (词) 变卖东西。[例]把旧车子卖了,~几个钱,给老爹看病。

【变天】bián tiān(词)比喻政权更迭。多指旧势力复辟。

【变性的骡子】bián xíng di luò zi(熟)

骡子性情乖戾，随时会踢人或尥蹶子。比喻人情绪不稳定，随时会翻脸。

【变种】bián zhòng(词)生物由原种变生新种。[例]西瓜串了花要~。

【便】bián(词)就是，即使。[例]老鼠尾巴砸给一棒槌——~肿了又有多粗?

【便罢】bián bá(词)犹算了，则已。[例]没事~，有事还找你!

【便当】bián dang(词)方便，现成。[例]饭~着呢，你吃了再走。

【便宜】bián yi(词)方便、现成，便当。[例]只要他有现成货，我的钱~着呢，啥时候都能买。

【遍纳】bián ná(词)手工纳鞋帮时一种普遍缝纳的细密针脚。

【辫子夫妻】bián zi fū qi(词)头婚夫妻。辫子:指未婚女子的辫子。

【扁】biàn(词)❶把东西掖在腰间。[例]把钱~到腰里。❷用拳头打。[例]拿捶头~他。❸用没牙齿的嘴嚼东西。

【扁塌塌】biàn tá ta(词)指扁形物件、容器或鼻子。[例]~鼻子。

【扁哇哇】biàn wá wa(词)形容被损坏变形的容器。[例]一脚把竹筐踩成个~。

【扁心疼扁心疼】biàn xīng teng biàn xīng teng(熟)对脸盘大的小孩的赞语。[例]这个娃娃长得~的。

【扁嘴子】biàn zui zi(词)形容无话可说，无言以对，无理。[例]他没理，叫别家一说一个~。

【匾】biàn(词)把裤脚、衣袖等向上折叠。详见附录二。[例]~起裤腿下稻田。

【匾手抹胳膊】biàn shou má gé bo(熟)犹摩拳擦掌，跃跃欲试。永宁方言指准备打架的样子。[例]动不动~的干啥呢!(呵斥制止)

biang

【𰻞𰻞子】biàng biang zi(词)❶乱子，错误。[例] 又干了个~事。❷摔倒。[例]跌了个~。

biao

【标兵工分】biāo bīng gōng fēng(词)农业学大寨运动中曾经推行的一年评定一次工分的做法。[例]参照~评定其他人的工分。

【标致】biāo zhi(词)五官端正好看。[例]吃面吃个清爽面，嫁人嫁个~汉。详见附二。

【膘满肉肥】biāo man róu fèi (词)多用于形容女子体格丰满。

【摽齐】biáo qì(词)看齐，对直。[例]前后~。

【摽着干】biáo zhe gán(词)对比、较劲。[例]两个组~。

【表舅】biáo jiú(词)指母亲的表兄弟。

【表面光】biáo mian guāng(词)形容徒有其表。[例]驴粪蛋蛋——~。

【表侄子】biáo zhé zi(词)表弟兄的儿子。

【表叔】biáo shú(词)父之表兄弟，当地人称爸爸。

【表功】biào gōng(词)表白自己的功劳。[例]干一点活就~。

【表亲】biào qīng(词)与外祖父、外祖母、母亲的兄弟姐妹的子女间的亲戚关系。

【表姊妹】biào zí mei(词)舅舅与姑妈的女儿间的亲戚关系。

【婊子的娃娃——乍杂杂】biáo zi di wà wa — gā zā za(歇)骂人的话,意为乍古难处的人。

【婊子儿】biáo zir(词)骂人的话,较轻微。[例]这个小~太捣蛋。

【婊子有身转】biáo zi yòu shēng zhuàn(熟)意为娼妓也有转换身份(走运)的机会。常做对困顿或地位低下者处境改善的妒语。

【裱栈子】biáo zhán zi(词)用土墼、泥巴砌糊的盛粮容器。

【鳔】biǎo(词)鳔胶。[例]你的嘴叫~粘住了?(不说话)

【裱仰池】biào yáng chi(词)用纸裱糊顶棚。

bie

【憋气】biē qi(词)憋闷,心里不痛快。

【憋气】biē qí(词)屏住气。[例]淹猛子要会~。

【憋气】bié qi(词)地方太狭窄。[例]房子小,太~!

【鳖盖】bié gái(词)甲鱼(王八的甲盖。[例]~帽子。

【鳖盖帽】bié gái máo(词)即大檐帽。

【鳖子】bié zi(词)盛装液体的肚大口小的扁形容器。[例]酒~。

【瘪壳子】bié ké zi(词)捅娄子,闯乱子。[例]一干一个~。

【瘪头嘴歪】bié tou zuì wāi(词)狼狈不堪。[例]叫人家骂得~。

【熚火烧卵子】bié huo shāo làn zi(熟)就像被爆炸的火星儿灼了睾丸一样急跳起来。熚:火爆声。

【晰花】bié huā(词)即爆米花。

【晰了】bié le(词)豆荚干枯爆裂。木头或木制用品因干燥而裂缝。[例]桌面子~。

【晰裂子】bié liá zi(词)皮肤因寒冷干燥而出现的小口子。[例]嘴干得~呢!

【别扭】biē niu(词)❶闹矛盾。❷说话、作文不顺畅。[例]这句话太~。❸性格孤僻不合群。[例]这人太~!

【别七】biē qí(词)扑克牌玩法之一,即把带七点的牌留在手里,卡住别人。

【别刀子】bié dāo zi(词)耍“花花子”术语,即轮到二家或三(底)家抓牌时,把该抓的那张牌插在牌堆里面抓下一张牌。

【别家】biè jia(词)别人,人家。

【别家屋里点灯,你们屋里不亮】biè jia wú ni diàn dēng,ní meng wú ni bú liáng(谚)比喻用心经营和依靠自己家庭,不要把希望寄托在别人身上。

【别家子】biè jià zi(词)人家。有时用于夸奖,有时用于嫉妒。

【别们】biè meng(词)别人,别家,他们。[例]~都走了,我们也走。

【别人的肉贴不到自己身上】biè reng di róu tié bú dáo zí ji shēng shang(谚)不取不义之财。

【别人觉着不惯的,他还觉着受看的】biè reng jue zhé bú guán di,tā hài jué zhe shóu kán di(熟)对长相丑陋、过度打扮或扭捏作态者的讽语。

【别人喂上狗咬旁人,我们喂上狗咬自己】biè reng wéi shang gòu yào pàng rèng,wó móng wéi shang gòu yào zí ji(熟)狗指自家人或本组织成员。咬指攻击、陷害、出卖、泄露机密等。

【别人嘴里的菜蔬】biè reng zuí ni di cái su(熟)家禽家畜让别人偷去吃了。

【别余的】biè yù di(词)其他的,另外的。[例]只说这件事,~事不要提。

bing

【冰泼的】bīng bá di(熟)像冰一样凉彻肌骨。[例]雪糕~,我吃不成。

【冰泼实凉】bīng bá shí liàng(词)冰凉。暖气片~的,还收采暖费?

【冰车车】bīng chē che(词)用木条或制作、用带尖的金属棍子在冰面上撑滑的简易玩具车。

【冰冻三尺,不是一日的寒呼】bīng dóng sān chi,bú shi yí rí di hàn hu(谚)比喻事情由来已久,不是一朝一夕所形成的。

【冰冻一瓦,一人一马】bīng dóng yí wà,yí rèng yí mà(熟)谓黄河水面上的冰结到一瓦厚,便能经住一人一马了。

【冰锅冷灶】bīng guō léng záo(词)形容无人做饭或无米下锅的冷清景象。

【冰凌响,白菜长】bīng lìng xiàng,biá cai zhàng(谚)谓初见冰凌的时节,是白菜心快长、抱得瓷实的时候,也最好吃。

【冰丝冷火】bīng sī lèng huò(词)形容家里没人做饭,冷清、凄凉。

【冰眼】bīng yàn(词)冬天捕鱼时在冰上凿的眼儿。

【兵败如山倒】bīng bái rù shān dào(谚)比喻败局无法挽回。

【兵不离营,马不离寨】bīng bú lì yìng,má bú lì zhái(谚)比喻不能擅自脱离岗位。

【兵荒马乱】bīng huāng má lán(词)比喻秩序混乱,心绪不宁。[例]这一向家里~的,哪有心境打麻将?

【兵来将挡,水来土掩】bīng lài jiáng dàng,shuì lài tù yān(谚)敌人来犯,就引兵抵抗;大水来了,就用土堵拦。比喻根据情况灵活应对。

【兵马散了】bīng má sán le(熟)指人正常死亡前,身上的虱子会因吸不到血液而自行离开。[例]身上的~,活不了几天了。

【兵马未动,粮草先行】bīng má wéi dóng, liàng cào xiān xìng(谚)比喻一项工作未全面展开之前,物质准备工作要先做好。

【兵没粮自散】bīng mú liàng zi sán(谚)比喻没有基本生活供给就留不住人。

【兵痞】bīng pì(词)指在旧军队中长期当兵、沾染了恶习的人。

【兵强马壮】bīng qiàng má zhuáng(词)形容军队实力强,富有战斗力。

【兵㞞㞞一个,将㞞㞞一窝】bīng sòng sòng yí ge,jiáng sòng sòng yí wō(熟)比喻领头人的决心和作风对下级有直接影响。

【兵无将不动，蛇无头不行】bīng wù jiáng bú dóng,shè wù tòu bú xìng(谚)比喻集体行动必须有人率领和指挥。

【兵油子】bīng yòu zi(词)在旧军队中长期当兵、老于世故的人。

【滨河大道】bīng hè dá dáo(词)宁夏境内与 109 国道基本平行,集黄河防洪防凌、汽车运输为一体的一级公路，全长 508 公里,2010 年 7 月建成通车,永宁过境长度 28.2 公里。

【秉性】bíng xing(词)指后天形成的性格。在一定条件下可改变。

【禀性】bíng xing(词)指与生俱来的本性,大多来自遗传因素。[例]江山易改,~难移。

【并排】bíng pài(词)排列在一条线上。[例]两家的房子~。

【并齐】bíng qì(词)并排且整齐。[例]双脚~。

【病病拖拖】bíng bing tuò tuo(词)形容身体不好,经常生病。[例]老是~的,干不成重活。

【病从口入,祸从口出】bíng còng kóu rú,huó còng kóu chú(谚)指人的疾病多由饮食不卫生而造成,人的祸患多因说话不当或不谨慎而引起。

【病公鸡】bíng gōng ji(词)比喻经常有病的人。

【病害到这里了】bíng hái dào zhé ni le(熟)比喻一心想达到的目的或心病。

【病好遇缘人】bíng háo yú yuàn rèng(谚)缘人,有缘的人。指偶然或碰巧。

【病来如山倒，病去如抽丝】bíng lài rù shān dào,bíng ké rù chōu sī(谚)比喻得病容易治病难。

【病人不忌口，坏了医生手】bíng rèng bú jí kòu,huái le yī seng shòu(谚)病人如不按医生嘱咐忌食某些食物,就收不到好的疗效,间接损害医生名声。

【病人不忌嘴,医生跑断腿】bíng rèng bú jí zuì,yī seng páo duán tuì(谚)指病人不听医嘱，治疗期间乱吃东西，使疗效降低，增加医生出诊次数。

【屏口不提】bíng kóu bú tì(词)避而不说,没有提起。屏口:闭住嘴。[例]答应向上级反映,见了领导却~。

【饼饼的】bìng bìng di(词)形容棉被、棉褥、棉衣等长时间使用而变得实密、板结。[例]褥子~,拆了把棉花弹弹。

bo

【饽饽】bō bo(词)即锅巴。

【波棱盖】bō léng gái(词)膝盖、膝关节。[例]我的~有点儿痛。

【玻璃亮子】bō li liáng zi(词)木格窗下方安装的小块玻璃,用于透光外看。

【玻璃砖】bō li zhuān(词)加厚的玻璃。[例]写字台上放着一块~。

【驳词】bō ci(词)挑剔,找毛病。[例]除了嫌年龄大,对其他方面没啥~。

【拨棍子】bó gong zi(词)在磨眼里插的细棍儿。借助磨扇转动摩擦,使~不断抖动,把磨扇上的原料从磨眼漏进磨膛。

【拨火棍儿】bó huó góngr(词)比喻挑拨、煽动闹事的人。[例]那是个~,只能挑事,不会压事。

【拨拉不开】bó lā bú kāi(熟)形容组织能力差,不会指挥布局。

【拨浪鼓】bó láng gù(词)带柄和线锤儿的小鼓。

【拨提子】bó ti zi(词)捻线的陀螺。[例]用~打毛线。

【拨嘴】bó zuì(词)争吵,口角。[例]两口子~是常有的事。

【拨治】bò zhi(词)用迷信方法为小孩治病。[例]请隔壁的老奶奶给娃娃~~。

【钵钵子】bó bo zi(词)形状像盆、边缘内卷的陶制小器皿。[例]辣~。

【剥麻】bó mà(词)将麻的韧皮纤维从麻秆上剥取下来。[例]农闲的时候,社员们就~。

【剥你的皮】bó ní di pì(熟)犹扒你的皮,恐吓、威胁人的话。

【钹】bó(词)打击乐器,铜制圆片,中部隆起呈半球,正中有孔可穿绳或布条,两个为一副,相击发声。

【脖筋】bó jīng(词)脖子上的筋,也指脖子。[例]他吃亏就招了~太硬。

【脖项】bó háng(词)脖子,颈项。[例]他的~长,衣服领子做高点。

【脖子直】bó zi zhí(熟)比喻性格耿直,不肯屈服。

【脖子转得快】bó zi zhuán di kuái(熟)形容头脑灵活,看风使舵,立场、态度转变快。

【跛子】bó zi(词)对瘸子的委婉叫法。

【簸箕】bó qi(词)❶用竹篾或柳条编织的敞口用具。❷簸箕状指纹。

【薄醋】bò cú(词)味道淡的醋。[例]把酽醋和~分开盛上。

【薄礼】bò lì(词)不丰盛的礼物,多用于自谦。[例]一点~,不要嫌弃。

【薄利多销】bò lí duō xiāo(词)赢利少的商品靠扩大销量赚钱。

【薄情】bò qìng(词)把情分看薄了或不讲情分。[例]看你说得~死了!

【薄谁厚谁】bò shuì hóu shuì(熟)犹一视同仁,不薄此厚彼。[例]不请都罢请,要请都请上,~呢?

bu

【不爱好】bú ài hào(词)不珍惜,不爱美。[例]~,新衣裳穿了一天就弄脏了。

【不碍事】bú ài shí(词)不要紧,无伤大体。[例]擦破点油皮,~。

【不安好心】bú ān hào xīng(熟)从一开始就打下坏主意。

【不拔底】bú bá dì(熟)不摸底,不知底细。[例]这个人我还~。

【不比不知道,一比吓一跳】bú bí bú zhī dáo,yí bí xiá yí tiáo(熟)在比较中看到自己的差距,引起震撼和警醒。

【不拨不动弹】bú bó bú dóng tan(熟)形容迟钝、被动,一切听命于人。

【不拨不转】bú bó bú zhuán(词)迟钝、木讷,不点不醒,不使不动弹。

【不藏病】bú càng bíng(熟)指一有病马上能从脸色上看出来。

【不成器】bú chèng qí(词)❶指没出息,不成才。❷也指不学好,自甘堕落。

【不成事】bú chèng shí(词)指不会办事或把事办砸,也指干不了大事。[例]猪八戒~,就招了嘴上的祸(多嘴乱说)。

【不吃胡子底下的饭】bú chí hú zi dí xia di fán(熟)比喻不接受别人的怜悯和施舍。

【不吃凉粉腾板凳】bú chí liàng fēng tèng bàn deng(熟)比喻不做事就不要占位子。

【不吃料,牙打掉】bú chí liáo,yà dá diáo(熟)戏谑语。“不吃料”和“不知道”谐音,当别人说“不知道”时,用此语戏谑。

【不吃冒了两眼窝】bú chí máo le liáng yán wo(熟)本指小孩吃奶时突然停止,致奶水冒到眼窝。常借“不吃”与“不是”的谐音调侃。[例]甲说:“不是。”乙说:“~!”

【不吃那一套】bú chí ná yí táo(词)对所使用的方法和手段不接受,不理睬。[例]表叔想以长辈的身份压服他,但他根本~。

【不吃香】bú chí xiāng(词)失势,受冷落,不时兴。[例]早就~了。

【不迟不早】bú chì bí zào(词)时间凑巧、刚好。[例]~,将赶饭好。

【不处的人处三回,不走的路走三遍】bú chù di rèng chù sān huì,bú zóu di lú zòu sān bián(谚)谓说话做事不要绝对化,要留有活动和回旋余地。

【不凑手】bú cóu shòu(词)不方便,不得便。[例]钱~。

【不打不成交】bá dá bú chèng jiāo(谚)陌生人经过打斗后认识并交往。

【不打乎】bú dá hu(词)不管,不理会,不操心。[例]猪没糠了,你也~。

【不打勤,不打懒,单打不长眼】bú dà qìng,bú dà làn,dān dá bú zhàng yàn(谚)干活不在多少,关键要让负责人

看见。比喻要见机行事。

【不打自招】bú dá zí zhāo(词)旧指没有用刑就招供。比喻自我暴露所做坏事或动机。

【不带意】bú dái yì(词)没在意,随口。[例]说了句~的话,他就生气了。

【不但臊了毛,连板子都臊了】bú dán sáo le mào,liàn bán zi dōu sáo le(熟)特别丢人失面子。

【不当家不知柴米贵】bú dāng jiā bú zhī chài mí guí(谚)比喻不担任主要负责人(或家长)不知道本单位(或家里)开销大,不知道节约的重要。

【不当紧】bú dāng jìng(词)不急,不着急。[例]如果~,就等几天。

【不倒不富,不倒不穷】bú dáo bú fú,bú dáo bú qiòng(谚)倒指做买卖。谓做买卖可能赚钱变富, 也可能赔钱变穷。

【不倒腔】bú dào qiāng(词)本指长时间说唱嗓子不哑。比喻连续做事劲头不减。[例]~地干了十几天。

【不到黄河心不甘】bú dáo huàng hè xīng bú gān(谚)比喻不达目的不罢休,或不到无路可走的地步不回头。

【不到火候不开锅】bú dáo huó hóu bú kāi guō(熟)比喻事情未成之前不公开。

【不得劲】bú dá jíng(词)不顺手,使不上劲。

【不得窍】bú dá qiáo(词)没有掌握窍门或技巧。[例]使锹~,挖的土撂不远。

【不得好死】bú dé hào sì(词)咒骂语。[例]做这号缺德事,~!

【不得康气】bú dé kāng qi(词)不顺利,情况不妙。[例]我看这回~。

【不得了】bú dé liào(熟)❶表示情况严重或危险到来。[例]~啦,唐徕渠决口了!❷表示程度深。[例]两个人好得~。

【不掂轻重】bú diān qīng zhóng(熟)不掂量说话的分量和后果。[例]年轻人说话~,你不要在意。

【不顶𡳞事】bú dìng qiù shí (熟)不管用。

【不顶】bú dìng(词)不顶用,不解决问题。[例]那几个钱? ~。

【不顶事】bú dìng shí(熟)不解决问题,不起作用,不管用。

【不定停】bú díng ting(词)好动,不安静, 多指小孩。[例] 这个娃娃一点都~。

【不对光光】bú duí guàng guang(熟)不对劲,合不来。[例]两个人~。

【不对劲】bú duí jíng(词)❶有隔阂、合不来。❷情况异常。[例]一看~,掉头就跑。

【不对卯】bú duí mào(词)合不来。

【不防前后】bú fàng qiàn hóu (词)比喻说话做事顾前不顾后或顾此失彼。

【不放贤】bú fáng xiàn(词)不贤惠。[例]这个媳妇子多少~!

【不放在眼里】bú fáng zai yán ni(熟)

藐视，轻视，小看。[例]那几个小钱，他根本~。

【不费吹灰之力】bú fèi chuī huī zhi lí（词）形容事情做起来非常容易，不花一点力气。

【不分个老小】bú fēng ge lào xiào（熟）指说话不分对象，不知尊重或避讳。

【不忿】bú fèng（词）不服气，不平。

【不伏手】bú fú shòu（词）不顺手，不好用。多指工具用具。

【不符了】bú fù le（词）犹实在不行。[例]~你亲自去一趟。

【不感冒】bú gán máo（词）不感兴趣，不顺眼。[例]对他一直~。

【不干不净】bú gān bú jíng（词）❶食物不洁净。❷说话粗俗下流。[例]嘴里~。❸钱财来路不正。❹环境龌龊。[例]~的地方。

【不干不净，吃上没病】bú gān bú jíng，chí shang mú bíng（熟）对不卫生习惯的自我原谅。

【不公不法】bú gōng bú fá（词）不公平，不合乎法纪。[例]见了~的事就要管。

【不够尺目】bú góu chí mu（词）达不到规定或要求的长度。

【不够人】bú góu rèng（词）做了对不起人的事。[例]太~了！

【不够塞牙缝的】bú góu sé yà féng di（熟）形容东西太少，远不能满足需求。[例]几十个人吃饭，宰上一只鸡，~！

【不够意思】bú góu yí si（熟）不讲交情，对不住人。

【不顾羞丑】bú gú xiū chòu（词）因情势所迫或神志不清而顾不得遮掩羞体。[例]到了养娃娃那一阵，也就~了。

【不管三七二十一】bú guàn sān qí ér shi yí（熟）不问是非情由或不顾一切。[例]~，坐下就吃。

【不好意思】bú hào yí si（词）❶害羞，难为情。[例]初次见面，有点~。❷客气话。在碍于情面但又必须这样时说。[例]~，我得先走一步了。

【不好抓挖】bú hào zhuā wa（词）不好解决，不好做。

【不合卯】bú hé mào（词）比喻人与人关系不融洽，合不来。

【不欢乐】bú huān luo（词）情绪低落，不活跃。

【不会办事在脸上带着】bú huí bán shí zái lián shang dái zhe（熟）不会办事的人，从表情上就能看出来。是一种主观说法。

【不见得】bú jián de（词）不一定，说不定。[例]~你就比他强。

【不见棺材不落泪】bú jián guān cai bú luó luí（熟）不见结果不相信。不到走投无路时不死心。

【不见了想的，一见面嚷的】bú jián le xiáng di，yí jián mián ráng di（熟）亲情关系中一种特殊现象。

【不见气】bú jián qi（词）❶不见眼，不明显。[例]一大堆粮食，拿掉点也~。❷

不见得。[例]说人家不好,~你就好。

【不见天的乱打鱼】bú jián tián di lán dà yù (熟)“花花子” 术语。头家没“天”,按照“三天不吃鱼”的经验给下家出“鱼”。见附一。

【不见兔子不撒鹰】bú jián tú zi bú sá yīng(谚)没看清目标不贸然出击或投入资金、力量等。

【不见眼】bú jián yàn(词)不显眼,很少。[例]米里有几个~的稗子。

【不见真佛不烧香】bú jián zhēng fú bú shāo xiāng(熟)比喻没见到能当家做主的人不送礼。也比喻没见到真正要见的人不献出秘密或物品。

【不叫唤的狗偷咬人】bú jiáo huan di gòu tōu yào rèng(熟)比喻暗中使坏的人不声张。

【不觉气】bú jué qi(词)不觉得,没感觉到。[例]都说冷,我倒~。

【不近人情】bú jíng rèng qìng (词)不合乎人之常情。也指性情或言行乖僻。[例]没想到还有这么~的人!

【不经一事,不长一智】bú jīng yí shí, bú zháng yí zhī(谚)经历一次艰难曲折,就会增加一些经验教训和知识。

【不开窍】bú kāi qiáo(词)懵懂,不明白。[例]说了半天,还是~。

【不看活的还看死的】bú kán huó di hài kán sí di(熟)不看活人的面子,还要感念死人的情分。

【不看家中宝,单看门前草】bú kán jiā zhōng bào,dān kán mèng qiàn cào(谚)旧时家门前草垛大,说明种地多,牲畜多,家庭富裕。

【不看僧面看佛面】bú kán séng mián kán fú mián(熟)比喻看顾第三者情面,帮助或宽恕某个人。

【不可不信,不可全信】bú kè bú xíng, bú kè quàn xíng(谚)对不了解的人和事物要加以考察分析,不可轻易肯定或否定。

【不可不用,不可重用】bú kè bú yóng, bú kè zhóng yóng(熟)某些人用人的方法。

【不吭不哈】bú kēng bú hā(熟)不言语,不打招呼。[例]~就把东西拿走了。

【不来劲】bú lài jíng(词)不顺手,使不上劲。[例]这支笔使着~。

【不赖不带不膪】bú lái bú dái bú chuái (熟)喝酒时的一种规则。膪即赖。

【不了】bú le(词)❶不然,否则。[例]~你别去。❷算了,拒绝。[例]问:“吃了饭再回去。”答:“~。”

【不了了之】bú liào liào zhī(词)❶用不予了结的办法任其自然了结。❷指把事情放在一边不管或置之不理。

【不良的心】bú liàng di xīng(熟)心存恶意或阴谋。[例]早就安下了~。

【不论】bú lóng(词)不能一概而论。[例]甲说:“哪个儿女不啃老?”乙说:“也~,有的年轻人就不依赖父母。”

【不论穷,不论富,亡了三丈六尺布】

bú lóng qiòng,bú lóng fú,wáng le sān zháng lú chí bú(熟)回族殡葬习俗,即不论贫富,死了以后都以白布包裹埋体埋葬。

【不买账】bú mái zháng(词)不给面子。[例]我说话人家根本~。

【不明不白】bú mìng bú biá(词)❶原因或死因不明。❷来路不明的钱物。[例]不收~的钱。❸关系暧昧。[例]他俩一直~。

【不鸣则已,一鸣惊人】bú mìng zé yì,yí mìng jīng rèng(谚)平时默默无闻,忽然做出惊人的事情(多指成就)。

【不谋不愁】bú mù bú còu(词)不思谋某件事心不烦,越想越愁。

【不睦】bú mú(词)不和,有隔阂。

【不拿眼睛拐拐子睄一睄】bú nà yán jing guái guai zi shào yí shào (熟)不屑一顾,不动心。

【不耐烦】bú nái fàn(词)厌烦,没耐性。[例]看他~的样子,就知道这事办不成。

【不能在一棵树上吊死】bú nèng zai yí kuō shú shang diáo si(熟)比喻要学会变通,根据情况调整思路和做法。

【不怕不识货,就怕货比货】bú pá bú shí huó,jiú pá huó bì huó(谚)比喻经过比较就能分出好坏。

【不怕倒打,单怕倒问】bú pá dáo dà,dán pá dáo wéng(谚)倒问,反问。

【不怕的】bú pá di(熟)不用怕。安慰人的话。

【不怕慢,单怕站】bú pá mán,dān pá zhán(词)指走路或行车,也比喻做事。

【不怕你调皮捣蛋,就怕你单兵教练】bú pá ni tiào pì dáo dán,jiú pá ni dān bīng jiáo lián(词)本指旧时对付调皮捣蛋士兵的办法。比喻用单独完成任务的方法整治人。

【不怕人不敬,就怕己不正】bú pá rèng bú jíng,jiú pá jí bú zhéng(谚)只要自己行为端正,就能得到别人的尊重。

【不怕人老,单怕心老】bú pá rèng lào,dān pá xīng lào(熟)强调心理和精神因素的重要。

【不怕人穷,就怕志短】bú pá rèng qiòng,jiú pá zhí duàn(谚)谓只有立志奋斗,才能改变穷困面貌。

【不怕少年穷,就怕老来贫】bú pá sháo niàn qiòng,jiú pá lào lài pìng(熟)少年贫困可通过努力改变,老年贫困就没时间和精力改变了。

【不怕县官,就怕现管】bú pá xián guān,jiú pá xiǎn guàn(熟)“现管”指直接的管理者或顶头上司。

【不怕一万,就怕万一】bú pá yí wán,jiú pá wán yí(熟)谓万一的概率虽小,但如果是关键环节(因素),一旦出现,后果往往非常严重。

【不怕贼偷,就怕贼惦记】bú pá zèi tōu,jiú pá zèi dián ji(谚)贼已偷,造成的惊恐可慢慢淡化;贼惦记,则未知的危险让人时刻提心吊胆。

【不攀亲是两家，攀了亲是一家】bú pān qīng shi liàng jiā,pān le qīng shi yí jiā(熟)有了姻亲关系,就要像一家人一样相处。

【不欠钱粮不怕官,不昧良心不怕天】bú qián qiàn liàng bú pá guān,bú méi liàng xing bú pá tiān(顺)交清皇粮国税,就不怕官家催逼;不做坏良心的事,就不怕上天的责罚。

【不请自到】bú qíng zí dáo(词)指没被邀请而自己来了。含贬义。

【不求有功，但求无过】bú qiù yòu gōng,dán qiù wù guó(谚)形容做事保守平庸,怕出差错,只求自保。

【不日样】bú rí yáng(词)多指长相差。[例]深眼窝,疙槨头,人~骨尸(毛病)稠(多)。

【不入耳】bú rú èr(词)犹言不中听。[例]这话叫人听着~。

【不入流】bú rú liù(词)不入门,不在行。[例]看他干活的架势,就知道还~。

【不入路子】bú rú lú zi(词)犹不入流,不懂规则,不熟悉某项技术的窍门。

【不如】bú rù(词)❶犹比不上。[例]好出门~赖在家。❷干脆。[例]与其托人问,~我亲自问。

【不三不四】bú sān bú sí(词)不伦不类,行为不端。[例]交往的净是些~的人。

【不伤着谁都是好人，伤着谁就是孬人】bú shāng zhé shuì dōu shi hào rèng,shāng zhe shuì jiú shi nào rèng(熟)伤:得罪,伤害个人利益。孬人:仇人。基层干部在干群关系上的怨语。

【不上串】bú sháng chuán(词)不得体,不中听。[例]尽说些~的话。

【不上圈】bú sháng quān(词)不接受,不就范。[例]结婚十几天了,还是~(不与丈夫同房)。

【不上心】bú sháng xīng(熟)不喜欢,不用心。[例]对这个工作~。

【不舍力】bú shé lí(词)干活不卖劲,舍不得花力气。

【不省事的】bú sèng shí di(词)指多事、生事、经常闯祸的人。

【不识闲】bú shí xiàn(词)不得闲,不肯闲着。[例]一天到晚~。

【不识好歹】bú shí hào dài(词)分不清好坏,不识抬举。

【不识人敬】bú shí rèng jíng(熟)犹不识抬举。[例]叫他列席个会,还请不动,真是~!

【不识时务】bú shí shì wu(词)指看不清时事动态和潮流。也指不知趣。

【不识数数字】bú shí sú sú zi (词)头脑糊涂,分不清好坏。

【不识说】bú shí shuó(熟)不喜欢开玩笑,不接受批评意见。

【不识抬举】bú shí tài ju(熟)不懂得人家对自己的好意。

【不实落】bú shí luo(熟)不实在,不诚实,不可靠。

【不是】bú shí(词)不对,过错。[例]明明是你的~,还犟嘴。

【不是】bú shi(词)表疑问。[例]今天~放假吗,你怎么还上班?

【不是吃素的】bú shi chí sú di(熟)比喻厉害,不好惹。[例]我也~!

【不是屁,不是屁,一股子青草驴粪气】bú shi pí,bú shi pí, yí gú zi qīng cao lǜ féng qí(熟)对不承认放屁者的戏谑语。

【不是人】bú shi rèng(词)指人格低下、品质恶劣的人。常用于评判或骂人。

【不是善茬子】bú shi shǎn chà zi(词)比喻性格粗野、不好惹的人。

【不是省油的灯】bú shi sèng yòu di dēng(熟)比喻不省事、爱挑事闹事的人。

【不是一家人,不进一家门】bú shi yí jiā rèng,bú jíng yí jiā mèng(词)意为只有一个家庭、一个单位或一个行业的人才会走到一起来,因此要和睦相处,互相帮助。

【不是一路人】bú shi yí lú rèng(熟)志向、追求、品行等完全不同的人。

【不是鱼死,就是网破】bú shi yù sì,jiú shi wáng pó(谚)比喻势不两立,你死我活。

【不是冤家不聚头】bú shi yuān jiá bú jú tòu(词)冤家对头都在寻找对方复仇,因此见面的机会较多。也有造化使然的意思。

【不受活】bú shóu huo(词)多指胃里不舒服,不好受。[例]稍微多吃点,胃就~。

【不受看】bú shōu kán(词)不耐看,不好看。[例]长得~。

【不受苦中苦,难为人上人】bú shóu kù zhōng kù,nàn wèi rèng sháng rèng(谚)指不经过艰难困苦的锻炼,很难成为统领他人的人物。

【不顺时】bú shóng shì(词)不走运,不顺利,[例]灾祸一个接一个,太~了!

【不顺手】bú shóng shòu(词)操作起来别扭、不方便。[例]这把镰刀用起来~。

【不死往哪里走呢】bú sí wáng ná ni zóu ni(熟)谓只有死亡一条路。有埋怨、预见义。[例]本来就有心脏病,又着了暗气,~?

【不四正的事】bú sí zheng di shí (词)不妥当、不得体、不光彩的事。[例]俩人愿意就叫找(对象)去,免得做出~。

【不松活】bú sōng huo(词)不轻松。[例]打扫卫生的工作也~。

【不趟快】bú táng kuai(词)心里不舒坦,不畅快。

【不疼不痒】bú tèng bú yàng (词)比喻不接触、不解决实质问题。[例]每次都~地说一说,啥事也不顶!

【不添斤也添个两】bú tiān jīng yè tiān ge liàng(熟)不顶大事也顶点小事。

【不听老人言,吃亏在眼前】bú tīng láo

reng yàn,chí kuī zái yàn qiàn(谚)老人言:指长辈的话或古训,年轻人多听听可以少走弯路,少犯错误。

【不停交】bú tìng jiāo(词)连续不断地(做)。[例]~干了几个月。

【不通人性】bú tōng rèng xíng(词)犹冷酷无情,做事不合情理。

【不偷不摸,一个不错】bú tōu bú mó,yí ge bú cuó(谚)犹言只要不偷不拿,东西是不会少的。

【不图石灰搪墙砖墁地,单图个好女婿】bú tù shí huī tàng qiàng zhuān mán dí,dān tù ge hào nǘ xu(谚)指女子择偶时不图钱财,只图人好。

【不务正业】bú wú zhéng yé(词)指丢下本职工作去做其他事情。

【不惜力】bú xí lí(熟)干活肯出力气,不遗余力。

【不像】bú xiáng(词)与地位或身份不相称,不体面。[例]大小也是个经理,穿得这么土气,叫别人看着也~。

【不消停】bú xiāo ting(熟)多事,不平安。[例]家里这几年一直~。

【不心疼钱】bú xīng tèng qiàn(词)花钱大手大脚,一点也不珍惜。

【不信狼是个麻的】bú xíng làng shí ge mà di(熟)不相信,不服气。[例]我就~,今天偏惹惹他!

【不信熟不展这张生牛皮】bú xíng shú bú zhàn zhé zhang sēng niù pì(熟)意谓不相信制服不了不服管束的人。生牛皮:性格倔强、不服管束的人。

【不信治不平这个背罗锅】bú xíng zhí bú pìng zhí ge bēi luo guō(熟)背罗锅:驼背。比喻毛病多或桀骜不驯的人。谓非制服不可。

【不行】bú xìng(词)❶特指男子性功能差。❷不可以,不允许。❸表示程度深。[例]娃娃闹得~。❹不好。[例]活做得~。

【不行行】bú xìng xing(词)❶不行的加重语。[例]尿急得~,到处找厕所。❷实在没办法。[例]老鼠糟蹋得~。

【不行了】bú xìng le(词)❶生命垂危。[例]人已经~,快准备后事吧。❷支持不住。[例]你们去玩吧,我实在累得~。

【不行是个内官】bú xìng shí ge mí guān(熟)内官即阉人。常做调侃语,当有人说"不行"时,即说~。

【不许顾】bú xù gu(熟)没感到,不在乎。[例]手都烂了,我还~。

【不学不知道,一学心开窍】bú xué bú zhī dáo, yí xué xīng kāi qiáo(顺)通过学习,打开思路,启发心智。

【不学好】bú xué hào(词)品行不端。[例]张嘴就骂人,一点都~!

【不言喘】bú yàn chuan(熟)❶不说话。[例]问死~。❷不打招呼。[例]给儿子娶媳妇,也~一声,太不够意思了!

【不养娃娃不知道肚子痛,不担光阴

不知道柴米贵】bú yàng wà wa bú zhī dao dú zi tèng,bú dān guāng ying bú zhī dao chài mí guí(熟)犹事非经过不知难。养:妇女生产。

【不一定】bú yí díng(词)不肯定。[例]去不去还~呢。

【不依不饶】bú yí bú rào(词)形容不满足要求就纠缠不休。[例]他已经认错了,你还~,到底想咋呢?

【不依惯】bú yí guán(词)给好不知好,得寸进尺。[例]娃娃~,拿上巴掌劝。

【不义之财】bú yí zhì cài(词)指通过不正当手段得来的钱财。

【不义之财取不得】bú yí zhì cài qú bu de(谚)不攫取不正当收入。劝诫语。

【不亦乐乎】bú yī luó hu(词)❶表示事态发展达到极限或过甚程度。[例]忙了个~。❷古义:不也是很愉快吗?

【不赢人】bú yìng rèng(熟)比不上别人,不争气、丢人。[例]谁叫你干下这个~的事!

【不由得】bú yòu de(词)情不自禁,抑制不住。[例]~就来了气。

【不由人】bú yòu rèng(词)禁不住、不由自主地。[例]事到~。

【不咋的】bú zà di(词)不要紧。[例]~,缓一缓就过来了。

【不咋了】bú zà le(熟)不要紧,没危险。[例]我看~,呼吸都正常了。

【不咋样】bú zà yáng(熟)❶指质量不太好。[例]唱得~。❷指人品不太好。[例]那个人~。

【不在行】bú zái hàng(词)对某种事情或业务缺乏专业知识和经验。[例]要说种田,我真还~。

【不在其位,不谋其政】bú zái qì wéi,bú mù qì zhéng(谚)不在那个职位上,就不去考虑那个职位上的事。

【不长人】bú chàng rèng(词)待人不宽厚、不包容。[例]多少~,走到哪里都跟人闹矛盾!

【不招架】bú zhāo jiá(词)❶不理睬,不回应。[例]问了几遍都~。❷不见效,不起作用。[例]吃了几服药,还是~。

【不招你,不惹你,大年三十狗嚼你】bú zhāo nì,bú rè nì,dá niàn sān shi góu juè nì(顺)对无故打骂人或暗中做坏事者的咒骂语。狗嚼:死无葬身之地,被野狗啃食。

【不正经】bú zhéng jìng(词)下流,不正派。[例]老~。

【不吱声】bú zí sheng(词)不吭声。[例]人家说你,你为啥~?

【不知道马王爷有三只眼】bú zhī dao má wáng yè yòu sān zhī yàn (熟)夸口,犹不知道我的厉害!

【不知道姓啥】bú zhī dao xíng shá(熟)忘乎所以,连自己姓什么都忘了。

【不知葫芦里卖的什么药】bú zhī hú lu ni mái di shéng me yué(熟)不知道心里的真实想法和打算。

【不知深浅】bú zhī shēng qiàn(熟)原

意是不知道水的深浅。后多比喻不懂得事情的利害。

【不知天高地厚】bú zhī tiān gāo dí hóu(熟)对好高骛远、不切实际者的蔑视语。[例]只念了个初中就想考研究生,真是~!

【不知者不为过】bú zhī zhe bú wèi guó(谚)对不知情或受蒙骗而犯错的原谅语。

【不值当】bú zhí dang(词)不值得。[例]为这么点小事跟他闹~。

【不值估】bú zhí gu(词)不值得,犯不着。[例]为这种小事求人~。

【不值价】bú zhí jiá(词)有地位者、年长者说出不得体的话或欺负弱小者。

【不值钱】bú zhí qiàn(词)❶说话做事自降身份。[例]跟娃娃争吃争喝,~!❷不保密,信口胡说。[例]他的嘴~,有话别告诉他。

【不至于】bú zhí yu(词)表示不可能或不会达到某种程度。[例]如果早点动身,也~这时候才到。

【不中听】bú zhōng tīng(词)使人不爱听的话。[例]说句~的话。

【不中用】bú zhōng yóng(词)❶不合用。[例]中看~。❷无用,多用于老年人自嘲。[例]人老~。

【不住嘴】bú zhú zuì(词)不停口地说或吃。[例]老是~地给他说,就是不听。

【不撞南墙不回头】bú chuáng nàn qiàng bú huì tòu(熟)不失败不知改正。

【不自觉】bú zí jué(词)❶嗔斥语,犹没觉悟或明知故犯。❷指无意识、不由自主地活动。[例]一听见音乐,腿就~地动弹开了。

【不自在】bú zí zai(词)❶不自然,难堪。[例]听到这个话,一脸的~。❷不自由,不方便。[例]嫌住在儿女家里~。

【不做亏心事,不怕鬼叫门】bú zuó kuí xīng shí,bú pá guí jiáo mèng(谚)"鬼"非实指,犹臆想的讨还公道者或自己心里的鬼。

【布衫子】bú shān zi(词)布制的单上衣。

【步】bú(词)用脚步丈量土地面积或距离。

【步步高升】bú bú gāo shēng (词)指职位不断上升。[例]祝你~!

【部队是马队】bú duí shí má duí(熟)"不对"与"部队"谐音,当别人说"不对"时,用此语来调侃。

【篰篮】bú lan(词)用柳条或竹篾编成的浅边平底圆形器具,直径有大小。[例]胆子比~还大。

【补丁摞补丁】bù ding luó bù ding(熟)补丁打了一层又一层。

【补窟窿】bù kú long(词)修补漏洞。比喻填补、补救不足。[例]别人趸下乱子,叫我们~!

【补情】bù qìng(词)事后补偿情分。

【捕风捉影】bù fēng zhuó yìng(词)比喻说话做事毫无事实根据。

C

ca

【擦麻麻子】cá mà ma zi(词)天刚麻麻亮。

【擦子】cá zi(词)把蔬菜等切擦成细丝儿的工具,也叫擦床。

cai

【猜了个锭子】cāi le ge díng zi(熟)猜了个准。锭子:猜拳游戏。

【猜想】cāi xiang(词)猜测、判断。[例]我~他不敢做那个事。

【猜心思】cāi xīng si(词)互相猜测,斗心眼儿。[例]干工作的时间少,~的时间多。

【彩画】cái hua(词)彩色绘饰。[例]公园里的长廊都~了。

【彩头】cái tou(词)得到意外的财物。[例]抽奖抽了个毛巾被,也算个小~。

【彩子】cái zi(词)用各色绸布或绢纸扎成的彩花。[例]新兵胸前都戴着~。

【菜到四下望,手叨心莫慌,有肉休啃骨,无肉先喝汤】cái dáo sí xiá wáng, shòu dāo xīng mó huāng, yóu róu xiū kéng gú, wù róu xiān hé tāng(顺)赴宴或打平伙时"不吃亏"的戏谑语。

【菜瓜】cái gua(词)即丝瓜,可生食,亦可做凉菜。

【菜话】cái hua(词)粗话,下流话。[例]那个人净说~。

【菜牛】cái niu(词)❶用于宰杀吃肉的牛。❷斥骂脚步太慢的牛(意为该杀的)。

【菜农】cái nòng(词)以种植蔬菜为主的农民。[例]城郊的农民多数是~。

【菜蔬】cái su(词)蔬菜或菜肴。[例]院子里种着各种~。

【菜头】cái tòu(词)比喻经常输钱或被人捉弄埋单的人。

【才将】cài jiāng(词)刚才。[例]~来过,又走了。

【才气】cài qi(词)多指文才。[例]他有~,写写算算都行。

【才学】cài xue(词)才能和学问。[例]肚子里有~。

【材料】cài liao(词)比喻适于做某种

事情的人才。[例]他个子高,是个篮球运动员的~。

【财大气粗】cài dá qí cū(词)指仗着有钱而气势凌人。

【财聚人散,财散人聚】cài jú rèng sán,cài sán rèng jú(谚)财富若由一人独霸,就不能凝聚人心;钱财若让大家分享,会得到众人的拥护。

【财路】cài lu(词)生财之路。[例]由于岗位变动,他的~断了。

【财迷】cài mì(词)爱钱入迷、特别吝啬的人。[例]老~。

【财迷心窍】cài mì xīng qiáo (词)由于一心爱财而头脑糊涂,不顾一切。

【财迷转向,走路算账】cài mì zhuán xiáng,zóu lú suán zháng(顺)一心想赚钱,以致走路都在心里算账。

【财命】cài ming(词)迷信指有发财的命。[例]算命先生说,我的~好。

【财命相交】cài míng xiāng jiāo (词)❶为争夺钱财而拼命。❷提醒人防止别人谋财害命。

【财散人安】cài sán rèng ān(词)发横财者让相关人员分享钱财,大家就相安无事了。

【财神爷爷】cài sheng yè ye(词)❶旧指掌管钱财的神。❷现比喻财政部门、银行或其他能带来资金、物资的人(单位)。

【财神爷爷嫖风——现钱】cài sheng yè ye piào fēng—xuán qiàn(歇)俏皮话,意为现钱交易,不赊账。

【财运】cài yóng(词)发财的运气。[例]连连中奖,真有~!

can

【参谋不带长,放屁不响】cān mu bú dái zhàng,fáng pí bú xiàng(顺)指没有官衔和实权的人说话不管用。

【惨心】cān xing(词)伤心、凄惨。

【惨念】càn nian(词)怜悯、惦记、挂念、放心不下。

【残废】càn fēi(词)指残疾人。[例]那是个~,别欺负他。

【残局炮回家】càn jú páo huì jiā(熟)象棋术语。下到残局时,炮只有回到自己一方,才能利用士(仕)、象(相)等攻击对方。

【残汤剩饭】càn tāng shéng fán(词)吃剩下的饭食汤水。泛指剩下的东西。

【残渣余孽】càn zhā yù nié(词)比喻残存的坏人或没有消灭干净的恶势力。[例]骨干分子抓住了,他们的~还在活动。

cang

【菖蒲】cāng pu(词)一种水生草本植物,有香味,喜生于沼泽、沟边、湖边。

【仓廒】cāng ào(词)储藏粮食、物资的仓库或容器。比喻容量大。[例]我又不是个~,能吃那么多?

【仓官】cāng guān(词)❶田鼠的一种。

❷对仓库管理人员的习称。

【仓老鼠】cāng lào chu(词) ❶对粮库管理人员的戏称。❷比喻监守自盗的粮库管理人员。

【苍耳子】cāng ér zi(词)一种草本植物,也指这种植物的种子,有刺。[例]羊毛里的~——绒着扎人。

【苍叶蛋】cāng ye dán(词)苍耳子及其果实。

【苍蝇不叮人膈应人】cāng ying bú dīng rèng gé ying rèng(谚)比喻虽不能对人造成严重伤害,却因不停地骚扰而令人生厌。

【苍蝇不叮无缝的蛋】cāng ying bú dīng wù féng di dán(谚)❶谓之所以出问题,是因为自身有薄弱环节。❷泛指任何事情的发生都有原因。

【苍蝇弹一爪子都是病】cāng ying tiàn yí zhuá zi dōu shi bíng(熟)形容过于娇气,也指装病。

【苍蝇害蹄癀——小灾】cāng ying hái tì huang—xiào zāi(歇)不值一提的小伤病。

【苍蝇落到花椒树上——蹄蹄爪爪都麻了】cāng ying luó dào huā jiāo shú shàng—tì ti zhuá zhua dōu mà le(歇) 形容好色之徒接触到美色时的丑态。

【苍蝇爬到秤杆上——观星（关心)】cāng ying pà dáo chéng gán shang—guān xīng(guān xīng)(歇)讽刺语,意为你懂什么?不需要你关心。

【苍蝇扑到屁上——空喜欢】cāng ying pú dao pí shang—kōng xí huan(歇)比喻空喜一场。

【苍蝇噙了个铡刀钉，腰里没劲嘴上的功】cāng ying qiè le ge zhá dāo dīng,yāo ni mú jíng zuí shang di gōng(顺)比喻有嘴劲,没干劲。

【藏门子】cáng mèng zi(词)串门子,浪门子。暗喻男子嫖风。“藏”见附录二。

【藏亲戚】cáng qīng qi(词)串亲戚,走亲戚。“藏”见附录二。

【藏到毡底下,盖到被底下】càng dao zhān dí xia,gái dao béi dí xia(词)本比喻隐藏真相,多用作反话。[例]这种事,能~?

【藏龙卧虎】càng lòng wó hù (词)指隐藏着未被发现或藏而不露的人才。[例]别看单位小,却是个~的地方。

【藏着掖着】càng zhe yē zhe(词)怕别人知道或者看见而竭力掩盖。[例]这不是~的事,趁早公开算了。

cao

【操得心多了不耐老】cāo di xīng duō le bú nái lào(熟)操心太多的人容易衰老。

【操心】cāo xīng(词)指主持、负责、操办、费心。[例]外面的事有我,你在家把娃娃~好就行了。

【操蛋】cáo dán(词)捣乱,无理取闹。

[例]这人太~了！

【糙葫芦】cáo hú lu（词）比喻皮肤粗糙的人。

【糙几疙瘩】cáo jí gé dà（词）形容物品表面不光滑或皮肤粗糙。

【草垡子】cáo fá zi（词）带草的土块。[例]裁些~做田口子。

【草话】cáo hua（词）粗俗下流的话。[例]满嘴~，像个放驴的！

【草驴】cáo lü（词）母驴。

【草驴戴叉子——虚体】cáo lü dái chà zi—xū tì（歇）叉子，嚼子。草驴性情温顺，没必要戴叉子，戴上就多此一举了。

【草上的露水瓦上的霜】cáo shang di lú shui wá shang di shuāng（熟）比喻暂短，经不住时间考验。

【草上飞】cáo shang fēi（词）好动，顽皮。[例]真是个~，几天就把鞋穿烂了。

【草要子】cáo yáo zi（词）短草绳，捆庄稼、柴草用。

【草要子拉驴——二趁一】cáo yáo zi lā lǜ —ér chéng yí（歇）用草要子牵驴，驴把草要子咬断了，拉驴的人还不知道。比喻不可靠的方法。

【草包】cào bāo（词）没文化、言行粗鲁的人。[例]~虚大汉，能吃不能干。

【草包虚大汉，能吃不能干】cào bāo xū dá hán，nèng chí bú nèng gán（顺）个子大，吃得多，但干活没力气，还爱出虚汗。

【草场】cào chang（词）本指牧场，比喻男人想起情人。[例]想起~来了，连夜骑上车子走了。

【草场子】cào cháng zi（词）专门堆放柴草的场地，一般有围墙。

【草多欺苗，苗多欺草】cào duō qī miào，miào duō qī cào（谚）比喻强可欺弱，此长彼消。

【草荒】cào huāng（词）庄稼地里杂草太多、无力薅除，几近荒芜。

【草纸】cào zhì（词）用稻草等原料制造的粗纸。

【曹操倒灶遇蒋干】cào cao dáo záo yú jiáng gán（熟）比喻倒霉是因为用错了参谋。

【曹操诸葛亮，脾气不一样】cào cao zhū gé liáng，pí qí bú yí yáng（谚）比喻性格不同或不合。

【嘈】cào（词）犹喂，招呼语。[例]~，你到底走不走吵？

【槽口】cào kou（词）指牲畜的食欲、胃口、牙齿。[例]~倒了。

【槽口倒了】cào kou dáo le（词）指牲畜老了，吃不动了。有时也用于老人之间的调侃和自嘲。[例]老啦，~，嚼不动了。

【槽头兴旺】cào tòu xīng wáng（熟）旧时春节前，用毛笔写在红纸条上、贴在畜圈里的吉语。

【槽子糕】cào zi gāo（词）老式小型鸡蛋糕。

ce

【**策恼**】cé nao（词）❶厌烦，不耐烦。❷细微毛刺接触皮肤的刺痒感。❸策：古代打马前进、一头有刺的棍子。

【**拆炕**】cé káng（词）拆除旧炕（可做肥料），盘造新炕。

【**拆了东墙补西墙**】cé le dōng qiàng bù xī qiàng（谚）比喻临时应付，不能从根本上解决问题。

【**拆苗如休妻**】cé miào rù xiū qī（熟）拆了青苗改种，如同休了前妻续弦，不如原来的好。

ceng

【**撑死**】cēng si（词）最多，估计到头了。［例］这些菜~有100斤。

【**撑死胆大的，饿死胆小的**】cēng si dàn dá di，wé si dàn xiáo di（谚）是激励欲望追求、鄙视平庸胆小的口头禅。

【**碜话**】céng hua（词）肉麻下流的话。［例］净说~，叫人听不下去。

【**层层有节制**】cèng cèng yòu jié zhi（熟）指一级服从一级，各级都有制约。

cha

【**差半个时辰不生，差半个时辰不死**】chā bán ge shì cheng bú sēng，chā bán ge shì cheng bú sì（谚）谓人的生死时辰有定数。唯心说法。

【**差池**】chā chì（词）❶差错，纰漏。［例］万一有个~，就不好办了。❷差劲儿。［例］这人太~。

【**差个麦子粒粒**】chā gé miá zi lì li（熟）形容就差一点点，非常危险。［例］~把车弄翻了。

【**差忽忽**】chā hú hu（词）几乎，差一点儿。［例］不是你提醒，我~把药吃错了。

【**差劲**】chā jíng（词）人的能力、品行差或物品的质量低。［例］这人太~了！

【**差窍**】chā qiáo（词）缺心眼儿、傻瓜。［例］真是个~的！

【**差之毫厘，失之千里**】chā zhi hào lì，shí zhi qiān lì（谚）指细微的差错可导致巨大错误。

【**叉扬**】chā yang（词）一种长把带股（有两股、三股和四股）、用于挑擢柴草的农具，叉股有木质和铁质二种。

【**插板子**】chá bán zi（词）安装在火炕烟囱中部用以阻挡炕内热气外泄的木板。

【**插队落户**】chá duí luó hú（词）20世纪五六十年代，国家将城市知识青年等安排到农村生产队安家落户，参加生产劳动。

【**插棍**】chá gong（词）两头为尖状、挑运粮食柴草的木棍。

【**插了招兵旗，就有吃粮人**】chá le zhāo bīng qì，jiú yóu chí liàng rèng（谚）比喻只要有发起人，就有参加的。

【**插子**】chá zi（词）长方形口袋，中间开口，可装钱物。小~可搭在人肩上，大~可驮在牲畜背上。

【插粪】chá fēng（词）农活之一，即把运到地里的大堆土粪以小堆形式均匀分散开来。

【岔开】chá kāi（词）错开，分批次或相间互换。[例]人多目标大，最好~走。

【岔号把】chá he bá（熟）指应配对而不配对的用品，如鞋子、筷子等。[例]买了一双~鞋，穿不成。

【岔里岔把】chá li chá bá（熟）指与大多数人或物品不协调，显得突兀、另类。[例]到农村参观，穿得那么艳丽，~的，影响不好。

【馇】chá（词）熬煮东西。馇：边拌边煮。[例]~猪食。|~调和。|~糊子。

【衩口】chá kòu（词）衣服下部边缘的开口，多在两侧或身后。

【衩子里装驴屎——自捣自】chá zi ni zhuāng lǚ qiù—zí dào zí（歇）比喻自相矛盾或内斗。

【乍养娃娃抖得慌，乍养母猪筛细糠】chá yàng wá wa dóu di huāng,chá yàng mú zhu shāi xí kāng（谚）比喻因初次从事某项工作或接触某项事务而感到新鲜，并以超出常规的方式对待。

【乍乍】chá chá（词）初次，刚刚。[例]~来到这里，人生地不熟。

【乍猛头子】chá meng tòu zi（熟）刚刚开始，突然猛然。[例]~干上（做），啥都不会。

【汊河】chà hè（词）黄河淌冰凌并封冻。[例]黄河永宁段一般在每年一月初~。

【汊住】chà zhu（词）砌、堵墙上的豁口。

【汊子】chà zi（词）马、骡的嚼子。

【茬步】chà bu（词）❶指上一茬作物。[例]种庄稼要错开~。❷比喻机遇。只要踏上~，发家也快。

【茬茬子】chà cha zi（词）时机，机会，承袭。[例]都怪你没碰上好~。

【茬口】chà kou（词）❶轮作作物的种类和轮作次序。❷某种作物收割以后的土壤。❸时机，机会。

【茬子】chà zi（词）❶收割庄稼后留在地里的根茎。❷比喻机会、接口。[例]遇上坏~，就倒霉了。

【茶缸子】chà gāng zi（词）喝水的杯子。

【茶壶】chà hù（词）旧时对茶馆、饭馆里跑堂伙计的称呼。[例]甩~的。

【茶壶里煮饺子——有货倒不出来】chà hù ni zhù jiáo zi—yóu huó dáo bú chú lai（歇）比喻口头表达能力差，有话说不出来或说不周到。

【茶壶升成老板了】chà hù shēng chèng lào bán le（词）提茶壶的当了老板。讽喻升迁。

【茶镜】chà jìng（词）用茶色水晶石或茶色玻璃制成的眼镜。

【茶是花博士，酒是色媒人】chà shi huā bò shi,jiú shi sé mèi reng（谚）有了泡茶的人，各种花朵才能当茶饮；有了酒的介入,才能让人面生红色。

【查事】chà shí(词)打听与己无关的闲事。

【查夜】chà yé(词)夜间巡视巡逻。[例]组织民兵轮流~。

【搽胭脂乭粉】chà yān zhi dóu fēng(词)旧时指妇女化妆打扮。

【镲镲】chà cha(词)铜钹,一种打击乐器。

chai

【差事】chāi si(词)❶受差遣办事。❷应承担的税费或劳役。❸一生必得的传染病,如麻疹等,被称为骨头里的~。

【拆迁】chāi qiān(词)因国家建设需要,拆除单位或居民房屋,安排在新的地点居住。[例]这是给~户盖的房子。

【钗子】chāi zi(词)连接并卡住带子的金属扣环。[例]裤带~。

【柴棒】chài báng(词)特指各种不脆嫩、纤维多、不易嚼的萝卜。

【柴草稔子】chài cào wéng zi (词)泛指庄稼打碾后的秸秆和碎屑,可做饲草、燃料或肥料。

【柴干葽子松,日久见人心】chài gān yáo zi sōng,rí jiú jián rèng xīng (谚)前句为比,后句为兴,本义为后句。葽子:捆扎粮禾的短草绳。

【柴锅】chài guō(词)烧柴火的锅台。[例]都说~煮的饭香。

【柴锅台】chài guō tai(词)烧柴火的灶台。

【柴末落琐】chài mo luó suo(词)柴草的碎屑和垃圾。

【豺狗】chài gòu(词)犬科,外形与狗、狼相近,体型比狼小,栖息于山地草原,十分凶残,常常围猎狍、麝、羊等。

chan

【搀行】chān hàng(词)同行业抢夺生意。比喻跨行业争夺权利。[例]又没搀你的行,你骂什么?

【搀和】chān huo(词)❶搀杂混合。[例]把大的小的~到一起。❷参与,干涉。[例]我的事你们少~。

【骣马】chán mà(词)没背鞍子的马。

【骣骑】chán qì(词)不垫鞍屉直接骑在牲畜背上。

【䵐】chán(词)碾米磨面的遍数,一遍为一~。

【铲子】chán zi(词)挖野菜或铲除旱田杂草的工具。

【缠绊】chán ban(词)拖累,束缚,迁延,耽搁。[例]家里的事~得我走不开。

【馋狗鼻子尖,闻见稀屎跑半天】chàn góu bí zi jiān,wèng jian xī shi páo bán tiān(顺)对馋嘴者的讽刺。

【缠】chàn(词)打交道。[例]我跟他~了几十年了。

【缠脐】chàn qì(词)婴儿出生时脐带缠在身上或脖子上。

【缠扰】chàn rào(词)纠缠,搅扰。[例]

我的遗产全都交给集体，任何人不得~。

chang

【娼妇】chāng fu(词)妓女。

【场子】cháng zi(词)饲养场或柴草场。

【敞胸落怀】cháng xiōng lá huài(词)敞开衣襟,露出胸腹部。

【唱当当，念央央】cháng dāng dang, nián yāng yang(熟)只计划不实行,只念叨不行动。

【唱对台戏】cháng duí tài xí(词)比喻用相同的方式与对方抗衡。

【唱反调】cháng fán diáo(词)发表对立言论,采取对立行动。

【唱了红脸唱白脸】cháng le hòng liàn cháng biá liàn(熟)比喻为息事宁人而软硬兼施。

【唱乱弹】cháng lán tan(熟)指唱秦腔。

【畅着口说】cháng zhe kóu shuó(熟)公开大胆、无所顾忌地说。

【尝滋味】chàng zī wei(词)比喻和多个异性发生关系。调侃。

【长把梨】chàng bá lì(词)指把儿较长的一种梨。

【长脖细颃】chàng bó xí háng (词)颃:脖颈。形容体瘦,脖子细长。

【长出来】chàng chú lan(熟)❶钱物盘盈。[例]钱比账上~几百块。❷一物比另一物长出的部分。[例]袖子比胳膊~一寸多。

【长等不来，短等不来】chàng déng bú lài, duàn déng bú lài(熟)谓等了好长时间不见人来。

【长短不一】chàng duán bú yí(词)形容不一样长。[例]筷子~。

【长分款】chàng fēng kuàn(词)指人民公社时期社员实物分配超出应得收益的部分,也叫超分款。

【长格格】chàng gá ga(词)指长而窄的形状。[例]一块~田。

【长工】chàng gong(词)旧时为地主、富农干活的长年雇工。报酬以年计,供食宿。

【长湖】chàng hù(词)地名,因湖得名。原属通桥乡,今属望远镇。[例]~生产大队(1961年)。|~村(1983年6月)。

【长乎脸】chàng hu liàn(词)形容窄长的脸形。

【长话短说】chàng huá duán shuó(词)把准备要说的很多话压缩为简短的话。[例]时间有限,咱们就~。

【长江后浪推前浪，世上新人超旧人】chàng jiāng hóu láng tuī qiàn láng, shí shang xīng rèng chāo jiú rèng (熟)比喻一代胜过一代。

【长面】chàng mián(词)指婚庆、做寿时吃的手擀长面条。寓意天长地久,长命百岁。

【长命百岁】chàng míng biá suí (词)祝福长寿之词。当地人在婴儿打喷嚏时,常以“长命”和“百岁”紧跟,以趋利避害。

【长娘娘，广线线】chàng niàng niang，guáng xián xian 比喻说话冗长，做事拖沓。

【长袍大累】chàng pao dá luí（词）形容衣服太宽太长。

【长袍子套了个短褂子】chàng pào zi táo le ge duàn guá zi（熟）泛指里面衣服长、外面衣服短。

【长篇大论】chàng piān dá lóng（词）指内容烦琐、词句重复的长篇发言或文章。[例]简单点，不要~说个没完。

【长生不老】chàng sēng bú lào（词）长生：永生。多用作对年长者的祝福语。[例]谁能活个~？

【长寿面】chàng shóu mián（词）寿诞及婴儿出生三天“下汤”时所食面条。寓长命百岁。

【长条】chàng tiào（词）形容又高又瘦的人。

【长疼不如短疼】chàng tèng bú rù duàn tèng（谚）谓忍受一时痛苦，解除长期痛苦。

【长拖拖】chàng tuó tuo（词）指身子展展地躺着。[例]~地躺在沙发上。

【长尾巴斤头】chàng yí ba jīng tou（词）“花花子”牌的一种成牌格局，即“二天套摆三牛”，共七张牌。详见附一。

【长性】chàng xing（词）耐性。[例]做事没~。

【常爔场伙穿烂衣】chàng ràn chàng huo chuān lán yī（谚）谓经常耍赌的人会因赌致贫。

【常胜将军】chàng shéng jiāng jiong（词）本指每战必胜的指挥官，比喻做事没有失败的记录。[例]世上哪有~。

【常十八】chàng shí bá（词）对刻意打扮、掩盖老态者的揶揄。

【场窝棚子】chàng wō peng zi（词）看守打谷场的临时简易房。

chao

【抄花子】chāo hua zi（词）指乞丐，引申为不会过光阴，铺张浪费。[例]真是个~，一有钱就进赌场。

【抄路子】chāo lu zi（词）捷径，临时踩出的小路。[例]田里叫人踏了个~。

【抄着手】chāo zhe shòu（词）指两只手在胸前相互插在袖筒里。

【超拔】chāo ba（词）超度，使脱离苦难。[例]请几个阴阳~~。

【耖田】chāo tian（词）只翻晒不下种的歇茬田。

【炒面】cháo mian（词）用炒熟的杂粮磨成的面粉，可做干粮或拌食稀饭。[例]~捏娃娃——熟人。

【炒面捏娃娃——熟人】cháo mian nié wà wa—shú rèng（歇）熟悉的人。

【朝罕志】chào hàn zhi（词）回族穆斯林经堂语。即朝觐。

【朝里有个人，少花二两银】chào ni yóu ge rèng，shào huā ér liàng yìng

(谚)旧指官府里有人好办事。

【朝山】chào shān(词)到名山大寺敬香参拜。

【朝山跑了两脚泡,坐着得了道】chào shān páo le liáng jué páo,zuó zhe dá le dáo(熟)坐享其成。朝山指朝山拜佛,得道指修成正果。

【潮气】chào qi(词)含水分的空气。[例]新盖的房子~大,架上炉子好好熏一熏。

【吵红天了】chào hòng tiān le(熟)好多人都在议论,大家都知道。

【吵哄】chào hong(词)传扬,议论。

【仯棒】chào báng(词)鲁莽不明事理的人。

【仯货郎】chào huó láng(词)性格粗鲁,动辄吵闹的人。[例]那是个~。

【仯气】chào qi(词)指鲁莽,不明事理、执拗。[例]他的~上来了,谁说也不听。

【仯子】chào zi(词)性格粗犷、不可理喻的人。[例]老~。

che

【车笆子】chē bā zi(词)芨芨草编织的长条形笆子,固定在大木轮车车厢前面和两侧,以挡住所载粪土等。

【车把势】chē bá shi(词)有驾驭大车技术的人。

【车钏】chē chuán(词)内缘为圆、外缘为五角的铸铁圈,固定在车头(轮毂)两端中心,和车轴上的车锏相接触,耐磨。

【车到没恶路】chē dáo mú é lú(谚)车到山前必有路。恶路:险路。

【车到山前必有路】chē dáo shān qiàn bí yóu lú(谚)谓下定决心,勇往直前,遇到阻力总有解决的办法。

【车底板】chē dì ban(词)即铺在木轮车车厢底部的木板。

【车底板樑】chē dì ban céng(词)即大木轮车上承托车厢底板并连接车辕后部的横樑,一般为七根。

【车飞膀子】chē fēi bang zi(词)绑在大车车栏杆上、宽于车厢、呈井字形的四根木棍,用于装载更多庄稼和柴草。

【车箍】chē gū(词)箍在大木轮车轮毂上的铁箍。

【车轱辘】chē gú lu(词)即车轮。

【车轱辘比人高,风吹石头跑,坷垃砌墙墙不倒,十八岁的丫头不洗澡】chē gú lu bì rèng gāo,fēng chuī shí tou pào,ké la qí qiàng qiàng bú dào,shí bá suí di yā tou bú xì zào(顺)杭州下乡知青对永宁地区20世纪60年代风情习俗的形容。

【车刮木】chē guá mu(词)胶轮大车上的刹车。

【车户】chē hu(词)车夫,车把势。[例]~的眼,丈二远。

【车户的眼, 丈二远】chē hu di yàn, zháng ér yuàn(熟)赶车的人必须看清远处的路,才能使车行驶在安全的道路上。比喻做事要有远见。

【车锏】chē jián（词）镶嵌在车轴头上的长条形生铁条儿，长 3-4 厘米，1 厘米见方，护轴耐磨。

【车脚子】chē jué zi（词）大车轱辘、车轮，由九辋十八辐和车头组成。牛车~直径约五尺二寸——六尺（1.73－2 米），不同地区和不同时代（越往后越小）略有差异。

【车栏杆】chē làn gan（词）大车车厢两侧的栏杆，最前面的一根叫大柱子或车将军，高约一尺八寸（60 厘米），用木棍制作。

【车铃】chē lìng（词）挂在大车车厢下的大铁铃，内悬木槌，长约尺五，车行时发出声音，用以互相提醒，吓唬野兽等。

【车轮战】chē lòng zhán（词）比喻轮番上阵，不给对方喘息机会。

【车马店】chē má dián（词）可停放车辆、喂养牲畜并供车主住宿的旅店。

【车门】chē meng（词）自然村用词。[例] 鲁家~（在望洪镇农丰村）。

【车索头】chē suó tou（词）牛车车辕前端的横木，两端与车辕固定，放在牛脖子上，承载车辕并拉曳车辆。

【车头】chē tòu（词）即大木车的车毂。

【车瓦】chē wà（词）马车（也叫铁车）车辋外缘安装的厚约 1 厘米的铁瓦，起耐磨作用。

【车辋子】hē wáng zi（词）大木车车轮外缘的木框，牛车宽五寸五分，厚二寸八分，马车宽 4 寸，厚二寸二分，呈弧形。每个车轮有 9 个辋子，拼到一起是一个圆圈。

【车辖】chē xià（词）铁制，长四至五寸，宽约七分，厚约三分，一端有堵头，插在车轴上挡住车轮，不使滑出。

【车卸到店门上了】chē xié dào dián mèng shang le（熟）指男子滑精早泄。

【车张起来】chē zhāng qi lai（熟）让车辕挑起来（形如张嘴），车尾落地，以卸去车上的东西。

【车轸头】chē zhéng tou（词）老式木轮车车厢前后用以压住底板的横木，分前轸头和后轸头。也叫车枕头。

【车支子】chē zhī zi（词）木轮马车或胶轮大车的支架，呈三角形，有木质或铁质。

【车重有牛背着】chē zhóng yòu niù bēi zhe（熟）比喻再重的负担也由集体或别人承受，自己不必担心。

【车轴】chē zhú（词）大木轮车的木轴。中间方粗，两头细圆。长度四尺三寸（1.43 米），牛、马车一样，以便与道路宽度吻合。

【车桩】chē zhuāng（词）也叫车牵桩子，老牛车车辕前面的小木桩，分拉桩和鞧桩。拉桩用于赶车人扳动车辕，鞧桩用于固定鞧绳。

【车子】chē zi（词）自行车的习称。

【扯淡】ché dán（词）无聊、不相干的话。[例]说正事,别~!

【扯炕】ché kang(词)用柴火现烧的火炕,与填炕相区别。

【扯】chè(词)撕烂。[例]条子叫我~了。

【扯布】ché bú(词)买布(因需撕扯,故名)。[例]~做衣裳。

【扯扯擀擀,包扁食,扁食大,吃不下,扁食小,吃不饱,倒在锅里再重舀,不大不小将吃饱】ché che gán gan,bāo bián shi,bián shi dá,chí bú xiá,bián shi xiào,chí bú bào,dáo zai guō ni zái còng yào,bú dá bú xiào jiāng chí bào(儿)逗幼儿的歌谣。

【扯呼】chè hū(词)打呼噜。

【扯谎】chè huàng(词)撒谎。[例]他~呢,不要信。

【扯家常磨】chè jiā chang mò (熟)拉家常。

【扯毛绳】chè mào shèng(词)❶比喻人流穿梭不断。❷形容人呼吸道受阻时发出的声音。

【扯磨】chà mò(词)谈话,聊天。[例]两亲家正~呢。

【扯皮溜谎】chè pì liú huàng (词)撒谎要嘴皮。[例]办啥事都~的!

【扯条】chè tiào(词)蔓生植物延伸藤蔓。[例]葫芦~了。

【扯闲磨】chè xiàn mò(词)闲聊。

【彻常】ché chàng(词)经常,总是。有嗔意。[例]~是那个样子!

【撤火】ché huò(词)撤去灶里的柴火。比喻中途畏惧、撤退。

【撤水】ché shuì(词)排掉地里或洼处的积水。[例]雨一停,急忙跑到麦田里~。

【撤席】ché xí(词)筵席结束时收掉桌上的餐具及残羹剩饭。

cheng

【抻出个指头比腰粗】chēng chú ge zhí tou bì yāo cū(熟)比喻富人和穷人的财富差别。常用于富人向穷人夸口,也用于穷人在富人面前自谦。

【抻懒腰】chēng lán yao(词)指人、兽疲乏时舒展腰肢。

【抻舌头】chēng shè tou(词)表示吃惊或艳羡的动作。[例]打黄牛,惊黑牛,吓得狸牛~。

【抻腰撒胯】chēng yāo sá kuà(词)伸懒腰,扭胯子,表示疲劳乏困。[例]快干活去,少在这里~!

【称兄道弟】chēng xiōng dáo dí (词)朋友间以兄弟相称。形容关系亲密。

【趁乎着点】chéng hū zhe dian(熟)悠着点,不要过于卖力。[例]你的病刚好,干营生~。

【趁热打铁】chéng ré dá tié(词)比喻要抓紧有利时机趁势做完。[例]咱们~,把这点活干完。

【趁热窝子】chéng ré wo zi(熟)趁机占据别人的地盘或劳动成果。

【秤不离砣,公不离婆】chéng bú lì tuò,gōng bú lì pò(熟)比喻关系密切,谁

也离不开谁。

【称心如意】chéng xīng rù yí（词）符合心意，满足愿望。

【秤平斗满】chéng pìng dòu màn(词)比喻做生意诚信公平。“秤”指旧式杆秤，“斗”为旧时量具。

【秤砣虽小压千斤】chéng tuò suī xiào yá qiān jīng(谚)❶比喻外表虽不引人注目，实际很起作用。❷比喻不能以数量或重量多少来衡量价值。

【尘灰】chèng huī(词)灰尘。[例]笤帚压低点，别扫得~乱扛(飞)的。

【尘世】chèng shí(词)人间、俗世。[例]想不到~上还有这号人！

【沉不住气】chèng bú zhú qí（词)急躁、浮躁。在受到刺激或遇到紧急情况时不能沉着镇定，以致盲目行动或过早暴露自己。

【沉住气】chèng zhú qí(词)在情况紧急或感情激动时克制自己，保持镇静。[例]咱们先~，看他们怎么行动。

【陈根根万线线】chèng gēng geng wán xián xian(熟)犹陈谷子烂芝麻。[例]一提起来就~地说个没完。

【陈谷子烂芝麻】chèng gú zi lán zhí ma(熟)比喻陈旧的无关紧要的话或事物。[例]就说眼前的事，少拉扯那些~。

【陈家田】chèng jia tiàn（词）自然村名，在望洪镇北渠村。

【陈粮】chèng liàng(词)久存或隔年的粮食。[例]卖了~存新粮。

【陈年老账】chèng niàn láo zháng(词)拖欠多年的债务。

【陈世美】chèng shí mèi(熟)传统戏曲《铡美案》中的一个人物，因中状元后不认前妻，被后世作为喜新厌旧的代名词。详见附一。

【陈味】chèng wéi(词)陈旧食物的味道。

【陈息气】chèng xi qi(词)不新鲜食物的味道。

【成】chèng(词)表示时间长。[例]检修一下，就~两个月地磨呢！

【成别说的】chèng biè shuó di(熟)犹正如人们所说。[例]~，贼通九州呢！

【成成子】chèng cheng zi(熟)八成人(头脑不健全的人)的简称。[例]那是个~，跟他(她)没说头。

【成堆打浪】chèng duī dá láng(词)形容东西极多。[例]家里的西瓜~，还从街上往回买？

【成对】chèng duì(词)促成婚姻。[例]把他们~到一搭里。

【成家立业】chèng jiā lí yé(词)指结婚成家，创立事业。

【成精作怪】chèng jīng zuó guái（词）比喻故意捣乱破坏。[例]爹妈一不在家，你们就~！

【成了一点，不成了压扁】chèng le yí diàn，bú chèng le yá biàn(熟)指女人怀孕不在性交次数多少，而在于精子和卵子能否结合。一点指精子。

【成年合月】chèng niàn hé yué(词)常年。[例]~地在外头耍钱,很少回家。

【成千上万】chèng qiān sháng wán(词)形容数量很多。[例]新毕业的大学生~。

【成群搭伙】chèng qiòng dà huǒ(词)指很多人聚在一起。多指结伙闹事。[例]不好好上班,~地跑到这里干啥?

【成群结队】chèng qiòng jié duí(词)形容集合起来的人群或结成的队伍。[例]人们~地去参观展览。

【成色】chèng se(词)❶品味,体统。[例]长辈跟晚辈说酸笑话,没~!❷金属货币或器物中所含的金属纯度。泛指质量。

【成事不足,败事有余】chèng shí bú zú,bái shí yòu yù(熟)指老犯错误,办不成事情。

【成天】chèng tiān(词)整天。[例]~抱着书看。

【成也萧何,败也萧何】chèng yé xiāo hè,bái yè xiāo hè(谚)成败都因同一人。见附一。

【成夜】chèng yé(词)整夜。[例]~~地复习功课。

【成者为王,败者为寇】chèng zhe wèi wàng,bái zhe wèi kóu(谚)泛指成功者权力在手,无人责难,失败者备受贬损,有口莫辩。

【诚心诚意】chèng xīng chèng yí(词)形容十分诚恳。[例]我是~来道歉的。

【承当】chèng dang(词)承担,应承。[例]先~起来,随后再想办法。

【城壕里的狗——等着吃死食】chèng hào ni di gòu— déng zhe chí sí shi(歇)比喻不劳而获,吃现成饭。

【城里也误了,乡里也误了】chèng ni yé wú le,xiāng ni yé wú le(熟)比喻两头都耽误了。

【城门把扁担挡住了】chèng mèng bá bián dan dáng zhú le(熟)比喻死板教条,不知变通。

【城门洞里的麻雀子——大炮惊出来的】chèng mèng dóng ni di mà qué zi—dá páo jīng chú lài di(歇)比喻经过大风大浪锻炼或见过大世面。

【逞能】chèng nèng(词)显示才能,卖弄本领。[例]就爱~!

【逞能事到】chèng nèng shí dáo(词)做创造性的事。有赞许义。[例]大人不在家,他(孩子)~地做了一锅酸辣汤。

【逞头】chèng tòu(词)挑头,出头。

【盛不下】chèng bú xiá(词)形容自恃才高,在小单位工作屈才。有贬义。[例]我们的涝坝(池塘)小,~你这条大鱼。

【盛不住话】chèng bú zhú huá(熟)指不善于保守秘密。[例]那个人~,有话别对他说。

【盛不住针线】chèng bú zhu zhēng xian(熟)❶指布子太残,经不住针线缝补。❷调侃语,比喻年龄小、发育不成熟的女孩不能结婚。

chi

【痴眉带笑】chī mi dái xiáo（词）似笑非笑。

【痴眉瞪眼】chī mi déng yàn（词）呆滞地、毫无反应地看着。

【痴心女子负心汉】chī xīng nǘ zi fú xīng hán（谚）沉迷于爱情的女子碰上无情无义的男子。

【迟钝】chī dong（词）反应慢，不灵敏。［例］干个啥~得很，没一点麻利气。

【迟拙】chī zhuo（词）迟笨，不灵活，缓慢。［例］手太~。

【吃饱肚子不想家】chí bào dú zi bú xiàng jiā（熟）谓先把饭吃饱，然后再考虑其他事。

【吃饱了撑的】chí báo le cēng di（熟）比喻无事生非。

【吃饱了就好着呢】chí báo le jiú háo zhe ni（熟）调侃语。"饱"和"好"谐音，一方说"好着呢"，一方用此话调侃。

【吃绷绷】chí béng beng（词）两人用双手五指绷挑细绳儿变换样式的游戏。

【吃鼻子的】chí bí zi di（词）比喻软弱无能的人。鼻子：鼻涕。

【吃冰棍拉冰棍——没化（话）】chi bīng góng lá bīng góng—mú huá（huá）（歇）话少或无话可说。

【吃不开】chí bú kāi（词）行不通，不受欢迎。

【吃不了兜着走】chí bú liào dōu zhe zòu（熟）警告语。谓惹出事端或造成后果由当事人承担。

【吃不穷，穿不穷，计划不到一世穷】chí bú qiòng，chuān bú qiòng，jí huá bú dáo yí shí qiòng（熟）谓过日子要会谋划。

【吃不消】chí bú xiāo（词）承受不了。［例］连续加班，身体实在~。

【吃残了】chí càn le（熟）被人吃过的东西。［例］菜~，重新上吧。

【吃炒面还要搭口唾沫】chí cháo mian hài yáo dá kou tuó mo（谚）比喻做啥事都要花本钱。

【吃吃吐吐】chí chi tú tu（词）犹吞吞吐吐，吓吓怕怕。

【吃葱】chí cōng（词）在言语上占便宜。［例］想~，没门儿！

【吃得苦中苦，方为人上人】chí de kù zhōng kù，fāng wèi rèng sháng rèng（熟）只有下苦功夫学到超人本领，才能出人头地。

【吃得香，屁得臭，一要钱，就赌咒】chí di xiāng，bá di chóu，yí yáo qiàn，jiú dú zhóu（顺）形容赖账不想还。

【吃得贼贼的】chí di zèi zèi di（熟）指有了收受好处的经验。贼：精明、狡猾。［例］那些人~，给少了能淹住心？

【吃的宁夏草料，说的南腔北调】chí di nìng xia cáo liáo，shuó di nàn qiāng biá diáo（顺）对本地人学说外地话的

嘲讽。

【吃的青草屁的驴的粪】chí di qīng cào ba di lǜ di fēng(熟)比喻别人说(骂)的话就像驴拉的粪便。常用于骂人。

【吃的猪狗食,干的牛马活】chí di zhū góu shí,gán di niù mà huò(熟)对旧社会穷人生活的形容。

【吃的豌豆瓣子放的驴的屁】chí di wān dou bán zi fáng di lǜ di pí(词)遭别人辱骂后的反骂语。

【吃的一家饭,操的百家心】chí di yí jiā fán,cāo di biá jiā xīng(谚)对公共服务者的比喻。

【吃豆腐报肉账】chí dóu fu báo róu zháng(熟)弄虚作假,虚报冒领,贪占便宜。

【吃独食】chí dú shi(词)独吞,独享利益。[例]大家一起挣来的,你不能~!

【吃肚子】chí dú zi(熟)吃饭,过日子。[例]靠手艺~。

【吃二遍苦,受二茬罪】chí ér bian kù,shóu ér chà zuí(熟)特指重新回到旧中国。[例]如果让反动派掌了权,老百姓又要~。

【吃饭不饱,也是一扰】chí fán bú bào,yé shí yí rào(熟)劝人一次把饭吃饱,免得很快又饿了,耽误干活。

【吃饭不让人,拿上筷子捣沟门】chí fán bú ráng rèng,ná shang kuái zi dào gōu mèng(顺)讽刺吃饭时不礼让别人的做法。

【吃饭不知道饥饱,睡觉不知道颠倒】chí fán bú zhī dao jī bào,shuí jiáo bú zhī dao diān dao(词)形容头脑不清醒或精神痴呆的人。

【吃饭尝着吃,说话想着说】chí fán chàng zhe chí,shuó huá xiáng zhe shuó(谚)比喻说话做事要三思。

【吃饭处】chí fán chu(词)借以得到收入的处所。[例]有技术还愁没个~?

【吃饭穿衣量家当】chí fán chuān yí liáng jiā dang(熟)指精打细算,量入为出。

【吃饭串门子,打烂屎盆子】chí fán chuán mèng zi,dá lán shì pèng zi(熟)对一边端着碗吃饭,一边串门子的不良习惯的讽语。

【吃饭的肚子想事的心】chí fán di dú zi xiàng shí di xīng(熟)比喻人都是有思想的。[例]谁没个~?

【吃饭防噎,走路防跌】chí fán fàng yé,zòu lú fàng dié(谚)比喻时刻小心谨慎,不能粗心大意。

【吃饭没饭钱,干活没工钱】chí fán mú fán qian,gán huò mú gōng qian(熟)公社化初期农村里一度实行的“军事共产主义”。

【吃饭也有咬着舌头的时候】chí fán yè yòu yáo zhe shè tou di shì hou(熟)比喻矛盾处处有,随时都可能发生。

【吃飞食的】chí fēi shi di(熟)❶比喻靠行骗为生。❷对捕猎鸟类者的戏称。

【吃风屉屁】chí fēng bà pí(词)戏谑语，犹没东西可吃。[例]热天不好好种庄稼，冬天~呢？

【吃尜尜】chí gā ga(词)指小孩吃奶。

【吃干饭的】chí gān fan di(词)比喻只吃饭不干事或不会干事的人。[例]一群人干不完这么一点活，难道都是~？

【吃钢屉铁】chí gāng bá tié(词)比喻有魄力，有担当，手段硬，能提起放下。

【吃个虱子留条腿】chí gé shé zi liù tiào tuì(词)形容小气吝啬。

【吃个闲饭，操个闲心】chí ge xiàn fán，cāo ge xiàn xīng(熟)劝慰老年人做点力所能及的事，不要过多出力操心。

【吃官饭】chí guān fán(词)指领取国家薪水的公职人员。

【吃惯的嘴，跑惯的腿】chí guán di zuì，páo guán di tuì(谚)比喻尝到甜头而经常来。

【吃喝拉撒尿】chí hé lā sā niáo (词)泛指后勤工作。

【吃喝嫖赌】chí hé piào dù(词)大吃大喝，嫖妓赌博。

【吃喝玩乐】chí hé wàn luó(词)指尽情享乐的生活。

【吃混饭的】chí hóng fan di(熟)指只吃饭不干活或干活不踏实、质量差的人。

【吃好了】chí háo le(熟)吃饱了的巧说。[例]主人说："再吃点吧。"客人答："~，确实~。"

【吃黑食】chí héi shi(词)比喻收受贿赂，花昧心钱。

【吃后悔药】chí hóu huí yué(词)为已经做过或没做到的事情感到懊悔。[例]别~，从头开始吧。

【吃皇粮】chí huàng liàng(词)干部吃供应粮、拿工资的工作。

【吃活了】chí huó le(词)形容神气活现，过于活跃。

【吃火头饭要报火头恩】chí huó tou fán yáo báo huó tou ēn(谚)比喻知恩必报。火头：火头军。

【吃鸡巴也要找丝路】chí jī ba yé yáo zhào sī lu(熟)比喻做事要找到规律。

【吃家饭，屉野屎】chí jiā fán，bà yè shì(熟)比喻吃自家饭，替别人操心。

【吃酒就吃酒，莫要提荆州】chí jiú jiú chí jiù，mó yáo tì jīng zhou (熟)系"三国"戏里的一句台词，引申为不要说主题以外的话，以免引起不快。

【吃酒看首席】chí jiú kán shóu xi(谚)吃酒时坐在首席的一般是长者或尊者，其他人要听从他们的指挥或按他们的意思行事。比喻做事要服从主流和大局。

【吃糠咽菜】chí kāng yán cái (词)形容生活贫困。[例]~的日子都熬过来了，现在还怕什么？

【吃苦耐劳，长官知道】chí kú nái lào，zhàng guan zhī dao(熟)谓某人有没

有吃苦出力，群众可能不清楚，但领导人心中有数。

【吃亏】chí kuī(词)幸亏。[例]~我没去，不然也缀到里头了。

【吃劳保】chí lào bào(词)靠劳动保险生活。暗指退休。[例]老俩都退休了，在家~。

【吃老包】chí lào bāo(熟)老包即嘴唇。多用于大人要求跟幼儿亲嘴。[例]来，给爷爷个老包吃。

【吃老虎】chí lào hu(词)当地指亲嘴、接吻。

【吃了包子等汤呢】chí le bāo zi dèng tāng ni(熟)戏谑语。比喻事情已经结束，没什么可期待的。

【吃了穿了是个得的】chí le chuān le shí ge dá di(熟)得的：合算、值得。

【吃了个好好】chí le ge hào hao(熟)好好：好、过瘾，当地口语习惯。[例]宰了一只鸡，两个人~！

【吃了人的嘴软，拿了人的手短】chí le rèng di zuì ruàn, nà le rèng di shòu duàn(谚)比喻收了别人的好处，就会放弃原则，替别人办事或说好话。

【吃了上顿没下顿】chí le sháng dong mú xiá dong(熟)比喻生活非常贫困。[例]旧社会，穷人过着~的日子。

【吃了湿的拿干的】chí le shí di ná gān di(熟)比喻管饭并付工钱。[例]东家骂伙计："你们~，还不好好干活！"

【吃了熊心豹子胆】chí le xiòng xīng báo zi dàn(熟)形容人胆子太大。

【吃了一个饱一家】chí le yí ge báo yí jiā(熟)形容独身生活。

【吃里扒外】chí lì bā wái(词)接受这一方的好处，却为那一方卖力。

【吃利息】chí lí xi(词)指把钱存进银行或借给别人收取利息，而本金保持稳定。[例]有钱不花，存在银行里~。

【吃粮的】chí liàng di(词)旧时指当兵的。

【吃粮靠集体，花钱靠自己】chí liàng káo jí tì, huā qiàn káo zí ji(顺)人民公社时期有些穷队的情况。

【吃蚂蚱还要分个腿腿子】chí miá zha hài yáo fēng ge tuí tui zi(熟)❶比喻感情好，有富同享。❷比喻分享共同成果。

【吃面吃个清爽面，嫁人嫁个标致汉】chí mián chí ge qīng shuang mián, jiá rèng jiá ge biāo zhi hán(熟)一些女青年择偶的标准。标致：长得端正好看。

【吃面喝面汤，强比开药方】chí mián hé mián tāng, qiàng bì kāi yué fāng(谚)原汤化原食，可助消化。

【吃摸着了】chí mō zhuo le(熟)比喻尝到甜头后又来了。[例]上次吃饭没要钱，~，这次又来了。

【吃奶的劲】chí nái di jíng(词)形容使出最大力气。[例]把~都使上了，还是扛不动。

【吃腻了】chí yí le(熟)腻了：腻味，厌

烦。多用于讽刺攫取不义之财太多而犯事。

【吃牌】chí pài(词)麻将术语,即上首打下来的牌正好可以为下首“配副子”,从而被下首“吃”掉(所用)。

【吃派饭】chí pái fán(词)指安排驻队干部到农民家里吃饭。

【吃碰听口】chí péng tìng kòu(熟)麻将术语。即不论“吃”一张或“碰”一张牌就可“听口”。听口:再差一张牌就可和牌的牌局。

【吃偏食】chí piān shi(词)泛指特别优待或特殊对待,也指偏心。

【吃抢饭】chí qiáng fan(词)指人多饭少、谁吃得快就能多吃的情形。[例]国民兵训练的时候,每次开饭都是~。

【吃热饭】chí ré fan(词)比喻重复已经说过的话。

【吃人饭不干人事】chí rèng fán bú gán rèng shí(词)骂语,犹畜生。

【吃人钱财,替人消灾】chí rèng qiàn cài,tí rèng xiāo zāi(谚)收了别人的好处,就要替别人办事或开脱罪责。

【吃人屎,倒狗屎】chí rèng shi,dào góu shi(词)比喻翻闲话,倒是非。

【吃人贼】chí rèng zèi(词)指以权谋私、受贿索贿、鱼肉百姓者。

【吃肉不荤嘴】chí róu bú hōng zuì(谚)比喻只得好处、不担责任的行为。

【吃肉不吐骨头】chí róu bú tú gú tou(熟)比喻贪婪残忍。

【吃肉不香,穿绸子不光】chí róu bú xiāng,chuān chòu zi bú guāng(熟)形容生活条件过于优越,以致挑三拣四,挥霍无度。

【吃软不吃硬】chí ruàn bú chí yíng(熟)只接受好言相劝或平等相待,不接受强迫或以势压人。

【吃软饭的】chí ruán fan di(词)❶比喻干活没力气的人。❷比喻软弱、怯懦的人。❸指靠老婆养活的男人。

【吃上巴拉子挂心呢】chí shang bā la zi guá xīng ni(熟)调侃语。比喻父母有好吃的自己不舍得吃,要留待子孙们回来一起吃。巴拉子:蒺藜。

【吃上韮菜屁沙葱——漓漓拉拉】chí shang jiú cai bà shā cong—lí li lā la(歇)比喻说话东拉西扯,办事拖泥带水。

【吃上匿上,活不到七十】chí shang mí shang,huó bú dáo qí shi(熟)诅咒语。吃了喝了却不承认,就要短寿。

【吃上葡萄喝上醋——反胃】chí shang pù tao hé shang cú—fán wéi(谚)比喻性格不合或有过节。

【吃上人参也活不了】chí shang rèng seng yé huó bú liào(熟)比喻所患之病无药可治。

【吃上屎了】chí shang shí le(熟)骂人或自骂的话。意谓像抓屎吃的孩子那样不懂事。[例]他小,不懂事,你难道也~?

【吃上文秀才的屎了】chí shang wèng

xiú cai di shí le(熟)对慢条斯理、四平八稳、磨磨唧唧做事者的讽刺。

【**吃上五谷生百病**】chí shang wú gu sēng biá bíng(谚)人为了生存,就要吃五谷杂粮;人活在世上,就难免得这样那样的疾病。

【**吃上五谷想六谷,吃上鸡巴想脆骨**】chí shang wú gu xiáng lú gu,chí shang jī ba xiáng cuí gu(熟)比喻得寸进尺。

【**吃上砖头屁瓦渣——硌叽牙渣**】chí shang zhuān tou bà wá zha—gé ji yà zhá(歇)比喻硌牙的食物或土壤里掺杂着破砖烂瓦。

【**吃赦饭的**】chí shé fan di(词)❶没有自立精神,靠别人施舍过日子。❷比喻干活不出力,敷衍应付。[例]看那个~样子,哪像个干活的!

【**吃生米的**】chí sēng mí di(词)比喻不通情理或粗野的人。

【**吃剩饭出馊点子**】chí shéng fan chú sōu dián zi(熟)意为出的主意不高明。

【**吃屎的**】chí shí di(词)骂人的话,犹不懂事,像抓屎吃的小孩。

【**吃屎的把屁屎的拿住了**】chí shí di bá bà shí di nà zhú le(熟)吃屎的指狗,屁屎的指人。比喻被控制者不听控制者指挥。

【**吃屎都抢不上热的**】chí shì dóu qiáng bú shang ré di(熟)对反应迟钝、行动缓慢者的讽刺。

【**吃柿子拣软的捏**】chí shí zi jiàn ruán di nié(熟)比喻欺负弱小者。

【**吃谁的饭,随谁转**】chí shuì di fán, suì shuì zhuán(谚)意为挣谁的钱,听谁的指挥。

【**吃死食**】chí sí shi(词)指自己干不了活,挣不来钱,靠别人养活的人。多用于对老年人或无劳动能力者的歧视性辱骂。

【**吃素**】chí sú(词)❶指佛教徒不杀生,吃素行善。❷比喻不厉害,好欺负。[例]我不是~的!

【**吃挑面**】chí tiáo mian(词)即"打水漂"游戏。

【**吃五子子**】chí wù zì zi(熟)旧时农村里玩的一种小游戏,也叫"抓子子"。详见附一。

【**吃稀澄稠**】chí xī déng chòu (熟)犹饮食的好与坏,有不计较好坏的意思。[例]不管~,一家人能团团圆圆、平平安安就好。

【**吃席**】chí xí(词)赴宴。[例]朋友嫁女儿,我去~。

【**吃席还要带个手绢子**】chí xí hài yao dái ge shòu juan zi(熟)比喻干活要带工具。

【**吃闲饭**】chí xiàn fan(词)指靠人养活或没工作。[例]待在家里~。

【**吃现成饭**】chí xián chèng fán(词)比喻自己没出力而享受别人的劳动果实。[例]不能老~,要自己动手呢!

【吃香】chí xiāng(词)走俏、受欢迎。有时也指走运,吃得开。

【吃香的喝辣的】chí xiāng di hé lá di(熟)比喻过好日子。

【吃小锅锅子】chí xiào guō guo zi(熟)即吃小灶。

【吃哑巴亏】chí yá ba kuī(熟)遭受暗算或吃亏后不敢声张。

【吃烟】chí yān(词)吸烟的习称。

【吃野草的】chí yè cáo di(熟)骂语,犹吃草的畜生。比喻粗暴野蛮。

【吃一步,迟一步】chí yí bu,chī yí bu(熟)象棋术语,因贪吃而贻误战机。

【吃一合米的饭,操一斗米的心】chí yí gé mí di fán,cāo yí dòu mí di xīng(熟)比喻拿的钱少,管的事多。合:一斗的百分之一。

【吃一叨二眼观三】chí yí dāo ér yàn guān sān(熟)比喻走上步,看下步。

【吃硬不吃软】chí yíng bú chí ruàn(熟)不听好言相劝,只服从态度强硬者。

【吃油香要掰,喝盖碗要刮】chí yòu xiang yáo biá,hé gái wan yáo guá(谚)回族谚语。谓吃油饼要掰开,一点一点地吃,喝盖碗茶要用碗盖刮开茶叶细品慢饮,否则就显得不雅。

【吃油盐也比他多吃了几年】chí yòu yàn yé bì tā duō chí le jì niàn(熟)比喻年龄较大。多用于劝年长者原谅年龄小的。

【吃鱼嵌刺】chí yù qiān cí(词)指影射、攻击别人。嵌刺:遣刺的谐音。

【吃斋念佛】chí zhāi nián fú(词)指信佛。[例]~,行善积德。

【吃长斋】chí chàng zhāi(词)民间称佛教徒终年食素。

【吃着碗里,看着锅里】chí zhe wán ni,kán zhe guō ni(谚)本指贪吃贪喝,比喻提前揽活儿或找销路。

【吃住】chí zhu(词)集中,抓紧,全力突击。[例]~干上几天,赶封冻前把活干完。

【吃住了】chí zhu le(词)积食。[例]娃娃~,给吃点开胃的药。

【吃嘴】chí zuì(词)吃零食。

【吃嘴要忍呢,还账要狠呢】chí zuí yáo réng ni,huàn zháng yáo héng ni(谚)义如文。吃嘴:买零食。

【尺码】chí ma(词)尺寸,标准。[例]拿它做大梁,恐怕不够~。

【耻笑】chí xiáo(词)鄙视嘲笑。[例]尽干些惹人~的事。

【赤脚医生】chí jué yī seng(词)指农村里亦农亦医的医务工作者。

【赤手空拳】chí shòu kōng quàn(词)两手空空。比喻没有任何武器或工具。

【迟后】chì hóu(词)之后,后来。[例]~他又去了一趟。

【迟早】chì zào(词)或迟或早,总有这么一天。

【齿子】chì zi(词)排列像牙齿状的东

西。[例]锯~,耙~。

chong

【冲犯】chōng fan(词)❶五行相克。❷因冒犯鬼神而致灾病。[例]昨晚夕叫啥东西给~了。

【冲天冒日鬼】chōng tiān máo rí guì(熟)冒失、莽撞的人。[例]真是个~,还没商量好,就到处说去了。

【冲喜】chōng xì(词)旧俗。在人病重时,用办喜事来驱除所谓邪气,化凶为吉。迷信。

【冲子】chóng zi(词)用金属做成的打眼器具。

【充大头】chōng dā tòu(词)充能干,充主人。

【充名名字】chōng mìng ming zi(熟)指挂名充数。

【充数数字】chōng sú su zi(词)用不合格的人或物凑数。

【冲劲儿】chóng jingr(词)❶有激情、敢向前闯的劲头儿。[例]年轻轻的,没一点~! ❷强烈的刺激性。如:这酒~大。

【宠儿不孝,宠狗上灶】chóng èr bú xiáo,chóng góu sháng záo(谚)受溺爱的子女不孝顺。

【虫嗑了】chòng ké le(词)被虫蛀了。[例]毛衣叫~。

【虫牙】chòng yà(词)龋齿。

chou

【抽你的筋】chōu ní di jīng(熟)骂人或威胁人的话。[例]你要把那个东西弄坏了,我~呢!

【抽条】chōu tiào(词)说泄气话或中途闹分裂。

【抽头】chōu tòu(词)❶设赌局者从中抽取头钱。❷商品交易或办事中的回扣。

【抽子】chōu zi(词)布袋。

【丑八怪】chóu bá guái(词)形容相貌极丑的人。

【丑话】chóu hua(词)难听话,不爱听的话。[例]把~说到前头。

【丑角子】chóu jue zi(词)戏剧中的丑角。

【丑是家中宝,俊了惹烦恼】chóu shi jiā zhōng bào,jóng le rè fàn nao(熟)指丑媳妇不会有外遇,使家庭和睦平安;反之容易招蜂引蝶,造成家庭不和。

【丑媳妇总要见公婆】chóu xí fu zóng yáo jián gōng pò(谚)比喻真相隐藏不住,迟早总要暴露。

【丑相】chóu xiang(词)不雅、难看的样子或行为。

【臭耿耿】chóu géng geng(熟)形容不合群,不随和,态度生硬。

【臭狗屎】chóu gòu shi(词)没人缘,不受欢迎的人。

【臭灰乱扛】chóu huī lán gáng(词)形容灰土飞扬。多指人为。[例]拆房子的地方~的,你跑到那里干啥?

【臭架子】chóu jiá zi (词) 指装腔作势,妄自尊大,目无下人。[例]在老同学面前还摆~?

【臭力气】chóu lí qi(词)体力劳动者对自己劳动的自嘲。[例]这有啥,不就是出点~嘛!

【臭美】chóu mèi(词)对炫耀或显示自己漂亮、能干者的讥讽。

【臭懵了】chóu mēng le(熟)臭到极点,多比喻人与人的关系。

【臭名远扬】chóu mìng yuàn yàng (词)坏名声传得很远。

【臭皮匠】chóu pì jiang(词)指鞣制大家畜皮革的工匠,这种皮革主要用于车马挽具、绳索等。因鞣制后的皮革为黑褐色且有臭味,故名。与白皮匠相对。

【臭棋】chóu qì(词)不高明的棋术和着数。如:走了一步~。

【臭棋乱飞象】chóu qì lán fēi xiáng (谚)象棋术语。指在没必要的情况下,把象(相)飞到边上。

【臭气熏天】chóu qí xiōng tiān(词)形容臭气浓烈,传播广远。

【臭酸梨】chóu suān lì(词)比喻性格古怪、不合群、人缘差的人。

【臭头】chóu tòu(词)比喻到处树敌、不受欢迎的人。

【臭味相投】chóu wéi xiāng tòu (词) 比喻彼此的思想、作风、兴趣十分相近,合得来(贬义词)。

【臭鱼烂虾】chóu yù lán xiā(词)比喻聚在一起的社会渣滓(人)或废弃物。

【臭嘴】chóu zuì(词)比喻经常毁谤别人或说话就伤人。

【稠了好看,稀了吃饭】chòu le háo kán,xī le chí fán(谚)指农作物要合理密植。

【丑婆姨养的好儿子,坷垃田里出的好糜子】chòu pò yi yáng di hào èr zi,ké la tiàn ni chú di hào mì zi(谚)比喻环境、条件虽差,却培育出优秀人才。

【丑人爱打扮】chòu rèng ái dá ban(熟)指长相差的人喜欢用装扮来弥补。

【丑人爱照相】chòu rèng ái zháo xiáng(熟)部分长相丑陋的人的心理现象。

【丑人有丑福】chòu rèng yòu chóu fú (熟)长相丑的人往往有意外的福气。

chu

【倏溜】chū liu(词)形容速度很快、一闪而过。[例]~一下就不见了。

【倏溜子屁】chū liu zi pí(熟)指没有声音或声音不响亮的屁。

【出泡】chū páo(词)皮肤或物体表面因火灼、充气等原因起泡。[例]手背子叫火出了个泡。|炸油饼子碱小了要~?

【**出泣**】chū qi(词)啜泣。抽噎哭泣。[例]在被窝里~。

【**出头**】chū tou(词)大方、不羞涩。[例]现在的女娃娃就是~。

【**出不了大岔**】chú bú liào dá chá(熟)指出不了大的差错。

【**出插的房子**】chú chá dí fàng zi(词)正房前面有开放式走廊的单层房屋。

【**出产**】chú chan(词)生产,产出。也比喻出路,出息。[例]没大的~。

【**出的门多,受的罪多**】chú di mèng duō,shóu di zuí duō(谚)指出门在外不如在家方便舒服。

【**出粪**】chú fēng(词)起出厩肥,堆集在圈外空地上。

【**出服**】chú fú(词)❶谓居丧到期,除去丧服。❷血亲关系已出五代。

【**出故事**】chú gú shi(词)生事,出毛病。

【**出行**】chú xìng(词)农历正月初五早晨,人们燃放鞭炮,把牲畜赶到空旷地方撒欢打滚,从此可以正常~。

【**出花**】chú huā(词)指出天花。[例]娃娃~呢,家里要忌人。

【**出话**】chú huá(词)放出不满意的话。[例]人家娘家已经~了。

【**出怀**】chú huài(词)女子怀孕四五个月时显出肚子。

【**出婚**】chú hōng(词)订婚。[例]大女儿刚~,小女儿暂时不给人。

【**出活**】chú huò(词)干活效率高。[例]这个师傅手快,干营生~。

【**出家**】chú jiā(词)指离开亲人、家庭、事业等世俗世界,到庙宇里做和尚或尼姑。

【**出快**】chú kuái(词)开口就骂人。[例]你嘴里不~,他能打你?

【**出来进去的话**】chú lài jíng ké di huá(熟)形容自食其言,出尔反尔。

【**出了货的鸡巴犁了田的牛,放了气的皮球爬了杆的猴**】chú le huó di jī ba lì le tiàn di niù,fáng le qí di pì qiū pà le gān dī hòu(顺)这四种现象被当地人称为“四软”。

【**出了火坑,跳进水坑**】chú le huò kēng,tiáo jíng shuì kēng(熟)比喻虽然换了地方,处境(环境)并未改善。

【**出了六指指**】chú le lú zhí zhi(熟)比喻节外生枝。

【**出礼**】chú lì(词)给亲朋随礼、出份子钱。

【**出力不讨好**】chú lí bú tào hào(熟)指花了工夫却没有成效,反而落人埋怨。

【**倏溜溜的**】chú liú liu di(词)❶形容水、流沙、风等快速流动的样子。[例]风刮得~。❷形容人或动物快走的样子。

【**出门观天色,进门观眼色**】chú mèng guān tiān se,jíng mèng guān yán se(谚)比喻善于观言察色,见机行事。

【**出门莫忘把衣带**】chú mèng mó wáng bá yī dái(熟)谓有备无患,预防寒冷。

【出门三辈小，见了姑娘叫大嫂】chú mèng sān béi xiào,jián lé gū niang jiāo dá sào(谚)出门在外,人生地生,待人要格外礼貌小心,以免招来麻烦。

【出门一把锁,进门一把火】chú mèng yí bà suò,jíng mèng yí bà huò(熟)形容独身生活。

【出迷痧子】chú mì zheng zi（词)旧时治疗小儿发热昏迷的土办法。详见附一。

【出批】chú pī(熟)想计策,找借口。[例]什么肚子痛?明明是~躲猾呢。

【出气筒子】chú qí tóng zi(词)指经常被别人用来出气的对象。

【出世】chú shí(词)❶刚走上社会。[例]才~的娃娃,就翘尾巴。❷暴露、出示。[例]偷了个照相机,不敢~。

【出馊点子】chú sōu dián zi(熟)出的是不高明的主意。

【出头】chú tòu(熟)开头,开始。[例]~我就说这事不能干,你还不听。结果呢?

【出头的椽子先烂】chú tòu di chuàn zi xiān lán(谚)比喻喜欢出头的人容易被妒忌、攻击,甚至摧残。

【出头露面】chú tòu lú mián(词)指出面办事或在公众场合出现。[例]~的事你干,我做幕后参谋。

【出血】chú xié(词)出钱,对外花钱。[例]这回该你~了吧?

【出洋相】chú yàng xiáng(词)❶逗人发笑的怪样子。❷令人耻笑的丑态。[例] 少在这里~! ❸使尴尬、丢人。[例]叫他当众~。

【出贼计】chú zèi jí(词)想计策,找借口。[例]~想跑呢!

【出疹子】chú zhéng zi(词)即出麻疹。

【出主意】chú zhù yi(词)为人想办法,出谋划策。

【杵】chū(词)指伸手、插手、动手。[例]把手~进去。|手都懒得~!

【杵子】chú zi(词)用于砸实地面虚土的工具。下部为石头或铁制杵头,中间有木杆,上端为横拐(抓手)。

【处暑】chú chu(词)二十四节气之一,8月23日前后,天气转凉。

【处暑不出穗,白露不低头,寒露喂老牛】chú chu bú chú suí,biá lu bú dī tòu,hàn lu wéi láo niù(谚)水稻从出穗到成熟所经历的节气。

【畜生】chú seng(词)牲畜,也用于骂人。[例]简直是个~!

【搐鼻子】chú bí zi(熟)指短小扁塌的鼻子。

【搐鼻子骡子】chú bí zi luò zi（词)指个头小、毛病多的骡子。比喻形象猥琐、性格孤僻、情绪多变的人。

【搐硌硌】chú gé ge(词)形容衣服或其他织物打皱不展脱。

【搐挤疙瘩】chú jí gé dá(词)❶指人、畜形体不大气,不展脱。❷指字写得小气拥挤,难以辨认。[例]字写得~的。

【搐起来吊起来】chú qí lài diáo qí lài (熟)指把人捆绑、悬吊起来。[例]他能把谁~?

【搐袖子】chú xiú zi(词)即泡袖。指袖山处有碎褶而蓬起呈泡泡状的袖型,衬衣和夹克式上衣常用。

【除非】chù fēi(词)只有,除了,表示唯一的条件。[例]~我死了,他别想进这个门!

【除根】chù gēng(词)从根本上消除。[例]这个病不能~。

【除过】chù guó(词)除去。表示所说的不计算在内。[例]~这一条,别的都能答应。

【除了】chù le(词)介词。除开,除外,除去。[例]除了他(她),我谁也不找(对象)。

【厨屋】chù wu(词)厨房,灶房。

【厨子】chù zi(词)厨师。[例]好~一把盐。

【储备粮】chù bí liàng(词)特指由生产队储存、用于应急的粮食。

【处人】chù rèng(词)与人交往。[例]~处心,浇树浇根。

【处心】chù xīng(词)存心,蓄谋,有意识。[例]他~跟婆姨离婚呢。

chua

【歘把的】chuà bá di(词)质问训斥用语。犹干啥的?做什么去了?[例]你早是个~,现在才跑来说!

【歘草】chuà cào(词)即用手拔草,薅草。

【歘沙葱】chuà shā cong(词)采沙葱。沙葱:一种生长在沙漠里、形状像小葱的野生蔬菜。

【歘头发】chuà tòu fa(词)揪住头发。多指打架时揪住对方头发或发疯时揪自己的头发。

chuai

【搋面】chuāi mián(词)用拳头使劲捣揉面团,以增加筋度。

【膪皮】chuái pì(词)猪等动物小肚处的虚肉。

【踹边船】chuài biān chuan(词)干活溜边边,不踏实。

【踹蛋】chuái dán(词)指禽类交配。[例]公鸡和母鸡~呢。

【踹氄】chuài ròng(词)禽类交配。

【踹水】chuài shuì(词)游泳技术之一,也叫踩水。即人立水中,两脚下踩,使头部露出水面。

chuan

【穿帮】chuān bāng(词)❶露出破绽,被揭穿。[例]弄虚作假的事迟早要~。❷指鞋、船等帮边磨损开裂。[例]木船~了。

【穿绸子不光,吃肉不香】chuān chòu zi bú guāng,chí róu bú xiāng(熟)形容因生活条件优越而嫌这嫌那,肆意挥霍。

【穿得烂,走得慢,腰里的银钱常不断】chuān di lán,zóu di mán,yāo ni di yìng qiàn chàng bú duán(熟)形容穿戴朴素、行为低调而实际富有的人。

【穿卡凡】chuān ká fan(词)回族丧葬习俗。即人去世后,要按宗教礼仪为其做大净,再按程序用卡凡布包裹亡人的躯体。

【穿了】chuān le(词)指雌性动物的子宫被雄性动物的阳物损伤而不能怀孕。[例]这个马~,怀不了驹。

【穿连裆裤】chuān liàn dāng kú(熟)比喻互相串通勾结。

【穿青的,戴孝的,死鬼心里明白】chuān qīng di,dái xiáo di,sì gui xīng ni mìng bai(熟)意谓谁是真心怀念死者,死人的灵魂和活人的眼睛都看得清楚。

【穿人的新,穷断筋】chuān rèng di xīng,qiòng duán jīng(熟)迷信认为借穿别人新衣服会受穷。

【穿上坎坎子图翠呢,两个胳膊受罪呢】chuān shang kán kan zi tù cuí ni,liáng ge gé bo shóu zuí ni(顺)坎坎子:背心;翠:好看;受罪:挨冻。

【穿上袍子拜你】chuān shang pào zi bái ni(熟)衣冠整齐地登门拜师。有不服气之义。[例]你要是说对了,我~。

【穿上皮袄挡风呢,说个实话好听呢】chuān shang pì ao dàng fēng ni,shuo ge shí hua hào tīng ni(谚)比兴句,意为说实话才能让人信服。

【穿上套裤图翠呢,鸡巴卵蛋受罪呢】chuān shang táo ku tù cuí ni,jī ba làn dán shóu zuí ni(熟)套裤:只有裤腿没有裤裆和裤腰的皮裤。义如文。

【穿套】chuān tao(词)大车上拉套的三头牲畜中夹在中间的那头。

【穿小鞋】chuān xiào xiè(词)指上级找茬儿报复下级或有权者报复无权者。

【穿靴戴帽】chuān xuē dái máo(词)比喻在文章的开头和结尾生硬地加上一些流行套话,借以增加篇幅。

【穿一条裤子】chuān yí tiào kú zi(熟)比喻串通一气。

【穿衣镜】chuān yī jíng(词)能照见全身的大镜子。

【穿针引线】chuān zhēng yíng xián(词)比喻从中联系、撮合。

【串花】chuán huā(词)指开花类植物通过风力、动物、昆虫等异花授粉、改变原有品质的现象。[例]黄玉米和白玉米一~,就变成了杂玉米。

【串连】chuán liān(词)❶指为了共同行动,一个一个地串通联系。❷特指“文化大革命”初期学生们进行的“大~”活动。

【串门子】chuán mèng zi(词)到别人家闲串。

【簸麦子】chuǎn miá zi(词)用石碾或碾米机粗除麦鱼上的皮壳和杂质。

【传单】chuàn dān(词)❶泛指一种起

宣传作用的活页印刷品。❷特指“文化大革命”中各群众组织宣传自己观点的印刷品。

【传红了】chuàn hòng le(词)传开了，很多人都在议论并知晓。

【传话】chuàn huá(词)❶处于半昏迷状态的人以某个已死去的人的口吻跟人对话。❷巫婆假借死人之口跟求符者说话。❸带话,传闲话。

【传话筒】chuàn huá tòng(词)❶用于提高音量的话筒。❷比喻只会传达别人的话、自己毫无主见的人。❸比喻传闲话的人。

【传教】chuàn jiao(词)传授教导。[例]他们是一个师傅的~。

【传染】chuàn ràn(词)❶互相模仿或影响。[例]坏毛病是受了几个坏朋友的~。❷谓因病疫传播蔓延而致病。[例]~病。

【传事兵】chuàn shi bīng(词)旧军队里专事传达的士兵。比喻做类似工作的人。

【传唆】chuàn suo(词)传授、教唆、影响。[例]全是娘母子~的。

【传言】chuàn yàn(词)流言、流传的话。[例]~轻,过言重。

【传言轻，过言重】chuàn yàn qīng, guó yàn zhóng(熟)指闲话在传播中会因加减而改变原意。

【船不翻自翻】chuàn bú fān zi fān(熟)指未经揭发而自我暴露。

【船舱银子】chuàn cāng yìng zi（词）形状像船舱样的银锭,也叫元宝。

【船到码头车到站】chuàn dáo má tou chē dáo zhán(熟)比喻工作到一定时候而产生的疲劳感和歇脚思想。

【船到桥头自会直】chuàn dáo qiáo tòu zi huí zhí(谚)劝慰人的话。指事物都有自己的规律，应当顺其自然，不必担心着急。

【船家】chuàn jia(词)指驾驶自家船只谋生或雇用的船工。

【船家种的河边地,风里来的雨里去】chuàn jia zhóng di hè biān dí,fēng ni lài di yú ni ké(谚)比喻财富来得容易,散失得也快。

【船烂了还有三百六十颗钉】chuàn lán le hài yòu sān bia lú shi kuō dīng(谚)鼓励人失败了再重来。犹“留得青山在,不怕没柴烧”。三百六是约数。

【椽椽棒棒】chuàn chuan báng bang(词)搭建房屋的木料。[例]为了几个~,哥俩闹了一仗。

【椽子】chuàn zi(词)建造土(砖)木结构房屋时搭在屋顶檩条上、用以承担苇芭、草泥或瓦片的木棍(木条)。

chuang

【疮溃】chuāng kui(词)溃烂了的疮疖。

【窗洞洞子】chuāng dóng dong zi(词)旧时木格窗子下方留的供猫出入的孔洞。该孔洞不糊纸,只粘一片可随意开合的小布帘儿。

【窗根里】chuāng gēng ni（词）窗台下面。

【窗框脱土墼——大模儿】chuāng kuáng tuó tú ji—dá mùr（歇）大框子，大致相像。

【窗子上的纸，一点就破】chuāng zi sháng di zhì，yí diàn jiu pó（熟）比喻脑子聪明，接受快。

【撞当当】chuáng dāng dang（词）指没有把握地碰运气。[例]本来就是~的事，不成功也没关系。

【撞命得财】chuáng ming dà cài（词）指靠碰运气得好处。[例]~的事，不必当真。

【撞田】chuáng tian（词）指靠天吃饭的荒地。[例]正田少，~多。

【床底下的尿壶——离不得，见不得】chuàng dí xia di niáo hù—lì bú de，jián bú de（歇）义如文。见不得：指摆不到台面上。

【闯天祸】chuàng tiān huo（熟）闯下大祸。[例]你这个~的，一点不省事！

【创牌子】chuàng pài zi（词）❶指树立个人名气。❷指企业创立商誉或名牌产品。

chui

【吹得文大武大】chuī di wèng dá wú dá（词）吹牛，说大话。[例]当时~，现在又说办不到。

【吹灯拔蜡】chuī dēng bá lā（词）比喻垮台，散伙，结束，死亡。

【吹鼓手的】chuī gù shou di（词）专业吹奏唢呐的人。旧时红白喜事和文艺演出均有吹奏，现在婚嫁已不吹奏，其他仍吹奏。

【吹胡子瞪眼】chuī hù zi déng yàn（熟）❶形容十分生气的样子。❷形容待人态度粗暴。

【吹牛屄】chuī niù bī（词）吹牛。

【吹牛屄不贴印花】chuī niù bī bú tié yíng hua（熟）印花指印花税，谓吹牛皮不用上税。讽刺语。

【吹牛皮说大话】chuī niù pì shuó dá huá（熟）吹嘘、说大话。

【吹阴风点鬼火】chuī yīng fēng diàn guì huò（熟）比喻在背后煽动闹事。

【垂头丧气】chuì tòu sáng qí（词）因失败或不顺利而情绪低落、委靡不振。

【捶】chuì（词）❶打，揍。[例]过几天不叫人~一顿心慌呢！❷用棒槌敲、砸东西。[例]~粮食。

【捶布石】chuì bu shi（词）比喻经常做错事而挨打的人。

【锤六子不吃长三——争尿】chuì lú zi bú chí chàng sān—zēng song（歇）“花花子”规则，六又称斜三，故不吃三。比喻倔强。

【捶头】chuì tou（词）拳头。

【锤子】chuì zi（词）❶指男性的阳物，犹鸡巴。多用于表示不满或一文不值。[例]你知道个~！❷铁锤，木锤。

chong

【**春打寒，冷半年**】chōng dà hàn，léng bán niàn（谚）立春这天如天气寒冷，预示上半年气温较低。

【**春打六九头，种田早下手**】chōng dá lú jiù tòu，zhóng tiàn záo xiá shòu（谚）立春如果在“六九”头上，就要早点备耕。

【**春分**】chōng feng（词）二十四节气之一，3月21日前后，阳光直射赤道，昼夜相等。

【**春分自滥**】chōng feng zí lán （谚）到了“春分”，春潮就会自然泛滥。

【**春粪**】chōng feng（词）春季积攒的农家肥，肥效不如秋肥。[例] 稻田里上的都是~。

【**春风灌了驴耳**】chōng fēng guán le lǘ èr（熟）比喻把好话当成耳边风。

【**春工**】chōng gōng（词）参加春季干渠岁修工程的义务性民工。

【**春刮东南风，麦子长三分**】chōng guá dōng nàn fēng，miá zi zhàng sān fēng（谚）春季刮东南风，会提高气温，增加降水，利于小麦生长。

【**春满堂，夏一半，秋凋零，冬不见**】chōng màn tàng，xiá yí bán，qiū diāo lìng，dōng bú jián（顺）对旧时学校学生流失情况的形容。

【**春天栽个绿桩桩，夏天出个绿秧秧，秋天啃成秃桩桩，冬天变成干桩桩**】chōng tiān zāi ge lú zhuāng zhuang，xiá tiān chú ge lú yāng yang，qiū tiān kèng cheng tú zhuāng zhuang，dōng tiān bián chèng gān zhuāng zhuang（顺）对只栽不管的群众性植树的形容。桩桩：杆插柳橛儿。

【**春捂秋冻，一年没病**】chōng wù qiū dóng，yí niàn mú bíng（熟）春捂可耐热，秋冻可耐寒。

【**春雨贵如油**】chōng yú guí ru yoù（谚）春雨有益于庄稼生长，非常宝贵。

【**春争日，夏争时**】chōng zēng rí，xiá zēng shì（谚）不违农时，及时播种。

【**蠢笨**】chóng beng（词）粗大笨拙。这里指粗壮难看的长相。

【**蠢货**】chóng huó（词）犹笨家伙。

【**重茬**】chòng cha（词）指同一块地里上年种什么，下年还种什么。[例]西瓜不能~。

【**重名重姓**】chòng mìng chòng xíng（词）姓名完全一样。[例]社会上~的人多了。

【**重三迭四**】chòng sān dié sí（词）说话唠叨、重复。[例]说一遍就行了，不要~的。

【**重新做人**】chòng xīng zuó rèng （词）指已经认识、悔改所犯的罪过，并以此为起点，重新塑造自己的形象。

chuo

【戳戳子】chuó chuó zi(熟)指喜欢搬弄是非、挑拨关系的人。

【戳破】chuó pó(词)说破，揭穿。[例]宁叫瞒过，别叫~。

【戳枪攮棒】chuó qiāng náng báng(词)谓杆状物太长，携带使用不便。[例]不要把插棍放在屋里，~的。

【戳事撩非】chuó shí liào fēi(词)挑拨离间，拨弄是非。

【戳是非】chuó shí fei(词)搬弄是非。

【戳是弄非】chuó shí nóng fēi (词)把别人的话传来传去，有意挑拨，或在背后乱加议论，引起纠纷。

【戳死戳活的狼牙棒】chuó si chuó huó di làng yà báng(熟)犹说好说坏都是他。

【戳唆】chuó suo(词)挑拨离间。

【戳子】chuó zi(词)图章，印章。[例]叫文书给拓个~。

【绰号】cháo hao(词)外号。

ci

【呲人】cī rèng(词)批评、斥责、申斥他人。[例]动不动就~一顿。

【龇得麻孬子似的】cī di mà nāo zi xi de(熟)形容人脸部出现的为难、痛苦、斁气等表情。麻孬子：难看的面部表情。[例]药有多难喝？看你~!

【龇牙咧嘴】cī yà liè zuì(词) ❶形容疼痛时的表情。❷形容吓唬人时做出的怪样子。❸形容嬉皮笑脸的样子。

【跐了】cī le(词)"花花子"术语，即出牌者的成牌超过 11 张，其他人再无赢牌机会(跐牌最多不超过 16 张)。详见附一。

【跐毛鸽子】cī mào gé zi(词)比喻人头发蓬乱，萎缩难看。[例]头发乱得跟个~似的。

【跐叶子】cī ye zi(词)用手指捻成的面卷儿，煮熟可食。

【跐上跐下】cì sháng cì xiá(熟)形容爱动、顽皮的儿童。

【跐突】cì tu(词)❶活动，周转。[例]实在~不开了。❷双脚乱蹬。[例]一个劲在人怀窝里~。

【辞辞糊糊】cī ci hú hu(词)推推托托，含含糊糊，不大情愿。

【坌屄脸】cì bī liàn(词)厚脸皮。

【刺儿头】cír tòu(词)比喻什么都看不惯、不可理喻的人。

【刺激】cí ji(词)讽刺。[例]不要拿话~人。

【刺棘芥】cí ji gāi(词)一种叶杆带刺的野草，学名蓟(ji)。

【刺溜溜的】cí liú liu di(词)水流迅疾或物体滑动利索。

【刺茅骨朵】cí mào gú duo(词)生长在荒漠里的刺茅。

【伺候】cí hou(词)在人身边服侍、

招待。

【垐不唧唧】cì bú jī ji(词)形容对外界刺激(包括语言和轻微击打)无动于衷。

【垐不愣登】cì bú lèng déng(词)形容反应迟钝、头脑呆滞。

【垐澄澄】cì déng deng(词)形容土地表面坚硬或面点不松软。

【垐垍垍】cì jí ji(词)比喻无动于衷,没反应。[例]喊了你半天,你还~的!

【垐实】cì shi(词)结实耐用。多指路基或地基压得结实。

【瓷壳壳】cì ké ke(词)指物品基本完好结实,还可以用。[例]这双鞋还~的,就扔了?

【瓷头】cì tòu(词)形容对外界的轻微击打无动于衷或耐受力强。多指男孩。[例]真是个~,打着骂着都不在乎。

【慈不带兵】cì bú dái bīng(谚)过于慈善的人不宜领兵打仗。

【慈姑】cì gu(词)多年生草本植物,中文学名茨菰,生长在水田里,叶子像燕尾,根下有球茎,煮熟可食。

【慈姑一锹,黑果子拦腰】cì gu yí qiāo, héi guo zi làn yāo(谚)指这两种植物球茎在泥土里的深度(分别为一锹头深和拦腰深)。慈姑、黑果子:见各该条。

【慈眉善眼】cì mì shán yàn(词)形容相貌慈祥和善。[例]长得~。

【磁卡】cì kà(词)表面有磁性物质的信息储存卡片,通过电脑等可读取处理。[例]~电表。

【此处不留人,自有留人处】cì chu bú liù rèng,zí yòu liù rèng chu(熟)指这里不容留,还有别的地方接收。多用于受排挤离开时的自我安慰或他慰。

【此地人】cì dí rèng(词)当地人。

cong

【村】cōng(词)❶村庄,自然村用词。[例]大庙~(在杨和镇观桥村)。|兰季~(在胜利乡先锋村)。❷指行政村。1983年6月1日后由原生产大队改称,设立村民委员会。

【村霸】cōng bá(词)称霸乡里,进行违法犯罪活动,残害群众,破坏经济和社会生活秩序的个人或组织。

【村哄乡,乡哄县,一直哄到国务院】cōng hòng xiāng,xiāng hóng xián,yí zhí hóng dao guó wú yuán(熟)指某些下级用虚假的成绩或数字欺骗上级。

【村看村,户看户,社员看干部】cōng kán cōng,hú kán hú,shé yuàn kán gán bu(熟)指干部的带头和榜样作用十分重要。

【皴了】cōng le(词)皮肤因寒冷干燥而开裂。

【葱胡子】cōng hù zi(词)指葱的根须。

【聪明反被聪明误】cōng ming fàn bì cōng ming wú(谚)自作聪明,自受其害。

【聪明过度】cōng ming guó dú(熟)对耍小聪明者的讽语。

【聪明人净干糊涂事】cōng ming rèng jíng gán hú du shí(熟)对聪明人犯错误的嗔怪。

【聪明一世，糊涂一时】cōng ming yí shí,hú tu yí shì(谚)指一向聪明的人偶尔在某件事情上犯糊涂。

【寸草铡三刀,没料也上膘】cóng cáo zhá sān dāo, mú liáo yé sháng biāo(谚)草铡得碎,有利于牲畜咀嚼、消化和吸收,也容易增加膘分。

【寸得很】cóng dí hèng(词)凑巧,正合适。[例]毛领子配上这个衣裳~!

【寸金寸金,一寸一斤】cóng jīng cóng jīng,yí cóng yí jīng(熟)一寸指一寸见方。

【寸铁不指人】cóng tié bú zhì rèng(谚)用铁器指人,既可能伤人,也不礼貌,故有此说。

【寸头】cóng tòu(词)短发平头。[例]留了个~。

【寸土不让人,婆姨不让人】cóng tú bú ráng rèng,pò yi bú ráng rèng(谚)指自己的土地绝不许他人侵犯(占),自己的妻子绝不允许他人染指。

【存钱不如栽树】còng qiàn bú rù zāi shú(熟)意思如字面。

【存下钱是儿子的,置下房是孙子的】còng xia qiàn shí èr zi di,zhí xia fàng shí sōng zi di(熟)意为父母不要只为儿孙考虑而过度节省和积攒,应正常消费。

【存心不良】còng xīng bú liàng(词)存着坏心眼或不良动机。[例]他一直对我~,只是没机会下手。

【从今往后】còng jīng wáng hóu(词)犹从今天起,从此以后。

【从水里捞出来的一样】còng shuí ni lāo chú lài di yí yáng(熟)形容大汗淋漓。

【从头到尾】còng tòu dáo yì(词)指某件事情的过程或全部内容。

【从头数了个脚】còng tòu sú le ge jué(词)数:数落。比喻把全部缺点错误都指出来。

【从小看大,三岁知老】còng xiáo kán dá,sān sui zhī lào(熟)从小就可看出一个人将来的爱好和发展趋势。

【从新】còng xīng(词)重新。[例]不要跟他争,~买一个就行了。

【重打锣鼓另开张】còng dà luò gu líng kāi zhāng(熟)比喻重新开始,另起炉灶。

cou

【搊】cōu(词)从一头往起抬。[例]他自己起不来,你把他~一~。

【搊掉】cōu diao(词)比喻赶下台。

【搊起放下】cōu qi fáng xiá(词)比喻伺候老人或病人起卧。

【搊上房,把梯拿】cōu shang fàng,bá

tī nà(谚)犹过河拆桥。

【搊头抬脚】cōu tòu tài jué(词)指儿女在身边伺候年老生病、行动不便的父母。[例]儿女不给父母~,养上儿女干啥呢?

【凑合】cóu he(词)勉强适应或对付。[例]把旧衣服洗干净,先~着穿吧。

【凑火】cóu huò(词)比喻火上浇油,加剧矛盾。

【凑奶】cóu nài(词)小孩生下后母亲没奶或奶少,家人持碗到各家象征性地凑些粮食,以增加母乳。有迷信成分。

【愁怅】còu chang(词)犯愁,忧愁。[例]经常为儿女的事犯~。

【愁帽子】còu mao zi(词)比喻犯愁而难以摆脱的事。

【愁眉不展】còu mì bú zhàn(词)因忧愁而紧皱眉头。

【仇人拿恩待】còu reng nà ēng dái(熟)犹以德报怨。

【仇人转弟兄,恩人转夫妻】còu reng zhuàn dí xiōng,ēng reng zhuàn fū qi(熟)谓世间兄弟多有不和,因为他们前世就是仇人;世上夫妻所以恩爱,因为他们前世就是恩人。转:佛教所说的轮回转世。

cu

【粗茶淡饭】cū chà dán fán(词)形容饮食简单,生活简朴。[例]~吃惯了,吃大餐反而不习惯。

【粗大腿】cū dá tui(词)比喻可依仗的有权势的人物。

【粗活】cū huo(词)笨重费力的工作或简单的体力劳动。

【粗鲁】cū lu(词)❶做活粗糙、粗放。[例]我的针线活太~。❷性格、行为粗野鲁莽。[例]说话太~,张嘴就伤人。

【粗面】cū mián(词)粗面粉。

【粗筛子】cu shāi zi(词)孔眼大的筛子。

【粗针大麻线,一针倒爬下】cū zhēng dá mà xian,yí zhēng dáo pà xia(熟)指针线活粗糙。

【粗枝大叶】cū zhi dá yé(词)比喻做活做事粗心,不认真。

【粗中有细】cū zhōng yòu xí(词)形容人表面粗鲁、随便,实际上细心、细致。

【初级社】cū ji shè(词)中国农村20世纪50年代建立的集体经济组织。以土地等入股,统一经营,按劳动和股份分红。

【初生牛犊不怕虎】cū sēng niù du bú pá hù(谚)比喻青少年思想单纯,较少顾虑,敢作敢为。

【初一的饺子初二的面】cū yí di jiáo zi cū ér di mián(熟)永宁习俗,即农历大年初一早上吃饺子,初二早上吃长面。

【初一生,初二长,初三亮堂堂】cū yí sēng,cū ér zhàng,cū sān liáng táng tang(谚)农历的月相。

【醋罐子】cú guán zi(词)比喻在男女关系上嫉妒心特重的人。

【醋烹】cú pēng(词)一种做菜方法，先用热油略炒，再加入醋等调味品，迅速搅拌，随即盛出，可增加香味。[例]~土豆丝。

【醋糟】cú zāo(词)酿醋后的残渣,可做饲料。

【䁖】cù(词)❶张望,细看。[例]四下里~了一遍。❷物色。[例]你~了个谁?

【䁖机敏】cù jī mǐng(词)䁖机会、钻空子。

【锄口上有水】cù kóu shàng yòu shuì(谚)指锄过的地可蓄水保墒。

【锄裤子】cù kú zi(词)锄头上安装锄把的马蹄形孔洞。

cuan

【撺拨】cuān bo(词)怂恿、教唆。[例]几个人硬把他~到赌场上。

【镩】cuān(词)凿冰器具。[例]拿~在冰上打眼儿。

【蹿得紧】cuán di jìng(熟)指走路或干活追得紧,有督促、催赶之义。[例]割田的时候,后面的人~,前面的人只得快快割。

【蹿劲儿】cuán jìngr(词)惯性。[例]借个~儿把车推上去。

【氽汤】cuān tāng(词)炝汤。[例]~泡干饭。

【氽羊肉】cuān yàng róu(熟)把羊肉片放在沸水里稍微一煮就吃。比喻催促做事,受不了。[例]你们是想吃我老汉的~呢!

【氽子】cuān zi(词)烧水用的细长薄铁皮罐,可放在炉口里使水快速烧开。

【攒和了】cuàn huo le(词)身体因受冻或生病而倦屈。[例]天太冷,驴腿都冻~。

cui

【催干不催吃】cuī gán bú cuī chí(熟)意为干活可以催促，吃饭不必催,只有吃饱饭才能多干活。

【催沟子风】cuī gōu zi fēng(词)从身后刮来的风,可推人前行。

【催命鬼】cuī míng guì(词)❶迷信所说催人早死的鬼。❷比喻催促别人快点做事的人。

【翠】cuí(词)俊俏,漂亮,多指女性。[例]媳妇子长得真~。

【翠绿了】cuí lú le(词)讥讽语,比喻过分打扮或显摆。[例]把你~,搁都没处搁!

【翠气】cuí qi(词)长相或打扮漂亮。[例]把你说得~死了!

【萃见】cuì jián(词)刚刚,才开始,时间尚短。[例]他~干上,啥都不会,你多给指导着点。萃为借用字。

cuo

【搓鸡巴的】cuō jī ba di(词)骂人的

话,犹你是干什么吃的?[例]钱早就叫人骗走了,你现在才来说,早是个~!

【搓面】cuō mian(词)用手搓成的圆柱体细长面条。

【搓绳子】cuō shèng zi(词)指用白麻在腿上搓(纳鞋底的)绳子。

【搓手捏脚】cuō shou nié jué(词)形容着急却想不出办法的样子。[例]火车马上要开了,同伴还没来,急得他~。

【搓要子】cuō yáo zi(词)用蒲草、稻草等搓成的草绳,用于捆缚庄稼柴火。

【搓鱼子】cuō yu zi(词)一种食物。用手工搓出小面鱼儿,煮熟后加调料可食。

【搓捻】cuò nian(词)压制、欺负、蹂躏。[例]那些年总是受人~。

【锉叫木匠带上走了】cuó jiáo mú jiang dái shang zóu le(熟)调侃语。当有人指出某人某事"错了"时,对方以"错"与"锉"的谐音说:"~!"

【错开】cuó kāi(词)交错,轮流,岔开时间。[例]人多太挤,不如~时间开饭。

【错了就从错上来,人头身子一起埋】cuá le jiú còng cuó shang lài,rèng tòu shēng zi yí qì mài(顺)将错就错。戏曲《玉凤簪》里的一句台词。

【错了时间短不了分量】cuó le shì jian duán bú liáo féng liang(熟)还债时间虽然推迟,但数量没少。是拖债者的托词。

【错前错后】cuó qiàn cuó hóu(词)时间相差不多。[例]他俩是~当的兵。

【矬子里头拔将军】cuò zi lí tou bá jiāng jiong(谚)在普通人里挑选出拔尖人才。

D

da

【搭茬】dá chà(词)❶嫁祸于人。[例][例]他做了坏事,想给我们~!❷接话茬儿。[例]别人话音刚落,他就搭上茬说。

【搭长不搭短】dá chàng bú dá duàn(熟)时不时,不定期。[例]~地来搭个手。

【搭救】dá jiu(词)抢救,扶助。[例]不是~得快,早没命了。

【搭犋】dá jú(词)合作使用畜力。犋:畜力单位,即两头以上牲畜合拉一个农具。[例]用两家的牲口~。

【搭桥】dá qiào(词)❶特指翘二郎腿。[例]女的坐着不要~。❷架设桥梁。❸心脏~手术。

【搭上垛了】dá shang duó le(熟)犹堆积了很多,常用于柴草。[例]稻田里薅出来的草在田埂上~!

【搭手】dá shòu(词)帮忙干活。[例]娃娃大了,也能~了。

【搭子】dá zi(词)麻将术语,三张花色一样或数字相连的牌为一~。

【褡裢】dá lian(词)用羊毛织成或帆布制作、中间开口的长条形口袋。小的可搭在肩上,大的可驮在牲畜背上。

【达响】dá xiang(词)通报、告诉。[例]家里的事都要~他知道。

【瘩背疮】dá bei chuāng(词)患在后背上的恶疮。[例]用膏药治~。

【鞑子】dá zi(词)旧时汉族对北方少数民族(主要指蒙古族)的称谓。

【打百分】dá béi fēng(词)扑克牌的一种玩法。

【打不住手】dá bú zhú shòu(词)指手里有钱,用时方便。

【打到的婆姨揉到的面】dá dáo di pò yi ròu dáo di mián(谚)旧观念,认为丈夫经常对妻子进行暴力管束,才能使之服服帖帖。

【打掉的牙往肚子里咽】dá diáo di yà wáng dú zi ni yán(熟)隐忍损失或屈辱。

【打掉角的骚胡】dá diao gé di sāo

huo(熟)公羊打掉角就失去了搏斗的武器,变得蔫了、软了。骚胡:公羊。

【打饭】dá fán(词)分发、到集体食堂领取饭食。[例]到了开饭时间,大家在灶房窗口排队~。

【打个变转】dá ge bián zhuan(词)临时周转借用,多指现金。[例]~,过两天就还。

【打个交代】dá ge jiāo dai(词)告知,说明,嘱咐。[例]临走前给家里~。

【打个来回】dá ge lài hui(熟)往返一次。[例]坐飞机去,一天就能~。

【打个预防针】dá ge yú fàng zhēng(熟)事先提醒或告知。

【打个照面】dá ge zháo mian(熟)露面,见一面。[例]退居二线以后,每天到单位~就回去了。

【打黑枪】dá héi qiāng(词)比喻躲在暗处伤人。

【打炕】dá káng(词)盘火炕。

【打烂沙锅璺(问)到底】dá lán shā guō wéng(wéng)dáo dì(谚)追根问底,弄清缘由。璺:裂纹。

【打了碟子说碟子,打了碗说碗】dá le dié zi shuó dié zi,dá le wán shuó wàn(熟)就事论事,不把其他事拉扯进来。

【打了翻背子】dá le fān bei zi(熟)指病情反复,恶化。

【打了号的羊】dá le háo di yàng(熟)本指标有记号的羊,比喻被圈定或记住的重点人物。

【打了汽】dá le qí(熟)指蒸馒头、烙馍馍时因泄漏蒸气或开笼(锅)过早而没熟透、不暄软甚至发黏。

【打了骂了来呢,哄了不来】dá le má le lài ni,hóng le bú lài(谚)指打了架、骂了仗还有可能再次来往,而受了骗就不会再上当了。

【打了扑腾】dá le pū teng(熟)❶糟蹋、挥霍钱物。[例]几个钱全叫他~。❷把事情办得一团糟。[例]好好的厂子,叫他~。❸现场一片狼藉。[例]半亩稻子叫猪~(滚倒、糟蹋)。

【打了头】dá le tòu(词)指疥疮未自破前因碰破而感染发炎。[例]疱疹没胀熟前,千万别~。

【打了周仓的沟子臊了关公的脸】dá le zhōu cāng di gōu zi sáo le guān gong di liàn(谚)周仓,《三国演义》中为关羽扛大刀的护卫。比喻打狗羞主。

【打乱话】dá lán hua(词)不认账,说胡话。[例]借钱的时候恨不得给人磕头呢,到了还钱的时候又~。

【打耱】dá mo(词)耙耱土地,弄碎土块,使之平整。

【打耱保墒】dá mo bào shāng(词)耙耱和适度镇压土地,使地表土壤细碎密实,以利保湿。

【打片】dá pián(熟)旧时农村男孩玩的一种游戏。详见附一。

【打肉】dá róu(词)买肉。[例]快过年了,家家都要~倒酒。

【打腾腾】dá téng teng（词）迟疑，延误。[例]赶紧去，再不能~！

【打铁的还怕火星子】dá tié di hài pá huò xīng zi(熟)比喻要想做好一项事情，就要承担一定风险。

【打铁的尿尿——住一火】dá tié di niáo suī—zhú yi huò(歇)调侃语，比喻暂停一下。

【打铁还得自身硬】dá tié hài de zí shéng yíng(谚)❶比喻要做好一件事情，必须具备坚定的信念、坚强的意志、雄厚的实力和过硬的本领。❷比喻正人者必先正己。

【打退堂鼓】dá tuí tàng gù(词)原指封建官吏击鼓退堂。现比喻跟人共事时中途退缩。

【打席子】dá xí zi(词)编织苇席。[例]这里苇湖多，家家都会~。

【打瞎子，骂哑巴】dá xiá zi，má yá ba(词)均指缺德行为。

【打信】dá xíng(词)发信，写信。[例]给哥哥打个信。

【打一巴掌，给一个皮糖】dá yí bā zhang，géi yí ge pì tàng(熟)比喻恩威并施。

【打一头】dá yí tòu(词)顺便看一眼，过问一下。

【打在筋上，疼在心上】dá zai jīng shang，tèng zai xīng shang(谚)指狠狠打，让被打者长记性。

【打着不羞，骂着不臊】dá zhe bú xiū，má zhe bú sáo(词)形容对打骂习以为常，没有羞耻感。

【打着灯笼都没处找】dá zhe dēng long dōu mú chu zhào(熟)比喻极为难得。多指好事。

【打着亲，骂着爱，香油拌的苦苦菜】dá zhe qīng，má zhe ái，xiāng yòu bán di kú ku cái(顺)形容一种纯朴的夫妻关系。

【打着鸭子上架】dá zhe yá zi sháng jiá(谚)比喻硬逼着做不熟悉或不会做的事。

【打转转】dá zhuán zhuan(词)因着急或没办法而在原地走动。

【打伴档】dá bán dang(词)即当帮手。[例]娃娃经常给我~。

【打褙子】dá béi zi(词)把布和纸一层一层粘在一起，晾干后做制鞋材料。

【打上伙伙子】dá shang huó huo zi(熟)结伴。[例]几个丫头~看戏去了。也说打上合合子。

【打问】dá weng(词)打听，了解。[例]~一下，看哪里招工呢。

【打架打歪人，吃肉吃硬肉】dá jiá dà wái rèng，chí róu chí yíng róu(谚)比喻喜欢挑战和碰硬。

【打架为神】dá jia wèi shèng（词）打闹、争吵、淘气。[例]我的儿子多，娶了媳妇就把他们分开，免得搁到一个屋里~。

【大坝的丫头嫁小坝——还有一拿

把】dá bá di yā tou jiá xiáo bá—hài yóu yí nà ba(歇)指刁难、出难题。大坝、小坝均在青铜峡市，非实指。

【大白天说梦话】dá bái tiān shuó méng hua(熟)比喻毫无根据地胡说。

【大半截身子入土了】dá bán jiè shēng zi rú tú le(熟)比喻老了，大半生过去了。

【大包大揽】dá bāo dá làn(词)一口答应，包揽全部。

【大包干】dá bāo gān(词)农村实行家庭联产承包责任制的通俗说法，也称包干到户。

【大笔一挥】dá bí yí huī(词)指负责人在文件上审批签字，含贬义。[例]~，几万元就出去了。

【大伯子】dá bo zi(词)丈夫之兄。

【大伯子背上弟妻子朝山——挨了压，不落好】dá bo zi bēi shang dí qi zi chào shān—ài le yá，bú luó hào(歇)当地习俗，大伯子不能跟弟妻子亲近，否则要被人耻笑。

【大北方】dá biá fang(词)自然村名。在望洪镇金星村。

【大不过地方，小不过地方】dá bú guo dí fang，xiáo bú guo dí fang(谚)指民间的事要依靠当地群众和行政管理机关解决。

【大不了】dá bú liào(词)犹最多不过。[例]~花点钱再买个新的。

【大材小用】dá cài xiáo yóng (词)❶比喻把高级人才当成普通人才使用，埋没人才。❷指把大材料当成小材料使用，造成浪费。

【大草拔拔，小草踏踏】dá cáo bá ba，xiào cáo tá ta(熟)给稻田薅草的口诀。

【大错不犯，小错不断，气死队长，难死法院】dá cuó bǔ fán，xiáo cuó bú duán，qí si duí zhàng，nàn si fá yuán (顺)指农村里个别无赖二流子。

【大秤进，小秤出】dá chéng jíng，xiáo chéng chú(词)用大于标准的秤收进，用小于标准的秤售出，进行盘剥克扣。

【大吃二喝】dá chí ér hé(词)丰衣足食，不缺吃喝。含自负义。[例]离开原来的单位，照样~。

【大处不看小处看】dá chu bú kán xiáo chu kán(熟)形容只看局部，不看全局，目光短浅，计较小事。

【大处着眼，小处着手】dá chu zhuó yàn，xiáo chu zhuó shòu(熟)把握大目标，从小事做起。

【大疮】dá chuang(词)梅毒、软性下疳等性病在身体表面形成的溃疡。[例]杨梅~。

【大大】dá da(词)即爸爸。部分家庭子女对父亲的称谓。

【大裆裤子】dá dāng kú zi(词)旧时的高腰大裆裤。

【大刀剜心，老将抽筋】dá dāo wān xīng，láo jiáng chōu jīng(熟)象棋术语。即在其他子力配合下，用车或兵

(卒)大胆地吃掉中心士,形成杀局。

【大得呢】dá de ni(熟)犹不清楚,不晓得,不知道。[例]问:“你家老二往哪里走了?”答:“~。”

【大爹】dá diē(词)大伯。

【大爹二爸爸】dá diē ér bá ba(词)泛指父亲的弟兄。

【大东方】dá dōng fang(词)自然村名,在望洪镇金星村。

【大兜襟】dá dōu jing(词)中式上衣在纽扣一侧、能覆盖整个前胸的衣襟。

【大斗进,小斗出】dá dóu jíng,xiào dóu chú(词)用大于标准的斗收进,用小于标准的斗售出,进行盘剥克扣。

【大肚子】dá dú zi(词)❶指孕妇。❷指饭量大的人。❸指大肚皮。

【大肚子婆姨放了个屁——一股子娃娃气】dá dú zi pò yi fáng le ge pí—yí gú zi wà wa qí(歇)对不成熟、孩子气十足的人的戏谑语。

【大度汉】dá dú hán(词)指男子汉,比喻心胸宽广。[例]你是个~,别跟她计较。

【大队】dá duí(词)人民公社时期的生产大队,既是公社直接管辖的行政单位,又是生产组织,其下为生产队,也叫小队。

【大发】dá fa(词)超过一定限度和预期。[例]乱子捅~了!

【大放悲声】dá fáng bēi sheng(词)号啕大哭。[例]跪在父亲灵前~。

【大非小事】dá fei xiào shí(词)泛指大小事情。

【大哥,分个大锅】dá gē,fēng ge dá guō(谚)约定俗成的规矩,即分家时给大儿子多分东西。

【大胳膊】dá gé bo(词)即上臂。

【大工】dá gōng(词)技术工、匠人。对小工而言。

【大公无私】dá gōng wù sī(词)指办事公正,从整体利益出发,毫无个人打算。

【大估莫】dá gù mo(词)大约、估计。[例]~着给他拿了一个月的口粮。

【大姑子】dá gū zi(词)指丈夫的姐姐。

【大观桥】dá guān qiào(词)109国道在汉延渠观桥村段的桥梁。古已有之,1966年重建。

【大锅饭】dá guō fán(词)❶指人民公社初期的公共食堂。❷比喻平均主义的计酬方法。

【大果子】dá guo zi(词)又名沙果子,形似苹果而小,口感沙甜。

【大海里捞针】dá hái ni lāo zhēng(熟)比喻范围大,没线索,无从寻觅,含白费力气之意。

【大寒】dá hàn(词)二十四节气之一,1月20日前后,一年中最寒冷的时期。

【大旱不过五月十三】dá hán bú guó wú yue shí sān(词)民间传说农历五月十三日是关公磨刀的日子,必有降雨。

【**大河有水小河满，大河无水小河干**】dá hè yòu shuì xiào hè màn,dá hè wù shuì xiào hè gān(谚)比喻大局影响小局,集体经济和个人收入成正比。

【**大黑老鼠**】dá héi lao chu(词)家鼠的一种,颜色深灰,个头较大。

【**大后年**】dá hóu niàn(词)紧接在后年的那一年。

【**大后天**】dá hóu tiān(词)紧接后天的那一天。

【**大呼小吆**】dá hū xiào yāo(词)可着嗓子说话、喊人。

【**大花眼睛荷包嘴**】dá huā yán jing hè bao zuì(词)形容年轻女子双眼皮、大眼睛、樱桃小口,容貌好看。

【**大换班**】dá huán bān(词)领导机构彻底改组,人员大更换。

【**大黄牛,扁担角,敢骑不敢摸**】dá huàng niù,bián dan gé,gàn qì bú gán mó(谜)谜底:人的大便。

【**大吉大利**】dá ji dā lí(词)祝福用语。

【**大江大海都过来了,小渠沟里能翻了船**】dá jiāng dá hài dōu guó lài le,xiào qù gōu ni nèng fān le chuàn(熟)比喻大的困难都克服了,小的困难和阻力不在话下。

【**大胶车**】dá jiāo chē(词)即胶轮大车。

【**大角㞞牛**】dá gé sòng niù(词)指角大的牛力气小。比喻人的个头大,体力差。

【**大锯**】dá jú(词)解开原木的锯。

【**大脚麻脸,各投姻缘**】dá jué mà liàn,gé tòu yīng yuàn(谚)谓男女只要投缘,不计较丑俊。

【**大街市上**】dá gāi shí shang(词)泛指城镇里的街道、商场或市场。[例]这种东西,~有的是。

【**大街小巷**】dá gāi xiáo háng (词)城镇里的街道里弄。[例]开了一年出租车,把城里的~都跑遍了。

【**大襟**】dá jīng(词)同“大兜襟”。

【**大襟衣裳**】dá jīng yī shàng(词)同“大兜襟”。

【**大井**】dá jìng(词)永宁县西部、贺兰山东麓的一处泉水井。

【**大靖土门子，家家有银子**】dá jíng tù mèng zi,jiā jiā yōu yìng zi(顺)大靖和土门子是甘肃省古浪县的两个镇,均在古丝绸之路上。古时商贸繁盛,地腴民富,故有此说。

【**大舅爷子**】dá jiú ye zi(词)妻子的哥哥。

【**大侃**】dá kàn(词)喜欢神聊、爱说大话的人。

【**大颏子抬的**】dá ké zi tài di (词)颏子:下巴。嗔怪语。形容走路时头抬得老高,不看清路面。

【**大窟窿小眼睛**】dá kú long xiào yán jing(熟)形容物品破烂不堪,到处是孔洞。

【大胯驴】dá kuá lü(词)指个子大力气小的驴,也比喻这样的人。[例]长得跟个~似的,没一点劲。

【大款】dá kuàn(词)指有钱人。

【大拉子】dá lá zi(词)❶大心人,说过撂过不记仇。❷做事粗心。

【大喇嘛、二喇嘛、三号手】dá lá ma,ér lá ma,sān háo shou(词)喇嘛教里的职级,小孩玩游戏时借用。

【大懒使二懒,使的三懒翻白眼】dá làn shì ér làn, shí di sān làn fān biá yàn(熟)指干工作互相推诿,都不想多干。

【大涝坝里的鱼】dá láo ba ni di yù(熟)比喻大机关里的工作人员。涝坝:见"涝坝"条。

【大炼钢铁】dá lián gāng tié(词)1958年开展的群众性大炼钢铁运动。

【大梁不正二梁歪】dá liàng bú zhéng ér liàng wāi(谚)比喻因长辈或上级行为不端而影响到晚辈或下级。

【大料】dá liáo(词)❶宴席上招待客人的总料理。❷未粉碎的八角、茴香等调料。

【大咧咧】dá lié lie(词)随便,漫不经心。[例]见了人~的,没一点礼貌。

【大路不平众人踩,道理不公众人管】dá lú bú pìng zhóng reng cài,dáo li bú gōng zhóng reng guàn(熟)不公平不合理的事群众自会评论,得出公正评判。

【大路货】dá lu huó(词)质量一般而日常生活中必用的商品。

【大路上的电线杆子——靠边站】dá lú shang di dián xián gān zi—káo biān zhán(歇)比喻排斥在外。[例]"文化大革命"初期,领导干部都成了~。

【大路通天,各走一边】dá lú tōng tiān,gé zóu yí biān(熟)各走各的路,谁也别管谁。

【大路走了十五天,小路走了半个月】dá lú zóu le shí wú tiān,xiáo lú zóu le bán ge yué(熟)比喻想走捷径却没有节省时间。劝人要老老实实地做事。

【大卵子】dá làn zi(词)男女疝气的俗称。

【大驴屁粪】dá lǜ bá fēng(熟)形容大大咧咧,没礼貌。

【大马勺】dá má shuo(词)头大把子短的大勺子,有木制和金属制。

【大麦熬糖,各有一行,秫秫拌醋,各有一路】dá mia ào tàng, gé yóu yí hàng,shù shu bán cú,gé yóu yí lú(熟)秫秫:高粱。比喻各行业有各行业的规矩。

【大氅】dá chàng(词)大衣,有棉的或皮的。

【大帽子底下开小差】dá máo zi dí xia kāi xiào chāi(熟)比喻只戴大帽子不涉及具体问题的交代检查。

【大门不出,二门不迈】dá mèng bú

chú, ér mèng bú mái(熟)形容从不走出家门与外界接触。多指旧时有钱人家的小姐。

【大明大摆】dá mìng dá bái(词)公开说话或做事。[例]既然是好事,就~地来,何必藏藏掖掖?

【大鸣大放】dá mìng dá fáng(词)特指1957年春夏在全国开展整风和反右运动的一个阶段性活动。

【大拇哥,二拇指,中三郎,告诉四,小龟子子不成器】dá mu gē, ér mu zhí, zhōng sān làng, gáo su sí, xiào guī zǐ zi bú chèng qí(儿)教幼儿学习手指名称的歌谣,方法是大人一边依次(从拇指开始)扳动幼儿手指,一边教说。

【大模模子】dá mù mu zi(词)大模样儿。[例]~像他老子。

【大模样】dá mù yang(词)指长相。[例]人虽然老了,~还在。

【大拿】dá nà(词)称在某一方面具有权威的人。[例]他是厂里的技术~。

【大难不死,必有后福】dá nán bú sì, bí yóu hóu fú(谚)指经历了大灾难而幸存的人,后来会得到幸福。

【大脑子】dá náo zi(词)❶健忘。[例]真是个~,刚告诉的事就忘了。❷不计前嫌。[例]那是个~,不记仇。

【大排脸】dá pài liàn(词)指方脸盘儿。

【大盘二盘】dá pàn ér pàn(词)形容盘着腿神气地坐在炕上。

【大炮惊出来的麻雀子】dá páo jīng chú lài di mà que zi(熟)比喻久经历练、见过世面的人。

【大嫖头】dá piào tòu(词)玩弄女性出名的人。

【大谱谱子】dá pú pu zi(熟)大致的轮廓、原则或方向。[例]~不错就行了。

【大气】dá qi(词)慷慨大方。[例]第一次上门,~点,买些值钱的礼物。

【大气泄了】dá qí xié le(熟)比喻多数活已干完或大部分问题已解决。

【大气也不敢出】dá qí ye bú gán chú(熟)连大声说话都不敢。

【大前年】dá qiàn niàn(词)前年以前的一年。

【大前天】dá qiàn tiān(词)前天以前的一天。

【大青砖】dá qīng zhuān(词)古代烧制的青砖。

【大清钱】dá qīng qian(词)即清代的咸丰大铜钱。该铜钱比一般铜钱个儿大,分量重,币值高。

【大人不见娃娃的怪】dá reng bú jián wà wa di guái(谚)谓大人应包容和原谅小孩的年幼无知。

【大人大量】dá rèng dá liáng(词)请求别人原谅的话。[例]你~,就饶了他吧。

【大人的嘴里有毒呢】dá reng di zuí ni yóu dú ni(熟)大人即长辈,迷信认为长辈不能用不吉利的话咒骂小孩,否则会给孩子带来祸患。

【大人娃娃】dá reng wà wa(熟)泛指

家庭成员。[例]你把我打坏了,你们家的~谁来看过我?

【大绒】dá ròng(词)平绒。

【大肉】dá róu(词)猪肉。

【大舌头】dá shè tou(词)吐字不清的人。

【大牲口】dá sēng kou(词)指牛、马、骡、驴、骆驼等大家畜。

【大牲口是肚子底下走风的东西】dá sēng kou shi dú zi dí xia zòu fēng di dōng xi(熟)大牲畜的肚子处于阴面,容易受凉得病。

【大师傅】dá shi fu(词)即厨师。

【大事化小,小事化了】dá shí huá xiào, xiáo shí huá liào(谚)化解矛盾,息事宁人。

【大事清楚,小事糊涂】dá shí qīng chu,xiáo shí hú tu(谚)对原则性问题要清楚,要坚持,对非原则性小事不计较,可忽略。

【大事托给姜维了】dá shí tuó gei jiāng wēi le(熟)指蜀国丞相诸葛亮把后事托付给大将军姜维。比喻把重任交给可靠的接班人,可以放心了。

【大事小事,有个了事】dá shí xiáo shí,yóu ge liáo shí(熟)矛盾总有解决的时候。

【大是个大,小是个小】dá shí ge dá, xiáo shí ge xiào(熟)分清长幼,以礼相待。

【大寿】dá shóu(词)一般指五十岁以上逢十的寿辰。

【大暑】dá chù(词)二十四节气之一,7月23日前后,一年中天气最热的时候。

【大树底下好乘凉】dá shú dí xia háo chéng liàng(谚)比喻有所依托、依靠。

【大水淹了龙王庙——一家人认不得一家人】dá shuì yān le lòng wang miáo—yí jiā rèng réng bú de yí jiā rèng(歇)比喻因误会而引起的内部争斗或伤害。

【大顺梁炕】dá shóng liang káng(熟)与屋梁平行的大通炕。

【大说二笑】dá shuó ér xiáo(词)说说笑笑,连说带笑。也指性格开朗,喜欢说说笑笑的人。

【大四至子】dá sī zhi zi(熟)大致轮廓,大模样。[例]老房子虽然没了,~还在呢。

【大腾腾】dá téng teng(词)形容年龄大或分量重,多用于人。[例]~的娃娃,说糟(死)就糟了。

【大天白日】dá tian biá rí(词)大白天。

【大天大地,不许老子放屁】dá tiān dá dí, bú xù láo zi fáng pí(顺)比喻无权限制人说话或做事。有反抗义。

【大天四亮】dá tián sí liáng(词)天已大亮。[例]天天睡到~。

【大庭广众】dá tīng guáng zhóng(词)指很多人聚集的场合。

【大同小异】dá tòng xiáo yì(词)指大

处基本相同,小处略有差异。

【**大头**】dá tòu(词)过于老实、被人捉弄的人。

【**大头兵**】dá tou bīng(词)普通士兵。[例]当了三年兵,还是个~。

【**大头和尚戏柳翠**】dá tou hè shang xí liú cuí(熟)社火中常演的节目。

【**大头鲇鱼吃了眼小的亏**】dá tòu miān yu chí le yàn xiáo di kuī(熟)比喻因占小便宜而吃了大亏。

【**大头嗡子**】dá tou wéng zi(词)二胡的一种,琴筒较大。比喻头大的人。

【**大头小尾**】dá tou xiào yì(词)❶指物件一头大一头小。❷一种偷逃国家税款的发票开具法。

【**大头子苦**】dá tou zi kù(熟)多数的、最艰苦的工作。

【**大透光亮**】dá tou guāng liáng(词)房屋因失去遮蔽物而四面透光。[例]房顶叫大风揭掉了,屋里~的。

【**大团结**】dá tuàn jié(词)指 1965 年发行的 10 元人民币,因其正面图案表现全国各族人民大团结,故称。

【**大腿面子**】dá tui mián zi(词)大腿前面的部分。

【**大戏**】dá xī(词)专业剧团演出的全本戏。

【**大镶筋**】dá xiāng jīng(词)鞋靿两侧镶有大块松紧布的棉鞋。

【**大小当个官,强比卖水烟**】dá xiào dāng ge guān,qiàng bí mái shuì yān(谚)旧时卖水烟者利润微薄,而当官能捞到外快。卖水烟:泛指利润微薄的行业。

【**大卸八块**】dá xié bá kuài(词)把完整的东西拆零。也指孤立、片面地看问题。

【**大新渠**】dá xīng qù(词)唐徕渠支渠之一,古有,在望远镇高庙桥处开口,全长 4.37 公里。

【**大雪**】dá xue(词)二十四节气之一,12 月 7 日前后,降雪增多。

【**大压小**】dá yá xiào (词) 猜拳的一种,每次出一根手指,从拇指起,依次论大小,小指比拇指大。

【**大烟**】dá yān(词)罂粟的制成品,系毒品。

【**大眼瞪小眼**】dá yán déng xiào yàn(熟)面面相觑,想不出办法。

【**大养小掉**】dá yàng xiáo diáo(词)大养:足月生产;小掉:小产。

【**大样**】dá yáng(词)傲慢自大,满不在乎。[例]在长辈面前不要耍~,该叫啥叫啥。

【**大姨子**】dá yì zi(词)妻子的姐姐或姐夫。

【**大意失荆州**】dá yí shí jīng zhou(谚)本指三国时期名将关羽失去荆州三郡的典故。比喻因粗心大意或骄傲而铸成大错。

【**大油**】dá yòu(词)猪油。

【**大有大的难处**】dá yóu dá di nàn

chu(谚)比喻大的家业或事业也有其难处。

【大鱼吃小鱼】dá yù chí xiào yù(词)比喻以大欺小,恃强凌弱。

【大鱼吃小鱼,小鱼吃虾米,虾米吃渍泥】dá yù chí xiào yù, xiào yù chí xiā mi, xiā mi chí zī mì(熟)比喻以强凌弱,弱肉强食。

【大约莫】dá yuē mo(词)大概的估计。[例]~着时间到了。

【大月饼】dá yué bing(词)也叫月饼,民间自制的用于中秋节“献月亮”(见该条)的大馍馍。以发酵面粉文火烙制,皮脆内暄。

【大跃进】dá yáo jíng(词)特指1958年至1959年在全国开展的经济跃进运动。

【大杂烩】dá zá huí(词)比喻组织中成员复杂。含贬义。

【大丈夫怕的一时无权,小丈夫怕的一时无钱】dá zháng fu pá dí yi shì wù quàn, xiáo zháng fu pá di yí shì wù qiàn(谚)大丈夫指有大抱负的人,小丈夫指普通老百姓。

【大阵仗】dá zhéng zhang(词)大场面,大世面,大阵势。[例]没见过~。

【大睁眼白】dá zēng yán biá(词)睁着眼睛,却没看清。[例]~地把丫头嫁给个二流子。

【大致】dá zhí(词)大约、大概、也许。[例]~差不多就行了。

【大众人】dá zhóng reng(词)众人、大家。[例]叫~评评这个理。

【大庄稼】dá zhuāng jia(词)指在永宁种植面积较大、产量较多的作物,如稻、麦、玉米等。与小杂粮相对。

【大字报】dá zi báo(词)张贴于墙壁上的大字墙报。特指20世纪50年代至80年代初流行于中国的一种舆论发表形式。1980年9月五届全国人大三次会议决定取消。

【大嘴满腮】dá zuì màn sāi(词)形容大口大口吃东西,塞满了腮帮子。

【得济】dá jí(词)多指父母得到子女赡养侍奉。[例]养儿也~,养女也~。

【得了饱斋】dá le bào zhāi(熟)指得到饱餐一顿的机会。比喻得到丰厚的财物。

【德性】dá xing(词)即性格,品行。

【打啊声】dà ā sheng(词)支吾,搪塞。[例]到了还钱的时候又~。

【打坝】dà bá(词)❶修筑拦截水的堤坝。❷人为设障,从中作梗。[例]事情办不成,是有人在中间~。

【打板的】dà bán di(词)戏曲乐队中操作檀板与单皮鼓的乐师。

【打梆子】dà bāng zi(词)❶用舌头在嘴里弹出梆子的声音。❷指清真寺敲梆子召唤穆斯林上寺礼拜,是唤礼的一种形式。❸戏曲打击乐器之一。

【打包票】dà báo piao(词)❶旧时的保单。❷做出承诺或保证。[例]这个事能不能办成,我不敢~。

【**打草**】dà cào(词)割草。[例]到田埂上给牲口~。

【**打岔**】dà chá(词)把话题引开。[例]别~,叫他把话说完。

【**打柴的跟放羊的扯磨**】da chài di gēng fáng yàng di chè mò(熟)调侃语,即有定额的劳动者(打柴的)不能跟松散型劳动者(放羊的)闲聊(扯磨)。

【**打场子**】dà cháng zi(词)旧时指在露天演出场所维持秩序。

【**打潮气**】dà chào qi(词)增加室内温度,驱除湿气潮气。

【**打哧哧**】dà chī chi (词)“打沙锅”时嘴里发出哧哧哧的声音,故称。详见“打沙锅”条。

【**打春**】dà chōng(词)即立春,二十四节气之一,2月4日前后。

【**打充份**】dà chōng feng(词)犹打秋风。指冒充,打旗号,浑水摸鱼。[例]防止有人~。

【**打穿伙**】dà chuān huo(词)很多人走来穿去。[例]路上的人乱~。

【**打捶**】dà chuì(词)打架。

【**打捶离不了亲弟兄,上阵离不了父子兵**】dà chuì lì bú liào qīng dí xiong, sháng zhéng lì bú liào fú zi bīng(谚)打捶,打架。意思如文。

【**打登粟**】dà dēng su(词)用木棍敲打荒漠中枯黄的登粟,收集其子粒备用。“登粟”见该条。

【**打赌**】dà dù(词)❶以猜测某件事的结果赌输赢。❷赌气。[例]

【**打盹**】dà dòng(词)打瞌睡。[例]靠在被垛上~。

【**打尜尜**】dà gà ga(词)东西因放置、安装不牢固而两头跷动。[例]锹拐没安好,~呢。

【**打羔**】dà gāo(词)羊等自行交配。

【**打工**】dà gōng(词)指农民进城或到经济发达地区做工。

【**打勾手**】dà gōu shou(词)指打牌中两人按事先约定的暗号,互相配合而取胜的欺诈行为。

【**打狗饼子**】dà gou bíng zi(词)丧葬时使用的小型面饼,据说可驱赶阴间的拦路狗。

【**打狗看主**】dà góu kán zhù(谚)比喻打骂某人,要顾及其背后势力的面子。

【**打狗欺主**】dà gòu qī zhù(词)❶狗主人这样认为(打他的狗就是欺负他本人)。❷常理这样认为(打狗就是不给狗主人面子)。❸打狗者的目的(打狗就是给狗主人颜色看)。

【**打瓜**】dà guā(词)一次性全部购买或全部售出货物。

【**打瓜**】dà gua(词)西瓜的一个品种,以收获子粒为主,多为红籽。

【**打卦**】dà guá(词)算卦。

【**打关**】dà guān(词)喝酒划拳打通关的简称。

【**打官腔**】dà guān qiāng(词)官场中

的门面话,多指利用政策、规章、程序等敷衍搪塞。[例]你就说办不办?别给我~!

【打光棍】dà guāng gong(熟)找不上对象的男人。

【打裹腿】dà guò tui(词)指旧时士兵行军时将长布带缠在小腿裤子外面。

【打哈哈】dà hā ha(词)开玩笑,不严肃地回答。[例] 这个事很重要,不能~。

【打寒气】dà hàn qi(熟)给屋里或体内增温,以赶走寒气、潮气。

【打夯】dà hāng(词)旧时农村男孩玩的一种游戏,即由四个人把一个人抬起, 用其屁股轻轻撞击树木或墙壁,以示惩罚。

【打狐子不成, 惹了一沟子馊屁】dà hù zi bú chèng, ré le yí gōu zi sōu pí (谚)狐子:狐狸。比喻弄巧成拙,惹来很多麻烦。

【打虎要天,必定要掀】dà hú yáo tiān, bí díng yáo xiān(顺)“花花子”术语。头家有三“天”却不够牌,便打出一张“虎”顶掉下家的“天”,然后再掀。

【打滑】dà huà(词)❶车轮等转动时因摩擦力不够而空转。❷因地上太滑而站立、行走不稳。

【打慌的贼】dà huāng di zèi(熟)受了惊吓的贼。比喻惊慌失措,慌里慌张。[例]~一样,急着干啥去呢?

【打黄牛惊黑牛】dà huàng niù jīng héi niù(谚)通过批评这个来警告那个。

【打黄牛惊黑牛,吓得狸牛伸舌头】dà huàng niù jīng héi niù,xiá di lì niù shēng shè tou (熟) 通过批评这个来警告那个。

【打火闪】dà huò shàn(词)天空闪电。

【打伙伙子】dà huó huo zi(词)即结伴。[例]年轻人~去看戏。

【打饥荒】dà jī huang(词)比喻经济困难或借债。[例]自己眼看要~了,还有钱借给人?

【打价】dà jiá(词)估价。[例]把驴拉到市场上~。

【打尖】dá jián(词)❶在屋顶檩条和椽子之间打进木楔,使房顶凹处升高。❷要“花花子”术语。见附一。

【打街骂巷】dà gāi má háng(词)形容经常寻衅滋事,和邻里吵闹。

【打酒官司】dà jiù guān si(熟)指喝酒划拳中的争议。

【打开窗子说亮话】dà kāi chuāng zi shuó liáng hua(熟)犹开诚布公地说。

【打坷垃】dà ké la(词)用榔头把土块敲碎的农活。

【打坑】dà kēng(词)挖墓穴。

【打老虎杠子】dà lào hu gáng zi(熟)一种酒令。双方各执一筷,边击边喊口令。有虎、鸡、虫、杠子,以克住对方者为赢。

【打老牛】dà lào niù(词)打陀螺。

【打冷战】dà léng zhan(词)因寒冷或害怕而发抖。

【打脸】dà liàn(词)❶不给面子,伤面子。[例]既然张嘴借,就借给点,不能打人的脸。❷扇耳光。[例]打人不~,骂人不揭短。

【打脸子】dà lián zi(词)指演员化妆、画脸谱。[例]演员们在后台~。

【打凉】dà liàng(词)降温解渴。[例]热天吃西瓜,又~又解渴。

【打趔趔】dà liē lie(词)不扎实,不切实。[例]这个东西重,要切实地抬呢,不能~。

【打流唐】dà liù tàng(词)信口开河,随便搪塞。

【打麻烦】dà mā fan(词)出现反复或产生重复劳动。[例]一凑儿把车上的东西装好,免得路上~。

【打麻鸡】dà mà jī(词)打马虎眼儿。[例]我监督着呢,你别想~!

【打马虎眼】dà mā hú yàn(熟)用似是而非的言词和行动搪塞,以蒙混过关。[例]少~,我早看见了。

【打毛蛋】dà mào dán(词)农村小孩玩的一种游戏。即用牛毛蛋互相扔着玩,既有乐趣,且不伤人。

【打磨】dá mò(词)逗留,停顿,延宕。[例]我得赶紧走,不能~了。

【打拍子】dà pāi zi(词)按照乐曲的节奏指挥演奏或演唱。有时也指随着音乐的节拍轻击手脚。

【打皮科儿】dà pì kēr(词)开玩笑,耍贫嘴。

【打皮条溜】dà pì tiao liú(熟)将食指和中指并起来抽打对方手腕,常用于青少年游戏时赢者对输者的小惩罚。

【打平伙】dà pìng huo(词)大家平均出钱聚餐。

【打扑腾】dà pú teng(词)游泳中的一种动作,近似狗刨。

【打旗旗子的】dà qì qi zi di(熟)唱戏时跑龙套的。比喻辅助人员或跟着跑的人。

【打前失】dà qiàn shi(词)驴、马、骡等因前蹄没落稳而跌倒或几乎跌倒,也叫失蹄。[例]马~。

【打前站】dà qiàn zhan(词)❶行军或集体出行时充当先行。❷比喻冲在前面。[例]每次有任务,都是我们~。

【打墙】dà qiàng(词)用湿土筑墙。

【打青】dà qīng(词)让家畜结束吃枯草(一般为冬季),到有青草的地方放牧。

【打情骂俏】dà qìng má qiáo(词)指男女调情。[例]这是会场,不是~的地方。

【打秋风】dà qiū feng(词)假借某种名义骗取钱物或好处。

【打秋秋】dà qiū qiu(词)❶即打秋千。[例]爷爷扶着小孙子~。❷形容悬挂着的东西来回摆动(多指没系牢)。

【打人不打脸,骂人不揭短】dà rèng bú

dà liàn, má rèng bú jié duàn（谚）一种约定俗成的规矩，意在给被打被骂者留面子，不伤其人格尊严。

【打人打个死，救人救个活】dà rèng dá gé sì, jiú rèng jiú gé huó（谚）比喻做事不留后遗症。

【打人的饭碗】dà rèng di fán wàn（熟）比喻使人丢掉工作。

【打人没好手，骂人没好口】dà rèng mú hào shòu, má rèng mú hào kòu（熟）劝解被打骂者、原谅打骂者的话。

【打扫战场】dà sáo zhán chàng（熟）比喻清理宴席残局。

【打沙锅】dà shā guō（词）一种猜拳方式，内容有沙锅、石头、水，沙锅盛水，水洗石头，石头打沙锅，克住对方者为胜。

【打蛇打七寸，擒贼先擒王】dà shè dá qí cong, qìng zèi xiān qìng wàng（谚）比喻制服坏人要击中要害。

【打声】dà shēng（词）故意咳嗽亮嗓，给对方发出提醒暗号。[例]还没进屋，先在院子里~。

【打水漂】dà shuì piāo（词）比喻投入资金或精力却没有收益，也指借出的钱物收不回来。

【打死的耍拳的，淹死的会水的】dà sí di shuà quàn di, yān sí di huí shuí di（谚）比喻自恃本领高强者往往因疏忽大意而遭到惨败。

【打死个虎要个虎】dà sí ge hù yáo ge hù（谚）比喻难以做到的赔偿要求。

【打死老子盼夜长】dà si láo zi pán yé chàng（谚）指杀人者盼望夜长，以便有更多时间销毁罪证。常做反话，意为不要想那么多那么远。

【打死人偿命，哄死人不偿命】dà si rèng chàng míng, hòng si rèng bú chàng míng（熟）比喻能应付则应付，不必过于较真。

【打胎】dà tāi（词）用药物人工流产。[例]吃~药把娃娃打掉了。

【打薹】dà tài（熟）❶蒜、韭菜、油菜等长出花茎。❷指掐取某些蔬菜的薹做蔬菜。[例]给韭菜~。

【打天下】dà tiān xia（词）❶用武力夺取政权。❷比喻创立事业。

【打条子】dà tiào zi（词）开具条据。[例]先~后领钱。

【打头炮】dà tòu páo（词）比喻带头发言或做事。

【打娃娃臊大人】dà wà wa sáo dá reng（熟）❶当着客人面打孩子，使客人感到尴尬。❷给小孩拉架时故意打自己孩子，羞辱对方大人。

【打下手】dà xiá shou（词）当别人的助手。

【打小算盘】dà xiáo suán pàn（熟）❶比喻处处为自己着想，不顾他人和集体利益。❷在小处精打细算，斤斤计较。

【打踅踅】dà xuè xue（词）只在周围转

悠，不好意思（或不敢）靠近。趄趄：折回，旋转。

【打掩护】dà yān hu（词）替别人遮掩。多指做坏事。

【打野】dà yè（词）❶秋收后把牲畜放开自由地吃草。❷比喻放任自流。［例］老师不来，学生都~了。❸打猎的俗称。

【打野鸡】dà yè jī（词）指男子嫖淫暗妓、私娼的行为。

【打油】dà yòu（词）老式榨油工艺。因需要用铁榔头打击木楔、将油坨里的油脂逼出而得名。见附一。

【打游击】dà yōu ji（词）比喻从事不固定的工作。［例］暂时没找到正式工作，到处~。

【打鱼的捎鳖】dà yù di shāo bié（谚）比喻于主业以外顺手捎带的收获。

【打圆场】dà yuàn chang（词）调解纠纷，缓和僵局。［例］几个人眼看要吵起来，我赶忙出来~。

【打杂的】dá zá di（词）指干杂活的人。

【打砸抢】dá zá qiàng（词）指随意打人，砸坏东西，抢夺物品，制造混乱。

【打渣子】dà zhā zi（熟）非真心、试探性的讨价还价，多用于做生意。［例］你说个实价，不要~。

【打折的胳膊朝里弯】dà shè di gé bo cháo lì wān（谚）比喻向着自己人。

【打折牛腿】dà shè niù tuì（词）亦即“砍牛腿”。要“花花子”用语。

【打肿脸充胖子】dà zhòng liàn chōng páng zi（词）比喻宁可付出代价也要硬充好汉。

【打主意】dà zhù yi（词）❶打算，想办法。［例］公司不行了，我们要早~。❷谋算、计划，想达到某种目的。［例］老在她身上~。

【打踪】dà zōng（词）循着动物或人的足（痕）迹追踪。

【打嘴仗】dà zuí zhang（词）互相攻击，斗嘴。

【打嘴官司】dà zuì guān si（词）无谓的争吵，辩论，磨嘴皮子。对动武而言。

dai

【呆瓜】dāi guā（词）犹呆子，傻瓜。［例］白给东西都不要，真是个~。

【呆拐】dāi guài（词）❶注意力不集中，四下张望。❷围观。

【呆花花子】dāi huā hua zi（熟）在一旁围观别人要“花花子”。

【呆愣】dāi léng（词）发呆失神。［例］别人都走远了，你还在这里~？

【呆脸的】dāi lián di（词）观赌者。

【呆皮失脸】dāi pi shí liàn（词）求人或寄人篱下时的感觉。

【呆头呆脑】dāi tou dāi nào（词）不机灵，表情呆滞。［例］一看他~的样子，就知道不是个灵透人。

【呆子】dāi zi（词）智障或不明事理的人。

【待会子】dāi huí zi(词)待会儿。

【歹毒】dái dú(词)心狠手辣。[例]心肠~。

【带彩的】dái cái di(词)带有彩色的东西,特指彩色电影和电视。

【带肚子】dái da zi(词)指妇女再婚时怀着前夫的孩子,也指这种孩子。[例]他是个~,后爹对他不好。

【带干粮带少,带话带多】dái gān liang dái shào,dái huá dái duō(谚)谓托人代送干粮会被吃掉一些而减少,让人带话常常会加上带话人的意思而增多。

【带沟门子的】dái gōu meng zi di(词)对母畜的另一种叫法。[例]养个~,还能下(产)小的。

【带鸡把把的】dái jī bá bá di (熟)喻指男孩。

【带招不理】dái zhāo bú lì(熟)满不在乎或待理不理。

【待承】dái cheng(词)宽容、照顾,善待。

【待客】dái ká(词)招待,接待客人,特指婚丧嫁娶等设宴招待客人。[例]~收礼。

【待招】dái zhao(词)旧时对剃头匠的称谓。

【戴大帽子】dái dá máo zi(词)比喻给人戴上夸大了的罪名。

【戴高帽子】dái gāo máo zi(熟)比喻恭维吹捧,说奉承话。

【戴起帽子连家走】dái qi máo zi liàn jiā zòu(谚)没有家庭拖累的鳏夫。

【戴上他爹的帽子给他妈炫谎】dái shang tā diē di máo zi gèi tā mā xuān huāng(熟)比喻打着某种旗号招摇撞骗。

【戴孝】dái xiáo(词)穿孝服或戴着绣有"孝"字的袖标,以示对死者的哀思和纪念。

【大王】dái wang(词)对强盗首领的称呼。

【歹虫】dài chòng(词)比喻特别歹毒阴损的人。

【歹人离不了歹人治】dài rèng lì bu liào dài rèng zhí(谚)谓恶人还须更恶的人来制服。犹以恶治恶。

dan

【担不起】dān bú qì(熟)承担不了或无法承担。[例]这个责任我~。

【担干系】dān gān xi(词)负责任,受牵连。[例]这是~的事,你要考虑好。

【担惊受怕】dān jīng shóu pá (词)指长时间处在害怕、恐惧之中。

【担头棒】dān tou báng (词) 担在门框、窗框上面的木棍,一般为二根,用以承受窗框上面墙体的压力。

【单把犁】dān bá lì (词) 一种新式步犁,也叫铁犊犁。

【单不岔岔】dān bu chá cha(熟)剩下的不能配套的东西。[例]全剩了些~

鞋,卖给谁呀?

【单薄】dān bo(词)❶构筑物用材不足,不坚实。❷形容身体瘦弱。

【单薄柳细】dān bo liú xí(词)形容人穿着单薄。

【单蹦子】dān bēng zi(词)单独,一人。[例]干啥都是~,没个搭手的。

【单鞭救主,底家受苦】dān biān jiú zhù,dì jia shóu kù(顺)要"花花子"术语。头家以一副"摆"和三只"牛"(或"喜")赢了牌,二家也"掀"牌成功,使底家同时输给两家。

【单纯活】dān chong huò(词)单纯的工作。

【单打独斗】dān dà dú dóu(词)形容一人跟众多对手打拼,势单力孤。

【单单】dān dān(词)犹偏偏,唯独。[例]搁着那么宽的路不走,~跑到泥里头。

【单单片片】dān dan pián pian(词)指账簿单据。

【单方气死名医】dān fāng qí si mìng yī(谚)指用民间验方治愈名医都治不了的病。

【单干】dān gán(词)指农村没实行集体化时,以一家一户为生产单位的生产形式。[例]联产承包不是~。

【单干户】dān gán hú(词)❶不和别人合作,独立经营农业、商业或其他行业的家庭。❷比喻独立从事某项工作的专业技术人员。

【单杆跳舞】dān gán tiáo wù (词)比喻没有合作者、拥护者。[例]不善与人合作,落了个~的结果。

【单裤】dān ku(词)单层布的裤子。

【单另】dān líng(词)单独,另外。[例]把好苹果~装上。

【单另过】dān líng guó(熟)分家独立过日子。

【单枪匹马】dān qiáng pī mà (词)原指打仗时一人上阵。比喻行动没人帮助。

【单身独籍】dān shēng dú jí(词)指孤身一人,举目无亲。

【单瘦】dān sou(词)形容身体单薄瘦弱。

【单双】dān shuāng(词)一种赌博形式,工具是两枚骰子和盖碗,庄家摇动碗里的骰子,参赌者猜骰子点数定输赢。

【单丝不成线,孤木不成林】dān si bú chèng xián,gū mú bú chèng lìng(谚)比喻个人力量有限,通过合作和集体的力量才能成事。

【单相思】dān xiāng si(词)❶男女之间单方面爱恋思慕。❷比喻双方只有一方想做的事。

【单眼皮】dān yàn pì(词)上缘没有褶儿的眼皮。

【耽搁】dān ge(词)耽误,延误。[例]没去医院,把病~了。

【胆大包天】dán dá bāo tiān(词)形容

胆子太大(含贬义)。

【胆大脸瓷】dán dá liàn cì(词)胆子大,脸皮厚。瓷:瓷实。

【胆大妄为】dán dá wàng wèi(词)毫无顾忌地干坏事。

【胆大心不细，心细胆不大】dán dá xīng bú xí,xīng xí dán bú dá(熟)比喻做事只能侧重一头,不可能面面俱到。

【胆怯】dán qié(词)害怕,畏缩。[例]过独木桥的时候,确实有点~。

【胆子比箩篮大】dán zi bí bú lan dá(熟)比喻胆子特别大或胆大妄为。“箩篮”见该条。

【胆子吃大了】dán zi chí dá le(熟)斥责或威胁用语,犹胆子练大了。[例]真格是~,连爹妈的话都不听了。

【但凡】dán fàn(词)凡是,只要是。[例]~骄傲的人都成不了大事。

【啖勺】dán shuo(词)给牲畜灌药的铁制长槽形工具。

【啖牲口】dán sēng kou(词)给牲畜灌药治病。

【淡而无味】dán er wù wéi(词)形容说话、写文章内容平淡,无趣味。

【淡个嘴】dán ge zuì(熟)调解口味,增加食欲。[例]切点咸菜,吃米汤~。

【淡糊子月亮】dán hu zi yué liang (词)不太明亮的月亮。

【淡事】dán shí(词)指无关紧要的小事。

【淡心】dán xing(词)冷淡,看轻。[例]对儿女越来越~。

【蛋蛋子】dán dan zi(熟)❶比喻卷曲状。[例]冻得缩成个~。❷比喻把东西揉作一团。[例]把信纸揉成个~。

【蛋芽子】dán yà zi(词)母鸡肚子里的幼卵。

dang

【当不住家】dāng bú zhú jiā(熟)做不了主。

【当兵的是死了没埋，挖煤的是埋了没死】dāng bīng de shi sí le mú mài, wā mèi de shi mài le mú sì(谚)形容军人和煤矿工人随时都有生命危险。

【当大的不正,惹得做小的胡弄】dāng dá di bú zhéng,ré di zuó xiáo di hù nóng(熟)指长辈行为不端,遭到晚辈的抵制和反对。

【当断不断,反受其乱】dāng duán bú duán, fán shóu qì lán(谚)指应该做出决断而犹豫不决,就会留下后患。

【当哥者为父，当嫂者为母】dāng gē zhe wèi fú,dāng sáo zhe wèi mù(熟)谓哥嫂要像父母一样关心教育弟弟妹妹,弟弟妹妹要像尊重父母一样尊重哥嫂。

【当官的放个屁,当兵的跑断气】dāng guān di fáng ge pí, dāng bīng di páo duán qí(熟)形容忠实、迅速地执行上级指令。

【当家人，恶水缸】dāng jiā rèng，é shui gāng(词)比喻当家人要有度量，听得各种意见,受得各种闲气。恶水缸即泔水缸。

【当家三年狗也嫌】dāng jiā sān niàn gòu ye xiàn(熟)比喻当家管事的人容易得罪人,讨人嫌。

【当家做主】dāng jiā zuó zhù (词)指主管家政,有权对家事做出决定。比喻在单位或国家中居主人翁地位。

【当紧】dāng jìng (词) 重视，看重。[例]对孙子可~了,不叫受一点拘辖。

【当紧忙】dāng jing màng(词)犹万一遇到特殊情况。[例]带上些饼干,~了压压饥。

【当紧事】dāng jíng shí(词)紧急、要紧的事。[例]有~就打电话。

【当了灾】dāng le zāi(词)指畜禽得传染病死了。

【当忙】dāng màng(词)万一,遇到紧急情况。[例]把伞带上,~下了雨,也有个遮挡的。

【当面的狐子背过的狼】dāng mián di hù zi béi guó di làng(谚)当面和善,背后凶残。

【当面点钱不为薄】dāng mián diàn qiàn bú wèi bò(熟)当面点清钞票不算薄情。

【当面鼓,对面锣】dāng mián gù, duí mian luò(熟)比喻有话说在当面。

【当面是人,背后是鬼】dāng mián shí rèng, béi hóu shí guì(熟)形容当面说好话,背后搞阴谋。

【当年的人会算,现在的人会看】dāng niàn di rèng huí suán, xián zái di rèng huí kán(谚)指古代人靠占卜算卦预测事务,现代人靠观察分析判断事情。

【当婆婆比当媳妇好】dāng pò po bì dāng xí fu hào(熟)婆婆比喻上级或一把手,媳妇比喻下级或副手。义如文。

【当着红朗朗的太阳】dāng zhe hòng láng lang di tái yang(熟)对着太阳发誓。

【当头炮】dāng tou páo(词)象棋开局的一种着法，即将炮放在正中线位，攻击对方中兵(卒),威胁其将(帅)。比喻正面的威胁或打击。

【当头炮，把马跳】dāng tou páo，bá má tiáo(词)象棋术语。一方使用当头炮,另一方以跳马应对,防止炮打当头卒。

【当娃娃的时候】dāng wà wa de shì hou(熟)指人的孩提时期。[例]我~,那棵树才碗口粗。

【当丫头的时候】dāng yā tou de shì hou(熟)指女子未婚嫁前的青年时期。多用于回忆女人的过去。[例]我们~,最爱踢毽子。

【当灾】dāng zāi(词)畜禽因传染病而死,也用于咒骂畜禽。[例]这个~的!

【当灾的，害癀的，你妈嫁了个卖糖

的】dāng zāi di, hái huàng di,nì mā jiá le ge mái tàng di(顺)咒人的话。卖糖的,古代下九流之一。

【当猴耍】dáng hòu shuà(词)比喻戏弄、捉弄人。[例]把人~!

【当是】dáng shi(词)以为,认为。[例]还~你真的不来了。

【当时】dáng shi(熟)立即,马上。[例]~就叫他卷铺盖走人。

【当不住】dáng bú zhú(词)抵挡不住,受不了。[例]苦得~。

【当下】dáng xiá(词)立即,马上。[例]老板~就叫他走人(离开)。

【当贼的防】dáng zèi di fàng(熟)对别人不信任,时刻提防。

【挡牌如舍命】dáng pài rù shé míng(谚)耍"花花子"术语,指即使不"掀"牌,也要尽全力拦住上家出的牌,不让下家如愿。

【档子田】dáng zi tiàn(词)适合机耕的条田。[例]土地全都平成了~。

【挡浸沟】dàng jīng gōu(词)在水稻和旱作物土地之间开挖的小型排水沟。

dao

【刀把子】dāo bá zi(词)比喻兵权或生杀予夺大权。[例]~绝不能掌握在坏人手里。

【刀打豆腐两面光】dāo dá dòu fu liáng mián guāng(熟)圆滑处世,两面落好。[例]净说些~的话。

【刀刀见血】dāo dāo jián xié(词)对攻击对象紧追不放,寸步不让,着着凶狠。

【刀豆】dāo dou(词)豆科植物,果实(豆角)像刀,嫩角和子粒可食。也叫眉豆、豆角。

【刀枪入库,马放南山】dāo qiāng rú kú, má fáng nàn shān(谚)❶比喻天下太平,不再用兵。❷也指和平麻痹思想。

【刀削面】dāo xué mian(词)也称削面。当地民间传统面食。

【刀子秤】dāo zi chéng(词)杆秤的一种,即在秤纽上装有刀刃状钢铁构件,可增加灵敏、准确度。

【刀子嘴,豆腐心】dāo zi zuì,dóu fu xīng(熟)比喻嘴硬心软。

【叨菜】dāo cái(词)用筷子夹菜。

【叨咕】dāo gu(词)小声私语。[例]你俩在那里~啥呢?

【倒】dáo(词)浇铸。[例]攒点废铝~个铝锅。

【倒不郎子】dáo bu làng zi(熟)颠倒。[例]不要把枪~背上。

【倒插门】dáo chá mèng(词)男方到女方家做养老送终女婿。

【倒搭】dáo dá(词)该得益方反向该付出方提供财物或费用等。[例]丫头生得丑,~二两油。|那种劣质货,~几个钱我都不要!

【倒粪】dáo fěng(词)用工具翻动、掺和堆集的粪肥,使之充分腐化。

【倒拐话】dáo guái hua(熟)反话。

【倒晦】dáo hui(词)悖晦,昏聩,倒退。[例]越活越~了。

【倒酒】dáo jiù(词)❶买酒,打酒。❷斟酒。

【倒了八辈子霉】dáo le bá bei zi mèi(熟)太倒霉了。

【倒沫】dáo mó(词)❶反刍动物二次咀嚼食物。❷比喻反悔。[例]男子汉,不要说~的话!

【倒腾】dáo teng(词)❶倒贩。[例]平时也就~个羊皮羊毛。❷翻腾,移动。❸折腾、捣鼓。[例]硬把它~坏了。

【倒头饭】dáo tou fán(词)指在死人灵柩前供奉的黄米饭。

【倒秧柳】dáo yāng liù(词)垂柳。

【倒油】dáo yòu(词)打油,买油。

【倒灶】dáo záo(词)比喻垮台、倒闭。

【倒包】dào bāo(词)❶车上货物没装好或没捆牢,中途散包重装。泛指返工、打麻烦。❷事先没说好,中途出争议。

【倒手】dào shòu(词)难缠,调皮,不好相处。[例]这人太~。

【倒茬】dào chà(词)在同一块土地里轮换种植不同作物。[例]~如上粪。

【倒钞子的】dào chāo zi di(词)瞎折腾,恶意倾销,扰乱市场。

【倒干㞞】dào gān sòng(词)因瞎折腾而赔光本钱。[例]跟上那几个~的,能赚上钱?

【倒草鸡毛】dào cáo ji mào(熟)打返工,犯口舌。[例]把丑话说在前头,免得以后~。

【到了一搭里】dáo le yí dà li (熟)指未婚男女发生性关系。

【道行】dáo heng(词)❶僧道修行的功夫。❷泛指本领。[例]~浅。

【道袍】dáo pao(词)僧道的袍服。形容衣服过于宽大。[例]这件衣裳~一样,要改小点。

【道士】dáo su(词)道教徒,常为丧葬活动诵经,兼看风水。

【道台】dáo tai(词)清代省以下、府以上的官员。比喻家里出了当大官的。[例]就像放了~一样。

【道喜】dáo xì(词)永宁回族指订婚。

【稻秕一包糠】dáo bí yí bāo kāng(谚)稻子如果秕了,壳内就没有米粒,只能加工成糠。

【稻草人救火——自身难保】dáo cào rèng jiú huò— zí shēng nàn bào(歇)意思如文。

【稻薅九,饿死狗】dáo hāo jiù,wó si gòu(谚)稻子薅的遍数多,根系发达,没有杂草,营养充足,成熟后子粒饱满,稻壳薄,连狗吃的糠皮都很少。夸张说法。

【稻米干饭不是好吃的】dáo mi gān fan bú shi háo chí di(熟)谓大米饭得

来不易，一定要珍惜。

【稻苗稗子要分清】dáo miào bái zi yáo fēng qīng（谚）稗子，一种野草，幼苗跟稻苗相似，须仔细辨认才能分清。比喻要分清真假。

【稻田稻田，天天到田】dáo tiàn dáo tiàn, tiān tiān dáo tiàn（谚）种稻子要控制水层，因此要经常到田里观察，以便及时调整。

【稻长一张纸】dáo zháng yí zhāng zhì（谚）指水稻主要靠地表根吸收水分和营养。

【稻子怀苞，大水拦腰】dáo zi huài bāo, dá shuì làn yāo（谚）谓水稻怀苞孕穗时要加大水量，以便保温护胎。

【捣蛋鬼】dáo dán guì（词）不守秩序、喜欢恶作剧的人。

【捣】dào（熟）从背后捣鬼破坏。

【捣鼓】dào gu（词）反复摆弄琢磨。

【捣牛沟子的】dào niù gōu zi di（熟）本指放牛的，泛指农民。

【捣窝窝】dào wó wo（词）告黑状，挑拨关系。

【导火线】dào huó xián（词）❶炸药的引火线。❷比喻引起事件发生的直接因素。

de

【得过且过】dé guó qiè guó（词）❶形容胸无大志，不做长远打算，过一天算一天。❷工作马虎敷衍，不负责任。

【得了便宜还卖乖】dé le piàn yi hài mái guāi（谚）得了别人的好处还说自己有本事。

【得饶人处且饶人】dé rào rèng chu qiè rào rèng（熟）待人要宽厚，不要逼人太甚，不留出路。

【得儿㕭】dèr qiu（词）让马、驴、骡往前走的口令。

dei

【逮逮逮】dèi dèi dèi（词）让驴、马、骡等前进的口令。

【逮逮逮，嗷嗷嗷，七个车子八个轿】dèi dèi dèi, áo áo áo, qí ge chē zi bá ge jiáo（顺）对旧时有钱人家娶媳妇、嫁女儿时铺排场面的形容。

deng

【灯不拨不亮，话不说不明】dēng bú bó bú liáng, huá bú shuó bú mìng（熟）把情况或道理说清楚，让别人明白、理解。

【灯干油尽】dēng gān yòu jìng（词）比喻即将死亡。

【灯花】dēng huā（词）油灯燃烧时灯捻上产生的花状物。[例]把~剪掉灯才亮。

【灯笼红】dēng long hòng（词）一种瓜瓤泛红的甜瓜。

【灯笼裤】dēng long kú（词）裤腿宽大、腰部和裤脚用松紧绳收紧、状如灯笼的裤子。多在体育活动和练功时穿着。

【灯捻】dēng nian(词)灯盏中用于点火的灯草或棉、纱细绳儿。

【灯泡上点烟——不燃(然)】dēng páo shang diàn yān— bú ràn(ràn)(歇)犹不是那么回事。

【登粟】dēng su(词)一种生长在荒漠中的野生植物,学名东藡,一名沙蓬,又名沙米,子粒可做饭、磨粉、榨油、入药。

【灯碗】dēng wàn(词)油灯的组成部分,即放置灯油和灯捻的碗。

【灯信子】dēng xíng zi(词)煤油灯上穿引灯捻的细铁皮管。

【灯影子】dēng ying zi(词)即皮影戏。

【灯影子头】dēng ying zi tòu(词)比喻立场不稳,靠不住。

【灯柱子】dēng zhu zi(词)支撑油灯灯碗的台柱。

【登着鼻子上脸】dēng zhe bí zi sháng liàn(词)比喻得了好处不知足,反而得寸进尺。

【扽】déng(词)❶把绳子、布子等软的东西拉展。❷结伴,拉扯。[例]走个街嘛,非要把我~上。

【等庙盖起来,爷爷都老了】déng miáo gái qì lài,yè ye dōu láo le(熟)比喻不能满足急用。爷爷:庙里供奉的神仙塑(画)像。

【等于零】déng yu lìng(词)没有数量。常用来形容徒劳,无用,没效果等。[例]光说不做~。

【戥秤】déng chéng(词)戥子和秤。[例]人心不公,拿上~来称。

【镫里藏身】déng ni càng shēng(词)一种骑术。骑在马上的人把身体歪倒在马的一侧。

【澄】déng(词)❶使液体中的固体物沉淀。[例]沙里~金。❷地名用字。[例]宋~(即今望洪镇宋~村)。

di

【低标准】dī biāo zhong(词)特指1959—1961年口粮标准特别低的国民经济三年困难时期。

【低三下四】dī sān xiá sí(词)形容态度卑谦,低声下气。[例]自己有了,就不用~地求人了。

【低头不见抬头见】dī tòu bú jián tài tòu jián(熟)经常见面。[例]守在一个地方,~,不要吵吵闹闹的。

【低头纳闷】dī tòu ná méng(词)低头不语,闷闷不乐。

【低头认罪】dī tòu réng zuí(词)低下头承认自己的罪行。[例]在事实面前,只好~。

【低头一肚子,抬头一嗉子】dī tòu yí dú zi,tài tòu yí sú zi(熟)形容只吃饭不管事的人。

【嘀嘀咕咕】dī dī gū gū(词)❶窃窃私语,小声说话。❷心里犯疑惑,不踏实。

【嘀里嘟噜】dī li dū lū(词)对听不懂的语言的感觉。

【提溜】dī liu(词)❶在手里随便提着。[例]手里~着两条鱼。❷带着或拉着。[例]娃娃小,走哪里都得~着。

【提溜吊蛋】dī liu diáo dán(熟)❶形容果实累累。❷比喻妇女生育过密过多。[例]~养了一大堆。

【滴答水】dī da shuì(词)水龙头没关紧而滴出的水。[例]把~用桶接上,攒多了冲马桶。

【滴滴涕】dī dī tí(词)英文 DDT 的音译。一种杀虫剂。

【滴水不漏】dī shuí bú lóu(词)形容说话、办事细致周密,无懈可击。

【滴溜圆】dī liu yuàn(词)滚圆,浑圆。[例]肚子吃了个~。

【滴溜溜】dí liú liu(词)形容圆而凸出。

【嫡巴嫡的亲戚】dí ba dí di qīng qi(词)血缘关系近的亲戚。

【嫡溜子,搭拉子】dí liu zi,dā la zi(词)第五六代孙子。

【嫡亲】dì qīng(词)直系亲属。

【底粪】dí feng(词)指做基肥的农家肥。[例]麦子是胎里富,~要上足。

【底垫】dí dián(词)本钱,经济基础。[例]做生意要有~。

【底厚】dí hóu(词)家底殷实、富裕。[例]老爹的~着呢。

【底漏了】dí lóu le(词)连续拉肚子的隐语。[例]唉!最近~。

【底牌】dí pai(词)扑克游戏中,决定胜负前不亮出来的牌。比喻隐藏未露的最后力量或内情。

【底死死】dī sí si(词)实在,极限。[例]苦得~当不住了。

【底下】dí xia(词)❶部下,基层。[例]~意见不小。❷底部。[例]碗~全是沙子。❸末梢。[例]~庄子。

【底火】dì huo(词)❶烤炉下面的火。❷比喻女子的阴道穹。

【底家掀,单叶撺】dì jia xiān,dān yé cuān(顺)耍"花花子"术语。头家扣牌,二家不"掀"、三家"掀"牌时,头家只出一张小牌,意在让二家拦挡。

【底襟】dì jīng(词)中式上衣盖在大襟下面的小衣襟。

【底土】dì tu(词)底层的土壤。[例]这块田的~不好。

【地】dí(词)❶自然村用词。[例]~四(在望洪镇东和村)。|~三(在青铜峡市叶盛镇,与望洪镇毗邻)。❷土~。❸"花花子"牌里点数最小的牌,即一,也叫红坑,与"天"(最大的牌)对应。

【地包天】dí bāo tiān(词)指下嘴唇比上嘴唇长。

【地道人】dí dao rèng(词)实在人,可靠人。

【地富反坏分子】dí fú fán huái féng zi(词)我国土地改革后至党的十一届

全会前农村里被监督劳动的地主、富农、反革命和其他坏分子的简称，也叫"四类分子"。

【地工】dí gong（词）盖房前用土铺垫的地基。

【地广人稀】dí guàng rèng xī（词）土地广阔，人烟稀少。

【地溜子】dí liū zi（词）螺丝菜。

【地皮】dí pì（词）❶建筑用地。❷亦指民财。[例]刮~。

【地痞】dí pì（词）地方上的痞子、坏人。

【地气】dí qí（词）土地山川所赋的灵气、风水。[例]住平房接~。

【地土】dí tu（词）当地，本地。[例]货离~贱。

【地醒了】dí xíng le（词）地震。[例]昨晚上~，你知道不？

【地窨子】dí yíng zi（词）地窖，地下室。[例]把烧酒放在~里。

【地要亲耕，儿要亲生】dí yáo qīng gēng，èr yáo qīng sēng（谚）亲自耕种土地比较放心，亲生的儿子靠得住。

【地照】dí zháo（词）我国土地改革后由人民政府发给农民的土地所有权证。

【地中中】dí zhóng zhōng（词）地中间。

【地种三年比娘亲】dí zhóng sān niàn bì niàng qīng（谚）比喻农民对土地的依恋和爱惜。

【地主的儿子——充数数字】dí zhú di èr zi—chōng sú su zi（谚）比喻只会享受、不会做事的纨绔子弟。

【地主老财】dí zhù lào cài（词）指旧时的地主。有憎恨义。

【弟妻子】dí qi zi（词）弟弟的妻子，也称弟妹。

【递话】dí huá（词）暗中带话，传话。[例]我已经叫人给他~了。

【递眼色】dí yán se（词）用眼神示意。[例]给他~，叫他不要说。

【第头】dí tòu（词）一开始，当初。[例]~就不行。

【第一排水沟】dí yí pài shuì gōu（词）1951年至1952年开挖，从李俊镇西北2公里处起，穿惠农渠入黄河，全长15.8公里。

【提里当郎】dí lí dāng lang（熟）形容物体结合不紧而甩来甩去，也指极度疲乏而行立不稳。

【的当】dí dang（词）可靠。[例]找个~人问问。

【的的确确】dí di qué que（词）表示十分肯定。[例]我~没参与。

【的确良】dí qué liàng（词）用纯涤纶或涤纶与棉毛混纺的织物。[例]买了件~衬衣。

【的信儿】dí xíngr（词）确实的消息。[例]找个可靠人问个~。

【涤卡】dì kà（词）涤纶与棉混纺的卡其布。

【涤纶布】dì lòng bú（词）用涤龙纤维织成的布料。

【涤棉】dì miàn(词)涤纶与棉的混纺织物。

dian

【掂度】diān do(词)掂量,斟酌。[例]买汽车不是仨俩钱的事,要好好~~。

【掂上磙子砸月亮——不识高低】diān shang góng zi zá yué liang—bú shí gāo dī(歇)对过高估计自己力量和能力、鲁莽行事的讽刺。

【掂屎掂尿】diān shì diān niáo(词)双手抱持婴幼儿大小便。形容抚养子女的辛苦。

【颠来倒去】diān lài dáo ké (词)反复、重复地说。[例]~就那几句话。

【颠三倒四】diān sān dáo sí (词)语无伦次,重复絮叨。也指昏聩。[例]他~的,问他干啥!

【踮】diān(词)奔走、跋涉。[例]一口气~到家里。

【踮了】diān le(词)跑了,离开。[例]说完,一趟子~。

【点了】dián le(词)点:点着,烧毁。[例]土匪把他家的房子~。

【点数】dián su(词)点子,主意。[例]他的~多,你问问他。

【点穴】dián xué(词)请阴阳划定坟穴位置。

【电棒】dián báng(词)❶旧指手电筒。❷日光灯的俗称。❸也指电警棍。

【电蹦子】dián bēng zi(词)摩托车。

【电打布景】dián dá bú jìng(词)旧时剧团下乡演戏,用幻灯片将“布景”投影到舞台背景上,可随意切换,称为~。

【电打了】dián dá le(词)触电,电击。[例]不小心叫~。

【电夯】dián hāng(词)由一人操作的小型电动夯,也叫蛤蟆夯。[例]用~把地基砸一砸。

【电老虎】dián lào hu(词)一度时期对供电部门及其工作人员的贬称。

【电驴子】dián lǜ zi(词)摩托车的俗称。

【电门】dián mèng(词)电器开关的俗称。[例]~一开,机器就转了。

【电褥子】dián rú zi(词)电热毯。

【电推子】dián tuī zi(词)电动理发工具,也叫电推剪。

【电线杆上绑鸡毛——好大的掸(胆)子】dián xián gān shang bàng jī mào—háo dá di dán(dán) zi(歇)比喻人的胆子大。讽义。

【电线杆上的瓶子——瓷头】dián xián gān shang di pìng zi—cì tòu(歇)比喻对外界刺激无动于衷或耐受力强的人。

【电闸】dián zhà(词)指较大的电源开关或闸刀。

【电站】dián zhán(词)配电所或电管站。

【店大欺客,客大欺店】dián dá qī ká, ká dá qī dián(谚)指生意红火的店息慢小顾客，有权有势的顾客欺负店家或服务人员。

【**店家**】dián jia(词)旅社的老板。[例]我和~是老熟人。

【**店里的臭虫——倒吃客**】dián ni di chóu chong——dáo chí ká(歇)谓本来是主人招待客人，却变成客人招待主人。

【**垫背**】dián béi(词)比喻代人受过或陪人受罪。[例]临死也要拉个~的！

【**垫补**】dián bu(词)扶持，帮助，权充。[例]先吃点零食~~。

【**垫圈**】dián juán(词)把干土铺垫在家畜的圈舍，既保持干燥卫生，又能沤制厩肥。

【**垫上人**】dián shang rèng(熟)暗中指使他人打人或做坏事。

【**奠酒**】dián jiù(词)把酒浇在地上，表示对天地致敬或对死者的祭奠。

【**典田**】diàn tiàn(词)典当土地。

【**典田卖骡子，为了一坨子**】diàn tiàn mái luò zi，wéi le yí tuò zi(顺)旧指为了嫖娼，不惜倾家荡产。

【**点播**】diàn bō(词)❶播种方法之一，即穴播，[例]水稻~机。❷听众、观众请广播电台或电视台播送指定节目。

【**点蚕豆**】diàn càn dou(词)❶用铁锹把土切开缝儿，把蚕豆种子点进去。❷比喻人坐着打瞌睡(头一点一点的)。

【**点灯熬油**】diàn dēng ào yòu(词)点着油灯加班工作。[例]不是给你补衣裳，我~地干啥？

【**点点染染**】diàn dian ràn ran(词)少量，星星点点。

【**点检**】diàn jian(词)细细检查、点验。

【**点卯**】diàn mào(词)旧时在卯时点名，现泛指点名。

【**点炮**】dián páo(词)❶打麻将术语。即出的牌被别人和了牌。❷放炮前用火种把炮捻点着。

【**点天灯**】diàn tiān deng(词)旧时酷刑，即将布帛缠在人身上，浇上油，倒绑于杆上，点火烧死。

【**点头哈腰**】diàn tòu hā yāo(词)比喻虚假的恭维或过分的客气。[例]最见不得~的人。

【**点香**】diàn xiāng(词)穆斯林每逢礼拜，过尔麦里、乜贴，赞圣，都要点香，意在正气压倒邪气，并清洁圣殿场所和居室。

【**点眼就憣**】diàn yán jiú fán(词)使个眼色就明白。憣：心动。

【**点眼药**】diàn yán yue(词)进谗言，说挑拨的话。[例]专门在领导面前~。

【**点主**】diàn zhù(词)丧礼之一，用朱笔填写神主牌位上“主”字上面的一点。

【**点左点右，右右花，炒芝麻，芝麻粒，果蛋皮，不除他，就除你**】diàn zuò dián yóu，yóu you huā，chào zhī ma，zhī ma lì，guó dán pì，bú chù tā，jiú chù nì(词)用食指点着幼儿两脚玩耍的歌谣。

diao

【刁】diāo(词)抢取,硬夺。[例]~羊比赛。|活~活抢。

【刁寡妇】diāo guá fu(词)旧时抢寡妇(抢亲)习俗。

【刁花鸨】diāo huā bao(词)老鹰刁小鸡的游戏。

【刁空】diāo kóng(词)抽空,挤时间。[例]~去医院看看朋友。

【刁磨】diāo mo(词)抽空,挤时间。[例]~着把衣服洗了。

【刁野】diāo yè(词)狡猾野蛮。

【吊棒】diáo báng(词)调情,眉目传情。[例]两个人眉来眼去地~。

【吊罐】diáo guán(词)淋浴用的水罐,悬挂于屋顶,往下淋水。

【吊葫芦】diáo hú lu(词)即葫芦。一般要搭架吊起来。

【吊死鬼】diáo si gui(词)上吊而死的鬼魂。

【吊死鬼搽粉——死爱面子】diáo si gui chà fēng—sí ái mián zi(歇)对过于虚荣者的讽语。

【吊线】diáo xián(词)❶工匠用线锤取直。❷比喻男女眉目传情。

【吊纸】diáo zhì(词)给死人烧纸钱。[例]跪在棺材前给死人~。

【吊庄】diáo zhuāng(词)当地指从宁南贫困山区农村整体搬迁到川区的村庄。

【钓鱼】diáo yù(词)比喻没有把握地等待。[例]货运出租车在路边上~(等货)。|到影院门口~(等待退票)。

【掉给个沟子】diáo géi ge gōu zi(熟)生气时转过脸去,将屁股对着他人。

【掉过脊梁背回来】diáo guo jí liang bēi huí lai(熟)不用花钱而娶到媳妇。有讥讽义。

【掉价】diáo jiá(词)❶商品降价。❷比喻身份、排场降低。[例]跟他们攀亲,~死了!

【掉了胳肘子】diáo le gé zhou zi(熟)胳肘子:即胳膊肘儿,是上臂与前臂相接处向外凸起的部分。意为不会发生或不值得关心的事(胳膊肘是不会自行脱落的),常在生气、不满时用,有戏谑调侃意味。[例]看望他干什么?又没~!

【掉了毛的刷子——有板有眼】diáo le mào di shuá zi—yòu bàn yòu yàn(歇)指说话做事有条理。

【吊儿郎当】diàor láng dàng(词)形容作风散漫,仪容不整,态度放浪等。[例]~的,像个学生吗?

die

【爹】diē(词)父亲,爸爸。

【爹拉子】diē la zi(熟)口语,指人或东西。[例]买上这么个~干啥?|你这个~,尽干蠢事!

【爹们】diē meng(词)骂人时的自称,

犹老子,我。

【爹是天,妈是地,婆姨是命根系】diē shí tiān,mā shí dí,pò yi shí míng gēng xī(顺)谓儿子对父母像对天地一样敬畏孝顺,把妻子看得跟性命一样重要。

【爹死了,妈嫁了,二亩耖田车压了】diē sí le,mā jiá le,ér mù chāo tiàn chē yá le(熟)形容孤儿。

【跌绊】dié ban(词)犹搏斗,厮打,也指吃力地干活。

【跌倒头】dié dào tòu(熟)指死去。[例]我~一死,家产全是你们的。

【跌跌爬爬】dié die pà pa(词)形容因急迫赶路而跌倒爬起的情形。也形容小孩走路不稳。

【跌进去了】dié jíng ke le(熟)栽进去了。多指犯罪或受株连。

【跌了难了】dié le nán le(词)遭到灾难。[例]这几年山区~。

【跌镘镘子】dié mán man zi(词)将铜钱抛在桌面上,以猜测正反面赌输赢。镘:铜钱的反面。

【跌水】dié shui(词)为水流设计的比降或坡度。[例]房顶~大,下雨不积水。

【跌死马趴】dié si mà pá(词)急急忙忙地赶路或做事。

【跌算】dié suan(词)暗算,谋害。[例]老想着~人!

【迭故子】dié gu zi(词)也说"迭故耶",故意、有意识。[例]你明明知道,还~问?

【迭故佯赏】dié gú yàng shán g(熟)犹佯装,轻佻,嬉戏恶搞。[例]严肃点,不要~的。

【迭年馑】dié niàn jing(词)遭灾荒。[例]山区迭了年馑。

【咥仗】dié zháng(词)打架骂仗。

【咥】dié(词)猛而有力。[例]~了三碗干饭。|往他身上~了两棒。

【嗲咧】diè lie(词)形容吃饭或做事不踏实。[例]踏踏实实地吃,不要拿牙尖尖子~。

【嗲咧咧的】diè lié lie di(词)做事不踏实,不认真。[例]把盆子端好,不要~,撒得到处是水。

【嗲里哇式】diè li wá shí(词)撒娇、轻浮、嗲声嗲气。[例]好好说,不要~的。

ding

【丁零当啷】dīng ling dāng lāng(词)很多摆在或挂在一起的金属、瓷器摇动时发出的声音。

【丁是丁,卯是卯】dīng shí dīng, máo shí mào(熟)丁为榫头,卯为铆眼。比喻做事认真,一丝不苟。

【丁字渠】dīng zi qù(词)汉延渠支渠之一,古有,在望洪镇西玉村开口。全长 8 公里。

【丁零哐啷】dīng ling kuāng lāng(词)多人敲击响器的声音。

【叮乖】dīng guài(熟)进谗言,告密,背后说坏话。[例]就怕有人在后头~。

【叮心虎,戳破鼓】dīng xīng hù, chuó pó gù(词)耍"花花子"用语。单只的"虎"可以顶掉挂"摆"的"天",使掀牌者归于失败。

【盯梢】dīng shāo(词)暗中跟踪监视。

【盯住】dīng zhu(词)集中注意力监视。[例]~点,别让他跑了。

【鼎盘】dīng pan(词)稍大的带底座的陶瓷盘子。

【订对】dīng dui(词)核对、订正。[例]找会计~账目。

【钉梆老硬】dīng bang láo yíng (词)形容太硬,不软和。[例]冷米饭~的,老年人能嚼动?

【钉耙子抓痒的】dīng pa zi zhuā yáng di(熟)盯住不放,像钉耙抓痒般难受。

【钉子来錾子去】dīng zi lài zán zi ké(熟)互相攻击,吵闹。

【顶了缸】díng le gāng(熟)代人受过。

【顶了门】díng le mèng(词)过继。即男孩给同宗没有儿子的长辈做儿子。[例]他从小给舅舅~。

【顶在头上怕吓了,含在嘴里怕化了】díng zái tòu shang pá xiá le,hàn zai zuí ni pá huá le(熟)极度爱惜或溺爱。

【顶主子】díng zhu zi(词)应该承担责任的人或单位。[例]趸下这么大的乱子,总得有个~吧?

【定定蹲着】díng díng dōng zhe(词)老实实地待在家里或单位里。

【定个谱谱子】díng ge pú pu zi(熟)商定出大致的框架和原则。

【定盘星】díng pan xīng(词)❶戥子或杆秤上标志起算点的星儿(重量为零)。❷比喻拿主意的人或主心骨。[例]他是家里的~。

【定钱】díng qian(词)购买或租赁时预先支付的定金,违约则不退还。[例]定做衣服要交~。

【定停】díng ting(词)安静、腼腆,一般指小孩。[例]小尕子,你~点好不好?

【定心丸】díng xīng wàn(词)一种能使人心神安定的中成药。比喻能安定思想情绪的话语或做法。

【定远营】díng yuan yìng(词)今内蒙古自治区阿拉善盟巴彦浩特镇旧称,亦称巴音。

【锭子】díng zi(词)拳头。[例]猜了个~(猜了个准)。

【顶兵】dìng bīng(词)旧时指顶替别人服兵役。

【顶门杠】díng mèng gáng(词)比喻阻碍、阻力,从中作梗。

【顶门立户】dìng mèng lí hú(熟)指男丁继承家业,传宗接代。

diu

【丢丑】diū chòu(词)❶丢脸。[例]叫他当众~。❷丑角演员表演的滑稽动作。

【丢丑的】diū chóu di(词)戏曲中的丑角。

【丢底】diū dì(词)露底丢人。

【丢盹】diū dòng(词)打瞌睡。[例]快叫娃娃睡觉去,都~着呢。

【丢惊】diū jīng(词)制造虚惊。[例]我胆小,再别给我~了。

【丢盔掼甲】diū kuī guán jiá(词)形容失败后逃跑的狼狈相。

【丢了罢找,死了罢想】diū le bá zhào,sí le bá xiàng(熟)丢失的东西一般很难找到,死去的人不会再活。比喻不要因怀旧而耗费精力。

【丢人现眼】diū rèng xián yàn(词)丢脸,出丑。[例]少在娘家门上~!

【丢下】diū xia(词)❶剩下,还有。[例]~差旅费的事,随后再说。❷扔下,撂下。[例]~两个娃娃谁来养活?

【丢相】diū xiang(词)❶女孩儿长相小巧可爱。❷小巧玲珑的物品。[例]这个小葫芦子~得很。

【丢卒保车】diū zú bào jū(词)本是象棋术语。比喻为了保住主要的而舍弃次要的。

dong

【东瞅瞅西望望】dōng cù cu xī wáng wang(词)犹东张西望。[例]好好开车,不要~的。

【东倒西笡】dōng dào xī qié(词)形容身子站立不稳或建筑物破旧歪斜。[例]几间旧房子~的。

【东倒西歪】dōng dào xī wāi(词)指坐立不直。也形容物体倾斜不正。

【东东西西】dōng dong xī xi(熟)泛指日用品。[例]快过年了,取几个钱,买些~呢。

【东躲西藏】dōng duò xī càng(词)形容为了逃避灾祸而到处躲藏。

【东方】dōng fāng(词)自然村,因东王庙得名。原属仁存乡,现属李俊镇。[例]~生产大队(1961年)。|~村(1983年6月)。

【东方不亮西方亮,落了太阳有月亮】dōng fāng bú liáng xī fāng liáng,luó le tái yang yóu yué liang(熟)比喻有回旋余地。

【东方亮亮子】dōng fang liāng liang zi(词)天刚发亮的时候。[例]~就起身了。

【东沟里一犁,西沟里一耙】dōng gōu ni yí lì,xī gōu ni yí bá(熟)比喻做事没头绪,东一榔头西一棒子。

【东和】dōng huò(词)村名。原名东河,因在黄河汉河东岸而得名,中华人民共和国成立后改称东和。今属望洪镇。[例]~乡(1950年二区八乡)。|~大队(1961年)。|~村(1983年6月)。

【东家长,西家短】dōng jiā chàng,xī jiā duàn(熟)议论别人家的事,拨弄是非。

【**东拉西扯**】dōng lā xī chè(词)一会儿说东,一会儿说西。指说话写文章条理紊乱,没有中心。

【**东粮西折**】dōng liàng xī shé (词)粮食一经搬动就有折耗。泛指一切物品易地后就会有损耗。

【**东露雨散**】dōng lu yú sán(词)人、物分散不集中。又东落雨散。

【**东门上说话西门上听**】dōng mèng shang shuó huá xī mèng shang tīng (熟)说话没准儿,不可信。

【**东面子**】dōng mian zi(词)东方,东边。[例]庄子~有条路。

【**东牛西马凉州驴,中卫的丫头再罢提**】dōng niù xī mà liàng zhou lǜ, zhōng wei di yā tou zái bá tì (熟)指秦川牛、蒙古马、凉州(武威)驴好,中卫的姑娘漂亮能干。

【**东挪西借**】dōng nuò xī jié(词)到处借债。[例]~,才凑齐学费。

【**东跑西蹎**】dōng pào xī diān (词)❶不停地忙碌。❷东躲西藏。

【**东跑西跨**】dōng pào xī kuá (词)东奔西走,东躲西藏。

【**东拼西凑**】dōng pīng xī cóu(词)把零碎的东西凑到一起。

【**东全**】dōng quàn(词)地名,因地处王全堡东而得名。今属杨和镇。[例]~生产大队(1963年后)。|~村(1983年6月后)。

【**东三省**】dōng sān sèng(词)东北辽宁、吉林、黑龙江三省的合称。

【**东山**】dōng shān(词)永宁人指黄河以东的毛乌素沙漠地带。

【**东升渡口**】dōng shēng dú kou (词)永宁县黄河古渡口之一,已废。旧址在原通桥乡东升村附近。

【**东魏**】dōng wéi(词)地名,原属胜利乡,今属望远镇。[例]~生产大队(1980年2月划设)。|~村(1983年6月)。

【**东窝**】dōng wō(词)自然村名,在杨和镇北全村。

【**东一榔头西一棒子**】dōng yí làng tou xī yí báng zi(词)比喻做事缺少全局观点和统一计划,忙于局部应付,凌乱无序。

【**东一头,西一头**】dōng yí tòu,xī yí tòu(词)❶特别忙,既顾这头又顾那头。❷忙乱无序。

【**东游西逛**】dōng yòu xī guáng (词)无所事事,到处闲逛。

【**冬不冷夏不热,五谷杂粮都不结**】dōng bú lèng xiá bú ré, wú gu zá liàng dóu bú jié(谚)谓冬冷夏热,有利于粮食生长和增产。

【**冬吃辣子夏吃蒜,庄户人爱吃米伙面**】dōng chí lá zi xiá chí suán, zhuāng hú rèng ái chí mí huó mián (顺)米伙面即当地人说的调和饭,即稀饭加面条加调料的粥。

【**冬灌**】dōng guán(词)入冬时节往田里灌水。可增加土壤水分,利于来年耕种。

【冬练三九，夏练三伏】dōng lián sān jiù,xiá lián sān fú(熟)意为不论天气多冷多热,都坚持体育锻炼,增强体质。

【冬水一干，等着换班】dōng shui yí gān, déng zhe huán bān(熟)旧指地里冬水干的时候,正置年末,也是生产队长们等待交班的时候。

【冬天的火亲,夏天的水亲】dōng tiān di huò qīng, xiá tiān di shuì qīng(谚)亲:亲近、喜欢。

【冬至】dōng zhí(词)二十四节气之一,12月22日前后,这天白昼最短,开始数九。

【冬至大如年】dōng zhí dá ru niàn(谚)冬至是节气,也是传统节日,俗称“冬节”“长至节”“亚岁”等,不少地方叫“过小年”。

【动不动】dóng bu dóng(熟)指习惯性行为,含厌烦意。[例]~就揭人的短。

【动秤儿】dóng chéngr(词)开始做。[例]别人快完工了,我们还没~。

【动弹】dóng tan(词)❶开始行动。[例]等别人~开了再说。❷身体活动。[例]~不了。❸劳动。[例]我还能~。❹调整。[例]把个别岗位的人~一下。

【动土】dóng tù(词)迷信指建筑开工日期选择不当而冲犯了土神。

【冻得猴都拴不住】dóng di hòu dōu shuān bú zhú(熟)形容屋子太冷,没法住人。

【冻的是懒人，饿的是馋人】dóng di shi làn rèng,wó di shi chàn rèng(谚)懒人不耐冷,馋人没饭吃。

【冻的是闲人，饿的是懒人】dóng di shi xiàn rèng,wó di shi làn rèng(谚)义如文。

【冻死鬼】dóng si gui(词)对不耐寒、老喊冻的人的揶揄之词。

【冻子】dóng zi(词)用猪皮或猪头肉加调料熬制的胶状透明菜肴。

【洞洞子】dóng dong zi(词)指小洞。[例]留个门~叫猫进出。

【懂行】dòng hàng(词)指熟悉某种业务。[例]找个~的问问。

dou

【都叫有着】dōu jiáo yóu zhe (熟)犹一视同仁,全面关照。[例]~,不能看起这个看不起那个。

【都有个咽喉子】dōu yóu ge yān hou zi(词)指都有食欲,都想吃。[例]人~,不能你吃着他瞪着。

【兜兜子】dōu dou zi(词)肚兜儿或围嘴儿。

【兜襟】dōu jing(词)衣服前襟。[例]把东西包在~里拿回去。

【兜嘴】dōu zui(词)戴在役畜嘴上防止干活时吃东西的网兜,一般用草绳编成。也谑指口罩。

【斗大的糜子——愣种】dóu dá di mì zi—léng zhòng(歇)比喻头脑呆滞,

愚蠢。

【斗大的字认不得半升】dóu dá di zí réng bú de bán shēng(熟)对文盲的夸张说法。

【斗地一号】dóu dí yí hào(词)小麦品种,20 世纪 70 年代推广,为永宁当家品种。

【斗行】dóu hang(词)旧时米粮市上专司升斗、为买卖双方服务者。

【斗心眼儿】dóu xīng yánr(词)内斗,互耍心眼儿。[例]还是开诚布公的好,不要~。

【斗子】dóu zi(词)柳条编织或帆布缝制的汲水工具。

【斗嘴皮子】dóu zuì pì zi(词)辩论,无谓的争论。

【斗渠】dòu qù(词)由支渠引水到毛渠的渠道。

【豆腐掉进灰堆里——吹不得,打不得】dóu fu diáo jing huī duī ni—chuī bú de, dá bú de(歇)比喻事情到了不可收拾、无法挽救的地步。

【豆腐渣】dóu fu zhā(词)❶犹废物,无能。[例]看自己一枝花,看别人~。❷比喻构筑物极不坚固。[例]~工程。

【豆芽菜炒粉条——勾勾连连】dóu yà cái chào fèng tiào—gōu gou liān lian(歇)比喻纠缠、联系在一起。

【逗哄】dóu hong(词)用言语引人高兴,达到欺骗的目的。[例]拿嘴~人呢,根本没诚意。

【抖场】dòu chàng(词)指打场时把碾压过的粮食秸秆用叉子挑起,抖出粮食颗粒的工序。

【抖淋淋】dòu lìng ling(词)因害怕或受冷而发抖。

【抖搂】dòu lou(词)将秘密全部说出(揭露)。[例]把他们干的坏事全~出来。

【抖起来了】dòu qí lài le(词)形容人突然有钱或地位上升而得意显耀。[例]中了几十万彩票,一下子~。

【抖擞】dòu sou(词)❶用轻浮的动作献殷勤。[例]贱~什么?❷赤身裸体或冷天穿得单薄。[例]小心~凉了(感冒)。

【陡坡】dòu pō(词)❶地名,在唐徕渠新桥附近。❷山势、路面、水面等坡度、落差大。

du

【嘟嘟囔囔】dū du nāng nang (词)不断地、含混地自言自语。

【嘟囔】dū nang(词)反复地说。[例]在我跟前~的时间长了。

【毒气】dú qi(词)这里指胆量、风险意识。[例]承包这么大的工程,你有那个~?

【独柴难着,独人难活】dú chài nàn zhuò, dú rèng nàn huó(谚)谓个人只有融入群体,才能生存并活得有意思。

【独根头】dú geng tòu(词)❶指独子。❷独霸、专横。[例]那是个~,啥东西都一个人霸着!

【独苗苗】dú miào miao(词)一家或一个家族唯一的后代。

【独眼龙看告示——一目了然】dú yàn lòng kán gáo shi—yí mú liào ràn(歇)比喻一看就明白。

【堵住了】dú zhu le(词)指挡住视线或光线。[例]前面的高楼把后面的平房~。

【赌博场上无父子】dú bo cháng shang wù fú zì(谚)赌场上只认金钱,不认亲情。

【赌博无君子】dú bo wù jiōng zi(谚)赌博是你死我活的博弈,没有谦让。

【赌棍】dú góng(词)嗜好赌博或以赌博为业者。

【赌咒】dú zhóu(词)发誓言。[例]动不动就~发誓。

【赌咒发誓】dú zhóu fá shí(词)用赌咒的方式表决心或做保证。

【肚篓子】dú lóu zi(词)口小肚子大的陶瓷容器。

【肚母脐脐】dú mú qì qi(词)肚脐眼儿。

【肚皮子吃白了】dú pi zi chí biá le(熟)指生活改善后忘记过去的贫困和饥饿。[例]我看你是~,又挑食开了!

【肚子都揽不圆】dú zi dōu lān bú yuàn(熟)比喻没饭吃。揽:求食。

【肚子肚子你嫑疼疼,一泡稀屎拉到宁夏城城,城倒了,狗跑了,娃娃翻起来就好了】dú zì dú zì ní bá tèng teng,yí pào xī shi lá dao nìng xia chèng cheng,chèng dáo le, gòu páo le, wà wa fān qí lài jiú háo le(儿)给小儿揉肚子时唱的歌谣。

【肚子里怀上了狗娃子】dú zí ni huài shang le góu wa zi(熟)打下坏主意,犹心怀鬼胎。

【肚子里有货】dú zí ni yòu huó (熟)肚子里有学问。

【肚肚箍箍】dǔ dǔ lú lú(词)周围、四周。多指圆形周围。[例]庄子~都是树。

【度量】dú liang(词)气量,涵养。[例]当领导就要~大呢。

【堵水都堵半边】dù shuì dōu dú bán biān(熟)形容人的体形大,力气大。比喻某人权力或作用大。

【赌头】dù tòu(词)聚赌的召集人。

【赌窝】dù wō(词)赌徒经常聚赌的处所。

duan

【端茶递水】duān chà dí shuì (词)意谓供奉吃喝。有轻微抱怨义。[例]给他~好几年,难道一点情分也没有?

【端到面子上】duān dao mián zi shang(熟)把对方顾忌的话当众说出来。

【端人家碗,受人家管】duān rèng jia wàn,shóu rèng jia guàn(熟)挣谁的钱就要受谁管辖。

【端汤递水】duān tāng dí shuì(词)比喻奉吃奉喝,精心伺候。

【端详】duān xiang(词)正视,细看。

[例]把孙女婿~了好半天。

【端着金碗要饭吃】duān zhe jīng wàn yáo fán chi(熟)不会利用当地资源和自身能力而甘愿受穷。

【短短子】duán duan zi(词)短处,把柄。[例]抓住了他的~。

【短见】duán jian(词)❶刁难,要挟。[例]专门给人使~。❷自杀。[例]自寻~。❸目光短浅没见识。

【短匠人】duán jiáng reng(熟)指旧时靠技术吃饭的人不会把技术全部使出或传给别人。有时为了报复雇主,还留点小隐患。

【短了一句话】duán le yí ju huá(熟)少嘱咐了一句话,有追悔义。[例]都怪我~,不然也不会出这个事。

【短命鬼】duán míng guì(词)寿命短促。有贬义。[例]连40岁都没活上,也是个~。

【短花花子】duàn huā hua zi(熟)意为要“花花子”时抓不到遂心如愿的牌,不是缺这张,就是缺那张。怨辞。

【短斤少两】duán jīng shào liàng(词)生意人有意短缺分量。

【短橛橛】duàn jué jue(词)形容太短而不合用的物件。[例]把长长的衣服改成个~。

【短三十的】duàn sān shi di(熟)指二十八九岁死亡。咒骂用语。

【断】duán(词)法院的判决。[例]把娃娃~给男方。

【断官司】duán guān si(词)❶审判诉讼案件。❷调解纠纷。[例]两口子一闹仗,就叫爹妈~。

【断了线的风筝】duán le xián di fēng zeng(熟)比喻一去不返的人。[例]一出门就像~,饭也不回来吃!

【断了线的珠子】duán le xián di zhū zi(熟)比喻人失去组织或主心骨。[例]剧团一散伙,演员们就成了~。

【断条】duán tiào(熟)本指麦子播种时断行,比喻工作中断不连续。

【断头路】duán tòu lú(词)指没有修通的路。[例]要修通所有的~。

【断头台】duán tòu tài(词)执行斩刑的台子。比喻被执行死刑。[例]又不是叫你上~,怕啥?

【断烟火】duán yān huo(词)无后嗣。[例]怕~,非要生个男的。

【断种】duán zhòng(词)❶被淘汰的作物品种。[例]这种瓜~了。❷无后嗣。

【断庄】duán zhuāng(词)脱销,断货。[例]最近化肥卖~了。

【断子绝孙】duán zí jué sōng(词)咒人的话,即没有子孙。

【碫磨】duán mó(词)用钢制工具碫打石磨齿牙,使之锋利好用。

【蹦人】duán rèng(词)❶追赶。[例]娃娃跑得我蹦都蹦不上。❷女子主动追男子,贬义。[例]你这个不要脸的,跑到哪里~去了!

dui

【堆垛】duī duó(词)把收割后的粮食捆儿码摞在打谷场上。

【堆天落地】duī tiān láo dí(熟)形容东西特别多，铺天盖地地堆放着。[例]今年粮食成了,~的,就是放在田里也没人偷。

【对半利】duí bán lí(熟)百分之五十的利润。

【对不住】duí bú zhú(词)❶对不起。[例]没做~人的事。❷表示抱歉的客套话。[例]请你请得迟了,实在~。

【对凑】duí cou(词)对付、凑合。

【对倒和】duí dào hù(词)麻将术语,即满把牌全部是对子。

【对得住】duí di zhú(词)对得起。[例]~自己的良心。

【对对的】duí duí di(词)解恨,活该。[例]~,腿子跌折才好呢!

【对对子】duí duí zi(词)❶成双,配对。[例]养了一~娃娃。❷对对联,前者出上联,后者对下联。

【对过】duí guó(词)对面相隔一段距离的地方。[例]斜~。

【对号入座】duí háo rú zuó(词)❶自己默认未点名的批评。❷比喻把文艺作品中的人物形象与真人真事联系起来加以比对。

【对火】duí huò(词)吸烟时向别人借用火种。

【对假人不说真话】duí jià rèng bú shuó zhēng huá(熟)假人:虚伪、不诚实、不可靠的人。

【对面襟】duí mian jīng(词)衣襟一样宽的对襟中式上衣。

【对命】duí míng(词)抵命,拼命。[例]你要再欺负我,我跟你~!

【对朋友不说假话,对婆姨不露真言】duí pèng you bú shuó jià huá,duí pò yi bú lóu zhēng yàn(谚)❶指朋友懂得保密，妻子有可能不知经重而泄密。❷对朋友要坦诚,对妻子要防备。有歧视妇女义。

【对上火】duí shang huò(熟)对脾气,宜合作。[例]俩人能~。

【对上卯】duí shang mào(熟)比喻事物相吻合。[例]实物刚好和账面的余额~。

【对事不对人】duí shí bú duí rèng(熟)指不管当事人是谁,都秉公处理或做出评判。

【对天打对子，后悔一辈子】duí tiān dá duí zi, hóu huí yí béi zi(顺)“花花子”术语。谓头家有“对天”却不成牌,给下家出牌时最好不出对子。

【对着窗子吹喇叭——名声在外】duí zhe chuāng zi chuī lá ba—mìng shang zái wái(歇)指好的或坏的名声传播得很远。

【对着棺材许愿——哄死人】duí zhe guān cai xú yuán—hòng sí reng(歇)比喻用假话自欺欺人。

【对着呢】duí zhe ni(词)肯定、赞成。

[例]你说得~,就那么办。

【对症下药】duí zhéng xiá yué(词)医生针对患者的病症用药。比喻针对问题采取相应措施。

【对子】duí zi(词)❶对联。❷对偶的词句。❸“花花子”、麻将术语,即两张相同的牌。

【对嘴】duí zuì(词)顶嘴。[例]小娃娃子家,不要跟大人~。

dong

【墩】dōng(词)❶旧时烽火墩。[例]三旗~,四旗~(在李俊镇西邵村西部、贺兰山东麓)。❷自然村用词。[例]郭一~(在杨和镇北全村)。

【蹾】dōng(词)重重地往地下放、搕。[例]把柳条捆~齐。|轻轻放,别把桶底~掉了。

【蹾底】dōng dì(词)本指把水桶底蹾掉,泛指因招待品准备不足而丢人。[例]多备点烟酒,免得~。

【蹲】dōng(词)大便的隐语。[例]几天都没~了。

【蹲班房子】dōng bān fang zi (词)坐牢、服刑。

【蹲处】dōng chu(熟)临时或长期居住的地方。[例]得有个~呀!

【蹲点】dōng diàn(词)干部到某个基层单位参加实际工作,进行调查研究。[例]到后进村~。

【蹲坑】dōng kēng(词)❶上厕所大便。❷警察埋伏起来抓捕罪犯。❸犯罪分子蹲守等待作案时机。

【蹲箱】dōng xiāng(词)摆在地上的大木箱。详见附一。

【趸掉】dǒng diao(熟)一次性地卖掉或损失掉。[例]钱全叫他~了。

【趸乱子】dǒng lán zi(词)闯祸,酿成不良后果。

duo

【多吃多占】duō chí duō zhán(词)干部利用权力占集体便宜。

【多多少少】duō duo sháo shao (词)或多或少。[例]~给点就行。

【多个朋友多条路,多个仇人多堵墙】duō ge pèng you duō tiào lú,duō ge còu reng duō du qiàng(熟)谓不要树敌。

【多会儿】duō huir(词)疑问句,即什么时候。[例]你~走呢?

【多会子】duō hui zi(词)疑问句,即什么时候。[例]你~来的?

【多见田埂,少见礼义】duō jián tiàn gèng,sháo jián lì yí(词)旧指种田人较少接触礼义。

【多扣少掀,输也若干】duō kòu shào xiān, shū ye ruó gān(顺)谓要“花花子”不要胡“掀”,否则容易输钱。比喻做事要谨慎小心,不可莽撞。

【多了压到寺上】duō le yá dao sí shang(熟)调侃用语,压:寄存。当有人说“多了”时,反对者即用此语调侃。

【**多年的大路走成河,多年的媳妇熬成婆**】duō niàn di dá lú zòu chèng hè,duō niàn di xí fu āo chèng pò(熟)旧时的道路皆为土路,经过多年人走车轧,常常低于其他地方,一遇水涝,就变成了河。后半句义如文。比喻功到自然成。

【**多谢了**】duō xié le(词)客套话,表示感谢。

【**多谢不稀罕**】duō xié bú xī han(熟)调侃语,意为不需要你的帮助(这种“帮助”多为缺乏诚意或怀有恶意)。

【**多心**】duō xīng(词)因没受到应有的尊重或礼遇而伤心不快。[例]既然爱~,就少走亲戚家。

【**多一半**】duō yi bán(词)❶大概,很可能。[例]他今天~不来了。❷大部分,一多半。

【**多一个爷爷多一炷香**】duō yí gá yè ye duō yí zhu xiāng(熟)比喻多一个岗位多一份开销。

【**多一事不如少一事**】duō yi shí bú rù sháo yi shí(谚)❶指不管闲事,事情越少越好。❷谓矛盾宜解不宜结。

【**多栽花,少种刺**】duō zāi huā,sháo zhóng cí(熟)比喻多维人,少得罪人,给自己留下后路。

【**多嘴挨鞋屉**】duō zuì ài hài ti(熟)比喻多嘴要受到斥骂。

【**多做好事一件,摆脱灾难一千**】duō zuó hào shí yí jián,bái tuó zāi nán yí qiān(谚)比喻做好事可以使自己得到快乐。也含有因果报应的意思。

【**剟花**】duó huā(词)刺绣工艺的一种,用类似于缝纫机针的空心针在布帛上刺出花卉图案。

【**跺一脚震得半条街动弹**】duó yi jué zhéng di bán tiào gāi dóng tan(熟)形容人的权势、威力大。

【**朵罗子**】duǒ luo zi(词)指半大的羊。

【**躲兵**】duò bīng(词)旧时为躲避抓兵而出走。

【**躲过初一躲不过十五**】duò guo cū yi duò bú guó shí wu(熟)比喻躲过了今天躲不过明天。

【**躲奸溜滑**】duò jiān liú huà(词)形容干活不踏实。

【**躲了一枪,挨了一矛子**】duò le yí qiāng,ài le yí miào zi(谚)躲过这件祸,又遇到那件祸,受到的伤害是一样的。枪和矛子都指长矛。

【**躲蒙蒙**】duò mēng meng(词)即捉迷藏。

E

e

【阿弥陀佛】ē mi tuō fu(词)佛名，西方极乐世界的教主。信佛的人常念此语，祈求护佑或宽恕。

【恶霸地主】é bá dí zhù(词)旧时依靠或组织反动势力称霸一方的地主。土改时不仅没收土地财产，而且依法判刑。

【恶迹】é jí(词)指劣迹，即做过的坏事。[例]匪首郭拴子~太大，非杀不可。

【恶人还得恶人治】é rèng hài dé é rèng zhí(熟)谓恶人要由更加凶狠、强势的人才能制服。

【恶人先告状】é rèng xiān gáo zhuáng(谚)指坏人或理亏的人歪曲事实，抢先诬告。

【恶水】é shui(词)淘米、刷锅水。

【恶指】é zhi(词)手指发炎并化脓。[例]害了~以后，那个指甲瞎(干瘪)了。

【噩梦】é méng(词)指内容可怕的梦。[例]晚上做了个~，吓醒了。

【讹兵团】è bīng tuàn(词)指1947年冬，军阀马鸿逵通过强行抓兵勉强拼凑的一个团。详见附一。

【讹人】è rèng(词)❶以某种借口勒索、敲诈别人。❷指小孩因身体不舒服而长时间哭闹，缠在大人身上。

【鹅脖锄】è bo cù(词)锄头的一种，锄头与锄裤间有一个像鹅脖样的弯曲，故称。

【鹅黄】è huang(词)像雏鹅的淡黄颜色。[例]麦子~子了(蜡黄)，再过几天就能割了。

【鹅榔】è lāng(词)形状像鹅脑袋一样的东西。[例]~头。

【鹅卵石】è lan shí(词)表面光滑的卵形石块，可做建筑材料。

【鹅毛大雪】è mào dā xuē(词)形容雪片大，下得猛。

eng

【恩将仇报】ēng jiāng còu báo(词)受了别人的恩惠，不但不感激，反而用仇恨来报复。

er

【挕了】ér le(词)扔了、撂了。

【耳报神】ér bao shèng(词)比喻通风报信者。

【耳不闻，心不恼】ér bú wèng，xīng bú nào(谚)听不到或有意识不听闲话，就不会引起烦恼。

【耳朵背】ér duo béi(熟)指听力不好或耳聋。

【耳朵不行，爱听新闻】ér duo bú xìng，ái tīng xīng wèng(顺)调侃语。多用于调侃听力不好却喜欢打听闲事的人。

【耳朵碗碗子】ér duo wán wan zi(词)耳郭中间的凹坑，通耳道。

【耳房子】ér fang zi(词)指四合院正房两侧较小的房间。

【耳刮子】ér gua zi(词)即耳光。[例]扇了他一个~。

【耳乎】ér hu(词)在意、当回事。[例]听到那些话，也没~。

【耳胡】ér hu(词)留在鬓角下面的胡须，也叫髯。

【耳坠子】ér zhui zi(词)耳环、耳坠等饰物。

【耳子】ér zi(词)像耳朵一样分列两旁做抓手的东西。[例]锅~。|罐~。

【耳垂垂】èr chuì chui(词)即耳垂，耳敦下端的肥柔部分。

【耳旁风】èr pàng fēng(词)比喻没把听到的话放在心上。

【耳屎】èr shi(词)耳垢的俗称。[例]不要随便掏~。

【耳听为虚，眼见为实】èr tīng wèi xū，yán jián wèi shí(谚)谓亲眼所见比听说的真实可信。

【耳音灌满了】èr yīng guán mán le(词)指听的遍数多就记住了。[例]学歌子，~就会了。

【耳闻不如眼见】èr wèng bú rù yán jián(谚)听到的不如看到的真实可靠。

【二铵】ér ān(词)化学肥料磷酸氢二铵的简称。

【二八】ér bá(词)头脑简单做事鲁莽的人。

【二八月乱穿衣】ér bá yue lán chuān yī(谚)农历的二月和八月气候变化无常，需随时添减衣服，以防受冻或受热。

【二百钱的猪——一躺活】ér bia qiàn di zhū —yí táng huo(歇)比喻人像买来的肥猪，吃了就睡。

【二百五】ér bia wú(词)头脑简单、做事鲁莽的人。详见附一。

【二包】ér bāo(词)从总承包人手中承包一部分工程，俗称~。

【二饼子】ér bíng zi(词)眼镜的别称。[例]来了个戴~的干部。

【二饼子车】ér bíng zi chē(词)轮子较小(直径约一米)的木轮畜力车。

【二茬饭难吃】ér chà fán nàn chí(熟)指二婚夫妻难以处理好家庭关系。

【二岔里】ér chá ni(熟)说话脱离主题，走路拐上岔道。

【二大头吃粮——不懂营规】ér dā tou chí liàng— bú dòng yìng guī(歇)指不懂军营规矩的新兵。吃粮:旧时称当兵为吃粮。

【二道贩子】ér dao fán zi(词)从别人手中倒来商品贩卖的人。

【二道毛子】ér dao mào zi(词)女子发型之一，一般剪齐在耳垂之上。也叫剪发头。

【二道巷】ér dao háng(词)银川市旧街道名，在今银川市兴庆区利群东街。

【二地主】ér dí zhù(词)❶在地主家担任重要管理职务、有剥削行为的人。❷向地主租入大量土地、自己不劳动、转租给他人收取地租、生活水平超过中农的人。均为“土改”术语。

【二爹，三爹……】ér diē, sān diē……(词)旧时除父亲称爹外，其他叔叔以排行类推，称~等。

【二翻身】ér fān shēng(词)❶第二次，回过头再来。❷指改嫁。[例]~嫁了个男人，还是不好。

【二房】ér fang(词)❶再婚的妻子或丈夫。❷旧时男子所娶的第一个妾，地位仅次于正室。

【二杆子】ér gán zi(词)鲁莽、不正干的人。

【二轱辘眼镜】ér gú lu yán jìng (词)即眼镜。旧时眼镜片多为圆形，像车轱辘，故名。

【二鬼拍门】ér guí piá mèng(熟)象棋术语。指兵(卒)或车中的任意两个棋子塞住对方两个象(相)眼而形成的一种攻击局面。

【二湖两荡】ér hu liáng dáng (词)说话模棱两可或心不在焉。

【二虎相斗，必有一伤】ér hù xiāng dóu, bí yóu yí shāng(谚)打斗双方必然有一方受到伤害。劝人最好不要打斗。

【二回头】ér hui tòu(词)再次，第二次，返回。[例]等他~来，瓜早卖完了。

【二混子】ér hóng zi(词)指阴阳人(两性人)。

【二夹梁】ér jiá liàng(词)两耽搁，误事。[例]你指望我呢，我指望你呢，结果弄了个~。

【二进宫】ér jíng gōng(词)以戏曲《二进宫》的名字比喻第二次被拘留或进监狱。

【二劲儿】ér jingr(词)鲁莽劲儿。

【二赖子】ér lái zi(词)指油里油气、刁钻耍赖、带有痞子流氓习气的人。

【二郎腿】ér lang tuì(词)坐着的时候把一条腿搭在另一条腿上。

【二梁】ér liàng(词)屋梁。[例]吊在~上打了一顿。

【二两棉花做网套——没弹(谈)头】ér liàng miàn huā zuó wáng táo——mú dàn(tàn)tou(歇)没什么可谈，没

必要谈。

【二踉】ér liàng(词)头脑不健全或性格粗鲁的人。

【二龙戏珠】ér lòng xí zhū(词)指两条龙龙头相对，戏玩一颗宝珠的图案。常见于建筑彩画、雕刻、服饰绣品等载体上。

【二路货】ér lu huó(词)❶犹次等货、水货。[例]他卖的都是~。❷对处女失贞的戏称。

【二马一虎】ér mā yí hú(词)犹马马虎虎。[例]这是个重要工作,可不能~的。

【二毛大氅】ér mao dá chàng(词)二毛皮做的大衣。

【二毛皮筒子】ér mao pì tóng zi(词)用出生一个月至40天的绵羊羔皮制作的半成品皮衣。

【二眯眯】ér mī mi(词)马大哈,做事马虎,头脑不清爽。[例]一看就知道是个~。

【二亩横埂】ér mu hóng gèng(词)指赖以生存的土地。二亩是约数。

【二牛抬杠】ér niù tài gáng(词)由两头牛合牵的老式步犁。详见附一。

【二气】ér qi(词)性格鲁莽、言语粗野。[例]这人有点~。

【二尿】ér qiù(词)头脑简单、做事鲁莽的男子。

【二十八天的乏夫】ér shi bá tiān di fà fū(熟)夫:民工。指干渠岁修工程即将结束(一般为30天),疲惫的民工等待回家,无心干活。

【二十三的月亮认了个五更星】ér shi sān di yué liang réng le ge wù geng xīng(谚)指农历二十三日,月亮于五更时分从东方升起,有人误认作启明星(五更星)。

【二十三条】ér shi sān tiào(词)1965年1月中共中央下发的《关于农村社会主义教育运动中目前提出的一些问题》的代称。

【二十四节气歌】ér shi sí jié qi gē(顺)春雨惊春清谷天，夏满芒夏暑相连，秋处露秋寒霜降，冬雪雪冬小大寒，上半年来六廿一，下半年来八廿三，每月两节日期定，最多相差一两天。

【二十四条腿】ér shi si tiào tuì(词)20世纪80年代农村里找对象时，男方家里必须置办的家具，加起来有24条腿,故称。

【二十一天不出鸡——坏蛋】ér shi yí tiān bú chú jī— huái dán(歇)对坏人的骂语。

【二尾子】ér yi zi(词)两性人。

【二五八的将】ér wú bá di jiāng(词)麻将和牌规则,即和牌时必须有一对二五八点的牌做将。

【二下旁人】ér xiá pàng reng(词)外人,没有亲属关系的人。

【二心】ér xing(词)异心,不忠实。[例]儿媳妇有~了,早点分家吧。

【二一添作五】ér yí tiān zuó wù(熟)

本为珠算除法的一句口诀,是二分之一或零点五的意思。借指双方平分或平均承担。

【二意八打】ér yi bà dá(熟)待理不理,不当回事。[例]跟他说正事呢,他还~的。

【二月的雨,卖儿女,三月的雨,值金子】ér yue di yù,mái èr nǚ,sān yue di yù,zhí jīng zi(谚)农历二月麦子刚下种,如果下雨,会使洼地积水或地表板结,影响出苗。农历三月麦苗已出土,此时下雨,可助生长。

【二月二,龙抬头】ér yue ér,lòng tài tòu(谚)民俗认为,农历二月初二龙王(主管雨水)结束冬眠,从此百虫复苏,雨水增多。

【二月青,不算青,三月青,遍地青】ér yue qīng,bú suán qīng,sān yue qīng,pián dí qīng(谚)当地物候特征,青指植物返青或青苗出土。二月、三月均指农历。

【二指宽的条条子】ér zhi kuān di tiào tiao zi(熟)泛指便条。

【二转子】ér zhuán zi(词)短大衣。

【二宗归一】ér zōng guí yí(词)两宗过失或罪行合在一起加重处罚。[例]偷的驴贩私盐——~。

【儿不嫌母丑】èr bú xiàn mù chòu(谚)谓儿女不忘母亲养育之恩,不嫌母亲长相丑陋,不计较母亲责骂,能原谅母亲的过错。

【儿不嫌母丑,狗不嫌家穷】èr bú xiàn mù chòu,góu bú xiàn jiā qiòng(谚)意为不忘养育之恩。

【儿大不由娘】èr dá bú yòu niàng(谚)指儿女长大了,自己的事情自己做主,父母干预无济于事。

【儿多母苦,焦尾巴吃得可口】èr duō mù kù,jiāo yí ba chí di kè kòu(熟)谓子女多的父母多受苦,没有子女的人活得自在。焦尾巴:没有子嗣的人。

【儿行千里路,母心万里长】èr xìng qiān lí lú,mù xīng wán lì chàng(熟)比喻儿女出远门,母亲的思念是长久的。

【儿骡子】èr luo zi(词)公骡子。

【儿马】èr ma(词)公马。

【儿女亲,辈辈亲,打折骨头连着筋】èr nü qīng,béi béi qīng,dá shè gú tóu liān zhe jīng(谚)指儿女亲家。

【儿女亲家】èr nü qíng jia(词)两家儿女结为婚姻的亲戚关系。

【儿女是要命债】èr nǘ shi yáo míng zhái(熟)父母常常因过分为儿女操心而苦死、愁死、气死,故有此说。

【儿孙自有儿孙福,何为儿孙做马牛】èr sōng zí yòu èr sōng fú,hè wèi èr sōng zuó mà niù(谚)子女长大后,要通过他们自己的努力去生活,父母不必为之操劳到底。

【儿驼】èr tuo(词)公骆驼。

【儿娃子】èr wa zi(词)男子汉。

【儿孝媳妇贤,不如腰里二百钱】èr

xiáo xí fu xiàn, bú rù yāo ni ér bia qiàn(熟)即使儿女孝顺,也不如自己有积蓄可靠。

【儿子哭一声,惊天动地;媳妇哭一声,虚屄冷气;女儿哭一声,真心实意;女婿哭一声,叫驴放屁】èr zi kú yí shēng,jīng tiān dóng dí;xí fu kú yí shēng,xū bī lèng qí,nǘ er kú yí shēng,zhēng xìng shí yí;nǘ xu kú yí shēng,jiáo lü fáng pí(顺)形容子女为亡父母(女婿为岳父母)哭灵时感情的真挚度和心态。

F

fa

【发白】fá biá(词)说闲话，发牢骚。[例]快把他打发走，免得在这里~。

【发潮】fá chào(词)发恶心。

【发叨】fá dao(词)发泄，唠叨。[例]到别处说去，少在这里~!

【发福】fá fú(词)发胖的客套语。[例]几年不见，你~了。

【发横财】fá hóng cài(词)多指用非法手段谋取大量钱财。也指意外发财。

【发了】fá le(词)❶疮疖或伤口感染化脓。[例]手冻~。❷突然发财了。

【发了贴上个膏药】fá le tié shang ge gāo yue(熟)“发”与“法”谐音，人们常用“发”“法”调侃。[例]犯什么法？~。

【发利市】fá lí shi(词)开市后第一笔成交的买卖，泛指做买卖赚了钱。[例]今天~了。

【发马】fá ma(词)发达，阔气，排场等。[例]家里~得很哪!

【发迷】fá mì(词)显出迷惘的神情。[例]人都走光了，他还在那里~。

【发散】fá san(词)嗔语，犹分发，白送人。[例]把东西都~给人，自己用的时候再花钱买!

【发神经】fá shèng jīng(词)犯精神病。比喻情绪失控，不听人劝。有责备义。

【发市】fá shí(词)商人卖东西并获利。[例]三天不~，~吃三天。

【发死呢】fá sí ni(熟)没办法，愁得要死。

【发苏哈】fá sū ha(词)扑克牌玩法之一，也用于赌博。

【发旺】fá wáng(词)事业兴旺或植物生长茂盛。[例]他家这几年正~呢。

【发洋财】fá yàng cài(词)❶泛指得到意外财物。❷赚外国人的钱。

【发贼】fá zèi(词)引起警惕警觉。

【罚不过重】fá bú guó zhóng (词)处罚不应超过应担责的限度。

【垡垃】fá la(词)用铁锹裁挖出的大小一致的长方体土块，晒干后用于砌墙等。

【法办】fá bán(词)依法惩办。[例]几个贼娃子叫政府~了。

【法币】fá bí（词）1935年后国民党政府发行的纸币。

【法不责众】fá bú zé zhóng（词）指某种行为即使应该惩罚，但很多人都那样做，就不好惩罚了。

【法不治众】fá bú zhí zhóng（词）当某项行为具有一定群体性或普遍性时，即使该行为有不合法或不合理因素，法律也难惩戒。

【乏的】fà di（词）累、困、没力气。［例］~连田埂都上不去。

【乏布耷耷】fà bu tā tā（词）有气无力、没精打采的样子。

【乏耷耷的】fà tá ta di（词）形容疲乏或无精打采的样子。

【乏得连头都搊不住】fà di lian tòu dōu zhóu bú zhú（熟）形容极度乏困的样子。也指精神崩溃。搊：支撑。

fan

【番葫芦】fān hú lu（词）即南瓜、倭瓜（一说来自日本）。

【幡】fān（词）办理丧事时制作的长筒状大型彩色纸花。

【翻】fān（词）说，传，翻闲话。［例］一五一十地~给她听。

【翻屄日麦仁】fān bī rí miá reng（熟）吵闹时翻旧账。［例］别惹得他~的。

【翻哧哧】fān chí chi（词）形容皮肤破裂后，皮下组织外翻。［例］划破的肉皮~的。

【翻翻打打】fān fan dá da（词）不完整地向他人叙述听闻，多指小孩。［例］小明从外面回来~地对他妈说。

【翻翻子】fān fan zi（词）一种油炸面食。在两张重叠的长方形面皮中间划出口子，将一端从口子里翻卷过来，炸熟即可食用。

【翻过年】fān guó niàn（词）过了年，次年。

【翻旧账】fān jiú zháng（词）指把以前的事情拿出来说。

【翻来倒去】fān lài dáo ké（词）互相传话，搬弄是非。

【翻了把子】fān le bá zi（熟）反悔、翻案，打反攻。［例］已经合了口的事，又~。

【翻里迭蛋】fān li dié dán（词）对听不懂的语言的感觉。［例］老外说话~的，听不懂。

【翻脸不认人】fān lián bú réng rèng（熟）比喻不从长远考虑，稍有矛盾就立刻翻脸。

【翻毛皮鞋】fān mào pì hài（词）皮革反面朝外的皮鞋。

【翻眉子弄眼】fān mi zi nóng yàn（熟）变脸争吵。［例］动不动就跟人~。

【翻上个眼睛白瞪瞪】fān shang ge yán jing biá déng deng（熟）干瞪眼没办法。［例］你把我~！

【翻梢】fān shāo（词）即赌博中翻本。比喻挽回局面，翻身。［例］这回可~了。

【翻身倒骨】fān shéng dáo gú（词）倒腾，折腾。多指搬挪东西。

【翻腾】fān teng（词）❶学说。[例]听女儿对她妈~。❷翻出旧事。❸翻动查找。[例]一回家就在箱子里~。

【翻闲话】fān xiàn hua（词）互相传话，拨弄是非。

【翻箱倒柜】fān xiāng dáo guí（词）形容到处乱翻乱找。

【翻眼猴】fān yan hòu（词）动不动就跟人翻脸的人。

【翻一趟身】fān yí tàng shēng（熟）指女人出嫁或改嫁。

【翻油锅】fān yòu guō（词）一种儿童体育游戏：两人对面站立，四手相握，嘴里一边说"油锅油锅热热，锅热了，炸馍馍"，一边将另一人从腰间架起翻转过来。

【反骨】fán gu（词）谓预见某人将来有谋反的骨相（唯心）。[例]诸葛亮说魏延的脑后有~。

【反了反，正了正】fán le fàn，zhéng le zhéng（熟）形容反复，折腾。

【反面教员】fán mian jiáo yuàn（词）指可以从反面教育更多人的反面典型。

【反胃】fán wéi（词）❶指食物入胃后不舒服，作酸、恶心，甚至呕吐。❷也比喻性格或意见不合。

【反站下】fán zhán xia（词）翻脸，对立。

【反攻倒算】fàn gōng dáo suán（词）进行反扑报复。

【反咬一口】fàn yáo yí kòu（词）比喻干了坏事的人反过来诬陷受害者，或者干坏事的首要分子嫁祸于胁从者。

【犯了】fán le（词）违法犯罪行为暴露。[例]偷了多少年东西，这回总算~。

【犯不上】fán bú sháng（词）不值得，没必要。[例]~跟他争吵。

【犯不着】fán bú zhuò（词）不值得。[例]~为这点小事动肝火。

【犯了心病】fán le xīng bing（熟）产生怀疑或不信任。

【犯难】fán nàn（词）为难，作难。

【犯头痛】fán tòu tèng（词）事情难办，让人感到头痛。

【犯下了】fán xia le（熟）做下了犯法的事。

【犯言语】fán yàn yu（词）言语不合，争吵。[例]两个人~了。

【犯夜】fán yé（词）❶指违禁夜行。❷比喻失眠。[例]昨晚~了，咋也睡不着。

【饭饱酒囊】fán bào jiù nāng（词）谓吃饱了饭再喝酒容易醉。

【饭饱生余事，饥寒自安然】fán bào sēng yù shí，jī hàn zí ān ran（熟）指生活好了，就会寻求新的刺激，生出事端；而生活贫困时则相对安分。

【饭后百步走，活到九十九】fán hóu biá bu zòu，huó dao jiú shi jiù（熟）谓饭后散步可助消化，防止疾病，有益健康。

【饭热三遍没人吃，话说三遍没人听】

fán ré sān bian mú rèng chí，huá shuó sān bian mú rèng tīng（熟）同样的话重复多次，就失去新鲜感和吸引力。

【饭桶】fán tòng（词）比喻只会吃饭不会做事、愚笨无能的人。[例]找了几个帮手，净是~。

【贩猪猪贵，贩羊羊贵，猪羊一起贩，市场断屠了】fán zhū zhū guí，fán yàng yàng guí，zhū yàng yí qì fán，shí cháng duán tù le（熟）本指姜子牙不得志时的窘态。比喻生意不顺，什么都做不成。

【凡人】fàn reng（词）❶平常人、老百姓。[例]见了~不搭话。❷凡间的人。对神仙而言。

【凡士林】fàn shi lìng（词）石蜡和重油的混合物，精炼后成纯白色。医药上用来制油膏，旧时常做护肤品，防止皮肤皲裂。

【烦恼】fàn nao（词）烦闷苦恼，心里麻烦。[例]丑了家中宝，俊了惹~。

【烦人】fàn rèng（词）惹人讨厌。[例]天天来唠叨，真~！

【烦心】fàn xīng（词）费心，操心。[例]哪个事都让人~。

【烦绪】fàn xu（词）因病而烦躁不安。[例]娃娃~了一夜。

【返青】fàn qīng（词）指某些植物移栽或越冬后由黄转绿并恢复生长。[例]稻秧~了。

fang

【方尺】fāng chi（词）木匠检验直角或使两边互成直角的画线工具，也叫角尺、曲尺。

【方寸】fāng cong（词）心绪，心思，主意。[例]一到紧要三关的时候就乱了~。

【方方子】fāng fang zi（词）办法，方法。[例]生~，编筐筐子。

【方口鞋】fāng kou hài（词）手工布鞋的一种，对圆口鞋而言。

【方圆】fāng yuàn（词）周围，范围。[例]~几十里荒无人烟。

【方子】fāng zi（词）❶药方。❷长方形的半成品木材。

【坊】fāng（词）自然村用词。[例]陆~（在胜利乡陆坊村）。|马家~（在杨和镇永红村）。

【放板】fáng bàn（词）指向赌徒放高利贷的行为。

【放包袱】fáng bāo fu（词）特指“四清”运动中干部交代问题。

【放饭】fáng fán（词）旧时有钱人或寺庙用大锅熬粥赈济穷人的一种慈善活动。

【放和】fáng hù（词）麻将术语，指未“听口”者打出的牌正好是“听口”者所要的牌。

【放虎归山】fáng hù guí shān（词）比喻把坏人放回老巢，继续为患。

【放空炮】fáng kōng páo(词)即说空话大话。[例]~不干实事。

【放了道台】fáng le dáo tai(熟)比喻家里有人做了大官，不可一世的样子。道台:古代府以上省以下的官员。

【放了羊】fáng le yàng(词)比喻失去管理的人员像羊群一样到处散落。[例]老师不在,学生就~。

【放驴的】fáng lǜ di(熟)比喻缺乏教养,没有礼貌的人。[例]大家都是队干部,可不是~娃娃。

【放驴的娃娃】fáng lǜ di wà wa (词)指放牧牲畜的小孩。

【放命】fáng míng(词)生命垂危。

【放你的二十四个心】fáng ní di ér shi sí ge xīng(熟)谓完全可以放心。二十四是约数。

【放炮】fáng páo(词)❶比喻发表激烈的或批评性言论。❷燃放爆竹。❸点炮爆破。❹轮胎等密闭物体爆裂。❺发射炮弹。

【放屁打饱嗝——上下通气】fáng pí dà báo ge—sháng xiá tōng qí(歇)戏谑语,比喻互通信息。

【放屁的功夫都没有】fáng pí di gōng fu dōu mú yòu(熟)形容特别忙。

【放屁拉抽屉,没个遮羞的】fáng pí lā chōu ti,mú ge zhē xiū di(熟)比喻以相似的声音(事物)遮掩窘态。

【放屁添风】fáng pí tiān fēng (熟)比喻力气再小的帮手也能增添力量。

【放屁脱裤子——多倒的手续】fáng pí tuó kú zi—duō dáo di shóu xu(歇)繁琐不必要的程序。

【放屁熏卵子】fáng pí xiōng làn zi(词)骂人的话。比喻别人说出的话就像屁一样臭不可闻。卵子:睾丸。

【放屁用箩筛子筛——太细了】fáng pí yóng luò shai zi shāi—tái xí le(歇)比喻过于繁琐。

【放泼】fáng pó(词)不怕脏,不怕累,泼泼辣辣。[例]~干,干完了看电影去。

【放胜利炮】fáng shéng lí páo(熟)指1945年日本投降后各地放炮庆祝胜利。

【放树】fáng shú(词)伐树,把树锯倒。

【放树不拿锯子——劄根】fáng shú bú nà jú zi—zhà gēng(歇)形容说话夸张、言过其实的人。

【放水】fáng shuí(词)比喻失去即将到手的机会或东西。[例]眼看到手的生意,叫你~了。

【放脱】fáng tuó(词)放弃、失去。[例]不能~这个机会。

【放卫星】fáng weì xīng(词)比喻创造了某项新纪录。

【放贤】fáng xiàn(词)指妇女恪守贤惠美德。[例]这个媳妇子不~!

【放线】fáng xián(词)指建筑施工时的测量画线。

【放烟幕弹】fáng yān mu dàn(熟)比喻以假象迷惑人。

【放展】fáng zhàn(词)打趴下。

【放长线钓大鱼】fáng chàng xián diáo dá yù(谚)比喻做事从长计议,虽不能立刻见效,但将来能得到更大好处。

【放账】fáng zháng(词)放债。[例]勒着肚子~,捋着猫尾巴上炕。

【放猪的,扯呼的,放马的,挨打的】fáng zhū di, chè hū di,fáng má di,aì dá di(顺)猪喜欢在固定的地方拱食,放猪的人可以打瞌睡;马喜欢走动吃草,常常因跑到地里吃庄稼而使牧童遭到田主打骂。

【防霜】fàng shuāng(词)燃放烟幕,防止农作物遭受霜冻。[例]晚夕在田埂上放烟能~。

【防疫员】fàng yi yuàn(词)通常指负责主管辖区内动物强制免疫工作的兽医站职工。

【房廊护】fàng làng hu(词)房廊檐。[例]~底下有风,小心着凉。

【房廊檐】fàng làng yan(词)房顶伸出前墙的部分,可遮雨。

【房连房】fàng liān fàng(熟)常指隔壁邻居。

【房是招牌田是累,养下儿子是要命鬼】fàng shi zhāo pai tiàn shi luì,yáng xia èr zi shi yáo míng guì(熟)旧时农村的一种说法。

【房席】fàng xi(词)铺在房顶上椽子和房泥之间的苇席。

【房檐子的水,点点入臼(旧)】fàng yàn zi di shuì,diàn diàn rú jiú(熟)比喻前人对后人的影响是必然的。

【访贫问苦】fàng pìng wéng kù(词)访问贫苦老百姓。“四清”运动初期进行的一项工作。[例]工作组~,扎根串连。

【访贤】fàng xiàn(词)访求贤能之士。[例]周文王~。

fei

【飞槽】fēi cào(词)跨越山谷、道路、水道的桥梁式水槽,两端与水道相接。

【飞鸽牌】fēi gé pai(词)比喻自行离职到别的单位工作的人。

【飞机上挂暖壶——高水平】fēi jī shang guá nàn hù—gāo shuì pìng(歇)赞扬人有水平。

【飞机上小便——尿得高】fēi jī shang xiáo bián—niáo di gāo(歇)讽刺语,意为难道你比谁高贵些?

【飞脚】fēi jue(词)武术动作。两足相继踢起,高约齐头。[例]想学武艺?先踢个~看看。

【飞禽走兽】fēi qing zóu shóu(词)泛指所有鸟兽。

【飞檐走壁】fēi yàn zóu bí(词)指练武的人身体轻捷,能在房檐和墙壁上行走。

【飞针走线】fēi zhēng zóu xián(词)形容快速缝纫。

【非得去】fēi de ké(熟)一定得去,不去不行。[例]外甥结婚,我~。

【非叫他把地站个坑不可】fēi jiáo tā bá dí zhán ge kēng bú kè(熟)指被批判、批斗的人在地上久站。威胁、警告用语。

【非死】fēi sí(词)特别,非常,最。[例]~爱吃酸的。

【非同小可】fēi tòng xiào ké(词)不同寻常。[例]这事~,要跟大家商量商量再答复。

【肺经病】fēi jing bíng(词)对肺部疾病的习称。也专指肺结核。

【废话连篇】fēi huá liàn piàn (词)形容文章或言谈中废话多。

【废寝忘食】fēi qìng wáng shí (词)形容专心致志,顾不上睡觉吃饭。

【废铜烂铁,腰里一别】fēi tòng lán tié,yāo ni yí bié(熟)形容只要有点用处的东西,都收集起来。

【废铜烂铁】fēi tòng lán tié(词)泛指废品或破旧无用的器物。

【废物点心】fēi wu diàn xing (词)比喻没有使用价值的人。用于骂人或自嘲。[例]老了,成了~了。

【费缰绳的驴】fēi jiāng sheng di lǜ(熟)家长对好动而使衣物过早破损的孩子的斥语。[例]真是个~,新裤子穿了几天就烂了!

【费力不讨好】fēi lí bú tào hào(熟)费了功夫,却没有取得好的成效,甚至带来坏的影响。

【费事】fēi shí(词)麻烦,费力。[例]这事办得太~了。

【费心】fēi xīng(词)用心,操心。[例]请你~给办办。

【菲人】fēi reng(词)犹贱人。菲:菲薄,轻视。常用于骂女人。

【匪厮】fēi si(词)玩、贪玩、好动。[例]娃娃不知到哪里~去了。

【肥处添膘,瘦处刮油】fēi chu tiān biāo, sóu chu guà yòu(熟)比喻扶强不扶弱。

【肥脸】fēi liàn(词)脸皮厚,不怕羞。

【肥缺儿】fēi quér(词)指收入(主要指非法收入)高的职位或差事。

【肥水不流外人田】fēi shúi bú liù wái rèng tiàn(熟)利益和好处只供圈内人享受,不让圈外人得到。

【肥田粉】fēi tiàn fēng(词)碳酸铵的俗称。

【肥正月,瘦二月,饿死饿活的三四月】fēi zhēng yue, sóu ér yue, wó si wó huó di sān sí yue(熟)旧时农民的生活状况。

【肥猪粉】fēi zhū fēng(词)旧指能促使猪增加脂肪的添加剂。

feng

【分彼此】fēng bì cì(词)分清你的我的。[例]一家人,还~?

【分不清饭香屁臭】fēng bú qīng fán

xiāng pí chóu(熟)分不清是非好坏。

【分层次】fēng cèng ci(词)分彼此,生分。[例]尽说~的话。

【分分厘厘】fēng feng lì li(词)比喻数量很少或微不足道。[例]不看大处,净在~上计较。

【分封另住】fēng feng líng zhú(熟)分家另过。

【分列式】fēng lié shí(词)指军队按照不同兵种或编制排列成一定队形,依次走正步、行注目礼通过检阅台。

【分生分生】fēng sēng fēng sēng (熟)越分家越生疏。

【分销店】fēng xiāo dián(词)特指供销社系统在基层设立的零售商店。

【丰登】fēng dēng(词)地名,取五谷丰登义。原属仁存乡,今属李俊镇。[例]~生产大队(1961年后)。|~村(1983年6月后)。

【丰谷城里放出来的饿鬼】fēng gu chèng ni fáng chu lài di wó gui (熟)形容因饥饿而抢吃抢喝的人。丰谷城:即丰都城,鬼魅集中的地方。

【丰衣足食】fēng yī zú shí(词)形容生活富裕。[例]老百姓就盼个~。

【丰盈】fēng yìng(词)地名,今望远镇丰盈村。[例]旧有~堡。|~生产大队(1961年)。|~村(1983年6月)。

【丰盈堡】fēng yìng pu(词)古堡名,取富裕、丰富义。现望远镇丰盈村。

【风摆柳,不久长,虚情假意灌米汤】fēng bài liù,bú jiú zhang,xū qìng jiá yí guán mí tang(熟)指不正当的男女关系。

【风车】fēng che(词)一种内装风扇、分离谷物与杂质的用具。[例]米碾好了,用~把糠皮打掉。

【风大风小树底下听】fēng dá fēng xiào shú dí xia tīng(谚)比喻风声大小到社会上去听。

【风儿风儿地】fēngr fēngr di(词)鼻子里出粗气、很不满意的样子。

【风风失失】fēng feng shí shi(词)疯癫冒失,言行轻狂。[例]成天~的,哪像个女娃娃。

【风风子】fēng feng zi(熟)指传闻、消息。[例]听了个~,赶紧跑来说。

【风刮一路，雨下一方】fēng guá yí lú,yú xiá yí fāng(谚)自然现象。

【风火泪眼】fēng huo lui yàn (词)迎风或遇见烟火就流泪的眼睛。

【风来了,雨来了,大大背上鼓来了,嫂嫂碾了米来了，娃娃拉下稀屎了,找套子,没套子,找来爷爷的烂帽子,今年揞沟子,明年浪稻子,后年给爷爷买个花帽子】fēng lài le,yù lài le,dá da bēi shang gù lài le,sáo sao nián le mì lài le,wà wa lá xia xī shi le,zháo táo zi,mú táo zi,zháo lài yè ye di lán máo zi,jīng niàn kāi gōu zi,mìng niàn láng dáo zi,hóu niàn gèi yè ye mái ge huā máo zi (儿)哄

娃娃睡觉的歌谣。意为小孩会一年年长大,会用自己的劳动补偿长辈的付出。

【风流野鬼】fēng liù yè gui(词)民间指野鬼中的风流者。

【风脉】fēng miá(词)即风水。指宅基地或坟地周围的地理形势。迷信认为~好坏能影响家族及子孙的祸福兴衰。

【风门子】fēng meng zi(词)安装在正门外用于防风的轻型门扇。

【风片】fēng pián(词)荨麻疹。

【风圈】fēng quān(词)月晕。[例]月亮起了~,明天要刮风。

【风湿了】fēng shí le(熟)指得了风湿症。[例]你的腰难道叫~,为啥不往下弯?

【风是雨的头,屁是屎的头】fēng shi yú di tòu,pí shi shí di tòu(谚)头:前兆。

【风水宝地】fēng shui báo dí(词)能带来吉祥和富贵的地方。[例]阴阳说了,这是块~。

【风调雨顺】fēng tiào yú shóng(词)形容气候适合农时。亦借气象比喻社会安定,天下太平。[例]但愿今年~,五谷丰登。

【风头上】fēng tòu shang(熟)指形势或某项活动的高潮阶段。[例]运气不好,正撞在~。

【风言风语】fēng yàn fēng yù (词)没有根据的流言。多指中伤捏造。

【风住了】fēng zhú le(词)即风停了。[例]等~再开窗子。

【封官许愿】fēng guān xú yuán (词)指以名利地位引诱别人为自己效力。

【封门】fēng mèng(词)在门上贴封条,禁止开启。[例]被法院~。

【封皮】fēng pi(词)封条。[例]嘴上又没贴着~,为啥不说?

【封斋】fēng zhāi(词)回族穆斯林经堂语。伊斯兰教的五功之一,在斋月里,穆斯林于东方发白前进食,日落后开斋,白天严禁饮食。

【封子】fēng zi(词)量词,指封包起来的东西。[例]一~点心。

【疯疯癫癫】fēng feng diān dian (词)形容人放荡不羁,言行举止有失稳重。

【疯疯张张】fēng feng zhāng zhang (词)行动慌张,不拘小节。

【疯婆子】fēng po zi(词)张扬、癫狂、行为放荡的女人。

【烽火村】fēng huò cōng(词)行政村名,以此地有古烽火台命名(1997年),今属胜利乡。

【粉锭子】féng díng zi(词)粉笔。

【粉坊】féng fang(词)加工淀粉、粉条、粉丝等产品的作坊。

【粉面子】féng mian zi(词)淀粉。

【粉头】féng tou(词)古代对妓女的一种称谓。也指唱戏的。贬义。

【粪背篼】féng béi dou (词)捡杂粪用的背篼,一般用芨芨草编成。

【粪大水勤,不用问人】féng dá shuì

qìng ,bú yong wéng rèng(谚)种地的基本要求,即只要施足肥,按时浇水,就不用向别人请教了。

【粪门】fěng méng(词)肛门。

【粪息气】fěng xi qí(词)动物粪便的气味。

【缝缝子】fěng feng zi(词)指缝隙,小缝儿。[例]从门~往外看。

【凤凰不落无宝之地】féng huang bú luó wù bào zhi dí(词)高贵的动物不会在平庸的地方落脚。比喻有才华的人不会到没有发展前途的地方就职。

【奉敬】fěng jing(词)敬奉。

【俸禄】fěng lu(词)官吏的薪水。[例]吃百姓的~要给百姓办事。

【逢场作戏】fèng cháng zuó xí(词)指在一般的社交场合敷衍应酬,不投入真情。

【逢贵逢贱】fèng guí fèng jián(词)指适应环境,随遇而安,可贵可贱。

【逢年过节】fèng niàn guó jié (词)泛指新年或其他节日。

【坟茔】fěng ying(词)坟墓。

fu

【夫妻本是同林鸟,大难临头各自飞】fū qi béng shi tòng lìng niào,dá nán lìng tòu gé zí fēi(谚)危难时刻,即使是夫妻,也会自顾自己。

【夫妻没有隔夜之仇】fū qi mú yòu gá yē zhi còu(谚)指夫妻吵闹后会自然和好。

【夫妻相】fū qi xiáng(词)指长时间生活在一起的夫妇在外貌上逐渐变得相像。

【麸子】fū zi(词)小麦磨粉时筛出的皮和碎屑。[例]吃~囊糠。

【跗高】fū gā(词)跗:脚背。[例]脚~,鞋穿不上。

【佛身】fú sheng(词)道行,御邪能力。[例]你~高,能抗邪气。

【佛爷】fú ye(词)指释迦牟尼,也指佛像。

【佛爷慢了站着烧香呢】fú ye mán le zhán zhe shāo xiāng ni(熟)比喻对性格温和、态度慈祥的人不尊敬。慢:性格温和。

【伏手】fú shòu(词)称手,顺手。[例]这把镰刀不~。

【伏天不热,五谷不结】fú tiān bú ré, wú gú bú jié(谚)三伏天如果光照不足,气温偏低,稻谷等作物就不能充分灌浆,降低产量,甚至无收。

【伏子】fú zi(词)油坊里碾碎油饼的工具。详见附一。

【服软】fú ruàn(词)认输,服气,顺从。

【服侍】fú si(词)伺候,照料。

【服下来了】fú xia lài le(词)适应、接受。[例]干农活我已经~。

【府绸】fú chou(词)一种质地柔软、有丝绸感的棉布。见附一。

【父打子不羞,官打民不羞】fú dà zí

bú xiū, guān dà míng bú xiū（谚）古代宗法观念。

【父母的钱用手抓，儿女的钱用眼巴】fú mú di qiàn yóng shòu zhuā,èr nǘ di qiàn yóng yàn bā（谚）形容儿女花父母的钱非常容易，父母花儿女的钱难。

【父母的心在儿女上，儿女的心在石头上】fú mú di xīng zai èr nǘ shang, èr nǘ di xīng zai shí tou shang（谚）父母时刻惦念儿女的安危冷暖，儿女却惦记着父母的钱财。详见附一。

【父母生身，自己立志】fú mu sēng shēng, zí ji lí zhí（谚）谓父母给了生命，自己能否成功，全靠努力和奋斗。

【父母有理官有理，受苦的说不过掌柜的】fú mu yòu lì guān yòu lì, shóu kú di shuó bú guó zháng guí di（谚）旧指子女、百姓和雇工在父母、官吏和雇主面前没有话语权。

【父债子还】fú zhái zì huàn（词）指父母生前的债务由子女偿还。也指父辈的过错累及子女。

【父子合格】fū zi hé gá（词）1949 年春，宁夏军阀马鸿逵用“抽丁法”征兵，其中有“父子二人合格抽一”的规定。

【父母官】fú mu guān（词）旧称州县地方官，现用于对县级领导干部的习称。

【复员军人】fú yuàn jiōng reng（词）❶解放初期退出现役回地方的军人。❷现指三期以下的士官退出现役。

【富富有余】fú fu yòu yù（词）❶形容东西多，除满足需要外，还有富余。❷形容能力强，完成现有任务不在话下。

【富汉惯牲口，穷汉惯娃娃】fú han guán sēng kou, qiòng han guán wà wa（谚）指旧时的地主和靠牲畜运输的商人特别爱惜牲畜，而穷人则溺爱孩子。

【富汉员外】fú han yuàn wái（词）旧时指有钱人。

【富汉子】fú han zi（词）泛指有钱人。

【富了罢商，穷了罢慌】fú le bá shāng, qiòng le bá huāng（谚）有钱时不要看不起穷人；穷困时不要着急发愁，通过艰苦奋斗会摆脱贫困。

【富了罢忘穷，好了疤疤子罢忘疼】fú le bá wáng qiòng, háo le bā ba zi bá wáng tèng（谚）比喻不忘本。

【富农】fú nòng（词）旧时农村中占有土地、生产工具及活动资本，自己参加劳动，以剥削为主要收入来源的农民。

【富余】fú yu（词）足够而有剩余。[例]把~的钱存到银行里。

【富裕中农】fú yu zhóng nòng（词）土地改革时划定的一个阶级成分，主要标准是自己参加劳动，有轻微剥削。后称上中农。

【福态】fú tai（词）❶对人发胖的委婉说法。❷赞人长相有福气。

【福宁村】fú nìng cōng(词)村名。1997年以福建和宁夏首字命名~，属闽宁开发区,2003年7月后属闽宁镇。

【福折的】fú zhé di(词)犹身在福中不知福。[例]这么好的生活还嫌不好,简直是~!

【扶帮】fù bang(词)帮扶,支持。

【扶不起来的阿斗】fù bú qì lai di ē dou(熟)不可造就的人。

【扶来趄去】fù lài qiè ké(词)推诿敷衍,不鼓实劲。[例]一个个~的,工作几时才能干完?

【扶贫】fù pìng(词)指扶助贫困户或贫困地区发展生产，改变落后面貌。[例]上面拨来了~款。

【扶起不扶落】fù qí bú fù luó(熟)趋奉得势者,冷落失势者。

【扶上马送一程】fù shang má sóng yi chèng(口)比喻提拔到领导岗位上再扶持帮助一段时间。

【扶着墙要钱】fù zhe qiàng yáo qiàn(熟)形容砌的墙质量太差,只好扶着墙要工钱。比喻敷衍应付,工作质量太差。

【扶着墙走路】fù zhe qiàng zòu lú(熟)比喻年老体衰。[例]没想到,我们也到了~的年龄!

【浮财】fù cài(词)指有价值的可动产。如金钱、粮食、衣物、什物等。[例]土改的时候,有的地主把~埋在地下。

【浮的】fù di(词)次要的,局外的。[例]别的都是~,健康才最重要。

【浮皮潦草】fù pi liào cào(词)轻描淡写,敷衍了事。[例]洗个衣裳~的,连领子都没洗干净。

【浮上】fù sháng(词)表面、上面一层。[例]从~撇一碗稀米汤。

【浮哨】fù sao(词)❶作风飘浮、不扎实。[例]干活太~,指不住。❷指轻活,不重要的活。[例]身体不好,干点~活就行了。

【浮哨话】fù sao huá(词)奉承话,华而不实的言辞。[例]少说~,多干点实际的。

【浮食】fù shi(词)不劳而食或拈轻怕重。[例]那个吃~的,能挖个沟?

【浮头】fù tòu(词)指水中缺氧时鱼类把口吻伸出水面呼吸。

【浮外】fù wái(词)额外,外人,计划以外的。[例]除了工资,每月再~发点小福利。

【辅角子】fù jué zi(词)戏曲中或工作中的辅助角色。

G

ga

【嘎巴干脆】gā ba gān cuí(词)❶食物干而脆。❷办事干脆利索。

【嘎杂子】gā zā zi(词)心术不正、歪点子多、不好相处的人。

【尜尜】gā ga(词)乳房,奶头。

【尜尜疙瘩子】gā ga gé da zi(词)乳头。

【尕妙】gā miao(词)细小,不结实。[例]这个酒杯太~,换个大点的。

【尕屎毛屌子】gā qiu mào diào zi(词)琐碎繁多的东西或事情。[例]那些~的东西就不要带了。

【轧账】gá zháng(词)指核算查对账目。[例]今天~,对外不营业。

【隔层次】gá cèng ci(词)指不是嫡亲或同一级别。

【隔锅子面】gá guo zi mián(词)一种面食。即单独把臊子汤做好,将白水煮熟的面条捞出,浇上臊子汤。

【隔行不取利】gá hàng bú qú lí(谚)谓从事不熟悉的行业难以赚到钱。

【隔行如隔山】gá hàng rù gá shān(谚)谓不同行业的业务、技术,其差距就像隔着一座山一样。

【隔牢】gá lào(熟)牧童们产生矛盾时分开放牧的说法。

【隔奶】gá nài(词)给小孩断奶。

【隔席刁卷子】gá xí diāo juán zi(熟)指隔着层次或行业侵占别人利益。

【隔墙有耳】gá qiàng yòu èr(词)比喻隔墙说话有人偷听。常用于提醒人说话小心,防止泄露。

【隔三间五】gá sān jián wù(词)时不时,间断地。

【隔山兄弟】gá shān xiōng di(词)指同父异母所生男孩间的关系。

【隔一出二】gá yí chú ér(词)干活不细心,丢三落四,遗漏较多。[例]犁个田~的,有的犁到了,有的没犁到。

【隔着裤子抠痒痒——外扻】gá zhe kú zi kōu yáng yang—wái kuài(歇)外扻:笑话、俏皮话。

【隔纸蒙死人】gá zhì mèng si rèng(词)❶比喻即使很简单的道理或技术,不经点拨也觉得很难。❷指因缺乏交流而造成误会。

【格格子】gá ga zi(熟)窗格或格状图案。[例]穿着带~的衣裳。

【生子】gà zi(词)男孩。

【尕尕的】gà gà di(熟)形容物件小巧。[例]这个铲子~,正适合娃娃用。

【尕㞞】gà sòng(词)调皮捣蛋、不好相处的人。

【尕娃】gà wà(词)小孩子。

gai

【该死的娃娃尿朝天】gāi sí di wà wa qiù cháo tiān(熟)谓该死的活不了。

【该应】gāi yīng(词)应该,活该,有轻微解恨义。[例]"妈,我的脚崴了。"母亲说:"~! 谁叫你猴墙头。"

【该着】gāi zhe(词) ❶欠着,欠债。[例]我又没~你的, 你凭啥问我要? ❷活该。有轻微解恨义。同"该应"条。

【街门】gāi meng(词)院门。

【街沿沿子】gāi yàn yan zi(词)街面上。

【改常】gái chang(词)往常,前些日子。[例]~也好呢,今天咋发这么大的火?

【改日】gái ri(词)过几天,以后。

【芥末】gái mo(词)芥菜种子研成的粉状调料。[例]~油。

【芥末菜】gái mo cái(词)一种野菜,可产芥籽。

【解个心慌】gái ge xīng huāng (熟)解闷。

【解恨】gái héng(词)解除、消除心中的愤恨。[例]讨吃丢了棍,解了狗的恨。

【解板】gài bàn(词)把木头锯成板。解:锯开。

【解行】gài xing(词)民间为婴幼儿疗治轻微疾病的办法。见附一。

【盖头】gái tou(词)旧式婚礼上蒙在新娘头上遮住脸颈的红绸。

【盖碗子】gái wan zi(词)由盖、碗、托组成的茶具。

【改朝换代】gài chào huán dái(词)旧指朝代更替。现泛指统治集团更迭。

【改口】gài kòu(词)❶否认自己说过的话。❷改变说法。❸新郎新娘从举行婚礼起改变对对方父母的称谓。

【改名换姓】gài mìng huán xíng (词)由于某种原因而改换原来的姓名。

【改邪归正】gài xiè guī zhéng (词)从邪路回到正路上来,不再做坏事。

【改锥】gài zhuī(词)装卸螺丝钉的工具,也叫螺丝刀。

gan

【肝火】gān huo(词)急躁发怒的情绪。[例]~太旺了!

【骭腿棒子】gān tui báng zi(词)即动物的胫骨。[例]~不挨疼。

【疳吃鼻子】gān chi bí zi(熟)鼻梅毒造成的鼻子塌陷或残缺。

【杆杆子】gān gan zi(词)旗杆,主杆,架构。[例]把~立起来。

【杆杆子】gán gan zi(词)茎秆。[例]摘掉茄子有~。

【干巴巴】gān bā ba(词)指文章不生动,不丰满。

【干巴巴】gān bá ba(词)食物缺少水分。[例]吃馍馍没水喝,~的咋咽下去?

【干巴老头】gān ba lào tòu(词)对身体精瘦的老年男子的形容。

【干板子】gān bán zi(词)对身体干瘦的人的俗称。[例]别看他是个~,力气可不小。

【干板子干,抽洋烟,洋烟里头有屎呢,干板子吃上想死呢】gān bán zi gān, chōu yàng yān,yàng yān lí tou yòu shí ni,gān bán zi chí shang xiàng sí ni(顺)旧时劝人不要吸食鸦片的口歌。

【干板子硬挣】gān ban zi yíng zéng(熟)身体虽然干瘦,干活却不示弱。

【干拌面】gān bán mián(词)即不加汤水的拌面。

【干煸】gān biān(词)只用油炒,不加汤水的烹饪法。[例]~驴肉。

【干侧鹂】gān cé li(词)一种干瘦的候鸟,比喻骨瘦如柴的人。

【干柴湿柳,架火雷吼】gān chài shí liù,jiá huò luì hòu(熟)形容晒干的木柴和半干的柳树枝放在一起做燃料,火头很旺。

【干吃净落】gān chí jíng luó(词)❶泛指扣除成本和税款后的净利润。❷发给管吃管住雇工的报酬。

【干吃净拿】gān chí jíng nà (词)同"干吃净落"条❷。

【干稠恶别】gān chou é bié(词)黏粥过稠,以致要用筷子使劲叨。

【干歘】gān chuàn(词)不投入劳动或资金就想获利,犹白拿白吃或赊欠。[例]又想~呢,没门儿!

【干打雷不下雨】gān dà luì bú xiá yù(熟)比喻有号召,没行动。

【干蛋】gān dán(词)不管用。[例]说一千道一万,没有证据是~。

【干瞪眼】gān déng yàn(词)形容干着急而无可奈何。

【干饭】gān fan(词)米饭。

【干骨头里榨油】gān gú tou lí zhá yòu(熟)比喻极度榨取,这里指向穷困单位或个人征收钱粮。

【干鼓子】gān gu zi(词)单皮鼓,戏曲打击乐的一种。

【干红】gān hòng(词)❶深红色。这朵花~~的。❷干红葡萄酒的简称。[例]西夏王~。

【干急】gān jí(词)形容心里着急而没有办法。

【干姐姐】gān jié jie(词)义姐。

【干净】gān jing(词)人长得白净、好看。[例]越长越~了。

【干净百姓】gān jing biá xing (熟)指没有犯罪记录的人。

【干净干净干净】gān jing gān jing gān jing(词)旧时让狗舔净小儿屎的

口令。

【干卡卡】gān qiá qia(词)干瘦。[例]身上~的。

【干枯巴了】gān kū ba le(熟)即干枯了。[例]树叶子都~。

【干妹子】gān méi zi(词)义妹。

【干碾子】gān nián zi(词)就像碾轴没膏油而发出的尖厉刺耳的声音。[例]这个娃娃嚎得~似的。

【干呕】gān òu(词)呕而不吐。

【干亲】gān qing(词)没有血缘或婚姻关系而结认的亲戚。

【干尿蛋】gān qiu dán(词)❶没希望。[例]双手能写梅花篆,没人提拔~。❷没关系。[例]他能把谁咋的,我看也是~。

【干瓤瓤】gān ráng rang(词)形容水分较少的带馅食品。[例]这个月饼~的。

【干臊】gān sao(词)干燥。[例]下了几天雨,没一点~地方。

【干炭】gān tan(词)大块无烟煤。

【干疼干疼】gān tèng gān tèng(熟)生痛。[例]手烂了,~的。

【干头】gān tòu(词)对瘦骨嶙峋、脸上头上少肉者的骂语。

【干头干脑】gān tou gān nào (词)形容脑袋干瘦。

【干望着】gān wáng zhe(熟)徒然地看着。[例]想买呢,~没钱。

【干血痨】gān xie lào(词)妇科病名。中医指妇女闭经、身体瘦弱、皮肤干黑等症状。

【干叶火着的】gān ye huò zháo di(词)植物生病或缺少水分,叶子干枯没生气。[例]苹果树~。

【干榆湿柳,木匠发愁】gān yù shí liù, mú jiang fá còu(熟)这两种木头锯起来比较费事。

【干喳呼】gān zhā hu(熟)说空话没有实际行动。

【干证】gān zheng(词)诉讼双方的有关证人。[例]我给你当~。

【干枝梅】gān zhi mèi(词)民间刺绣或剪纸中的梅花图案。

【干不来】gán bú lài(词)不会干。[例]那个营生我~。

【干的愿意营生】gán di yuán yi yìng seng(熟)指顺了脾气才肯干。

【干活溜边边,吃饭拣大碗】gán huò liū biān bian, chí fán jián dá wàn(顺)形容干活不踏实,吃饭却抢先。

【干活没劲,做官没印,当讨吃没棍】gán huò mú jìng,zuó guān mú yíng, dāng táo chi mú góng(顺)形容什么也不想干、什么也干不了的人。

【干家子】gán jia zi(熟)能干事业的人。

【干将】gán jiáng(词)能干、敢干的人。有时有贬义。[例]得力~。

【干鲁事】gán lù shí(词)做鲁莽的事。

【干渠】gán qù(词)从江河往支渠里引水的渠,如唐徕渠、汉延渠等。[例]西~。

【干三】gán san(词)干脆利索，漂亮，好。[例]这事干得~得很！

【干啥的把啥干，赶车的把牛喊】gán shá di bá shá gán，gàn chē di bá niù hán(谚)比喻干什么就专心干什么，别管与己无关的事。喊：吆喝。

【干实活】gán shí huò(词)务实，实干，来实的。

【干偷偷子事】gán tōu tou zi shí(熟)不声明而暗中行事。

【干营生】gán yìng seng(词)对劳动、工作的俗称。

【干仗】gán zháng(词)指打架、骂仗。[例]俩人一见面就~。

【敢是】gán shi(词)莫非，是不是。[例]~叫贼娃子偷走了？

【感情用事】gàn qìng yóng shí(词)凭个人爱憎或一时感情冲动处理事情。

【擀毡】gàn zhān(词)❶人工加工毛毡。详见附一。❷旧时闹新房，把新郎硬按在新娘身上做擀毡动作的做法。

【赶车】gàn chē(词)驾驭畜力车，也叫吆车。[例]干啥的把啥干，~的把牛喊。

【赶乏羊】gàn fà yàng(词)趁他人处于颓势时发起进攻。[例]我们把几瓶酒都喝上了你才来，想~吗？

【赶红火】gàn hòng huo(词)到热闹的地方凑趣消闲。[例]正月十五到街上~。

【赶乱乱子】gán lán lan zi(词)打扰，凑热闹。有嗔怪义。[例]单在人忙的时候~。

【赶了沙鸡】gán le shā ji(熟)本指用特殊方法把成群的沙鸡赶出灌木丛或庄稼地，让其自投罗网。比喻人被驱赶而失去原有的一切，处于无家可归、一无所有的境地。[例]叫别家~。

【赶忙】gàn màng(词)❶催促语，快点，赶紧。[例]~去，别迟了。❷连忙，立即。[例]听说孩子病了，~往回跑。

【赶毛驴】gàn mào lǜ(词)扑克牌玩法，最后出完牌的为“毛驴”。

【赶前不赶后】gàn qiàn bú gán hóu(熟)谓不论办事或干工作，进度往前赶比较主动。

【赶上这个茬茬子】gàn shang zhé ge chà cha zi(熟)谓碰到这个节骨眼儿上。

【赶死跌活】gàn si dié huó(词)谓争分夺秒地赶路或干活。

【赶早不赶晚】gàn záo bú gàn wàn(熟)犹宜早不宜迟。

【赶斋】gàn zhāi(词)❶佛寺布斋时前去就食。❷传统戏曲《吕蒙正赶斋》的简称。

【赶猪】gàn zhū(词)农村牧童的一种体育游戏，类似棒球。也叫“打卵(làn)子”“打木球”等。详见附一。

gang

【刚骨】gāng gu(词)身体硬朗。[例]你老人家还~着呢。

【刚气】gāng qi(词)❶刚强的气质和

意志。[例]老回回都有三分~。❷身体健康。[例]老汉还~着呢。

【钢镚儿】gāng béngr(词)硬币的俗称。

【钢刀虽快，不斩无罪之人】gāng dāo suí kuái, bú zhàn wù zuí zhi rèng(谚)犹法律再严,不惩处没犯罪的人。

【钢钎】gāng qiān(词)用短钢棍制成、一端有尖的凿石工具。

【钢丝面】gāng sī mián(词)用玉米面压制的饸饹面条。口感较硬。

【缸池】gāng chi(词)喂猪狗的槽、盆。[例]猪~。|狗~。

【缸胖的萝卜也得往下咽】gāng páng di luò bo yé de wàng xiá yán (熟)比喻无奈地接受。

【矼】gáng(词)被硬的东西硌着。[例]睡硬板床太~了。

【矼刀】gáng dāo(词)在石头或其他糙物上蹭磨刀刃,使锋利。

【岗子】gáng zi(词)地名用词。[例]王家~(在李俊镇李庄村)。

【杠牌】gáng pài(词)麻将术语,手里已有3张一样的牌,再能吃到或自抓到一张同样的牌,成为4张,即为~。

【杠上开花】gáng shang kāi huā (词)麻将术语,一种和牌方式。杠牌时正好摸到可以"和"牌的那张牌。

【虹】gáng(词)彩虹。[例]东~日头西~雨。

【戆头】gáng dòu(词)迂愚刚直,动辄吵闹的人。[例]那是个~,三句话不对就吵起来。

【杠房】gáng fàng(词)❶旧时专事抬死人出殡的铺子。❷比喻吵闹的场所。[例]就像到了~里,太吵了。

【扛人】gàng rèng(词)怀着个人目的在背后议论、诽谤别人。

【扛闲话】gàng xiàn hua(词)背后议论,拨弄是非。

gao

【高的不成，低的不就】gāo di bú chèng, dī di bú jiú(熟)指择偶时过于挑剔,对方条件好的奔不上,对方条件差的看不上。

【高的高,低的低,骑的骆驼拉的鸡】gāo di gāo, dī di dī, qì di luó tuo lā di jī(熟)形容高低悬殊,参差不齐。

【高高】gāo gao(词)乳房的另一种叫法。

【高疙瘩洼溜形】gāo gé da wá liù xing(熟)地面凹凸不平。

【高喉咙大嗓子】gāo hou long dá sáng zi(熟)形容大声说话。[例]~说惯了,不会小声说话。

【高声大嗓子】gāo shēng dá sáng zi (熟)形容大声说话。[例]小声点,不要~的,影响娃娃学习呢。

【高级社】gāo ji shé(词)即20世纪50年代的高级农业生产合作社。详见附一。

【高棱棱】gāo léng leng(词)形容高高在上的样子。[例]一天~地坐在那里,啥也不干。

【高楼大厦】gāo lòu dá shà(词)泛指高楼。[例]住的~,吃的山珍海味。

【高桥】gāo qiào(词)李银公路在唐徕渠高桥村段的桥梁。

【高渠】gāo qù(词)自然村名,因渠得名。原属增岗乡,今属望洪镇。[例]~生产大队(1978年3月)。|~村(1983年6月)。

【高山上点灯——大大有名(明)】gāo shān shang diàn dēng—dá dá yòu mìng(mìng)(歇)有名气。

【高寿】gāo shóu(词)敬辞,用于询问老年人的年纪。[例]老人家今年~?

【高头】gāo tou(词)方位词,上面,高处,[例]把杯子放在桌子~。

【高温堆肥】gāo wēng duī fèi (词)沤制堆肥的一种方法。详见附一。

【高兴的】gāo xíng de(熟)形容人浮躁、轻狂、自负、骄傲、目中无人的样子。详见附录二。[例]不就是多识了几个字吗,看把你~,帮着打个条子都不行!

【高兴一阵子,凉了半截子】gāo xíng yí zhéng zi,liàng le bán jiè zi (熟)原指夫妻性交,引申为空喜一场。

【狗—狗—】gāo—gāo—(词)唤狗的声音。

【告假】gáo jiá(词)请假。

【告艰难】gáo jiān nan(熟)诉说困难,乞求帮助。[例]一碗热三碗,强比~。

【告饶】gáo rào(词)求饶,认输。[例]坏事干下了,~顶啥用?

【告揖】gáo yí(词)作揖。[例]先烧香,再~。

【搞副业】gào fù ye(词)特指人民公社时期,生产队抽出部分劳力或畜力车到城里从事短途运输、装卸、建筑等,以增加集体收入。

【搞亏欠】gào kuī qian(词)做事讲价钱,计较得失。

【搞买卖】gào mái mai(词)谈生意,讨价还价。[例]这是工作,不是~,没有商量的余地。

【告摸】gào mo(词)用好的态度对待,以笼络、软化,使之顺从。告为劝告之义。[例]~着来,不要硬来。

【告娃娃】gào wà wa(词)❶哄劝小孩睡觉或不哭。告:哄,劝慰。❷哄骗。[例]你~呢,我才不信。

ge

【硌烦】gē fan(词)心里膈应,烦乱。[例]心里~得很。

【哥哥子】gē ge zi(词)对熟人的一般称谓,常在警告、埋怨时使用。[例]你这个~,尽干糊涂事。|等问清了,有你~的好呢!

【咯里叭啦】gē li bā lā(词)象声词。[例]鞭炮放得~的。

【歌谣】gē yao(词)犹对孩子迁就，娇惯。[例]看你们把娃娃~成啥样子了。

【圪崂子】gá lāo zi(词)角落，旮旯，偏僻狭窄的地方。[例]躲在~里头，谁也找不见。

【疙瘩老窝】gé da láo wo(词)不平坦，不光溜。[例]旧网套~的。

【疙榔头】gé lāng tòu(词)指前额或后脑勺凸出，也指有这种长相的人。

【疙里疙瘩】gé li gé dá(词)心里想不开，也指人与人之间的隔阂。

【咯噌噌】gé zéng zeng(词)咀嚼食物发出的清脆声音。[例]年轻人牙好，嚼个菜~的。

【咯噔噔】gé déng deng(词)对老年人走路快的形容。[例] 快七十岁的人了，走路还~的。

【咯咯嘣嘣】gé ge béng beng(词)形容关系不好，经常吵闹。[例]俩人老是~的。

【胳膊拧脱了】gé bo nìng tuó le(熟)外力使肩关节脱臼。

【胳膊扭不过大腿】gé bo niú bu guó dá tui(谚)比喻弱小者扭不过强大的。常指下级扭不过上级。

【胳肋窝】gé le wō(词)腋窝的通称。[例]把东西夹在~里。

【胳肋窝里夹麦柴——凑火】gé le wō ni jiá miá chài—cóu huò(歇)比喻火上浇油，扩大事态。[例]你别~了！

【胳肘子】gé zhóu zi(词)即胳膊肘。[例]拿~轻轻捣了他一下。

【鸽虎】gé hu(词)或鸽鹘，中型猛禽，鸟纲隼形目隼科，学名猎隼。以鸟类(包括鸽子)和小型动物为食。

【鸽哨】gé sháo(词)装在鸽子尾部的一种哨子，鸽子飞翔时发出响声。

【鸽娃娃】gé wà wa(词)乳鸽。可做滋补品。

【鸽子朝旺处飞】gé zi chào wáng chu fēi(谚)比喻人往兴旺繁华的地方聚集。

【鸽子打更，打过一更算一更】gé zi dà gēng，dá guo yí gēng suán yi gēng(熟)鸽子晚上发出咕噜咕噜的叫声，人称“打更”，好像在盼望天明。

【搁都搁不下】gé dōu gé bu xiá(熟)讽刺语，形容没处能摆放得下。[例]把他能得~！

【搁坏了】gé huái le(词)东西长期储存(放置)而发霉、变质、生虫等。[例]蛋糕不吃，硬硬~。

【搁空空子】gé kóng kong zi (词)从中，钻空子，趁机，间接。[例]不经我知道，把钱~领上走了。

【搁钱堆里滚出来的】gé qiàn duī ni góng chu lài di(熟)指经手过大笔钱款或享受过十分宽裕的生活。[例]他是~，根本不在乎那几个小钱。

【搁上大人耍娃娃】gé shang dá reng shuà wà wa(谚)耍“花花子”术语。比喻放着大牌舍不得出而出小牌，以致失败。

【搁为难】gé wèi nàn(词)给别人或自

己增加为难。

【搁在那里下蛋呢】gé zai ná ni xiá dán ni(熟)诙谐语。谓把东西闲放着,难道能生出蛋来?[例]有车子不骑,~?

【搁住是钉子,放开是疯子】gé zhu shi dīng zi,fáng kāi shi fēng zi(熟)搁指搁浅。形容劣马拉车,遇到阻力不死拉,遇到平路就狂奔。

【割草打兔子——捎带】gé cào dà tú zi—shāo dai(歇)义如文。

【割田】gé tiàn(词)收割庄稼。[例]我~的技术是爹妈教会的。

【割资本主义尾巴】gé zī bèng zhú yi yí ba(熟)指20世纪70年代中国农村进行的禁止农民开展家庭副业的做法。

【格能能】gé néng néng(词)显摆,表现,不可一世的样子。[例]把他能得~的!

【格眼眼红】gé nián nian hòng(熟)形容红得鲜艳、抢眼。[例]灵武长枣~。

【搿股】gé gù(词)几股绳拧到一起。比喻合得来。[例]俩人不~。

【搿伙】gé huo(词)搭伙,合作,配合。[例]这两个人还能~到一搭里。

【膈应】gé ying(词)讨厌,腻烦。

【个已】gé ji(词)❶指自己。[例]你罢叫,到时候我~来。❷指属于一个家族的。[例]都是~人,不必客气。

【个张】gé zhang(词)个头。[例]骡子的~有呢,就是性子不好。

【各别】gé biè(词)特殊,另类。[例]你难道比谁~一点?

【各吹各的号,各唱各的调】gé chuī gé di háo,gé cháng gé di diáo(熟)同事间不能友好合作,各搞一套。

【各赶各叫】gé gàn gé jiáo(词)指辈分不合的人结婚,对各自亲戚按最靠近的辈分称呼。

【合合子】gé ge zi(词)量具,为市升的十分之一。

【各回各的家,各找各的妈】gé huì gé di jiā,gé zhào gé di mā(顺)本是小孩玩耍结束时的散伙语。现多用于成人聚会分手的戏谑语。

【各家自扫门前雪,莫管他人瓦上霜】gé jiā zí sào mèng qiàn xué,mó guàn tā rèng wá shang shuāng(谚)谓管好自己的事,不要管别人的事。

【各里四处】gé li sí chu(词)到处。[例]~放着书。|~找不着。

【各娘养的各娘疼】gé niàng yáng di gé niàng tèng(谚)每个母亲都疼爱自己的孩子。

【各式各样】gé shi gé yáng(词)指多种不同的式样、种类或方式。[例]街上跑的车~。

【各种各的田,各过各的年】gé zhóng gé di tiàn,gé guó gé di niàn (熟)指小农经济状态下自给自足的生产、生活方式。

【虼蚤】gé zi(词)即跳蚤。

【虼蚤大的一点人】gé zi dá di yí dian rèng(词)形容人年纪小或个子小。用在小孩身上有夸奖的意思,用在大人身上有轻蔑义。

【硌疔】gé ding(词)一碰就痛的疔疮,这里指眼中钉。[例]简直成了他(她)眼里的~。

【獦子】gè zi(词)小狗。[例]板凳~跳门槛,又蹿沟子又蹿脸。

gei

【给点颜色就染大红】géi dian yàn se jiú ràn dá hong(谚)比喻借题发挥,得寸进尺。[例]你自觉点,不要~!

【给个棒槌当针穿】géi ge báng chui dáng zhēng chuān(熟)比喻过于老实,心眼死。穿:将线穿入针鼻。

【给个好心,罢给个好脸子】géi ge hào xīng,bá géi ge hào lián zi(熟)指对小孩或脾气不好的男人应采取的态度。

【给个芨芨当拐棍拄】géi ge jí ji dáng guái gong zhù(熟)芨芨:多年生草本植物,茎秆可做扫帚或编织材料等。比喻过于老实,心眼不活。

【给个针尖当针鼻子穿】géi ge zhēng jiān dáng zhēng bí zi chuān (谚)比喻过于老实,把别人交代的假事当真事办。

【给给】gèi gei(词)❶交给,送给。前一给字为动词, 表示给予的动作,后一给字为助词, 强调行为的实现。[例]快把东西~人家。❷让人承受。[例]~谁也受不了。

【给脸不要脸】gèi lián bú yáo liàn(熟)给了面子不领情,反而变本加厉。[例]你别~,一个劲地闹!

【给驴抚琴】gèi lü fü qìng(词)犹对牛弹琴。

【给人】gèi rèng(词)指把女儿许配人家。[例]丫头还小呢,不打算~。

【给爷爷画胡子】gèi yè ye huá hù zi(熟)比喻扫地不细心,不干净,像给泥神或神像画胡子。

【给狗量了糠】gèi gòu liàng le kāng(词)量:购买。狗是不需要买糠喂的,比喻白花钱。

geng

【根根底底】gēng geng dí di (词)根底,底细,来路。[例]他和她是老乡,对她的~都清楚。

【根根子】gēng geng zi(熟)即根源,根底。[例]要从~上查呢!

【根瓜】gēng gua(词)指瓜类作物靠近根部的果实。一般长不大,要提前摘除。

【根子户】gēng zi hú(词)指“四清”运动中工作队员吃住的贫下中农家庭。

【跟得恋】gēng di lián(熟)指小孩对经常带领的大人特别依恋。

【跟斗虫】gēng dou chòng(词)即孑孓,

蚊子的幼虫。

【跟沟子的谎】gēng góu zi di huàng (熟)谎话不断。[例]那个人~,话不能信。

【跟集】gēng jí(词)赶集。

【跟你熬着】gēng ni aō zhe(熟)奉陪到底。[例]你不怕浪费时间,我~!

【跟前】gēng qian(词)❶身边,[例]往我~靠靠。❷附近。[例]住在~,没事就来。❸日期临近。[例]到了年~再买。

【跟群】gēng qiòng(词)某些动物的本能。这里指从众。

【跟人】gēng rèng(词)女人自愿和男子通奸或非法同居。[例]我又没~,羞啥?

【跟人比种田,不跟人比过年】gēng rèng bí zhóng tiàn,bú gēng rèng bí guó niàn(谚)谓要跟别人比勤劳致富,不比享受。

【跟上个好鬼,喝一口好水,跟上个恶鬼,喝一口恶水】gēng shang ge hào guì,hé yi kòu hào shuì,gēng shang ge é guì,hé yi kòu é shui(熟)"好鬼""恶鬼"比喻好的或不好的领头人。

【跟上个娃娃】gēng shang ge wà wa (熟)带领、抚养孩子。[例]~,哪里都走不了。

【跟上狼吃肉,跟上狗吃屎】gēng shang làng chí róu,gēng shang góu chí shì(熟)比喻跟上能力强的人干可改善福利,跟上无能的人干只能吃苦受穷。

【跟上啥人学啥人,跟上巫婆学跳神】gēng shang shá rèng xué shá rèng, gēng shang wū pò xué tiáo shèng (谚)比喻接近什么样的人就会受什么样的影响。

【跟舒服有仇】gēng shū fu yòu còu (熟)反话,谁也不反对舒服。[例]难道~?

【跟头轱辘】gēng tou gú lu(词)❶连续生育,子女很多。❷被别人打得摔倒或逃跑。

【跟问】gēng weng(词)犹追问。[例]我~了几遍,他都是那句话。

【跟踪】gēng zōng(词)跟随监视、追踪。

【跟嘴】gēng zuì(词)正好赶上别人家开饭,参加进来一起吃。多用于调侃。[例]真是个~的。

【庚帖】gēng tie(词)旧时男女订婚时交换的写有姓名、生辰八字、籍贯、祖宗三代等内容的帖子。

【耕读班】gēng dú bān(词)一度时期农村里开办的业余识字班,也叫耕读小学。

【耕读传家久,诗书继世长】gēng dú chuàn jiā jiù,shī shū jí shí chàng(熟)古训。义如文。

【耕读小学】gēng dú xiáo xue (词)过去曾由生产队主办的半耕半读小学。

【够不着】géng bú zhuò(词)超出能力

或范围,触摸不到。

gong

【工辰】gōng cheng(词)时间,时辰。[例]买盒烟能用这么大~?

【工分工分,社员的命根】gōng fēng gōng fēng,shé yuàn di míng gēng(顺)农村大集体时社员的顺口溜。

【工分挣了三千五,不如肚子鼓一鼓】gōng fēng zéng le sān qiān wù,bú rù dú zi gú yí gù(顺)挣工分多不如生小孩多,因为多生小孩可以多分口粮。

【工夫】gōng fu(词)时间。[例]怎么去了那么大的~?

【工字钢】gōng zi gāng(词)截面为工字形的长条形钢材。

【公安】gōng ān(词)警察的俗称。[例]几个~把他带走了。

【公报私仇】gōng báo sī còu(词)假借公事报私人的仇恨。

【公道不公道,只有天知道】gōng dao bú gōng dao,zí yòu tiān zhī dao(熟)意为我不加评论,老天爷自然知道。"天"指上天或神灵,亦指公众。

【公道良心】gōng dao liàng xing(词)指出于良心和公道。

【公道自在人心】gōng dao zí zái rèng xīng(谚)人心,众人的心。谓众人自然有公正的评价。

【公干】gōng gán(词)公事。常用于戏谑性问话。[例]有何~?

【公公领媳妇】gōng gong líng xí fu(熟)指公爹和儿媳的暧昧关系。领:占有;媳妇:儿媳妇。

【公公踏了媳妇的脚——爹的过】gōng gong tá le xí fu di jué—diē di guó(歇)戏谑语,常用于向熟人道歉时顺便占点口头便宜。过:过错。

【公公子】gōng gong zi(词)即公爹,丈夫的父亲。

【公共食堂】gōng góng shí tàng(词)指"大跃进"初期以生产队为单位的集体食堂。

【公家】gōng jia(词)❶指国家机关、团体等。❷指公共场所或公共设施。[例]即使是~的东西,也不能随便损坏。

【公交稻】gōng jiāo dáo(词)20世纪60—70年代当地普遍种植的一个水稻品种。

【公了】gōng liào(词)指通过政府或司法部门调解、裁决纠纷,跟私了相对。

【公粮】gōng liàng(词)指国家依法向农户或农业集体经济组织征收的农业税,一般折合成粮食,叫~。2005年起免除。

【公社】gōng shè(词)即人民公社。1958—1982年农村政社合一的集体所有制经济组织。

【公审】gōng shèng(词)我国人民法院公开审判案件的一种方式,即在群众参加下审判有重大社会意义的案件。

【公说公有理，婆说婆有理】gōng shuó gōng yòu lì，pò shuó pò yòu lì（熟）各说各有理，争论不休。[例]~，啥时候有个完？

【公所地方】gōng suo dí fang（词）办公场所或公共场所。

【功到自然成，火到猪头烂】gōng dáo zí ràn chèng，huó dáo zhū tòu lán（熟）只要工夫下到、时间熬到，就会达到预期目的。

【功到自然成】gōng dáo zí ràn chèng（谚）工夫下到了，自然会有效果。

【功劳】gōng lao（词）即农家肥。

【供养】gōng yang（词）供给，抚养，赡养 。[例]~子女念书。

【拱腰】gōng yāo（词）隆起或弧形向上弯曲。[例]背罗锅（驼背）睡了个~炕，说话就抬扛。

【供销社】góng xiāo shè（词）❶特指供销合作社所开的门市部。❷旧时泛指商场。[例]到~买纸。

【供养】góng yang（词）❶做供品的馒头。❷供奉、敬奉。[例]神主子~在堂屋。

【供桌】góng zhuó（词）陈列供品的桌子。

gou

【勾搭】gōu da（词）引诱或互相串通做不正当的事。[例]~成奸。

【勾刀】gōu dāo（词）安有长把、用于修剪高处树枝的镰刀形工具。

【勾倒腰】gōu dào yāo（词）弯下腰。[例]~往井里看。

【勾掉】gōu diao（词）用笔把写在纸上的字画掉，表示删除。[例]把他的名字从候选人名单里~。

【勾魂】gōu hòng（词）人的灵魂被鬼神招走。迷信。[例]~的小鬼。

【勾连】gōu lian（词）勾结。[例]人都怀疑他跟黑道有~。

【勾芡】gōu qián（词）在菜肴接近成熟时，将调好的淀粉汁淋入锅内，增加汤汁浓度，改善菜肴的色泽和味道。

【沟蛋子】gōu dàn zi（词）屁股蛋。

【沟墩子】gōu dōng zi（词）屁股蛋子。

【沟沟子】gōu gou zi（词）指很小的沟。[例]路上尽是~，车根本走不快。

【沟壕】gōu hào（词）两个屁股蛋儿之间的沟。

【沟门子】gōu mèng zi（词）肛门。

【沟门子挣翻】gōu meng zi zéng fān（熟）形容使出所有的力气。[例]就是把~，这活也干不完。

【沟是沟壕是壕】gōu shi gōu hào shi hào（词）形容地面不平整。[例]这些田~的，咋种啊？

【沟眼子】gōu yán zi（词）肛门。

【沟子】gōu zi（词）屁股。[例]~斜跨在炕沿上。

【沟子沉】gōu zi chèng（熟）形容一坐下来就不想离开。

【沟子大的一坨坨子】gōu zi dá di yí tuò tuo zi(熟)形容地方太小。

【沟子后头】gōu zi hóu tou(词)屁股后面,或身子后面。

【沟子夹紧腰挺硬,耧尖入土不停顿,种子下到沟里头,不出好苗我不信】gōu zi jiá jìng yāo tíng yíng,lù jiān rú tù bú tìng dóng,zhóng zi xiá dao gōu lí tou,bú chú hào miào wó bú xíng(顺)用木耧播种的顺口溜。

【沟子里插擀杖——通匠】gōu zi ni chá gán zhang—tōng jiang(歇)对无事不晓者的讽语。

【沟子里夹辣角子——拧红了】gōu zi ni jiá lá ge zi——nìng hòng le(歇)对喜欢在人前显摆、表现的讽刺。

【沟子上挂锣——爱个叮叮当当】gōu zi shang guá luò——ái ge dīng ding dāng dang(歇)喜欢演戏、看戏。

【沟子上连根毛也没有】gōu zi shang liàn gēng mào ye mú yòu(熟)比喻没有留下后代。[例]打了一辈子光棍,~。

【沟子吓松了】gōu zi xiá sōng le(熟)沟子:肛门。高度恐惧时产生的一种生理反应。常指受过大的挫折而变得胆小。

【沟子坐稳】gōu zi zuó wèng (熟)比喻沉着镇定,压住阵脚。

【狗屄锁子】góu bi suó zi(词)比喻对钱财只进不出、十分抠啬的人。[例]那是个~,钱到了他手里就别想拿出来。

【狗屄锁子——光进不出】góu bi suó zi——guāng jíng bú chú(歇)以狗交配时母狗的阴道暂时锁住公狗阴茎的现象比喻悭吝、小气、舍不得花钱的人。

【狗不吃屎还要闻个底盘子】góu bú chí shì hài yao wèng ge dǐ pan zi(熟)犹狗改不了吃屎。比喻一旦养成习惯,很难改掉。

【狗不嫌家穷,儿不嫌母丑】góu bú xiàn jiā qiòng,èr bú xiàn mù chòu(谚)谓子女不嫌父母贫穷和长相丑陋。

【狗吃屎】góu chí shì(词)摔趴下。[例]不小心被石头跘倒,摔了个~。

【狗吃羊肠子——连拉带甩】góu chí yàng chàng zi—liàn lā dái shuài(歇)指肆意挥霍、糟蹋。

【狗大的岁数】góu dā di suí su(熟)比喻岁数不大。[例]你才~,就装老汉?

【狗戴罐子——冒碰】góu dái guán zi—máo péng(歇)对言行盲目者的讽语。

【狗肚子里盛不住酥油】gòu dú zi ni chèng bu zhú sū you(熟)狗吃了酥油就要拉肚子。比喻肚子里装不住话。

【狗粪扬了场】góu feng yàng le chàng(词)比喻挥霍浪费。

【狗见了生人】góu jián le sēng reng(熟)像狗见了陌生人一样目不转睛地

看着。调侃。

【狗揭门帘子——嘴劲儿】góu jié mèng liàn zi—zuí jingr(歇)对只有嘴劲没有干劲者的讽语。

【狗借绳力】góu jié shèng lí(谚)狗在拴住的时候特别凶,比喻仰仗某种势力而狐假虎威。

【狗浪荞麦】góu láng qiào mia(熟)比喻不正当的男女关系。

【狗尿尿蘑菇】góu niáo niao mào gu(词)民间认为狗撒尿到树上能生出蘑菇,但不可采食。

【狗皮膏药】góu pi gāo yue(词)真正的狗皮膏药可消肿止痛。但常比喻骗人的假货。

【狗屎辣子】góu qiu lá zi(词)形状尖细、辣味较浓的辣椒。

【狗屎猫屌子】góu qiu mào diào zi(词)形容琐碎和无关紧要的东西。[例]那些~的东西,别带。

【狗是忠臣,猫是奸臣】góu shí zhōng chèng, mào shí jiān chèng(熟)狗依恋主人,不轻易离开;猫受到诱惑容易离开原主人。

【狗头军师】góu tou jiōng shī (词)比喻爱给人出主意但主意不高明的人。也比喻专门给人出坏点子的人。

【狗坐轿子——不识抬举】góu zuó jiáo zi——bú shí tài ju(歇)义如文。

【狗屉的也是我屉的,人屉的也是我屉的】gòu bá di yé shi wò bá di,rèng bá di yé shi wò bá di(熟)不分青红皂白,把错误归咎于一人。

【狗馋了舔灯,人馋了说亲】gòu chàn le tiàn dēng,rèng chàn le shuó qīng(熟)旧时用香油点灯,常被狗偷舔。说亲:做媒人。

【狗耷拉】gòu tā la(词)形容狗用舌头舔食的样子。

【狗打喷嚏天阴呢】gòu dá péng ti tiān yīng ni(谚)狗若打喷嚏,预示天要下雨。常用于熟人间的调侃,如有人打喷嚏,便说:"~"。

【狗逮老鼠——多管闲事】gòu daì lào chu—duō guàn xiàn shi(歇)骂人的话。谓不让管,不该管 或没必要管。

【狗改不了吃屎】gòu gái bú liáo chí shì(谚)比喻本性难改。

【狗慌了前爪子】gòu huāng le qiàn zhuá zi(熟)比喻惊惶失措,忙无头绪。

【狗揽八头食】gòu lān bá tòu shí(熟)比喻揽的事情太多,以致干不好。

【狗连亲家】gòu liān qíng jia (词)比喻出于某种目的结成但经不起时间和风浪考验的关系。

【狗撵笸脖子狼】gòu nián qié bo zi làng(谚)比喻向处于劣势的人发起攻击。笸脖子狼:身体有病或受伤的狼。

【狗屁】gòu pi(词)比喻毫无价值的言词或事物。[例]~不通。

【狗屁不通】góu pí bú tōng(词)❶指责别人说的话、写的文章不通顺。❷

斥责别人做的事没道理。

【狗扇凉】gòu shān liàng(词)形容狗伸着舌头散热。

【狗屎底盘子】gòu shi dǐ pan zi (词)男子头顶上留的一坨短发。

【狗铁绳】góu tié sheng(词)拴狗的铁链。也用于讽刺粗项链。

【狗头上的毛，多长就多长】gòu tòu shang dí mào,duō chàng jiú duō chàng(熟)比喻没长进,没发展。

【狗头上造下三把糠，泥神爷爷造下一炉香】gòu tòu shang záo xia sān bà kāng,mì sheng yè ye záo xia yí lù xiāng(熟)造下,上天注定或赐予。

【狗头上招棒】gòu tòu shang zhāo báng(熟)指挨打或招致挨打。贬义。[例]你是想~呢!

【狗腿子】gòu tuí zi(词)走狗,为恶势力效劳做帮凶的人。

【狗娃娃】gòu wà wa(词)狗崽。

【狗咬穿烂的，人溜有钱的】gòu yào chuān lán di, rèng liū yòu qiàn di(熟)比喻势力小人像狗一样嫌贫爱富。

【狗咬的,自找的】gòu yáo di,zí zháo di(熟)比喻咎由自取。

【狗咬碾磨的——找着挨锤子】gòu yào duán mó di— zháo zhe ài chuì zi(歇)比喻没事找事,惹祸上身。

【狗咬狗,一嘴毛】gòu yào gòu,yí zuì mào(谚)对为私利而争斗的讽语。

【狗咬狗】gòu yào gòu(词)比喻坏人之间互相争斗。

【狗咬皇上——臊了龙驾】gòu yào huàng shang—sáo le lòng jiá(歇)比喻地位低下的人使有地位的人丢面子、难堪。也比喻败兴,臊毛。

【狗咬吕洞宾，不识好狎人】gòu yào lǘ dóng bīng,bú shí háo há rèng(顺)义如文。吕洞宾:相传八仙之一,专做善事。狎:坏。详见附录二。

【狗咬汽车——不懂机器】gòu yáo qí chē——bú dòng jī qi(熟)对外行的讥讽语。

【狗咬一口，黄米三斗】gòu yáo yí kòu, huàng mi sān dòu(顺)旧时狗咬了人，狗主人必须向被咬者赔偿。“黄米三斗”是约数。

【狗蝇子】gòu yíng zi(词)寄生在狗身上的一种飞虱。

【狗崽子】gòu zái zi(词)骂人的话,犹狗生的。“文化大革命”中指家庭出身不好的子女。

【狗仗人势】góu zháng rèng shí (词)比喻依仗某种势力欺负人。

【狗爪子】gòu zhuá zi(词)一种形似~的油炸面食。

【狗走遍天下吃屎,狼走遍天下吃肉】gòu zóu bián tiān xia chí shì,làng zóu bián tiān xia chí róu(谚)比喻本性难改。

【枸杞子】góu ji zi(词)枸杞的植株或其果实。

【枸杞子离不了水，见不得水】góu ji zi lì bú liao shuì,jián bú de shuì(熟)谓枸杞生长期间必须浇水,但忌讳大水漫灌和地表积水。

【够份儿了】góu fèngr le(词)谓可以了,再不要提更高的要求了。

【够斤放到斤上,够两放到两上】góu jīng fáng dao jīng shang, góu liáng fáng dao liáng shang(熟)比喻量才用人。

【够呛】góu qiáng(词)够受的,受不了。[例]累得~。

【够日子】góu rí zi(词)❶瓜果等达到成熟期限。❷产妇足月生产。

【够受的】góu shóu di(词)超过人的忍耐或承受能力。[例]一口气跑了十几里,~了。

gu

【咕嘟】gū du(词)小声说话,多指自言自语并带不满情绪。

【咕囔】gū nang(词)犹咕哝,多次说。[例]给办了吧,他~的时间长了。

【孤儿寡母】gū ér guà mù(词)男子死后留下的妻子儿女。

【姑表姊妹】gū biào zí mei(词)姑母舅舅之子女。

【姑姑】gū gu(词)❶尼姑。❷父亲的姐姐或妹妹。

【姑奶奶】gū nái nai(词)❶父亲或母亲的姑妈。❷一种出于无奈而乞求女性的称谓。❸女性撒泼使横时的自称。

【姑爷爷】gū yè ye(词)父亲或母亲的姑爹。

【姑子】gū zi(词)丈夫的妹妹。[例]婆媳不和是的~过。

【箍鳖】gū bié(词)一种简单的棋类游戏。

【箍缸的】gū gāng di(词)即箍缸匠。用竹篾做的箍带,箍在有裂纹的缸盆外围 ,使之不再漏水。

【箍缸箍盆,不能箍(估)人】gū gāng gū pèng, bú nèng gū(gú)rèng(谚)比喻人的能力和潜力不可妄估。

【箍箍子】gū gu zi(词)旧指约束或管制人的政治帽子。[例]给他闹个~戴上。

【箍桶匠】gū tóng jiang(词)旧时以制作水桶为业的匠人。

【箍住】gū zhu(熟)包围、围困。[例]来了一群人,才把它~。

【咕咕等】gū gu dèng(词)一种斑鸠,因叫声为“咕咕——等”而得名。

【骨碌碌】gū lū lu(词)一种带轮子的玩具。

【估摸】gú mo(词)估计。[例]我~着他快来了。

【固着客人刁包袱】gú zhe ká reng diāo bāo fu(熟)不合情理地硬逼或强夺。固:强迫。刁:夺。[例]总不能~吧?

【固住了】gú zhú le(熟)抵制、抗拒奏效。[例]一个碎娃娃就把大人~!

【咕嘟嘟】gú dú du(词)形容水或其他流质东西涌冒出来的样子。

【咕咕喵】gú gu miāo(熟)秘密,蹊跷。[例]他看出了里面的~。

【咕里㖞迭里㖞】gú li bái dié li bái(熟)比喻胡话,反悔的话。[例]活干完了,你又说~的话(赖话)!

【蛄蠕蠕】gú rú ru(词)像虫子蠕动般的不舒服感。[例]快把手拿掉,摸得~的,心疯死了!

【蛄挼挼】gú ruá rua(词)像虫子或小动物在皮肤上蠕动的感觉。

【古了】gú le(熟)形容东西使用时间太长,快要变成古董了。[例]这张桌子都快用~。

【古正桥】gú zheng qiào(词)旧时沟桥(已废),古正村因此得名。古正村现并入李俊镇古光村。

【谷莠子】gú yóu zi(词)野谷子。

【谷雨】gú yu(词)二十四节气之一,在每年4月19、20或21日。[例]~前后,种瓜点豆。

【谷子不怕小,就怕坷垃咬】gú zi bú pá xiào, jiú pá ké la yào(谚)谷子喜欢生长在细密的土壤里,如遇土块多的土地,则影响出苗和生长。

【股份基金】gú feng jī jīng(词)农业合作化时,农民以土地等生产资料折价入股,叫~。

【股股苗】gú gú miāo(词)春天的猪草根,白嫩微甜,可生吃,亦可拌面粉蒸食。

【骨缝开了】gú fēng kāi le(词)指妇女生产时子宫口张开。

【骨碾子】gú nián zi(词)赤裸的上身,也叫精~。甘肃亦有此说。

【骨尸】gú shi(词)毛病多,爱生事。[例]~太多了!

【骨头差事】gú tou chāi si(词)❶按规定应交纳的皇粮国税和承担的劳役。❷人一生中必须经历的个别疾病,如麻疹等。

【骨头骨脑】gú tou gú nào(词)形容宰杀后肉瘦骨头多的动物。[例]~的,没吃头。

【骨头架子】gú tou jiá zi(词)形容牲畜瘦得皮包骨头。

【骨头主人】gú tou zhú reng(词)一般指舅舅。

【骨血】gú xie(词)指子孙后代。[例]他(她)是你的亲~。

【鼓鼓囊囊】gú gu náng nang (词)形容袋内塞满了东西。[例]口袋里塞得~。

【榾榾子】gú gu zi(词)即树的枝干。[例]人一完,尽是来掰~的(分遗产)。

【鼓胀】gú zhang(词)中医指由水、气、淤血、寄生虫等引起的腹部膨胀病。

【固此】gú cì(词)固然,当然。[例]话~是这个话,但要变个说法。

【故土难离,穷家难舍】gú tù nàn lì, qiòng jiā nàn shè(谚)谓住惯了的地

方不愿离开。

【顾不上】 gú bú sháng(词)没时间顾及。[例]最近太忙,~看书。

【顾活】 gú huo(词)顾及、养活、维持。[例]连自己都~不住,怎么照顾别人?

【顾家】 gú jiā(词)关心顾念家庭,多指照管家务,赡养家属等。

【顾紧】 gú jìng(词)帮助解决紧急困难。

【顾理】 gú li(词)顾及,打理,[例]连眼前的生活都~不住,哪有钱买保险。

【顾前不顾后】 gú qiàn bú gú hóu(熟)形容只顾眼前而忘记了今后,忙乱无序,冒失莽撞。

【顾头不顾尾】 gú tàu bú gú yì (熟)做事没头绪,或只考虑眼前,不考虑后果。

【雇农】 gú nòng(词)旧时农村中没有或少有土地农具、主要靠出卖劳动力为生的农民。

【锢漏锅】 gú lou guō(词)指用溶化了的铜水修补铁锅裂缝。

【鼓包】 gù bāo(词)物体上的凸起。[例]桌面子~了。

【估堆儿】 gù duīr(词)不用衡器和量具而用眼睛估计出数量进行交易。[例]剩下的菜,都~卖了。

【固抗】 gù kàng(词)抵触,抗拒。

【咕搅】 gù jiao(词)指搅拌液体或食物。[例]你有风湿病,少~水(沾水)。|饭叫你~了半天,别人咋吃?

【古典】 gù dian(词)典故,故事。[例]他肚子里~多着呢。

【古董烂铁】 gù dong lán tié(词)指废品。

【古董烂铁,腰里一别】 gù dong lán tié, yāo ni yí bié(顺)不管什么东西,都先收集起来。

【古光】 gù guāng(词)地名,取"古正桥"首字加"光明"义命名,在李俊镇。[例]~大队(1961 年)。|~村(1983 年 6 月)。

【古经】 gù jīng(词)经历、见识。[例]奶奶的~多,就听她的。

【古式东西】 gù shi dōng xi(熟)指年代较久的用具。[例]家里有几件~。

【鼓空声高,人空话大】 gù kōng shéng gāo, rèng kōng huá dá(熟)谓没有真才实学的人往往狂妄自大,喜欢吹牛。

【鼓棱棱】 gù léng leng(词)物品放置不平稳、不牢固。[例]玻璃杯子放得~的,小心打(烂)了。

【鼓楼】 gù lou(词)旧时建在城市中心、悬挂报警报时钟鼓的楼阁。

【鼓手】 gù shou(词)即唢呐。[例]八十岁学~——气短了。

【古台寺】 gù tài sí(词)自然村名,在望远镇永清村。

gua

【瓜】 guā(词)❶傻。[例]这个娃娃~着呢! ❷葫芦科植物,果实可以吃。

【瓜菜半年粮】 guā cái bán niàn liàng(熟)粮食短缺时以瓜菜代替,聊度饥荒。

【瓜菜代】guā cái dái(词)用瓜菜代替粮食。[例]低标准,~。

【瓜铲】guā chàn(词)种瓜的专用铁铲。

【呱呱叫】guā guā jiáo(熟)极好、优秀。[例]别说当民兵,就是当个正式兵,也是~的。

【瓜蠡】guā li(词)用半个葫芦做的瓢,也指用树根挖制的大木勺。

【瓜皮帽】guā pì máo(词)像半个西瓜皮状的旧式便帽,一般用六块黑缎子或绒布连缀而成。

【瓜熟自落】guā shú zí luó(熟)❶比喻怀孕达到正常时间,自然会生产。❷泛指条件成熟,问题容易解决。

【瓜田里的葫芦——怪种】guā tiàn ni di hú lu—guái zhòng(歇)比喻性格古怪,不合群。

【瓜窝棚子】guā wō peng zi (词)种瓜、看瓜人住的窝棚。

【瓜子脸】guā zí liàn(词)形容上宽下窄的脸型。

【呱嗒嗒】guá dá da(词)形容母鸡叫唤的声音。

【呱呱鸡】guá gua jī(词)一种生活在芦苇荡里的小鸟,经常发出"呱呱呱"的叫声。

【呱唧呱唧】guā ji guā ji(熟)连续鼓掌。也用于号召大家鼓掌。[例]这个歌子唱得好,大家~!

【呱朗朗】guá láng lang(词)形容爽朗的笑声。[例]刚才还笑得~的,怎么一会儿又哭了?

【刮地皮】guá dí pì(词)比喻贪官污吏千方百计搜刮人民财产。旧时也指官府收取捐税。

【刮风吃炒面——难张口】guá fēng chí cháo mian—nàn zhāng kòu (歇)难以开口的事。

【刮风扬场,下雨塓墙】guá fēng yàng chàng, xiá yù mī qiàng(谚)指借助自然力量做事。

【刮净】guá jing 词)干净,清爽。[例]这筐青菜~得很。

【刮亮】guá liang(词)即清洁,干净,光亮。[例]屋里收拾得可~了。

【刮木】guá mu(词)胶轮大车上的刹车。

【刮婆子】guá po zi(词)形容喜欢占小便宜的人。[例]~妈养了个~女儿。

【刮索】guá suo(词)少量地、不断地占便宜。[例]老俩的钱,硬叫几个子女~光了。

【刮碗子】guá wán zi(词)即喝盖碗茶。喝时用托盘托起茶碗,用盖子刮动茶叶使茶料入味,然后用嘴吸着喝。

【寡蛋】guá dan(词)指未受精而不能孵化的禽蛋。[例]孵鸡前,用灯光把鸡蛋照一遍,把~挑掉。

【寡妇门前是非多】guá fu mèng qiàn shí fēi duō(谚)死了丈夫或离婚的女人容易引起人们对其私生活的关注,

产生各种议论。

【**寡妇失业**】guá fu shí yé(词)没有经济来源和依靠的寡妇。

【**寡妇站在门槛上——有走心,无守心**】guá fu zhán zai mèng kán shang—yòu zòu xīng,wù shòu xīng(歇)无意继续守寡。比喻不想继续待在原地或原单位。

【**寡故无情**】guá gu wù qìng(词)缺少或不讲情义。

【**挂**】guá(词)指婚外情。[例]在外头~了个野的。

【**挂彩**】guá cài(词)作战中负伤。

【**挂单**】guá dān(词)❶行脚僧投宿寺院。❷指寄人篱下。[例]住在别人家里,跟个~的似的。

【**挂镫**】guá déng(词)指人从疾驰的马背上掉下来,但脚还套在马镫里的危险情形。

【**挂果**】guá guò(词)新栽的果树开始结果。

【**挂了号**】guá le háo(词)❶被别人发现并记住。(多指坏事)❷在有关部门落了案。❸在领导脑子里留下深刻印象。

【**挂脸子**】guá lián zi(词)吊着脸子。[例]遇到不高兴的事就~。

【**挂面子**】guá mián zi(熟)在白板皮袄上缝一层布面。

【**挂钱子**】guá qian zi(词)过年时挂在门楣上的彩色剪纸帘儿。

【**挂睃**】guá suo(词)看见,发现。[例]钱装好,别叫小偷~着了。

【**挂炭**】guá tán(词)买煤炭。因购买时须用秤钩挂在捆炭的绳索或盛炭的容器上称重,故称~。

【**挂瓦**】guá wà(词)盖房时把瓦铺在房顶上。[例]住着~的房子。

【**挂羊头,卖狗肉**】guá yàng tòu, mái góu róu(谚)❶指挂着好的招牌销售劣质货。❷比喻说得好,做得不好。

【**褂子**】guá zi(词)单上衣。

【**呱喊唠气**】guà hàn láo qí(熟)大声喊叫或号哭。

【**寡酒**】guà jiù(词)没有下酒菜的干喝(酒)。[例]一个人在那里喝~。

【**寡妈**】guà mā(词)守寡的母亲。[例]家里丢下个老~。

【**寡情薄谊**】guà qìng bò yí(词)指缺少情谊或不讲感情和友谊。

【**寡情少义**】guà qìng sháo yí (词)形容冷酷无情、刻薄自私。

【**寡晴没好天**】guà qìng mú hào tiān(谚)指连阴天突然放晴,还有可能下雨。

guai

【**乖**】guāi(熟)❶小孩听话,顺从。❷也指小孩健康。[例]娃娃~着呢吧?

【**乖歹了**】guāi dái le(词)❶指小孩健康且听话。❷也指牲畜驯服好使。歹:很。

【**乖乖的**】guāi guāi di(词)嘱咐小孩

听话,顺从。

【乖棒子】guái bàng zi(词)乖张、调皮的人。有时也指爱说酸笑话的人。

【乖张】guái zhang(词)幽默调皮、喜欢恶作剧和说酸笑话的人。

【乖尿】guài sòng(词)使坏、出坏主意、不正经的人。

【怪不怪】guái bú guái(词)疑问词,奇怪。[例]你说~?

【怪道】guái dao(词)原来如此。[例]~呢,原来他们是亲戚!

【怪老实】guái láo shi(词)挺老实。

【怪里怪哉】guái li guái zái(熟)奇怪的样子。[例]穿得~的。

【怪气】guái qi(词)奇怪,怪异,不随和。[例]这人咋这么~?

【怪声怪气】guái shēng guái qí(词)形容声音、语调、唱腔等滑稽或古怪难听。

【怪不得】guái bú de(词)难怪。[例]~他不去,原来怕见熟人。

【怪物】guái wu(词)特指性情古怪的人。[例]那是个~,别理他。

【怪种】guái zhòng(词)形容性格孤僻怪异,不愿与人交往的人。

【拐拐子】guái guai zi(词)拐角,角落。[例]桌~。

【拐儿腿】guàir tuì(词)指腿脚有毛病,走路一瘸一拐。

【拐弯抹角】guài wān mó jué(词)❶比喻说话绕弯,不直截了当。❷沿着弯弯曲曲的路走。

guan

【关到二门子外头】guān dao ér mèng zi wái tòu(熟)比喻排斥在圈子以外。二门:古时深宅大院的第二道门。

【关防】guān fang(词)❶旧时官府的一种长方形公章。❷官府的公文。

【关公面前耍大刀】guān góng mián qiàn shuá dá dāo(谚)比喻在行家面前卖弄本领。关公即关羽,蜀国名将,善用大刀。

【关口渡口,气死霸王】guān kou dú kou,qí si bá wang(谚)比喻遇到关卡渡口,再有权威的人也得服从其规定和要价,否则就难以过去。

【关饷】guān xiàng(词)旧时发放薪金的称谓。

【关子】guán zi(词)规矩、潜规则。[例]不懂~。

【观场】guān chàng(词)观察现场,掌控全局。[例]才当上队长,还观不住场。

【观点】guān diàn(词)❶特指"文化大革命"中各派对某件事情的不同看法。❷观察事物时所处的位置或采取的态度。

【观平路】guān pìng lú(词)县级公路,东起大观桥,西至平吉堡,全长26.2公里。1971年始建,1978年改今线。

【观棋不语真君子,酒后多言是小人】guān qì bú yù zhēng jiōng zi,jiú hóu

duō yàn shí xiáo reng(熟)告诫语。

【观桥】guān qiào(词)地名,因桥得名,原名大官桥,后改大~,今属杨和镇。[例]~村(1983年6月后)。

【观睃】guān suo(词)观察。[例]在暗处~。

【观音菩萨】guān yīng pù sa (词)即观世音菩萨。佛教徒认为是救苦救难之神。

【官报私仇】guān báo sī còu(词)假借公事发泄私愤。

【官逼民反】guān bí mìng fàn(词)在反动统治者的残酷剥削压迫下,人民无法生活而被迫造反。

【官不打送礼的,狗不咬屉屎的】guān bú dá sóng lí di,góu bú yào bà shí di(顺)对行贿受贿行为的讽刺。

【官差】guān chāi(词)公家分派的差事。善意讽刺临时抓差应急的行为。

【官场】guān chàng(词)旧官吏阶层及其活动范围。泛指政界。[例]~如戏场。

【官场如戏场】guān chàng rù xí chàng(谚)谓官场像演戏一样,互相角逐,变化无常。

【官大一级压死人】guān dá yí jí yá si rèng(谚)指上级以权力和级别压服下级。

【官大自富】guān dá zí fú(谚)旧指官当大了,就能靠贪污受贿变富。

【官的】guān di(词)公开,合法,习以为常。[例]白拿白吃几乎成了~。

【官饭】guān fán(词)比喻担任官职、靠俸禄生活。[例]吃~的。

【官官相维】guān guān xiāng wéi(词)指当官的人相互包庇、袒护、维持。

【官官子】guān guan zi (熟) 多指小官。有轻蔑义。[例]当了个小~,就觉得了不起。

【官宦人家】guān huan rèng jia(词)家里有做大官的人家。[例]我们平头百姓,比不得~。

【官记仇没衙役活的路了】guān jí còu mú yà yí huó di lú le(谚)长官如果记仇,下属就不敢说话和做事了。

【官家一桌酒,百姓半年粮】guān jia yí zhuó jiù,biá xing bán niàn liàng(谚)形容官场奢靡浪费。

【官价】guān jiá(词)官府的定价,一般比市价低,有强制义。[例]给这么点钱,简直是发~!

【官架子】guān jiá zi(词)指做官的威势派头。贬义。[例] 见了家乡人还摆~!

【官路】guān lu(词)旧称官府修建的大道,泛称大道。[例]~庙(官路旁的庙)。

【官马走到夷地——错走了交界】guān mà zóu dao yì dí—cuó zóu le jiāo jie(歇)指走出了国界。比喻超出权力或界线。

【官帽抹掉了】guān máo má diao le

(熟)比喻撤职。

【官迷】guān mì(词)指一心想做官或迷恋做官的人。

【官名字】guān ming zi(词)旧时由官方登记造册时所用的名字,即今之学名。与小名对应。

【官凭印信虎凭山】guān pìng yíng xíng hù pìng shān(熟)做官凭印信发号施令,老虎靠大山生存繁衍。

【官前少跑,马后少扰】guān qiàn shào pào,má hóu shào rào(熟)跟官吏走得太近容易招惹是非,常在马后骚扰会被马踢。

【官体】guān tì(词)官吏的体面和尊严。[例]问人借个钱嘛,能把你的~失了?

【官小不做,马瘦不骑】guān xiào bú zuó, má sóu bú qì(熟)比喻好高骛远,不愿做普通工作。

【官修衙门客修店】guān xiū yà meng ká xiū dián(谚)对"官不修衙,客不修店"古训的反用,有讽刺、反感义。

【官走十条路,九条民不知】guān zóu shí tiào lú, jiù tiào míng bú zhī(谚)旧指官家做事诡秘不公开,普通百姓无从知晓。

【棺材瓤子】guān cai ràng zi(词)比喻年事已高的老年人。

【棺材头上放屁——给死人胀气】guān cai tào shang fáng pí——gèi sí reng zháng qí(歇)"死人"非实指,是借死人比喻受气的活人。

【棺材头上有喜,新人头上有煞】guān cai tòu shang yòu xì,xīng reng tòu shang yóu shá(熟)迷信说法。煞:凶神或恶鬼。

【棺钉】guān dīng(词)钉住棺盖的长钉。

【冠】guān(词)❶扎。[例]在人中上~了一根针,才慢慢醒过来。❷别,戴。[例]把花~在头发上。

【管总的话】guān zóng di huá(熟)总结性、概括性的话,犹一言以蔽之。[例]我说句~。

【管不住】guán bú zhú(熟)失去管束能力。[例]这几个人我~。

【管得宽】guán dí kuān(词)超出管理范围或管了不该管的事。

【管管子】guán guan zi(词)❶比喻门道。[例]不懂~。❷比喻运势。[例]我最近的~不利。

【管管子不利】guán guán zi bú lí(熟)形势对自己不利或办事不顺利。

【管媒】guàn mèi(词)做媒,保媒。[例]一辈子爱给人~。

【管他妈嫁谁,我是压轿的】guàn tā mā jiá shuì,wó shi yá jiáo di(谚)比喻不受情况变化影响,该干啥照干啥。压轿:陪姐姐出嫁的弟弟或妹妹。

【管闲事】guàn xiàn shi(词)❶爱管与己无关的事。❷做媒。[例]最近给别人管了个闲事。

【管理区】guàn lí qū(词)公社化初期低于公社一级的经济组织,后改为生产大队。

【掼】guán(词)抓住东西的一端摔另一端，多用于粮食脱粒。[例]~秫秫头。|~稻子。

【惯导】guán dao(词)溺爱,娇惯。[例]娃娃这么娇,都是爷爷奶奶~的。

【掼跤】guán jiāo(词)摔跤。也叫跸跤。

【惯了自己的女儿,还惯了别人的媳妇】guán le zí ji di nűr,hài guán le biè reng di xí fu(熟)母亲不可娇惯女儿,否则出嫁后不会做家务,不孝敬公婆。

【灌肠】guán chang(词)一种食品,即把切碎的肉末拌上淀粉糊和佐料,一起灌入猪肠衣,煮熟可食。

【灌老鼠】guán lào chu(词)本指水灌鼠洞,逼老鼠出来。常做招待客人时只上茶水、不上菜肴的戏谑语。

【灌迷魂药】guán mì hong yué(词)比喻用甜言蜜语奉承人,迷惑人。

【灌米汤】guán mí tang(熟)比喻用甜言蜜语奉承人,迷惑人。[例]风摆柳,不久长,虚情假意~。

guang

【光板板】guāng bán ban(词)❶磨光了毛的皮革或刷子。❷脱光了牙齿的牙床。

【光翻眼睛不说话】guāng fān yán jing bú shuó huá(谚)形容眨巴着眼睛尽力回忆的神态或无言以对的窘态。

【光杆司令，不起作用】guāng gàn sí líng, bú qí zuó yóng(顺)比喻单靠一个人的力量完不成重大任务。

【光光脱脱】guāng guang tuó tuo(词)穿戴整齐、干净。[例]拾掇得~。

【光棍不吃眼前亏】guāng gong bú chí yàn qiàn kuī(熟)光棍指行侠仗义的好汉,也指地痞流氓。

【光棍的眼睛尖，红十认老天】guāng gong di yán jing jiān,hòng shí réng lào tiān(顺)调侃语。比喻看走了眼,空喜一场。光棍:这里指赌棍。“红十”和“老天”是“花花子”里的两种牌,图案、颜色相似,容易混淆。

【光棍生得苦,衣裳烂了没人补,有了米面没人煮，鸡鸡子胀了没处攮】guāng gong sēng di kù,yí shang lán le mú rèng bù,yóu le mí mián mú rèng zhù,jī ji zi zháng le mú chu rù(顺)对鳏夫的调侃。鸡鸡子:阴茎。

【光棍挑担】guāng gong tiāo dán(熟)一种民房建筑格局。即单间房两侧各有一个套间。

【光会睡觉,不会翻身】guāng huí shuí jiáo, bú huí fān shēng(熟)思想呆板,不善应变。

【光唧秃鲁】guāng ji tú lú(词)形容光秃秃,光滑。[例]脸刮得~的,相亲去呢?

【光脚的不怕穿鞋的】guāng jué di bú pá chuān hài di(熟)比喻一无所有的

人不惧怕有财产负担的人。

【**光看秤，不看肉**】guāng kán chéng, bú kán róu(熟)比喻只关注一点,不顾其他而受骗上当。

【**光溜溜**】guāng liú liu(词)❶光滑。[例]瓦罐~的。❷一丝不挂。[例]娃娃脱得~的,小心着凉。

【**光明正大**】guāng mìng zhéng dá(词)襟怀坦白,言行正派。也指事情做在明处,没有隐瞒。[例]谈恋爱是~的事,不必羞羞答答。

【**光色**】guāng se(词)光彩、荣誉。[例]儿子成了博士,父母脸上也有~。

【**光说你出五关斩六将，不说你走麦城**】guāng shuó nì chú wù guān zhàn lú jiáng, bú shuó nì zóu miá chèng(熟)借《三国演义》中关羽的故事比喻只炫耀辉煌的历史,回避失败的事实。

【**光搪**】guāng tang(词)光滑,好看。[例]三合泥套出来的墙真~。

【**光淌眼泪不烧纸**】guāng tàng yán lü bú shāo zhì(熟)比喻光说好听话不给物质好处。

【**光秃**】guāng tu(词)平展、光滑。多指墙面,也指物品。[例]萝卜长得真~。

【**光响雷，不下雨**】guāng xiáng luì, bú xiá yù(谚)只说不做。

【**光阴比树叶子稠**】guāng ying bì shú yé zi chòu(词)比喻过日子不容易,要从长计议,细水长流。

【**光长耳朵不长嘴**】guāng zhàng er duo bú zhàng zuì(熟)开会时只听别人讲,自己不发言。常用于对他人的嘱咐和提醒。

【**广种薄收**】guáng zhong bò shōu(词)❶形容种植面积很大,单位产量很低。❷比喻广泛推行,收效甚微。

【**广成子的徒弟——一道金光**】guàng chèng zi di tù di—yí dáo jīng guāng(歇)比喻违背诺言、一去不返的人。详见附一。

【**桄桄子**】guáng guang zi(词)旧时计算线束的量词。[例]买了三~青线。

【**桄子**】guáng zi(词)竹木制成的绕线器具。

【**逛地方**】guáng dí fang(词)游览,旅游。[例]名义上出去考察,实际上是~。

【**逛街**】guáng gāi(词)到集市上购物、游览。

【**逛鸭鸭游**】guáng yá ya yōu(熟)像鸭子游水一样悠闲自在。比喻到处闲逛。

【**逛窑子**】guáng yào zi(词)指旧时到窑子院嫖妓。

gui

【**归置**】guī zhi(词)整理,有序摆放。[例]把炕上的东西~~。

【**龟龟龟，往家背**】guī guī guī, wáng jiā bēi(顺)指男子甘愿当王八,第三者就会不断地往家里送东西。讽刺语。

【**龟帽子**】guī máo zi(词)绿帽子。

【龟日鼠】guī rí chù(词)轻微的骂人话,犹不是好东西。

【龟孙子】guī sōng zi(词)骂人的话。犹杂种。

【龟头】guī tòu(词)讥称妻子有外遇的男人,也叫龟。

【龟娃子】guī wà zi(词)骂已婚男子的话,意为戴绿帽子的男人。

【龟贼】guī zèi(词)二流子,不干正事的男子。

【规矩】guī ju(词)❶守纪律,懂礼貌。[例]这个娃娃~得很。❷没有小拿小摸的毛病。[例]他的手不~,要小心点。

【闺门不紧】guī mèng bú jìng(熟)门风不好,家规不严。[例]两亲家吵架,女方亲家说:"你说我女儿外头有人,那是你们的~!"

【闺女】guī nü(词)❶女儿。❷没结婚的女子。

【诡计多端】guí jí duō duān(词)形容坏主意很多。

【鬼门关】guí meng guān(词)传说中阴间和阳间交界的关口,比喻凶险的地方。[例]从~上走了一回(历险)。

【鬼拍手】guí piá shòu(词)银白杨的俗称。刮风时叶子发出人拍手似的声音,故名。

【鬼票子】guí piáo zi(词)即冥币。供焚化以敬鬼神的纸钱。

【鬼叶蝶子】guí yé die zi(词)飞进屋里的灰色蝴蝶。迷信。

【鬼把戏】guì bá xi(词)阴险的计谋或手段。[例]不知他又要耍什么~?

【鬼扯钻】guì ché zuán(词)❶指不正当男女关系。❷背后捣鬼。

【鬼道】guì dao(词)❶捣鬼,不光明的事。[例]早就知道账上有~。❷在一起鬼混。[例]俩人早就~到一搭里了。

【鬼鬼倒交】guì gui dào jiāo(词)鬼鬼祟祟,捣鬼。[例]~的,生怕别人知道。

【鬼迷心窍】guì mì xīng qiáo(词)受他人蛊惑而认识不清。

【鬼眉子日眼窝】guì mi zi rí yán wo(熟)形容有意或无意把脸上弄得很脏。也用于对化妆过度者的贬词。

【鬼主意】guì zhù yi(词)❶歪点子,坏主意。[例]又在打~。❷新颖奇特的设想或办法。[例]这小子~多,不妨听听他的。

【贵人多忘事】guí rèng duō wáng shí(熟)对态度傲慢、不念旧交者的讽语。

【贵姓】guí xíng(词)询问他人姓氏的敬语。[例]请问你~?

【贵重】guí zhóng(词)器重,看重。[例]爷爷对两个孙子~得很。

【贵器】guí qi(词)器重,娇贵。[例]爷爷对男孙子特别~。

gong

【碌子】góng zi(词)用于打碾和镇压土地的圆柱体石碌。

【绲边】gòng biān(词)在衣服、布鞋等边缘上缝制圆棱边儿。

【滚沟跌崖】gòng gōu dié ài(词)形容困难和危险。[例]~也要按时把这些活干完。

【滚轱辘子】gòng gū lu zi(熟)形容东西或人在地上滚动。[例]叫别家打得在地上~。

【滚水】gòng shuì(词)刚烧开的水。[例]用~泡茶。

【滚掀】gòng xiān(词)要"花花子"术语,即"掀"牌不成功。

【滚崖】gòng ài(词)❶因失足而跌落悬崖。❷跳崖自杀。

guo

【锅撑子】guō cēng zi(词)用于摆放尖底锅的铁架儿。

【锅大碗小】guō dá wàn xiào (词)比喻家里或单位的经济状况。[例]自己的~自己知道。

【锅底坑】guō di kēng(词)形容地面上像锅底样的凹坑。

【锅吊起来了】guō diáo qi lai le (熟)比喻无粮断炊。[例]急什么? 又不是家里的~!

【锅耳子】guō ér zi(词)锅两边的抓手。[例]小心,~烫手呢!

【锅盖梁子】guō gái liàng zi(词)木制锅盖表面的横梁,既连接、固定锅盖木板,也做锅盖的抓手。

【锅盖上的米花子——熬出来了】guō gái shang di mì huā zi——āo chú lài le(歇)比喻终于熬出了头。

【锅锅子另安上,门门子另开上】guō guo zi líng ān shang,mèng meng zi líng kāi shang(熟)比喻分家过日子。

【锅开得早了把汽跑了】guō kāi di záo le bá qí páo le(熟)比喻过早暴露计划或目的。

【锅框】guō kuang(词)安装铁锅的灶台。[例]把~里的灰扒出来。

【锅盔】guō kui(词)用面粉烙制的大饼。

【锅里有了,碗里才有】guō ni yóu le,wán ni cài yòu(熟)犹大河有水小河满。

【锅里煮上了石头】guō ni zhú shang le shí tou(词)揶揄的话,形容做饭太慢。[例]饭怎么还没好,难道~?

【锅炉子】guō lu zi(词)指能移动的炉灶以及用这种炉灶在街上摆摊卖小吃。[例]卖~的。

【锅煤子】guō mi zi(词)锅底上的黑灰,旧时可做染料。

【锅笡了支给一下】guō qié le zhī géi yí ha(熟)"锅笡了"与"多谢了"谐音,当地人常以此语调侃。[例]甲:"多谢了!"乙:"~。"意为不必谢。

【锅上】guō shang(词)指锅灶。[例]在~忙(做饭)。

【锅刷刷子】guō shuā shua zi (词)用脱了粒的高粱穗绑扎的刷锅用具。现已由丝瓜瓤或金属丝替代。

【锅台连着炕，娃娃爬到锅台上喝米汤】guō tai liān zhe káng,wā wa pà dao guō tài shang hé mí tang(顺)旧时农家常把锅台和炕连着,这里是一种诙谐说法。

【锅屋】guō wu(词)厨房。[例]今天家里来了人,她一直在~里忙。

【锅灶】guō zao(词)犹厨艺。[例]她的~好,我做饭不行。

【锅爪子】guō zhuá zi(词)铸在锅底上呈三角形分布、用于支撑锅体的三只脚。

【国不能一日无君,家不能一日无主】guó bú nèng yí rí wù jiōng,jiā bú nèng yí rí wú zhù(谚)义如文。

【国不能一日无君,军不能一日无帅】guó bú nèng yí rí wù jiōng,jiōng bú nèng yí rí wù shuái(谚)义如文。

【国家干部】guó jiā gán bu(词)原指由国家财政支付工资、以脑力劳动为主的工作人员。现指公务员。

【国民兵,半吊子,钢枪不背背矛子,大路不走宛桥子,点名不到挨条子】guó mìng bīng,bán diào zi,gāng qiāng bú bēi bēi miào zi,dá lú bú zòu wán qiào zi,diàn mìng bú dáo ài tiào zi(顺)旧时老百姓对国民兵训练生活的揶揄。钢枪指步枪。矛子指长矛。宛:绕道。挨条子:被柳条抽。

【国民兵】guó bìng bīng(词)民国时期的士兵。

【国民兵训练】guó bìng bīng xióng lián(熟)指民国时期的民兵训练。

【过月了】guō yué le(熟)妇女怀孕超过预产期。

【过"黄河"】guó "huàng hè"(词)1956年制定的《全国农业发展纲要四十条》提出:在12年内,黄河以北地区粮食平均亩产要达到400斤。人们把这个奋斗目标叫作~。

【过"长江"】guó "chàng jiāng"(词)1956年制定的《全国农业发展纲要四十条》提出:在12年内,长江流域粮食平均亩产要达到800斤,通常把这个奋斗目标叫~。

【过百天】guó biá tiān(词)为初生婴儿一百天举行的庆祝仪式。

【过不去】guó bú ké(词)❶过意不去,内疚。[例]亲戚来了连饭都没吃就走了,我心里过也~。❷为难,作梗,设障。[例]故意跟他~。

【过犯子】guó fan zi(词)过错。[例]他有~你可以说,但不能打。

【过个冬至,长个中指,过个腊八,长个插板,过个年,长一椽】guó ge dōng zhí,chàng ge zhōng zhi,guó ge lá ba,chàng ge chá ban,guó ge niàn,cháng yí chuàn(谚)比喻过了冬至,白天时间会慢慢长起来。中指:插板和椽子均系以物喻时,非实指。插板见"插板子"条。

【过五关，斩六将】guó wù guān，zhàn liú jiáng（词）比喻英勇无比。典出《三国演义》，蜀将关羽过了五个关，斩了六员将。详见附一

【过个腊八，长个颌巴】guó ge lá ba，chàng ge há ba（谚）指过了农历腊月初八，白天会长一点。颌巴：下巴。

【过关】guó guān（词）让生病的小孩在庙宇的钟下或供桌下钻过，以求禳灾祛病。

【过光阴】guó guāng ying（词）过日子。

【过河的卒子顶个车】guó hè di zú zi díng gé jū（熟）指象棋中的卒过"河"后，只前进不后退，作用相当于车。

【过来过去】guó lài guó ké（词）比喻彼此都能接受。[例]~就行了，不要逼人太甚。

【过了"盖楼"】guó le "gái lou"（词）过头，过了限度。盖楼：汉字部首中的秃宝盖，下面的笔画不能出头。

【过了几个二月二，吃了几回炒蚕豆】guó le jí ge ér yué ér，chí le jì huì chào càn dou（熟）比喻年龄还小。农历二月初二吃炒豆子，过一次二月二增加一岁。

【过路财神】guó lu cài sheng（词）比喻暂时经手钱财的人或单位。[例]会计、出纳只是个~。

【过门】guó mèng（词）指姑娘正式嫁到男方家。

【过七】guó qí（词）回族纪念亡人的习俗，又叫"亡人节"。

【过头话少说，过头事少做】guó tòu huá sháo shuó，guó tòu shí sháo zuó（熟）谓说话做事要留有余地，不要绝对、过满。

【过一向】guó yí xiáng（词）过几天，过段时间。

【过余】guó yu（词）过头，过分。[例]话~多了。

【果不其然】guó bu qì ràn（词）果然如此。[例]~是他干的。

【果丹皮】guó dán pì（词）一种用干鲜红果或红果脯、苹果脯等制成的食品。

【果农】guò nòng（词）以种植果树为主的农民。

【果子渠】guò zi qù（词）汉延渠支渠之一，在李俊镇团结村处开口。

【裹脚】guó jue（词）即裹脚布子，旧时妇女缠小足的长布条。[例]懒婆姨的~，又臭又长。

【裹腿带子】guò tui dái zi（词）❶旧时中老年人缠在裤脚的布带。❷旧时士兵行军时缠在小腿裤子外面的布条。

H

ha

【哈密瓜倒了秧——没味气】hā mi guā dáo le yāng—mú wéi qi（歇）对别人不得体言行表示厌恶的话。没味气：没意思，讨厌。

【哈巴獦子跳门槛，又蹾沟子又蹾脸】há ba gè zi tiáo mèng kàn，yóu dōng gōu zi yóu dōng liàn（歇）比喻扫兴，丢人，尴尬。獦子：小狗。

【哈数】há su（词）底线、标准、尺度、原则等。[例]心里有~。

【狎的死不吃，好的活胀死】há di sí bú chí，háo di huó zháng sì（熟）意谓挑食。"狎"有坏、次、差的意思，详见附二。

【狎好】há háo（词）好赖，无论如何。狎：坏，不好。[例]这些钱~不能动。

【狎好人】há háo reng（熟）犹说好说坏都是他。狎：坏。详见附二。

【狎人】há rèng（词）坏人。狎：坏的意思，详见附二。

【狎㞞】há sòng（词）犹坏人，坏家伙。狎：坏的意思，详见附二。

hai

【海参头的席】hái seng tòu di xí（熟）比喻高级筵席。[例]就是摆上~，我也不去。

【海海子】hái hai zi（词）口小肚子大的坛子。[例]酱了一~蒜。

【海了】hái le（词）形容非常多，不计其数。[例]宁夏川区的稻田~去了。

【海子湖】hái zi hù（词）永宁县西部的一个天然湖泊。在李俊镇金星村境内。

【害病】hái bíng（词）生病。[例]那几天我正~，没去成。

【害愁】hái còu（词）发愁，犯愁。[例]最~的就是这个残疾娃娃。

【害带】hái dái（词）指拖累父母的小孩。[例]想离家出走，又撂不下这个~。

【害癀的】hái huàng di（词）癀指家畜的炭疽病，常做咒骂用词。[例]你这个~！

【害口】hái kòu（词）妇女妊娠初期的

择食现象。

【**害人**】hái rèng(词)有意识地诬陷、陷害他人。[例]~的事绝对不干。

【**害人如害己，害了旁人害自己**】hái rèng rù hái jì,hái le pàng reng hái zí ji(谚)谓做了害人的事,最终会祸及自己。害人:有意陷害他人。

【**害人之心不可有,防人之心不可无**】hái rèng zhi xīng bú kè yòu,fàng rèng zhi xīng bú kè wù(熟)谓不存害人之心,也不放松对坏人的警惕。

【**害娃娃**】hái wà wa(词)指孕妇的妊娠反应。

【**害眼**】hái yàn(词)患眼病。

【**还不是**】hài bu shi(词)❶还是。[例]说是不来,最后~来了。❷有容忍、不以为意、不关心的意思。多指他人的事。[例]死了~死了,谁又没惹他(她)。

【**还能动弹**】hài nèng dóng tan(词)指尚有劳动能力。[例]趁现在~,攒点钱,将来爬不动的时候花。

【**还是要养下呢**】hài shi yáo yáng xia ni(熟)谓还是要有亲生儿女呢。

【**还有八十三个**】hài you bá shi sān ge(熟)意为没有别的。八十三为约数。[例]问:“哪个主任?”答:“除了×主任,~主任?”

【**还有一说**】hài yóu yí shuó(词)情有可原,勉强说得通。[例]失手打伤~,如果是故意伤人,就不能原谅了。

【**海底捞月**】hài dì lāo yué(熟)象棋残局术语。

【**海参鱼肚**】hài sēng yù dù(词)泛指高级海味(鱼肚系用某些鱼类的膘制成)。[例]细米白面吃上不好,难道想吃~呢?

【**海碗**】hài wàn(词)大碗。[例]捞了一~面条。

【**鞋拔子**】hài bá zi(词)穿鞋的工具,用于拔起鞋后跟。

【**鞋帮子做了帽檐子——高升了**】hài bāng zi zuó le máo yàn zi—gāo shēng le(歇)❶对升迁者的嘲讽语。❷对自己升迁的自嘲。

【**鞋大鞋小脚知道**】hài dá hài xiào jué zhī dao(谚)比喻只有亲身经历了,才会对相关事物有具体、深刻的感受和了解。

【**鞋底都跑通了**】hài dì dou pào tōng le(熟)比喻跑了好多路。通:磨破。

【**鞋底上抹油——溜了**】hài dí shang mò yòu—liū le(歇)比喻开溜,逃跑。

【**鞋屉**】hài ti(词)即鞋。

【**鞋楦头**】hài xuán tou(词)制鞋或撑鞋的模具。

【**鞋样子**】hài yáng zi(词)手工做鞋用的纸样。

【**鞋张了嘴**】hài zhāng le zuì(熟)形容鞋头破了,像张开的嘴巴。

han

【**顸墩墩**】hān dóng dong(词)顸:〈方〉

粗。犹胖墩墩,多形容小孩,有夸赞义。

【顸实】hān shi(词)粗大而结实。[例]这个娃娃长得~。

【憨厚】hān hou(词)朴实厚道。[例]农民待人~。

【颔水】hān shui(词)颔:下巴。口水,涎水。[例]馋得直淌~。

【颔水包包】hān shui bāo bao(词)指婴儿的两腮。[例]别挤了娃娃的~。

【汉话】hán hua(词)汉语。[例]虽然是蒙古人,也会说~。

【汉民有三纲五常,回民有五功六信】hán mìng yòu sān gāng wù chàng, huì mìng yòu wù gōng liú xíng(熟)三纲:君为臣纲,父为子纲,夫为妻纲;五常:仁、义、礼、智、信。五功:念、礼、斋、课、朝;六信:信真主,信天使,信经典,信使者,信末日,信前定。

【汉渠】hán qù(词)即汉延渠,始建于汉代。开口于青铜峡,至贺兰县丰登乡,全长120公里。自果子渠口入永宁县,至长湖村出境。永宁过境长度38.5公里。

【汉子】hán zi(词)指丈夫。[例]叫你~干去。

【汗病】hán bing(词)中医指一种当出汗而汗不出的病症。

【汗褂子】hán gua zi(词)汗衫。[例]干活干热了,脱掉棉袄子,光穿个~。

【汗津津】hán jíng jing(词)感觉身上微微出汗。[例]喝了两碗酸辣汤,觉得身上~的。

【汗马功劳】hán mà gōng lao(词)汗马:战马奔驰出汗。比喻对事业做出重要贡献。

【旱船】hán chuàn(词)指民间社火中的"跑旱船"或所使用的船形道具。

【旱涝保收】hán láo bào shōu(词)比喻不论遇到什么情况,都有稳定收入。[例]公务员的工资是~。

【旱鸭子】hán yà zi(词)诙谐说法,指不会游泳的人。

【旱直播】hán zhí bō(词)在旱地里直播水稻种子的方法。有别于传统的插秧和水条播。

【颔巴胡】hán ba hù(词)长在下巴上的胡子。也叫山羊胡子。

【熯肉】hán róu(词)用极少的油煎,以减少水分。

【含着鼓手打盹——事儿不当事儿应】hàn zhe gù shou dà dòng—shír bú dáng shír yíng(歇)鼓手即唢呐。比喻做事不尽职,不认真,三心二意。

【韩信的鸡巴——短根】hàn xíng di jī ba—duàn gēng(歇)韩信用兵长于计谋,常使敌人误入圈套。短:使短招。比喻阴损、毒辣。

【寒碜】hàn ceng(词)寒酸、脏、不美观等。

【寒露】hàn lu(词)二十四节气之一,10月8日前后,入深秋。

【寒毛】hàn mao(词)人体皮肤上的细

毛。[例]拔一根~比腰粗。

【寒门出才子】hàn mèng chú cài zi(谚)出身贫寒的人往往发愤图强,好学成才。

【寒心】hàn xīng(词)痛心,失望。[例]儿子说出那样无情无义的话,真叫母亲~。

hang

【夯】hāng(词)❶形容大量投入。[例]人工湖是拿钱~出来的。❷厚实地遍布。[例]~了满满一身风片(荨麻疹)。|~了一场雪。

【夯犁曳耙】hāng lì yé pá(词)夯:用力扛。泛指繁重的体力劳动。[例]又没~,咋这么乏?

【夯实】hāng shi(词)斥责,训斥。[例]叫我狠狠地~了一顿。

【夯实夯实】hāng shi hāng shi(词)踏实、带劲,常用于走路和吃饭。[例]舀了一碗饭,~地吃去了。

【项圈】háng quan(词)旧时戴在儿童脖子上的金属环,多用金银制成,意在护佑平安。

【项长义短】háng chàng yí duàn(熟)谓脖子长的人不讲义气。唯心说法。

【巷道】háng dáo(词)村庄里的街道。[例]盖房子不能挤占~。

【巷口口子】háng kóu kou zi(词)巷道的入口处。[例]我在~等你。

【行行出状元】hàng háng chú zhuáng yuan(词)比喻不论干哪一行,只要认真踏实,都能做出优异成绩。

【行行子】hàng hang zi(词)行列,行间。[例]玉米~里套种苏子。

【行话】hàng hua(词)内行话或行业专用语。[例]用~说,水货就是走私货或非正常渠道进货。

【行家看门道,利巴看热闹】hàng jia kán mèng dao,lí ba kán ré nao(熟)指内行的人研究窍门方法,外行人只图红火热闹。

【行家一出手,就知有没有】hàng jia yí chú shòu,jiú zhī yóu mu yòu(熟)比喻内行人稍一接触,就知道对方技艺高低、功夫深浅。

【行情】hàng qing(词)市场供求及价格情况。[例]~就是这样,贵贱都得买(卖)。

【行市】hàng shi(词)❶市场行情。❷规矩,习惯。[例]坏了~。❸事业、行业。[例]随便弄弄就行了,别当个~的干。

【行伍】hàng wu(词)做事内行,井井有条。[例]别看他年龄小,干营生可~了。

【行伍出身】hàng wu chú shēng(熟)指当兵出身的人。行伍:旧时军队编制,五人为一伍,五伍为一行。

【杭州青年】hàng zhou qīng niàn(词)指1965—1966年从杭州市来永宁县插队落户的知青。

【绗】hàng(词)用大针线缝,使织物连缀在一起。[例]~被。

【颃时】hàng shì(词)一会儿,变化不定。[例]~走呢,~不走,到底走不走?

hao

【蒿面子】hāo mián zi(词)用沙蒿籽磨成的粉,掺在面粉里做出的面条特别筋道。

【蒿子】hāo zi(词)长在野地里的蒿草。[例]好久没住人了,院子里长满了~。

【蒿子面】hāo zi mián(词)掺了蒿籽粉的面条。[例]~不但筋道,还有一股特殊香味。

【薅】hāo(词)除去杂草,也指揪住拔。[例]~稻子、~麦子、~田。|一把~住他的头发。

【薅稻子】hāo dào zi(词)拔除稻地里的杂草。

【薅田】hāo tiàn(词)用铲子或手除去庄稼地里的杂草。

【薅田不薅埂,过路的骂懒㞞】hāo tiàn bú hāo gèng,guó lú di má lán song(熟)在田间薅草时要同时除去田埂上的杂草,以免遮光及与作物争夺养分。

【薅住】hāo zhu(熟)抓住、揪住,多指头发。

【好菜费饭,好婆姨费汉】háo cái fèi fán,háo pò yi fèi hán(熟)指菜肴好吃可提高食欲多吃饭,妻子漂亮丈夫性交次数多。婆姨:妻子。

【好吃懒做】háo chí lán zuó(词)贪于吃喝,懒于做事。

【好吃难消化】háo chí nàn xiāo hua(熟)❶吃起来容易,得来不易。❷不义之财得到容易处置难。[例]虽然闹了几个黑钱,也是~!

【好出门不如赖在家】háo chú mèng bú rù lái zái jiā(谚)指出差比在家辛苦且有诸多不便。

【好处费】háo chu fèi(词)托人办事时付给的额外费用。[例]给亲戚办事还收~?

【好得蜜钵钵似的】háo di mí bó bo xi di(词)形容关系密切。[例]俩人原来~,现在闹臭了。

【好得意思】háo de yí si(词)反问句。即好意思,能看过去?[例]婆姨又抱娃娃又提东西,你空手走着,~?

【好的搁着过年吃】háo di gé zhe guó niàn chí(熟)调侃语。当有人肯定某人或某物是"好的"时,反对者则用此语调侃。

【好汉不吃眼前亏】háo han bú chí yàn qiàn kuī(谚)提醒劝告语。即如果是聪明人,就要根据情况做必要让步或先下手为强,以免吃大亏。

【好汉不是装的,好牙不是镶的】háo hán bú shi zhuāng di,hào yà bú shi xiāng di(顺)功夫是练出来的,好牙是长出来的,没法伪装。

【好汉不提当年勇】háo han bú tì

dāng niàn yòng(谚)人老了,就不提当年的英勇和能干,以免讨嫌。

【好汉抵不住四只手】háo han dí bu zhú sí zhī shòu(谚)一个人打不过众多的人。四只手:约数,多的意思。

【好汉流血不流泪】háo hán liù xié bú liù luí(谚)勇敢坚强的男子汉即使负伤,也不哭泣。

【好汉长在嘴上,好马长在腿上】háo han zháng zai zuí shang,hào mà zháng zai tuí shang(熟)好汉要有好口才,好马要善于奔跑,有耐力。

【好汉子没好妻,日囊㞞娶个花枝枝】háo han zi mú hào qī,rí nāng song qú ge huā zhī zhi(熟)用于对别人没娶到好婆姨的慨叹或对自己没娶到好婆姨的自叹。日囊㞞:软弱无能的男人。花枝枝:好看的女人。

【好汉子怕个赖汉子,赖汉子怕个膪汉子】háo han zi pá ge lái han zi,lái han zi pá ge chuái han zi(谚)膪:膪皮,猪腹部肥而松弛的肉。膪汉子:难缠的人。

【好汉子使的匿心钱】háo han zi shí di mí xīng qiàn(谚)明里说得冠冕堂皇,暗中贪污受贿。匿心钱:黑心钱。

【好汉子问酒呢,㞞汉子问狗呢】háo han zi wéng jiú ni,sòng hán zi wéng góu ni(谚)指有胆魄的人走亲访友时先问家里有没有酒,胆小的人走亲访友时先问家里有没有狗。

【好汉子占九妻】háo han zi zhán jiù qī(熟)旧的婚姻观。

【好好赖赖】háo hao laí lai(词)不管好坏,无论怎样。[例]~先用着,等有了钱再买新的。

【好话】háo huá(词)表示肯定或赞同别人的话。[例]听完对方的意见,他说:"~。"

【好话不出门,狎话行千里】háo huá bú chú mèng,há hua xìng qiān li(谚)比喻好事不容易传播出去,坏事(丑事)传播得又快又远。狎:坏的意思。详见附录二。

【好话说了一骡车】háo huá shuó le yí luò che(熟)说了好多好听的话。

【好记性不如个赖笔头】háo jí xing bú rù ge lái bí tòu(谚)谓记忆力再好,也不如用笔记下来更准确,保存时间更长。

【好脚不踩臭狗屎】háo jué bú cái chóu gòu shi(谚)劝导好人不要招惹懒人。

【好借好还,再借不难】háo jié hào huàn,zái jié bú nàn(谚)信守约定,按期还债,下次再借就好张口了。

【好了疤疤子忘了痛】háo le bā ba zi wáng le tèng(谚)比喻情况好转后就忘了过去的困难或教训。

【好没生干】háo mu sēng gān (词)犹平白无故地。[例]谁也没惹他(她),~就哭了。

【好没无干】háo mu wù gān（词）同“好没生干”。

【好没无故】háo mú wù gú（词）无缘无故。[例]~的突然辞职了。

【好强】háo qiàng（词）争强好胜，不甘落后。[例]~了一辈子。

【好日子】háo ri zi（词）❶旧指吉利的日子。❷美好的生活。[例]才过了几天~，又折腾开了。

【好色之徒】háo sé zhi tù（词）喜好女色、玩弄女性的男子。

【好事不瞒人，瞒人没好事】háo shí bú màn rèng，màn rèng mu háo shí（谚）意为既然做的是好事，就没必要隐瞒。

【好事成双】háo shí chèng shuāng（词）指两件好事同时到来。也指要做好事就多做点。[例]~，喝喜酒要喝两杯。

【好事没有他，坏事少不了他】háo shí mú yòu tā，huái shí sháo bú le tā（熟）对不干好事、专门参与坏事者的评语。

【好事天天有，就怕人老了】háo shí tiān tiān yòu，jiú pá rèng láo le（谚）好运气经常会有，但如果人老了就没机会遇到了。

【好树不用科】hào shú bú yóng kuō（熟）科：修剪、削除，引申为管束。谓本质好的子女无须严管也能成材。

【好说不好听】háo shuó bú hào tīng（熟）犹说起来容易，听起来刺耳的话。常用在准备说难听话的前头，起声明、铺垫作用。

【好说歹说】háo shuó dái shuó（词）形容用各种方式或理由劝说（请求）。[例]~不顶用。

【好说好商量】háo shuo hào shāng liang（熟）劝人不要着急发火，有事慢慢商量。

【好意思】háo yí si（词）不害羞，不怕难为情。[例]大家一起弄来的东西，你~独吞？

【好运气来了，拿门板也挡不住】háo yóng qi lài le，nà mèng bàn ye dáng bú zhú（熟）好的机遇来了，想拒绝都拒绝不了。

【好处了多处几回，不好处了少处几回】háo chù le duō chù jì huì，bú hào chù le shào chù jì huì（熟）处：交往。意为即使不好相处，也不必结仇。

【好厨子一把盐】hào chù zi yí bà yàn（词）❶谓厨师做的菜好吃与否，全在于对盐的把握。❷对饭食太咸的调侃语。

【好儿不用多，一个顶十个】hào èr bú yóng duō，yí ge díng shí ge（熟）好儿：孝顺的儿女。

【好歌怕的赖人唱，好人怕的坏人丧】hào gē pá di lái rèng cháng，háo rèng pá di huái rèng sáng（熟）丧：诋毁、诽谤。比喻好东西（或好人）被坏人（或低能之辈）歪曲、诋毁、糟蹋后，暂时改变了应有的形象。

【好狗不挡道】hào góu bú dáng dáo(谚)对无意识站在人行道上妨碍他人通行的人的善骂。

【好狗不咬上门亲】hào góu bú yáo sháng mèng qīng(谚)指有灵性的狗不咬上门亲戚。常用于对故意伤害亲朋或劝架者的轻骂。

【好狗护三邻，好马护三群】hào góu hú sān lìng,hào má hú sān qiòng(谚)比喻助人为乐,帮人所难,维护一方平安。

【好好】hào hao(词)过瘾,痛快。[例]放了几天假,可要了个~!

【好好的】hào hào di(词)❶切实、扎实,认真地。[例]等回到家里再~收拾你!❷物品完好无损。[例]把个~东西整坏了。❸友好相处。[例]~过日子,再别闹仗了。

【好好先生】hào hao xiān seng(词)老好人。[例]你们都当~,叫我得罪人!

【好合好散】hào hè háo sán(词)谓当初是因为关系好才结合在一起,现在要分手了,也应和和气气地散开。

【好虎不吃回头食】hào hú bú chí huì tòu shí(谚)比喻有志气的人不会回头乞求别人或回到原单位工作。

【好虎架不住群狼】hào hú jiá bú zhi qiòng làng(熟)老虎虽然厉害,但敌不住群狼的围攻。犹寡不敌众。

【好花插在牛粪上】hào huā chá zai niù fěng shang(熟)比喻相貌姣好的女子嫁给了相貌丑陋（或特别窝囊）的男人。

【好家伙】hào jiā huo(词)表示惊讶或感叹。例]~,来了这么多人!

【好马不吃回头草】hào má bú chí huì tòu cào(谚)犹好虎不吃回头食。

【好男不当兵，好铁不打钉】hào nàn bú dāng bīng,háo tié bú dà dīng(谚)旧时指没本事的男子才去当兵。

【好男不跟女斗】hào nàn bú gēng nǘ dóu(熟)旧时认为有出息的男子不和女子一般见识。有歧视女性的意思。

【好男不争分家物,好女不争嫁妆衣】hào nàn bú zēng fēng jiā wú,hào nǘ bú zēng jiá zhuang yī(谚)“好”指有志气的人。

【好男儿志在四方】hào nàn er zhí zái sí fāng(熟)谓男子汉应当有远大志向和宏伟抱负。

【好牌不过五】hào pài bú guó wù(熟)“花花子”术语,即牌好不好,从前五张牌就能看出来。

【好牌不和头三把】hào pài bú hù tòu sān bà(熟)常用于打麻将时长时间不和牌的自我解嘲。

【好棋怕的十六吃】hào qì pá di shí liú chí(熟)下象棋戏谑语。象棋双方各 16 子，如一方被另一方吃光了棋子,则不弈自败。

【好人命不长】hào rèng ming bú chàng(熟)对好人死去表示惋惜。

【好容易】hào yòng yi(词)很不容易，好不容易的缩语。[例]~把嫌犯盯住了,又让他跑了。

【好容易的】hào yòng yi di(词)不容易的反说。[例]在城里买楼房? ~!

【好少】hào sháo(词)好多,好些。[例]街上~的人呢!

【好生生的】hào séng seng di (词)❶东西完好无损。❷情绪正常,什么事也没有。[例]刚才还~,咋说哭就哭开了?

【好事】hào shí(词)坏事的反话。[例]都是你干的~!

【好是】hào shi(词)❶难道。[例]你的钱~叫贼偷了?❷表疑问或惊疑。[例]甲说:"我们都考上了。"乙说:"~? "

【好手不打笑脸人】hào shóu bú dá xiáo liàn rèng(熟)比喻即使生气,也不能打满脸赔笑的人。

【好手往磨眼里擩】hào shóu wáng mó yán ni rù(谚)做傻事。磨眼:石磨中间漏料的眼。擩:把手或东西伸进去。

【好死不如赖活着】hào sí bú rù lái huó zhe(谚)活着总比死了强。劝人要珍惜生命。

【好心办坏事】hào xīng bán huái shí(词)动机是好的,效果是坏的。

【好心当成驴肝肺】hào xīng dáng chèng lǜ gān fèi(熟)好心被误解为恶意。

【好心好意】hào xīng háo yí(词)指怀着善良的目的。

【好心没好报】hào xīng mu háo báo(熟)好心好意为他人办事却得不到认可,甚至恩将仇报。

【好心作恶意，驴尿拴磨系】hào xīng zuó é yí,lǜ qiù shuān mó xí(熟)好的动机没有收到好的效果，反被误解。磨系:连接磨盘和磨棍的绳子。

【好羊下好羔,好铁打好刀】hào yàng xiá hào gāo,háo tié dà hào dāo(谚)指父母对子女的先天遗传和后天影响。

【号脉】háo miá(词)中医诊脉。

【号下】háo xia(熟)做记号预订。

【号丧】hào sāng(词)❶哭丧。❷比喻无节制的号啕。[例]无缘无故的,号什么丧?

【毫线】hào xian(词)杆秤上的纽。[例]头道~,二道~。

【壕沟】hào gōu(词)地面自然形成或人工开掘的沟壑。[例]贺兰山下有好多~,都是山水沟。

【壕壕子】hào hao zi(熟)又小又浅的沟。[例]在院子里挑了个撤雨水的~。

【嚎窝】hào wō(词)猫发情时的嚎叫声。

【昊王坟】hào wang fèng(词)也叫双坟茔,即西夏王陵的一、二号陵,位于永宁县西部边境。

he

【呵唠气喘】hē lao qí chuàn(词)老年

人喘气的样子。

【喝寡酒】hé guà jiu（词）指喝酒不就菜。

【喝闷酒】hé méng jiù（词）烦闷时一个人独自饮酒。

【喝西北风】hé xī biá fēng（熟）比喻无食可吃。[例]把粮食都卖了，一家人~去？

【喝哑巴酒】hé yá ba jiù（熟）喝酒时不猜拳行令。

【喝着响呢，叨着淌呢】hé zhe xiāng ni，dāo zhe táng ni（词）形容吃稀饭时的情形。叨：用筷子夹。

【合口】hé kòu（词）达成一致意见。[例]双方一~，就签订合同。

【合葬】hé záng（词）先后死亡的夫妻埋葬在同一个墓穴里，称~。

【合作化】hé zuó huá（词）特指20世纪50年代在中国农村进行的建立互助组、初级社、高级社等合作经济组织的活动。

【合作社】hé zuó shè（词）❶20世纪50—60年代当地人对合作商店的称谓。❷指当代的农民专业合作社。

【合头】hè tou（词）棺材两头的挡板。

【核桃枣子一起数】hé tao záo zi yí qì sù（谚）把不同类别、等级的东西掺在一起。比喻条理不清。

【盒子枪】hé zi qiāng（词）即驳壳枪。

【贺兰山】hé làn shān（词）永宁县西部山脉。以古长城为界，与内蒙古自治区阿拉善盟的阿拉善左旗为邻。

【贺兰石】hé làn shí（词）宁夏“五宝”之一，产于贺兰山滚钟口，是一种珍贵的雕刻石料。

【鹤泉湖水泥】hé quàn hù shuì nì（词）由宁夏建成建材有限公司生产。该公司设立于2000年，前身为永宁县水泥厂（1993年成立），厂址望远镇。

【何苦】hè kù（词）用反问语气表示不值得。[例]早知这样就不报名了，~受这个罪？

【和尚的帽子——平塌塌】hè shang di mào zi—pìng tá ta（歇）比喻平淡无奇。

【和尚庙里借木梳——找错门了】hè shang miáo ni jié mú su—zháo cuó mèng le（歇）比喻找错了门路或对象。

【和尚念藏经】hè shang nián záng jing（熟）形容唱歌、读书的声音不清晰，像和尚念经一样。

【和尚头】hè shang tòu（词）一种无芒小麦，稀植，耐旱，面粉筋道，但产量低。已淘汰。

【和尚误的寺上的工】hè shang wú di sí shang di gōng（谚）比喻成员浪费的是组织的工。

【河东】hè dóng（词）当地指黄河以东的地方，特指吴忠和灵武。

【河开了】hè kāi le（熟）指黄河解冻了。

【河里】hè ni（词）麻将术语，指麻将桌中间存放废牌的地方。

【河里无鱼市上取】hè ni wù yù shí shang qù(谚)市指市场。比喻当地不出产的东西(商品),可从市场上买到。

【河南梆子】hè nan bāng zi(熟)当地对河南人的称呼(因戏种~而得名)。

【河西寨】hè xī zhái(词)在今望远镇永清村附近。古为上河城(上河典农都尉治所),是永宁县境内建城之始,距今有2100多年。

【河沿】hè yán(词)河边,河岸。

【河沿上尿尿——随大流】hè yán shang niáo suī—suì dá liù(歇)义如文。

【荷包子】hè bao zi(词)衣兜。[例]把~里的钱装好,别丢了。

hei

【黑笔头子剜人】héi bí tòu zi wān rèng(熟)写黑材料或在账目上做手脚坑害人。

【黑不溜秋】héi bu liū qiū(词)形容黑得难看。[例]脸晒得~的。

【黑沉沉】héi chéng cheng(词)形容黑暗(多指天色)。

【黑吃黑】héi chí héi(词)非法组织(活动)中一方欺压另一方的做法。

【黑道】héi dáo(词)❶盗匪集团或帮会,亦指黑社会。❷黑道日,不吉利的日子,与黄道吉日相对。

【黑灯瞎火】héi dēng xiá huò(词)形容黑暗没有灯光。

【黑店】héi dián(词)旧指杀人越货的客店。现指坑害顾客的店铺。

【黑洞马虎】héi dong mà hú(词)光线昏暗,视线不清。

【黑蹲着】héi dōng zhe(词)❶不了解情况或受蒙蔽。[例]没人告诉我,我~呢。❷要“花花子”没有抓到“天”牌。

【黑干黑干】héi gān héi gān(词)形容又瘦又黑。[例]~的,该不是有啥病吧?

【黑狗,黑狗,朝天张口】héi gòu,héi gòu,cháo tiān zhāng kòu(谜)烟囱。

【黑咕隆咚】héi gu lòng dōng(词)形容没有光线,非常黑暗。[例]山洞里~的,啥也看不清。

【黑果子】héi guo zi(词)一种野草,也叫大三棱草,有荸荠样的黑色球茎,可食,味脆甜。

【黑黑麻麻】héi hei mà ma(词)指黎明前。

【黑糊狸糜子】héi hu lì mì zi(词)不清楚,不了解。[例]人家把结婚证都领了,我还~的。

【黑户】héi hú(词)指没有户口的外来户或入不上户口的人。

【黑话】héi huá(词)❶旧时帮会、无业游民、盗匪等使用的秘语。❷泛指只有对话双方能听懂的隐晦语言。

【黑叽咕达】héi ji gù da(词)形容颜色黑,不好看。

【黑老碗】héi lào wàn(词)粗泥大黑碗。老:大。

【黑了】héi le(词)❶晚上。[例]白天没时间,等~再说。❷一夜。[例]一~就把棉袄子缝好了。

【黑脸是队长，白脸是流氓】héi lián shi duí zhàng,biá lián shi liù màng(顺)戏谑语。队长指生产队长,泛指受风吹日晒的劳动者。流氓指好逸恶劳、不被风吹日晒的人。

【黑驴子打滚的账】héi lǜ zi dà góng di zháng(熟)利滚利的债。

【黑麻黢子】héi mà qu zi(熟)天麻麻亮。

【黑毛豆豆】héi mao dóu dou(词)蝌蚪。

【黑毛活成白毛了】héi mào huó chéng biá mào le(熟)比喻已经由年轻变为老年。常用于指责埋怨老年人。毛:指头发。

【黑面】héi mián(词)较粗的小麦粉。[例]把头䴬(遍)二䴬面(白面)单另收上,剩下的磨成~。

【黑面点心】héi mian diàn xing(词)戏谑语。比喻脸黑的女人。

【黑馍馍】héi mò mo(词)用较粗的面粉做的馒头或饼子。

【黑牛】héi niù(词)为他人拉生意的人。[例]在市场上拉~。

【黑牛白屎——拗天行事】héi niù biá qiù—niù tiān xìng shí(歇)比喻违背客观规律做事。

【黑屁】héi pí(词)屁没颜色,这里形容过于用力时挣出的屁,有夸张义。

【黑黢黢】héi qú qu(词)天色或脸色发黑。[例]脸上~的。

【黑泉湖】héi quàn hù(词)今鹤泉湖,在永宁县城东北。

【黑屎白屎两眼窝屎】héi shi biá shi liáng yán wo shì(熟)调侃语。在别人说“我还有事”时,以“事”与“屎”是谐音说此语。

【黑霜】héi shuāng(词)指看不到白色的晚霜。

【黑天半夜】héi tiān bán yé(词)泛指夜里。[例]~的,谁敲门?

【黑头虫】héi tou chòng(词)民间相传是一种吃父母的虫,比喻忘恩负义的人。

【黑头黑脚】héi tòu héi jué(熟)指子孙在为长辈治丧期间没穿戴白色孝服。[例]你怎么~地跑到亲戚家里报孝(报丧)?

【黑窝子】héi wō zi(词)比喻坏人盘踞、隐藏的地方。[例]警察端掉了几个~。

【黑五类】héi wú lui(词)曾用于指代“地富反坏右分子”的子女。

【黑细斜】héi xí xiè(词)黑色斜纹布。

【黑蝎子】héi xié zi(熟)心肠狠毒的人。

【黑性性子】héi xíng xing zi(词)面色稍黑的人。[例]那人是个~。

【黑寅时】héi yìng shi(词)天亮前,相当于早晨三点半到五点半的时候。

【黑子】héi zi(词)回族对猪的讳称。

heng

【哼是个属猪的】hēng shí ge shú zhū di(熟)调侃语。当对方心不在焉地用“嗯”作答时,问话者则以此语调侃,以示不满。

【狠三挖四】héng sān wà sí(词)形容非常贪心，唯恐拿到或偷到的少。[例]~地买了那么多!

【恨得菜瓜秧秧一样】héng di cái gua yāng yang yí yáng(熟)形容特别痛恨。

【恨铁不成钢】héng tié bú chèng gāng(熟)形容对所期望的人不满或失望,非常希望其变好。

【杏花眼睛荷包嘴】héng huā yán jing hè bao zuì(熟)形容女子面貌好看。杏花眼指双眼皮、大眼睛。荷包嘴指小巧饱满、棱角分明的樱桃小口。

【狠心不足】hèng xīng bú zú(词)贪得无厌。[例]存了那么多钱,还~,又炒股票。

hong

【昏昏沉沉】hōng hong chèng cheng(词)形容人神志不清的样子。[例]头~的。

【昏君】hōng jiong(词)昏庸无道的帝王。也指头脑昏聩的领导人。

【昏了君了】hōng le jiōng le(熟)指昏聩没主见。[例]~，好人坏人都分不清!

【昏天黑地】hōng tiān héi dí(词)形容吵架吵得没完没了。

【昏头昏脑】hōng tòu hōng nào (词)头脑不清醒,糊里糊涂。[例]~地钻了进去。

【荤腥】hōng xing(词)鸡鸭鱼肉及其他有腥味的食物。[例]他是胎里素,从小不吃~。

【荤油】hōng yòu(词)用动物脂肪炼制的食油,对素油而言。

【横屄难缠】hóng bi nàn chàn(词)蛮不讲理,不好相处。[例]~的,不好处。

【横草不拿,竖草不拈】hóng cáo bú nà, shú cáo bú niān(熟)形容极其懒惰。

【横眉竖眼】hóng mì shú yán (词)形容耸眉瞪眼、态度凶狠的样子。

【横生倒养】hóng sēng dáo yàng(词)指难产。常用于骂人或咒人。[例]我不说那种~的话!

【横挑鼻子竖挑眼】hóng tiāo bí zi shú tiāo yàn(熟)比喻百般挑剔,故意找毛病。

【哄骗】hóng pián(词)欺骗,诱骗。[例]打了骂了来呢,~了不来。

【哄不转】hóng bú zhuán(词)不听诱哄和劝导。[例]说了半天,还是~。

【哄上手】hóng shang shòu(熟)通过诱骗手段使人上当。多指诱奸。

【浑水摸鱼】hóng shuì mō yù(词)比喻乘混乱从中捞取好处。

【浑身的肉都熬干了】hòng shēng di róu dōu āo gān le(熟)因艰难度日而身体干瘦。[例]为了这个家,把我~。

【浑实】hòng shi(词)身体浑圆结实,多指女子。

【浑脱】hòng tuo(词)将牛、羊宰杀后直接从身上扒下完整的皮筒,去毛后制成的革囊或皮袋,可做渡河浮囊和皮筏,亦可做盛装酒水饮料的容器。

【混光阴】hóng guāng ying(词)敷衍了事,得过且过混日子。[例]一天才拾了这么点柴,纯粹是~!

【混混】hóng hong(词)不务正业、游手好闲的无业青年。有时也指地痞流氓。

【混洋工】hóng yàng gōng(熟)出工不出力,磨时间。

【哄鬼】hòng guì(词)谁都不会相信的话。[例]坟头上烧树叶子——~呢。

【哄人】hòng rèng(词)欺骗,哄骗。[例]活了这么大,没干过~的事。

【红案】hòng án(词)指烧菜的厨师,与面点师傅(白案)相区别。

【红白喜事】hòng biá xí shi(词)红指结婚做寿,白指丧事,合称~。

【红宝】hòng bào(词)枸杞的雅称。

【红脖子赤脸】hòng bó zi chí liàn(词)❶形容因发烧而脸色涨红。❷形容因争吵而脸红脖子粗。

【红虫】hòng chòng(词)本指水蚤,比喻人一丝不挂。[例]小家伙脱了个~。

【红顶子】hòng díng zi(词)清朝的官帽,这里指官职。[例]这回把~挣下了。

【红丢丢】hòng diú diu(词)形容又红又小又可爱的东西。[例]拿着一颗~的枸杞子叫我看。

【红公鸡占了场】hòng gōng ji zhán le chàng(熟)比喻一人夸夸其谈,不给其他人说话的机会。

【红管家】hòng guàn jia(词)旧称手脚干净的会计或保管员。

【红果子】hòng guo zi(词)枸杞。

【红红朗朗】hòng hong láng lang(词)红火热闹。多指办喜事。

【红胡子】hòng hù zi(熟)因突然翻脸而使对方尴尬脸红。[例]真想给他个~戴上!

【红火】hòng huo(词)❶热闹。[例]爱个~热闹。❷指耍社火。[例]听说正月十五街上要耍~。

【红口白牙】hòng kou biá yà(词)亲口所说。[例]这些话都是他~对我说的,现在又不承认了。

【红朗朗】hòng láng lang(词)形容一片红色。[例]当着~的太阳(赌咒用语)。

【红麦子】hòng miá zi(词)又名红芒麦,20世纪70年代前,当地普遍种植的一个小麦品种。

【红扑扑】hòng pú pu(词)形容发红的脸色。

【红扑子乱濽】hòng pu zi lán zán(词)红光满面。

【红旗】hòng qì(词)地名(高举红旗义)。[例]~农业社(1955年，望远乡)。|~公社(1958年,王太公社前身)。|~村(1985年,属望远镇)。

【红伤绿印】hòng shāng lú yíng(词)指伤痕。[例]你说他打了你,~在哪里?

【红头老鸽】hòng tou lào qiān(熟)指公鸡鸽仗,头部出血。形容人的身体某部位被血液染红。

【红铜】hòng tòng(词)即纯铜、熟铜、紫铜。

【红头文件】hòng tòu wèng jian (词)党政机关下发的文件,文头常印成大号红字,故称。

【红卫兵】hòng wèi bīng(词)"文化大革命"中产生的以大学、中学生为主的群众性组织及其成员。

【红下脖子赤下脸】hòng xia bó zi chí xia liàn(熟)拉下脸来争吵。[例]动不动就~地吵。

【红先黑后,输了不臭】hòng xiān héi hóu,shū le bú chóu(熟)指象棋开局时红子先走。

【红箱亮柜】hòng xiāng liáng guí(词)泛指家里的箱箱柜柜。[例]你又没给我置下个~。

【红星】hòng xīng(词)地名,意为红星照耀。今属杨和镇。[例]~生产大队(1961年后)。|~村(1983年6月后)。

【红星桥】hòng xīng qiào(词)包兰公路通过中干沟的桥梁(在红星村)。1979年建。

【红眼病】hòng yán bíng(词)❶比喻妒忌、眼红。❷流行性出血性结膜炎。

【红一气黑一气】hòng yi qí héi yi qí(词)激烈、反复地争吵。

【红龇龇】hòng cí ci(词)❶形容带有血色的肉。[例]伤口~的。❷形容泛红色的物品。[例]衣裳~的,不好看。

【洪帮】hòng bāng(词)旧时民间秘密结社之一，中华人民共和国成立初取缔。

【洪洞县里没好人】hòng dong xián ni mú hào rèng(谚)泛指这地方没一个好人。源自戏曲《苏三起解》里苏三的一句唱词。

【洪福齐天】hòng fú qì tiān(词)洪:大。旧时颂扬人福气极大。

【魂魂子】hòng hong zi(词)即灵魂。迷信指附在人体上主宰人、又可离开肉体而独立存在的虚幻体。[例]~都吓掉了!

hou

【齁脖子扢脸】hōu bó zi kuài liàn(熟)红脖子赤脸。齁:火了。扢:抠。

【齁唧唧】hōu jí ji(词)不高兴,面带愠色,将要发火的样子。[例]一看他~的样子,就没言喘。

【侯门深似海】hòu mèng shēng si hài

(谚)指显贵人家宅深院大,门禁森严,一般人难以进入。

【后】hóu(词)后代、后人。[例]说个生子留~的话。

【后背房子】hóu bēi fang zi(词)指主房后面加盖的小房。

【后辈人】hóu bei rèng(词)后代。[例]~一个比一个能干。

【后承】hóu cheng(词)给晚辈留下的物品。[例]这个金镏子,是奶奶留给孙子的~。

【后抽子】hóu chōu zi(词)抽子即布袋。比喻后账,旧话。[例]动不动就拉~。

【后爹】hóu diē(词)继父。

【后儿子】hóu ér zi(词)❶后妻生的儿子。❷比喻不被重视的人或单位。

【后继母】hóu jí mu(词)后妈。

【后老爹】hóu lào die(词)继父。

【后路】hóu lú(词)比喻回旋余地、退路。[例]只知道往前冲,不知道给自己留~。

【后面子】hóu mian zi(词)后头。[例]从~钻了出来。

【后娘的心,数九的风】hóu niàng di xīng,sù jiú di fēng(谚)指继母虐待前妻留下的子女。

【后娘的指头,三伏天的日头】hóu niàng di zhí tou,sān fú tiān di rí tou(谚)比喻后娘责打前妻留下的子女时特别狠毒。

【后娘母子】hóu niàng mu zi(词)即后娘、继母。

【后人】hóu reng(词)后代。有时专指小孩。[例]你那个~太调皮。

【后晌】hóu shang(词)下午。

【后晌晚夕子】hóu shang wán xi zi(词)傍晚。

【后世】hóu shí(词)民间认为人有两世,即今世和后世。

【后腿子】hóu tuí zi(词)❶比喻续妻带来的儿子。❷昆虫或四肢动物长在身体后部的两条腿。

【后味】hóu wéi(词)❶刺激性食物留下的残存味道。❷比喻脑海里留下的可回味的印象。

【后腰】hóu yāo(词)指胯骨上部、骶椎两侧的部位。

【厚道】hóu dao(词)待人诚恳、宽容。[例]对人要~点。

【厚礼】hóu lì(词)丰厚的礼物。[例]向国庆节献上一份~。

【厚实】hóu shi(词)指物体的厚度大。[例]棉袄~得很。

【候客】hóu ká(词)招待、侍奉客人。[例]前屋~,后屋造厨。

【候人】hóu reng(词)接待、招待宾客。[例]你专门在前庭~。

【侯寨】hòu zhái(词)自然村,即侯家寨子,原属仁存乡,现属李俊镇。[例]~生产大队(1963年后)。|~村(1983年6月)。

【猴戴帽子——像个人】hòu dái mào zi—xiáng ge rèng(歇)对改邪归正者或调皮捣蛋者突然做好事的肯定语。

【猴儿顶灯】hòur dìng dēng(口)形容东西放置、安装不稳当,不牢固,岌岌可危的样子。[例] 你把碗摞上那么高,~的,打(摔破)了咋办。

【猴沟子】hòu gōu zi(词)❶比喻坐不住,好动。[例]那是个~,待不住。❷形容脸搽得太红。[例]脸搽得~似的。

【猴沟子坐不住龙墩】hòu gōu zi zuó bú zhú lòng dōng(熟)❶比喻不会掌权或掌权不牢。❷比喻不适应久坐尊贵位置。

【猴奸拿没底子筐捉】hòu jiān nà mú dí zi kuāng zhuó(熟)指用没底筐诱捕小猴。比喻再狡猾的人也有办法对付。

【猴灵猴灵】hòu lìng hòu lìng (词)夸奖小孩聪明用语。[例]这个娃娃~的。

【猴毛做笔笔画猴,牛皮做鞭鞭打牛】hòu mào zuó bí bí huá hòu,niù pì zuó biān biān dà niù(谚)犹自作自受,咎由自取。含调侃义。

【猴年马月】hòu niàn má yué (词)比喻时间长或不知道什么时候。[例]指望他还账,~吧!

【猴气】hòu qi(词)比喻急躁,沉不住气。[例]开戏还早呢,~啥?

【猴头】hòu tòu(词)❶脑袋像猴子的人。[例]长得~把蒜的。❷贬称。[例]把你的~显不上了!

【猴头把蒜】hòu tou bá suán (词)形容长得猴头猴脑的人。

【猴头上脸的】hòu tou sháng lián di (词)形容小孩在大人身边恣意调皮嬉闹。

【猴心不定】hòu xīng bú díng (词)形容见异思迁,不安心。

【猴也没了,圈也没了】hòu ye mú le, quān ye mú le(熟)指猴没捉到,连引诱猴子上当的罗圈也被猴拐走。比喻利没赚到,连本也蚀了。

【猴在上头】hòu zai sháng tou (词)爬、攀在上面。

【瘊子】hòu zi(词)长在皮肤上的小肉瘤儿。

hu

【呼隆闪电】hū long shán dián(词)形容声势或声响很大,多指很多人的行动。[例]~地来了一群人。

【呼气哈气】hū qi hā qi(词)形容吆五喝六,盛气凌人。

【呼天倒地】hū tiān dào dí(词)形容深度睡眠时的呼噜声。

【呼天抹地】hū tiān mó dí(词)形容坐在地上痛哭时抓天扑地的样子。

【呼燎燎的】hú liáo liao di(熟)轻浮、神气活现的样子。[例]走到哪里都~的,没个稳重气。

【呼噜系】hú lu xí(词)指咽喉,气管。

[例]~上挡刀子——危险!

【呼噜系上挡刀子】hú lu xí shang dáng dāo zi(熟)指在喉咙上来回蹭磨刀子。比喻极其危险。

【糊泥】hū mì(词)玩耍或游戏时不认输、耍赖。[例]把规则定好,免得~。

【糊㞞不要脸】hū sòng bú yáo liàn(熟)骂人的话,犹无耻。

【糊得狗头似的】hū di gòu tòu xí di(熟)狗吃食后头上糊得很脏。比喻外表很脏的物体。

【忽忽子】hū hu zi(熟)指靠不住,似是而非。[例]我看也是个~。

【忽冷忽热】hú lèng hú ré(词)❶指人的情绪时而高涨,时而低落,很不稳定。[例]要克服~的毛病。❷指气温忽高忽低。

【忽悠】hū you(词)指能言善谈。现含欺骗、蒙骗义。

【囫囵】hú long(词)整个、完整,没有破损。[例]不图别的,能吃个饱肚子,穿个~衣裳就行了。

【囫囵人情】hú long rèng qìng(谚)完整的人情。

【囫囵吞枣】hú long tōng zào (词)比喻对知识生吞活剥,不求甚解。

【狐狸精】hú li jīng(词)比喻妖媚迷人、破坏家庭或社会秩序的女子。[例]~闹江山。

【狐朋狗友】hū pèng góu yóu (词)泛指一些吃喝玩乐、不务正业的朋友。

【糊糊子】hú hu zi(熟)指糊状物。[例]土豆煮成~了。

【糊里打懂】hú li dà dòng(词)糊里糊涂。

【糊里颠东】hú li diān dòng(词)糊里糊涂,辨不清方向,弄不清情况。

【糊囊囊】hú náng nang(词)形容饭食黏糊不清爽。[例]面条煮烂了,~的。

【糊弄】hú nong(词)欺骗,蒙混。[例]不要拿假话~人。

【糊涂】hú du(词)不顾一切地、拼命地。[例]工一分好,大家就~干开了。

【糊涂蛋】hú du dán(词)犹糊涂虫。[例]别看他(她)长得聪明,实际上是个~。

【糊涂爷爷糊涂庙】hú du yè ye hú du miáo(熟)比喻顺水推舟,索性装糊涂。

【葫芦倒茄子】hú lu dào qiè zi (熟)把南瓜和茄子烩在一起的菜肴。比喻几种事物混在一起,理不出头绪。

【葫芦掉了把子——瓢(嫖)头】hú lu diáo le bá zi—piào(piào) tòu(歇)嫖头:玩弄女性的男子。

【虎抱头】hú báo tòu(词)紧连正房一侧比正房凸出的耳房。

【虎毒不食子】hú dú bú shí zì (谚)老虎虽然凶残,却不吃虎崽。比喻人皆有爱子之心。

【虎里马里】hú li má li(词)粗枝大叶,草草了事或快速完成。

【虎瘦威不倒】hú sóu wēi bú dào(谚)比喻有威望、有权势的人失势后,其余威仍能产生一定威慑作用。

【虎瘦雄心在】hú sóu xiòng xīng zái(熟)比喻人虽衰老,志气、锐气犹存。

【虎牙头子】hú ya tòu zi(词)木轮车后面伸出的辕条头子, 牛车长约一尺,马车长约六寸。

【虎斤头】hù jīng tou(词)"花花子"术语,即双"天"挂"摆"加二"虎"。

【虎头蛇尾】hù tòu shè wèi(词)比喻开始声势大,后来劲头小,有始无终。

【互相咬】hú xiāng yào(词)比喻互相揭发。

【互相找拳】hú xiāng zhào quàn(词)酒宴上自找对手划拳,有别于打通关。

【互助组】hú zú zù(词)指农业合作化初期的一种劳动组织形式。即若干农户自愿在农业生产上实行季节性或长年合作。

【护庇】hú bi(词)保护,袒护,偏心,包庇。[例]他总是~孙子,不让别人说。

【护短】hú duàn(词)为自己或他人的缺点、过失辩护。

【护身符】hú shēng fù(词)由道士或巫师所画、带在身上辟邪的符咒。

【护头】hú tòu(词)小孩怕剃头,一剃头就逃避或哭鼻子的现象。

【胡胡子】hú hu zi(词)即胡琴。

【胡唧子】hú ji zi(词)即胡燕。常在屋檐下做窝。

【胡吃海喝】hù chí hái hé(词)无节制地吃喝。

【胡传魁进了沙家浜——不走了】hù chuàn kuì jíng le shā jiā bāng—bú zóu le(歇)意为要在这里长驻或久待。详见附一。

【胡吹冒撂】hù chuī máo liáo (词)吹牛,信口开河。

【胡行】hù xìng(词)指恣意妄为,胡作非为。[例]他这样~,迟早要遭报应。

【胡话】hù hua(词)指不负责任或不认账的话。

【胡搅蛮缠】hù jiào màn chàn(词)形容不讲道理,纠缠不休。[例]除了~,能讲出什么道理。

【胡麻】hù ma(词)对油用或油纤兼用亚麻的俗称, 其子粒榨取的油脂称~油。

【胡闹三光】hù náo sān guāng(词)胡闹,捣乱。[例]不能由着他~。

【胡日鬼】hù rí guì(词)不干正事,捣鬼作乱。

【胡思乱想】hù sī lán xiàng(词)指没有根据、不切实际的瞎想。[例]坐在家里没事干,就~。

【胡炫】hù xuān(熟)吹牛,炫耀。

【胡言乱语】hù yàn lán yù(词)❶没有根据的瞎说,乱咬。❷也指人神志不清时说胡话。

【胡诌八扯】hù zhōu bá chè(词)随意乱说,东拉西扯。[例]说正题,不要~!

【胡子底下的饭不好吃】hù zi dí xia di fán bú háo chí(谚)比喻寄人篱下的生活。

【胡子都长到腔子上了】hù zi dōu zháng dao qiāng zi shang le(熟)指胡子长，年龄大，老了。[例]再不提拔，~。

【胡作非为】hù zuó fēi wèi(词)不顾法纪或舆论，毫无顾忌地做坏事。

【湖土】hù du(词)沼泽土，湖里的泥土。

【和牌】hù pài(词)打麻将时，手中的牌凑够成牌格局即为~(赢家)。

hua

【花斑】huā bān(词)瓢虫的一种，为害蚕豆等农作物。也叫花姐姐。

【花鸨】huā bao(词)老鹰。

【花——鸨，老鹞号】huā—bao, lào yāo hao(词)提醒天上有老鹰、让母鸡保护好小鸡或小鸡躲起来的呼号。

【花绷子】huā bēng zi(词)手工刺绣工具，由两个套在一起的圆形竹框组成，绷上布子便于刺绣。

【花不楞登】huā bu lèng dèng(词)形容打扮得花枝招展的女子，多用于大姑娘或新媳妇。

【花布山】huā bu shān(词)永宁县西部山岭之一。花布指老鹰。

【花肚子生】huā du zi sēng(熟)妇女生育规律，即男女穿插着生。[例]她是~，头胎是女的，二胎是男的，三胎是女的，四胎是男的。

【花鼓子】huā gu zi(词)即腰鼓。[例]社火队里有打~的。

【花红柳绿】huá hong liú lú(词)五颜六色。指物体表面或人的脸上受到污损。[例]墙上画得~的。|脸糊得~的。

【花花肠子】huā hua chàng zi(词)比喻奸诈的心计。[例]别看他表面老实，一肚子~!

【花花子】huā hua zi(词)当地的一种纸牌，14种牌面，共48张。详见附一。

【花花子四十八，要啥没有啥】huā hua zi sí shi bá, yáo shá mú yóu shá(顺)要“花花子”的人对多次不成牌的怨语。

【花姐姐】huā jié jie(词)瓢虫。

【花棱棱】huā léng leng(词)形容物品色彩斑斓或人打扮得花枝招展。

【花里胡哨】huā li hù shāo(词)形容颜色过分鲜艳繁杂。比喻浮华而不实用。

【花柳病】huā liu bíng(词)性病。

【花名册】huā mìng cé(词)人员名册。[例]按~点名。

【花奶奶】huā nái nai(词)戏称年龄不大就当上奶奶的女人。

【花钱如淌水】huā qiàn rù tàng shuì(熟)形容挥霍无度，不爱惜钱财。

【花荣的妈——耍叉】huā yóng di mā—shuà chā(歇)比喻动作或行动

危险。花荣，古典小说《水浒传》里的人物，将门之后，相传其母喜好舞叉。

【花哨】huā sao(词)❶待人殷勤、周到。❷花言巧语。

【花无百日红，人无千日好】huā wù biá ri hòng，rèng wù qiān ri hào(谚)谓人的青春短暂，人与人的友情不会永无止境。"好"也指青春美貌。

【花项】huā xiang(词)开支。[例]以后的~多着呢。

【花销】huā xiao(词)开销，花费。[例]家里人多，~大。

【花心】huā xīng(词)指在爱情上不专一(多指男性)。[例]你出门在外，可不能~啊！

【花牙子】huā yà zi(词)镶在箱柜正面四边的木雕花边。

【花言巧语】huā yàn qiào yù (词)多指骗人的好听话。[例]别看他说得~，心肠可毒着呢！

【花淫海乐】huā ying hái luó (词)花天酒地，尽情享乐。[例]自己~，不管婆姨娃娃。

【花枝招展】huā zhī zhāo zhàn(词)形容女子打扮艳丽。

【华达呢】huā dá nì(词)密度较小、带有斜纹的毛、棉织品。

【华莱士】huā lài shí(词)一种甜瓜。产于内蒙古河套地区，永宁县曾有种植。

【滑溜溜】huá liú liu(词)光滑，滑腻。[例]鲇鱼~的，不好拿。

【化表】huá biào(词)给神灵焚烧黄表(纸钱)，代表黄金。

【化布施】huá bú shi(词)特指僧人化取财物或斋食。[例]指着爷爷(庙里的神像)~。

【化学脑子】huá xue náo zi(词)比喻特别发达聪明的脑子。

【化雪】huá xue(词)像融化积雪那样慢慢化解心中的郁闷。[例]不要一个劲地劝，叫他(她)自己慢慢~去。

【化缘】huá yuàn(词)僧人向施主求布施。[例]和尚到各家~。

【化纸】huá zhì(词)为死去的人焚烧纸钱。

【画虎画皮难画骨，知人知面不知心】huá hú huá pì nàn huá gú，zhī rèng zhī mián bú zhī xīng(谚)比喻外表容易观察，内心难以揣测。

【画匠】huá jiang(词)画工。[例]~难画，塑匠难塑。

【画匠难画，塑匠难塑】huá jiang nàn huá，sú jiang nàn sú(熟)指难以描述和形容的人，多用于对长相丑陋、行为乖戾者的贬语。

【画眉子豆子】huá mi zi dóu zi (词)表皮有黑褐色花纹的大豆。

【画穴】huá xué(词)请阴阳划定坟穴位置。

【画子】huá zi(词)多指贴在墙上的年画。

【**话把儿**】huá bár(词)话柄。[例]这回可叫别家抓住~了。

【**话比猪屎多**】huá bì zhū shì duō(熟)斥责过于唠叨者用语。

【**话不能那样说**】huá bú nèng ná yang shuó(熟)表示不同意对方的说法或观点。

【**话不说不明,木不钻不透**】huá bú shuó bú mìng,mú bú zuán bú tóu(熟)把道理和缘由说明白,就能避免或消除别人的误解。

【**话糙理不糙**】huá cáo lí bú cáo(谚)话虽难听,却有道理。

【**话丑理长**】huá chòu lì chàng(词)话虽不好听,道理却深长。

【**话到嘴边留半句**】huá dáo zuì biān liù bán jú(熟)❶谓不可把心里话全部说出,以免泄密。❷指说话不可过满过死,要留有回旋余地。

【**话到嘴边留三分**】huá dáo zuì biān liù sān fēng(熟)同"话到嘴边留半句"。

【**话点点都不叫落**】huá dián dian dōu bú jiáo luó(熟)形容过于骄(娇)横,听不得半点批评。

【**话嘟噜子**】huá dū lu zi(词)话多且啰唆。[例]那是个~,见个石头都说话呢!

【**话赶到这里**】huá gán dao zhé ni(熟)犹既然话说到这里(我就接着往下说)。

【**话赶话**】huá gàn huá(熟)由前者的话引起来的话题。[例]我这么说,也是~。

【**话里有话**】huá ni yòu huá(词)谓话里除了表面意思,还有隐晦意思。

【**话是开心的钥匙**】huá shi kāi xīng di yué chi(谚)指通过诚心交谈,解除心里的疙瘩或隔阂。

【**话是那个话**】huā shi ná ge huá(熟)虽然同意或同情对方的说法,但不能支持和实行。

【**话说到前头能使上,说到后头使不上**】huá shuó dáo qiàn tou nèng shí shang,shuó dáo hóu tou shí bú sháng(熟)谓有言在先,以免事后发生争议。

【**话说回来**】huá shuó huì lài(熟)表示转折,退一步讲的意思。[例]~,这事如果叫我遇上,也会有想法。

【**话匣子**】huá xià zi(词)❶旧指收音机。❷比喻特别健谈的人。

【**话音**】huá yīng(词)话外之意。[例]听~,他是不想去了。

【**话捉不住**】huá zhuó bú zhú(熟)说话没信用,不算数。

【**划不来**】huà bú lài(词)不合算。[例]跟娃娃置气~。

【**划计**】huà ji(词)计划,计算,算账。[例]过日子花钱要会~。

【**划拳**】huà quàn(词)猜拳,也做划拳。

【**划子**】huà zi(词)小船。[例]汽~(小汽艇)。

【**滑趾溜溜**】huà cī liū liu(词)小孩在

渠里游泳时,将水泼在渠埂坡的光滑处,从上往下滑着玩。

【滑叽秃鲁】huà ji tú lú(熟)滑腻不好抓握。[例]鲇鱼~的。

【滑机】huà jī(词)❶枪械的发射或击发机构损坏失灵,使射击失去控制。❷比喻男子提前射精。

【滑了个跐溜子】huà le ge cī liu zi(熟)即滑倒。[例]地上有水,把我~。

【滑溜】huà liu(词)光滑,利落。[例]挖胶泥的时候,锹上蘸点水就~了。

【滑坡】huà pō(词)❶指地表斜坡上的土石整体向下滑动的现象。[例]渠埂~了❷比喻下降或倒退。[例]产量~了。

【滑水】huà shuì(词)麻将的一种玩法,特点是谁"点炮"(放和)谁输钱,不"点炮"不输钱(杠牌除外)。

【滑头】huà tòu(词)❶躲尖溜滑,怕干重活。❷比喻敷衍推诿,不敢承担责任的人。

huai

【坏传世】huái chuàn shi(词)不好的传统、习惯或家风。[例]爷父几个都是那个~。

【坏醋】huái cú(词)比喻事情办坏或情况变坏。[例]~了,我们的秘密叫人家知道了!

【坏歹了】huái dái le(词)特别坏,坏透了。

【坏人还得坏人治】huái rèng hài dei huái rèng zhí(谚)犹以毒攻毒。

【坏事头】huái shí tòu(词)指祸患或麻烦的制造者。也指不安分守己的人。

【坏水】huái shuì(词)坏主意,坏心眼儿。[例]一肚子~!

【坏㞞】huái sòng(词)坏家伙,坏蛋的意思。

【坏心眼眼子】huái xīng yán yan zi(熟)心地不好或心存恶念,坏主意多。

【坏种种子】huái zhóng zhong zi(熟)骂语。指承袭父辈恶劣品质的儿孙。泛指坏人、坏蛋。

【怀抱抱】huài báo bao(词)尚在母乳期的婴儿。[例]那年看到他的时候,还是个~,现在都上中学了。

【怀肠带肚】huài chang dái dú(词)比喻有身孕的妇女。[例]你~的,活动就不要参加了。

【怀娃娃】huài wà wa(词)怀孕。[例]结婚一年多了,还没~。

【怀窝里揣牛角——锷(恶)了心了】huài wo ni chuāi niù gé—é(é)le xīng le(歇)令人厌恶。锷:用锋利的器具挑破。

huan

【欢乐】huān luo(词)形容情绪高涨,非常活跃。

【欢实】huān shi(词)形容活泼有生气。

【欢跳跳】huān tiáo tiao(词)形容活

生生、活蹦乱跳的人或动物。[例]昨天还~的娃娃,今天就有病住院了。

【涵洞】huān dong(词)一种圆筒状通水设施。[例]~坑里的沫子,多转一会儿。

【涵洞口上的沫子——多转几天】huán dong kóu shang di mó zi—duō zhuán jì tiān(歇)比喻不会长久。

【鹮水】huán shui(词)一种长嘴的水鸟。[例]嘴长(chang)得跟~似的!(斥责喜欢插嘴者)

【缓一缓】huán yi huàn(熟)休息一下。

【缓着】huán zhe(词)休息。❶安慰病人时用。[例]出了院好好~,别干重活。❷和亲朋告别时用。[例]你~,我走了!

【换亲】huán qīng(词)旧时两家互娶对方女儿做媳妇。[例]儿子找不上对象,就用女儿跟别人~。

【换汤不换药】huán tāng bú huán yué(谚)比喻只改变名称或形式,内容和实质没变。[例]来了个新头头,还是~。

【患难见人心】huán nán jián rèng xīng(谚)谓只有经过共同患难,才能看出人的心地和品质。

【患难之交】huán nán zhi jiāo(词)一起渡过苦难的朋友。

【缓残了】huàn càn le(熟)指长期不运动而体力衰弱。

【缓秧】huàn yāng(词)植物移栽后恢复生长的过程。[例]带土移栽不~。

【还阳】huàn yàng(词)民间所说的死而复生现象。即科学上的假死现象。

【还愿】huàn yuán(词)兑现对神或他人许下的酬谢。[例]既然许了愿,就要按时~。

huang

【荒郊野外】huāng jiāo yé wái(词)指人迹罕至、空旷荒凉的郊外。

【荒年出盗贼】huāng nian chú dáo zèi(词)指遭受饥荒的年月,偷盗现象较多。

【荒年饿不死个老伙夫】huāng nian wó bu sí ge lào huó fu(谚)谓即使在遭受饥荒的年月,也饿不死给集体灶房(如部队、机关、饭馆等)做饭的炊事员。

【荒年饿不死个手艺人】huāng nian wó bu sí ge shòu yi rèng(谚)指即使在遭受饥荒的年月,手艺人也可到外地卖艺谋生。

【荒坯子】huāng pi zi(词)犹产品的毛坯。[例]这才是~,还要细加工呢。

【慌势势】huāng shí shi(词)形容慌慌张张的样子。[例]~地跑来,说了句话就走了。

【谎溜子】huáng liu zi(词)对经常撒谎的人的贬称。

【晃泥鸡】huáng mì jī(词)儿童游戏。即用脚在特别潮湿的沙滩上不停地踹晃,直到表面出现一个个冒沙的小点(称种瓜)。

【皇帝轮流做,明年到我家】huàng dí lòng liù zuó, mìng nian dáo wò jiā (熟)比喻任何人都有遇到好机会的可能。

【皇粮国税】huàng liàng guó shuí(词)旧指农民向国家交售的农业税(一般都折合成粮食)。

【皇亲国戚】huàng qīng guó qí(词)旧指皇帝的亲戚。现比喻与当权者沾亲带故的人。

【皇上不急太监急】huàng shang bú jí tái jiān jí(熟)比喻当事人不急,局外人急。有讽刺义。

【皇上的丫头——不愁嫁】huàng shang di yā tou—bú còu jiá(歇)比喻产品畅销不愁卖。

【皇上还有三门子穷亲】huàng shang hài yòu sān mèng zi qiòng qīng (熟)比喻地位再高的人也有穷亲戚。告诫人们别看不起穷人。

【皇上骑猪——没象(向)】huàng shang qì zhū—mú xiáng(xiáng)(歇)意为没盼向,没希望。

【皇上身上还有三个御虱】huàng shang shēng shang hài yòu sān ge yú shé(熟)比喻谁都有缺点。

【皇天不负苦心人】huàng tiān bú fú kù xīng rèng(谚)比喻只要肯下苦功,持之以恒,就一定能够实现目标。

【黄表】huàng biào(词)用来焚烧、敬奉鬼神的黄纸,代表黄金。

【黄道吉日】huàng dao jī ri(词)迷信称宜于办某事的好日子。

【黄风】huàng fēng(词)夹杂着沙尘的大风。

【黄瓜菜都凉了】huàng gua cái dou liàng le(熟)比喻因行动迟缓而误事。黄瓜菜多为凉拌,不存在凉不凉的问题,是一种诙谐说法。

【黄瓜打驴——差了半截】huàng gua dà lǘ—chā le bán jiè(歇)比喻不能满足需要或减少太多。

【黄寡寡】huàng guá gua(词)形容脸色蜡黄的人。含贬义。

【黄蒿】huàng hāo(词)指荒漠里干枯的蒿草。

【黄河】huàng hè(词)我国第二大河。流经永宁县东部边界,自李俊镇雷台村入境,至望远镇东升村出境,过境长度32.5公里。

【黄河百害,唯富一套】huàng hè biá hái, wēi fú yí táo(谚)一套指河套地区(包括宁夏平原)。

【黄河又没盖着盖】huàng hè yóu mú gái zhe gǎi(熟)暗示跳河去死,多用于以自杀相威胁或咒骂他人。

【黄花闺女】huàng huā guī nü(词)没结婚的青年女子。

【黄花郎,不害羞,出门带个大奶头】huàng hua lāng, bú hái xiū, chí mèng dái ge dá nái tou(顺)黄花郎指蒲公英,因一出土即带有奶头形花包,故有此说。

【黄花郎】huàng hua lāng(词)即蒲公英,一种野菜,幼苗可食。

【黄话不说】huàng hua bú shuó(熟)不加解释和说明,犹不由分说。[例]来了几个人,~就把东西抬走了。

【黄货】huàng huo(词)指黄金或黄金饰品。

【黄胶泥】huàng jiāo mì(词)带黏性的红泥,可制陶、涂墙等。

【黄金有价情无价】huàng jīng yòu jiá qìng wù jiá(谚)谓情谊和感情比金钱更珍贵。

【黄燣燣】huàng léng leng(词)❶指烤炸面点表面的焦黄色。❷某些成熟谷物的金黄色。[例]~的玉米棒子堆了一院子。

【黄老鼠一窝,黑老鼠一窝】huàng lào chu yí wō,héi lào chu yí wō(谚)比喻有血缘关系或关系密切的人喜欢聚在一起。

【黄了】huàng le(词)事情失败或计划不能实现。

【黄力不舍,虚汗长淌】huàng lí bú shè,xū hán chàng tàng(熟)形容没出多少力气就汗流满面。也指身体虚弱。

【黄历】huàng li(词)❶中国旧时历书。❷比喻过时的东西。[例]老~了,用不上。

【黄脸婆】huàng liàn pò(词)指青春已逝、面色变黄的妇女。

【黄茫茫】huàng máng mang(词)形容吵得一塌糊涂。[例]有事慢慢说嘛,吵得~的干啥?

【黄焖鸡】huàng mēng jī(词)家常菜品。多采用三黄鸡配以木耳、香菇等焖制而成。

【黄牛掉到井里——有力使不上】huàng niù diáo dao jíng ni——yóu lí shí bú sháng(歇)义如后半句。

【黄皮】huàng pí(词)旧时对黄色军装的贬称。

【黄皮寡瘦】huàng pi guá sóu(词)形容面黄肌瘦。

【黄泉】huàng quàn(词)地下的泉水。指人死后埋葬的地方,也指阴间。[例]命丧~。

【黄泉路上无老少】huàng quàn lú shang wù láo sháo(谚)意为在通往死亡的路上,不分男女老少,谁都有可能死去。

【黄藤子】huàng teng zi(词)即菟丝子。

【黄铜】huàng tòng(词)古代指黄色的铜。今多指铜和锌的合金。

【黄泻泻】huàng xié xie(词)黄色的液态物质。有厌恶感。[例]嘴唇上的鼻子~的,恶心死了!

【黄羊】huàng yang(词)又叫黄羚、蒙古原羚、蒙古瞪羚等,善于跳跃奔跑,多栖息于半沙漠地区草原地带。旧时永宁县贺兰山麓及黄羊滩地区有此动物。

【黄羊瞭羔】huàng yang liáo gāo(词)像黄羊抬头瞭望跑到远处的小羊一样。比喻四处张望。

【黄羊滩】huàng yang tān(词)永宁县西部、贺兰山东麓的戈壁滩,因旧时有黄羊在此生活而得名。旧称三十里滩。

【黄羊滩车站】huàng yang tān chē zhán(词)包兰铁路于1958年8月1日设在黄羊滩的车站,。

【黄羊滩农场】huàng yang tān nòng chàng(词)永宁县西部国有农场之一,因地处黄羊滩而得名。1965年由农建十三师初创,1974年更名为~。

【黄账】huàng zháng(词)收不回来的债。[例]借出去的钱都~了。

【黄忠八十不服老】huàng zhōng bá shi bú fú lào(谚)鼓励人老当益壮,继续作为的话。黄忠:三国时蜀国老将。

【黄庄】huàng zhuāng(词)指打麻将的一局中无人和牌。

【黄嘴唇子没褪掉,就学鹰叫唤】huàng zuí chong zi mú tuí diao,jiú xué yīng jiáo huan(谚)批评小孩嘴犟用语。

hui

【灰不溜秋】huī bu liū qiū(词)灰色。

【灰尘巴土】huī cheng bá tú(熟)落满灰尘或扬起灰尘。[例]身上~的,先在外头拍拍再进屋。

【灰都拾不上】huī dōu shí bú sháng(词)追不上,比不上。[例]跟人家比赛,连~!

【灰咕鼠鼠】huī gu chū chū(熟)指天色或物品呈灰色。

【灰了】huī le(词)灰心丧气、灰溜溜的样子。[例]一撤职,马上就~。

【灰抛火扬】huī pao huó yáng(词)形容灰尘飞扬。

【灰鼠鼠】huī chú chu(词)形容布匹或其他物品呈老鼠灰色。

【灰剔子】huī tí zi(词)指伸进炕洞往出扒灰的工具(长木杆一端安着与木杆呈直角的小木板)。

【灰条】huī tiao(词)一种野草,也叫灰灰菜。

【灰心丧气】huī xīng sáng qí(词)形容因失败或不顺利而失去信心和斗志,精神沮丧,意志消沉。

【毁才】huí cai(词)指毁坏、糟蹋东西者。[例]真是个~,好好的玩具拆得要不成了!

【会餐】huí cān(词)指团体或单位全员聚餐。[例]公司年年元旦都要~。

【会打扮的打扮十七八,不会打扮的打扮屎疙瘩】huí dá ban di dá ban shí qí bá,bú huí dá ban di dá ban shì gé da(熟)谓青年人知道爱惜和保护美饰,可着意打扮;婴幼儿还不懂得美,不必过分打扮。

【会打的打三下，不会打的打一下】huí dá di dà sān ha,bú huí dá di dá yí ha(熟)一般情况下,打人是为了惩戒,因此要掌握分寸,适可而止,不可致命。

【会的不难,难的不会】huí di bú nàn, nàn di bú huí(熟)会的人不觉得难,感到难是因为不会。多指技术或知识。

【会干的不如会看的】huí gán di bú rú huí kán di(熟)活计干得好不好,内行一看就清楚。

【会会】huí hui(熟)见见,交手。也说会一会。[例]我想~他。

【会看的看门道，不会看的看热闹】huì kán di kán mèng dao,bú huí kán di kán ré nao(谚)门道指路数、技艺水平和内在质量,热闹指表面形式或现象。

【会亲】huí qīng(词)指利用红白喜事的宴席让亲戚会面。

【会惹的惹一个，不会惹的惹一窝】huí ré di ré yí ge,bú huí ré di ré yí wō(谚)犹打击少数,团结多数。一种待人处世策略。

【会睡觉不会翻身】huí shuí jiáo bú huí fān shēng(谚)比喻做事死板,不会变通。

【会说的不如会听的】huí shuó di bú rù huí tīng di(熟)能说会道者说得再好,有经验的人也能辨别真假好坏。

【会说的两头瞒，不会说的两头传】huí shuó di liáng tou màn,bú huí shuó di liáng tou chuàn(熟)谓劝和要隐瞒有碍团结的话,多说有利于团结的话。

【会说的说自己，不会说的说别人】huí shuó di shuó zí ji,bú huí shuò di shuó biè reng(谚)指谈心时要把自己摆进去,多做自我批评,少指责对方。

【会疼的疼媳妇，不会疼的疼闺女】huí tèng di tèng xí fu,bú huí tèng di tèng guī nü(熟)谓公婆对儿媳的关心应超过女儿。

【烩面】huí mián(词)❶烹饪方法。即带汤的炒面。

【烩小吃子】huí xiáo chí zi(词)宁夏传统名小吃，以夹板和丸子为主料，用羊肉汤烩制而成。详见附一。

【惠丰】huí fēng(词)地名,意为天惠丰收。今属杨和镇。[例]~生产大队(1961年)。|~村(1983年6月后)。

【惠农渠】huí nòng qù(词)俗称皇渠,清雍正四年开凿。从青铜峡河西总干渠唐三闸开口，至惠农县尾闸乡,全长175公里。在永宁县过境长度32公里,自叶盛镇正闸桥入境,至通桥陆家嘴出境。

【溃脓】huí nòng(词)指疮疥溃烂化脓。[例]伤口~了。

【回光返照】huì guāng fán zháo（词）比喻将死的人神志忽然清醒或出现短暂兴奋。

【回回】huì hui(词)即回族,回民。

【回回本是口中口,一把汤瓶不离手】huì hui béng shi kòu zhōn kòu,yí bà tāng ping bú lì shòu(顺)"口中口"指"回"字的结构,汤瓶是回族穆斯林日常洗手洗脸及沐浴的器具。

【回回的亲,扯不断的根】huì hui di qīng,ché bu duán di gēng(熟)旧时回族喜欢亲套亲,故有此说。

【回回的亲,亲套亲,打折骨头连着筋】huì hui di qīng,qīng táo qīng,dà shè gú tou liān zhe jīng(熟)指旧时回族喜欢在亲戚间结亲,从而形成盘根错节的姻亲关系。

【回回的席——零上】huì hui di xí—lìng sháng(歇)回族的家宴一般是各道菜分上。比喻分批次完成。

【回回两把刀,一把宰牛羊,一把卖切糕】huì hui liáng bà dāo,yí bà zài niù yàng,yí bà mái qié gāo(熟)指回族擅长的两种行业,即经营牛羊肉和制卖粳糕(糯米糕)。

【回回帽】huì hui mào(词)回族男性所戴的无檐圆顶小帽,有白色、黑色、蓝色、灰色等。

【回回三大行,磨面、榨油、开栈房】huì hui sān dá hàng,mó mián,zhá yòu,kāi zhán fàng(熟)栈房即旅店。

【回回三大行,蒸馍、拉面、芝麻糖】huì hui sān dá hàng,zhēng mò,lā mián,zhī ma tàng(熟)义如文。

【回回三大行,珠宝、饭馆、宰牛羊】huì hui sān dá hàng,zhū bào,fán guàn,zài niù yàng(熟)义同文。

【回回笑脏不笑贫,破衣破帽洗干净】huì hui xiáo zāng bú xiáo pìng,pó yī pó máo xì gān jing(熟)义如文。

【回老家】huì láo jiā(熟)暗喻老年人去世。

【回礼】huì lì(词)回赠礼品。当地男女订婚时,女方将男方送来的礼品退回一部分,表示回赠。

【回历】huì li(词)即伊斯兰教历,为太阴历。详见附一。

【回门】huì mèng(词)女子出嫁三天后,和新郎一起回访娘家。

【回乡文化园】huì xiāng wèng hua yuàn(词)即宁夏中华回乡文化园,位于永宁县城西侧,依托纳家户清真大寺和纳家户村,2002年开建,2005年建成,占地1000亩。是本县重要旅游景点。

【回心转意】huì xīng zhuán yí(词)意为重新考虑,改变原来的想法和态度。[例]只要他~,以前的事就不提了。

【回咋】huì zà(词)无论如何。[例]~也要来一趟。

【回嘴】huì zuì(词)反驳。

【悔奶】huì nài(词)婴儿吃奶后吐出。

【悔棋】huì qì(词)棋子落定后反悔重走。

【悔转】huì zhuàn(词)悔悟、转变。

huo

【豁豁】huō huo(词)缺口。[例]老墙上挖了个~。

【豁豁獠牙】huō huo liào yà(词)豁口很多,像獠牙一样。[例]路边上被人挖得~。

【豁路】huō lu(词)豁口。[例]羊从墙~跑了。|刀口上蹦了个~。

【耠田】huó tiàn(词)用铁锹翻挖水田。[例]~要用方头锨,圆头锨容易漏掉或铲不断草根。

【活宝】huó bào(词)指行为可笑的人。[例]他成了我们班上的~。

【活蹦乱跳】huó bēng lán tiáo(词)欢乐活泼,生气勃勃的样子。[例]看着~的孙子,爷爷笑了。

【活不见人死不见尸】huó bú jián rèng sí bú jián shī(熟)意思是人失踪后毫无踪影。

【活财神】huó cài sheng(词)比喻能给家庭带来经济收入的成员。[例]老公公月月有退休金,成了家里的~。

【活到老,经不了】huó dáo lào,jīng bú liào(谚)人即使活到老死,也不可能把社会上所有的事情都经过。

【活刁活抢】huó diāo huó qiàng(词)形容光天化日下抢劫。也指强行剥夺。

【活独了】huó dú le(熟)喜欢清静,独处。[例]这几年~,最害怕家里人多。

【活泛】huó fan(词)为人处世机灵、活络。[例]以后做事放~点。

【活疙瘩】huó gé da(词)绳子上的活结,活襀子。

【活急得了】huó jí de le(词)指大小便失禁。[例]~了,屎都拉到裤裆里!

【活见鬼】huó jián guì(词)形容离奇或不可思议。[例] 真是~,锁在箱子里的东西不见了!

【活结】huó jié(词)一拉就开的绳结,区别于"死结"。

【活襀子】huó kuí zi(词)绳子上打的活结。

【活辣子】huó lá zi(词)即鲜辣椒。

【活络】huó luo(词)指机械转动灵活。[例]车轴膏了油,~多了。

【活马当死马医】huó má dáng sì mà yī(熟)鼓励人打消顾虑、大胆做事。

【活菩萨】huó pù sa(词)比喻心地善良、能解难救急的人。[例]父母就是家里的~,要好好孝敬。

【活葡萄似的】huó pù tao xí di(熟)形容人的眼睛大而灵动。

【活人】huó rèng(词)指与人友好交往、相处。[例]不会~,老爱得罪人。

【活人不记死人仇】huó reng bú jí sí reng còu(谚)死者为大,即使是仇人,也不应计较过去的恩怨。

【活人的眼睛里下沙子】huó rèng di yán jing ni xiá shā zi(熟)沙子:苍蝇的蛆。反其义为:休想在众目睽睽下做坏事。

【活人能叫屁胀死】 huó reng nèng jiáo pí zháng si(熟)谓人是会思考的，遇到困难只要动脑筋想办法，总会解决。

【活人怕捣门，死人怕迁坟】 huó rèng pá dào mèng,sí reng pá qiān fèng(熟)"捣门"意味分家,"迁坟"意味给死人搬家,都是不安定的事情。

【活人妻】 huó rèng qī(词)指封建社会时被男方休回娘家的女性。民间有"有钱不娶~"之说,故其命运十分悲惨。

【活阎王】 huó yàn wang(词)比喻极其凶恶残忍的人。

【活眼】 huó yan(词)眼皮子活,待人热情周到。[例]小媳妇子真~。

【活爷爷】 huó yè ye(词)长辈求告晚辈时的无奈称呼。

【活一天少一天，见一面少一面】 huó yi tiān sháo yi tiān,jián yi mián sháo yi mián(熟)谓年老的人在世时间越来越短。

【活跃分子】 huó yáo fēng zi(词)指行动积极、有朝气、活泼好动的成员。[例]上学的时候,他就是班上的~。

【活要见人，死要见尸】 huó yáo jián rèng,sí yáo jián shī(熟)多用于搜救遇难或失踪人员。

【活着多给一碗汤,强比死了狗号丧】 huá zhe duō géi yí wàn tāng,qiàng bì sí le gòu hào sāng(谚)对老人在世时不孝顺、老人死后号哭者(子女)的讥讽。

【活着嚷的,死了想的】 huó zhe ráng di,sí le xiāng di(谚)指配偶在世时经常吵闹,其中一个死了,活着的那个又思念得不行。

【活场】 huò chang(词)❶旧时大户人家在远离村庄的地方设置的供干活人、畜休息的临时场所。❷自然村用词。[例]邹家~(在望洪镇农丰村)。

【火到猪头烂，钱到公事办】 huó dáo zhū tòu lán,qiàn dáo gōng shi bán(熟)旧指到公家办事,必须用金钱打点才能办成。

【火棍】 huó gong(词)拨动柴火使之旺盛燃烧的棍儿(有木质和铁质),也叫拨火棍、烧火棍。

【火镜】 huó jíng(词)能利用日光引火的凸透镜。[例]用~把棉花点着。

【火焌子】 huó qu zi(词)火柴的俗称。

【火筷子】 huó kuái zi(词)从炉膛里夹取煤炭或捅火的工具,铁制,形状像两根筷子,一端由铁链相连。

【火镰】 huó lian(词)钢铁制成、形似小镰刀、击石取火的工具。

【火冒三丈】 huó máo sān zháng(词)形容愤怒到极点。

【火上浇油】 huó shang jiāo yòu(词)指通过怂恿、挑拨等手段,使人的情绪更加激动,矛盾更加激化,情况更加严重。

【火绳】huó sheng(词)用于引火的艾绳。[例]用~把烟锅里的烟丝点着。

【火头军】huó tou jiōng(词)军队中炊事人员的旧称,现多用于对炊事员的戏称。

【火头硬】huó tou yíng(熟)耐燃烧、发热量高的燃料。

【火牙】huó ya(词)牙周炎引起的牙痛。

【火箸】huó zhu(词)夹火炭的铁制长筷。

【火车进站——吼声大,行动慢】huò chē jíng zhán—hōu shēng dá,xìng dong mán(歇)比喻口号响亮,行动缓慢。

【火车头帽子】huò chē tòu máo zi(熟)一种前面无檐、像蒸汽机车头式的棉帽。

【火风】huà feng(词)火热的风,也指热干风。

【火剪】huò jiàn(词)叼夹火炭的长钳。

【火着虚心,人处实心】huò zhuò xū xīng,rèng chù shí xīng(谚)谓燃料留有空隙才能燃得旺,处人必须诚心才能处得长。

【火烧财门开,斗大的元宝滚进来】huò shāo cài meng kāi,dóu dá di yuàn bao góng jing lai(词)对遭受火灾者的安慰语,有时也用于调侃。

【火烧火燎】huò shāo huò liáo(词)❶十分焦急的样子。❷体外或体内像火烧一样难受。

【火烧眉毛顾眼前】huò shāo mì mao gú yàn qiàn(熟)比喻先解决眼前最急迫的问题。

【火盆】huò pèng(词)用于放置燃料、燃烧取暖的铁盆,燃料一般为砟子煤或木炭。

【伙夫】huó fu(词)旧指炊事员。[例]荒年饿不死个老~。

【伙计】huó ji(词)指店员或其他雇佣劳动者。

【伙计头儿】huó ji tòur(词)带领伙计干活的头儿。

【货比货得扔,人比人得死】huó bì huó dé rēng,rèng bì rèng dé sì(谚)劝人珍惜已有的东西(或条件),知足常乐,不要盲目攀比。

【货到地头死】huó dáo dí tou sì(谚)谓贩运到目的地的货物,贵贱都得卖,否则损失更大。

【货郎担】huó lang dán(词)货郎挑的杂货担,亦指货郎。

【货卖大堆】huó mái dá duī(谚)比喻店铺或商品集聚到一起,使顾客有选择余地,才能产生集聚效应,好做生意。

【货卖回头客】huó mái huì tòu ká(谚)有回头客的生意能赚钱。

【货卖一张皮,滑倒苍蝇哄死驴】huó mái yí zhāng pì,huà dào cāng ying hòng si lǜ(熟)❶指外表好看,内里做假。驴:比喻受骗上当的人。❷也指商品包装的重要性。

【劐开】huó kāi(词)用尖刀插入物体然后顺势拉开。[例] 用剪刀把鱼肚子~,掏掉内脏。

【攉开】huó kāi(词)用工具把成堆的东西分开。[例]把柴草~晒晒。

【攉拢】huó lòng(词)用工具将东西聚拢。[例]把稳子~。

【攉在外】huó zai wái(词)排除或不计算在内。[例]半劳力~,光算全劳力。

【攉踏】huò ta(词)挥霍、浪费。[例]把钱~光了。

【和稀泥】huò xī mì(词)比喻无原则地调和、折中。

【和风细雨】huò fēng xí yù(词)比喻方式和缓,不粗暴。[例]进行~式的批评帮助。

【和软】huò ruan(词)❶说话和气、婉转。[例]跟长辈说话,口气要~点。❷食物柔软。[例]面条煮~点,吃上好消化。❸肢体柔韧度好。[例]小娃娃腿子~,适合练武功。

【饸饹】huò luo(词)用荞麦面轧制的面条,可做汤面,亦可干拌。[例]~面馆。

【饸饹床子】huò luo chuàng zi(词)挤轧荞麦面条的器具。

J

ji

【叽叽叽】jījījī(词)唤羊的口令。

【机不可失，时不再来】jī bú ké shí，shì bú zái lài(词)紧紧抓住已经来到的时机，不要错过。

【机动粮】jī dóng liàng(词)生产队在上级规定之外私留的粮食。

【机乖】jí gū(词)机灵，乖巧，伶俐。[例]这个娃娃真~。

【机关枪上安刺刀——连讽刺带打击】jī guān qiáng shang ān cí dāo —— liàn fēng ci dái dá ji(歇)讽刺打击。

【机密】jī mi(词)机敏，机警。[例]不用担心，他~着呢。

【机敏】jī ming(词)明白，清楚。[例]这个事我一直闹不~。

【肌瘦】jī sou(词)瘦弱。[例]娃娃太~，是不是有啥病呢？

【鸡菢鸭子枉操心】jī báo yá zi wàng cāo xīng(谚)菢：孵。比喻白费力、白操心。

【鸡不下蛋的窝窝子】jī bú xiá dán di wō wo zi(熟)比喻过于偏僻的地方。

【鸡肠子豆角子】jī chàng zi dóu ge zi(词)即豇豆，果实呈圆柱细长形。

【鸡耖蛋】jī chǎo dán(词)指母鸡孵小鸡时，出于天性，间断地用头和颈部翻耖鸡蛋，使之均匀受热，提高孵化率。

【鸡大腿】jī dá tui(词)自行车上连接脚踏和大转盘的曲柄。

【鸡蛋里挑骨头】jī dán ni tiāo gú tou(词)比喻故意找茬挑毛病。

【鸡蛋泡子】jī dán páo zi(词)用面粉搅拌鸡蛋糊炸成的疙瘩，可烩汤食用。

【鸡蛋碰石头】jī dán péng shí tou(词)比喻过高估计自己力量，以弱斗强，自取灭亡。

【鸡的嗉子老鼠的眼，吃不饱的看不远】jī di sú zi láo chú di yàn，chí bú báo di kán bú yuàn(顺)比喻只看眼前利益，没有长远眼光。

【鸡都轰不动】jī dou hōng bu dóng(词)形容组织、指挥能力太差，管不住人。

【鸡儿上架早,明天天气好】jī er sháng jiá zào,mìng tiān tiān qi hào(谚)鸡可根据空气中的湿度判断天气,上架(回笼)早,说明空气干燥,明天是晴天。

【鸡飞蛋打一场空】jī fēi dán dá yí chàng kōng(词)形容两头落空,一无所得。

【鸡飞狗跳】jī fēi góu tiáo(词)形容骚扰得连鸡狗都不得安宁。也比喻局面混乱,人心不稳。

【鸡骨头熬汤——没大的油水】jī gú tou aō tāng— mú dá di yòu shui(歇)油水:价值。

【鸡——鸡,二十一,鸭——鸭,二十八】jī—jī,ér shi yí,yá—yá,ér shi bá(谚)指孵化鸡和鸭所需的大致时间,鸡为21天,鸭为28天。

【鸡鸡】jī ji(词)对小孩生殖器的爱称。

【鸡叫鸣天亮,鸡不叫鸣天也亮】jī jiáo míng tiān liáng,jī bú jiáo míng tiān yé liáng(熟)比喻事物循规律发展,不以主观意志为转移。

【鸡叫头遍鸣】jī jiáo tòu bian mìng(熟)刚过半夜时分

【鸡快——上去就下来了】jī kuái—sháng ke jiú xiá lai le(歇)调侃语。鸡快:指鸡的交配时间特别短。常在回击对方嫌自己速度慢时使用。

【鸡喽喽】jī lōu lou(熟)对小孩生殖器的爱称。

【鸡楼楼子】jī lòu lou zi(词)为鸡搭造的小房子。

【鸡笼笼子】jī lóng long zi(熟)养鸡或装鸡的笼子。

【鸡盲眼】jī mang yàn(词)即夜盲症。症状是在夜间或光线弱的地方看不清东西。

【鸡毛掸子】jī mào dán zi(词)用鸡毛做的带杆儿的拂尘工具。

【鸡毛猴性子】jī mào hòu xíng zi(熟)急性子。[例]~,想起来一阵子。

【鸡毛蒜皮】jī mào suán pi(词)无关紧要的小事或没有价值的东西。[例]尽说些~的事。

【鸡皮疙瘩】jī pi gé da(词)因受冷或惊恐等导致皮肤上起的小疙瘩,样子与去掉毛的鸡皮相似。

【鸡鸽食】jī qiān shi(词)比喻夹菜时像鸡啄食一样。[例]要叨就叨,不要~似的在碟子里鸽!

【鸡鸽仗】jī qiān zháng(词)形容互相抓挠式的轻微打斗。[例]俩人像~一样厮挖了半天。

【鸡瘟】jī wēng(词)通常指鸡新城疫和禽流感等传染快、死亡率高的疫病。

【鸡窝炉子】jī wō lù zi(词)炉口处有凹坑的土炉子,用于坐锅和聚热。

【鸡也飞了,蛋也打了】jī ye fēi le,dán yè dá le(熟)同“鸡飞蛋打一场空”。

【鸡爪风】jī zhuà fēng(词)指患有类风湿性关节炎、手足变形拘挛、无法伸展的症状。

【鸡胗肝】jī zhēng gan(词)鸡的胃,可化食。

【鸡争鹅斗】jī zēng è dóu(熟)比喻吵吵闹闹,彼此不和。

【鸡子儿】jī zìr(词)鸡蛋的另一种叫法。

【鸡坐月子——蛋(淡)事】jī zuó yué zi—dán(dán) shí(歇)比喻无关紧要的小事。

【基干民兵】jī gán mìng bīng (词)民兵中的基础和骨干，区别于普通民兵。详见附一。

【嫉妒】jī du(词)即妒忌。因别人胜过自己而产生的忌恨心理。[例]老~他干啥?

【技术大拿】jī shu dá nà(词)一个单位里在技术上说了算的人。

【技术老农】jī shu lào nòng(词)有生产经验的中老年农民。

【芨芨】jí ji(词)一种多年生草本植物,茎可编织筐、笆、囤等,亦可做扫帚。

【芨芨囤子】jí ji dóng zi(词)用芨芨草编织的盛粮器物。

【吉溜】jí liu(词)永宁回族指平安健康,多用于问候。[例]家里人都~着呢。

【吉地】jí dí(词)福地,吉祥之地。[例] 这里又不是个~，你跟他争什么?

【吉梦】jí meng(词)预示吉利的梦。迷信。[例]梦见死人是~。

【吉人自有天相】jí rèng zí yòu tiān xiáng(熟)谓好人会得到上天的帮助。祝福语。

【吉言】jí yàn(词)祝福的、吉利的话。[例]那就借你的~。

【急刁急抢】jí diāo jí qiàng(词)形容争夺、哄抢。[例]每次分东西,他都~的,根本不怕丢人!

【急齁】jí hou(词)着急。[例]这时候还不见来,把人等得~死了!

【急吼吼】jí hóu hou(词)形容着急的样子,也指性急的人。

【急急巴巴】jí ji bá ba(词)迫不及待的样子。[例]肉刚炖好,就~地捞了一疙瘩吃上。

【急了】jí le(词)❶对急于得到而不择手段的指责语。[例]你~,没到下班时间就跑了!❷火了。[例]兔子~也咬人。

【急事好办】jí shí háo bán(熟)谓事情抓紧办效果才好。

【急着急着学孙膑，踢了个飞脚比驴笨】jí zhe jí zhe xué sōng bíng,tí le ge fēi jue bì lǜ béng(顺)讽刺语。谓功夫不到家,还要显摆出丑。

【几棒撂不到的亲戚】jí báng liáo bu dáo di qīng qi(熟)形容非直系而又疏远的亲戚。

【几起几落】jí qì jí luó(词)指反复升降或兴衰。[例] 当了几十年干部,~,

现在总算安稳了。

【几十号人】jí shi háo rèng(熟)号:个。即几十个人。

【虮子】jí zi(词)虱子的卵。

【挤挤噪噪】jí ji zāo zao(词)人多拥挤,声音嘈杂。[例]待在家里多好,跑到街上~的。

【脊梁不行爱背炭,嗓子不行爱唱旦】jí liang bú xìng ái bēi tán,sáng zi bú xìng ái cháng dán(熟)指从事不适合自身条件的事情。

【脊梁杆子】jí liang gán zi(词)脊椎骨。

【记吃不记打】jí chí bú jí dà(熟)本指畜生,泛指不汲取教训的人。

【记得肯】jí di kěng(熟)记得牢固。[例]这种事,他~着呢!

【记黑账】jí héi zhang(词)暗中记录别人错处,作为日后处罚、要挟或报复的证据。

【记性】jí xing(词)❶记忆力。[例]年龄大了,~不行了。❷记住教训。[例]吃了亏,应当长点~。

【记住别人的好处,忘掉自己的恩惠】jí zhu biè reng di háo chu,wáng diao zí ji di ēng hui(熟)知恩必报但不施恩图报。

【纪念章】jí nián zhāng(词)❶特指"文化大革命"期间人们普遍佩戴的毛泽东像章。❷表示纪念的徽章。

【忌酒】jí jiù(词)即戒酒。[例]医生说我有肝病,要绝对~。

【忌口】jí kòu(词)❶信佛的人吃常斋或在初一、十五吃素。❷病人按医嘱忌食某些食物。

【忌人】jí rèng(词)亦称忌门。因特殊情况(如坐月子、害病或请巫医治病后)禁忌生人来家。

【忌孝】jí xiáo(词)不为死人戴孝、不参与丧事活动,以免受到邪祟侵害。迷信做法。

【忌孝房】jí xiáo fang(词)回避或不参与办丧事的活动。

【忌烟】jí yān(词)即戒烟。

【忌月房】jí yué fang(词)迷信认为产妇的房子不洁净,某些体弱者或病人进入,会染病或加病。

【剂子】jí zi(词)❶用若干味中药配合起来的药剂。[例]一~药。❷从大面团上分出来的小面团儿。[例]面~。

【迹迹子】jí ji zi(词)❶做出记号或标志。[例]在树上划个~。❷物体上自然留下的痕迹。[例]山坡上有被水冲刷的~。

【既然顶了神,就不怕神磨】jí ràn díng le shèng,jiú bú pá shèng mò(熟)顶神,学做巫婆神汉。比喻既然选择了这条路(或职业),就不要害怕挫折和困难。

【寄骨寺】jí gu sī(词)临时存放遗骨的寺庙。[例]这里又不是~,你把东西放在这里干啥?

【寄秧】jí yāng(词)把起出的稻秧暂

时密集地植放在空闲水地里，做补秧或复种插秧的备苗。

【疖】jí(词)胎记。

【鲫鱼片子】jí yu pián zi(词)对鲫鱼的形象叫法。

【几停停子】jì tìng ting zi(词)停：总数分成几等份中的一份。[例]产量比往年多出~。

【挤对】jī dui(词)妒忌、排挤。

【挤眉子弄眼】jì mi zi nóng yàn(词)❶用眼睛、眉毛示意。❷说话时眉毛和眼睛乱动，形容轻佻、卖弄。

【挤眉子眨眼】jì mi zi zhá yàn(词)❶对说话不诚实者的形容。❷对小孩睡觉不踏实、刚睡着就醒了的嗔怪语。

【挤牙膏】jì yà gào(词)比喻坦白、交代问题不爽快，不彻底，逼一点说一点。

jia

【加班加点】jiā bān jiā diàn(词)在上班时间外延长工作时间。

【加饭】jiā fán(词)指吃大锅饭(生产队的公共食堂或民工临时设灶时)，将第一轮打饭后剩下的饭分加给灶员。

【加事赶乱】jiá shi gán lán(词)不看清情况，把自己的事加进来，以致乱上加乱。

【加五的麦子磨不出加六的面】jiā wú di miá zi mó bú chu jiā liú di mián(熟)犹言一斤麦子磨不出二斤面粉。比喻投入和产出成正比。

【加楔子】jiā xié zi(词)比喻紧逼或加大压力。

【加盐调醋】jiā yàn tiào cú(熟)指转述别人的话语时加上自己的观点。

【家安值千金】jiā ān zhí qiān jīng(谚)谓家庭的和睦、安定最珍贵。

【家稗子】jiā bái zi(词)可以像粮食一样种植的稗子，其米可食。

【家常便饭】jiā chàng bián fān(词)❶指家中的日常饭食。❷比喻经常这样，习以为常。[例]迟到早退是~。

【家当】jiā dang(词)❶家业，产业。[例]一副~。❷家什，物件。[例]~器物。

【家当器物】jiā dang qí wu(词)家庭日常用具。

【家道万神】jiā dao wán sheng(词)家族的列祖列宗及其他神灵。[例]洗祀~，求其保佑平安。

【家规】jiā guī(词)家族或家庭长期形成的传统和规矩。

【家鬼】jiā guì(词)迷信指自家人死后的灵魂。[例]病是~缠的。

【家伙三】jiā huo sān(熟)对特别熟悉的人的称呼。[例]你这个~，看见小偷为啥不喊一声？

【家鸡打得团团转，野鸡打得满天飞】jiā jī dá di tuàn tuàn zhuán，yè jī dá di màn tiān fēi(熟)比喻亲生子女挨

打后仍不离家，抱养子女挨打后容易出走。

【家鸡没有野鸡香】jiā jī mú yòu yè jī xiāng（熟）比喻外遇比合法夫妻有味道。

【家家都有难念的经】jiā jiā dōu yòu nàn nián di jīng（谚）谓任何家庭都有自己的难处。

【家教】jiā jiáo（词）指家庭教育和教养。

【家具】jiā ju（词）❶指摆在屋里的床、柜、桌、椅等用具。❷常用的劳动工具。[例]使用~。

【家宽不嫌屋窄】jiā kuān bú xiàn wú zè（谚）谓只要家里富有，不在乎房子大小。

【家宽出少年】jiā kuān chú sháo niàn（谚）指生活在富裕家庭的人不易衰老。

【家里穷得连戳鼻子的柴都没有】jiā ni qiòng di liàn chuó bí zi di chài dōu mú yòu（熟）形容家里贫困，一无所有。

【家门户族】jiā meng hú zu（熟）指一个家族的人。

【家门自己】jiā meng zí ji（词）指一个家族的人。

【家贫出孝子，国乱见忠臣】jiā pìng chú xiáo zì，guó lán jián zhōng chèng（谚）谓出身贫穷家庭的人多能孝顺父母，国家危难时才能看出谁忠谁奸。

【家破人亡】jiā pó rèng wàng（词）指家庭破裂，人口死亡。

【家齐人齐】jiā qi rèng qi（词）一家人团团圆圆，平平安安。

【家人】jiā reng（词）旧称仆人。[例]老~。

【家庭出身】jiā ting chú shēng（词）指本人取得独立经济地位前的家庭成分。[例]~贫农。

【家无常序】jiā wù chàng xú（词）谓家庭秩序不可能永远正常。

【家无三代富，人无一世穷】jiā wú sān dái fú，rèng wù yí shí qiòng（谚）谓家庭和个人的贫富不是固定不变的，而是处在不断变化之中。

【家有家规，国有国法】jiā yòu jiā guī，guó yóu guó fá（词）大至国家，小至家庭，都有需要大家共同遵循的准则。

【家有老，是个宝】jiā yòu lào，shí ge bào（谚）❶老年人可帮助年轻人看家带孩子，解除后顾之忧。❷老年人的经验对后辈人的成长大有裨益。

【家有千缸油，不点双灯头】jiā yòu qiān gāng yòu，bú diàn shuāng dēng tou（谚）双灯头：两盏灯。比喻即使非常富有，也不可铺张浪费。

【家有三件事，拣着急的办】jiā yòu sān jian shí，jián zhe jí di bán（谚）比喻抓住并解决主要矛盾。

【家有十口，好不过两口】jiā yóu shí kòu，háo bú guó liàng kòu（谚）指家庭关系中夫妻关系最为亲密。

【家有十口，主事一人】jiā yóu shí kòu,zhú shí yí rèng(谚)比喻任何家庭或组织都要有一个负总责、拿主意的人。

【家有万石粮,不拿白萝卜就米汤】jiā yóu wán dán liàng,bú nà biá luó bo jiú mí tang(谚)生拌白萝卜就黏粥能促进消化,饿得快,粮食紧缺年代忌讳这种吃法。米汤:黏粥。

【家有梧桐招凤凰,家有相公招姑娘】jiā yòu wū tòng zhāo féng huang,jiā yòu xiāng gong zhāo gū niang（熟）比喻家里有什么样的人,就会招来同类的人。

【家有一万，长毛的不算】jiā yóu yí wán,zhàng mào di bú suán(谚)长毛的:指家畜家禽。因家禽家畜容易得疫病而死,故有此说。

【家贼难防，偷断禄粮】jiā zèi nàn fàng,tōu duán lú liàng(熟)内贼可偷光家里的钱粮。

【家住芦苇湖——有根有叶（业）】jiā zhú lù wèi hù —yòu gēng yóu yé (yé)(歇)比喻有根基、有家业的人。调侃语。

【夹袄子】jiá áo zi(词)指双层布的上衣。

【夹板】jiá ban(词)用切成小块的面皮夹上肉馅，经油炸而成的食品,可烩小吃。

【夹板气】jiá ban qí(熟)形容夹在中间受气或两头不落好。

【夹住】jiá zhu(词)骂人的话。即喝令别人闭嘴。

【夹不住尿】jiá bú zhu suī(熟)一种憋不住尿的病。

【夹道】jiá dao(词)自然村用词。[例]于家~(在养和镇王太村)。

【夹骨拶子】jiá gu zàn zi(词)旧时刑具之一。即用绳子连接五根小木棍,用时夹住手指使劲拉。

【夹夹裹裹】jiá jia guó guo(词)❶形容说话吞吞吐吐。❷形容腋下夹着包袱或衣服里裹着东西。比喻拖泥带水,不精干。

【夹挠子】jiá nao zi(词)捕捉动物的夹子。[例]狼腿被~夹住了。

【夹起尾巴做人】jiá qì yí ba zuó rèng (熟)谓做人保持低调,谦虚谨慎,不骄傲自大。

【夹墙】jiá qiàng(词)在正房后面特意留下的窄长隐蔽的夹壁通道,可储存物品,藏人避祸。

【夹生饭】jiá seng fán(词)半生不熟的饭。比喻问题没彻底解决,留下隐患和难度。

【夹屋子】jiá wu zi(词)主房后面做储藏室之用的窄长房子。

【夹一泡尿的工夫】jiá yi pào suī di gōng fu(熟)夹尿,憋尿。形容很短的时间。[例]~就干完的活,还要推到明天!

【夹张子】jiá zhāng zi(词)麻将术语,

即三张即将成副的牌只缺中间一张。如七八九中的八等。

【**甲长**】jiá zhàng(词)旧时户籍编制,十户为一甲,甲设~。

【**胛缝**】jiá fěng(词)肩关节处。[例]这两天~疼的。

【**胛子**】jiá zi(词)肩胛。

【**驾殃鸡**】jiá yāng jī(词)指死人灵柩前拴的公鸡。

【**架**】jiá(词)旧时吊在屋顶上放置东西的木架。

【**架板**】jiá ban(词)搭建脚手架的木板或竹板。

【**架手不住**】jiá shou bu zhú(词)招架不住,承受不了。[例]家里娃娃太多,累得她实在~。

【**架子客**】jiá zi ká(词)形容只会说大话、摆架子而没有真才实学和实干精神的人。

【**嫁出去的女儿泼出去的水**】jiá chú ké di nǘr pó chu ke di shuì(谚)旧谓女子出嫁后即归属夫家,不再由娘家抚养和管束。

【**嫁给铁匠拧环子,嫁给木匠推椽子,嫁给相公当娘子,嫁给屠户翻肠子**】jiá gei tié jiàng nìng huàn zi,jiá gei mú jiàng tuī chuàn zi,jiá gei xiáng gong dāng niàng zi,jiá gei tù hu fān chàng zi(熟)❶形容旧时女子对丈夫的依附。❷女子嫁给从事什么职业的男子,就协助丈夫做同样的工作。

【**嫁汉嫁汉,为的穿衣吃饭**】jiá hán jiá hán,wéi di chuān yī chí fán(熟)旧时妇女的婚姻目的之一。

【**嫁鸡随鸡,嫁狗随狗**】jiá jī suì jī,jiá gòu suì gòu(熟)封建婚姻观。即女子出嫁后,不论丈夫好坏,都要从一而终。

【**嫁丫头攀高,娶媳妇就低**】jiá yā tou pān gāo,qú xí fu jiú dī(谚)父母为女儿择婿、为儿子选妻的经验。

【**假说带真**】jiá shuo dái zhēng(词)指半真半假、令人费解的话。

【**假戏真做**】jiá xí zhēng zuó(词)指戏演得逼真或为了欺骗而把假事做得像真的一样。[例]我们就~,把他逗高兴就行了。

【**假表面**】jià biáo mián(词)非真心的当面讨好。

【**假传圣旨**】jià chuàn shéng zhì(词)比喻冒充或歪曲上级指示。

【**假生子**】jià gà zi(词)形容性格像男孩一样的女孩。

【**假托**】jià tuō(词)借口,推托。[例]说是家里有事,我看那是~。

【**假丫头**】jià yā tou(词)言行像女人的男子。

jian

【**尖杵杵**】jiān chú chu(词)形容带尖的器具。[例]铅笔~的,小心把人戳了。

【**尖尖子**】jiān jian zi(词)指带尖的物

体的顶端。[例]山~。

【尖溜溜】jiān liú liu(词)形容带尖而滑溜的东西。[例]没受过苦的人,指头~的。

【尖声大嗓子】jiān shēng dá sàng zi(词)说话声尖锐,调门高。

【尖嘴】jiān zuì(词)多嘴,告发。[例]就怕有人~。

【尖嘴猴腮】jiān zuì hòu sāi(词)形容人面部瘦削,相貌丑陋。[例]长得~的,没个福态相。

【奸馋】jiān chan(词)挑食。[例]饿的就是~人!

【奸臣】jiān cheng(词)古代指残害忠良或阴谋篡夺帝位的大臣。现指给领导进谗言、陷害好人者。

【奸巧】jiān qiao(词)犹奸诈。[例]处处占~。

【奸贼】jiān zèi(词)民间对窃国弄权、欺君惑主的大臣的骂语。

【奸诈】jiān zhá(词)奸伪诡诈,斤斤计较,处处抓奸占巧。

【肩膀拐上】jiān bang guái shang(词)肩头,肩膀拐角处。

【肩膀上挈了个插棍——直戳直攮】jiān bang shang qiè le ge chá gong—zhí chuó zhí nàng(歇)比喻说话率直。

【肩膀上有劲养一口,心里有劲养十口】jiān bang shang yóu jíng yáng yí kòu,xīng ni yóu jíng yáng shí kòu(熟)只会死受苦的人只能养活自己,有谋略和计划的人能养活全家。

【监视委员】jiān shi wéi yuan(词)对多管闲事、喜欢监督别人者的讽刺性称谓。

【犍牛】jiān niu(词)阉去睾丸的公牛。

【煎豆腐不倒油——煎(奸)上煎(奸)】jiān dóu fu bú dáo yòu—jiān(jiān)shang jiān(jiān)(歇)谓特别悭吝、小气、奸诈。

【间种】jián zhóng(词)把两种以上作物的种子错时播种在一块地里的方法,如玉米~大豆等。

【拣菜】jián cái(词)指摘除清理蔬菜中的杂质。

【拣着有肉的骨头啃】jián zhe yóu róu di gú tou kèng(熟)❶比喻选择有利的事情干。❷比喻找有权力的人办事,或向有潜力、有油水的人求助。

【碱柴】jián chai(词)建土坯房时夹在石基和土坯间的芦柴,防止盐碱对墙体的侵蚀。

【碱面子】jián mián zi(词)即食用碱,呈白色粉末。化学名称碳酸钠,俗名苏打、纯碱、洗涤碱。

【碱滩】jiàn tān(词)指土壤盐碱化严重、不能耕种的大块荒地。

【见不得】jián bu de(词)讨厌,看不惯,不愿交往。

【见不得离不得】jián bu de lì bu de(熟)形容见了就吵架,离开就想念的关系。

【见不得穷汉吃白馍馍】jián bu de qiòng han chí biá mò mo(熟)对穷人生活改善的妒忌。

【见不得有理】jián bu de yòu lì(熟)犹得理不让人。

【见财起意】jián cài qì yí(词)偶然看见别人钱财而产生歹念。

【见缝插针】jián féng chá zhēng(词)比喻尽可能利用一切空间或时间。[例]他~,坐公交车都复习功课。

【见个石头都说话】jián ge shí tou dōu shuó huá(词)指迂腐、特别爱说话的人。

【见功】jián gōng(词)功效,效果。[例]吃了那么多药不~。

【见怪】jián guái(词)产生看法,怪罪。[例]你不去,人家要~。

【见好就收】jián háo jiú shōu(词)经过努力,达到一定目的就适时收手。也指不要贪婪。

【见空就钻】jián kóng jiú zuān(词)善于瞅空子,抓机会。贬义。

【见了点子】jián le dián zi(熟)亲眼看见效果或事实。

【见了凡人不搭话】jián le fàn reng bú dá huá(熟)形容傲慢、目中无人,见了普通老百姓(凡人)连招呼都不打。

【见了嚷的,走了想的】jián le ráng di,zóu le xiáng di(熟)指那种见了面就争吵、见不着又思念的关系。

【见了天了】jián le tiān le(熟)比喻终于有了出头之日或得到公正待遇。

【见苗收三分】jián miào shōu sān fēng(词)指庄稼只要出了苗,就会有三成的收获。

【见钱眼开】jián qiàn yàn kāi(词)形容看到钱财就动歪念头。

【见人尿尿眼泪淌,见人屉屎沟门子痒】jián rèng niáo suī yán luì tàng,jián rèng bà shì gōu meng zi yàng(顺)形容见样学样,羡慕并盲目模仿别人。

【见人说人话,见鬼说鬼话,人鬼一起到,满嘴说胡话】jián rèng shuó rèng hua,jián guí shuó guí hua,rèng guí yí qì dáo,màn zuí shuó hù hua(熟)形容两面三刀的人。

【见肉不舍】jián róu bú shè(谚)指母亲对自己生下的孩子,不论男女胖瘦,都不愿舍弃。肉:亲生孩子。

【见啥人说啥话】jián shá rèng shuó shá huá(熟)指讨好逢迎,八面玲珑。

【见啥要啥】jián shá yáo shá(熟)即看见什么就要求买什么。多指幼儿或受宠的女子。

【见识】jián shi(词)能耐,本事。[例]饿出来的~。

【见死不救】jián sí bú jiú(词)看见危难也不肯相救。

【见天】jián tiān(词)每天,天天。[例]~都来。

【见阎王】jián yàn wang(词)❶叫别

人死。[例]立马叫他~。❷谓自己死。[例]不是住院,早~了。

【见一面，分一半】jián yi mián,fēng yí bán(熟)约定俗成的规矩,即俩人一起捡到的东西,各分一半。

【见一样，学一样，沟子夹了个鲇拨浪】jián yi yáng,xué yi yáng,gōu zi jiá le ge miàn bo láng(顺)对刻意模仿者的讽刺语。鲇拨浪:鲇鱼。

【贱婊子】jián biáo zi(词)对轻佻、喜欢献媚的人的骂语。

【贱骨头】jián gú tou(词)❶骂语,贬称。指过于轻贱、殷勤而不讨好。❷用于自嘲。[例]我是个~,不给儿女干点活心慌呢。

【贱货】jián huó(词)对举止轻佻者的骂语。

【贱驴皮】jián lü pi(词)犹贱皮子。指有富不享、自找苦吃的人。

【贱皮子】jián pi zi(词)❶指不识抬举、不识好歹、自找训斥或挨打的人。❷指有富不享、自找苦吃的人。

【贱气】jián qí(词)轻佻,过分亲昵。[例]爱在女人跟前耍~。

【贱气五式】jián qi wù shí(熟)讨好、献媚、骚情。

【简干】jiàn gan(词)干活利索、敏捷、不拖沓。

【拣了卖了】jiàn liáo mái liào(词)指水果、蔬菜等商品零售时,允许顾客挑拣,直到卖完。

【减缓免】jiàn huàn miàn(词)指"四清"运动中按照中央《二十三条》的规定,对干部退赔可以实行~的政策。

jiang

【江湖班子】jiāng hu bān zi(词)本指临时搭凑起来、到处演出的戏剧或杂技班子。比喻临时凑合、纪律松弛的组织。

【江湖班子对忽戏】jiāng hu bān zi duí hu xí(熟)❶比喻为了达到某种短期目标，临时拼凑起来的合伙人。❷没有长远打算的临时组织。对忽:对付,敷衍。

【江湖乱道】jiāng hu lán dáo(词)不讲章法随意来。特指喝酒划拳。

【江湖骗子】jiāng hu pián zi(词)指闯荡江湖,靠卖假药、算命等骗人手段谋生的人。

【江湖医生】jiāng hu yī seng(词)指江湖上行医卖药的人，多指行骗的庸医。

【刚掰开眼睛】jiāng biá kāi yán jing(熟)刚睁开眼睛,刚起床。[例]~就要吃东西!

【刚好好】jiāng hào hao(词)刚好,正合适。

【刚走个悟空，又来个姓孙的】jiāng zóu ge wù kong,yóu lài ge xíng sōng

di(熟)犹换汤不换药。

【将恩不报反为仇】jiāng ēng bú báo fàn wèi còu(熟)犹恩将仇报。

【将高就低】jiāng gāo jiú dī(词)❶根据现场条件施工。❷不挑不拣,将就凑合。多用于择偶。

【将功赎罪】jiāng gōng shú zuí(词)立新功以弥补罪过。

【将功折罪】jiāng gōng zhé zuí(词)用立功抵顶罪行,争取减刑。

【将混】jiāng hong(词)将就,凑合,混日子。[例]能过就~着过,不要离婚。|先在那里干着,~到年底再说。

【将军不下马的锁子】jiāng jiong bú xiá má di suó zi(熟)一种开启后拔不掉钥匙的锁。

【将摸儿】jiāng mor(词)好不容易,刚刚。[例]娃娃~搞乖了,一见娘母子又哭开了。

【将他的包子擩他的嘴】jiāng tā di bāo zi rù tā di zuì(熟)把谁挣来的钱花在谁身上。

【将心比，都一理】jiāng xīng bì,dōu yí lì(谚)将心比心,道理自明。

【将心比心】jiāng xīng bì xīng(词)拿自己的心去衡量别人的心，犹换位思考。

【姜片子】jiāng pián zi(词)即干姜。可做调料,亦可入药。

【姜太公钓鱼——愿者上钩】jiāng tái gōng diáo yù—yuán zhe sháng gōu (歇)比喻心甘情愿,毫不强迫。姜太公:姜子牙,周武王的谋臣。

【姜太公在此,诸神远避之大吉】jiāng tái gong zái cì,zhú shèng yuàn pì zhi dá jí(谚)旧时建房,将写有此语的红纸条贴于梁上,可驱邪化吉。详见附一。

【姜窝窝】jiāng wō wo(词)捣碎调料的工具。

【姜窝窝搉胡麻——小捣油】jiāng wō wo qué hù ma—xiào dào yòu(歇)比喻小规模加工。搉:捣碎。“姜窝窝”见该条。

【豇豆】jiāng dou(词)一年生豆科植物,果实为圆柱形长荚,是普通蔬菜。当地叫鸡肠子豆角。

【浆泥】jiāng mi(词)水和土和的泥,用于砌墙时黏合土坯,相对“稳子泥”而言。

【浆皮子】jiāng pi zi(词)即胎胞。浆指养水。[例]~破了,娃娃快下来了。

【浆水】jiāng shui(词)调豆腐后滤下的废水。

【浆泥缸】jiáng mi gāng(词)❶泥潭,陷入后不易自拔。❷比喻矛盾多、情况复杂的单位。

【僵土瓦块】jiāng tu wá kuái (词)形容田地表面的土块没有耙耱细碎。有时也形容放冷变僵的饭食。

【将门虎子】jiáng mèng hù zì (词)父辈有才能,子孙也身手不凡。

【将在外，不由帅】jiáng zái wái,bú yòu shuái(谚)❶比喻对外派人员无法直接控制。❷指远离指挥机关的下级可以不经请示、相机处理紧急事务。

【将在外，君命有所不受】jiáng zái wái,jiōng míng yòu suo bú shóu(熟)在外远征的将领,可以不待君主的命令而相机行事。

【讲不依】jiáng bú yī(词)不依不饶。讨说法。[例]你要是欺负我女儿,我跟你~!

【讲究】jiáng jiu(词)号称、对外宣称,都说。[例]~你是个大款,就赞助这么几个钱?

【讲说】jiáng shuo(词)❶议论。[例]别叫人~。❷犹号称。[例]~你上过初中,连个信也不会写。

【讲价钱】jiàng jiá qian(词)比喻在接受任务时提出要求和条件。[例]多少干点事就~。

【讲讲说说】jiàng jiang shuó shuo(词)议论纷纷,评头论足。[例]自己注意点,不要叫别人~。

【讲三国说列国】jiàng sān guo shuó lié guo(熟)❶比喻不着边际的闲聊。❷用历史故事劝导人。

【膙子】jiáng zi(词)老茧。[例]手掌上磨出了~。

【匠人】jiáng reng(词)有技术的工匠。

【匠人多了盖塌房,兽医多了治死驴】jiáng reng duō le gái tá fàng,shóu yi duō le zhí si lǜ(谚)比喻人多意见不统一,反而不好做事、做不好事。

【犟板筋驴】jiáng bàn jing lǜ (熟)比喻性格十分倔强的人。

【犟乖乖】jiáng guài guai(词)性格乖戾、过于倔强的人。

【犟驴】jiáng lǜ(词)比喻脾气倔犟的人。

【犟扭的瓜不香甜】jiáng niú di guā bú xiāng tiàn(谚)比喻在对方不情愿或条件不成熟的时候勉强行事,不会取得好的效果。

【犟㞞拉不到夜壶里】jiáng qiù lā bú dao yé hu ni(熟)比喻脾气倔强,不受支配。

【糨子】jiáng zi(词)糨糊。[例]用~把对联贴到门框上。

【糨子官】jiáng zi guān(词)形容是非不分、断事不明的糊涂官。

【奖勤罚懒】jiàng qìng fá làn (词)指对工作勤恳的人给予奖励,对偷懒、完不成任务的人进行处罚。

jiao

【交裆】jiāo dāng(词)人两腿之间的裆部。也指牲畜的后裆部。

【交给山神了，交给土地了】jiāo gei shān sheng le,jiāo gei tú di le(熟)意为交给谁了。山神、土地都是传说中的神仙。

【交运】jiāo yóng(词)命运中的转折点,走运,交好运。[例]人恨人,~呢,天恨人,要命呢。

【浇树浇根，交人交心】jiāo shú jiāo gēng,jiāo rèng jiāo xīng(谚)做事要抓住关键和实质。

【浇喜】jiāo xì(词)民间认为男婴把尿撒到大人身上是喜事。有时也以~来缓和尴尬气氛。

【娇格格】jiāo gé ge(词)娇气,娇惯。[例]那么大了,还~的。

【娇气包,爱老猫,老猫不爱娇气包】jiāo qi bāo,ái lào māo,lào māo bú ái jiāo qi bāo(儿)教育小孩不要撒娇的歌谣。

【娇生惯养】jiāo sēng guán yàng(词)指对子女宠爱放纵。

【胶鞋】jiāo hài(词)特指胶底布面的鞋。[例]军用~。

【焦尾巴】jiāo yí ba(词)比喻没有子嗣的人。

【焦赞闹孟良——伙伙子闹伙伙子】jiāo zán náo méng liàng— huó huo zi náo huó huo zi(歇)比喻自己人闹自己人,窝里斗。焦赞和孟良都是"杨家将"中的重要成员。

【教给曲子都不会唱】jiāo géi qú zi dōu bú huí cháng(熟)嗔怪语,指教给方法都不会做。也比喻愚蠢。

【教会徒弟,饿死师傅】jiāo huí tù di, wó si shī fu(谚)指师傅的技艺不能毫无保留地传授给徒弟,否则将增加竞争对手,使自己没活干。

【教鞭】jiáo biān(词)教师讲课时用来指示板书或图片的细棍。

【教长】jiáo zhàng(词)即清真寺的"伊玛目",是一坊穆斯林的宗教领袖。

【燋】jiáo(词)引火烧。[例]赌徒们跑了,他一把火把聚赌的窝棚给~了。

【绞棒】jiáo báng(词)畜力车拉运庄稼、柴草时,用来和绞锥配合、绞紧绳索的木棍。

【绞肠痧】jiáo chang shā(词)即干霍乱。一种心、腹剧痛的疾病。

【膏葫芦】jiáo hu lu(词)旧时盛润滑油的小瓶子,通常挂在木轮车旁的辕条上。

【膏油】jiáo yòu(词)指往车轴、碾轴等转动部件上涂抹润滑油。

【叫唤是个驴】jiáo huan shí ge lǜ(熟)调侃语。"笑话"与"叫唤"谐音,当一人说:"别人笑话呢",反驳者则说:"~!"

【叫魂】jiáo hòng(词)家里有人生病,迷信认为是魂魄丢失在外,便由亲属于天黑时拿着病人衣服在外面呼叫,召唤魂魄回来。

【叫借麻袋就不借口袋】jiáo jié mà dái jiu bú jié kóu dai(熟)形容过于老实,机械执行任务。

【叫驴】jiáo lü(词)即公驴。

【叫鸣鸡】jiáo mìng jī(词)比喻瞌睡

轻、起得早的人。也指清晨早醒和哭闹的小儿。

【叫天天不灵，叫地地不应】jiáo tiān tiān bú lìng,jiáo dí dí bú yīng(熟)比喻求告无门,无处诉说。

【叫阎王爷爷收上走了】jiáo yàn wang yè ye shōu shang zóu le(熟)指死了。

【叫应】jiáo yīng(词)❶能基本认识或读通的错别字。[例]写的字能~就行了。❷提前提醒或告知。[例]就是打牲口,也要~。

【叫他走东,他不敢趔西,叫他打狗,他不敢骂鸡】jiáo tā zòu dōng,tá bú gáng lié xī,jiáo tā dà gòu,tā bú gán má jī(顺)比喻唯命是从,毫不走样。

【叫他行吧】jiǎo tā hàng ba (熟) 行:做,行为。有诅咒和期待报应的意思。[例]~,总有他行不动的一天!

【绞脸】jiào liàn(词)妇女用手指绷着细线,绞去脸上的汗毛。

【绞锥】jiào zhuī(词)畜力车拉运庄稼、柴草时，可插入垛中与绞棒配合、绞紧绳索的带尖木棍。

【搅和】jiáo huo(词)掺和,捣乱。

【搅臊】jiáo sáo(词)捣乱。

【搅团】jiáo tuan(词)用高粱面或荞麦面做的糨糊状饭食。

【搅打】jiào da(词)打搅、扰乱。

【搅屎棍】jiào shí góng(词)搅局、制造混乱的人。

【搅㞞棒】jiào sòng báng(词)同搅屎棍。

【搅黄了】jiào huàng le(熟)通过捣乱搅和,达到破坏的目的。

【搅家无良】jiào jiā wù liàng (词)犹搅家精,多指儿媳。

【搅搅攉攉，吃饱放个骆驼】jiào jiao huó huo,chí báo fáng ge luó tuo(儿)哄小孩吃饭的歌谣,一般是边搅饭边说。

【酵面不起是诧面】jiáo mian bú qí shi zhā mian(熟)比喻不但没达到预期目的,反而带来麻烦。

jie

【今儿个】jiēr ge(词)今天。

【今儿个走呢，明儿个跨呢】jiēr ge zóu ni,mièr ge kuá ni(熟)指老喊着要离家出走或改嫁。

【今儿输明儿赢，后天找平】jiēr shū mièr yìng,hóu tiān zhào pìng(顺)赌博的规律。意为有输有赢,最后持平。

【疖子】jié zi(词)一种局限性皮肤和皮下组织化脓性炎症。[例]腿上起了个~。

【接地气】jié dí qí(词)❶即接收大地之气。[例]住一楼或平房~。❷比喻深入群众,深入实际。

【接二连三】jié ér liàn sān(词)一个接一个,接连不断。[例]工地上~出事故,要好好整顿呢。

【接号头】jié háo tòu(词)❶接着领头

人的尾音喊号子。❷谓参与或看到活动的尾声。[例]戏都快演完了你才来,~呢?

【接脚】jié jué(词)承袭、仿照前辈的做法。[例]辈辈有个~的。

【接客】jié ka(词)妓女接待嫖客。

【接连】jié lian(词)关系、帮手。[例]他外面~多,叫他办去。

【接上气】jié shang qi(熟)上下衔接,得以连续。[例]口粮刚~。

【接趟】jié tang(词)收割时先完成任务的人给落后的人帮忙。

【接引渠】jié yìng qu(词)唐徕渠支渠之一,1976年建成通水,于西邵村开口,全长7公里。

【揭背花】jié béi hua(词)旧时一种惩罚,即用鞭子或柳条抽脊背。

【揭不开锅】jié bú kāi guō(词)断粮,无米下锅。

【揭老底】jié lào dì(词)揭露人的底细。揭疮疤。[例]双方互相~,越吵越厉害。

【揭明】jié mìng(词)指把事情或意见摊开来。[例]~说,这个事不怪别人,就怪你们自家人。

【揭挑】jié tiao(词)揭短、抓话把儿。[例]动不动就~人。

【节对节,半个月】jié duí jié,bán gé yué(谚)指农历的一个节气距下一个节气为十五天。

【节口】jié kou(词)关节点。多指不顺利。[例]四十九岁是个~。

【劫道】jié dáo(词)拦路抢劫。[例]旧社会,山上经常有~的。

【劫数】jié su(词)佛教指必遭的厄运、灾难、大限,亦指漫长的时间。[例]是~就逃不过去。

【结棒】jiē bang(词)结实。[例]小伙子身体~得很。

【结婚三天没大小,不耍公婆不热闹】jié hōng sān tiān mú dá xiào,bú shuà gōng pò bú ré nao(熟)指当地娶儿媳妇时耍公婆的习俗。

【结结嗑嗑】jié jie ké ke(词)形容结巴说话。[例]~说不清。

【捷路子】jié lu zi(词)捷径,较近的小路。

【羯羊】jié yang(词)阉去睾丸的公羊。[例]绵~肉大补。

【解放】jié fáng(词)❶指1949年中华人民共和国成立。[例]我是~那年生的。❷指政治运动中干部被解脱。

【解放兵】jié fáng bīng(词)解放战争中的起义投诚人员。

【解铃还需系铃人】jiè lìng hài xū jí lìng rèng(谚)比喻谁造成的问题由谁去解决比较容易。

【介绍人】jié shào rèng(词)❶媒人。❷商业中介。❸加入组织、团体的引进人。

【借刀杀人】jié dāo shá rèng(词)比喻自己不出面,借别人的手去害人。

【借的老婆焐不热,鸡叫狗咬跑不迭】

jié di láo po wú bú ré,jī jiáo gòu yào páo bu dié(谚)[例]形容趁女方丈夫不在、夜里到女方家嫖宿的窘态。

【借来的猫不逮老鼠】jié lài di mào bú dài lào chu(谚)比喻雇用来的人干活不出力。

【借坡下驴】jié pō xiá lǜ(词)比喻寻找有利时机摆脱窘困尴尬处境。

【借上儿子赌咒——不害心疼】jié shang èr zi dú zhóu—bú hái xīng tèng(歇)比喻不珍惜别人的东西。

【借他的捶头捣他的眼窝】jié tā di chuì tou dào tā di yán wo(熟)借用对方的话反驳对方。

【借新新子】jié xīng xing zi(熟)借问题刚发生时加以解决。[例]有了病要~治,拖大了不好治。

【越来越】jié lài jié(词)表示渐进。[例]日子~好。

【越说越扬】jié shuó jié yáng (熟)形容越劝说情绪越激动。

【越走越光,蹲倒一筐】jié zóu jié guāng,dōng dáo yí kuāng(顺)挖野菜或捡柴火时的口歌。比喻做事要踏实、耐心、坚持,才会有收获,否则一事无成。

【越吃越馋,越坐越懒】jié chí jié chàn,jié zuó jié làn(谚)比喻不良习惯一旦养成,会越来越严重。

【越渴越吃盐,越热越穿棉】jié ké jié chí yàn,jié ré jié chuān miàn (熟)比喻违背常规。

【越冷越尿尿,越穷越吃亏】jié léng jié niáo suī,jié qiòng jié qiā kuī (谚)犹雪上加霜。

【截锯】jiè ju(词)截断直径较小的木料的锯子。

jing

【今世栽种,后世收获】jīng shí zāi zhóng,hóu shí shōu hu(谚)迷信认为人生包括今世(活着)与后世(死后)两部分,今世短暂,后世永远。活着播种什么,死后就收获什么。

【金钉扣银榫】jīng dīng kóu yìng sòng(熟)比喻在物资(资金)匮乏的情况下,严格按计划使用,没有丝毫浪费。

【金刚大人】jīng gāng dá rèng(词)本指佛教护法神。比喻个头大、身体魁梧的人。[例]你是个~,这么宽的地方还坐不下?

【金口玉言】jīng kóu yú yàn (词)旧时指天子之言。比喻正确而不可改变的话。[例]他的话又不是~,为啥非要听?

【金梁玉柱】jīng liàng yū zhú (词)本指金銮殿的梁与柱,泛指豪华金贵的宫殿楼阁。民间常以金良(梁)、玉柱做人名。

【金镏子】jīng liú zi(词)即金戒指。

【金銮殿】jīng luàn dián(词)唐代宫

内有金銮殿,后来泛称皇帝上朝理政的大殿。

【金沙渠】jīng shā qù(词)原名征沙渠,西干渠支渠之一,1976年建成,在旱草洼处开口,全长14.6公里。

【金塔】jīng tá(词)地名,因李俊堡的~得名,在今李俊镇。[例]~生产大队(1961年)。|~村(1983年6月后)。

【金窝银窝,不如自家的穷窝】jīng wō yìng wō,bú rù zí jiā di qiòng wō(谚)别人的住所再好,也不如自己家里住着舒服自在。

【金镶白玉板,红嘴绿鹦哥】jīng xiāng biá yu bàn,hòng zuí lú yīng ge(熟)菠菜炖油炸豆腐的雅称。相传系康熙十四子访宁夏时得名。

【金星】jīng xīng(词)地名,原属增岗乡,今属望洪镇。[例]~农业社(1955年)。|~大队(1958年)。|~村(1983年)。

【金银不露白】jīng yìng bú lú biá(谚)金银不能让别人看见,否则不安全。

【金银好认,肉疙瘩难认】jīng yìng háo rèng,róu gé da nàn rèng(谚)肉疙瘩指人。比喻真正认清一个人的本质不容易。

【金银满箱】jīng yìng màn xiāng(熟)旧时春节贴在箱柜上的红纸条幅,上写此语。

【金枝玉叶】jīng zhī yú yé(词)多指皇族子孙。也比喻出身高贵、娇嫩柔弱的人。

【精精赶出来】jīng jīng gán chú lài(熟)指什么财物都不给,净身出户。

【精溜子】jīng liu zi(词)形容特别精明、聪明、机灵的人。

【精疲力尽】jīng pī lí jíng(词)形容精神和身体极度疲劳。

【精尿毛杆子】jīng qiù mào gán zi(熟)比喻赤贫,一无所有。

【精上沟子撵狼——胆大脸瓷不害羞】jīng shang gōu zi niàn làng——dán dá liàn cì bú hái xiū(歇)讽刺语,谓胆大脸皮厚。

【精神大】jīng sheng dá(口)形容做事兴趣浓厚,精力充沛,有时也用于调侃或讽刺过分热心。[例]还是你的精神大,儿女的啥事都要管。

【精神】jīng sheng(词)特指表现出来的活力和生气。[例]七十岁的人了,还这么~!

【精耕细作】jīng gēng xí zuó(词)指认真细致地种地。[例]人多地少,全靠~。

【精沟子】jīng gōu zi(词)光屁股。沟子:屁股。[例]~娃娃。

【精沟子推磨——人丢了一圈又一圈】jīng gōu zi tūi mó—rèng diū le yí quān yóu yí quān(歇)义如文。

【精沟子,坐板凳,麻雀子鸽卵子】jīng gōu zi,zuó bàn deng,mà que zi qiān luàn zi(儿)旧时对没裤子穿而光着屁股的小男孩的调侃。卵子:睾丸。

【浸豆子】jīng dóu zi(词)把干硬的豆子放在水里泡软。

【京藏高速】jīng záng gāo sú(词)北京至拉萨的高速公路,永宁过境长度 33 公里。

【京祖 107】jīng zu 107(词)水稻品种,20 世纪 50 年代曾在当地大量种植。

【经公】jīng gōng(词)经过公家处理或裁决。

【经济】jīng ji(词)生活用度或拥有的钱财。[例]~不宽裕。

【经名】jīng ming(词)回族命名习俗。回民在出生后的 1 个月内,除家里给起的学名外,还请阿訇用阿拉伯文给起一个经名,又叫教名。其名字多为伊斯兰教圣人的名字。

【经一事,长一智】jīng yi shí,zháng yi zhí(词)亲身经历了某件事情,就能增长关于这方面的经验或教训,提高智慧才干。

【经营】jīng ying(词)❶照料,喂养。[例]把牲口~好。❷保管。[例]这是奶奶留下的东西,要~好,别丢了。

【惊慌事到】jīng huang shí dáo(词)大惊小怪地声张。[例]没看真切,就~地乱喊。

【惊蛰】jīng zhi(词)二十四节气之一,3 月 6 日前后,春耕开始。

【惊蛰不在家,夏至不在地】jīng zhi bú zái jiā,xiá zhí bú zái dí(词)指当地大蒜栽种、收获的时间。

【惊蛰刮了风,撂掉高田种湖坑】jīng zhi guá le fēng,liáo diao gāo tiàn zhóng hù kēng(谚)惊蛰这天如果刮风,预示短时间内空气干燥无雨,种洼地不会受涝。

【紧箍咒】jīng gū zhóu (词)《西游记》中唐僧控制孙悟空的咒语。比喻束缚人的戒律等。

【紧衬】jíng cheng(词)紧凑、少间隙。[例]新轴承~得很。

【紧得很】jíng di hèng(熟)指缺钱、日子紧巴。[例]最近家里~。

【紧靠】jíng káo(词)毗邻,连接。[例]那个庄子~唐徕渠。

【紧日子】jíng rí zi(词)压缩开支,勤俭节约。[例]~过惯了,养成了节俭的习惯。

【紧一紧】jíng yi jíng(熟)❶在开水锅里略煮,使聚合。[例]把鸡血放在锅里~。❷压缩开支,过紧日子。[例]~就过去了。

【紧挨着】jìng āi zhe(熟)紧靠,相邻。[例]他家~我家。

【紧巴巴】jìng bá ba(词)形容经济不宽裕,拮据。[例]过得~的。

【紧绷绷,俏盈盈】jìng béng beng,qiáo yíng ying(词)形容女子衣着紧身,打扮入时。

【紧绷绷】jìng béng beng(词)❶绳索、布帛等拉展后绷得很紧。❷成束的东西捆扎得很紧。❸衣服窄小,穿在身上有些紧。

【紧边子】jìng biān zi(词)布匹的幅边,对毛边而言。

【紧翻弄着】jìng fàn nong zhe(熟)翻弄:抢救、挽救、做。[例]~人就不行了(死了)。

【紧滚慢跌】jìng gong mán dié(词)紧干慢干。

【紧紧衬衬】jíng jing chéng cheng(词)穿戴紧凑、贴身、精神。

【紧酒慢油】jìng jiú mán yòu(熟)即紧打酒、慢打油。旧时商人的做法。详见附一。

【紧忙】jìng màng(词)急忙,赶紧。[例]我妈~把伤口给我包上。

【紧牌】jìng pài(词)耍"花花子"术语。详见附一。

【紧水里头】jìng shui lí tou(词)比喻形势吃紧或情况紧急。

【紧水里头好捉鱼】jìng shui lí tou háo zhuó yù(熟)鱼在激流中容易暴露,从而易于捕捉。比喻在激烈冲突中容易发现矛盾,找到解决办法。

【谨小慎微】jìng xiào shèng wēi(词)❶过分谨慎,不敢放手做。❷形容胆小怕事,畏首畏尾。

【尽管】jíng guan(词)总是,多次,没有限度和克制。[例] 批评一下就行了,不要~里说。

【尽可能】jíng kè nèng(词)尽量。[例]~保守治疗,不做手术。

【尽力】jíng lí(词)全力,极力。[例]~干吧,干多少算多少。

【尽量】jíng liáng(词)达到最大限度。[例]~争取吧,万一争取不到也别怨我。

【尽心】jíng xīng(词)❶费心竭力。[例]对老人你们也算~了。❷表达心意。[例]出礼不在多少,~而已。

【尽着】jíng zhe(词)由着,放任。[例]该管的还是要管,不能~娃娃的性子来。

【尽知道】jíng zhī dao(熟)明明知道。[例]你~我嗓子不行,还叫我唱。

【进错了庙,烧错了香】jíng cuó le miáo, shāo cuó le xiāng(熟)比喻走错了路,认错了人。

【进贡】jíng góng(词)特指用扑克牌玩"争上游"时,上一局的"下游"(败者)向"上游"(胜者)进献一张最大的牌。

【进贡纳饷】jíng góng ná xiàng(词)比喻送礼行贿。

【进教】jíng jiáo(词)回族接纳非穆斯林皈依伊斯兰教的礼仪。详见附一。

【进了庙门学菩萨,出了庙门偷鸡鸭】jíng le miáo mèng xué pù sa, chú le miáo mèng tōu jī yá(熟)比喻言行不一。

【进了娘娘庙,都是烧香人】jíng le niàng niang miáo, dōu shi shāo xiāng

rèng(谚)为了同一个目的来到同一个地方。

【进门】jíng mèng(词)指倒插门女婿正式到女方家共同生活。

【进去一个武状元,出来一个文状元】jíng ke yí ge wú zhuáng yuan,chú lài yí ge wèng zhuáng yuan(熟)比喻开始虎气十足,结束时狼狈不堪。详见附一。

【进深】jíng shēng(词)指房屋的间深。

【进香】jíng xiāng(词)指善男信女到圣地或名山庙宇烧香敬神。泛指烧香。

【近便】jíng bian(词)近捷方便。[例]院子里种点菜,吃起来~。

【近年了】jíng niàn le(词)离春节不远了。[例]~,把手上的事赶紧处理完。

【近觑眼】jíng qū yàn(词)近视眼。

【近水者浇,近火者烧】jíng shuí zhe jiāo,jíng huó zhe shāo(谚)犹近水楼台先得月。

【劲张】jíng zhang(词)❶力量、动劲。[例]昨夜里地醒了,~大得很!❷劲道。[例]这酒的~真大。❸不悦的表情或神态。[例]一看那个~,就没心说了。

【粳糕】jíng gāo(词)用糯米和红枣等分层蒸煮、切块食用的甜食。

【井干了】jìng gān le(熟)对操持家务者供水不充足的嗔语。[例]开水凉水都没有,难道~?(言下之意是为什么不到井里去挑水?)

【井水不犯河水】jìng shuì bú fán hè shuì(谚)比喻各干各的,互不相犯。

【井淘三遍喝好水】jìng tào sān bian hé hào shuì(熟)淘井:挖去井底沉积的污泥。比喻多受教育培养,才能成为人才。

【井子泉】jìng zi quàn(词)小口子,滚钟口风景旅游区。在永宁县西北部贺兰山东麓。

【警备】jíng bi(词)警诫、提醒。[例]他骂你,是为了~大家。

【净空】jíng kōng(词)建筑物的空间距离。[例]这间房子~多少?

【净在不痒处抠】jíng zái bú yáng chu kōu(熟)比喻没抓住问题的要害和实质。

【敬酒不吃吃罚酒】jíng jiù bú chí chí fá jiù(词)比喻某些该做的事不主动去做,结果被强令去做。犹不识抬举。

【靖益】jíng yi(词)地名。[例]靖夷堡(古名)|~乡(1950年二区六乡)。|~大队(1963)。|~村(1983年6月),属望洪镇。

【靖益堡】jíng yi pù(词)原名靖夷堡(平靖外夷之义),后改~。现望洪镇靖益村。

jiu

【揪面】jiū mian(词)手擀面切成宽条后揪成的面片。也叫~片子。

【九泉之下】jiú quan zhī xiá(词)指埋葬死人的地下或阴间。

【久病出名医】jiú bíng chú mìng yī(谚)指长时间生病服药的人,逐步懂得了医学知识,可以给人治同类的病。

【久病床头无孝子】jiú bíng chuàng tòu wù xiáo zì(谚)指服侍病人久了,即使是孝顺的儿女,也会厌倦懈怠。

【久而久之】jiù er jiú zhi(词)经过相当长的时间。[例]~,就习惯成自然了。

【久旱逢甘雨,他乡遇故知,洞房花烛夜,金榜题名时】jiú hán fèng gān yù,tā xiāng yú gú zhī,dóng fàng huā zhú yé,jīng bàng tì mìng shì(谚)均为值得庆贺的喜事。

【久长】jiú chang(词)长久。[例]风摆柳不~,虚情假意灌米汤。

【久别胜似新婚】jiù biè shéng si xīng hōng(谚)夫妻久别再聚,感觉就像新婚一样。

【灸灸疤疤子】jiú zhi bā ba zi(词)用艾绒熏灸后留下的疤痕。[例]头上的~不长头发。

【酒不醉人人自醉】jiú bú zuí rèng rèng zí zuí(谚)比喻对某事倾注感情而自我陶醉。

【酒坊里请着不去,跑到油坊里挨榔头】jiú fang ni qíng zhe bú ké,páo dao yòu fang ni ài làng tou(谚)犹敬酒不吃吃罚酒。

【酒罐子】jiú guán zi(词)比喻爱喝酒且酒量大的人。

【酒后的话,梦中的屁】jiú hóu di huá,méng zhōng di pí(熟)谓醉酒后说的话,就像梦中放的屁一样,不可当真。

【酒后露真言】jiú hóu lú zhēng yàn(谚)❶指借酒发泄,说出真话。❷指大醉后神志不清,可能会说出某些秘密。

【酒坏英雄水坏路】jiú huái yīng xiong shuí huái lú(谚)无节制地饮酒会毁坏英雄的事业或名望,无约束的洪水能毁坏道路。

【酒令】jiú líng(词)饮酒时共同约定的娱乐规则。

【酒令官】jiú líng guān(词)喝酒时临时推举的行酒令的人。

【酒肉朋友】jiú rou pèng you(词)只在一起吃喝玩乐、不干正事的朋友。[例]交的都是些~。

【酒色财气四道墙,谁能跳过是活神仙】jiú sé cài qí si dáo qiàng,shuì nèng tiáo guó shi huó shèng xian(熟)告诫人们不要被酒色财气所累。

【酒是穿肠的毒药,色是刮骨的钢刀,财是下山的猛虎,气是伤身的根苗】jiú shi chuān chàng di dú yue,sé shi guà gú di gāng dāo,cài shi xiá shān di mèng hù,qí shi shāng shēng di gēng miào(熟)告诫语。

【酒是汽馏水,喝到肚子里胡捣鬼】jiú shi qí liù shuì,hé dao dú zi ni hù dào guì(顺)指酒精的作用。

【酒壮英雄胆】jiú zhuáng yīng xiong

dàn(谚)酒后能使英雄的胆量更大，使普通人产生胆量。

【酒醉心明】jiú zuí xīng mìng (谚)谓虽然喝醉了酒，但心里是明白的。

【酒多误事，酒多出事】jiù duō wú shí, jiù duō chú shí(熟)经常酗酒，不是耽误工作，就是发生意外。

【酒鬼】jiù guì(词)特别贪酒的人。

【酒囊饭袋】jiù nàng fán dái(词)形容只会吃喝、不会做事的人。

【酒包饭囊】jiù bāo fán nàng (词)只能吃不能干的人。[例]一群~。

【酒杯一端，一切放宽】jiù bēi yí duān, yí qié fáng kuān(顺)比喻请有权的人吃了饭，事情就好办了。

【韭菜裤裤子】jiú cài kú ku zi(词)铲割下来的韭菜根部携带的老皮。[例]拣韭菜，先把~剥掉。

【旧的不去，新的不来】jiú di bú ké, xīng di bú lài(谚)旧的没有了，才下决心买(或制造)新的。有时用于调侃。

【旧社会】jiú shé huí(词)一般指中华人民共和国成立前的旧中国。

【旧屎是昨天屉的】jiú shí shí zuò tiān bá di(熟)"就是"和"旧屎"谐音，当有人说"就是"时，用"旧屎"打岔调侃。

【旧挖挖】jiú wá wa(词)形容颜色陈旧。[例]这个花布~的。

【救急救不了穷】jiú jí jiú bu liào qiòng(熟)别人的帮助只能解一时之急，不能从根本上改变穷困。

【救济款】jiú jī kuàn(词)由政府下发的帮助贫困群众的款项。

【救济粮】jiú jī liàng(词)由政府下发的用于帮助灾民或缺粮户度过饥馑的粮食。

【救人一命，胜造七级浮屠】jiú rèng yí míng, shéng záo qí jí fù tù(谚)比喻救人性命功德无量。浮屠：佛塔。

【就地】jiú dí(词)当场，当时。[例]~叫公安给抓走了。

【就来】jiú lài(词)马上来，马上到。[例]稍微等等，我~了。

【就了米汤】jiú le mí tang(熟)做了下饭菜。米汤：黏粥。比喻把别人托付的事忘了。

【就是的】jiú shì di(词)是，对，就是。表示赞许的口语。[例]甲："你说是不是？"乙："~。"

【就说呢】jiú shuó ni(熟)口语，犹赞同，有同感。[例]甲："处分太重了。"乙："~，我也觉得有点重，是不是复议一下。"

【就像画子上画的】jiú xiang huá zi shang huá di(熟)常用于形容人长得好看或景色美丽。

【就招了】jiú zhāo le(词)就因为，就怨。[例]他胃痛~不忌口。

【就这么个】jiú zhé me ge(熟)就这样吧。表示同意的口语。

【舅舅的官外甥做】jiú jiu di guān wái seng zuó(熟)指封建社会的世袭制。

比喻当代社会中类似世袭制的封建主义残余。

【舅舅是外甥的骨头主人】jiú jiu shi wái seng di gú tou zhú reng(谚)骨头主人:能撑腰做主的直系亲属。

【舅舅外爷爷也不认】jiú jiu wái yè ye yé bú réng(熟)再亲的人也不给面子。

【舅奶奶】jiú nái nai(词)父亲或母亲的舅妈。

【舅爷爷】jiú yè ye(词)父亲或母亲的舅舅。

【究几】jiù jì(词)最终,到头。[例]开会黑处坐,~没大错。

【九包十裹】jiù bāo shí guò(词)包裹了多层。[例]天热了,给娃娃穿薄点,不要~的。

【九分九】jiù fēng jiù(词)接近极端、顶点。[例]不到~,不能花这个钱。

【九九八十一】jiù jiù bá shi yí (词)最后,终究。[例]闹到~,田还得种,肚子还得吃。

【九九加一九,犁铧遍地走】jiù jiù jiā yí jiù,lì hua bián dí zòu(谚)指九九结束后春耕开始。

【九腡一簸箕,不当讨吃就饿死】jiù luò yí bó qi,bú dāng táo chi jiú wó si(熟)腡和簸箕都指指纹上的形状。唯心说法。

【九牛爬坡,个个出力】jiù niù pà pō,gé gé chú lí(熟)形容大家齐心合力。

【九亲十故】jiù qīng shí gú(词)泛指亲戚朋友。[例]谁没个~?

【九针子】jiù zheng zi(词)手工纳制鞋帮袜底的一种针脚,以九针为一单元,均匀分布。

【九妖十八洞,洞洞出妖精】jiù yāo shí bá dóng,dóng dóng chú yāo jing(熟)民间对《西游记》故事的概括。

ju

【拘辖】jū xià(词)约束,管束。[例]从小没受过~。

【车不走背处】jū bú zóu béi chu(熟)象棋术语。车走直线,故不宜被自己一方的其他棋子挡住,以免影响其作用的正常发挥。

【车有车路,马有马路】jū yòu jū lu,mà yòu má lu(熟)车、马是象棋里的两种棋子儿。比喻按规则做事。

【居士】jū si(词)在家信佛的人。

【居士打了个嗝——素(俗)气死了】jū si dá le ge gá—sú(sú)qi sí le(歇)居士,在家信佛的人。比喻礼物太少或打扮土气。

【聚槽风】jū cao fēng(词)从山谷或两座建筑物中间刮来的风。

【聚了场】jū le chàng(词)聚集在同一个场合。[例]等~再说。

【锔子】jǔ zi(词)用铜或铁打制的连接陶瓷等器物裂纹的扁平两脚钉。[例]瓷茶壶上钉了几个~。

【局面】jú mian(词)规模、场面或世面。[例]见过个~吗?

【举动】jú dong(词)交往、来往。[例]订了婚,双方就好~了。

【具结】jú jié(词)旧时向当局做出悔过或其他保证。[例]他~再不偷东西了。

【锯架】jú jiá(词)绷紧一把锯的架子。

【锯梁】jú liàng(词)锯子中间支撑锯架的木梁。

juan

【圈粪】juán feng(词)厩肥。[例]用~做底肥。

【卷上跑了】juán shang páo le(熟)家庭或单位成员偷了钱物逃走。

【卷埽】juán sáo(词)指用柴草树枝捆扎,或用石头加钢丝网制成、用来保护堤岸、堵住决口的设施。

【卷着骂】juán zhe má(词)不分对象地笼统乱骂。

【卷蜂窝】juàn fēng wō(词)旧时农村孩子玩的一种集体游戏。玩法是:大家排成单行纵队,第一人带领大家依次将自己卷入漩涡中心,然后从尾部散开。常常是有始无终,乱作一团,从中取乐。

【卷绺的】juàn liú di(词)剪绺的变音,即小偷、扒手。[例]今天坐公交车,叫~把钱包偷走了。

【卷铺盖】juàn pū gai(词)比喻被解雇或辞职而离开原单位。

jue

【觉不着】jué bú zhuò(词)没觉得,没当回事。[例] 别人早就知道了,你还~!

【角角】jué jue(词)以面粉做皮儿,蔬菜或糖为馅儿,经煎烙而成的角状食品。

【脚脖子】jué bó zi(词)脚腕。[例]~崴了。

【脚步】jué bu(熟)指牲畜行走速度的快慢。[例]这头骡子~快。

【脚踩两只船】jué cài liàng zhī chuàn(熟)比喻对事物一时认识不清,为了保险起见,跟不同的两方都保持关系。

【脚踩西瓜皮——滑到哪里算哪里】jué cài xī guā pì——huà dao ná ni suán ná ni(歇)形容无原则,耍滑头。

【脚踩西瓜皮,手抓两把泥,想滑就滑,想填就填】jué cài xī guā pì,shòu zhuā liàng bà mì,xiàng huà jiú huà,xiàng mī jiú mī(熟)形容在矛盾和问题面前耍滑头,和稀泥。填:抹。

【脚上戴上镣了】jué shang dái shang liào le(熟)对走路碰撞或跘倒东西的嗔语。[例]你~? 盆子都踢翻了!

【脚登莲花】jué dēng liàn hua(词)婴儿出生时脚先出来的巧说。[例]两次养娃娃,都是~。

【脚跟子不落地】jué gēng zi bú luó dí(熟)忙得没工夫坐下来。

【脚跟子捣得有劲有劲的】jué gēng zi dáo di yóu jíng yóu jíng di(熟)形容脚步快而有力。比喻精神足,腿脚勤快。

【脚孤拐】jué gū guai(词)脚踝骨。[例]小心我修(敲)你的~!

【脚后坨坨子】jué hou tuò tuo zi(词)脚后跟下面的肉垫。

【脚迹迹】jué jí ji(词)脚印子,这里指上门。[例]自从结了婚,~都不往我们家里送。

【脚尖尖】jué jiān jian(词)脚趾部分。

【脚片子】jué pián zi(词)脚。

【脚片子烤火——大手】jué pián zi kào huò—dá shòu(歇)大手即高手。诙谐语。

【脚片子勤】jué pian zi qìng(熟)腿勤。

【脚热头凉七分饱,平平安安活到老】jué ré tòu liàng qí fēng bào,pìng ping ān an huó dao lào(顺)健康口诀。

【脚踏实地】jué tá shí dí(词)比喻做事踏实,认真。[例]干工作要~,不能敷衍了事。

【脚踏子】jué tá zi(词)自行车的脚蹬子。

【脚抬得高高的】jué tái di gāo gāo di(熟)蹑手蹑脚地行走。

【脚小得搁缸沿沿子走呢】jué xiáo di gé gāng yàn yan zi zóu ni(熟)讽刺语,形容得寸进尺,得意忘形,过于逞能。

【脚小得猪蹄蹄,头梳得燕唧唧,脸白得蛋皮皮】jué xiáo di zhū tì ti,tòu sū di yán jì ji,lián biá di dán pì pi(熟)对旧时美女的形容。

【脚丫脖子】jué yā bo zi(词)即脚趾头之间。

【脚趾头戗折了】jué zhí tou qiāng shè le(词)讽刺语。形容为急于达到某种目的而快走,以致撞断脚趾头。戗:逆向用力。

【绝户】jué hu(词)指没有后代的人或人家。

【绝症】jué zheng(词)当时医学还无法治好的有生命危险的疾病。

【嚼白话】juè biá hua(词)说假话。白话:没根据的话。

【嚼蛆】juè qū(词)胡说,瞎说,造谣、诽谤。[例]别听他~!

【嚼舌头】juè shè tou(词)信口胡说,搬弄是非 。[例]有意见当面提,别在背后~!

jiong

【军粮局】jiōng liàng jú(词)旧时的国家粮库。

【军令如山倒】jiōng líng rù shān dào(熟)谓军事命令必须坚决执行,不能违抗,不可延误。

【军马场】jiōng mà chàng(词)位于银川市西部,原址为古沙城。20 世纪 60 年代初,解放军总后勤部在此组建贺兰山军马场,繁育优良骡马,承担屯垦戍边任务。

【军中无戏言】jiōng zhōng wù xí yàn(词)军队中商议事情郑重严肃,说话必须负责任。

【均拉】jiōng lā(词)平均计算。[例]高产田和低产田~一算，亩产也就 400 来斤。

【均摊】jiōng tān(词)平均分摊。[例]水利费按承包地~。

【君无戏言】jiōng wú xí yàn(谚)皇帝的话是圣旨,不能更改。

【君子爱财,取之有道】jiōng zi ái cài, qú zhi yóu dáo(谚)有德行的人喜欢通过正道得到财物,不取不义之财。

【君子报仇，十年不晚】jiōng zi báo còu,shí niàn bú wàn(谚)谓有志之士报仇雪恨不必性急,要等待时机。

【君子不夺人之所爱】jiōng zi bú duó rèng zhi suó ái(谚)有德行的人绝不抢夺别人喜爱的东西(人或物)。

【君子不记小人过】jiōng zi bú jí xiáo reng guó(谚)有道德修养的人不计较地位低下、没有见识的人的过错。

【君子成人之美】jiōng zi chèng rèng zhi mèi(谚)道德高尚的人总是帮助别人成全好事。

【君子动口不动手】jiōng zi dóng kòu bú dóng shòu(谚)有修养的人应以理服人,而不应恃强凌弱,以力压人。

【君子谋胜不谋败】jiōng zi mù shéng bú mù bái(谚)任何人都希望所做的事获得成功而不想失败。

【君子盼着天下富】jiōng zi pán zhe tiān xia fú(谚)指有道德的人希望世上的人全都富裕安康,没有贫穷。

【君子一言，快马一鞭】jiōng zi yí yàn,kuái má yí biān(谚)人格高尚的人说出的话，就像快马加鞭一样,绝无反悔。

【君子一言，驷马难追】jiōng zi yí yàn,sí mà nàn zhuī(谚)比喻说出去的话不能反悔。驷马:四匹马拉的车。

【君子之交】jiōng zi zhì jiāo(词)指贤者之间的交往平淡如水，不尚虚华，不涉功利。

【君子之交淡如水，小人之交甜如蜜】jiōng zi zhì jiāo dán rù shuì,xiáo reng zhì jiāo tiàn rù mí(谚)君子之交如清水相合,纯洁恬淡,无涉功利,处之长久;小人之交如米酒之甘,起初甜言蜜语,互相利用,日久必然反目。

【俊】jióng(词)❶物品硕大肥壮。[例]这个西瓜真~|这把韮菜~得很。❷相貌俊美。[例]这个小伙子长得~。

【俊气】jióng qi(词)英俊,秀美。[例]看把你说得~的(讽刺义)。

K

ka

【克夫命】ká fū míng(词)迷信指女子命硬,致丈夫早亡。

【克食气】ká shí qi(词)开胃消食。食气即积食。[例]吃烟饽饽能~。

【客来的客搅费】ká lài di ká jiáo fei(熟)指用客人的礼金作为招待客人的费用,实现收支平衡。

【客走主人安】ká zòu zhú reng ān(谚)指做客者适时、自觉地离开,让主人早点休息。有时也做客人向主人的告别语。

【咔叽斜】ká ji xiè(词)一种质地细密厚实的斜纹布。

【咔了瓦钵钵】ká le wà bó bo(熟)指钵盂口朝下翻覆,所盛物品全部倒出。比喻损失惨重或破产。[例]他的生意这回算是~了。

kāi

【开剥】kāi bo(词)指对宰杀后的小动物(兔、禽、鱼等)剥皮拔毛刮鳞,然后打开腹腔清除内脏。[例]把鸡~出来。

【开肠剥肚】kāi chàng bo dù(词)比喻生孩子。[例]生个娃娃~的,不容易呀!

【开场】kāi chang(词)说在前头的话。[例]已经给他打了~。

【开春】kāi chōng(词)第二年一开始。[例]等明年~再说。

【开刀】kāi dāo(词)做手术。

【开工活,慢慢磨,光栽盹,罢睡着】kāi gōng huò,mán man mò,guāng zāi dòng,bá shuí zhuò(顺)开工活:没有定额的工作。谓没有定额的工作可以慢慢做,磨洋工。

【开弓没有回头箭】kāi gōng mú yòu huì tòu jián(熟)形容做事勇往直前,决不后退。比喻既然已经开始,就要继续下去。

【开国际玩笑】kāi guó ji wàn xiáo(熟)玩笑开过了头。

【开国元老】kāi guó yuàn lào(词)指建国时资历声望高的人。也用来比喻某项事业的首创者。

【开过年】kāi guo niàn(词)明年,次年。

【开怀】kāi huài(词)谓妇女第一次生育。[例]这个媳妇还没~。

【开会黑处坐,究几没大错】kāi huí héi chu zuó,jiù jí mú dá cuó(熟)旧时消极应付政治运动的态度和做法。

【开价】kāi jiá(词)交易中的要价。[例]你先开个价。

【开开】kāi kai(词)打开。[例]把门~,叫人进去。

【开脸】kāi liàn(词)女子出嫁前改变发式,绞去脸上、脖子上的汗毛,修齐鬓角,盘起发髻的做法。

【开门的锤子闭门的七】kāi mèng di chuì zi bí mèng di qí(熟)指要"花花子"时,头家抓到的第一张牌为七,最后一张为六。如事先有约定,二家三家要给头家一定的钱。

【开门见喜】kāi mèng jián xì(熟)旧时春节贴在门外墙上的红纸条幅,上写此语。

【开门七件事,柴米油盐酱醋茶】kāi mèng qí jián shí,chài mì yòu yàn jiáng cú chà(熟)指每天的生活必需品。泛指过日子。

【开门钱】kāi mèng qian(词)新娘出嫁时,在放男方娶亲人员进门前索取少量钱财的习俗。

【开年】kāi niàn(词)一年的开始。[例]一~,信用社就放贷。

【开台的灯影子倒台的戏】kāi tài di dēng ying zi dào tài di xí(词)灯影子即皮影戏。谓皮影戏的首场、戏剧的末场是最好的。

【开膛破肚】kāi tàng pó dù(词)❶比喻胸腔或腹腔手术。❷旧时的一种酷刑。

【开头】kāi tòu(词)刚才。[例]~还在这里。

【开玩耍】kāi wàn shuà(词)❶开玩笑。❷用不严肃的态度对待。[例]这么重要的事交给个小娃娃干,简直是~!

【开席】kāi xí(词)宴席开始。

【开先】kāi xiān(词)起先,原来。[例]~是一家,后来分成几家。

【开园】kāi yuàn(词)瓜果成熟,可以公开采摘或出售了。

【揩沟子】kāi gōu zi(词)擦屁股,比喻替别人处理遗留问题。[例]别人趸下乱子,叫我们~。

【揩沟子的纸】kāi gōu zi di zhì(词)即擦屁股的纸。比喻无用的文书或其他印刷品。

kan

【坎坎子】kán kan zi(词)❶地面上突起的坎儿。❷比喻障碍或阻力。❸指坎肩。

【砍豆子】kán dóu zi(词)用镰刀收割大豆。

【侃天话】kàn tiān hua(词)不着边际的空话、大话。[例]那是个~的(人),

话根本捉不住!

【**看病的先生卖棺材——死活都要钱**】kán bíng di xiān seng mái guān cai——sí huó dōu yáo qiàn(歇)比喻进行双重盘剥。

【**看不到眼里**】kán bú dao yán ni(熟)嫌少,看不上。

【**看菜吃饭,量体裁衣**】kán cái chí fán,liáng tì cài yī(谚)根据实际情况做出恰当决定,采取相应对策。

【**看风驶船**】kán fēng shì chuàn (熟)比喻相机行事,随机应变。

【**看家**】kán jiā(词)订婚前女方到男方家做客,了解情况。

【**看景不如听景**】kán jìng bú rù tīng jìng(谚)观景往往不全面,感受不深,听景通过多人传说渲染,能了解全貌,加深理解。

【**看开**】kán kāi(词)看破,看透,想得开。[例]~点,不要死钻牛角尖。

【**看你那个相**】kán ní nei ge xiáng (词)相犹样子、姿势、态度。常在生气和指责时用。

【**看破红尘**】kán pó hòng chèng (词)旧指看透人生,把生死哀乐都不放在心上的消极生活态度。

【**看人下菜**】kán rèng xiá cái (熟)根据人的身份给予不同待遇。有势利、不一视同仁之义。

【**看笑由**】kán xiáo yòu(词)幸灾乐祸看笑话。

【**看一个不看一个**】kán yi ge bú kán yi ge(熟)犹不看僧面看佛面。

【**看着一群,没个宰的**】kán zhe yí qiòng,mú ge zái di(熟)用羊比人,比喻数量虽多,没一个合格的。

【**看赚眼了**】kán zuán yán le(熟)赚:诳骗,赚人。意为看走眼或上当。[例]把人~。

【**砍刀**】kàn dao(词)斩骨刀。

【**砍倒大树有柴烧**】kàn dào dá shú yòu chài shāo(谚) ❶比喻要想得到更多好处,就得多花力气。❷也指旧时的劫富济贫。

【**砍葫芦**】kán hu lu(词)西葫芦,也叫老茭瓜,用刀砍去皮烹食。

【**砍楞子**】kàn lèng zi(词)说风凉、俏皮话。[例]没个正形儿,就会~!

【**砍牛腿**】kàn niù tuì(词)耍"花花子"的另一种说法。因在牌局中有"砍折牛腿"的玩法而得名。详见附一。

【**砍秫秫**】kàn shù shu(词)用镰刀收割高粱。

【**砍头疮**】kàn tòu chuāng(词)通常指生在脖子后部的痈。

【**砍头的**】kàn tòu di(词)骂词。该杀的。[例]~东西!

【**砍猪槽的货**】kàn zhū cào di huó (熟)指下等木料。比喻不成器的人。

【**砍猪头的**】kàn zhū tòu di(词)指杀猪的屠夫。

kang

【康气】kāng qi(词)❶身体健康。[例]都七十多岁了,还这么~。❷顺利、平安。[例]我看今天这个事不太~。

【糠了】kāng le(词)发空,质地变得松而不实。[例]萝卜长~,不好吃。|木头酢~(腐朽了)。

【糠油】kāng you(词)用米糠榨制的油。

【抗胛子】káng jiá zi(熟)两人打架前先用肩胛互相碰撞,以激怒对方,为正式开打找借口。

【炕】káng(词)用土坯砌成供睡觉的长方台。上面铺席子、毡褥等,下面有孔道跟烟囱相通,可烧火加热。

【炕饽饽】káng bō bo(词)把黏在锅底上的米饭烘干,形成锅巴。

【炕床床子】káng chuàng chuang zi(词)炕上靠墙的地方摆放的长矮柜,用于摞铺盖和盛放零碎东西。

【炕洞门】káng dong mèng(词)火炕下面填入燃料的门洞。

【炕脚头】káng jué tou(词)炕里面靠墙的地方。睡觉时脚的朝向。

【炕里头】káng lí tou(词)炕里面靠墙的地方。

【炕面子】káng mian zi(词)用于盘炕的土墼。

【炕上没个屉屎的,坟上没个烧纸的】káng shang mú ge bà shí di,fèng shang mú ge shāo zhí di(熟)意为不给儿孙抓屎抓尿,将来就没有上坟烧纸的后代。

【炕上养娃娃,地下支棺材】káng shang yàng wà wa,dí xià zhī guān cai(谚)旧时产妇常因难产或大出血而死亡。极言妇女生产的危险。

【炕土粪】káng tu fěng(词)拆除旧炕的废料,用榔头砸碎后称作~。

【炕围子】káng wèi zi(词)糊在火炕周边墙上的纸或围在火炕周边墙上的布,起装饰和隔土作用。

【炕沿】káng yàn(词)安装在火炕边沿上的木条。

【炕桌子】káng zhuó zi(词)放在炕上、摆放茶饭的矮桌。

【抗着抗着】kǎng zhe kǎng zhe(词)吆牛做活用语,即往右拐。

【扛花杆的】kàng huā gān di(熟)指搞测量的。花杆:测量标杆。

【慷慨】kàng kāi(词)公开,无所顾忌。[例]我~地说,你们不公平!

kao

【敲脑勺子的】kāo nāo shuo zi di(词)指死了娘的小孩,常受后娘或他人虐待打骂(包括敲脑勺)。也用于咒骂爱哭的小孩。

【犒垮了】káo kuá le(熟)因长期营养不良使身体亏损。[例]舍不得吃,把身体~。

【犒的】káo di(词)因缺乏油水而发馋。

[例]最近~,想吃肉。

【犒损了】káo sóng le(词)讥讽语,形容馋极了,没吃过。[例]简直~,把别人啃过的骨头又啃了一遍!

【㸆一㸆】káo yi káo(词)用微火炖煮鱼、肉等,使汤汁变浓。

【靠得惯惯的】káo di guán guán di(熟)养成了依靠父母或其他家庭成员的懒惰习惯。

【靠惯了】káo guán le(熟)养成了依靠他人的习惯,一时改不过来。

【靠得定养养的】káo di díng yāng yang di(熟)只依赖他人,自己不做任何努力。

【靠山吃山,靠水吃水】káo shān chí shān,káo shuí chí shuì(谚)指利用当地自然资源求生存。

【靠实】káo shí(词)核实,落实。[例]再~一遍,到底是多少。

【靠手】káo shou (词) 依靠、帮手。[例]他是个独苗苗,没~。

【靠问】káo weng(词)询问,追问,靠实。[例]等他来了,好好~~。

【靠着别人的胯胯子】káo zhe bié reng di kuá kua zi(熟)依仗他人的权势。

【考(烤)煳了】kào(kào) hù le(熟)考试没及格或考糟了。"考"与"烤"同音,以"烤"喻"考"。

ke

【苛捐杂税】kē juān zá shuí(词)指繁重的捐税。

【磕嘁咔嚓】kē qí kā chā(词)形容办事干脆利落。[例]~把这点活干完,再干别的。

【颗粒肥料】kē li fèi liao(词)用硝酸铵等化学肥料和有机肥料混合,制成颗粒状肥料。20世纪50年代末期当地农村采用过。

【磕嘁马擦】ké qi mà cà(词)形容做事干脆利落。

【磕嘁牙碴】ké qi yà chà(词)形容说话嘴快,不留情面。

【颏子】ké zi(词)在两腮和嘴的下面,通称下巴。

【嗑牙】ké yà(词)睡觉时咬牙的毛病。

【磕板】ké ban(词)一种捕捉麻雀等小鸟的简易装置。[例]小心支了~。详见附一。

【磕打】ké da(词)坎坷,挫折,磨难。[例]年轻人,多受点~有好处。

【磕二十四个响头】ké ér shi sī ge xiáng tou(熟)比喻非常感谢。

【磕磕绊绊】ké ke bán ban(词)坎坎坷坷。[例]~几十年。

【磕磕碰碰】ké ke péng peng(词)矛盾、冲突、口角。[例]在一起时间长了,难免~。

【磕响头】ké xiáng tou(词)双膝跪下,以额触地的磕头方式。表示惶恐、感激、虔诚等。

【瞌睡虫】ké shui chòng(词)❶指瞌睡

特别多的人(贬义)。❷古典小说中指能使人打瞌睡的虫子。

【瞌睡几时也得搁眼皮子过】ké shui jí shi yé dá gé yàn pì zi guó(谚)该做的事几时也得做。

【瞌睡来了要睡呢,不睡瞌睡有罪呢】ké shui lài le yáo shuí ni,bú shuí ké shui yóu zuí ni(顺)是某些人为睡懒觉编造的借口。

【瞌睡睡睡瞌睡,瞌睡越睡越瞌睡,精神振振精神,精神越振越精神】ké shui shuí shuí ké shui,ké shui yué shuí yué ké shui,jīng sheng zhéng zhéng jīng sheng,jīng sheng yué zhéng yué jīng sheng(熟)精神靠振作,睡觉过多精神反而不好。

【瞌睡遇上了枕头】ké shui yú shang le zhéng tou(谚)巧遇,巧合。

【去】ké(熟)❶离开所在的地方到别处,与"来"相对。[例]我走呢,你~不~?❷弄、做。[例]别把它~坏了。❸驱使语,相当于走开。[例]快~吧,别在这里缠。详见附二。

【壳壳子】ké ke zi(熟)指空壳,外壳。[例]房子早就不住人了,只剩下个~。

【搭住】ké zhu(词)卡住。把抽屉或门轻轻关上。

【可不是】ké bú shi(词)答语,表附和、赞同。[例]甲说:"吃完饭坐坐再睡。"乙说:"~,吃了就睡造病呢。"

【可道】ké dao(词)提前,出乎意料,竟然。[例]下午两点开会,你怎么~来了?

【可恨我】ké héng wò(熟)自怨、不甘。[例]~没文化,不然也当上干部了!

【可杀不可救】ké shá bú ké jiú(熟)对某些知恩不报甚至恩将仇报者的咒骂语。

【可头漫脸】kè tòu mán liàn(词)多指汗水布满了头和脸。

【可遇而不可求】ké yú èr bú kè qiù(词)只能顺其自然,等待机会,不可刻意追求。[例]找对象的事,~,着急没用。

【可可怜怜】ké ke lián lian(熟)同情、怜悯用语。[例]看他~的,就没让他赔。

【可怜巴巴】ké lian bā bā(词)形容十分可怜的样子,也指十分贫穷。

【可怜兮兮】ké lian xī xī(词)形容很可怜的样子。兮兮:词缀。

【可想而知】kè xiàng èr zhī(词)不用说明就能想象得到。[例]~,他过去是个什么样的人。

【可有可无】kè yòu kè wù(词)指有没有都无关紧要。

【坷垃】ké la(词)土块。有时也指坯垃(见"坯垃"条)。

【坷垃倒腾】ké la dào téng(词)很多重物连续落地时发出的沉重嘈杂声音。[例]下班了,楼梯上的脚步声~的。

【渴喽喽】ké lóu lou(词)形容特别宠爱、珍惜。[例]儿媳妇生了个男娃娃，一家子人都~地。

【克郎球】ké lang qiū(词)即康乐球，克朗棋，一种游艺项目。

keng

【坑坑洼洼】kēng keng wá wa(词)形容物体表面凹凸不平。[例]路上~的，车走不快。

【坑蒙拐骗】kēng mēng guái pián(词)指以欺骗手段捞取钱财，坑害他人。[例]~，无所不为。

【坑人】kēng rèng(词)用狡诈狠毒的手段使人受到损害。[例]做生意讲究诚信，不能~。

【吭个气】kēng ge qí(词)通报，告诉一声。

【吭吭巴巴】kēng keng bá ba (词)形容说话、办事不利索。[例]行不行给个痛快话，不要~的。

【吭七努八】kēng qi nú bá(词)非常吃力的样子。[例]~地抬了半天也没抬起来。

【肯吃不上膘，拉到市上没人瞀】kéng chí bú sháng biāo，lā dao shí shang mú rèng māo(熟)指不上膘的牲畜。

【掯掯子】kéng keng zi(熟)心里的芥蒂或怨恨。[例]说过撂过，不记~。

【啃青】kèng qīng(词)指牲畜啃食青草。[例]等到能~的时候，把牲口放到滩里去。

kong

【空荡荡】kōng dáng dang(词)形容空旷无物，多指房屋内。

【空壳郎】kōng ke lang(词)❶形容人的身体外表强壮，内里虚弱。❷形容经济上外强中干。

【空口说白话】kōng kòu shuó biá huá(词)光说而没有行动证明。

【空口无凭】kōng kòu wù pìng(词)单凭嘴说而没有留下凭据。

【空朗朗】kōng láng lang(词)❶空隙大。[例]棉袄里没套衣服，~的。❷屋里没摆设，显得空旷。❸心里空寂。

【空拳】kōng quàn(词)猜拳时捏着拳头不出指头。[例]老出~。

【空手套白狼】kōng shóu táo biá làng(熟)❶比喻靠招摇撞骗获得好处。❷以很小的投入获取很大的回报。白狼：财物。

【空筒子】kōng tóng zi(词)比喻说大话、空话的人。

【空筒子棉袄】kōng tong zi miàn ao(词)只穿棉袄，没套内衣。

【空头支票】kōng tòu zhī piáo(词)比喻不准备兑现的诺言。

【空心萝卜】kōng xīng luò bo(词)❶比喻外表强壮、体内虚弱的人。❷比喻外表聪明、肚里无才的人。

【空月子】kōng yué zi(词)妇女小产

或产后婴儿死亡的月子。

【空挓两个手】kōng zhā liáng ge shòu(熟)走亲戚朋友家没带礼物。[例]~怎么上门?

【空走】kōng zòu(词)没有负重的步行。[例]骑驴的不知~的。

【空空子】kóng kong zi(词)❶空子,机会。[例]搁~把钱领走了。❷空闲时间。[例]抽~去一趟。

【空身子】kóng sheng zi(词)指刚生产过的女人,肚子已腾空。

【焢馍】kóng mo(词)用焢锅慢火烧烤的皮脆内暄的馍馍。

【孔圣人】kóng shéng reng(词)即孔子。[例]好赖从~门上走了一回(意为读过书)。

【恐得很】kóng di hèng(词)因空旷寂静或黑暗使人感到恐怖。[例]山沟里寂静无人,~。

【控】kóng(词)❶头朝下的姿态。[例]从早到晚在田里薅稻子,头都~得痛。❷将容器的口儿朝下,直至里面的液体流尽。[例]把瓶子里的油~光。❸将浸泡淘洗过的东西悬空或盛在有漏眼的容器里,流尽表面水分。[例]把刚淘过的菜放在筐子里~水。

【捆住好挨打】kóng zhu hào ài dà(熟)比喻被迫无奈的情况下反而能安心做事。[例]~,三年低标准不是也熬过来了。

【困的】kóng di(词)拮据、贫困、窘迫。[例]最近家里~很。

【困候时月】kóng hou shí yué (词)青黄不接、经济来源少的季节。

【困住了】kóng zhú le(词)陷于无法摆脱的困境,多指没钱花了。[例]等他~,自然会来找你们。

【孔夫子搬家——尽是书(输)】kòng fū zi bān jiā— jíng shi shū(shū)(歇)幽默语。全都输了。

【孔夫子的卵子——文(纹)绉绉】kòng fū zi di làn zi—wèng(wèng)zōu zou(歇)对咬文嚼字者的讽语。

【捆绑不成夫妻】kòng báng bú chèng fū qi(谚)本意为包办婚姻,因没有爱情而难以持久。比喻强迫的结合不会和睦相处。

kou

【抠疤疤子】kōu bā ba zi(词)揭他人的短处或重提旧事。

【抠不掉】kōu bu diáo(熟)无法消除。[例]坏名声一旦落下,~啊!

【抠底】kōu dì(词)耍"花花子"术语,即抓第一张牌时,申明从最下面抓一张,以改变牌局。

【抠抠掐掐】kōu kou qiá qia(词)形容花钱不大方。

【抠抠索索】kōu kou suó suo(词)形容吝啬,小气。[例]大方点,不要~的。

【抠气】kōu qi(词)抠门儿,小气,悭啬。[例]太~了,过春节也不添件衣裳。

【抠痒痒】kōu yáng yang(词)挠痒。

【扣扳机】kōu bān jī(词)对划拳时手指伸曲不定、狡诈做鬼的戏称。[例]把指头伸展,不要~。

【口疮】kóu chuang(词)口炎、口角炎、口腔溃疡等的统称。

【口袋】kóu dai(词)用山羊毛线织成或用帆布等缝制的长条形袋子,可盛装粮食等。

【口袋里买猫】kóu dai ni mài mào(熟)比喻不见货物就交易。

【口到】kóu dao(词)回族饮食用语,意为吃、享用。[例]请大家~。

【口福】kóu fú(词)能吃到好东西的运气。[例]算你有~,正赶上吃肉。

【口含钱】kóu han qiàn(词)给刚咽气的人口里含的硬币。

【口口子】kóu kou zi(词)形容小的口子。[例]手上划了个~。

【口泼】kóu pó(词)不挑食。

【口善心不善,枉把安拉念】kóu shán xīng bú shán,wáng ba ān la nián(谚)回族谚语。言行不一者,即使口念真主,也等于白念。

【口外】kóu wái(词)泛指长城以北地区。[例]旧社会,年年走~。

【口问心,心问口】kóu wéng xīng,xīng wéng kòu(熟)思想斗争激烈,拿不定主意。

【口重】kóu zhóng(词)爱吃味道咸的饭食。[例]桌子上有盐,~的人自己调。

【口子】kóu zi(词)❶物体破裂的地方。❷支、斗渠进水口。❸先例,破例。[例]不能开这个~。❹地名用词:小~(见该条)。

【口子洼得很】kóu zi wǎ di hèng(熟)本指支、斗渠在干渠上开的口子洼,进水多。比喻贪心,要价高。[例]你的~。

【扣针子】kóu zheng zi(词)手工缝纫的一种针脚,也叫倒针。

【口歌】kòu gē(词)流传很广的歌谣或顺口溜。

【口紧】kòu jìng(词)说话小心,不轻易说出秘密。[例]那个人~,他的话拿钱也买不出来。

【口口声声】kòu kou shēng sheng(词)反复陈说、表白或经常挂在嘴上(的话)。[例]~说要对我好,结果呢?

【口轻】kòu qīng(词)❶口淡,爱吃味道淡的饭食。❷牲畜年龄小。[例]这是头~骡子。

【扣的扣,盖的盖】kòu di kòu,gái di gái(熟)用于制止正在谈论的话题或进行的事情。[例]既然不同意,就~,再罢提了。

【扣了】kòu le(词)❶容器翻覆,里面的东西倾倒出来。❷耍“花花子”术语,详见“扣牌”条。

【扣牌】kòu pài(词)耍“花花子”术语,头家不够赢时,拿出一张牌扣在空处，申明“扣了”，待下家“掀”牌。详见附一。

ku

【矻出】kū chu（词）❶形容勤劳不懈的样子。[例]一天老在田里~。❷连续撴动或抽动。[例]~~地撴炉子。

【窟窿天窗】kú long tiān chuang（词）房屋、衣物或器物充满破洞。

【苦害】kū hai（词）拖累，带来负担。[例]不能~儿女。

【苦硗】kū jiao（词）土地干旱贫瘠。[例]那是个~地方。

【哭鼻流水】kú bi liù shuì（词）痛哭流涕的样子。

【哭鼻笑泪】kú bi xiáo lúi（词）哭哭啼啼或破涕为笑。

【哭鼻子】kú bí zi（词）啼哭。[例]稍微一惹就~。

【哭红了天】kú hòng le tiān（词）好多人一起哭，声音很大。

【哭了一鼻子】kú le yí bí zi（熟）哭了一场。

【哭泪子声】kú lúi zi shēng（词）犹带着哭腔。

【哭囊囊】kú nàng nang（词）❶带着哭相。[例]~地跑来说。❷比喻纺织品太炟太薄。[例]这布子~的，能做鞋吗？

【哭穷】kú qiòng（词）叫苦装穷。

【哭使使】kú shí shi（词）哭丧着脸或带着哭腔的样子。

【苦肠】kú chang（词）动物的小肠。

【苦大仇深】kú dá còu shēng（词）形容受尽剥削和压迫，对剥削压迫者有很深的仇恨。

【苦得驴似的】kú di lǜ xi di（熟）比喻劳动强度太大。

【苦得满头大汗，不如生个肉蛋】kú di màn tòu dá hán，bú rù sēng ge róu dán（顺）生产队按“人八劳二”（人头占八，工分占二）比例分配口粮时的顺口溜。

【苦豆子】kú dou zi（词）一种野生植物，可做稻田绿肥。

【苦尽甜来】kú jíng tiàn lài（词）受尽苦难，迎来好日子。

【苦苦菜】kú ku cái（词）野菜名。叶缘呈锯齿形，色灰绿，煮熟后有苦味。也叫麻苦菜。

【苦苦菜蒸包子——不是正经东西】kú ku cái zhēng bāo zi— bú shi zhéng jìng dōng xi（歇）比喻不是正经人。

【苦乐不均】kú luó bú jiōng（词）指劳动任务和所得报酬不相称或分配不公。

【苦了】kú le（词）浪费，糟蹋。[例]~钱了，买这么多干啥？

【苦了个贼死】kú le ge zèi sì（熟）累得快要死了。夸张说法。

【苦落架的人】kù láo jiá di rèng（词）落架，比喻长期劳累、体力严重透支的老人。[例]~，说不行就不行了（死亡)。

【苦命，还说骨硬】kú míng,hài shuó gú yíng(顺)本来是命苦,还说是骨头硬能干。常用于自嘲。

【苦上苦】kú shang kù(熟)强调成果得来不易,费了好多工夫。[例]练了个~,不能半途而废。

【苦戏】kú xí(词)即苦情戏、悲剧。[例]《窦娥冤》是个~。

【苦】kù(词)❶指劳动强度。[例]这里~轻。❷费时。[例]走了个~才到。❸痛苦、艰难。[例]~命,命~。❹浪费,糟蹋。[例]买那个干啥? ~了钱了。

【苦乏了】kù fà le(词)干活累了。

【苦主】kù zhù(词)人命案中被害人的家属。

【裤带系到脖子里了】kú dái jí dao bó zi ni le(熟)"系"与"记"谐音,常用于戏谑。[例]甲:"我记着呢。"乙:"就怕你~!"

【裤裆还没缭严】kú dāng hàn mu liào yàn(熟)穿着开裆裤,比喻处在幼年。[例]我参加工作的时候,你的~。

【裤裆里放屁——往二岔里跑了】kú dāng ni fáng pí—wàng ér chá ni páo le(歇)形容说话跑了题,办事没办到点子上。

kua

【夸得干净不洗脸】kuā di gān jing bú xì liàn(熟)讽刺。比喻自夸的人并没有所说的那么好。[例]快别吹了,~!

【夸富】kuā fú(词)炫耀富有。[例]手上戴满了金戒指,~呢!

【夸歪】kuā wāi(词)在别人面前显示厉害。

【侉子】kuá zi(词)本地人对外地人的称呼。

【挎包】kuá bāo(词)可以单肩背的包。

【胯胯子】kuá kua zi(词)人的胯子旁边，比喻被依附或倚仗的人或势力。[例]仗着他姐夫的~,一步一步上去了。

【胯眼】kuà yàn(词)屁股侧面的凹陷处,中医称"环跳穴"的地方。

kuai

【快当】kuái dang(词)❶迅速,便捷。[例] 骑车子去~。❷快了，不远了。[例]儿子一结婚,你抱孙子就~了。

【快枪】kuái qiāng(词)比土枪先进、用子弹射击的步枪。

【快手】kuái shou(词)旧时衙署中专管缉捕的差役，也叫捕快、快班、马快。[例]~来抓人。

【筷笼笼子】kuái lóng long zi (词)插放筷子的木筒或竹筒。

【筷子里头拔旗杆】kuái zi lí tou bá qì gan(谚)比喻在普通人里挑选出色的。

【㧟】kuài(词)用手指甲抓抠。

【块儿八毛】kuàir bá mào(词)一元或不足一元钱。泛指小钱。[例]不用多给,~就行。

kuan

【宽打窄用】kuān dà zè yóng（词）谓在制订（材料、资金）计划时可以宽些,实际使用时尽量节省。

【宽房大屋】kuān fàng dá wú（词）宽敞明亮的房屋。[例]狂钱花着呢,~住着呢,还要咋呢?

【宽宏大量】kuān hòng dá liáng（词）形容度量大,能容人。

【宽心话】kuān xīng huá（词）使人解除焦急和郁闷的话。[例]对病人要多说~。

【宽展】kuān zhan（词）❶心里宽慰、舒畅。❷地方宽敞。

【款子】kuán zi（词）款项。[例]上头拨来的救灾~,要专款专用。

【款款地】kuàn kuàn di（词）❶轻拿轻放。[例]~把鸡蛋放到筐子里。❷保持完整。[例]都快中午了,早上送来的饭还~放在那里。

kuang

【筐筐子】kuāng kuang zi（词）即有提手的小筐。[例]~没系（提手）再罢提。

【筐筐子没系再罢提】kuāng kuang zi mú xí zái bá tì（熟）事情办糟了或人品太差,不值一提。[例]那个人,~!

【诓话】kuáng hua（词）谎话、骗人的话。[例]那个人不说~。

【哐里哐啷】kuáng li kuáng táng（词）❶边框或廓套互相撞击发出的声响。❷大物件套在小物件上太松。[例]鞋太大,~的。

【诓人】kuáng rèng（词）用谎话欺骗人。[例]答应的事不办,这不是~吗?

【框罗】kuáng luò（词）形容器具外框过大,如轴承等。也形容衣服过于宽大。

【狂钱】kuàng qiàn（词）钱很多,可以大把地花。[例]~花惯了,突然穷下来,觉得受不了。

kui

【亏空】kuī kōng（词）亏损,短少。[例]以前的~谁来补?

【亏累】kuī lui（词）亏空,欠债。[例]钱没挣下,倒趸了不少~。

【亏人】kuī rèng（词）损人利己,坑人害人。[例]~的事不能干。

【亏心事】kuī xīng shí（词）负心,违背良心。[例]不做~事,不怕鬼叫门。

【亏众不亏一】kuī zhóng bú kuī yí（熟）要吃亏一起吃,不能让个别人吃亏。

【揆程】kuì cheng（词）❶度量、揣度、标准。[例]心里有个老~。❷满语"规矩"的意思。[例]听老人讲祭祖的~。

kuo

【科】kuō（词）修剪枝蔓,芟（shan）除芜秽。[例]~鞋底。

【科谋】kuō mu(词)约莫,估计。[例]~着差不多。

【科鞋底】kuō hài dì(词)用剪刀修剪整理鞋底毛坯的边缘，剪去冗余和毛糙。

【阔得很】kuó di hèng(词)❶豪华奢侈。[例]家里~。❷事情办得漂亮。[例]这个事办得~!

【阔气】kuó qi(词)豪华,奢侈,气派。[例]穿上这个多~。

【阔事】kuó shí(词)好事,大事。[例]没想到给你办了个~。

【颗子盐】kuó zi yàn(词)大颗粒的原盐。[例]~腌菜好。

【颗颗子】kuó kuo zi(词)皮肤上起的小疹痘。[例]脸上起了~。

【骒骡子】kuó luo zi(词)母骡子。

【骒马】kuó ma(词)母马。

【锞子】kuó zi(词)小锭的金银。[例]金~,银~。

L

la

【拉不展】lā bú zhàn(词)害羞,怯场,不大方。[例]到了你出头的时候,又~。

【拉扯】lā che(词)❶辛勤抚养。[例]总算把几个娃娃~大。❷牵扯、牵连。[例]自己做事自己当,不~别人。

【拉搭子亲戚】lā da zi qīng qi(熟)非直系远房亲戚。

【拉带带子鞋】lā dái dai zi hài(词)脚背或侧面有带、扣的鞋。

【拉份凑数】lā feng cóu sú(词)把不合格的人、物临时拉来充数。

【拉胳膊扯腿】lā gé bo chè tuì(熟)说话时把与主题无关的人或事拉扯进来。[例]说自己就说自己,不要~地说别人。

【拉呱】lā guā(词)闲聊。[例]两个老汉坐在南墙根里~。

【拉后抽子】lā hóu chōu zi(词)找后账,提及已经过去的事。[例]就事论事,不要~。

【拉饥荒】lā jī huang(词)欠债。[例]拉了一沟子饥荒。

【拉拉车】lā la chē(词)即胶轮大车。

【拉拉杂杂】lā la zá za(词)指杂乱无条理。[例]~说个没完。

【拉拉子】lā la zi(词)用破布缝制的垫子,在旱地里薅草时衬在屁股下面。

【拉拢腐蚀】lā long fù shi(词)采用不正当手段使握有权力的人靠拢自己、为自己服务,最终使其堕落变质。

【拉磨羊】lā mó yàng(词)甩在末尾的羊。比喻拖后腿的单位或人。

【拉皮条】lā pì tiao(词)撮合不正当男女关系。

【拉偏架】lā pián jiá(词)拉架时故意阻拦一方让另一方打。

【拉清单】(熟)lā qīng dān[例]比喻记下平时的恩怨利害,最后算总账。[例]别看你现在跑得欢,小心最后~。

【拉骚】lá sao(词)骂人的话。比喻发牢骚,说难听话。[例]清巴赶早的,你~个啥?

【拉田】lā tiàn(词)丈量土地。

【拉条子】lā tiao zi(词)一种较宽的拉面条。

【拉雾】lā wú(词)起雾。[例]~了,公路上的车开着黄灯。

【拉纤】lā qián(词)送殡时拴在灵柩前的长条白布,由子孙们牵引前行。

【拉洋片】lā yàng pián(词)一种民间文娱活动装置。把若干幅画片左右推动,周而复始,观众从凸透镜中看放大了的画面。

【拉鱼子】lā yù zi(词)打麻将时在约定赌注的基础上翻倍加注。

【拉着不走,打着倒退】lā zhe bú zòu, dá zhe dáo tuí(熟)本指不肯前进的役畜,泛指不思上进的人。

【拉着胡子过河——牵须(谦虚)】lā zhe hù zi guó hè —qiān xū(qiān xū)(歇)俏皮话。

【拉㞎㞎】lá bà ba(词)指拉稀。[例]山羊~。

【邋忽】lá hu(词)马虎,粗心。[例]那是个~人,不爱拾掇屋。|他做事太~,别派他去。

【邋遢鬼】lá ta guì(词)不修边幅、个人卫生习惯不好的人。

【喇嘛的帽子——黄了】lá ma di mào zi—huàng le(歇)比喻坏账或事情没办成。

【腊八】lá ba(词)即农历腊月初八。通常认为这天最冷,民间有用杂粮做~粥的习俗。

【腊八饭】lá ba fán(词)农历腊月初八用杂粮做的粥。民俗。

【腊七腊八,冻掉下巴】lá qí lá bá, dóng diao xiá ba(谚)极言农历腊月上旬天气寒冷。

【腊月的驴屎倒缩回】lá yue di lǜ qiù dáo suó hui(熟)比喻退步,倒退。

【腊月二十三,灶王爷上了天】lá yue ér shi sān,záo wang yè sháng le tiān(词)农历十二月二十三日在“灶爷板”上摆好供品,送灶王爷上天求福。即日起进入年事。

【辣辣英】lá la yīng(词)一种根叶有辣味的野菜,学名“宽叶独行菜”。嫩叶煮熟后可与苦苦菜一起泡酸食用。

lai

【来着】lái zhe(词)吆牛干活用语,即往左拐。

【赖狗】lái gòu(词)❶无赖泼皮。❷用于对自己孩子的爱骂。[例]小~。

【赖账】lái zháng(词)❶欠账久拖不还。❷不承认欠债或自食其言。

【癞呱呱吃粮食——糟蹋五谷】lái guà gua chí liàng shi— zāo ta wú gu(歇)比喻无谓的浪费。

【癞呱呱想吃天鹅肉】lái guà gua xiáng chí tiān è róu(谚)指不切实际的妄想。癞呱呱:蛤蟆。

【癞呱呱支桌腿——死撑】lái guà gua zhī zhuó tuì—sì cēng(歇)❶比喻

固执己见、死不认错、抬死杠。❷比喻争胜好强,死不服输。

【癞呱子皮】lài gua zi pì(词)一种表皮像蛤蟆皮的甜瓜(香瓜子)。

【癞皮狗】lái pì gòu(词)对刁钻撒泼、不讲道理的人的憎称。

【来不迭】lài bú dié(词)来不及。[例]紧小心都~,还敢大意?

【来得多了腰酸呢】lài di duō le yāo suān ni(词)调侃语,本指夫妻房事过多致男子腰酸。常在别人说"来"(如再来一下)时使用。

【来得早不如来得巧】lài di zào bú rù lài di qiào(熟)义如文。

【来得早了没碗了,来得迟了锅铲了】lāi di záo le mú wán le,lài di chì le guō chán le(顺)没赶上开饭时间,比喻机会不好。

【来航鸡】lāi hàng jī(词)当地饲养过的一种蛋用型鸡种。原产意大利,由意大利来航港传往国外,故名。

【来年】lài nian(词)下年,明年。[例]~卖了粮食买个摩托车。

【来人客去】lài rèng ká ké(词)指亲朋熟人来往。[例]~的,免不了要招待。

【来者不善,善者不来】lài zhe bú shán,shán zhe bú lài(词)来的不怀善意,有善意的不会来。强调情势的严重和特殊。

lan

【揽权】lān quàn(词)指爱抓权力,把不属于自己管辖的事务也包揽起来。

【揽闲气】lān xiàn qi(词)指为了无关紧要的事情而生气。[例]少~,病自然就少了。

【缆筋】lán jing(词)人、兽脚腕后的筋。[例]把牛~砍断了。

【缆筋腕】lán jing wán(词)脚腕的后部。

【懒办法】lán bán fa(词)偷懒、图省事的办法。有时也用于自嘲。[例]怕麻烦,想了个~。

【懒病】lán bing(词)懒惰的毛病。常用于讽刺。[例]啥病? ~!

【懒得】lán de(词)厌烦;不愿意,没心思。[例]~说你!

【懒骨头】lán gu tou(词)骂人的话。指懒惰的人。

【烂包】lán bao(词)比喻一败涂地。[例]把个好好的家整~了。

【烂店】lán dián(词)❶旧时的妓馆。❷比喻污秽混乱的场所。[例]我们家又不是~,谁想进就进。

【烂杆田】lán gàn tiàn(词)不肥沃的土地。

【烂杆人】lán gàn rèng(熟)指穷困潦倒、不修边幅的男子。也用于男子自谦。

【烂杆烟】lán gàn yān(词)低等级香烟。

【烂货】lán huó(词)骂人的话,多指荡妇或丧失贞操的女人。

【烂脊梁驴肯凹腰】lán jí liang lǜ kéng wá yāo(谚)指有“创伤”的人害怕碰到痛处。比喻害怕别人揭短。

【烂了杆】lán le gàn(词)失败、破落。

【烂了眼皮子】lán le yán pi zi (熟)对过早睡觉、瞌睡太多者的讽语。[例]~了,这么早就睡觉!

【烂㞞】lán sòng(词)泛指不屑一顾的事物。[例]少管那些~事。

【烂摊场】lán tàn chang(词)烂摊子。

【烂摊子】lán tān zi(词)比喻混乱的局面或不易整肃的单位。[例] 把这个~扔给他。

【烂桃不烂味】lán tào bú lán wéi(熟)桃子烂了,但味道不变,还能吃。传统说法,不科学。

【烂眼眼】lán yán yan(词)害眼病的人。

【乱打穿伙】lán dà chuān huo(词)很多人穿梭般走来走去。[例] 街上的人~,我没盯住是谁。

【乱大事】lán dā shi(词)对红白喜事头绪多、秩序乱的原谅语。[例]~~,肯定有不周到的地方。

【乱弹】lán tan(词)当地指秦腔。[例]嘴闲了唱~。

【乱道】lán dao(词)指生活作风糜烂。[例]那个人~得很。

【乱懂懂】lán dóng dong(词)形容杂乱无条理。[例]把屋整了个~。

【乱宫不乱朝】lán gōng bú lán chào(熟)内宫淫乱而朝政不乱。民间指武则天执政的情况。

【乱哄哄】lán hōng hong(词)形容嘈杂纷乱。

【乱唧唧】lán jí ji(词)混乱,紊乱,无序。[例]把柜子里的东西翻得~的。

【乱将】lán jiáng(词)麻将术语,即和牌所需的“将”不一定是二五八,而是任何成对的牌都行。

【乱了方寸】lán le fāng cong (熟)方寸,指人的内心。意为心绪烦乱,没了主张。

【乱了方向】lán le fāng xiang (熟)即乱了方寸,没了主意。

【乱了心的寡妇】lán le xīng di guá fu(熟)比喻心烦意乱,一时没了主意。

【乱麻麻】lán má ma(词)❶互相交织,秩序紊乱。[例]街上的人~的。❷形容心绪烦乱。[例]这几天心里~的。

【乱七古懂】lán qi gù dòng(词)乱七八糟。

【乱人说的】lán reng shuó di(熟)指街谈巷议、无固定来源的消息。[例]我也是听~,并没见实。

【乱世出英雄】lán shí chú yīng xiong(谚)战乱不安的时代容易出现治世雄才。

【乱势势】lán shí shi(词)犹混乱无序的局面。

【乱丝乌瓤】lán si wù ràng(词)形容

丝线一类的东西乱作一团,没有头绪。

【乱摊派】lán tān pai(词)指在法律或政策规定之外强行给个人或单位摊派任务。

【乱攒班】lán cuàn bān(词)指临时凑起的戏班。比喻临时拼凑的小型组织,有乌合之众的意思。

【乱转脚脚】lán zhuán jué jue (熟)因着急而在地上乱转。

【乱子淌呢】lán zi táng ni(熟)乱子多得不可收拾。

【兰炭】làn tan(词)又称半焦、焦粉。是利用优质侏罗精煤块烧制而成的一种新型碳素材料。多用于冶炼。

【拦头一笊篱】làn tòu yí zháo li (熟)比喻不问情由的训斥。笊篱:打场时接牲畜粪便的漏斗形工具,用芨芨或柳条编成。

【栏柜】làn guí(词)柜台。[例]把钱包落在供销社的~上了。

【蓝汪汪】làn wáng wang(词)形容蓝色水面或物品。

【蓝阴丹】làn yīng dān(词)一种蓝色的阴丹士林布。

【揽秋膘】làn qiū biāo(词)指秋收后把牲畜放到田野里吃草,以增加膘分。

【揽沙葱】làn shā cong(词)采沙葱。"沙葱"见该条。

【懒驴懒马尿屎多】làn lǜ làn mà suī shi duō(谚)比喻懒人常以大小解为借口偷懒。

【懒婆姨的嘴巧,饿母猪的好跑】làn pò yi di zuì qiào,wó mú zhu di hào pào(熟)指懒人经常找借口为自己辩解,猪饿了自然会跑着觅食。

【懒婆姨使长线】làn pò yi shì chàng xián(熟)因嫌短线穿针次数多而使长线,但长线易打结,反而多费工。比喻图省事反而费事。

【懒人有懒福】làn rèng yòu lán fú(谚)懒人往往碰上享福的运气。

【懒人有懒命】làn rèng yòu lán míng(词)指懒人遇上勤快的配偶。

【懒㞞】làn sòng(词)犹懒家伙。

【懒嘴支哄】làn zuì zhī hong(熟)指不想做或怕出力而找借口推托。[例]不想干就算了,不要~。

【卵蛋】làn dán(词)睾丸,也叫卵子。[例]说话不算话,头有~大。

【卵脬子】làn pāo zi(词)睾丸。

【卵子】làn zi(词)睾丸。

lang

【浪荡公子】láng dang gōng zi(词)指游手好闲、行为放荡的男子。

【浪稻子】láng dáo zi(词)用木头把放了水的稻地浪平,然后撒播种子或插秧。

【浪门子】láng mèng zi(词)串门子。也指嫖娼。

【浪沫】láng mo(词)水浪激起的泡沫。

【浪沫柴】láng mo chài(词)冬灌时被

水浪冲集到田埂边的柴草，风干后可做燃料。[例]每到冬天，就到田埂边上划~。

【浪木】láng mu（词）由畜力牵引，用来抹平水田土块的长木头。

【浪四月八】láng sí yue bá（词）指农历四月八日逛庙会。比喻不务正业，到处游逛。浪：闲逛。

【浪住】láng zhu（词）❶用绳子捆住。[例]车上装的东西多，用绳子~点，免得路上掉了。❷腿脚被绳子绊住。

【啷噻】làng sai（词）发牢骚，唠叨。[例]事都给你办了，你还在这里~个啥？

【郎舅】làng jiu（词）男子与其妻兄弟的合称。[例]~两个。

【郎猫】làng mao（词）公猫。

【狼虫虎豹】làng chòng hú báo（词）泛指凶猛野兽。

【狼多肉少】làng duō róu shào（词）比喻人多东西少，不够分配。

【狼喊鬼叫】làng hàn guí jiáo（词）形容哭叫声此起彼伏。[例]我才走了一阵阵子，你就把他们（弟弟妹妹）惹得~的。

【狼撵到沟子上了】làng nián dao gōu zi shang le（熟）形容做事慌张不稳当。

【狼日虎，虎日狼】làng rí hù，hú rí làng（熟）互相争斗。[例]别管，叫他们~地闹去！

【狼是铜头铁脖子豆腐腰】làng shi tòng tòu tié bó zi dóu fu yāo（熟）狼的腰最不经打。比喻抓住敌人的薄弱环节进行打击。

【狼吞虎咽】làng tōng hú yán（词）形容吃东西又猛又急的样子。

【狼娃子】làng wa zi（词）父母对不孝顺子女的骂语。[例]别提那个~！

【狼心狗肺】làng xīng góu fēi（词）比喻心肠狠毒贪婪，忘恩负义。

【狼牙】làng ya（词）牙齿长得不整齐。也指龅牙（凸出的牙）。

【狼崽娃子】làng zái wa zi（词）指忘恩负义、不孝顺父母的子女。

【狼拽了，狗扚了】làng zhuāi le，góu dí le（熟）被狼或狗吃了。拽、扚：用牙齿撕扯。[例]老借我们的牲口，他家的牲口叫~？

【廊住】làng zhu（词）挡住、拦住。[例]快喊前面的人把马~。

【榔头车子】làng tou chē zi（词）手推独轮车。

【榔头闷棍】làng tou méng góng（词）当头棒喝。[例]不问青红皂白，~就是一顿。

lao

【捞稻草】lāo dáo cào（词）比喻快要淹死的人连一根漂浮的稻草也不放过，比喻灭亡或失败前徒劳无益的挣扎。

【唠唠唠】lāo lāo lāo（词）唤猪的声音。

【捞面】lāo mian（词）一种将熟面条捞出后加拌佐料的吃法。

【捞闲毛】lāo xiàn mào（词）做些无关紧要的事或给别人帮闲打杂。［例］这几天单位没啥事，在家里给婆姨~。

【捞油水】lāo yòu shui（词）获取不正当的物质利益或额外好处。

【捞油香】lāo yòu xiang（词）即炸油饼。因要用工具把油饼从热油锅里捞出来，故称。

【老爸爸】láo bá ba（词）父亲最小的胞弟、堂弟或表弟。

【老白干儿】láo biá gānr（词）白干酒。［例］银川~。

【老鼻子】láo bí zi（词）很多，极多。［例］娶媳妇把钱花~了！

【老鳖】láo bié（词）即甲鱼。

【老鳖支桌腿——硬撑】láo bié zhī zhuó tuì—yíng cēng（歇）鳖：甲鱼、王八，有硬甲。比喻勉强支撑。

【老病】láo bing（词）老年人患了没法医治的病。［例］这是~，没治，该准备啥准备啥吧。

【老布】láo bu（词）即自织土布。

【老不看三国，小不看列国】láo bú kán sān guo，xiáo bú kán lié guo（谚）谓老年人看《三国演义》会变得更加狡诈，少年看《东周列国志》容易冲动。

【老材】láo cai（词）为老年人准备的棺材。

【老成子】láo cheng zi（词）指成年人。［例］请个~当介绍人。

【老大楼】láo dá lòu（词）地处银川市兴庆区解放西街，始建于1965年，是宁夏回族自治区成立后建造的第一家百货大楼，现为银川新华百货老大楼有限公司。

【老的上不了马，小的拉不开弓】láo di sháng bú liào mà，xiáo di lā bú kāi gōng（熟）比喻人才青黄不接。

【老的小的】láo di xiáo di（熟）泛指家庭成员。常用于女子对婆家人发泄牢骚。［例］我把你们~哪个对不住？

【老掉牙】láo diáo yà（词）形容事物、言论等陈旧过时。［例］再别说那些~的事儿了。

【老坟】láo feng（词）即祖坟。［例］他们是一个爷爷传下来的，所以在一个~上烧纸。

【老夫老妻】láo fu lào qī（词）多年的夫妻。［例］~了，还离婚？

【老汉】láo han（词）❶对丈夫的自称或他称。［例］我们~，你们~。❷指老年男子。

【老汉背娃娃】láo han bēi wà wa（熟）指依次将中指搭在食指、无名指搭在中指、小指搭在无名指上、一个背一个的小游戏。

【老汉的骨头硬，越走越有劲，娃娃的骨头软，越走越撒懒】láo han di gú tou yíng，jié zóu jié yóu jíng，wà wa di gú tou ruàn，jié zóu jié sá làn（顺）鼓励小孩走路的歌谣。

【老旱田】láo hán tian(词)不种水稻只种旱作的耕地。

【老将】láo jiáng(词)❶象棋里“将”的俗称。也叫老爷。❷指年龄大、有经验的人。[例]~出马,一个顶俩。

【老将出马,一个顶俩】láo jiáng chú mà,yí ge dìng lià(谚)谓年长而经验丰富的人做事,失误少,事半功倍,一人能顶两人。

【老了罢说当年的英雄,穷了不提过去的富贵】láo le bá shuó dāng nian di yīng xiong,qiòng le bú tì guó qu di fú guí(谚)过去的英勇和富贵已成历史,经常挂在嘴边,只能讨嫌。

【老了,你妈穿的红鞋早了】láo le,nì mā chuān di hòng hài záo le (熟)戏谑语,意谓不要说你老了,你老是因为你妈出嫁(穿红鞋)早,生你早。

【老历】láo li(词)即农历,是阴阳历的一种,我国传统历法,也称夏历、阴历。

【老令公的兵——越带越少】láo lìng gong di bīng—jié dái jié shào(歇)能管理和带领的人越来越少。老令公:指北宋名将杨业。详见附一。

【老慢】láo mán(词)性格温和的人,慢性子。[例]那是个~。

【老面】láo mian(词)面相比实际年龄大。

【老命】láo míng(词)❶老年人的有生之年。常以此威胁人。[例]泼出~也要跟他们闹一闹。❷性命。[例]这不是要我的~吗?

【老年不娶少年妻,终究终了是他人的】láo nian bú qú sháo ni àn qī,zhōng jiu zhōng liào shi tā réng di(顺)❶指老夫少妻中丈夫死后,妻子还会嫁人。❷指老夫少妻中的妻子常常因性生活不满意而偷情。

【老年不提当年勇】láo nian bú tì dāng nian yòng(谚)指有本领、有建树的人始终保持谦虚谨慎的态度,从不炫耀过去的成就。

【老娘】láo niang(词)女子骂架时的自称,有使横和占上风之意。

【老娘婆】láo niang po(词)民间接生婆。[例]媳妇快生了,早点请个~。

【老盆】láo peng(词)比缸浅、比盆深的大瓦盆。

【老婆子】láo po zi(词)❶对老年妇女的泛称。❷老年人对自己妻子的称呼。

【老气】láo qi(词)可靠、懂事。[例]别看年龄小,可~了!

【老人】láo reng(词)这里指长辈。[例]除了带孩子,还要伺候~。

【老人好提旧事】láo reng hǎo tì jiú shí(熟)上年纪的人喜欢回忆过去的事。

【老人要请,娃娃要哄】láo reng yào qìng,wà wa yáo hòng(熟)动员不同的人要采用不同的方法。

【老弱病残】láo ruó bìng càn (词)指老人、儿童、病人和残疾人。

【老弱残废】láo ruó càn féi(词)老、小、妇、病、残的统称。[例]尽派些~,咋完成任务?

【老社会】láo shé huí(词)指封建社会。[例]他念了高中,在~也算个秀才呢。

【老是】láo shi(词)总是、经常。[例]一年四季~往外跑。

【老式】láo shi(词)陈旧的形式或样式。[例]~家具。|~犁。

【老式犁】láo shi lì(词)即俗称的"二牛抬杠"。详见附一。

【老实不客气】láo shi bú ká qi(词)一点也不客气,有调侃味。

【老实墩子】láo shi dōng zi(词)比喻像石墩木墩那样老实的人。

【老实疙瘩】láo shi gé da(词)特别老实的人。

【老实人扯谎人不疑】láo shi rèng chè huàng rèng bú yì(熟)老实人撒谎不会引起别人怀疑。

【老实人看火,尖滑人看锅】láo shi rèng kán huò,jiān huà rèng kán guō(熟)指老实人只管踏踏实实烧火,怕吃苦的人老盼着锅快点开。

【老实头子】láo shi tòu zi(词)忠厚规矩的人。[例]那是个~。

【老寿星】láo shóu xing(词)对高寿者或做寿者的尊称。

【老死不下的】láo sǐ bu xiá di (熟)对年老多病者的厌恶语。

【老太太】láo tái tai(词)曾祖母。

【老太太吃年糕——燃牙】láo tái tai chí niàn gāo — ràn yà(歇)❶比喻事情头绪繁多,处理起来非常棘手。❷比喻做事不爽快,不好相处。

【老太太演花旦——装嫩】láo tái tai yàn huā dan—zhuāng néng(歇)对某些扭捏作态、装嫩卖萌的老年妇女的讽刺。

【老泰山】láo tái shan(词)岳父。

【老天拔地】láo tian bá dí(词)形容老年人老态龙钟的样子。[例]~的,还要挤到人伙伙子里头看红火。

【老铁锅】láo tie guō(词)杂铁铸的锅,相对洋铁(纯生铁)锅而言。

【老乌】láo wu(词)乌鸦。

【老乌罢嫌猪黑】láo wu bá xiàn zhū héi(熟)比喻都一样,谁也别嫌谁。

【老乌虫】láo wu chòng(词)金龟子类昆虫的幼虫,体白色弯曲肥大,为害农作物。

【老乌落到猪身上——谁也罢嫌谁黑】láo wu luó dao zhū shēng shang—shuì ye bá xiàn shuì héi(歇)老哇:乌鸦。

【老乌嘴子】láo wu zuí zi(词)固定在门扇上、形状像乌鸦嘴的铁制部件。

【老外】láo wái(词)❶外行。[例]这你就~了!❷指外国人。

【老媳妇】láo xí fu(词)与公婆一起生活多年的儿媳妇。

【老戏里演的不是相公招姑娘,就是

奸臣害忠良】láo xí ni yán di bú shi xiáng gōng zhāo gū niang，jiú shi jián chèng hái zhōng liàng（熟）义如文。老戏：传统戏剧。

【老羊皮袄】láo yang pí ao（词）绵羊板皮做的不挂布面的大衣。

【老要癫狂少要稳】láo yáo diān kuang sháo yáo wèng（谚）老年人要防止暮气，年轻人要防止骄气。

【老衣】láo yi（词）即寿衣。

【老运动员】lào yóng dóng yuàn（词）比喻经过多次政治运动、多次挨整的基层干部。调侃语。

【老右派】láo yóu pái（词）旧指右派分子。

【老子】láo zi（词）❶男子骂架时的自称。❷对他人父亲的称谓。[例]叫你~来，我跟他说。❸父亲在儿女面前的自称。[例]~白养活你了？❹母亲在儿女面前对不在面前的丈夫的称谓。[例]等你~回来再说。❺老聃。

【老子不死，儿子不大】láo zi bú sì，èr zi bú dā（谚）指老子在世时儿女过于依赖，不能自立，成熟得慢。

【老字号】láo zi háo（词）开设年代久的商店或使用年代久的商标。[例]中华牙膏是~牙膏。

【老子英雄儿好汉，老子反动儿混蛋】láo zi yīng xiong ér háo hán，láo zi fǎn dóng èr hóng dán（谚）"文化大革命"初期流行的封建血统论说法。

【老把势】lào bá shi（词）精于某种技能的老手。[例]赶车的~。

【老板娘】lào bàn niàng（词）老板的妻子。

【老财】lào cài（词）对有钱人的俗称，旧指地主。

【老朝鲜】lào chào xian（词）对参加过抗美援朝战争的退伍军人的敬称。[例]~一直享受抚恤金。

【老城】lào chèng（词）指银川市老城区，在今银川市兴庆区辖内。

【老鼠疮】lào chu chuāng（词）淋巴结核。

【老鼠仓】lào chu cāng（词）老鼠储藏粮食的洞穴。[例]"小秋收"的时候，老师带着学生们到地里挖~。

【老鼠给猫捋胡子——找死】lào chu gèi mào lǜ hù zi—zhào sì（歇）比喻没事找事，自寻死路。

【老鼠过街，人人喊打】lào chu guó gāi，rèng rèng hàn dà（谚）比喻为害人类的东西引起人们的一致痛恨。

【老鼠嫁女——小打小闹】lào chu jiá nǚ—xiào dà xiáo náo（歇）形容小规模活动或小里小气。

【老鼠见了猫】lào chu jián le mào（熟）比喻格外胆怯害怕。

【老鼠拉秤砣——大头子在后头】lào chu lā chéng tuò—dā tòu zi zái hóu tou（歇）义同"老鼠拉木锨，大头在后边"。

【**老鼠拉木锨,大头在后边**】lào chu lā mú xiān,dá tòu zái hóu biān (熟)比喻事情仅仅露出端倪,更大、更重要、更严重的还在后面。

【**老鼠舔猫屄——找死**】lào chu tiàn mào bī — zhào sì(歇)比喻自寻死路。

【**老鼠尾巴砸给一棒槌——便肿了又有多粗**】lào chu yí ba zá gei yí báng chui—bián zhóng le yóu yòu duō cū (歇)意为没什么潜力或油水。

【**老鼠养的猫不疼**】lào chu yáng di mào bú tèng(谚)比喻只疼爱自己的孩子,不疼爱别人的孩子。养:生。

【**老鼠攒仓**】lào chu zàn cāng (熟)比喻积攒财物或攒下财物舍不得消费。

【**老鼠钻到风箱里,两头子受气**】lào chu zuān dao fēng xiang ni,liáng tou zi shóu qí(熟)比喻两头受气。

【**老鼠钻牛角,越钻越紧**】lào chu zuān niù gé,jié zuān jié jìng(熟)❶比喻遇事认死理,固执己见,以致无路可走。❷也指经济越来越拮据。

【**老粗**】lào cū(词)文盲。[例]我是个~(自谦)。

【**老当年**】lào dāng nian(熟)过去的年代,古代。[例]这都是~传下来的东西。

【**老刀见肉快三分**】lào dāo jián róu kuái sān fēng(词)再老的刀子都能割动肉。

【**老刀子刮脸——悬胡(乎)**】lào dāo zi guà liàn—xuàn hu(hu)(歇)指没有把握或难以实现(做到),有时也指危险。

【**老底子**】lào dí zi(词)❶内情,底细。[例]我知道他的~。❷原有的经济基础或现有积蓄。[例]把~拿出来花嘛!

【**老吊**】lào diāo(词)吊车的俗称。

【**老而不堪**】lào er bú kān(熟)指年龄大、不能承担繁重劳动任务。[例]年轻人都出去了,家里就剩下一些~的人和碎娃娃。

【**老而无功**】lào er wù gōng(词)指创造不出财富的老年人,多用于老年人自谦。[例]我现在是~的人了。

【**老二**】lào ér(词)❶指男子的阳物。❷排行第二。❸排名或排序第二。

【**老儿子**】lào èr zi(词)指儿子中最小的那个。

【**老封建**】lào fēng jian(词)头脑里残存封建意识较多的人。

【**老尕子**】lào gà zi(词)排行最小的儿子。[例]~太娇气,要管呢。

【**老干翠**】lào gān cuí(词)犹老来俏。形容长相比实际年龄年轻,打扮入时的女性。

【**老疙瘩**】lào gé da(词)排行老末的子女。

【**老胳膊旧腿**】lào gé bo jiú tuì(词)比喻老人手。

【**老革命遇到新问题**】lào gé míng yú dao xīng wèng ti(熟)比喻经验丰富的人遇到新情况。

【老公公】lào gōng gong(词)丈夫的父亲。

【老狗记了个陈干屎，懒婆姨记了个年三十】lào góu jí le ge chèng gān shi,làn pà yi jí le ge niàn sān shi(顺)对牢记过时、无用事情者的讽刺语。

【老狗嚼饽饽——牙叉子上的劲】lào gòu juè bō bo—yà chā zi sháng di jíng(歇)对说话口气太冲的人的嗔语。饽饽:锅巴。

【老狗上墙——前半截有劲，后半截没劲】lào góu sháng qiàng —qiàn bán jie yóu jíng,hóu bán jie mú jíng(歇)比喻又想做,又不想做,信心不足。

【老古董】lào gù dong(词)❶比喻古老或过时的观念和做法。❷比喻思想守旧、顽固不化的人。❸指古代或先人留下的旧物。

【老棺材瓤子】lào guān cai ràng zi(词)比喻行将就木的老人。

【老好人】lào hào rèng(词)指脾气随和、待人厚道、缺乏原则性的人。

【老虎不吃人，恶名在外】lào hu bú chí rèng,é mìng zái wái(谚)坏名声消除不掉。

【老虎吃天,无法下手】lào hu chí tiān, wù fá xiá shòu(谚)❶"老虎"和"天"为"花花子"里的牌,"天"可吃"虎","虎"不能吃"天"。❷比喻束手无策。

【老虎拉车——谁赶(敢)】lào hu lā chē— shuì gàn(gàn)(歇)利用"赶"与"敢"的谐音,表示谁也不敢做的意思。

【老虎帽】lào hu máo(词)婴幼儿戴的绣有老虎图案的帽子。

【老虎屎上打能能】lào hu qiù shang dà nēng neng(熟)比喻危险,没希望。打能能:站立不稳。[例]我看我招工的事也是~呢!

【老虎也有打盹的时候】lào hu yè yòu dà dóng di shì hou(熟)比喻警惕性再高的人也有松懈、疏忽的时候。

【老虎招招】lào hu zhāo zhao (词)即蜻蜓。

【老虎追到沟子上不乱方】lào hu zhuī dao gōu zi shang bú lán fāng(熟)临危不惧,沉着镇定,不乱方寸。

【老皇历】lào huàng li(词)比喻陈旧过时的规矩或事情。[例]~,使不上了!

【老伙计】lào huó ji(词)比喻为子女干活操心的父母。[例]家里有这个~,你们在外头也放心。

【老姜的老婆子对老姜——姜(将)对姜(将)】lào jiāng di láo po zi duí lào jiāng—jiāng (jiāng) duí jiāng(jiāng)(歇)意为刚好。

【老九的兄弟——老十(实)】lào jiú di xiōng di—láo shí(shí)(歇)俏皮话,形容老实人。

【老倔胡子】láo jué hu zi(词)性格倔强的老汉。

【老来俏】lào lài qiáo(词)指年老而过分打扮的人。含贬义。

【老脸皮】lào liàn pì(词)形容脸皮厚,不害羞。

【老驴弹蹄】lào lǚ tàn tì(熟)指老驴或冻僵了腿的驴走路时腿子伸曲不灵。

【老驴跌到冰滩上——不识抬举】lào lǚ dié dao bīng tān shang—bú shí tài ju(歇)指抬起来又跌倒,比喻扶不起来或不识抬举。

【老满口】lào màn kou(词)羊的年龄术语,即长了8个门齿(三岁以上)的齐口(成年)羊。

【老泥糊子】lào mī hu zi(熟)❶小孩在渠里耍水时将泥巴涂在脸上吓唬人的样子。❷指溺水而亡、脸上沾满泥巴的死人或迷信认为由这种人变的鬼。

【老咩】lào miā(词)像羊那样温顺的人。

【老谋深算】lào mù shēng suán(词)周密的筹划,深远的打算。形容人办事精明老练。

【老木柴】lào mú chai(词)比喻食物不嫩,纤维多、不易嚼烂。[例]这肉太老了,~一样。

【老奶奶的屁股——不丢孙(松)】lào nái nai di pí gu — bú diū sōng(sōng)(歇)❶年幼的孙子多爱跟在奶奶屁股后面。❷比喻没有放松和闲暇的时间。

【老奶奶糊窗子——尽抠条条框框】lào nái nai hū chuāng zi—jíng kōu tiào tiao kuáng kuang(歇)指在木格窗户上糊新纸,要抠掉旧纸。比喻办事死板教条。

【老奶奶下挂面——有盐(言)在先】lào nái nai xiá guá mián—yòu yàn(yàn)zái xiān(歇)指有话说在头里。比喻事先打招呼。

【老脑筋】lào náo jing(词)思想落后、僵化、保守。

【老娘家】lào niàng jia(词)中老年妇女对娘家或娘家人的称谓。[例]~没人了。

【老牛爱吃嫩草】lào niù ái chí néng cào(熟)对老年男子喜欢年轻女子的讽刺。

【老牛不死,稀屎不断】lào niù bú sì, xī shi bú duán(谚)比喻干活不紧不慢,拖拖拉拉。

【老牛不曳,回趟在呢】lào niù bú yé, huì tang zái ni(谚)老牛虽然力气小,但犁田时知道什么时候回头。

【老牛车】lào niù chē(词)用牛牵引的老式大木轮车。

【老牛力尽刀尖死】lào niù lí jíng dāo jiān sì(谚)牛老无力干活了,还要被杀掉吃肉。有同情凄怆意。

【老牛破车】lào niù pó chē(熟)比喻动力不足,设备破旧效率低。

【老牛曳到半坡里】lào niù yé dao bán pō ni(熟)比喻事情正在进行中。有进退两难之义。

【老农】lào nòng(词)年老而有农业生产经验的农民。[例]队里派了个~给知识青年教农活。

【老贫农】lào pìng nòng(词)指阶级成分是贫农的老年农民，也指世代贫农。

【老亲】lào qīng(词)累代或上代亲戚。

【老亲的小亲】lào qīng di xiào qīng(词)累代亲戚加上新结亲戚。

【老渠筒子】lào qù tóng zi(词)废弃不用的旧渠道。

【老山汉】lào shān han(词)❶川区人对山区人的叫法。❷对天热穿厚衣服者的揶揄。[例]夏天还穿毛衣,真是个~!

【老少气】lào shǎo qi(词)指虽然年老,却能为子女继续干活或增加财富的父母。

【老婶婶】lào shéng sheng(词)对父亲最小的弟弟(含叔伯、姨表等)之妻的称呼。

【老师傅】lào si fu(词)❶对技术人员的称呼,如木匠、泥水匠等。❷向陌生成年人问话的敬称。

【老手旧胳膊】láo shòu jiú gé bo(词)指起用老人手。

【老天为大他为二】lào tiān wèi dá tā wèi ér(熟)❶形容霸道、专权。❷指仅次于一把手的职位。

【老天爷】lào tiān ye(词)迷信指天上主宰一切的神。多用于惊叹。[例]~,这是咋回事啊?

【老韶子】lào shào zi(词)不明事理、动不动大吵大闹的老年男子。

【老土条】lào tù tiào(词)老实巴交的农民。

【老娃子】lào wà zi(词)排行最小的儿子。

【老顽固】lào wàn gu(词)思想守旧、不接受新事物的人。也指固执己见的人。

【老碗】lào wàn(词)大碗。

【老五魁】lào wù kuì(词)猜拳时只喊“五魁首”的划法。[例]我是~,只会喊五。

【老先生】lào xiān seng(词)嗔怪人时的称呼。[例]哎呀,家里都闹翻天了,你~还在这里下象棋!

【老咸菜】lào xiàn cai(词)泛指冬季腌制的咸菜。

【老乡见老乡,两眼泪汪汪】lào xiāng jián lào xiāng,liàng yán luí wāng wang(谚)老乡和老乡闹到非常伤心的地步。

【老相好】lào xiāng hào(词)相交已久的好友。多指旧情人。

【老小】lào xiào(词)排行最末。

【老小老小】lào xiào láo xiào (熟)谓老年人就像小孩一样难伺候。

【老兄】lào xiōng(词)男性朋友或熟人间的相互尊称。

【老丫头】lào yā tou(词)❶大龄未婚

女青年。❷排行最小的女孩。

【老妖精】lào yāo jing(词)当地指那种老来装嫩、说话语气夸张、行为做作的老年妇女。

【老爷脱了袍】láo ye tuó le pào (熟) ❶耍“花花子”术语,即“三天挂摆”被上家的“三副子”把三“天”顶掉,“摆”失去作用。❷象棋术语,即士(仕)象(相)被对方吃光,帅(将)失去贴身护卫。

【老爷子】lào yè zi(词)❶称自己或他人年长的父亲。❷对老年男子的尊称。

【老鹰晒膀子】lào yīng shái báng zi (熟)玩耍或角力中强制别人两臂向两侧伸直呈老鹰展翅状。

【老营】lào yìng(词)地名,即玉泉营,旧址在今青铜峡市邵刚镇营桥村。

【老油子】lào yòu zi(词)❶世故且油滑的人。❷自由散漫的人。

【老迂了】lào yū le(词)指年老昏聩,语言迂腐。

【老远的】lào yuán di(词)较远,但不是非常远。[例]这里到镇上~呢,骑个车子去。

【老宰货】lào zái huo(熟)本指该宰杀的老牲畜,常用于关系密切的老年人之间的戏称。[例]你这个~,咋还不死吵?

【老咱】lào zà(词)我,咱。带有自信、得意味道。[例]来,~给你做个动作看看。

【老贼】lào zèi(词)❶责骂老而无德者的话。❷有时也用于老年人之间的戏称。

【老庄户】lào zhuāng hu(词)城里人对农民的歧视性叫法,有时也用于农民自嘲。

【老总】lào zòng(词)❶对军队高级将领的尊称。❷对总编、总工程师、总经理等的尊称。❸旧时对士兵、警察的称呼。

【老祖宗】lào zù zong(词)❶家族中的祖先。❷泛指人类祖先。[例]继承~留下的好东西。❸对在世的辈分最高的长者的尊称。

【涝坝】láo ba(词)一种拦蓄地面水的池子,可防洪和灌溉。

【落窝】láo wō(词)母鸡在窝里孵小鸡。

【落窝鸡】láo wō jī(词)比喻经常围着被子坐在热炕上的人。多因有病或年老。

【劳不起】lào bú qì(熟)劳驾不起。生气时的拒绝语。

【劳动布】lào dong bú(词)用较粗的棉纱织成的斜纹布, 质地紧密厚实, 多用来做工作服。

【劳改队】lào gái duí(词)❶监狱的俗称。❷旧时也把进行劳动教养的地方称~(详见“劳教”条)。

【劳改农场】lào gài nòng chàng (词) 对判处徒刑的犯罪分子进行强制劳动改造的农场,是监狱的组成部分。

【劳教】lào jiáo(词)即劳动教养。是对有违法行为但又不够刑事处分的人员实行强制性教育改造的行政措施。该制度已于2013年12月28日全国人大《关于废止有关劳动教养法律规定的决定》颁布后废除。

【牢实】lào shi(词)❶牢固,坚固。[例]绳子要捆~。❷结实,耐用。[例]这个东西不~,用了几天就坏了。

【痨病】lào bing(词)旧指肺结核。

leng

【棱】lēng(词)用棍子打。[例]往他身上~了几棒。

【冷淡人心】léng dan rèng xīng(词)使人寒心。

【冷冬寒天】léng dong hàn tiān(熟)寒冷的冬天。泛指冬天。

【冷粪果树热粪菜,生粪上菜连根坏】léng feng guó shú ré féng cái,sēng féng sháng cái liàn gēng huái(谚)义如文。

【冷了挪到热处,热了挪到冷处】léng le nuò dao ré chu,ré le nuò dao léng chu(熟)形容退休老人舒适惬意的生活。

【冷露】léng lú(词)这里指轻霜冻。[例]庄稼叫~打了。

【冷气攻心】léng qi gōng xīng(词)吃哑巴亏或受哑巴气。[例]准备买化肥的钱叫儿子偷出去耍了赌,把老汉闹了个~。

【冷热病】léng ré bíng(词)❶情绪不稳定,做事忽冷忽热。[例]可别犯~啊!❷疟疾。

【冷在三九,热在三伏】léng zai sān jiù,ré zai sān fú(谚)三九指冬至后的第三个九天,气温最低;三伏是初伏、中伏、末伏的总称,天气最热。

【冷子】léng zi(词)冰雹。[例]听说山区下了半尺厚的~。

【冷板凳】lèng bàn deng(词)比喻受人冷落或处于无事可做的境地。[例]尝够了坐~的滋味。

【冷沟子拓到热炕上】lèng gōu zi tá dào ré káng shang(熟)指坐在热炕上。[例]运动一来,那些"意见筐筐子"就~胡蹚去了。

【冷啪啪】lèng piá pia(词)冷清,不热闹。[例]街上~的,连个人也不见。

【冷胶不如热糨子】lèng jiāo bú rù ré jiáng zi(词)冷却的胶,黏合力不及热糨糊。

【冷脸子热屁股】lèng lián zi ré pí gu(熟)用冷淡不温和的脸色待人。[例]家里来了客人,你~的,以后谁还敢上门。

【冷清清】lèng qíng qing(词)冷冷清清。[例]开业头一天都~的,以后也好不到哪里去。

【冷霜毒日头】lèng shuāng dú rí tou(谚)秋天早晨下霜,白天一般是大太阳。

【冷水要挑呢，热水要烧呢】lèng shuí yáo tiāo ni, ré shuí yáo shāo ni（熟）谓即使是日常用水，也要通过劳动才能得到。意为要尊重和珍惜别人的劳动成果。

【冷飕飕】lèng sōu sōu（词）形容冷风袭来或寒气逼人。

【愣棒】léng báng（词）指愚鲁、野蛮的人。

【愣罐】léng guán（词）呆傻，愚钝。［例］那个~能念成个书？

【愣鸡巴等】léng jī ba dèng（熟）愣头，呆子。［例］别人都跑了，你还待在那里，真是个~！

【愣㞞】léng song（词）呆傻。

【愣头】léng tòu（词）呆傻，迟钝。［例］你这个~，叫人骗了还帮着数钱呢！

【愣头愣脑】léng tou léng nào（词）❶头脑呆傻，不聪明。❷形容鲁莽冒失。［例］~地冲了上去。

【愣头罄】léng tou qíng（词）敲不响的罄，也说愣头青。意思是脑子迟钝，理解力差。

【愣饧饧】léng xíng xing（词）愣头愣脑的样子。［例］长得~的，不像个机灵人。

【棱角】lèng ge（词）形容物体有棱有角。［例］帽子~得很。

【棱棱子】lèng leng zi（词）小的棱角或凸起。［例］搓板上的~快磨光了。

li

【沥沥拉拉】lī li lā la（词）做事不彻底，拖拖拉拉，留有尾巴。

【礼数】lé su（词）礼节，礼貌。［例］不管他们咋样，我们把~走到。

【礼习】lí xi（词）礼节、礼貌。［例］出钱不在多少，而是个~。

【礼饷】lí xiang（词）即礼物。［例］~送重点。|北魏郦道元《水经注·谷水》：“各致~，并辞不受。”

【礼多人不怪】lì duō rèng bú guái（谚）对人礼节多不会被怪罪。

【李俊】lí jiong（词）地名，以明弘治年间宁夏镇总兵李俊名命名，即今~镇。［例］~堡。|~乡（解放初）。|~公社、~大队（1958年后）。|~村（1985年6月后）。

【李俊堡】lí jiong pù（词）以明宁夏镇总兵李俊命名（约1491年筑堡镇守），1960年8月前属宁朔县，现李俊镇政府驻地。

【李俊桥】lí jiong qiào（词）永宁县境内许黄公路在汉延渠李俊堡段的桥梁，1968年建。

【李俊塔】lí jiong tá（词）佛教寿塔，又名“多宝塔”“金塔”，位于李俊镇。建于明万历二十四年（一说西夏），八角楼阁式砖砌重檐，13层，总高31.52米。

【李俊味精厂】lí jiong wéi jīng chàng（词）1976年9月建成投产，厂址李俊

堡。后更名为宁夏味精厂、宁夏新星月生物工程有限公司。主打产品为“新月牌”味精,2007 年停产后破产。

【李俊镇】lí jiong zhéng(词)永宁县乡镇之一,因李俊堡得名。1960 年 8 月 22 日前属宁朔县,之后划归永宁县,为李俊公社。1983 年 6 月为李俊乡,1984 年 6 月为~,2003 年后仁存乡并入。

【李祥堡】lí qiang pù(词)以古人李祥名命名,现望远镇立强村。

【李双双离婚——没喜旺(希望)】lì shuāng shuang lì hōng— mú xí wang (xī wang)(歇)李双双和喜旺是小说(后改编为电影)《李双双》里的夫妻。

【李庄】lì zhuāng(词)地名,因李家小庄而得名,在今李俊镇。[例]~生产大队(1963 年)。|~村(1983 年 6 月后)。

【里戳外捣】lí chuó wái dào(词)形容拨弄是非,挑拨关系。[例]整天~的,不干正事!

【里头屋】ló tou wú(词)里屋。

【里外不是人】lí wái bú shi rèng(熟)内部和外部都得罪了,内外不落好。

【里子】lí zi(词)纺织品的反面。[例]被~。

【里锅】lì guō(词)灶台上安装在主锅后面的小锅,用于炒菜。

【里首】lì shou(词)车的左边。[例]赶车要站在~。

【里首套到外首了】lì shou táo dao wái shou le(熟)调侃语,多用于算账。[例]甲说:“是不是套上了?”乙说:“怕是~!”

【理视】lí shi(词)理睬、搭理。[例]就怕去了,别家不~。

【理性】lí xing(词)❶道理。[例]你那些臭~,根本讲不通!|《官场现形记》六回:“这算什么话?要人走,钱不还人家,这个~倒少有。”❷理智,涵养。

【理直气壮】lí zhí qí zhuáng(词)理由充分,说话底气足,口气硬。

【理字不算重,千人抬不动】lí zi bú suán zhóng, qiān rèng tài bú dóng(谚)理:是非得失的标准和根据,非人力所能左右。

【鲤鱼喝水——往四鳃里跑了】lí yú hé shuì— wáng sí sāi ni páo le(歇)比喻盈利或收入从非正常渠道流失。

【鲤鱼跳龙门】lí yu tiáo lòng mèng(词)旧时比喻中举、升官等飞黄腾达之事。

【力打不歇】lí dà bú xié(词)跟人打架时不听劝解,不依不饶。

【力气是横财,现使现来】lí qi shi hóng cài, xuán shí xuán lài(谚)指体力就像取之不尽的财富,休息以后还会产生。

【厉害】lì hai(词)指薄情寡义。[例]这个女儿也太~了,连亲妈都不认!

【立逼】lì bí(词)当场威逼,逼迫。[例]~得我把首饰卖了。

【立冬】lí dōng(词)二十四节气之一,11月7日前后,冬季开始。

【立规矩】lí guī ju(词)❶旧时习俗。长者起居,幼者在旁侍立。引申为规规矩矩地站立。❷订立规章制度。

【立柜】lí guí(词)大衣柜。[例]~门子上安个穿衣镜。

【立马】lí mà(词)立即,马上。[例]~跟我走。

【立马等时】lí ma dēng shì(熟)急等回答或处理。[例]~要出走。

【立木房子】lí mu fàng zi(词)土墙里夹木柱的房子。详见附一。

【立强】lí qiàng(词)地名,以明都督佥事李祥命名李祥堡,后改~。原属通桥乡,今属望远镇。[例]~乡(1950年)。|~生产大队(1961年)。|~村(1983年6月)。

【立秋】lí qiū(词)二十四节气之一,8月8日前后,秋季开始。

【立夏】lí xiá(词)二十四节气之一,5月6日前后,夏季开始。

【立夏不起尘】lí xiá bú qì chèng(谚)立夏后大风减少,雨水渐多,较少沙尘天气。

【利】lí(词)锋利。[例]把剃头刀子磨~点,剃起来不疼。

【利巴】lí ba(词)外行。[例]行家看门道,~看热闹。

【利大大干,利小小干,无利不干】lí dá dá gán,lí xiào xiáo gán,wù lí bú gán(熟)做生意的原则。有时也指唯利是图。

【利滚利】lí góng lí(词)利息计入本金计算复利。

【利核桃】lí hu tào(词)核肉分离的桃子,喻与已无关。详见附二。

【利了你们的眼睛】lí le ní meng di yán jing(熟)赌气话。离开你们,不让你们感到膈应。

【利了手脚】lí le shóu jue(熟)指小孩已经长大,不再拖累大人。

【利利洒洒】lí li sá sa(词)干脆利落、痛快。

【利索】lí suo(词)❶做事爽快、敏捷。❷工具滑溜,不拖泥带水。

【离命远着呢】lí míng yuán zhe ni(词)诙谐说法,即距离致命处还很远,危及不到性命。[例]就划破点皮,~。

【离心远着呢】lí xīng yuán zhe ni(词)谓不是亲人不会那么关心体贴。[例]到底不是自已养的,~。

【狸猫】lì mào(词)毛色呈棕灰间沙黄的家猫。[例]~换太子。

【狸牛】lì niù(词)毛色像狸猫(棕灰间沙黄)的耕牛。

【离婚就离婚,一天打三顿】lì hōng jiú lì hōng,yí tiān dà sān dong(顺)解放初期新婚姻法颁布时,某些反对妇女离婚的男子的口歌。

【离了狗头不上席】lì le gòu tòu bú sháng xí(熟)反诘语,犹离了你事情就办不成了？

【离了你地球就不转了】lì le nì dí qiū jiu bú zhuán le（词）谓离了某个人事情照样做。

【离了谁都行】lì le shuì dōu xìng（熟）谓失去某个人不会影响事情的进行或社会的发展。

【离娘钱】lì niàng qiàn（词）乡俗，女子出嫁上轿前，男方接亲者象征性地给女子母亲少量钱，叫~。

【犁扯杆】lì chè gan（词）连接犁身与犁担子的长木杠。详见附一。

【犁担子】lì dan zi（词）两头牲畜牵引犁耙时合用的农具，分“牛犁担”和“马犁担”。详见附一。

【犁扶手】lì fū shou（词）老式犁和新式步犁犁身上端用于抓手操作的木把儿。

【犁铧】lì hua（词）钢铁质犁尖。

【犁牮】lì jián（词）老式步犁上顶在犁身和犁扯杆夹角处的短棍，长一尺左右，形成三角，起固定作用。

【犁镜】lì jíng（词）安装在犁铧上方、起翻土作用的弧形钢（铁）板。

【犁身子】lì shēng zi（词）犁铧、犁头与扶手的组合体，与犁扯杆相连，是老式犁的主体。

【犁手子】lì shou zi（词）老式步犁的犁把儿、犁柄。

【犁田如上粪】lì tiàn rù sháng fēng（谚）谓土地多翻几遍如同增施肥料。

【犁头挂在房梁上吃三年】lì tòu guá zai fàng liàng shang chí sān niàn（熟）谓不用耕种，家里的存粮可以吃三年。旧时某些自耕农的自诩。

【犁杖耙耱】lì zhang bá mó（词）泛指农具。

【劙面】lì mián（词）用菜刀把擀好的面划成细条儿。

lia

【肋巴】liá ba（词）肋骨。

【肋巴窝】liá ba wō（词）软肋处。

【裂子】liá zi（词）皮肤皴裂后出现的小口子。

【裂子头】liá zi tòu（词）指性格暴躁、语言粗鲁的人。

【勒着肚子放账呢，捋着猫尾巴上炕呢】liá zhe dú zi fáng zháng ni，lǘ zhe mào yí ba sháng káng ni（熟）“勒着肚子”指勒紧裤腰带，“捋”为抓着或借助。形容特别吝啬。

【勒桌帏的席】liá zhuó wei di xí（熟）餐桌上系着帏布的高级宴席。[例]没吃过~（没见过世面）。

【俩六一五，光码不数】lià liú yí wù，guāng mà bú sù（顺）麻将码牌的顺口溜。即两个六码加一个五码共计十七码。

【俩兽医抬了个驴——没治】lià shóu yi tài le ge lǜ—mú zhí（歇）谓性命或败局无可挽救。

【俩五一十】lià wù yí shí(熟)比喻一样,没区别。[例]说也是俩五,不说也是一十。

lian

【联防队】liān fàng duí(词)即治安联防队,是中国基层群众性治安联防组织,其活动受基层组织领导、公安机关指导。

【连脚裤】liān jué kú(词)裤腿连着鞋的婴儿裤。

【连庄】liān zhuāng(词)麻将术语,上一轮坐庄者和了牌,继续坐庄,叫~。

【连扯】lián che(词)拉扯,攀伴儿。[例]出门非要~个人。

【连油】lián yòu(词)狗的自行交配。详见附四。

【脸朝外的】lián chao wái di (词)指女孩迟早要出嫁,成为人家的人。[例]女娃娃儿时也是~。

【脸蛋子长得好】lián dán zi zháng di hào(熟)指因容貌好看而受到青睐、照顾。含贬义。

【脸迈了个过】lián mái le ge guó(熟)脸转向一边,不愿理睬。

【脸上有杀气】lián shang yóu shá qi(词)形容态度庄重严肃,不随便说笑。

【脸瘦成个刀条条】lián sóu chèng ge dāo tiào tiao(熟)形容人极其消瘦。

【脸子打得整整的】lián zi dá di zhèng zhèng di(熟)一脸严肃。

【脸比城墙厚】liàn bì chèng qiàng hóu(熟)形容人脸皮厚。

【脸比沟墩子厚】liàn bi gōu dōng zi hóu(熟)脸皮太厚。沟墩子:屁股蛋儿。

【脸搽得猴沟子似的】liàn chá di hòu gōu zi xi di(熟)形容脸上搽了过多胭脂,太红,面积太大。

【脸朝黄土背朝天】liàn chào huàng tu béi chào tiān(熟)对农民终年在土地上辛劳的形容。

【脸瓷】liàn cì(词)脸厚不怕羞。

【脸瓷吃得胖,脸薄吃不上】liàn cì chí di páng,liàn bò chí bu sháng (顺)鼓励人在宴请或公共公益性供餐时大胆吃喝,不要拘束,以免吃得少。

【脸皴得哈密瓜似的】liàn cong di hā mi guā xi di(熟)形容人的脸因寒冷干燥而皲裂。[例]娃娃的~。

【脸红脖子粗】liàn hòng bó zi cū(词)激动、发怒时的面部表情。

【脸盘子】liàn pàn zi(词)脸形。指脸的外形轮廓。[例]~大,眼镜得配大点。

【脸盆子里淹猛子——不知深浅】liàn pèng zi ni yān méng zi — bú zhī shēng qiàn(歇)意谓不知道事情的利害和难易。

【脸皮子闯破了】liàn pì zi chuáng pó le(熟)指女子经过初次性交或失身,在后来的性生活中不再害羞。

【脸觍得瓷】liàn diān di cì(熟)厚着

脸皮，豁出脸皮。有讥讽义。

【脸觍得瓷瓷的】liàn diān de cì cì di(熟)教人放下架子，厚着脸皮去做。[例]把~去碰碰运气。

【练家子】lián jia zi(词)通常指学过武术的人。[例]一看那个身体，就知道是个~。

【练干】liàn gan(词)动作干练、简捷、迅速。[例]他的手特别~，一下子就把快要摔倒的老人扶住了。

【恋家】lián jiā(词)依恋家庭或家乡，不愿长期出远门。[例]当地人~，不愿到外头闯。

【恋恋不舍】lián lián bú shè(词)非常眷恋，舍不得分开。[例]小姊妹一见面，总是~的。

【连】liàn(词)连词，犹和、与、跟。[例]他~我一块去。

【连弹带唱】liàn tàn dái cháng(熟)比喻同时兼顾两项工作。

【连滚带爬】liàn góng dái pà (词)❶斥责人马上离开。[例]少废话，赶快~吧！❷形容惊慌逃窜。

【连锅端】liàn guō duān(词)比喻整体剿灭或捣毁。[例]给他们来个~。

【连锅面】liàn guō mián(词)指带汤的面条或面片。

【连湖】liàn hù(词)连湖农场的简称，宁夏农垦企业之一，在青铜峡市境内，和永宁县李俊镇接壤。

【连环马，赛叫驴】liàn huàn mà，sái jiáo lü(熟)象棋术语，极赞“连环马”的威力。

【连枷】liàn jia(词)旧时的一种脱粒农具。由长柄和一组平行排列的竹条或木条构成，用来拍打谷物，使子粒脱落。

【连句好话都问不来】liàn jú hào huá dōu wèng bu lài(熟)讨不到好答复或不认账。[例]商品质量有问题，找到经销商，~!

【连忙】liàn màng(词)赶紧，急忙。[例]公交车上上来一个老年人，年轻人~给他让座。

【连天昼夜】liàn tiān zhóu yé (词)不分白天黑夜。

【连衣裤】liàn yī kú(词)指上衣和裤子连在一起的儿童服装。背后开襟，式样简单，穿脱方便。

【连雨天】liàn yu tiān(词)连续几天下雨，淫雨。

【连桌】liàn zhuó(词)比条桌更长的桌子，一般放在墙脚。[例]旧社会，有钱人家都有~。

liang

【晾到傍个子】liáng dao báng ge zi(词)无人接待，遭受冷落。[例]只顾招呼近亲，把远亲都~。

【晾人】liáng rèng(词)闪人，因不践约而使对方陷于被动。[例] 说是一定来，现在又不来了，这不是~吗？

【晾台】liáng tài(词)谁也不管,使事情搁置。也叫亮台、拆台。[例]我们都不去,叫他~!

【亮光光】liáng guáng guang (词)光线过于刺眼。[例]看个电视嘛,灯开得~的干啥?

【亮色】liáng se(词)指嗓音清亮。

【亮晌】liáng shàng(词)指淫雨天中午,天空暂时出现的放晴现象。

【亮梢】liáng shāo(词)睡觉时把被子蹬掉,露出手脚,以散发热量。[例]不把被盖好,难道~呢?

【亮星】liáng xing(词)启明星。

【亮锃锃】liáng zéng zeng(词)形容光滑亮泽。[例]皮鞋擦得~。

【亮子】liáng zi(词)❶门或窗扇上安装的用于透光和外看的小块玻璃。❷皮影戏的白纱屏幕。❸"花花子"牌中四张一样的牌。

【亮子吃亮子，丑得没样子】liáng zi chí liáng zi,chóu di mú yáng zi(顺)耍"花花子"用语 ,指点大的四张牌吃掉点小的四张牌, 有时出现连吃现象。

【良田渠】liàng tiàn qù(词)唐徕渠支渠之一,古有,在胜利乡陆坊村开口。全长 6 公里。

【良心叫狗吃了】liàng xing jiáo góu chí le(熟)比喻失去善良心性,做出违背天理道德的事情。

【良心尽在人心】liàng xing jíng zai rèng xīng(谚)良心是对是非的正确认识,坚持不坚持,坚持到什么程度,全在于个人。

【踉棒】liàng báng(词)说话做事粗鲁冒失的人。("踉"为同音借用字。《汉语大字典(袖珍本)》第 1601 页有"又引申为世道、器物不正")[例]这么大的风,把娃娃抱到外头,真是个~!

【踉犷】liàng guàng(词)形容粗鲁、冒失的人。也做两桄。[例]一看那个疯疯势势的样子,就知道是个~。

【凉得咳嗽】liáng di ké sou(熟)消暑或降温过头。[例]屋里这么凉,还开风扇,简直~呢!

【凉粉坨坨】liàng feng tuò tuo(词)指在盆子里冷却了的凉粉反扣在案板上的固体形状。

【凉啪啪】liàng piá pia(词)❶场面或环境冷清凄凉。❷食物太凉不热乎。❸待人冷淡不热情。

【凉了】liàng le(词)感冒,着凉。[例]娃娃~,淌清鼻子呢。

【凉飕飕】liàng sóu sou(词)微寒的感觉。[例]立秋了,早晚~的。

【梁梁子】liàng liang zi(词)❶地上突起的小土梁儿。[例]车底盘驮到土~上了。❷工具、用具上用于提手的横梁儿。[例]锅盖~。

【梁山泊的军师——吴(无)用】liàng shān bó di jiōng shī—wù (wù)yóng (歇)借谐音比喻无能,没用。

【梁园虽好,不是久恋之家】liàng yuàn suī hào,bú shi jiú lián zhi jiā（谚）谓别人的住所虽好,只能短期逗留,最终安身立命的地方还是自己的家。

【粮农】liàng nòng(词)以种植粮食为主的农民。[例]国家给~发放各种补贴。

【粮食虫】liàng shi chòng(词)比喻只吃饭不做事的人。[例] 再不找工作干,都变成~了!

【粮食空了还有个皮皮子，人空了没个模模子】liàng shi kōng le hài yóu ge pì pi zi,rèng kōng le mú ge mù mu zi(熟)比喻爱说空话大话的人说话做事没有尺度和标准,靠不住。

【粮食一收口】liàng shi yí shōu kòu(熟)指粮食收获入库后。

【两放】liáng fáng(词)两可之间。[例]成不成还~着呢。

【两个胛子抬了一张嘴】liáng ge jiá zi tài le yí zhāng zuì(熟)形容空手而来,白吃白喝。胛子:肩膀。

【两国交兵,不斩来使】liáng guó jiāo bīng,bú zhàn lài shì(熟)交战双方不杀对方派来的使者。比喻不能伤害联络调停的人。

【两头白面】liáng tou biá mián（词)表里不一,两面讨好。[例]那是个~的人。

【两下里】liáng xia ni(词)❶双方。[例]~都照顾着。❷两边。[例]往~看了看,才开口说。

【两说】liáng shuó(词)有两种可能,说不定,不确定。[例]成不成还~呢。

【两把子】liàng bá zi(词)比喻分成两派。

【两傍个】liáng báng ge(词)❶两边,两旁。[例]大路~。❷分成两半。[例]馍馍一掰~。

【两边一筛,中间剩个老呆】liàng biān yí shāi,zhōng jian shéng ge lào dāi(熟)其他人已退却,只剩下一个坚守者。筛:闪开。老呆:头脑呆板者。

【两不伤情】liáng bu shāng qìng（词）两面讨好,谁也不得罪。

【两掺子】liàng chān zi(词)两种东西(多指粮食)掺在一起。[例]煮的是稻米黄米~的干饭。

【两耽搁】liàng dāng ge(词)两头落空。

【两耳不闻窗外事,一心专读圣贤书】liàng ér bú wèng chuāng wái shí,yí xīng zhuān dú shéng xiàn shū(谚)比喻不过问时事,专心致志做自己的事情。

【两好并一好】liàng hào bíng yí hào(词)谓和睦的关系要靠双方共同维护。

【两虎相斗,必有一伤】liàng hù xiāng dóu,bí yóu yí shāng(谚)比喻两强相斗,必然有一方受伤。

【两口子不和是外母的过】liàng kóu zi bú huò shi wái mu di guó（熟)小两口不和气,多因娘家妈偏袒、怂恿、教唆女儿所致。

【两毛钱买了一车蒜皮——又轻又

贱】liàng mào qiàn mái le yí chē suán pì—yóu qīng yóu jián(歇)对轻薄、卖贱者的讽刺。

【两腮无肉,寡故无情】liàng sāi wú róu, guá gu wù qìng(熟)迷信认为两腮无肉的人不重情谊,比较阴毒。

【两挑担】liàng tiáo dan(词)姊妹的丈夫之间的关系。

【两头带尖的不是好针,两头传话的不安好心】liàng tòu dái jiān di bú shi hào zhēng,liàng tòu chuàn huá di bú ān hào xīng(谚)义如文。

【两头子不见太阳】liáng tou zi bú jián tái yáng(熟)比喻早起晚睡。

【两选】liàng xuàn(词)二中选一。[例]情况就是这样,你~吧。

【两眼墨黑】 liàng yán miá héi(词)对周围情况或某件事的内情一无所知。

【两姨子,搋皮子】liàng yì zi,chuái pì zi(熟)玩笑话,两姨子(男与女)之间可以不拘小节。

【两张皮】liàng zhāng pì(词)比喻不统一,不一致。

【两针子】liàng zheng zi(词)纳鞋帮鞋垫的针法之一,即以两针为一个单元,在缝纳物上均匀分布。

【量米】liàng mì(词)买米。旧时粮食交易用斗或升量,故名。

liao

【撩】liāo(词)挑逗、招惹。[例]那个娃娃爱哭,别~他。

【撩搭】liāo da(词)不经意地、非正式地做。[例]木匠活我也~着学了几天。

【撩敌骂阵】liāo dí má zhéng(词)指古代打仗时对拒不出战者进行挑逗、挑衅。

【嘹场】liāo chàng(词)旧时赶磙子打场的人为消除寂寞和瞌睡而呼喊的曲子。

【瞭邪】liāo xiè(词)指喜欢关注男女关系方面的事。

【瞭了一眼】liāo le yí yàn(熟)扫了一眼,不经意看了一眼。

【瞭哨】liáo sháo(词)放哨。[例]支赌的雇了几个~的。

【尥】liáo(词)牲口猛撅屁股。[例]驴把人从背上~下来了。

【料饼】liáo bìng(词)压榨植物油后的渣饼,粉碎可做饲料。如胡麻~、豆子~等。

【料片子】liáo pián zi(词)非天然水晶石制作的镜片。

【料子】liáo zi(词)衣料。也特指毛料。[例]穿着一身~衣裳。

【撂到脑勺子后头】liáo dao náo shuo zi hóu tou(熟)扔到脑后。指忘记或不愿记住。

【撂开】liáo kāi(词)扔到一边。这里指不放在心里。

【撂了桨杆撵船呢】liáo le jiàng gan niàn chuàn ni(熟)比喻放弃根本而

追求细枝末节。

【撂生了】liáo sēng le(词)因长时间不接触(技艺、人际关系)而生疏。

【撂脱】liáo tuó(词)抛开、背着。[例]咋能~领导行事。

【撂下叉扬拿扫帚】liáo xia chā yang nà sáo zhu(熟)比喻非常忙碌。叉扬：打场工具。[例]打场是个一身汗的营生,~,根本没有休息的时间。

【撂炸弹】liáo zhá dàn(词)报告或传播令人惊骇的消息，多为夸大事实，故弄玄虚。

【撂着去】liáo zhe ke(熟)搁置不管。[例]那个事先~,以后再说。

【了不得】liáo bu dà(熟)表示可能发生严重情况。[例]万一决了口,就~了。

【了不了】liáo bu liào(熟)危险,超乎寻常,麻烦大了。[例]要是真干了那个事,就~啦!

【了断】liáo duan(词)了结。[例]两家的矛盾闹了几年,该~了。

【了是得呢】liáo shi dà ni(词)犹了得,表示情况严重,让人吃惊。[例]儿子打母亲,~!

【了账】liáo zháng(词)结清账目或事情就此结束。[例]这个东西顶给你,我们就~了。

【了然】liào ràn(词)明了。[例]独眼龙看告示,一目~。

【缭】liào(词)缝补。

【燎毛子气】liáo mao zi qí(词)火烧毛发产生的气味。[例]快看看啥东西烧着了,~的。

【燎疳】liào gān(词)民俗。农历正月二十三，在门前点燃一小堆柴火,人从火堆上跳过,意在消灾祛晦,防止疾病。

【燎浆泡】liào jiang páo(词)皮肤因火烧或水烫而起的泡,也指内火引起的嘴唇起泡。[例]嘴上起了几个~。

【燎毛】liào mào(词)指用火焰燎去宰杀后的动物胴体上的毛。

lie

【烈马车】lié mà jū(词)象棋中车马配合形成的杀局。

【烈头虎】lié tou hù(词)做事勇猛、性格暴烈的人。[例]三个儿子,个个都是~。

【趔故】liē gu(词)不好意思,故作谦让。[例]吃就吃嘛,~啥。

【趔】lié(词)趔趄着身子,表示不满。[例]~出个不达目的绝不罢休的架势。

【趔得远】lié di yuàn(熟)指有意识把身体离远，或有意识使关系疏远。[例]人家跟我们~。

【趔上个势样】lié shang ge shí yang(熟)生气时摆出的架势。

【咧上驴屎敬神呢——驴也疼死了,神也得罪了】lié shang lǜ qiú jíng shèng ni—lǜ ye tèng si le,shèng ye dá zui le(歇)比喻两头不落好。

【剅】liè(词)割。[例]宰了羊,先~给爹妈一个羊腿子。

【剅折】liè shè(熟)割断。[例]用刀把绳子~。

ling

【淋醋】líng cú(词)用水把醋糟里的醋味过滤出来。[例]过去农村里都是自己~。

【另过】líng guó(词)分家,单独过日子。

【临了了子】lìng liáo liao zi(词)最后,临终。[例]苦了几十年,~啥也没落下。

【临上轿扎耳朵眼眼子】lìng sháng jiáo zhá ér duo yán yan zi(熟)姑娘出嫁时才扎耳朵眼儿。比喻事到临头仓促应对。

【临死】lìng sì(词)即将死亡。[例]~也要拉个垫背的。

【临死打哈欠——亡(枉)张口】lìng sì dà hā xi—wàng(wàng) zhāng kòu(歇)比喻白开口求人。

【临死也要拉个垫背的】lìng sì yé yáo lā ge dián béi di(词)比喻受到冤屈,即使死,也要拉个为自己分担过失或罪过的人。

【临阵磨枪,不快也光】lìng zhéng mò qiāng,bú kuái yè guāng(顺)比喻考试前突击复习。

【临阵脱逃】lìng zhéng tuó tào(词)临到打仗时逃跑。比喻到了紧要关头退缩逃避。

【临走】lìng zòu(词)临行前。将死的隐语。[例]~时说下的(话)。

【淋牲】lìng sēng(词)祭奠习俗。往"献牲"(敬献给死人)的活羊身上浇凉水,羊遇冷发抖,即表明死者已经领受。

【灵得很】lìng di hèng(熟)❶指神灵一求就应验。❷指小孩聪明。

【灵透】lìng tou(词)聪明、机灵。[例]脑子~。

【翎子】lìng zi(词)戏曲中武将头盔上装饰的野鸡尾羽。

【翎子功】lìng zi gōng(词)戏曲中舞动翎子的技巧、功夫,俗称耍翎子。

【零干】líng gan(词)清静,安静,利索,没有麻烦。[例]一辈子不得~。

【零净】líng jing(词)❶清静,单纯,没有烦心事。[例]躲到这里图~。❷干脆,索性。[例]~都送给他算了。

【零零干干】líng ling gán gan(熟)❶独立、单纯,不与其他的相牵连。[例]一个人过,~地多好。❷把完整的东西拆零散。

【零零净净】líng ling jíng jing (词)无人干扰,清清净净。

【零打碎敲】lìng dá suí qiāo(词)以分散、不连续方式进行。

【零揪了蒜】lìng jiū le suán(熟)资金或物资被分散使用,不能集中力量办大事。

【零头八脑】lìng tou bá nào(词)形容零碎而没有大用的东西。[例] 剩下些~的东西，送给亲戚算了。

【领了外孙子，淡了屄心子】líng le wái sōng zi，dán le bī xīng zi（熟）传统观念，外孙是外姓人，长大后不会孝敬外公外婆。

【领情】lìng qìng（词）指接受别人的礼物或好意而心怀感激。[例]得了好处还不~。

【领娃娃】lìng wà wa（词）带孩子，照料孩子。

【领盐】lìng yàn（词）买盐。旧时百姓的食盐要到官方指定地点领取（购买），后沿用。

liu

【溜边边，绕弯弯】liū biān bian，ráo wān wan（熟）劳动不踏实或躲避繁重劳动。[例]总是~，不接触实际工作。

【溜的是当官的，爱的是有钱的，见不得伤痨咳嗽吐痰的】liū di shi dān guān di，ái di shi yòu qiàn di，jián bú de shāng lào ké sou tù tàn di（顺）对趋炎附势者的形容。

【溜肥沟子咬瘦屎】liū fèi gōu zi yáo sóu qiù（熟）对巴结奉承有权有势者、欺负贫穷弱小者的斥骂语。

【溜奉】liū feng（词）溜风，奉承。

【溜沟子】liū gōu zi（词）即溜风拍马。

【溜沟子奉时骑大马，犟子翁挨瞎打】liū gōu zi féng shì qì dá mà，jiáng zi wēng ài xiá dà（谚）旧时指溜拍上司会得到提拔，耿直倔强常遭打骂。

【溜沟子拍马屁】liū gōu zi piá má pi（熟）指溜须拍马，阿谀奉承。

【溜官害民，见不得穷人】liū guān hái mìng，jián bu de qiòng rèng（词）对媚上欺下者的骂语。

【溜溜刷刷】liū liu shuá shua（熟）❶形容干活避重就轻。❷也指溜风拍马。

【溜溜探探】liū liu tán tan（词）形容因害怕而探头探脑。

【溜墙根】liū qiàng gēng（词）对男子嫖娼的另一种说法。

【溜冰马马】liú bīng má ma（词）指脚踩小冰块在冰面上滑行。

【溜呱子，鸡巴打了颔巴子】liú guà zi，jī ba dá le hán bà zi（词）对油腔滑调、溜嘴打科者的骂语。

【溜光槌】liú guàng chuì（词）弹棉花的一种工具。对说话没信用者的贬称。

【溜溜光】liú liu guāng（词）比喻把事情说得无懈可击，把责任推得一干二净。

【溜沙坝】liú shā bá（词）即滑沙。

【溜索】liú suo（词）利索、滑溜。[例]这把锹挖土真~。

【馏馍馍】liú mò mo（熟）把冷馒头放在蒸笼里熥热。

【柳叶眉】liú ye mì（词）形似柳叶，细长秀美之眉，多用于女子。

【绺绺子】liú liu zi(词)很多细条儿。[例]把布子撕成了~。

【绺娃子】liú wa zi(词)小偷。[例]贼娃子,~,偷了张家的狗娃子。

【六六大顺】liú liú dá shóng(词)一切顺利。划拳口令。详见附一。

【六六六，五魁首】liú liú liú,wù kuì shóu(熟)猜拳令。“六六六”有顺利之意。“五魁首”是“五经魁首”的简称。详见附一。

【六亲不认】liú qīng bú réng(词)❶不留情面,照章办事。❷不讲情谊,翻脸不认人。

【六十花甲子】liú shi huā jiá zì(词)用天干和地支搭配、循环组合的60个干支,俗称~。

【六月的黄瓜不着架】liú yue di huàng gua bú zhāo jiá(熟)当地黄瓜到六月份就该谢架了。着:黄瓜的卷须缠绕在架上。

【六月的李子——涩(色)蛋】liú yue di lí zi—sé(sé) dán(歇)“涩”与“色”谐音,“色蛋”指特别好色的人,多指男人。

【六种人】liú zhòng rèng (词)“四清”运动时内定的二三类专政对象,简称“六种人”。详见附一。

【刘二扣当】liù ér kóu dáng(熟)比喻扣住债务人的钱物以抵债。

【刘家小营子】liù jia xiǎo ying zi 自然村名,在李俊镇魏团村。(相传左宗棠曾在此扎过营)

【留分头,戴眼镜,卖着沟子耍高兴】liù fēng tòu,dái yán jíng,mái zhe gōu zi shuà gāo xíng(熟)旧时对游手好闲、打扮怪异的青年男子的讽语。

【留后】liù hóu(词)留下子孙后嗣。[例]谁不想生子~?

【柳栽子】liù zāi zi(词)从柳树的“芽条树”(母树)上砍下的大树苗。

long

【笼络人心】lóng luo rèng xīng(词)笼和络原是羁绊牲口的工具,引申为用手段拉拢安抚别人。

【拢梳子】lóng su zi(词)齿子细密的小梳子。[例]拿~拢拢头发。

【拢住】lóng zhu(词)笼络。[例]想办法~她的心。

【论理不论亲】lóng lí bú lóng qīng(熟)办事情不看关系亲疏,只看是否符合道理和原则。

【龙墩】lòng dōng(词)即皇帝的座椅。

【龙多不治水】lòng duō bú zhí shuì(谚)迷信认为,夏历龙年灾害性天气多。比喻做主的人多了反而误事。

【龙多天旱,媳妇多了没人煮饭】lòng duō tiān hán,xí fu duō le mú rèng zhú fán(熟)人多互相推诿,反而误事。

【龙凤齐】lòng féng qì (词)“花花子”术语,即一个人同时抓到“双摆双鱼”共十二张牌,可以抢头赢牌。

【龙驾】lòng jiá(词)本指皇帝的车辇，借喻不可触犯的人。[例]难道冲了你的~？(有讽义)

【龙生龙，凤生凤，老鼠的儿子会打洞】lòng sēng lòng，féng sēng féng，lào chu di èr zi huí dá dóng(顺)封建血统论。

【龙须沟的石头——冒撂】lòng xu gōu di shí tou——máo liáo(歇)龙须沟泛指山沟，冒撂指盲目乱扔，比喻信嘴乱说。

【龙子龙孙】lòng zì lòng sōng (词)皇帝的儿子或孙子。

【聋三嗑四】lòng san kè sí(词)耳聋，口齿不清，多指老年人。

【聋实了】lòng shí le(词)耳朵完全失聪。

【笼材】lòng cài(词)棺材做好后举行的小型庆贺仪式。

【笼里的馍馍——长材】lòng ni di mò mo—zháng cai(歇)比喻正在成长中、有发展前途的人。

【笼里头拾卷子，针线箈篮子拾剪子】lòng lí tou shí juán zi，zhēng xian bú lan zi shí jián zi(顺)指在这些地方“拾”到这些东西，非拿即偷。

lou

【搂实】lóu shi(词)实在，踏实、扎实。[例]干啥事~得很。

【搂着自己的大腿睡觉】lóu zhe zí ji di dá tui shuí jiáo(熟)比喻男子无妻或妻子不在家而独自睡觉，有孤单的意思。

【漏房子偏遇连雨天】lóu fàng zi piān yú liàn yu tiān(熟)比喻本来就困难，又增加了新的困难。

【漏风】lóu fēng(词)走漏了消息。[例]这个事千万不能~。

【漏个气】lóu ge qí(熟)通气，透露消息。[例]到时候给我~。

【漏勺】lóu shuo(词)能漏水的勺子状用具。

【漏子】lóu zi(词)漏斗。[例]用油~把香油装到瓶子里。

【漏嘴】lóu zuì(词)形容吃东西容易撒落的人。[例]你难道长了个~，吃东西老撒？

【露相】lóu xiáng(词)露出事情的真相或本来面目。[例]真人不~。

【露一手】lóu yi shòu(词)在某一方面或某件事情上显露本领。

【露彩】lóu cài(词)❶指技艺表演中穿帮漏底或露出破绽。❷无意中露出羞体(亦即走光)。

【露出狐狸尾巴】lóu chu hú li yí ba(熟)比喻暴露出迷惑人的手段或真面目。

【露富】lóu fú(词)显露有钱、富有。[例] 刚实行大包干的时候，农民还怕~。

【露面】lóu mián(词)谓出现在一定场合。[例]他不~，躲在暗处指使别人干。

【**楼上楼下,电灯电话,点灯不用油,犁田不用牛**】lòu sháng lòu xiá,dián dēng dián huá,diàn dēng bú yóng yòu,lì tiàn bú yóng niù(顺)20世纪50年代农村里流传的美好生活前景。

lu

【**六月六**】lú yue lú(词)指农历六月六日。民间认为这一天气温最高,晒腰腿可祛风湿,晒皮毛可杀虫卵。

【**六指指**】lú zhí zhi(词)即六指(趾)或长有六指(趾)的人。

【**芦柴**】lù chài(词)干枯的芦苇。可做柴火,可编制苇笆苇席。

【**芦墩**】lù dōng(词)苇湖里长期生成的墩状物。[例]水鸟在~上絮了窝。

【**芦节**】lù jié(词)❶芦苇各节的凸出部位。❷指骨折痊愈后生成的凸节。[例]断臂上长了个~。

【**芦炕**】lù káng(词)苇湖深处高出水面的小块干燥地。[例]放牲口的娃娃躲在~上睡觉。

【**芦钻**】lù zuàn(词)芦苇,芦草。

【**炉齿**】lù chì(词)架在炉膛和炉底之间用于通风漏灰的铁箅。

【**炉口子**】lù kóu zi(词)开有圆孔的铁片,嵌在土砌炉台的表面、起保护炉口的作用。

【**卤水点豆腐,一物降一物**】lù shuì dián dóu fu,yí wú xiàng yí wu(谚)比喻事物相生相克。

【**鲁班门前耍斧子**】lù bān mèng qiàn shuà fú zi(熟)相传鲁班是木匠的祖师爷。比喻在技艺高超者面前卖弄手艺。

【**鲁活**】lù huò(词)做鲁莽的事情,犹闯祸。[例]今天又干了个~。

【**鲁实**】lú shi(词)做事说话扎实、鲁莽。[例]这话太~,他受不了。

【**陆坊**】lú fāng(词)地名,以姓氏命名。今属胜利乡。[例]~生产大队(1963年)。|~村(1983年6月后)。

【**鹿活千岁有一死**】lú huó qiān sui yóu yí sì(谚)比喻人总有一死。

【**禄粮**】lú liàng(词)俸禄、口粮,一般指人在阳间应有的钱粮。

【**禄粮断了**】lú liàng duán le(熟)死的讳辞。[例]~,活不成了。

【**睩睃睃**】lú cú cu(词)形容惊惧、疑惑地转动眼珠看。

【**路嵼**】lú chàn(词)山路盘旋弯曲貌。[例]山里的~得很。

【**路断人稀**】lú duan rèng xī(词)本指人迹罕至。比喻恶名在外,无人与之交往。[例]骗得~的,谁敢跟他打交道。

【**路宽了谁都能过去,路窄了谁都过不去**】lú kuān le shuì dōu nèng guó ke,lú zè le shuì dōu guó bú qé(熟)义如文。比喻待人要宽厚、大度、忍让,不要过于严苛、小气、计较。

【**路路道道**】lú lu dáo dao(词)❶路数,

原理,来龙去脉。[例]只有他才能说出个~。❷道理,理由。[例]开除他也得说个~。

【路是人走出来的】lú shi rèng zóu chu lài di(谚)比喻事在人为,新事业靠人去开创。

【路数】lú su(词)路子,套路。[例]活干的虽然不熟练,~对着呢。

【路站】lú zhan(词)前面的路。[例]早把前头的~看清了。

【路走对了,门进错了】lù zóu duí le, mèng jíng cuó le(熟)职业选对了,单位选错了。

【露水夫妻】lú shui fū qi(词)有不正当关系的男女。

【绿头苍蝇】lú tou cāng ying(词)一种头部呈绿色的中型苍蝇,常见于茅厕,翅振声音较大。比喻见腥就逐、令人厌恶的人。

【绿莹莹】lú yíng ying(词)对绿色植物的形容。[例]麦苗~的。

lui

【雷神爷爷】luì sheng yè ye(词)天上主管打雷的神仙。迷信说法。

【雷台】luì tài(词)自然村,因雷祖庙得名。原属仁存乡,现属李俊镇。[例]~大队(1961 年后)。|~村(1983 年 6 月)。

【雷响惊蛰头,坐吃胡麻油】luì xiàng jīng zhi tòu,zuó chí hù ma yòu(谚)惊蛰前响雷,预示着空气湿度大,土壤墒气好,利于胡麻出苗生长。

【雷响一百八】luì xiàng yī bia bá(谚)当地每年响雷的时限(即无霜期)约180 天。

【雷响一声,普罗天下都知道】luì xiáng yí shēng,pú luo tiān xià dōu zhī dao(熟)犹响鼓不用重槌。[例]~,再不要数落了。

【雷雨三阵】luì yù sān zhéng(谚)雷阵雨一般下的时间较短。

【雷抓头】luì zhuā tòu(词)被雷电击死。迷信认为是人做了坏事,遭雷神惩罚。

【垒上堆了】luí shang duī le(词)积攒、积累多了。[例]几天不在,家里的活都~。

【垒上大疙瘩】luí shang dá gé da(熟)犹问题或债务累积成堆。

【泪得很】luí di héng(词)形容非常难过,泪往心里流。[例]听了那些无情无义的话,我心里~!

【泪人儿】luí rèngr(词)形容哭得泪流满面。[例]哭成个~。

【累账】luí zháng(词)借债,欠债。

【累害】luì hai(词)拖累,苦害。[例]不想~儿女。

【累娃娃】luì wà wa(词)抚养子女。

【累赘】luì zhui(词)❶拖累,负担。[例]娃娃多了是个~。❷多余、啰唆,不简洁。[例]说话太~。

【擂天震鼓】luì tiān zhéng gù（词）动作响声很大，也比喻太闹。

lü

【捋狗屃的】lǘ góu song di（熟）形容特别吝啬、奸诈、小气的人。

【捋牛尾巴】lǘ niù yí ba（熟）比喻农民。

【捋顺】lǘ shong（词）❶形容整齐直溜（指长条形东西）。[例]这些椽子~得很。❷整理，整顿，使之井然有序。

【捋来捋去】lǚ lài lǘ ké（熟）形容挨着个儿反复对比挑选。

【屡屡次次】lǘ lü cì ci（词）每次，多次。[例]~都是这样。

【预备】lǘ bi（词）事先准备。[例]寿衣早就~下了。

【驴辈子】lǜ béi zi（词）犹遥遥无期。十二生肖里没有驴，故称。

【驴屄蚌壳子】lǜ bī béng ke zi（词）即河蚌。

【驴屄上一下，马胯上一下】lǜ bī shang yí ha，mà kuá shang yí ha（熟）比喻干活没头绪，东一榔头西一棒子。

【驴不死毛病在呢】lǜ bú sì mào bing zái ni（谚）谓形成的习惯难以改变。

【驴吃辣子——有苦说不出】lǜ chí lá zi—yòu kú shuó bu chú（歇）有苦难言。

【驴打滚的账】lǜ dà góng di zháng（词）高利贷的一种。借债到期不还，利息翻倍，利上加利。

【驴大了值钱，人大了不值钱】lǜ dá le zhí qiàn，rèng dá le bú zhí qiàn（谚）驴的个头大可以多卖钱，人若自高自大只能被人瞧不起。

【驴牴牛——凭脸搋】lǜ dì niù—pìng lián chuái（歇）不怕丢面子地死磨硬搋（缠）。

【驴乏了耍鞭呢，人乏了抽烟呢】lǜ fà le shuà biān ni，rèng fà le chōu yān ni（熟）对这两种无济于事的现象的揶揄。耍鞭：雄性动物阳物假勃。

【驴乏了怨肘棍，鞋大了怨后跟】lǜ fà le yuán zhóu gong，hài dá le yuán hóu geng（熟）比喻不能成立的借口。

【驴贩子】lǜ fán zi（词）比喻脾气暴躁、喜怒无常的人。

【驴粪蛋蛋揩沟子——屎遇了粪】lǜ féng dán dan kāi gōu zi—shí yú le féng（歇）形容同类型的人勾结到一起。贬义。

【驴粪蛋蛋能吃，放驴的娃娃都不回家了】lǜ feng dán dan nèng chí，fáng lǜ di wà wa dōu bú huì jiā le（熟）幽默。比喻真正有用的东西不是轻易能得到的。

【驴粪谷子羊粪麦】lǜ feng gú zi yàng feng miá（谚）指按作物对应施肥。

【驴尕尕】lǘ gā ga（词）即驴驹，幼驴。[例]草驴下了个黑~。

【驴公道——矢到谁的田里都是一嘴】lǜ gōng dao—shí dao shuì di tiàn ni dōu shi yí zuì（歇）指牲畜不认亲疏，

不看面子，谁的庄稼都吃。对要求绝对公道者的揶揄。矢：盲目行走。

【驴公子】lǜ gōng zi（词）叫驴，种驴。

【驴够秫秫】lǘ géng shù shu（熟）比喻像驴伸着脖子够取高粱穗的样子。对围观者好事者的戏谑语。

【驴骨头】lǜ gu tou（词）不怕挨打或耐受力强的人。［例］真是个~，耍了一夜钱，白天还去挖大沟。

【驴户】lǜ hu（词）旧时以毛驴驮运为业的人。［例］张~。

【驴火马灶】lǜ huo má záo（词）比喻凌乱无序，乌烟瘴气。［例］出租房里住了一屋人，闹得~的。

【驴鸡巴得了肾】lǜ jī ba dá le shéng（熟）比喻本就不可一世者又得到支持怂恿，气焰更加嚣张。

【驴脊梁上割疔】lǜ jí liang shang gé dīng（熟）比喻难以接受或不愿做的事。［例］不就相个亲嘛，你也~呢，那么难肠！

【驴夹嘴】lǜ jiá zuì（熟）"花花子"术语，即两家赢，一家输的格局。比喻多人得益，一人吃亏。

【驴缰绳】lǜ jiāng sheng（词）拴、拉毛驴的绳子。

【驴啃痒痒——一嘴还一嘴】lǜ kèng yáng yang——yí zuì huàn yí zuì（歇）比喻平等交换或利害相抵。［例］他打了你，你骂了他，~，谁也不吃亏。

【驴骡子】lǜ luo zi（词）公驴和母马交配所生的后代。

【驴马一槽拴】lǜ má yí cào shuān（熟）比喻乱伦。

【驴蒙眼】lǜ mèng yan（词）❶蒙在拉碾子磨的牲畜眼睛上的眼罩，防止偷吃粮食。❷对眼镜的贬称（多指无故戴眼镜）。

【驴皮鞔扇鼓】lǜ pi màn shán gu（熟）扇鼓，一种单手鼓，驴皮不可用。比喻在衣服上套了多余的衣服，臃肿紧巴。

【驴脾气】lǜ pí qi（词）性格暴躁，动不动就发脾气。［例］把你的~好好改改。

【驴气】lǜ qi（词）暴躁的脾气。［例］你给谁耍~？

【驴屎上挂谷子——四路不成材】lǜ qiù shang guā gú zi—sí lu bú chèng cài（歇）把谷穗挂在驴屎上，一来挂不住，二来也不雅观。

【驴嗓管（官），马泌管（官），头顶南墙卖屁股（官）】lǜ sàng guān（guān），mà mí guān（guān），tòu dìng nàn qiàng mái pí gū（guān）（顺）对卖弄官职者的鄙视语。

【驴上拉到马上】lǜ shang lā dao má shang（熟）比喻乱拉差，瞎指挥。

【驴上去，马上来】lǜ shang ké，má shang lài（熟）❶要求别人快去快来。❷自己承诺快去快来。常用于打趣。

【驴擞虫】lǜ sóu chong（词）即驴蛲虫，一种寄生在畜类大肠内的寄生虫，可随粪便排出。

【驴套弧】lǜ táo hu（词）驴拉磨时拴在屁股后面的弧形木棍。

【驴踢房沿子——弹（谈）不上】lǜ tí fàng yàn zi—tàn（tàn）bú sháng（歇）对过誉过奖的谦词。

【驴头不对马嘴】lǜ tòu bú duí mà zuì（熟）比喻说话写文章前后矛盾，互不衔接，两不相合。

【驴头大脸】lǜ tou dá liàn（词）对冒昧地替人求情、办事者的讽语。[例]他~地跑来说，谁理他？

【驴头上长角】lǜ tòu shang zhàng gé（熟）比喻不可能出现的事。[例]他能学好？除非~！

【驴蚊甩子】lǜ wèng shuai zi（词）用死后的驴尾巴做的驱赶蚊蝇的用具。比喻女人甩脸子、使性子。[例]看她甩得跟~似的。

【驴医生】lǜ yī seng（词）指个别没有医德、借给妇女看病之机调戏、猥亵、奸污妇女的男医生。

【驴肘棍】lǜ zhóu gong（词）拴在驴臀部（一头用绳子连在驴鞍上）、防止鞍子前移的横木。

【吕蒙正赶斋】lǜ mèng zhéng gàn zhāi（熟）本指反映宋朝宰相吕蒙正不弟时窘况的小戏。常用来比喻造化弄人，错过机会。

lüe

【掠了去了】lüé le ké le（熟）劫夺，掠夺，独吞，卷走。[例]几个人挣的钱，全叫他~。

【掠音音子】lüé yīng ying zi（熟）指把不确切的消息当成真的并加以宣传。

【略微】lüé wēi（词）❶稍微，细微。[例]他比他~高一点。❷表示时间很短。[例]~等等，马上就到。

luo

【啰里啰唆】luō li luō suó（词）❶言语琐碎不简练。❷形容物品拖泥带水不整洁。❸虽有关联，但一时说不清的事。

【啰连】luō lian（词）即窝囊、邋遢、不整洁等。[例]屋里也不拾掇拾掇，~死了。

【啰唆】luō suo❶说话繁复。❷麻烦事儿。[例]旱雨不多，一天的~。

【络络子】luó luo zi（词）用丝线织成的网状装饰物，多用于兜住头发。[例]髽鬏上套着~。

【络子】luǒ zi（词）用线结成的网状袋子。也叫网兜。[例]把篮球装在~里。

【骆驼的脖子长，吃上隔山草了】luó tuo di bó zi chàng，chī shang gá shān cáo le（谚）比喻干涉或涉足不属于自己的范围的事。有讽刺义。

【骆驼的粪——干蛋】luó tuo di féng—gān dán（歇）❶比喻没多大潜力或出息。[例]活上一百岁也是~。❷不能怎样，不解决问题。[例]他去了也是~。

【骆驼的个子大，还有前串子穿着】 luó tuo di gé zi dá,hài yòu qiàn chuán zi chuān zhe(熟)比喻权势或个头(人或动物)再大,也有制约的办法。前串子:鼻须和缰绳。

【骆驼的沟门子——高眼】 luó tuo di gōu meng zi—gāo yàn(歇)对因地位上升而看不起人者的讽语。

【骆驼峰子鞋】 luó tuo fēng zi hài(词)手工棉鞋的一种,脚背为峰状。

【骆驼死了，底盘子也是个大的】 luó tuo sí le,dí pan zi yé shi ge dá di(熟)比喻有钱人即使败落,其资产残值也胜过一般穷人。

【落案】 luó án(词)记录在案,备案。[例]在公安局~了。

【落单】 luó dān(词)孤单无伴。[例]人都走光了,剩下他一个~的了。

【落底】 luó dì(词)沉到水下。[例]不会游泳,一下水就~。

【落恶】 luó é(词)得罪人。[例]你们都当好人,叫我~。

【落好】 luó hào(词)卖好,收买人心。[例]受了苦还不~。

【落后】 luó hóu(词)随后,后面。[例]还差一点,~给你补上。

【落花生】 luó huā sēng(词)花生。

【落疖】 luó jí(词)落下痕迹。[例]伤好了,也没~。

【落了架的凤凰不如鸡，下了山的老虎受狗欺】 luó le jiá di fēng huang bú rù jī,xiá le shān di lào hu shóu gòu qī(谚)比喻失势时的尴尬和无奈。

【落了殃】 luó le yāng(词)迷信指淹死人的水域留下殃咎(jiu,灾祸)或鬼祟。活人碰上会得病或被摄去性命。

【落难】 luó nán(词)遭受灾难,陷于困境。[例]灾区的人~了。

【落话把儿】 luó huá bár(熟)被人抓住话柄。

【落人笑谈】 luó rèng xiáo tàn (熟)成为大众的笑料,被人耻笑。

【落琐】 luó suo(词)垃圾。[例]把地上的柴末~扫一扫。

【落伍】 luó wù(词)落后,跟不上形势。

【落枕】 luó zhèng(词)因受风寒或睡觉姿势不合适致脖子疼痛、转动不灵。[例]~了,脖子不敢转。

【乐作】 luó zuo(词)作乐,欢乐。[例]肚子都吃不饱,还穷~!

【罗锅】 luò guō(词)❶军旅用锅。❷对驼背的另一种叫法。

【罗汉见色动三分】 luò hàn jián sé dóng sān fēng(谚)好色者的自嘲语。

【罗汉请观音,客少主人多】 luò hàn qìng guān yīng,ká shào zhú reng duō(熟)比喻开会或宴请时主人比客人多。

【罗家洼】 luò jia wá(词)地名。在李俊镇西邵村西。有明代建筑遗址。

【罗匠】 luò jiang(词)制作面罗、药罗的匠人。

【罗镜】 luò jíng(词)又名罗盘,是风水先生堪舆风水时用于立极定向的测量工具。

【罗圈】luò quan(词)半圆形的拦水坝。[例]在湖里打了个~。

【罗筛框子】luò shai kuáng zi (词)罗的框。比喻衣服过于宽大。

【罗筛子】luò shai zi(词)即筛面的罗。根据筛底(用绢、铜丝或马尾织成的网,直径 20~40 厘米)网孔的疏密分粗~或细~。

【萝卜快了不洗泥】luò bo kuái le bú xì mì(谚)比喻商品畅销时忽略外表和包装。

【萝卜青菜，各有所爱】luò bo qīng cái,gé yòu suó ái(谚)比喻各人爱好和口味不同。

【萝卜缨缨子】luò bo yīng ying zi(词)当地指萝卜的叶子,多指胡萝卜。

【骡羔——骡羔】luò gāo—luò gāo(词)呼唤骡子回来的声音。

【骡马市】luò ma shí(词)大牲畜交易市场。

【骡子】luò zi(词)驴和马交配后繁殖的后代。

【骡子的屄——翻红倒黑】luò zi di bī—fān hòng dáo héi(歇)骂人的话。比喻出尔反尔、反复无常。

【骡子卖了个驴价钱】luò zi mái le ge lǜ jiá qian(熟)比喻东西少卖了钱,表惋惜。

【螺】luò(词)螺旋形指纹,也叫斗,与簸箕形相对。[例]十~九簸箕,不当讨吃就饿死。

M

ma

【马棒】má báng(词)打马的短棒。旧时官吏也用来打老百姓。[例]三句好话不如一~。

【马弁】má bian(词)低级武官。

【马肚带】má dú dai(词)拴在马肚子下面的皮条,两头固定在马鞍或车辕上。

【马羔——马羔】má gāo — má gāo(词)呼唤小马驹回来的声音。

【马顾不住车】má gú bu zhu jū(熟)象棋引申语,比喻自顾不暇。[例]自己都~了,还管别人。

【马褂子】má guá zi(词)长袍子外面套的对襟短褂。原为满族人骑马时穿的服装。

【马号】má hao(词)旧时养马或出租、出售马匹的地方。

【马号里没马,拉上驴跑报】má hao ni mú mà,lā shang lǜ páo báo(歇)跑报:旧时的报子,专事跑腿报信的人。比喻没有正宗或优质的东西而用相似或劣等的东西代替。

【马猴】má hou(词)猕猴。比喻瘦弱或顽皮敏捷的小孩。[例]长得跟~似的。|上树就像个~。

【马后喝道】má hóu hé dáo(词)比喻事后提醒或迟到的救援。喝道:封建时代官员出门时,前面引路的差役喝令行人让路。

【马后炮】má hóu páo(词)象棋术语。比喻过时或滞后的举动。

【马换炮,不贴操】má huán páo,bú tié cáo(熟)象棋术语。谓用马换炮得失相当,无碍大局。贴操:互不依赖,不亏本。

【马家手里】má jia shóu ni(词)指军阀马鸿逵统治宁夏时期。[例]现在又不是~,能随便打人?

【马家园】má jia yuàn(词)自然村名,在杨和镇杨和村。

【马裤】má ku(词)骑兵穿的裤腿上宽下窄的裤子。

【马裤呢】má ku nì(词)一种表面有明显斜纹、厚实耐磨的毛织品,因最初多用于做马裤而得名。

【马莲】má lian(词)马兰花、马蔺。[例]~开花一片蓝。

【马莲棒子】má lian báng zi(词)一种草鱼。

【马莲骨朵】má lian gú duo(词)马蔺的籽穗。比喻麦穗饱满整齐。

【马列主义还有个灵活应用】má lié zhú yi hài yóu ge lìng huo yīng yóng(熟)谓马列主义这样神圣的东西都能灵活应用，还有什么不能灵活处理的。

【马列主义装到手电筒里——光照别人不照自己】má lié zhú yi zhuāng dao shóu dián tóng ni—guāng zháo biè reng bú zháo zí ji(歇)比喻只要求或批评别人,不要求或检讨自己。

【马骡子】má luo zi(词)公驴和母马交配所产的后代。

【马褥子】má ru zi(词)搭在马背上的条形栽绒毯,也可做炕褥。

【马善受人骑，人善受人欺】má shán shóu rèng qì,rèng shán shòu rèng qī(熟)比喻人过于忠厚老实易受他人欺负。

【马上的膏药】má sháng di gāo yue(熟)比喻立见成效,立即做出反应。[例]你要得罪了他,他报复你可是~!

【马勺掉了把子——瓢(嫖)头】má shuo diáo le bá zi——piào(piào)tòu(歇)对玩女性者的讽语。

【马是旱龙】má shí hán lòng(熟)指公马不与生它的母马交配。详见附一。

【马瘦毛长，人穷志短】má sóu mào chàng,rèng qiòng zhí duàn(熟)前句为喻体,后句为本体。谓贫穷者朝不虑夕,对前途失去信心。

【马瘦毛长沟子松,穷人说话没人听】má sóu mào chàng gōu zi sōng,qiòng rèng shuó huá mú rèng tīng(顺)旧时比喻无钱无势的人没有话语权。

【马下骡子旱地拔葱，驴下骡子沙里澄金】má xiá luò zi hán dí bá cōng,lǜ xiá luò zi shā li déng jīng(谚)前者容易后者难。

【马下麒麟猪下象,骡子下个四不像】má xiá qì ling zhū xiá xiáng,luò zi xiá ge sí bú xiáng(顺)“下”即生。三种东西都是人的想象和传说,并无科学依据和实证。

【马扎子】má zhá zi(词)一种四腿交叉、上绷帆布或绳子、便于开合携带的小型坐具。

【马鞍桥】mà ān qiào(词)即马鞍。[例]把自己的~抱好就行了。

【马鞍山】mà ān shān(词)指马鞍山甘露寺,著名寺院,位于宁夏灵武市北部张临河村，是善男信女朝拜的地方。

【马槽里伸出个驴头——多了张嘴】mà cào ni shēng chu ge lǜ tòu—duō le zhāng zuì(歇)对多嘴者的讽刺。

【马刀】mà dāo(词)骑兵佩戴的战刀。[例]拿着~在后头督战。

【马灯】mà dēng(词)安有防风玻璃罩、可以手提移动的煤油灯。[例]日战太阳夜战星,没有太阳挂~。

【马乏不过道,驴乏一把料】mà fà bú guó dáo,lǜ fà yí bá liáo(谚)困乏的马连横穿马路的力气都没有,困乏的驴只要喂上一把料就能继续干活。

【马匪】mà fēi(词)指军阀马鸿逵。[例]那年叫~抓了兵。

【马蜂窝】mà fēng wō(词)比喻问题多、关系复杂的单位或棘手的事情。[例]就是~也得捅!

【马高镫短】mà gāo déng duàn(词)比喻偶尔犯错或遇到困厄。[例]谁没个~的时候?

【马寡妇开店——要啥没啥】mà guá fu kāi dián—yáo shá mú shá(歇)比喻什么条件都不具备或一无所有。马寡妇非实指。

【马鸿逵,不讲理,大红太阳下白雨】mà hòng kuì,bù jiàng lì,dá hòng tái yang xiá biá yù(顺)借人骂天气。马鸿逵:民国时期西北军阀之一,曾任宁夏省主席 17 年。

【马驹驹】mà jū ju(词)幼马。

【马看炮,瞎胡闹】mà kān páo,xiá hù náo(熟)象棋术语。指用马看炮,若马受到攻击,炮亦难保。比喻不可靠。

【马胯上钉掌——离蹄(题)太远】mà kuá shang díng zhàng—lí tì(tì)tái yuàn(歇)比喻说话或做事偏离主题(旨)。

【马时】mà shì(词)马上,立即。[例]~要钱,怕是拿不出来。

【马奶奶的油香——大奉敬】mà nái nai di yòu xiang—dá féng jing(歇)比喻能得到这份馈赠已经很幸运了。马奶奶指马鸿逵的母亲。见附一。

【马跑十里一身汗,水浸十里看不见】mà páo shí lì yí shēng hán,shuì jīng shí lì kán bú jián(谚)义如文,重点是后半句。

【马无夜草不肥,人无横财不富】mà wù yé cào bú fèi,rèng wù hóng cài bú fú(谚)后句为本义。

【马武访冯彦,龟孙访的王八蛋】mà wù fàng fèng yán,guī sōng fáng di wàng ba dán(熟)人以群分,物以类聚。前半句来自历史剧《马武访冯彦》。

【蚂蚁虽小,扛倒泰山】mà yi suī xiào,gàng dáo tái shān(词)扛:有擞动、合力扛抬、推倒之意。比喻人多力量大。

【马走边自死】mà zòu biān zí sì(熟)象棋术语。谓马如走到棋盘左右边线上,容易被车逼死。

【马走日字象走田,车走直路炮翻山】mà zóu rí zi xiáng zòu tiàn,jū zòu zhí lú páo fān shān(熟)指象棋中各棋子运行的路线和规则。

【马有转缰之病,人有当日之灾】mà yòu zhuàn jiāng zhi bíng,rèng yóu dáng rì zhì zāi(谚)形容病祸难料。

【马尾子捆豆腐——罢提了】mà yí zi kún dóu fu —— bá tì le(歇)意为不愿再说的事。[例] 要问那个人的品行,那就~!

【码码子】má ma zi(熟)指号码、数字。[例]挓了两个~(指头)。

【码牌】mà pài(词)指麻将开局时,每人码 17 摞(两个一摞)牌。

【骂人跟吃菜一样】má rèng gēng chí cái yí yáng(熟)形容张口就骂人,而且用语泼辣狠毒。

【骂闲街】má xiàn gāi(词)在人多处谩骂。[例]老汉动不动就~。

【骂一个和尚满寺红】má yi ge hè shang mán sí hòng(谚)骂一个人而使同类都感到羞辱。

【抹花花子】má huā hua zi(词)即要花花子。花花子:当地一种长条形纸牌。

【抹帽子】má mào zi(词)摘掉帽子。比喻摘掉政治帽子。[例]给"四类分子"~。

【抹面子】má máo zi(词)用适当的方法给别人挽回面子。

【抹下面子】má xià mián zi(熟)比喻拉下脸来,打破情面。

【麻搭】mā da(词)❶麻烦。[例]惹下~了。❷不正常的男女关系。[例]两个人早就有~了。❸找茬儿。[例]一直想找我的~。

【麻里倒烦】mā li dào fán(词)麻烦,费事。[例]~地干啥?

【麻利】má li(词)利索、敏捷。

【麻痹大意】mà pi dá yí(词)指粗心、疏忽、失去警惕。

【麻茶】mà chà(词)因遇到意外情况而惊呆,不知所措。[例]听了这个话,当时就麻下茶了。

【麻袋换草袋——一袋(代)不如一袋(代)】mà dái huán cáo dái — yí dái (dài)bú rù yí dái(dái)(歇)义如文。

【麻袋里装不住锥子】mà dái ni zhuāng bú zhu zhuī zi(熟)指有志气、有才能的人不会永远被压制或埋没,总有显露的机会。

【麻骨酥酥】mà gu sū sū(词)像小虫子在皮肤里钻趴的感觉。

【麻花子不吃——就这个拧劲儿】mà hua zi bú chí—jiú zhe ge nìng jingr (歇)比喻故意作对,较劲,制造别扭。[例]~,看谁能把我咋的?

【麻花子顶门——嘎巴干脆】mà huā zi dìng mèng—gā ba gān cuí(歇)比喻办事干脆。

【麻将】mà jiáng(词)一种用竹子、骨头或塑料制成的小长方块牌类娱乐工具,每副一般 136 张,一面刻有代表数字的花纹或字样。

【麻苦菜】mà ku cái(词)苦苦菜的一种,叶缘呈锯齿形,苦味重。

【麻冽冽】mà lié lié(词)皮肤因受刺激而产生的麻中带痛感觉。

【麻柳筐子】mà liu kuāng zi(词)指尚未编成、柳条四挓的半成品筐子。比喻头发乱挓的样子。

【麻钱子】mà qian zi(词)中间有方孔的铜钱。

【麻钱子】mà qiàn zì 中药名。有毒,可治风湿等病。

【麻雀雀】mà qiáo qiáo(词)麻雀。

【麻雀儿子】mà que èr zi(词)对自己儿子还小的自嘲。[例]什么儿子?~!

【麻雀虽小，五脏俱全】mà què suī xiào,wú záng jú quàn(词)比喻事物的体积或规模虽小，但内容和功能齐全。

【麻雀子吃秕子——闲磨嘴】mà que zi chí bí zi—xiàn mò zuì(歇)比喻白费口舌。

【麻雀子吃蚕豆——给沟子找害】mà que zi chí càn dou — gèi gōu zi zháo hái(歇)比喻做力所不及的事,给自己惹来麻烦。

【麻雀子出窝还要带一身毛】mà que zi chú wō hài yao dái yi shēng mào(熟)比喻女儿出嫁,娘家要置办嫁妆。

【麻雀子跟上夜蝙蝠飞——瞎熬眼的胡碰头】mà que zi gēng shang yé pian fu fēi — xiá ào yán di hù péng tòu(歇)比喻不顾自身条件,盲目跟随别人做力所不及的事。

【麻雀子落到胡子上——鸽须（谦虚）】mà que zi luò dao hù zi shang—qiān xū(qiān xū)(歇)俏皮话。对谦虚的调侃。

【麻雀子说个书】mà que zi shuó ge shū(熟)调侃语。麻雀是不会说书的,意为必须那样做。[例]你不去,给人家~呢?

【麻雀子也有瓜子儿大的脸】mà que zi yè yòu guā zir dá di liàn(熟)谓人都有脸面和自尊心。

【麻绳赶在细处断】mà shèng gán zai xí chu duán(谚)比喻事故常出在防范薄弱处。

【麻绳头子蘸凉水】mà sheng tòu zi zhán liàng shuì(熟)用蘸水变硬的粗麻绳头打人,虽痛但不伤骨头,旧时家庭暴力常用。

【麻绳细处断，薄处开窟窿】mà shèng xí chu duán,bò chu kāi kū long(谚)比喻事故常出于防范薄弱的地方。

【麻酥酥】mà sú su(词)形容麻木的感觉。[例]手老觉得~的。

【麻烟菜田】mà yan cái tian(熟)指能种植大麻、罂粟和蔬菜的上等土地。

【麻叶枣子】mà ye záo zi(词)大枣,红枣。

【麻衣相】mà yi xiáng(词)相术名。指麻衣相法、相书。

【麻喳喳】mà zhá zha(词)一种在麻田或芦苇里生活的小鸟,鸣叫声特别响亮。

【麻喳喳落到湖埂上——唧唧喳喳】

mà zhā zha luó dao hù géng shang — jī ji zhā zha(歇)形容很多小孩或女人尖厉杂乱的说话声。[例] 一下课,学生娃娃就像~。

【麻籽油】mà zì yòu(词)由大麻子榨出的食用油脂,也叫麻油。

【蚂蚁啃骨头】mà yi kéng gú tou(熟)比喻依靠一点一点的苦干来完成艰巨任务。[例]发扬~的精神。

mai

【买卖不成仁义在】mái mai bú chèng rèng yí zái(谚)指即使这次买卖不成,也不能伤了和气,影响下次交易。

【买卖人】mái mai rèng(词)生意人。[例]三年学个~,三年学不下个庄稼人。

【买转了】mái zhuán le(词)被收买。[例]把具体办事的人~。

【买好】mài hào(词)讨好。[例]拿上公家的钱在群众跟前~。

【买起马备不起鞍】mài qi mà bí bú qì ān(熟)比喻大钱都花了,却舍不得花小钱购齐配套用品。

【买眼镜买了个车钏——一眼看透了】mài yán jíng mái le ge chē chuán — yí yán kán tóu le(歇)比喻看透了实质。"车钏",见该条。

【迈八字步】mái bá zi bū(词)不慌不忙,慢吞吞地走路,比喻悠闲自得的样子。[例]人都忙得要死呢,你还在这里~!

【卖当的】mái dáng di(词)指用蒙骗手段出售假药或其他商品者。

【卖饿肚子】mái wó du zi(词)没饿却说饿。[例]丧家虫,老~!

【卖狗皮膏药】mái góu pi gāo yue(熟)❶指宣传得好,而销售的商品不好。❷比喻说得好,做得不好。[例]快别在这里~,没人上你的当!

【卖瓜的不说瓜苦】mái guā di bú shuó guā kù(谚)比喻售货者不会说自己的货孬。引申为不会自暴自丑。

【卖乖】mái guāi(词)卖弄聪明以显示乖巧。[例]得了便宜还~!

【卖江山】mái jiāng shan(词)毁掉前辈创下的基业。

【卖狼牙】mái làng yà(词)夸口,说风凉话。

【卖了娃娃买笼屉——不蒸馍馍蒸(争)口气】mái le wà wa mài lòng ti——bú zhēng mò mo zhēng(zēng)kou qí(歇)义同文。

【卖马不卖缰】mái má bú mái jiāng(谚)卖马时带了缰绳,意味着以后不再养马;另,缰绳与江山谐音,故有忌讳。

【卖面的还怕你吃十八碗】mái mián di hài pá ní chí shí bá wàn(熟)比喻做生意的不嫌顾客多。

【卖面的见不得卖石灰的】mái mián di jián bú de mái shí huī di(谚)比喻同行是冤家。

【卖啥的吆喝啥】mái shá di yāo he

shá(谚)指干啥的专心干啥。

【卖文】mái wèng(词)❶卖弄文采或口才。[例]少在这里~!❷以写作诗文换取钱财。[例]靠~糊口。

【卖油的娘子水梳头】mái yòu di niàng zi shuì sū tòu(熟)比喻穷苦人家为了换钱糊口,虽是自产的东西,也舍不得自用。

【卖嘴】mái zuì(词)耍嘴,夸口。

【买主】mài zhu(词)货物的购买者。[例]这个房子已经有了~。

man

【鞔鞋】mán hài(词)治丧时孝子们把白布缝在鞋面上,盖住原色,以示戴孝。鞔:把布蒙在鞋帮上。

【墁地】mán dí(词)用砖头铺地。[例]石灰搪墙砖~。

【漫荒滩里】mán huāng tān ni(熟)田野或野地里。[例]到~找牲口。

【漫天要价,就地还钱】mán tiān yáo jiá,jiú dí huàn qiàn(谚)经讨价还价,最后成交。

【慢打慢,搉的好辣蒜】mán da mǎn,què di háo lá suán(谚)外表温和内心毒辣。慢:性格温和。搉:用臼捣碎。

【慢功】mán gōng(词)指花费一定时间才能做好的事情。[例]炖鸡汤是个~,不能着急。

【慢工出细活】mán gōng chú xí huò(谚)指细心慢做才能出精品。有不要急于求成的意思。

【慢火炸油香,两面都发亮】mán huó zhá yòu xiang,liáng mian dōu fá liáng(顺)回族谚语,炸油饼的诀窍。油香主要指油饼,也泛指麻花、馓子等油炸面食。

【慢来没岔,腰里鼓的劲大】mán lài mú chá,yāo ni gú di jíng dá (熟)比喻稳扎稳打。

【慢人】mán rèng(词)性格温和、不易发火的人。

【慢水】mán shui(词)缓慢流动的水。比喻工作陷入僵局。[例] 工作一放到~里头,就不好闹了。

【慢说】mán shuó(词)犹别说,莫说。[例]~你个老汉, 就是小伙子也扛不动。

【蛮性】màn xing(词)❶粗暴的性格。[例]不能由着他的~来。❷按照自己的性格做。[例]按我的~,非处分他不可!

【瞒藏】màn cang(词)隐瞒,瞒哄。[例]全家都知道,就~我一个人。

【瞒产私分】màn chàn sī fěng(词)人民公社时期, 有些生产队为了对付国家的高征购政策, 有意隐瞒真实产量,留下部分粮食分给社员做口粮。

【瞒过今天瞒不过明天】màn guo jīng tian màn bú guo mìng tian(熟)谓隐瞒不会持久。

【瞒哄】màn hong (词) 隐瞒, 哄骗。

[例]~着我把钱借给了人。

【瞒人没好话，好话不瞒人】màn rèng mú háo huá,háo huá bú màn rèng(熟)义同文。常用于激别人说出秘密。

【满满子】mān man zi(词)小孩吃饭的小碗,旧时多为木质。

【满城】mán cheng(词)地名,一般指银川市的新满城，为银川市新城前身。详见附一。

【满道四处】mán dao sí chu (词)到处,四处。

【满共】mán góng(词)总共,一共。有嫌少之义。[例]家里~分了 3 亩田,一盖大棚,就没种粮的了。

【满月】mán yué(词)妇女生产满一个月,也指婴儿出生满一个月。[例]还没~,就下地干活了。

【满屄四舌】màn bī sí shè(词)骂人的话,指满嘴废话、胡话。[例]滚开,别~地在这里说!

【满床的儿女,不如半路的夫妻】màn chuàng di èr nǚ,bú rù bán lú di fū qi(谚)谓人到老年,夫妻的相互关心比儿女更可靠。

【满打满算】màn dà mán suán(词)全部算上。

【满江湖】màn jiāng hu(词)到处,各地。[例]钻在这里,叫人~找!

【满街各巷】màn gāi gé háng (词)大街小巷。比喻广泛,到处。

【满口】màn kou(词)食物填满口腔。比喻充足、丰富。[例]奶水少,娃娃吃不~就哭。

【满脸骡子毛，混着吃马料】màn liàn luò zi mào,hóng zhe chí má liáo(谚)滥竽充数,浑水摸鱼。

【满天的云子散了】màn tiān di yòng zi sán le(熟)通过说服或劝解,使矛盾或危机化解。

【满天飞】màn tiān fēi(词)形容到处乱跑,不在家里(或单位)待。

【满嘴跑汽车】màn zuì páo qí chē(熟)说话没原则,信口开河。

【满滩各洼】màn tān gé wá(词)泛指田野或到处。[例]老在~里跑,咋能不费鞋?

【蔓菁】màn jing(词)即芜菁。二年生草本植物,块根呈圆形或长形,可做蔬菜。

mang

【牤实】māng shi(词)形容男子身体粗壮有力。牤:公牛。[例]小伙子长得真~。

【芒种】máng zhong(词)二十四节气之一,农历六月六日前后,有芒类作物即将成熟。

【盲肠炎】máng chang yān(词)阑尾炎的俗称。

【盲流】màng liù(词)指盲目流动的人口。

【忙得放屁的工夫都没有】màng di fáng pí di gōng fu dōu mú yòu（熟）特别忙的夸张说法。

【忙得屁扬蚕豆】màng di pí yáng càn dou（熟）形容特别忙，以致用力时放出的屁能吹起蚕豆。夸张说法。

【忙忙地】màng màng di（词）❶匆匆忙忙的样子。［例］~跑来，搭了句话就走了。❷忙碌，繁忙。［例］都~，谁看戏呀！

【忙婆姨嫁不了好汉子】màng pó yi jiá bu liào háo hán zi（谚）比喻仓促盲目做事，不会保证质量或取得好的结果。

【忙三下】màng sān xiá（熟）指关键时刻能果断处置，迅速解决。

mao

【瞀】māo（词）看望，看。一作眊。［例］抽空~~舅妈去。

【瞀病】māo bíng（词）让医生看病。［例］今天到医院~去了。

【瞀门】māo mèng（词）看门。［例］你在家~，我到田里看看。

【冒尖户】máo jiān hú（词）指家庭收入超过一般家庭的农户。［例］实行责任制以后，他家成了~。

【冒里鼓出】máo li gù chù（词）冒冒失失地说出或出现。［例］想都没想，就~地说了出来。

【冒名顶替】máo mìng díng tí（词）假冒他人姓名代领物品或做事。［例］招工名额让别人~了。

【冒牌货】máo pài huó（词）伪造或假造的东西。也指冒名顶替的人。

【冒碰】máo péng（词）❶一种在夜间盲目撞进屋里的甲壳虫。❷毫无把握地试做，瞎碰。

【冒旋子】máo xuán zi（词）冒失鬼。［例］开车碰上个~，就倒霉了。

【冒诈】máo zhá（熟）没有把握地诈唬、诱供。

【帽帽子】máo mao zi（词）旧指政治帽子。［例］再搞破坏，给他戴个~！

【帽子戴在二拐上】máo zi dái zai ér guái shang（熟）形容歪戴帽子。二拐：前额的两边。

【冇掉了】mǎo diao le（熟）因粗心或疏忽而遗漏。［例］发通知的时候把他给~。

【牡丹花下死，做鬼也风流】máo dan huā xiá sì，zuó guì yè fēng liu（熟）比喻为情爱而死，死了也不后悔。

【牡丹虽好，还要绿叶陪衬】máo dan suī hào，hài yáo lú yé pèi cheng（谚）比喻即使能干的人，也需要他人的帮助和配合。

【猫屄上扎上刺了】mào bī shang zhá shang cí le（熟）制止他人吵闹用语。［例］~，吵什么？

【猫吃糨子——在嘴上打抓挖子】mào chí jiáng zi—zái zuí shang dà

zhuā wa zi(歇)喜欢在吃吃喝喝等小事上占便宜。

【猫掉了腰子】mào diáo le yāo zi(词)形容走路或干活不起劲,像腰部有病一样。[例]看那个~的样子,哪像个干活的。

【猫含了个驴屎——吃呢吃不下,撂呢舍不得】mào hàn le ge lǜ qiu—chí ni chí bú xiá, liáo ni shé bu de(歇)比喻患得患失,犹豫不决。

【猫叫了个咪咪】mào jiáo le ge mī mi(熟)比喻名称变了,内容和实质没变。

【猫烤嘴的炉子】mào kào zuí di lù zi(熟)形容炉火不旺,热量太低,连最不经热的猫嘴都敢在上面烘烤。

【猫拉到井上饮水——稀罕】mào lā dao jíng shang yíng shuì— xī han(歇)罕见,稀奇。

【猫拉稀屎】mào lá xī shi(词)比喻做事稀稀拉拉不利落。

【猫老不逼鼠】mào láo bú bí chù(谚)比喻人老了,家庭成员或下属不听指挥了。

【猫尿尿,狗尿尿】mào suī sui, góu niáo niao(熟)意为星星点点,小里小气。

【猫娃娃】mào wà wa(词)猫崽,也泛指小猫。

【猫咬了个猪尿脬——空喜欢】mào yáo le ge zhū suī pao——kōng xí huan(歇)比喻空欢喜一场。

【猫有九条命】mào yòu jiù tiào míng(熟)猫有自疗损伤功能、发达的平衡系统和完善的肌体保护机制,故不易被打死或摔死。九是约数,泛指多。

【猫争窝】mào zēng wō(词)比喻内部争吵或窝里斗。

【猫走了老鼠成了精】mào zóu le lào chu chèng le jīng(熟)比喻当家人不在,下面的人各行其是,胡作非为。

【毛盖子】máo gai zi(词)辮子的俗称。

【毛哔叽】mào bí ji(词)一种毛织斜纹布。

【毛边子】mào bian zi(词)布匹剪开后出现的毛边。相对紧边子(幅边)而言。

【毛玻璃】mào bō li(词)经特殊工艺处理、表面粗糙的半透明玻璃。也叫磨砂玻璃。

【毛糙】mào cao(词)毛手毛脚,粗枝大叶。[例]做事太~。

【毛墩墩】mào dóng dong(词)形容小动物或衣物上的毛绒厚密可爱。[例]狐皮领子~的,怪好看。

【毛多肉少】mào duō róu shào(词)比喻食物的外壳、毛皮或杂质多,可食部分少。

【毛禾麦子】mào huó mia zi(词)当地小麦品种。20世纪50年代普遍种植。

【毛褐子】mào hé zi(词)粗毛织品。[例]盖的是~被。

【毛叽嗦啰】mào ji suó luò(词)❶形

容不清爽、不利索的毛发。[例]留上个胡子干啥?~的不清爽!❷比喻带毛的、不干净、不利索的东西。

【毛蓝布】mào lán bu(词)一种用棉纱纺织,用天然染料——靛蓝染色的棉布,适合做外衣。详见附一。

【毛栗子】mào lí zi(词)即板栗。

【毛驴车】mào lǜ chē(词)由毛驴拉曳的架子车。

【毛毛虫】mào mao chòng(词)比喻不值一提的喽啰。

【毛毛雨】mào mao yù(词)小而细的雨。比喻事先提醒人注意。[例]下点~,让大家有个思想准备。

【毛毛子】mào mao zi(词)指头发。[例]~绕得不知道姓啥了(得意忘形)。

【毛坯】mào pī(词)指已具初步形体、需进一步加工的半成品。多用于铸造、制陶、雕塑、制鞋等。

【毛渠】mào qù(词)从斗渠往地里引水的小农渠。

【毛慥】mào cao(词)忧愁、烦躁不安的样子。[例]今天心里特别~。

【毛扫帚】mào sáo zhu(词)即地肤子,老植株晒干后可做扫帚。

【毛手吓鬼】mào shou xiá guì (词)形容胆怯害怕,毛手毛脚。

【毛桃】mào tào(词)❶野生桃树及其果实。❷尚未成熟带有毳毛的桃子。

【毛头尕子】mào tou gà zi(词)即男孩。[例]当年的~,现在长成了大小伙子。

【毛蝎子】mào xié zi(词)蜈蚣。

【毛性虎】mào xíng hu(词)鹞子。

【毛丫头】mào yā tou(词)女孩。含轻蔑义。[例]一个~能咋样?

【毛爷爷】mào yè ye(词)民间对毛泽东的敬称。

【毛野人】mào yé reng(词)民间传说的野人,常用来吓唬小孩。

【茅厕】mào si(词)茅房,厕所。

【茅房】mào fàng(词)厕所。

【茅房门上扎刀子——吓唬屉屎的】mào fáng mèng shang zhá dāo zi—xià hu bà shí di(歇)指无用的威胁。

【茅坑里的石头——又臭又硬】mào kēng ni di shí tou—yóu chóu yóu yíng(歇)形容态度顽固不化。多用于不肯坦白交代问题。

【茅篱草舍】mào li cào shè(词)形容住房简陋寒酸。

【茅头刺】mào tou cí(词)生长在沙漠里的一种带刺植物,冬季枯死后可做柴火。

mei

【美美气气】méi mei qí qi(熟)狠狠地。[例]~收拾了一顿。

【眉豆】mèi dou(词)豆科植物,又名豇豆、刀豆。鲜豆角可做蔬菜,干豆粒可做食料。

【媒婆子,嘴上吃个油坨子】mèi pò zi,zuí shang chí ge yòu tuò zi(谚)指

说媒的人吃了男方吃女方，嘴唇上总是沾着油。

【媒婆子】mèi po zi（词）民间说合婚姻的人，即介绍人。

【媒婆子的嘴，胡捣鬼】mèi po zi di zuì，hù dào guì（熟）指媒人只说男女双方的优点和好处，隐瞒双方的缺点和不足，尽力说合。

【媒婆子迷了路——没说的】mèi po zi mì le lú — mú shuó di（歇）无媒可说，比喻没话可说。

meng

【矇矇亮】mēng meng láng（词）天刚有些亮，即黎明、拂晓。

【焖饭】mēng fán（词）盖紧锅盖，用微火把米饭蒸熟。

【懵屃】mēng song（词）糊涂，愚笨，笨蛋。[例]真是个~！

【闷闷不乐】méng méng bú luó（词）心里烦闷，表情忧愁。

【闷心锤子】méng xing chuì zi（词）比喻受了说不出来的冤枉气。[例]挨了个~。

【涠湿】méng shí（词）用水泡一下或潦水使湿润变软。[例]把蒲草~，好搓蒌子。

【孟姜女哭长城】méng jiāng nǚ kú chàng chèng（熟）民间故事。歌颂爱情，反抗暴政。详见附一。

【梦都梦不到】méng dōu méng bú dáo（熟）想不到，非常意外。[例]~你能来！

【梦都梦不起来】méng dōu méng bu qì lai（熟）犹做梦也想不到。[例]~，这辈子还能住上楼房！

【梦见周公】méng jián zhōu gong（词）周公即周公旦。原为孔子哀叹自己衰老的话，后指睡觉。[例]别人加夜班，你却~去了！

【梦梦糊糊】méng meng hú hu（词）形容半睡半醒的样子。

【梦做错了】méng zuó cuó le（熟）斥责语，犹打错了主意，休想。[例]想打我的主意，你怕是~！

【猛劲儿】méng jingr（词）猛然暴发出来的力气。[例]仄磙子要用~。

【门背后】mèng béi hou（词）门扇的后面。

【门鼻子】mèng bí zi（词）装在门楣或门框上用于上锁的金属环扣。

【门道里】mèng dáo ni（词）门口。[例]~倒近，就是没处打工！

【门洞洞子】mèng dóng dong zi（词）门槛下供猫进出的小洞。

【门墩子】mèng dōng zi（词）托住门轴的墩子，用木头或石头做成。

【门风子】mèng feng zi（词）家规，传统。[例]坏~！

【门缝里看人——把人看扁了】mèng féng ni kán rèng——bá rèng kán bián le（歇）形容小看、低估别人。

【门跟前】mèng gēng qian(词)住宅附近。[例]守在~,有事吭气。

【门里出身，不会也懂三分】mèng lí chú shēng,bú huí yè dòng sān fēng(词)谓出身于某种专业技术家庭的人,通过耳濡目染,也略懂一二。

【门立仍】mèng lí reng(词)门框两侧的边条。

【门钌扣子】mèng liáo kou zi (词)用于锁住双扇门的铁链环。

【门门子】mèng meng zi(词)❶比喻门道、路径。[例]连~都摸不着。❷较小的门。[例]关上柜~。

【门门子另开，锅锅子另安】mèng meng zi líng kāi,guō guo zi líng ān(熟)比喻分居。

【门扇似的】mèng shán xi di(熟)形容男孩的个头长得跟门扇一般高。[例]两个~儿子,都还没找上对象。

【门上】mèng shang(词)门前,门口、外面。[例]到~看看,他们回来了没有。

【门神】mèng sheng(词)旧时贴在门扇上用于驱除邪魔的神仙画儿,多为秦琼和尉迟恭画像。

【门头窗子】mèng tou chuāng zi(词)门框上方的窗子。

【门窝子】mèng wō zi(词)门墩上凿出的凹坑,用于门轴旋转。

【门销板子】mèng xiāo ban zi (词)双扇门上的木头插销。

【门钻眼子】mèng zuán yan zi(词)门楣一端供门轴插入的物件。

【门钻子】mèng zuán zi(词)门轴。

【蒙蒙眼】mēng meng yàn(词)近视眼。[例]瞎子遇了个~。

【蒙混过关】mèng hong guó guān(词)用欺骗手段逃过检查。

【蒙混住了】mèng hong zhu le(词)蒙住了,一下没明白过来。[例]你不说,我还真~。

【蒙上猪皮见人】mèng shang zhū pì jián rèng(熟)比喻没脸见人。

【蒙头盖脸】mèng tou gái liàn(词)❶比喻蒙头大睡。❷形容用头饰把头和脸遮盖严实。

【蒙眼】mèng yan(词)碾米磨面时遮挡在大牲畜眼睛上的布子,可防止外界干扰,使之专心干活。

【蒙住头跳黄河】mèng zhú tòu tiáo huáng hè(谚)比喻豁出去了。

【猛晴没好天】mèng qìng mú hào tiān(谚)阴雨天突然放晴,有可能还要下雨。

mi

【咪——呴】mī—gou(词)唤猫声。

【塓墙】mī qiàng(词)抹墙。[例]刮风扬场,下雨~。

【塓叶子】mí ye zi(词)泥抹子,往墙上抹泥的工具。

【迷迷搅伙伙】mī mi jiào huó huo(熟)掺和在一起分不清。[例]谁挣的钱记到谁的名下,不要~的。

【迷子儿马子儿】mī zir mā zir(熟)❶马马虎虎,很不认真。❷字迹模糊,让人看不清。

【迷的】mì di(熟)瞌睡,犯困。[例]这阵子~不行行。

【迷魂汤】mì hong tāng(词)比喻迷惑人的语言或行为。

【迷魂阵】mì hong zhéng(词)比喻使人迷惑、上当的圈套或计谋。

【迷迷瞪瞪】mì mi déng deng (词)心里迷糊,目光呆滞。[例]打起精神来,不要~的。

【匿了去了】mí le ke le(词)藏匿不属于自己的东西或用不光明的手段将别人的东西据为己有。[例]我们家的锄头叫他们~。

【匿了心】mí le xīng(熟)将应该公开或代转别人的财物隐匿下来据为己有。

【咪猫】mí mao(词)即母猫。

【縻住】mǐ zhu(词)拴、羁縻。把牲畜缰绳的另一头固定在木桩上,使其在一定范围内吃草,不致乱跑。

【弥弥子】mí mi zi(熟)唢呐的哨片或用嫩柳枝皮、绿麦秸做的哨子。[例]吹~。

【米哺子】mí bu zi(词)用于哺育母乳不足的婴儿的辅助食物。多用开水将炒(蒸)熟的小麦、大米粉调成糊状而成。

【米泔水】mí gan shuì(词)淘米水,[例]把~倒进恶水桶。

【米粮川】mí liang chuān(词)盛产粮食的平川地带。[例]宁夏川,两头尖,年种年收~。

【米粮市】mí liang shí(词)旧时银川市老城区的一条街巷,即现在的银川市兴庆区民生街。

【米嘛面嘛掂浅了,绸嘛缎嘛扯短了】mǐ ma mián ma wà qián le,chòu ma duán ma chè duán le(熟)比喻女子虽有外遇,但肉体没减少什么。是一种调侃说法。

【米面夫妻】mí mian fū qi(词)靠物质利益维持的夫妻关系。

【米汤】mí tang(词)即粥,分三种:黏粥叫黏米汤或稠米汤,稀粥叫稀米汤,做米饭时从上面撇出的汤水叫清米汤。

【米虫虫】mì chòng chong(词)米蛾,学名外米缀蛾,专吃大米,成虫为小飞蛾,寿命很短。

【米达尺】mì da chí(词)刻有厘米的绘图直尺。米达即米,公制长度单位。

【米唧唧】mì jí ji(词) 小家鼠。

【米山面岭】mì shān mián lìng(熟)旧时春节写在红纸条上、贴在盛放米面器具上的祝语。

【密齿子】mí chi zi(词)约一岁的小羊。[例]是个小~,肉嫩着呢。

【密密子密,两头子不出气】mí mi zi mí,liāng tou zi bú chú qí(谜)谜底:

两头为正方形、整体为长方体的老式枕头。

【蜜虫】mí chong(词)即蚜虫。密集在植物叶、穗上吸食汁液,可致植株生长缓慢或卷萎。在树上的蚜虫还产生大量蜜状排泄物。

【蜜蜂进了玻璃瓶——前途光明,出路没有】mí fēng jíng le bō li pìng——qiàn tù guāng mìng,chú lu mú yòu(歇)义如文。

【蜜蜜囊囊】mí mi nàng nang(词)❶形容沾上了黏稠物。❷形容说话做事没条理,不清爽。

【糜三谷五,荞麦隔夜出土】mí sān gú wù,qiào mia gá yé chú tù(谚)指这些作物从播种到出苗的大致时间。

【糜子乌乌】mí zi wū wu(词)即乌茛,糜子黑穗病,其骨朵可生食。

【眉高眼低】mì gāo yàn dī(词)鄙视厌恶的脸色。[例]吃不下那个~的饭。

【眉开眼笑】mì kāi yán xiáo(词)眉头舒展,眼含笑意。高兴愉快的样子。

【眉来眼去】mì lài yán qú(词)❶以眼神传达意思,多指男女勾引。❷比喻坏人之间勾勾搭搭。

【眉毛胡子一把抓】mì mao hù zi yí bà zhuā(熟)不分主次和轻重缓急的工作方法。

【泥鳅鱼】mí qiu yù(词)泥鳅。

【泥糊涂】mì hú du(词)犹泥浆。[例]站在~里挖沟。

【泥鸡】mì jī(词)❶用黄胶泥捏制的鸡状埙。❷比喻办成一件事情。[例]好不容易捏了个~,叫你给打(摔碎)了。

【泥浆沽带】mì jiang gú dái(词)在泥水里干活或物品上带有泥水。不干净,不清爽。

【泥菩萨念经——善口难开】mì pù sa nián jīng—shán kòu nàn kāi(歇)幽默语。不善于求人。

【泥尿面肿】mì qiu mián zhòng(词)形容被打得鼻青脸肿或脸上、身上沾满泥巴灰尘。

【泥神】mì sheng(词)泥塑的神像。也比喻整天坐着、什么事也不管的人。[例]整天坐在那里,跟个~似的。

【泥神爷爷】mì sheng yè ye(词)泛指庙里供奉的男性神仙塑像。

【泥神爷爷还有个土性子】mì sheng yè ye hài yóu ge tú xíng zi(熟)谓人都有各自的性格或个性。性子指脾气。

【泥水匠】mì shui jiang(词)瓦工。[例]~看墙,裁缝看衣裳。

【泥水匠好学,旮旯子难摸】mì shui jiang háo xué,gé lāo zi nàn mó(熟)墁(mi)墙时,犄角旮旯处比较难墁,要有一定技术功力才能墁好。

【泥水匠看墙,裁缝看衣裳】mì shui jiang kán qiàng,cài feng kán yī shang(谚)指从事哪一行的人,就注意观察哪一行的产品、做工,以取长补短,提高技艺。

【泥塑的】mì sú di(熟)指用黏土塑造的泥像。比喻死气呆板。[例]像个~(人),连话都不说!

【泥头狮子】mì tóu shī zi(词)形容浮肿的人,就像泥塑的狮子一样臃肿。

【泥哇哇】mì wá wa(词)即泥哇呜,埙。一种用泥巴捏成、能吹出音符的乐器。

mia

【咩得很】miā di hèng(熟)形容性格柔弱,寡言少语。

【美气】miá qi(词)好,得劲儿,舒坦。[例] 日子过得真~。|这个西瓜的味道~得很!

【麦场】miá chang(熟)麦子下来的时候。

【麦秆柴】miá gai chài(词)麦柴、麦草。

【麦黄水】miá huàng shuì(词)麦子黄熟前浇的最后一次水。[例]淌~要看天气,防止倒伏。

【麦苗冻黄秧,粮食胀破仓】miá miào dóng huàng yāng,liàng shi zháng pó cāng(谚)春季麦苗受了冻害,可抑制疯长,促进扎根,提高产量。

【麦怕金,稻怕瘟】miá pá jīng,dáo pá wēng(谚)金:比喻小麦叶锈病。瘟:稻瘟病。

【麦仁】miá reng(词)用没干透的麦粒做成的食物。常在粮食青黄不接时救急。

【麦熟一晌】miá shú yí shàng (谚)麦子从蜡黄到彻底黄熟只需一个中午的时间。指事物从量变到质变都有一个临界点。

【麦鱼子】miá yū zi(词)指成熟得不够饱满、没有脱壳的麦子。

【麦子九成熟十成收,十成熟九成收】miá zi jiù chèng shú shí chèng shōu,shí chéng shú jiù chèng shōu (谚)麦子熟透了收割,容易脱落子粒,降低产量;只有九成熟时收割,产量才高。

【麦子伤了刀紫呢,稻子伤了刀秕呢】miá zi shāng le dāo zí ni,dáo zi shāng le dāo bí ni(谚)麦子过于提前收割子粒会变紫,稻子没完全成熟收割空秕率高。

【麦子是猫儿盖屎的庄稼】miá zi shi màor gái shí di zhuāng jia(谚)意谓麦子要浅播。

【麦子胎里富,种肥要带足】miá zi tāi ni fú,zhòng fèi yáo dái zú(谚)胎里富,幼苗期需要更多的养分(肥料)。

【麦子下来】miá zi xiá lai(熟)收了麦子的时节。

【麦子种在冰上, 收在火上】miá zi zhóng zai bīng shang,shōu zai huó shang(谚)指麦子种在尚未完全解冻的冻土上,收割在天气最热的季节。

【蚂蚱吃露水——顺杆杆爬】miá zha chí lú shui—shóng gān gan pà(歇)❶比喻得寸进尺。❷比喻迎合主人或上司意图,以博取欢心。

【墨锭子】miá díng zi(词)即墨块。将其在加水的砚台里研磨成汁，做毛笔写字、作画的颜料。

【墨斗】miá dou(词)木匠弹画直线的工具。即利用~里沾染过墨水的细线在木头上弹出直线。

【墨盒子】miá hé zi(词)文具。多用铜制，方形或圆形，内放丝绵，浸以墨汁，供毛笔蘸用。

【墨水】miá shuì(词)❶比喻学问或文化水平。[例]肚子里有~。❷写字用的各种带颜色的液体(多为黑、蓝、红色)。

【谋事】miá shí(词)思考，谋划。[例]别看他话少，在肚子里~呢。

【谋了一盘子】miá le yí pàn zi(熟)比喻谋划了一件好事或大事。[例]这回算是~!

【脉气】miá qi(词)❶指运行于经脉中的精气，是整体生命功能的表现。❷比喻性格、脾气。[例]他摸见你的~了。

mian

【绵】miān(词)柔软滑润，多用于毛发、皮肤或绸缎。

【绵绸绸】miān chòu chou(词)像绸子那样绵软。[例]娃娃的皮肤跟~似的。

【绵胴胴】miān dóng dong(词)手感绵软、滑润。多指毛发、肌肤、绸缎等。胴为借用同音字。

【绵肉肉】miān róu rou(熟)指人的皮肤绵软滑润。多用于大人对小孩、男人对女人的亲热称谓。

【绵沙沙】miān shā sha(词)特别细密、手感绵软的沙子。[例]用~把毡上的尿濕干。

【绵手手】miān shóu shou(词)绵软细嫩的手，多用于女性。

【免不下】miǎn bú xiá(词)难免，不可避免。[例]终究~一顿打。

【腼腆】mián tian(词)指小孩安静，不调皮。[例]娃娃~得很。

【面补】mián bu(词)擀面时撒在面张上、防止粘连的干面粉。

【面蛋蛋】mián dán dan(词)微型面包车的俗称。

【面灯】mián dēng(词)用面团捏的灯，做道场时用。

【面缸里打出个四老爷】mián gāng ni dá chú ge sí láo ye(熟)小戏《打面缸》里的一个情节，四老爷，剧中人物。比喻抓住了事件的始作俑者。

【面瓜蠡】mián guā li(词)用半个葫芦做的舀(掠)面粉的瓢。

【面哄】mián hong(词)应付、稳住。[例]暂时跟他~着。

【面灰条】mián huī tiao(词)灰条，一种野生植物。

【面老虎】mián lào hu(词)对面部过度搽粉者的讥称。

【面面子】mián mian zi(词)❶犹长相。[例]~长得好。❷表面。[例]这种东西，都是~活。

【面善心恶】mián shán xīng é (词)外

表慈善,内心凶恶。

【面水寡寡】mián shui guā guā(熟)羞于见人或见人感到没面子。[例]刚撤职,见了人~的。

【面糖】mián tàng(词)民间加工的一种麦芽糖。

【面影影】mián yíng ying(词)面孔、身影。[例]连个~也不见。

【面鱼鱼】mián yù yu(词)一种鱼状面疙瘩(饭食),多用荞麦或高粱面制作。

【面子】mián zi(词)❶泛指物体的表面。[例]桌~。❷体面,表面的虚荣。[例]爱~。❸情面。[例]不能驳他的~。

【面子活】mián zi huò(词)❶做表面工夫。[例]擅长做~。❷强调外在形象的工程或商品。[例]这些都是~,好看就行。

【棉绸】miàn chòu(词)棉型人造黏胶短纤维的俗称,也是对过去人造棉的一种新说法。

【棉猴】miàn hòu(词)帽子和上衣连为一体的棉衣。

【棉花见了火能不着】miàn hua jián le huò nèng bú zhuò(熟)比喻有情男女一拍即合。

【棉花绒】miàn hua ròng(词)棉织品的一种,由粗纱织成,较厚,表面有绒毛,多用来做衣服衬里。

【棉裤套皮裤,必定有缘故】miàn ku táo pì kú,bí díng yòu yuàn gú(熟)比喻反常的举动必定有其中的原因。

【棉袍子】miàn pào zi(词)絮了棉花的中式长衣。

miao

【杪杪子】miāo miao zi(词)即某些植物的细梢。杪:梢儿,尖儿。[例]笤帚~。

【瞄个因因子】miáo ge yīng ying zi(熟)隐隐约约看到。瞄:看。因因子:模糊的影子。

【瞄了一眼】miáo le yí yàn(熟)眼睛迅速地扫视或看了一下。[例]只~,没看真切。

【妙溜溜】miáo liú liu(词)形容东西小巧、玲珑。[例]指头~的。

【妙气】miáo qi(词)❶干活巧妙。[例]干活~得很。❷东西小巧。[例]这个酒盅真~。

【庙】miáo(词)自然村用词。[例]叶家~(在望洪镇东和村)。|董家高~(在李俊镇友爱村)。

【庙门上放屁——给爷爷胀气】miáo mèng shang fáng pí—gèi yè ye zháng qí(歇)生气时的骂语。爷爷指受气者。

【庙小神灵大,池浅王八多】miáo xiào shèng ling dá,chì qiàn wàng ba duō(谚)意为地方不大,坏人不少,歪风邪气不小。贬义。

【苗子】miào zi(词)❶植物的幼苗,多指稻苗。❷比喻有培养前途的年轻人。[例]这是个好~。

【矛子】miào zi(词)长矛。

mie

【明儿个】mièr ge(词)明天。

ming

【命大】míng dá(词)寿命长,幸运。[例]他的~,从山上掉下来都没摔死。

【命根系】míng gēng xí(词)命根子。[例]他是独子,是父母的~。

【命根子】míng gēng zi(词)比喻最重要或最受重视的事物。[例]把孙子看成他的~。

【命好】míng hào(词)命运好。[例]他的~,一辈子没受过苦。

【命苦】míng kù(词)命运不济。[例]不怨别人,都怨我~。

【命苦了走到蜜州都不甜】míng kú le zóu dao mí zhōu dōu bú tiàn (熟)命不好的人走到哪里都改变不了。宿命观点。

【命里有时终归有,命里无时莫强求】míng ni yòu shi zhōng guī yòu,míng ni wù shi mó qiàng qiù(熟)宿命说法。

【命穷】míng qiòng(词)命中注定受穷。唯心说法。[例]~不怨老天。

【命穷不怨乡政府】míng qiòng bú yuán xiāng zhéng fù(熟)自己因命运不济而贫困,不要埋怨别人。乡政府非实指。

【命硬】míng yíng(词)指人的生辰八字特殊,本命强劲,不易受到刑克,适于生长。但会克到自己身边的人。迷信说法。

【命运】míng yóng(词)❶天命运数。指生死、贫富和一切遭遇。❷比喻发展变化的趋向。[例]把~握在自己手里。

【民办公助】míng bán gōng zú(词)指以民间资本为主、政府给予一定资金补贴的各种社会事业。

【民不举,官不究】míng bú jù,guān bú jiú(谚)❶当事人不向当局提出追诉请求,当局就不追究。❷有时做徇私渎职的开脱之词。

【民国】míng guo(词)即中华民国。

【民校】míng xiáo(词)成年人利用闲暇时间学习文化的学校。[例]他上~的时候识了不少字。

【民夫】mìng fū(词)旧时服公役的民工。[例]抓来不少~。

【民工】mìng gōng(词)旧时服公役的民夫,多为农民。[例]过去,每年春秋两季的干渠岁修工程,都要动用大量~。

【民生渠】mìng sēng qù(词)惠农渠支渠之一,古有,在杨和镇王太村开口。全长13公里。

【民主补课】mìng zhù bù ké (词)"四清"运动时,认为"土改"中有些农户的阶级成分定得偏低,从而进行补划,称为~。

【抿】mìng(词)❶用嘴唇略微嘬一点。

[例]少~点(酒),醉不了。❷过于收拢,没有张开。[例]簸箕口太~。❸收拢,收敛。[例]蘸点水把头发~一~。

【抿卡子】míng qia zi(词)妇女别头发的简易小卡子,一般用细钢丝做成。

【闽宁镇】mìng nìng zhéng(词)永宁县乡镇之一,以闽宁村得名。1997 年福建省协助宁夏开发建设闽宁村,2003 年 7 月成立~。

【名名字】mìng ming zi(熟)指名义,充数。[例]应个~就不见了。

【名师出高徒】mìng shī chú gāo tù(谚)指高明的师傅培养出技艺高超的徒弟。

【名堂】mìng tang(词)❶名目、意义。[例]唱的啥~嘛,一点都不好听。❷结果。[例]闹来闹去闹了个啥~?

【名章】mìng zhāng(词)私章。[例]刻着人名的图章。

【名正言顺】mìng zhéng yàn shóng(词)名义正当,道理也讲得通。

【明晃晃】mīng huáng huang (词)形容金属、瓷器或水面发出的光亮。[例]露出两颗~的金牙。

【明溜溜】mīng liú liu(词)形容明亮有光泽。[例]坛子擦得~的。

【明明的】mīng mīng di(词)指物体表面光亮。[例] 湖里的水~。|皮鞋擦得~。

【明沙子】mīng shā zi(词)河水洗刷过的粗沙。

【明白搁在心里搅糊涂】mìng bai gé zai xīng ni jiào hú du(词)装糊涂并故意搅乱别人的思维。

【明白人不必细提】mìng bai rèng bú bí xí tì(熟)明白事理的人一听就明白,不必解释得那样清楚。

【明车暗马偷吃炮】mìng jū án mà tōu chí páo(熟)象棋术语。指车、马、炮攻击的方式。

【明打明】mìng da mìng(熟)公开,在明处。[例]要给就~地给,不要偷偷摸摸地给。

【明的是明的,暗的是暗的】mìng di shi mìng di,án di shi án di(熟)指有明给的,也有暗给的,多指钱物。

【明瘊子暗痣】mìng hòu zi án zhí(词)迷信认为人的瘊子长在明处、痣长在暗处有福气。

【明杠】mìng gáng(词)麻将术语,指已经有一副三张一样的牌,别人又打下一张同样的牌,配成四张并亮在明处。

【明理】mìng lì(词)明白事理。

【明媒正娶】mìng mèi zhéng qù(词)旧指经媒人说合、父母同意、并以传统仪式迎娶的正式婚姻。也指光明正大的合法夫妻。

【明明】mìng mìng(词)确实,清楚。[例]~参加了,还说没去。

【明明心】mìng ming xīng(熟)让别人或自己明白。

【明铺夜盖】mìng pū yé gái(词)通奸

者公开住在一起,无所顾忌。

【明枪易躲,暗箭难防】mìng qiāng yí duò,án jián nàn fàng(谚)谓公开的攻击容易对付,暗中的陷害难以提防。

【明人不做暗事】mìng rèng bú zuó án shí(谚)光明磊落的人不做暗中害人的事。[例]~,有话说在当面。

【明升暗降】mìng shēng án jiáng(词)指职务表面提升,实际上被削弱了权力。

【明知故犯】mìng zhī gú fán(词)明明知道不能做,却故意违犯。

mo

【摸不着头脑】mō bu zhuò tòu nào(熟)指弄不清怎么回事。[例]听了这些话,真有点丈二和尚——~。

【摸不着头尾】mō bu zhuò tòu yì(词)形容对环境或工作不熟悉,摸不着门路和规律。

【摸了姑姑的奶头】mó le gū gu di nái tou(熟)。姑姑即尼姑,意为因摸了尼姑的奶头、亵渎了佛法而受到佛的惩罚,导致做事不顺利。

【摸摸疙瘩,掰掰缝缝,亲亲嘴嘴,钻个洞洞】mō mo gé da, biá bia féng feng,qīng qing zuí zui, zuān ge dóng dong(谜)对系纽扣过程的形容。

【摸摸老天的沟子冰凉的】mō mo lào tiān di gōu zi bīng liàng di(熟)比喻受骗后找不到骗子。

【摸摸你的囟门子长严了没有】mō mo ní di xíng mèng zi zhàng yàn le mú yòu(熟)意为你是个囟门子还没长严的婴儿。常用于威胁、蔑视、小看和讽刺。[例]想打我,~!

【摸夜更子】mō yé geng zi(词)夜间干活或行路。多因延误时间所致。[例]白天加把劲把活干完,免得~。

【摸着了】mō zhuo le(词)❶顺着旧路反复上门。[例]吃~,天天朝来跑。❷通过盲目搜寻而找到。[例]总算~门门子。

【磨揣】mō chuai(词)动作缓慢。[例]干营生~得很。

【磨磨揣揣】mō mo chuái chuai (词)慢慢腾腾,老老实实。有同情义。[例]看他~的,又不忍心骂了。

【磨叽】mō ji(词)磨蹭。

【磨不开】mó bú kāi(词)拉不下脸。[例]~面子。

【磨齿】mó chì(词)在两个磨扇吻合的一面凿出的有规则的斜棱,用于"咬"碎粮食。

【磨道里的驴——听喝】mó dáo ni di lǜ—tīng hē(歇)比喻被动执行,受人支配。

【磨道里的驴——听音声】mó dáo ni di lǜ- tīng yīng sheng(歇)❶靠别人的指令行事。❷轻信道听途说的消息。含贬义。

【磨道里等驴——十拿九稳】mó dáo

ni dèng lǜ—shí nà jiù wèng(歇)比喻十分把握。

【磨豆腐】mó dóu fu(词)比喻哭鼻子。[例]咋啦,又~了?

【磨房里打架——喂面(未勉)】mó fang ni dà jiá—wéi mián(wéi mián)(歇)不一定,未必,勉强。

【磨棍】mó góng(词)缚于石头磨的上扇、用于转动石磨的木棍。

【磨过来】mó guo lai(词)转,掉转过来。[例]把身子~。

【磨脐子】mó qì zi(词)石头磨上扇的凸轴和下扇的凹眼相重合,成为上扇旋转的轴心,统称~。

【磨扇】mó shán(词)石头磨的两个磨片,有上下两扇。

【磨台】mó tài(词)摆放和固定磨扇的泥台,高约二尺,周围有宽约一尺的泥台,用于接料。

【磨膛】mó tàng(词)石头磨扇的中心部位留下的没有磨齿的空隙,可将磨眼里漏下的原料分散到磨齿上。

【磨系】mó xí(词)连接磨棍与磨盘的皮绳或麻绳。

【磨眼】mó yàn(词)指石头磨上面一扇的两个漏料的眼儿。都偏离中心,一个大眼,一个小眼,大眼磨粗料,小眼磨细料。

【磨扯到交里了,手摸到腰里了】mò ché dao jiāo ni le,shóu mó dao yāo ni le(熟)指男女之间由说情话到互相揣摸。

【磨刀不算工,下田一溜风】mò dāo bú suán gōng,xiá tiàn yí liú fēng(顺)犹磨刀不误砍柴工。

【磨刀不误砍柴工】mò dāo bú wú kàn chài gōng(谚)比喻准备充分,会提高效率,把准备所占用的时间补回来。

【磨叨】mò dao(词)磨叽,磨蹭。

【磨刀没法,按住死擦】mò dāo mú fá,án zhu sǐ cá(熟)谓磨刀没有诀窍,只需用力按在石头上摩擦就行。比喻踏踏实实做事。

【磨石】mò shi(词)磨刀石。

【磨牙】mò yà(词)比喻费口舌,无谓的争辩。

【磨延】mò yan(词)磨蹭拖拉。[例]时间都叫你~光了。

【磨洋工】mò yàng gōng(词)干活不出力,混时间。

【磨勚了】mò yǐ le(词)器物因磨损而失去棱角,变细变小变薄。[例]锹把~。

【抹脖子】mó bó zi(词)用刀割脖子自杀。

【抹脖子上吊】mó bó zi sháng diáo(熟)形容特别着急的样子。

【抹了】mó le(词)这里指宰杀。[例]一刀把它~。

【抹脸油】mò liàn yòu(词)旧指护肤化妆品。

【抹锅】mò guō(词)回族纪念亡人习俗。每到自家亡人的忌日,烙油饼散给清真寺和邻居，以示纪念。

【末伏】mó fu（词）指农历立秋后第一个庚日起共计 10 天的一段时间，也叫终伏、三伏。

【末后】mó hóu（词）随后，然后。［例］先办别的事，这件事~办。

【末尾尾子】mó yí yí zi（词）即末尾。［例］走路老在~甩着。

【沫子多】mó zi duō（词）话多，健谈。［例］几个老汉里面，就他~。

【莫比】mó bì（词）莫非，难道。［例］~这个钱要我掏？

【莫非】mó fēi（词）表示揣测或反问，犹难道。［例］这么宽的渠，又没桥或船，~叫我飞过去？

【莫过是】mó guo shi（词）不过是，只是。［例］~我懒得理他，他还以为我怕他！

【莫讲说】mó jiáng shuo（熟）莫要说，不要说。［例］~你的事，就是旁人遇到这种事，我也得帮忙。

【莫名其妙】mó mìng qì miáo（词）没有谁能说出其中的奥妙。

【漠不关心】mó bú guān xīng（词）态度冷淡，毫不关心。

【墨西哥麦子】mó xi gē miá zi（词）20 世纪 70 年代当地从墨西哥引进和种植的小麦品种。

【馍馍】mò mo（词）馒头和饼类食品的统称。［例］~顶不了饭，婆姨顶不了汉。

【馍馍不吃在笼里】mò mo bú chí zái lòng ni（谚）比喻没动用，东西不会减少。

【馍馍不熟汽（气）不匀】mò mo bú shú qí（qí）bú yòng（谚）比喻心气不顺。

【慢坡】mò pō（词）斜度较小的坡。

mu

【母的下母的，三年下五个】mú di xiá mú di，sān niàn xiá wú ge（熟）指牛、马、驴的繁殖速度。

【母鸡呱蛋】mú ji guá dán（熟）指母鸡产蛋期到来前的叫声。

【母鸭子偎蛋】mú yá zi wèi dán（熟）形容人走路慢慢腾腾。

【母猪吃了个草帽子——肚子转弯】mú zhu chí le ge cáo máo zi — yí dú zi zhuán wan（歇）比喻人心计多，脑子转得快。

【母猪吃了个宪书——肚子文章】mú zhu chí le ge xián shu — yí dú zi wèng zhang（歇）对咬文嚼字者的调侃。宪书：历书。

【母猪跌到萝卜窖里——吃了个美】mú zhu dié dao luò bo jiáo ni—chí le ge mèi（歇）跌：找到、碰到。比喻碰到丰富食物。

【母猪阵】mú zhu zhéng（词）坐在或躺在地上撒泼打滚、闹事。

【母老虎】mù lào hu（词）比喻凶悍难惹的妇女。

【母夜叉】mù yé cha（词）比喻凶悍的

妇女。

【没波棱盖的野人】mú bō leng gái di yé reng(熟)民间传说的没膝盖、跑得特别快的野人。比喻不受约束、到处乱跑的人。

【没彩气】mú cái qi(词)没意思,不懂道理,不识好歹。[例]太~,跟个小娃娃过不去!

【没成色】mú chèng se(词)不老到,不稳当。多指行事说话不得体的长辈。[例]老公公跟儿媳妇说笑,~!

【没吃过了】mú chí guo le(熟)对贪吃、眼馋者的斥语。[例]~,恨不得连瓜皮都吃上呢!

【没冲劲】mú chǒng jing(词)指人没闯劲,没潜力。

【没出入】mú chú ru(词)没前途,没发展。[例]守在个山沟里,几时都~。

【没出息】mú chú xi(词)❶没眼色,不害羞。[例]随地撒尿,~!❷长者言行失范,不庄重。[例]老~。❸不上进,没作为。

【没搭到牙上】mú dá dao yà shang(熟)没尝一尝。[例]自己种的东西,自己还~,就送了人。

【没打会】mú dá hui(词)没理会,没重视,没顾上。[例]最近忙,你说的那个事还~呢。

【没呆着傻着】mú dāi zhe shá zhe(词)自信,不比谁差。[例]你又~,为啥不能报名?

【没挡护】mú dāng hu(熟)挡护:保护、遮挡、关照。多用于对弱小者的同情和怜悯。[例]娃娃死了妈,~的。

【没挡劲儿】mú dáng jingr(熟)指抵挡和承受压力的能力弱。

【没福的狗头】mú fú di gòu tòu(熟)对有福不会享或敬酒不吃吃罚酒者的斥语。

【没高拉低】mù gāo lá dī(熟)指莫逆之交谈笑时不忌言语雅俗轻重。[例]两个人~地说惯了。

【没个紧和忙】mú ge jíng he màng(熟)不分轻重缓急,一味慢条斯理。[例]~,新人都到门上了,鞭炮还没点着!

【没沟门子的事】mú gōu meng zi di shí(熟)能力达不到或不合常规的事。[例]尽做那些~!

【没骨头】mú gú tou(熟)没骨气。

【没顾上】mú gú shang(词)忘了或没时间做。[例]这向子忙,~问。

【没管三】mú guàn sān(词)没管,没过问。包括有意或无意。

【没规矩】mú guí ju(熟)没礼貌,不懂规矩。[例]见了长辈不让座,~!

【没好果子吃】mú hào guó zi chí(熟)比喻会受到批评或惩罚,没有好结果。

【没计奈何】mú ji nái hè(词)无可奈何,想不出办法。[例]这几个娃娃一天整得人~的!

【没记性】mú jí xing(词)不汲取教训。

[例]上次挨了打,还~?

【没记性的驴】mú jí xing di lǜ(熟)骂词。犹记吃不记打。

【没架子】mú jiá zi(词)平易近人,不摆架子。

【没见】mú jián(词)犹未见,未待。[例]~人来,就把吃的东西准备好了。

【没见过了】mú jián guo le(熟)对偷窃者的骂语。[例]~,把别人刚买的铅笔偷走了。

【没见生就把死造下了】mú jián sēng jiú bá sǐ záo xia le(熟)意为有生就有死,生是死的开始,死是生的归宿。常用于对人生的感叹或安慰死者亲属。

【没见天的】mú jián tiān di(熟)骂词。指怀在腹中尚未出生的胎儿。犹不懂事,没见过世面。[例]是哪个~的干的?

【没见天的东西】mú jián tiān di dōng xi(熟)指未生下来的鸡蛋或未出生的动物。迷信认为小孩不能吃,吃了有罪或影响智力。

【没见挓尾巴,就知道屁什么粪】mú jián zhā yí ba,jiú zhī dao bá shéng me fěng(熟)骂词。比喻没见人张嘴,就知道要说什么。

【没筋骨】mú jīng gu(词)食物不筋道。[例]面没揉到家,吃着~。

【没来头】mú lài tou(词)❶质量差,不实用。[例]这个瓜不甜,~。❷指人没品位,没眼色。[例]你这人咋这么~?

【没来向】mú lài xiang(词)同"没来头"。

【没脸】mú liàn(词)不顾脸皮,不害羞。[例]太~了,站在大街上吃老虎!

【没良心的】mú liàng xing di (词)多指忘恩负义的人。[例]再别提那个~!

【没笼头的马】mú lòng tou di mà(词)比喻不受约束的人。[例]学校一放假,他就成了~,跑得连家都不回。

【没麻搭】mú mā da(词)没问题,出不了乱子。

【没明没夜】mú mìng mú yé(词)不分白天和黑夜。

【没命】mú míng(词)指没有某种幸运。[例]日子好了,他却死了,真是~。

【没命的娃娃尿朝天】mú míng di wà wa qiù cháo tiān(谚)❶比喻如果没有生命力,早都死了。❷指听天由命。

【没模模子】mú mù mu zi(熟)没原则,没标准,不靠谱。[例]这个事做得也太~了。

【没跑儿】mú páor(词)跑不掉,十拿九稳。[例]这个母鸡只要好好喂上,一天下一个蛋~。

【没皮没操】mú pì mú cáo(词)不知羞耻,不要脸面。[例]活得~!

【没谱儿】mú púr(词)心中无数,心里没底。[例]能不能办成,我心里~。

【没情形】mú qìng xing(词)❶不知足,不害羞。[例]那个人~,天天来缠。❷

没情况,没效果。[例]找了几趟,一看~,就再不找了。

【没穷尽】mú qiòng jing(熟)没个完,没尽头。[例]挣钱的事~,多少算个够?

【没尿事】mú qiù shí(词)没本事,没力气。[例]~在脸上带着呢。

【没人命】mú rèng ming(词)没有人命债。人命:杀人罪。

【没擩脚处】mú rú jué chu(词)地上摆满了东西,没有插足的地方。也形容东西摆放得凌乱无序。

【没啥】mú shá(词)❶不要紧,没关系。❷没意见。[例]问:你有啥意见?答:"~。"

【没啥罢没钱,有啥罢有病】mú shá bá mú qiàn,yóu shá bá yóu bíng(词)一种美好的愿望。即人不能没有钱,但最好别得病。

【没上个日子】mú sháng ge rí zi(熟)指产妇休息时间没达到一定日期,如满月或百天。[例]还~就下地干活了。

【没声气】mú shēng qi(熟)没回音,没消息。[例]出门几年~,突然又回来了。

【没识起来】mú shí qi lai(熟)没意识到,没反应过来。[例]人家暗示你,你还~。

【没事】mú shí(词)❶不行,没能力。❷没危险,不会出事。

【没事防事,有事挡事】mú shí fàng shí,yóu shí dàng shí(谚)谓安全的时候要防止出事,出事的时候要沉着应对。

【没事干了】mú shí gán le(词)谓只有闲极无聊的人才干的事。有鄙视、不值得参与的意思。[例]~,管那些烂事!

【没事找事】mú shí zhào shí(熟)挑事,惹事,引火烧身。[例]人家不追究也就算了,你还~!

【没熟的李子——涩(色)蛋】mú shú di lí zi—sé(sé)dán(歇)色蛋,好色之人。

【没说】mú shuo(词)犹应该、为什么不。[例]年轻骨嫩的,~多干一把,老盯着老人干啥?

【没死活】mú sí huo(词)不遗余力,不顾死活。[例]一年四季老是~地干,结果挣了一身子病。

【没天了】mú tiān le(熟)指天一时晴不了。[例]看来今天是~。

【没天没夜】mú tiān mú yé(词)不分白天黑夜。

【没头的苍蝇】mú tòu di cāng ying(词)比喻没有目标和方向的乱闯乱碰。

【没头脑】mú tòu nào(词)谓头脑简单,糊涂。

【没秃着瞎着】mú tú zhe xiá zhe(熟)谓五官健全端正。有自信义。

【没土打不成墙】mú tù dá bú chèng qiàng(谚)比喻做事必须具备必要的条件。

【没脱个壳壳子】mú tuó ge ké ke zi(词)形容子女的长相酷似父亲或母亲。

【没娃娃夸干净，没老人夸孝顺】mú wà wa kuā gān jing,mú láo reng kuā xiáo shong(谚)对上述两种卖乖、说风凉话者的调侃。

【没完没了】mú wán mú liào (词)无休止,不罢休。[例]批评一下就行了,不要~地唠叨。

【没王法】mú wàng fa(词)无视法律。[例]他们这样干,难道~了?

【没尾巴的驴】mú yí ba di lǜ (熟)对淫棍和乱伦者的骂语。

【没味】mú wéi(词)❶食物吃起来没滋味。[例]做的汤~。❷没胃口(食欲)。[例]今天嘴里~。

【没味气】mú wéi qí(词)没品位,不自爱,不知足。[例]这人太~,刚在那里喝了酒,又来这里喝!

【没戏了】mú xí le(熟)没希望,没盼头,没发展了。

【没下场】mú xiá chang(词)归宿不好。[例]苦来苦去,苦了个~。

【没向向】mú xiáng xiang (熟) 没希望,没可能,做不到。[例]你出面都没办成,他去更~。

【没心】mú xīng(词)❶不知感恩,没良心。[例]那人~,事情一办完就把人忘了。❷单纯、没心计。❸无兴致,不想。[例]我~管他们的闲事。

【没须顾】mú xù gu(词)没在意,没注意,没看见。[例]问:"你见了我家的狗没有?"答:"~。"

【没血丝子】mú xie sī zi(词)指没羞耻,没血气(的人)。

【没羞没臊】mú xiū mú sáo(词)没有羞耻感,不怕羞臊。

【没牙板板】mú ya bán ban(词)牙齿完全脱落后的牙床。[例] 用~慢慢地扁(吃)。

【没眼色】mú yán se(词)做事不得体,不知趣。[例]这么大的人了,干啥事还那么~!

【没眼色,叫人说到你脸上】mú yán se, jiáo rèng shuó dao nì lián shang(顺)对做事没眼色者的揶揄。

【没依尽】mú yī jing(熟)不依不饶,招惹不起。[例]你咋这么~?人家都认错了,你还不依不饶的。

【没意思】mú yí si(词)❶尴尬,羞臊,不好意思。[例]闹了个大~。❷不知趣,讨人嫌。[例]老跑到别人家里蹭饭,~!

【没因因子】mú yīng ying zi(熟)没根据,没可能。[例]尽说些~的事。

【没有】mú yòu(词)指贫穷没钱。[例]我~嘛,能跟你比?

【没有不散的筵席】mú yáu bú sán di yàn xi(谚)比喻欢聚是短暂的,分离是必然的。

【没有高山显不出平地】mú yòu gāo shān xián bú chu pìng dí(谚)比喻没有优秀、出色的,显示不出一般、平庸的。

【**没有个好搿伙，还有个好散伙**】mú yóu gè háo gé huo,hài yóu gè háo sán huo(熟)谓不能合作,也和平地分手,不要伤了和气。搿伙:合作,配合。

【**没有功劳还有苦劳**】mú yòu gōng lao hài yòu kù lào(熟)用于抱怨和发泄不平。

【**没有家贼，引不来外鬼**】mú yòu jiā zèi,yíng bú lài wái guì(谚)外面的坏人能够进入家庭,常常是由于家庭成员的招引。

【**没有金刚钻，罢揽破家伙**】mú yòu jīng gāng zuán,bá lān pó jiā huo(谚)比喻没有能力(技术),就不要承揽别人的活计。

【**没有锯不倒的树**】mú yóu jú bú dáo di shú(谚)比喻没有克服不了的困难。

【**没有麻子净坑坑,大长辫子几根根,大脚片子一丁丁**】mú yòu mà zi jíng kēng keng,dá chàng bián zi jì gēng geng,dá jué pián zi yí dīng ding(顺)对丑陋女人的形容。

【**没有平川，显不出高山**】mú yòu pìng chuān,xián bú chú gāo shān(谚)比喻有比较才有鉴别。

【**没招数**】mú zhāo su(词)没办法。

【**没指过一指头**】mú zhí guo yí zhí tou(词)从来没打过。多指父母对子女。[例]我长了这么大,爹妈从来~。

【**没咒念**】mú zhóu nián(词)犹无法可想或彻底失败。[例]这回是~了。

【**没主意，吃秫秫**】mú zhù yi,chí shù shu(谚)比喻做事没计划,没谋略,只好吃苦头。秫秫即高粱,泛指粗粮。

【**没足心**】mú zú xing(词)不知满足,欲壑难填。[例]买了那么多衣裳还要买,真~!

【**没嘴的葫芦**】mú zuí di hú lu(词)比喻不善言表的人。[例]~也要吹三下!

【**没嘴的葫芦也要吹三下**】mú zuí di hú lu yé yao chuī sān ha(熟)比喻口头表达能力再差也要说话。意在辩解和把事情说清楚。

【**木木讷讷**】mū mu náng nang(词)做事说话不利索。

【**木讷**】mū nang(词)质朴而不善言辞。[例]这人太~。

【**木不钻不透，理不辩不明**】mú bú zuán bú tóu,lí bú bián bú mìng (谚)前句为喻体,后句为本体。谓道理经过辩论才更加清晰。

【**木轱辘车**】mú gú lu chē(词)旧时的木制运输车辆,有大有小。

【**木匠打老婆，手里有分寸**】mú jiang dà láo po,shóu ni yòu fěng cong(谚)比喻心里有分寸。

【**木匠戴枷——自作自受**】mú jiang dái jiā — zí zuó zí shóu(歇)比喻承受自己造成的恶果。枷:古代戴在犯人颈上的刑具。

【**木匠吊线——睁一眼闭一眼**】mú jiang diáo xián — zēng yí yàn bí yí

yàn(歇)俏皮话。比喻对事情采取不闻不问或马虎敷衍的态度。

【木兰村】mú làn cōng(词)村名。1997年取福建木兰江和宁夏贺兰山各一字命名,属闽宁开发区,2003年7月后属闽宁镇。

【木耧】mú lù(词)旧时播种工具,有三腿和单腿之分。

【木头疙瘩】mú tou gé da(词)❶比喻头脑死板不开窍的人。❷形容木制家具做得太笨重。

【木锨】mú xian(词)样子像锹的木制扬场工具,钢铁金贵的时候也代替铁锹铲擢粪土。

【目中无人】mú zhōng wù rèng(词)指骄傲自大,看不起别人。

【牧主】mú zhù(词)旧指占有牧场、牲畜,雇用牧工的牧民(相当于农区的地主)。

【穆桂英】mú gui yīng(词)中国古典文学中的巾帼英雄形象。后常把出类拔萃的女子比作~。

【殁了】mú le(词)人死了的隐语。

【谋量】mù liang(词)计划、估量、谋略。[例]这个人有~。

【谋事在人,成事在天】mù shí zái rèng,chèng shí zái tiān(谚)谓计划要做的事情,除了人的努力,还要有客观条件的配合。

【谋心不善】mù xīng bú shán(词)期望值特别高或另有企图。

【模模子】mù mu zi(词)标准,尺度,限制。[例]越说越没~!

【模相】mù xiáng(词)长相。[例]~跟他妈一样。

【模样子】mù yang zi(词)长相,相貌。[例]大~像她姑妈。

N

na

【哪个人前不说人，哪个背后无人说】ná ge rèng qiàn bú shuó rèng，ná ge béi hóu wù rèng shuó（谚）谁不在人前议论别人，谁在背后无人议论。

【哪里的黄土不埋人】ná ni di huàng tu bú mài rèng（谚）比喻哪里都能生活。

【哪里跌倒哪里爬起来】ná ni dié dào ná ni pà qi lai（谚）犹失败了再重来。

【哪里有事哪里走】ná ni yòu shí ná ni zòu（熟）❶指喜欢打听、参与与己无关的事。❷指手艺人随时到事主家应事。

【哪些子】ná xie zi（词）哪儿，哪里。［例］你到底~痛？

【哪有个碟儿不碰碗的】ná yóu ge diér bú péng wán di（熟）比喻人与人在一起生活共事，总会产生这样那样的矛盾。

【哪有个千年不毁的】ná yóu ge qiān niàn bú huí di（熟）谓再牢固的东西也有损毁的时候。

【纳服】ná fu（词）服气，舒服。［例］心里不~也得忍着。

【纳家户】ná jia hú（词）地名，原名纳家闸，今属杨和镇。［例］~乡（1950 年一区五乡）。|~村（1983 年 6 月后）。户：地名用词，明代管辖堡寨的军事单位，有卫、千户、百户等，以姓氏人名命名。

【纳家户清真寺】ná jia hú qīng zhēng sí（词）位于杨和镇纳家户村，始建于明嘉靖三年（1524 年）。

【纳家闸】ná jia zhá（词）地名，在汉延渠纳家户处。

【纳劲儿】ná jingr（词）指忍耐、不急躁，不发火。［例］他的~大。

【纳梦】ná méng（词）打瞌睡。［例］会都散了，你还在这里~呢！

【纳鞋】ná hài（词）用线缝制鞋底或鞋帮。［例］~帮子。

【纳闸桥】ná zhá qiào（词）汉延渠在纳家户附近的一座桥梁。

【乃玛孜】ná má zi（词）伊斯兰教用语，意为礼拜。

【拿艾(暗)灸灸人】nà ái(ǎn)jiu jiù rèng(熟)用阴谋手段整人。

【拿把】nà ba(词)用所掌握的权力或技术刁难、设障。

【拿不出手】nà bu chu shòu(词)❶自感礼物轻微,不好意思送出。❷自觉技艺不高,不便施展。

【拿不稳】nà bú wèng(词)指把握不住自己,有失稳重。

【拿不住】nà bú zhú(词)克制力差,管不住自己。[例]喝了酒~,爱耍酒疯。

【拿不住人】nà bu zhu rèng(熟)面情软,镇不住、管不住人。

【拿步子步】nà bú zi bú(熟)旧时用脚步仗量土地面积、距离或物品长度。

【拿大】nà dá(词)摆架子,倚老卖老。[例]经常在晚辈面前~。

【拿大杆儿】nà dá gānr(熟)在大事上做主、把握方向。

【拿大腔子抗】nà dā qiāng zi kàng(熟)比喻用大话或生硬的态度回绝别人。

【拿得绵绵的】nà di miān miān di(熟)整治得服服帖帖。绵:软,服帖。

【拿得稳】nà di wèng(词)❶举止沉稳不浮躁。❷答复和处理问题比较妥帖。

【拿掉】nà diao(词)撤职。[例]谁能无缘无故把你的会计~?

【拿沟子笑话】nà gōu zi xiáo hua(熟)比喻被极度耻笑。[例]做的事叫人~!

【拿鸡毛的营生】nà jī mào di yìng seng(词)特别轻的活儿。

【拿脚踢着干】nà jué tí zhe gán(熟)用消极态度对待不愿做的工作。

【拿命扛】nà míng kàng(熟)用生命抵抗疾病。

【拿钱买法】nà qiàn mái fá(熟)用钱财抵罪或贿赂执法官员,以减轻处罚。

【拿钱难买老来瘦】nà qiàn nàn mài lào lai sóu(熟)老年人清瘦些,疾病较少。也指要注意控制体重,不致肥胖。

【拿了去买药去】nà le ke mái yué ke(熟)诅咒获得不义之财的人生病吃药。

【拿热脸子亲别人的冷沟子】nà ré lián zi qīng bié reng di lèng gōu zi(熟)比喻满腔热情却遭到冷遇。[例]别人不理我,我总不能~吧?

【拿人】nà rèng(词)指把劳动力全部动员到工地上。[例]关键是往工地上~。

【拿上尺子满街游——不量自己量别人】nà shang chí zi màn gāi yòu — bú liáng zí ji liáng biè reng(歇)比喻只挑别人的毛病,不检讨自己的缺点。

【拿上个精神】nà shang ge jīng sheng(熟)劝人打起精神。

【拿上心劲干】nà shang xīng jing gán(熟)劝人振作精神努力干。心劲:信心、劲头、精神。

【拿手】nà shòu(词)擅长。[例]最~的技术是砌墙。

【拿痰漱】nà tàn shú(熟)把痰吐到别人脸上,以示羞辱。[例]你调查去,要是我干的,你~我。

【拿头把几】nà tou bá jí(词)拿捏、磨叽。[例]快给个痛快话,不要~的。

【拿头顶】nà tòu dìng(熟)❶勉强支撑,硬着头皮做。[例]既然干上了,~也得顶到换届。❷忍让,宽容。有忍气吞声之义。[例]对媳妇子一直~着。

【拿头拱】nà tòu gòng(熟)使出全部力气和本领。[例]~也要把这个任务完成。

【拿稳】nà wèng(熟)提醒语,即不要着急,稳扎稳打。

【拿五捏六】nà wú nié lú(词)装腔作势,刁难要挟。

【拿小钱换大钱】nà xiào qiàn huán dá qiàn(熟)以较少投入赚取较多收入。

【拿上鸡毛当令箭】nà shang jī mào dāng líng jián(熟)令箭即令旗,旧时军中发令的小旗。比喻借上司的话在下面发号施令,借题发挥。

【拿主意】nà zhù yi(词)对事情做出决断。[例]这事我不敢做主,得由掌柜的~。

【拿住】nà zhu(词)降服、制伏。[例]只要把他~了,照样乖乖的。

【拿住点】nà zhu dian(词)❶把控、管束他人。❷自我约束,不骄傲,不过分。

【拿自己的捶头捣自己的眼窝】nà zí ji di chuì tou dào zí ji di yán wo(熟)比喻自相矛盾,自打嘴巴。

nai

【耐磨】nāi mo(词)耐心地对待、维系、相处。[例]媳妇还小呢,好好~着。

【耐年成】nái niàn cheng(词)经久耐用。[例]还是铝锅~。

【耐烧】nái shāo(词)指某些热量高、燃烧时间长的燃料。[例]木柴做饭~。

【耐实】nái shi(词)吃后不容易饿的食物。[例]黄米干饭吃上~。

【奶奶】nái nai(词)❶祖父以孙子的口吻称伴为~,表示亲切。儿女亦同。[例]宝宝乖,别调皮,快跟着~要去。❷女子骂架时的自称,有使横、占上风之意。❸祖母。

【奶皮】nái pi(词)乳房表面的皮肤。[例]我的~疼了好少日子了,想到医院里检查一下。

【奈何桥】nái he qiào(词)迷信指人死后,鬼魂要通过的第一道备受刁难的桥。

【奶膘】nài biāo(词)幼崽吃奶形成的肥膘。

【奶牙】nài ya(词)即乳牙,是人类和很多动物的第一套牙齿。

【奶茶】nài chà(词)牛羊奶与茶叶配制的茶水。[例]左旗(内蒙古阿拉善左旗)的人常用~招待客人。

【奶水】nài shui(词)乳汁。[例]她的~好,奶的娃娃白胖白胖的。

nan

【捺手印子】nán shóu ying zi (词)即按手印。

【捺住】nán zhu(词)即按住,制服。[例]追上野兔后,一把~。

【男不跟女斗,鸡不跟狗斗】nàn bú gēng nǘ dóu,jī bú gēng góu dóu(熟)比喻强者不欺负弱者,弱者也不要主动找强者争斗。

【男不忌爬场,女不忌生养】nàn bú ji pà chàng,nǘ bú ji sēng yàng (谚)前者是不良习惯, 后者是繁衍的需要。爬场:熬夜赌博。

【男不男女不女】nàn bú nàn nǘ bú nǜ(熟)形容打扮怪异,分不清是男是女。

【男盗女娼】nàn dáo nǜ chāng(词)❶男做盗贼,女为娼妓。❷比喻出尔反尔,自食其言。[例]怎么能说这种~的话?

【男的是个撩撩子,女的是个招招子】nàn di shí ge liāo liao zi,nǘ di shí ge zhāo zhao zi(词)指行为不轨的男女互相挑逗。

【男的死了退一半,女的死了连根烂】nàn di sí le tuí yí bán,nǘ di sí le liàn gēng lán(熟)旧时男女订婚后,一方死亡的处理原则。

【男儿膝下有黄金】nàn èr xí xiá yòu huàng jīng(熟)指男子除了天地父母,不能给别人下脆。

【男儿有泪不轻弹,只因未到伤心处】nànr yóu luí bú qīng tàn,zhí yīng wéi dáo shāng xīng chu(谚)指男人不遇到伤心事不会轻易流泪。谓男子要刚强。

【男光女糙,必定坐轿】nàn guāng nǘ cáo,bí díng zuó jiáo(谚)指皮肤光滑的男人和皮肤粗糙的女人有福气。坐轿:享福。迷信说法。

【男怕穿靴,女怕戴帽】nàn pá chuān xuē,ní pá dái máo(谚)指老年人重病时,男的如果脚肿(穿靴)、女的如果头肿(戴帽),就无可救药了。

【男怕和泥,女怕和面】nàn pá huò mì,nǘ pá huò mián(谚)指这两种活计都比较费力。

【男怕选错行,女怕嫁错郎】nàn pá xuán cuó hàng,nǘ pá jiá cuó làng(谚)男的怕选错职业, 女的怕嫁错丈夫。两件事都是终身大事,要慎重对待。

【男攀低户,女嫁高门】nàn pān dī hú,nǘ jiá gāo mèng(谚)指男娶穷家女好使唤,女嫁富家男可享福。

【男人没有女人家无主,女人没有男人身无主】nàn reng mú yòu nǘ reng jiā wù zhù,nǘ reng mú yòu nàn reng shēng wù zhù(谚)比喻夫妻相互依赖,不可或缺。家无主:家务事没人操心当家。身无主:无配偶,身无依靠(旧为依附)。

【男人心孤唱曲子,女人心孤哭鼻子】nàn reng xīng gū cháng qú zi,nǘ reng xīng gū kú bí zi(谚)指男女排解郁闷的方式。心孤:寂寞,伤心。

【男人长的贱手,女人长的贱肉】nàn reng zháng di jián shòu,nǚ reng zháng di jián róu(熟)男女交欢前主动示爱的方式。

【男上二十五,不娶婆姨没心苦】nàn sháng ér shi wù,bú qù pò yi mú xīng kù(谚)旧时男的25岁就算大龄,再不结婚,劳动工作起来就要分心。

【男娃娃不吃十年闲饭】nàn wà wa bú chí shí niàn xiàn fán(熟)男孩长到十岁就能帮大人干活。

【男有糠斗之力,女人入土为安】nàn yòu kāng dou zhi lí,nǘ reng rú tù wèi ān(熟)指人的性生活年龄,即男的有背动一斗糠的力气,女的直到去世以前。

【男长女人手,女长男人走】nàn zhàng nǘ reng shòu,nǜ zhàng nàn reng zòu(词)指有这两种特征的人有福气。迷信说法。

【男子汉大丈夫】nàn zi hán dá zháng fu(词)❶指有志气有作为的男子。[例]~,敢作敢当。❷有大男子主义倾向。

【男子汉头上都有三把火】nàn zi hán tòu shang dōu yòu sān bà huò(谚)因不甘蒙受侮辱而发火。

【男子汉有三起三落】nàn zi hán yòu sān qì sān luó(谚)比喻人的一生不会一帆风顺,总会有坎坷浮沉。

【南方】nàn fāng(词)地名,因地处望洪堡南而得名。今属望洪镇。[例]~生产大队(1963年)。|~村(1983年6月后)。

【南关里的讨吃】nàn guān ni di táo chi(熟)南关,旧指宁夏城(银川)南门楼附近。这里常有无家可归的乞丐聚集露宿。以此比喻贫困潦倒的人。

【南郭(难过)先生】nàn guó(nàn guó)xiān seng(词)比喻无其才而居其位的人。[例]不会就不会,别当~。

【南门楼子】nàn mèng lòu zi(词)指坐落在银川市兴庆区南薰东街与中山南街交会处的南门城楼。

【南面子】nàn mia zi(词)南面的地方。

【南腔北调】nàn qiāng biá diáo(词)形容口音不纯,掺杂着两种以上方言。

【南全】nàn quàn(词)村名,因地处王全堡南而得名。今属杨和镇。

【南山】nàn shān(词)泛指宁夏南部山区。[例]从~里来的。

【南银】nàn yìng(词)指银川市城区南部,包括永宁县。

【南寺】nàn sí(词)指坐落在贺兰山西麓、与永宁县一山之隔的内蒙古阿拉善左旗广宗寺。该寺始建于1756年,1760年清乾隆帝赐名“广宗寺”。寺中珍藏有六世达赖喇嘛及其他高僧用品等稀世文物，为国家 4A 级景区。

【南征北战】nàn zhēng béi zhán（词）❶转战南北，经历了许多战斗。❷比喻参与了多处开发性会战或建设。❸同名电影。

【难熬】nàn āo（词）难以忍耐和度过。[例]在这样恶劣的环境下工作，真~！

【难保】nàn bào（词）不敢保证，不能保证。[例]谁也~自己一辈子不害病。

【难缠】nàn chàn（词）不好相处，不易应付。[例]这人太~！

【难肠事】nàn chang shí（词）为难，难办的事。

【难得糊涂】nàn de hú du（词）一种强装糊涂的消极处世态度。

【难的不会，会的不难】nàn di bú huí，huí di bú nàn（谚）谓认为难是因为不会，如果会了就不觉难。辩证关系。

【难过】nàn guó（词）❶可怜，寒碜，脏。[例]脸上糊得~死了。❷胃不舒服。例：胃里~得很。❸悲伤，痛苦。[例]心里很~。❹日子过得艰难。

【难日弄】nàn rī nong（熟）难对付，难驾驭，难解决。

【难为】nàn wei（词）刁难，使人困顿。[例]这回要好好~他一下。

【难为人情】nàn wei rèng qìng（熟）令人为难。[例]拉赞助是个~的事，最好别开口。

【暖壶】nàn hù（词）指普通保温瓶，也叫暖瓶。

nang

【囊包】nāng bāo（词）脓包，胆小，无能的人。[例]真是个~，见了狗都吓得躲。

【囊哧哧】nāng chí chi（词）窝囊、无能。[例]~的，连一袋子粮食都抱不动！

【囊骨头】nāng gu tou（词）软弱无能的人。[例]一看那个~样子，心里就来气！

【囊龟】nāng guī（词）骂语，戴了绿帽子而甘愿忍受的人，或怕老婆的男子。

【囊㞞】nāng song（词）软弱无能的人。[例]真是个~，连句硬气话都不敢说。

【囊杠子】náng gáng zi（词）窝囊、软弱、能力差。[例]他是个~，喝不成酒。

【攮着头】nāng zhe tòu（词）低着头，专心致志地做。[例]就知道~干活，别的事都不管。

【儾人】nāng rèng（词）比较软弱的人。[例]欺负~算什么本事？

【儾在】nàng zai（词）自在，舒服。儾：宽缓。[例]不愁吃，不愁喝，啥心也不操，还嫌不~？

【囔饭】náng fán（词）吃饭。[例]一天就知道~，家里啥事也不管！

【攮脏话】náng záng hua（熟）在背后说人坏话。

【攮子】náng zi（词）短尖刀，匕首。

【攮刀子的】nàng dāo zi di（词）咒骂人的话，犹挨刀的。

【齉鼻子】náng bí zi（词）鼻子通气不

好,也指有这种病症的人。

【馕糠的】nàng kāng di(词)跟吃糠的猪狗一样无用。[例]尽是些~,几个人挡不住一个驴。

【馕㞞的】nàng sòng di(熟)软弱、窝囊、没用。馕:吃。[例]真是个~,挨了骂就知道哭鼻子。

nao

【孬㞞】nāo song(词)鲁莽,粗暴,不掂轻重的人。[例]那是个~,惹毛了打人呢。

【孬子】nāo zi(词)性格阴沉,做事歹毒的人。

【呶里】nāo ni(词)方位词,意为那里。"呶"后的拖音根据距离远近可长可短。

【脑瓜子】náo guā zi(词)头脑,脑筋。[例]你的~好使,你去说。

【脑门盖】náo meng gái(词)前额。[例]五十岁了,还显得这么年轻,~上连个皱纹都没有。

【脑勺子】náo shuo zi(熟)指脑袋后面的突出部分。[例]撂到~后头(扔到一边,不放在心上)。

【脑子大】náo zi dá(熟)健忘。[例]我~,记不住事情。

【脑子缺根弦】náo zi qué gēng xiàn(词)比喻人呆笨迟钝,虑事不周,处事简单,脑子不灵活。

【闹】nǎo(词)❶做,弄。[例]打工能~(挣)几个钱?❷干,进行。[例]~革命。❸喧闹,噪扰。❹毒,有毒。[例]这个药~人呢。

【闹别扭】nǎo biē niu(词)因意见不合而产生矛盾或不快。

【闹不到一交里】nǎo bú dao yí jiāo ni(词)处不来,不和睦。

【闹不机密】nǎo bu jī mi(词)弄不清楚,弄不明白。[例]你说了半天,我还是~。

【闹坏了】nǎo huái le(词)事情办坏了。[例]~,钥匙锁到屋里了。

【闹饥荒】nǎo jī huang(词)闹矛盾、吵架。[例]两口子又~了。

【闹明了】nǎo mìng le(熟)秘密被揭开并传播出去。[例]俩人勾搭的事~。

【闹情绪】nǎo qìng xu(词)因不满意而情绪不稳定。[例]没评上先进,~呢。

【闹穰穰】nǎo ráng rang(词)形容刺绣的花朵枝叶纷穰好看。[例]袜底子上扎的花~的。

【闹人】nǎo rèng(词)报复、陷害,整人。[例]有话明说,不要背后~。

【闹悬悬】nǎo xuàn xuan(熟)冒险,弄险,耍悬悬。[例]空中走钢丝,简直是~!

【闹笑话】nǎo xiáo hua(词)❶开玩笑。❷因粗心或缺乏知识而发生可笑的错误。[例]这么几个钱就想买汽车?简直是~!

【闹意见】nǎo yí jian(词)闹矛盾。[例]

两个人为娃娃的事~了。

【闹仗】nǎo zháng(词)吵架。[例]态度好点,不要动不动跟人~。

【闹着耍呢】nǎo zhe shuá ni(熟)逗着玩。[例]跟你~,别生气。

【垴着头】nào zhe tòu(熟)头上没戴帽子或头巾等。[例]刚满月,出门别~,小心受风。

【铙钩】nào gou(词)木柄一端安着带弯钩(两个或三个)的爪子、用于从水里抓捞东西的工具。[例]牙龇得跟~似的。

nei

【那口子】néi kóu zi(词)在外人面前对自己配偶的称谓。[例]我们~。

【那面子】néi mian zi(词)那边。

【那些子】néi xie zi(词)那儿,那边。[例]你往~挪一挪。

neng

【嫩弱】nēng ruo(词)指人不成熟,软弱。[例]两个儿子都~得很。

【脓唧唧】nēng jí ji(词)❶腐烂或化脓的样子。[例]桃子~的,快扔掉。❷懦弱、不成熟。[例]都十七八岁的人了,还~的。

【脓水】nèng shui(词)比喻能力、能量。[例]我就这么大的~,嫌我不行就派别人干去。

【那么个】néng me ge(熟)那样。[例]也只能~。(无奈地接受)

【弄假成真】néng jià chèng zhēng(词)本是假装,结果弄成真的。

【能吃几碗干饭】nèng chí jì wàn gān fan(熟)比喻个人能力。[例]自己还不知道自己~?

【能得搁不下了】nèng di gé bú xiá le(熟)讽刺或斥责用语,意谓不可一世,无处能容纳得下。[例]什么?买车?把你~!

【能工巧匠】nèng gōng qiáo jiáng(词)泛指社会上各种工匠。

【能掐会算】nèng qiá huí suán(词)迷信指用手指掐算,预测未来。[例]都说他~,其实是糊弄人呢。

【能人】nèng reng(词)指聪明好学的多面手。[例]那是个~,有好几门手艺呢!

【能伸能屈大丈夫】nèng shēng nèng qú dá zháng fu(熟)谓有志气、有节操、有作为的男子既要刚直不阿,又能委曲求全。

【能说】nèng shuó(词)指口头表达能力强,健谈。[例]嘴~得很。

【能下蛋的就是好母鸡】nèng xiá dán di jiú shi hào mú ji(谚)谓能产生收益的人或物就是好的。实用观点。

【能写会算】nèng xiè huí suán(词)指有一定文化,能写文章,会记账算账。

【能淹住他的心】nèng yān zhu tā di xīng(熟)疑问句,犹能满足他的贪欲?[例]那几个钱~?

【农丰】nèng fēng(词)地名,意为农业丰收。今属望洪镇。[例]~村(1983 年 6 月后)。

【农忙托儿所】nèng màng tuó er suò(词)旧指农事大忙季节,以生产队为单位成立的临时托儿所。

【农膜】nèng mò(词)泛指应用于农业生产的塑料薄膜。

【农器家具】nèng qi jiā ju(熟)泛指做农活的工具、用具。

【农声】nèng shēng(词)地名。今属望洪镇。[例]~农业社(1955 年)。|~大队(1958 年后)。|~村(1983 年 6 月)。

【农业社】nèng ye shé(词)泛指农业合作化以后的集体生产组织。

【农转非】nèng zhuàn fēi(词)谓把农业户口转为非农业户口, 即城镇户口。[例]全家都~了。

【浓眉大眼】nèng mì dá yàn(词)又黑又密的眉毛,大大的眼睛。多用于形容男子美貌。

ni

【你死呀,我悔呀,柳木匣子抬你呀,荒郊野外埋你呀, 驴粪蛋蛋烧纸呀,鸦雀老乌哭你呀】nì sí ya,wò huí ya,liú mu xià zi tài ní ya,huāng jiāo yé wái mài ní ya,lǜ feng dán dan shāo zhí ya,yā que láo wu kú ní ya(顺)穷人妻子哭诉亡夫的话。

【你望望】ní wáng wang(词)犹你看看。有不满、埋怨义。[例]~,这就是他干的营生!

【你敬人一尺,人敬你一丈】ní jíng rèng yí chí,rèng jíng ní yí zháng(词)只有尊重别人,才能得到别人尊重。

【你们先人亏了人了】ní meng xiān reng kuī le rèng le(熟)骂人的话。谓祖上没做好事,坑害过人。[例]~,才养了两个傻子!

【你上天我也要捋你个尾巴】ní sháng tiān wò yé yao lǘ ní ge yí ba (熟)比喻不甘落后。[例]你能走多快? ~!

【你是个急的,我是个皮的,庙里的爷爷是个泥的】ní shí ge jí di,wó shí ge pì di,miáo ni di yè ye shí ge mì di(顺)调侃语。用于戏逗性急人的话语。

【你是生牛皮, 我是熟皮的缸】ní shí sēng niù pì,wó shí shú pì di gāng(熟)比喻专门制服难以对付的人。

【你不会】ní bu hui(熟)犹你应该,为什么不。[例]~调查清楚再下结论?

【你不仁, 我也不义】ní bú rèng,wò ye bú yí(熟)你不讲仁义道德,莫怪我不讲义气。

【你唱我哼, 挣上供养平分】ní cháng wò hēng,zéng shang góng yang pìng fēng(熟)本指道士做完道场(念完经)以后平分供品(供养)。比喻大集体时“干多干少一个样”的平均主义现象。

【你的刀老，揽得趟还宽得很】ní di dāo lào,lán di táng hài kuān di hèng(熟)比喻自顾不暇还揽闲事(帮助别人)。刀老:刀钝。趟:收割庄稼时每人所占的一行。

【你熬的药，看你咋喝去】nì ào di yué,kán nì zà hé ke(熟)比喻你造成的后果,看你咋收拾。有追责或推卸之义。

【你给我唱个绣荷包，我给你个腌萝卜】nì gei wó cháng ge xiú hè bao,wò gèi ní ge yān luò bo(顺)善意戏谑语。

【你妈嫁给嫪毐了】nì mā jiá gei láo ái le(熟)骂语。嫪毐是战国时秦国宦官,得太后宠幸,权势很大。比喻子女依仗父母权势。

【你升官了,我坐班了】nì shēng guān le,wó zuó bān le(顺)比喻曾经一起患难的同伴升迁发达,自己却在社会底层受苦受罪。

【你死我活】nì sì wó huó(词)形容双方斗争激烈,互不相让。[例]过去打得~,现在又成了好朋友。

【你有你的千条计,我有我的老主意】nì yòu ní di qiān tiào jí,wò yòu wó di lào zhù yi(顺)拿定主意,不为干扰所动。

【你有一碟子,我有一碗】nì yóu yí dié zi,wò yóu yí wàn(谚)犹礼尚往来。

【你走你的阳关道,我过我的独木桥】nì zòu ní di yàng guān dáo,wó guó wó di dú mú qiào(谚)意为人各有志,互不相犯,坚持自己选定的方向和道路。

nia

【娘儿俩】niàr lià(词)母子或母女俩。

【娘们三个】nià meng sān ge (词)母女或母子三个。

【娘母两个】nià mu liáng ge(词)母子或母女俩。

【娘娘】nià nià(词)母子或母女俩。

nian

【捻掐】niān qia(词)❶欺负、压制。[例]媳妇子身上有了(怀孕了),以后少~她。❷小偷小摸。[例]就爱~别人的东西。

【捻线】nián xián(词)用手指或"捻转子"捻线。

【捻转子】nián zhuán zi(词)线陀螺,拿在手里捻线的小工具。

【撵得紧】nián di jìng(熟)追得紧,要求迫切。[例]不是我~,这事就黄了。

【碾坊】nián fang(词)安装有碾米设备、专门碾米的房屋。

【碾轱辘】nián gú lu(词)即碾子的石磙。中心有圆孔,两头镶有铁钏,碾杆从中间穿过。

【碾棍】nián góng(词)即辗杆。

【碾磨千家用,井里打水没人问】nián

mó qiān jiā yóng,jíng ni dà shuí mú rèng wéng(谚)旧时农村约定俗成的习俗。

【碾襻】nián pán(词)用于连接碾杆和碾轴的部件。

【碾馔子】nián zhuan zi(词)把尚未成熟的青稞穗剪下,经炒熟脱粒后用石磨磨成细捻状的食品。

【碾子】nián zi(词)旧时农村碾压谷物的石制工具。

【碾杆】niàn gàn(词)从碾轱辘穿过、一头连接碾柱、一头由牲畜牵引的木棍。也叫碾棍。

【碾盘】niàn pàn(词)石碾的底盘。石质圆盘形,表面光滑,中间有轴,轴上有碾钏、辗襻,供碾磙在上面碾轧粮食等。

【碾台】niàn tài(词)安放碾盘的底座,用土坯砌成,边缘比碾盘宽出约一尺,表面与碾盘持平。

【念礼斋课朝,五功不能少】nián lì zhāi ké chào,wù gōng bú nèng shào(熟)指穆斯林必须履行的五种神圣义务和功修制度。

【念大经】nián dá jīng(词)为超度亡灵而请道士来家诵经,所请道士总数3人以下为小经,6人以上为~,也叫两堂经。

【念歌】nián ge(词)念叨。[例]奶奶老~在外地上大学的孙子。

【念诵】nián song(词)❶因思念而念叨。[例]昨天还~你呢。❷欲得到某种东西而念叨。[例]老~着要买个手机。

【念心儿】nián xingr(词)纪念品,留念。[例]这个玉镯子是奶奶给我留下的~。

【年初几子】niàn cū ji zi(词)指农历春节期间正月初一至初十的任何一天。

【年对年】niàn duí niàn(词)上年和下年的同一天,即整一年。[例]春节杀口猪,吃个~。

【年好过,月难过】niàn háo guó,yué nàn guó(词)年指春节,月指全年。意谓过日子要从长计议,勤俭节约,细水长流。

【年里】niàn lì(熟)即年内,农历春节前。[例]赶~把这点活干完。

【年年盼着年年富,年年穿的没裆裤】niàn niàn pán zhe niàn niàn fú,niàn niàn chuān di mú dāng kú(熟)指贫困的生活年年如此。没裆裤:裤子破了没布补。

【年前】niàn qiàn(词)去年,上年。

【年轻骨嫩】niàn qīng gú nóng(词)年纪轻,身体好。[例]~的,多干点,叫老人缓缓。

【年轻力壮】niàn qīng lí zhuáng(词)年纪轻,体力强。[例]~的劳力都上了水利工地。

【年三十】niàn sān shi(词)农历最后一天,即除夕。

【年三十借笼——你蒸呢我哈呢】

niàn sān shi jié lòng—— nì zhēng ni wò hā ni(熟)不愿意把正在使用的东西借给人。哈:哈气。

【年上】niàn shang(词)去年。

【年岁】niàn sui(词)年纪。[例]爷爷~大了。

【年头】niàn tou(词)年代、时代。[例]遇上好~了!

【年种年收】niàn zhóng niàn shōu(词)指灾害少,庄稼年年丰收。

【黏糊】niàn hu(词)❶办事不利索。[例]那个人办事太~。❷依恋不舍。[例]人都上工了,娃娃还在他妈的怀窝里~。

【黏糊糊】niàn hú hu(词)形容黏稠的东西。[例]米饭做得~的。

【黏唧唧】niàn jí ji(熟)黏糊糊,粘连。[例]啃猪蹄把手弄得~的。

【黏几挖搭】niàn ji wá dà(词)黏糊不清爽。[例]月饼~的,不好吃。

【黏糜子】niàn mì zi(词)能碾出黏黄米的糜子。

【黏挖挖】niàn wá wa(词)黏糊不清爽,不利索。多指物品的性状。[例]胶水糊到手上了,~的。

niang

【娘家】niàng jia(词)已婚女子亲生父母或养父母的家。

【娘老子】niàng láo zi(词)父母。

【娘老子的钱用手抓,儿女的钱用眼巴】niàng láo zi di qiàn yóng shòu zhuā, èr nǘ di qiàn yóng yàn bā(谚)指子女花父母的钱很容易,父母花子女的钱难。

【娘母子】niàng mu zi(词)母亲。

【娘娘庙】niàng niang miáo(词)旧时供奉碧霞元君及送子娘娘、催生娘娘、眼光娘娘、天花娘娘等神的寺庙。

niao

【尿尿不捉尿,耍的大撒手】niáo suī bú zhuó qiù,shuá di dá sá shòu(熟)比喻做事大大咧咧,粗心大意。

【尿不到一个壶里】niáo bú dao yí ge hù ni(熟)壶指夜壶。比喻合不来。

【尿褯子】niào jié zi(词)尿布。

【尿他一头晒不干】niáo tā yí tòu shái bù gān(熟)气愤语。不愿意理睬的仇人。

【鸟无头不飞,蛇无头不行】niào wù tòu bú fēi,shè wù tòu bú xìng(谚)谓集体行动要有领头者。

nie

【捏估】nié gu(词)❶临时编造。[例]这些数字都是~出来的。❷从中说合,使结合在一起。[例]好好赖赖把他们~到一起算了。

【捏了一把汗】nié le yí bá hán(熟)形容非常担心、紧张的心情。[例]你没回来之前,真为你~。

【捏码子】nié má zi(词)指交易双方

在袖筒里或衣襟下捏指头讲价钱的方式。

【捏脉】nié miá(词)即中医切脉,亦称号脉。

【捏锹把】nié qiāo bá (熟) 比喻种地的,农民。

【捏上撮撮子】nié shang cuó cuo zi (词)合伙,合谋。[例]~害人。

【捏在一起】nié zai yí qì(熟)指把数字合在一起。

【捏住鼻子救气】nié zhu bí zi jiú qí (词)趁人还有气,捏住鼻子不使其断气。比喻勉强维持。

【孽疙瘩】nié gé da(词)遭受虐待的小孩。[例]成了受人欺负的~。

【孽障】nié zhang(词)❶可怜,困苦。[例]活得太~。❷"障""账"谐音,戏称账目混乱。[例]啥账嘛? 简直是和尚的~! ❸旧时长辈骂不肖子弟、神仙骂妖孽的话。

【灭不了】nié bú liào(词)离不开,不可小看。[例]治这种病,还~土办法。

【灭茬】nié chà(词)用翻犁等办法除去留在地里的庄稼根茎。[例]秋翻可以~。

【乜贴】niè tie(词)阿拉伯语音译词,意为心愿、愿望、心意等,经堂语为"举意"。

ning

【宁可信其有,不可信其无】níng ké xíng qì yòu,bú ké xíng qì wù(谚)对未经验证的事物,宁可相信有,不可简单否定,待验证后再下结论。

【宁可站着死,不叫跪着生】níng ké zhán zhe sì,bú jiáo guí zhe sēng(谚)骨气和气节的体现。

【宁为鸡头,不做凤尾】níng wèi jī tòu, bú zuó féng wèi(谚)比喻宁愿在小单位当一把手,也不到大单位当副手。

【宁做和平犬,不做战时人】níng zuó hè pìng quàn,bú zuó zhán shì rèng (谚)极言战争所带来的苦难,要珍惜和平,反对战争。

【宁养飞子一脚踢,不养囊灰受鳖气】níng yàng fēi zì yí jué tí,bú yàng nāng song shóu bié qí(谚)宁生个虽不孝顺但有闯劲的儿子,不生个窝在家里毫无出息的儿子。

【宁与千人好,不结一个仇】níng yù qiān rèng hào,bú jié yí ge còu(谚)宁可与千人交朋友,不要与一个人做仇敌。

【宁大】nìng dá(词)即宁夏大学,始建于 1958 年,是宁夏回族自治区政府与教育部共建的综合性大学。

【宁化】nìng hua(词)地名,含安宁、归化义。在今李俊镇。[例]~寨(古名)。|~乡(解放初)。|~管理区(1958 年)。|宁化生产大队(1959 年后)。|~村(1983 年 6 月后)。

【宁化桥】nìng hua qiào(词)许黄公路在唐徕渠宁化村段的桥梁,原为木桥,1967 年改造为砼桥。

【宁和广场】nìng hè guàng chàng(词)位于永宁县城新区中心,2003 年 8 月建成,占地 100 亩。

【宁夏城】nìng xia chèng(词)银川市的老名字。

【宁夏地方窄,说鳖来个蛇】nìng xià dí fāng zè,shuó bié lài ge shè(熟)比喻地方小,说谁谁到。"宁夏"非专指,可根据说话地点变为其他地名。

【宁夏农学院】nìng xia nòng xué yuán(词)1971 年建立于永宁王太堡,前身系宁夏大学第一分校(1969 年 11 月由宁大部分科系与永宁农校合并组建),2002 年与宁夏大学重新合并,组建宁夏大学农学院,校址在宁大 A 区。

【宁夏五宝】nìng xia wù bào(词)旧指枸杞(红)、甘草(黄)、贺兰石(蓝)、二毛皮(白)和发菜(黑)。现将"黑"改为太西煤。

【拧沟子】nìng gōu zi(词)对卖弄风流者的称谓。[例]~货。

【拧揪疙瘩】nìng jiū ge da(熟)用手指在皮肤上使劲拧掐。[例]女儿跟母亲顶嘴,母亲气急了,在女儿的脸上拧了个揪疙瘩。

【拧抹布头子的】nìng má bu tòu zi di(熟)对炊事员或厨师的蔑称,有时也用于从事此类职业者的自嘲。

【拧着疼,掐着痒】nìng zhe tèng,qiá zhe yàng(熟)比喻做事不利索,不痛快。多指花钱不大方,还债不利索。

niu

【扭棍裂棒】niú gong lié báng(熟)形容四分五裂,很不团结。

【扭了是个俊身子】niú le shi ge jióng shēng zi(熟)本指俊人扭动身躯展示俊美。当地以"扭了"和"走了"的谐音,用于打岔调侃。[例]甲:"我走呢。"乙:"~!"

【扭扭捏捏】niú niu nié nie(词)形容举止言谈不大方,或故作姿态。[例]叫你唱你就唱,~不像样。

【扭头趔脖子】niù tòu lié bó zi(词)形容不听劝告时的表情。

【扭一眼,格一眼】niú yí yàn,gé yí yàn(熟)扭、格都指用眼睛挖人。表示不满、厌恶。[例]俩人一见面就~的,好像仇人一样。

【纽疙瘩】niú gé da(词)将缲(qiao)好的细布带按一定程序绾成疙瘩,与纽襻儿配对为纽扣。

【纽襻襻】niú pán pan(词)中式上衣的布制纽扣(母扣)。

【拗了性】niǔ le xíng(词)指违拗了性子和意愿。

【拗天行事】niǔ tiān xìng shí(词)违背规律或众人意志做事。

【拗种】niǔ zhòng(词)指不孝顺、不遵守家规的子孙。

【拗子】niǔ zì(词)固执、不顺从父母的子女。

【牛帮索子】niù bāng suo zi(词)缚在牛脖子上、用于牵引套绳的弯木。

【牛屄不是吹的,火车不是推的,汽车不是搡的,公事不是抗的】niù bī bú shi chuī di,huò chē bú shi tuī di,qí chē bú shi sáng di,gōng shi bú shi káng di(顺)本条的重点为不要吹牛,不要干扰公务。

【牛屄当哇呜的吹】niù bī dáng wá wu di chuī(熟)讽刺语。犹假话当真话说,空话当实话说。哇呜:泥哇呜,埙。

【牛皮烘烘】niù pī hōng hōng (熟)形容趾高气扬、不可一世的样子。

【牛鼻子】niù bí zi(词)指鼻翼较大、鼻孔外露、鼻头稍翘的鼻型。

【牛鼻子臭了在牛嘴上】niù bí zi chóu le zái niù zuí shang(词)比喻关系再差也是一家人,劝人顾全大局,包容原谅。

【牛卜郎郎】niù bo lāng lang(熟)幼牛。

【牛不抵牛是个㞞牛】niù bú dì niù shí ge sòng niù(谚)比喻不敢接受挑战的人是胆小软弱的。

【牛车辐条】niù chē fú tiao(词)老式大木轮车上以辐射状连接车辋与车毂的木条。详见附一。

【牛车厢】niù che xiāng(词)牛车上装载物品的厢体。宽约二尺八寸(93 厘米),长约六尺五寸(2.1 米)。

【牛车辕条】niù che yàn tiao(词)牛车上两根平行的长木,前半部分叫拉厢,用于驾牛,后半部分叫装厢,用于装货(前后厢长度各占车辕一半)。车轮安装在车厢中部。

【牛搭背】niù dá bei(词)拴在牛鞧中间、搭在牛背上的绳子,防止牛鞧下滑。

【牛大压不死虱子】niù dá yá bú sí shé zi(谚)比喻强大和弱小的事物各有优势和存在的理由。

【牛大有剥牛的方子】niù dá yóu báo niù di fāng zi(谚)比喻再大、再复杂的问题也有解决办法。

【牛单鞭】niù dān bian(词)"花花子"牌局之一,即三只"牛"加一副"摆"。详见附一。

【牛耳朵锞子】niù ér duo kuó zi(词)即银元宝,两头伸出部分像牛耳,故名。

【牛乏拉稀驴放屁,人乏就是吐吐沫】niù fà lá xī lü fáng pí,rèng fà jiú shi tù tú mo(熟)指手拿工具干活的人往手心上吐吐沫,可增强手的涩度和握力。

【牛粪巴拉子哭妈——两眼墨黑】niù feng bā la zi kú mā—liàng yán miá héi(歇)牛粪巴拉子:屎壳郎。比喻不知情,什么也不知道。

【牛粪巴拉子爬到秤杆上——观星(关心)】niù feng bā la zi pà dao chéng gán shang——guān xīng(guān xīng)

(歇)借“观星”和“关心”的谐音,调侃虚假关心或无用的关心。

【牛鬼蛇神】niù guì shè shèng(词)奇形怪状的鬼神。比喻丑恶事物和形形色色的坏人。

【牛脚坑坑子】niù jue kēng keng zi(词)牛蹄子踩出的坑。

【牛脚坑坑子淹死人】niù jue kēng keng zi yān si rèng (熟)“牛脚坑坑子”指牛脚坑里汪的水。比喻小的隐患如不提防和排除,也能致人死命。

【牛斤头,见了三副子栽跟头】niù jīng tou,jián le sān fú zi zāi gēng tou(顺)“花花子”术语,即“双天挂摆二牛”的组合,最怕上家出“三副子”。详见附一。

【牛斤头】niù jīng tou (词)“花花子”成牌的组合之一,即双“天”挂“摆”加二“牛”。详见附一。

【牛老角根细,人老夹不住屁】niù láo gé gēng xí,rèng láo jiá bú zhu pí(熟)指牛和人自然衰老的生理现象。

【牛老角根细,树老叶子稀】niù láo ge gēng xí,shú láo yé zi xī(谚)指牛和树衰老的表象。

【牛领子】niù líng zi(词)牛脖子。比喻粗糙多皱的皮肤。

【牛毛蛋】niù mào dán(词)旧时农村儿童玩具之一。春季牛褪毛时,将唾沫吐在牛身上,反复搓揉滚动,形成圆球,即为~。

【牛毛细细雨】niù mao xí xi yù(词)即牛毛细雨。

【牛毛毡毡】niù mao zhān zhan(词)一种矮小细密的野草,多生长在低洼湿地。

【牛没劲了胡曳呢,人没理了胡说呢】niù mú jíng le hù yé ni,rèng mú lí le hù shuó ni(谚)谓牛乏了就不按路数干活,人没理就会胡搅蛮缠。

【牛魔王的儿子——小妖】niù mó wang di èr zi—xiào yāo(歇)小妖比喻小孩。

【牛牛子】niù niu zi(词)对男子阴茎的戏称。[例]~挓(勃起)了。

【牛皮灯笼——照里不照外】niù pi dēng long—zháo lí bú zháo wái(歇)指只顾自己,不顾外界和他人。比喻自私、昏聩,一味偏袒自己或自己一方。

【牛皮文书】niù pi wèng shu(词)旧时写在牛皮纸上的契约。

【牛皮靴子没反正】niù pi xuē zi mú fán zhéng(谚)指夫妻或好朋友之间发生争吵是常事,很快就会和好。也说狗皮靴子没反正。

【牛皮灶神,越供越搐】niù pi záo sheng,yué góng yué chú(熟)比喻不识抬举、扶不起来的人。搐:抽搐,褶皱多,拉不展。

【牛皮纸】niù pi zhì(词)一种质地坚韧、拉力强的黄褐色包装纸。

【牛气】niù qi(词)威风,气派。

【牛鞧绳】niù qiū sheng(词)两头拴在车辕桩上、中间兜在牛大腿后、用于停车或坐车的粗麻绳(也有用牛皮的)。

【牛说牛,角说角】niù shuó niù,gé shuó gé(熟)比喻分开来说,不要混为一谈。

【牛蹄子一掰两半】niù tì zi yí biā liáng bán(熟)对半分,双方各一半。

【牛舔鼻】niù tián bí(词)指鼻头扁平、鼻孔外露的鼻型。

【牛舔鼻的鞋——踢不起土】niù tián bí di hài—tí bu qì tù(歇)鞋头像牛鼻子一样扁平的鞋。比喻性格懦弱的人。

【牛头不烂,多费两把柴火】niù tòu bú lán,duō féi liàng bà chài huo (谚)比喻一时(次)说不通,多费点时间说。

【牛头马面】niù tòu má mián(词)佛教指地狱的鬼卒。也指形象凶恶的群体。

【牛仰横子】niù yáng heng zi (词)指拴在牛帮索子下面的弯木棍儿,用于固定帮索子。两头有扣,可随意扣解。

【牛仰绳】niù yáng sheng(词)指车索头下面的短绳和弯木棍儿(仰横子),宽松地拴缚在牛脖子下面,防止车辕挑起。

【牛站三年角对角,人站三年刀子戳】niù zhán sān niàn gé duí gé,rèng zhán sān niàn dāo zi chuó(谚)指牛与牛待久了会亲密相处,人与人待久了会产生矛盾甚至斗争。

nu

【奴棒】nù báng(词)比喻当奴才的料,也指不爱说话的人。[例]那个~,就会受死苦,干不了别的。

【奴疙瘩】nù gé da(词)形容死气,话少,不善交流。

【奴气】nù qi(词)形容死气,噘着嘴不说话。[例]~大得很,问了半天不吭声。

nuo

【搦住】nuó zhu(熟)强行阻止,绝不同意。[例]如果不是我~没让去,他早跟上别人搞传销去了。

【糯米】nuó mi(词)用糯稻碾出的米,黏性大,也叫江米。

【挪窝窝子】nuò wō wo zi(词)换地方,换岗位。[例]没~在这里干了几十年。

nü

【女大不可留,留下结冤仇】nǘ dā bú kè liù,liù xia jié yuān còu(谚)谓女儿大了,就让她自找对象,父母不必强留其在家,否则会落女儿抱怨。

【女大不离娘,儿大不同床】nǘ dá bú lì niàng,èr dá bú tòng chuàng(谚)女儿大了要和母亲睡在一起,男孩大了要和母亲分床。

【女大三,抱金砖】nǘ dá sān,báo jīng zhuān(谚)旧说法,认为妻子比丈夫大三岁,能给家里带来福气。

【女大五,赛老母】nǘ dá wù,sái lào

mù(谚)女的容易衰老,如果妻子比丈夫大过五岁,中年以后就像老母亲一样。

【女大一,没米吃】nǘ dá yí,mú mí chí(熟)谓女比男大一岁的夫妻,家境不会宽裕。唯心说法。

【女儿生得丑,倒搭二两油】nǘ er sēng di chòu,dáo dá ér liàng yòu(熟)调侃语,谓丑女出嫁,娘家要倒贴钱。比喻弱势者求人办事的艰难。

【女儿是妈的小棉袄】nǘ er shi mā di xiào miàn ào(熟)比喻女儿和母亲最贴心,体贴入微。

【女亲家】nǘ qíngjia(词)指亲家母。

【女人】nǘ reng(词)丈夫对妻子的外称。[例]我~今天不在家。

【女人的身子男人的心】nǘ reng di shēng zi nàn reng di xīng(熟)形容性格像男子的女人。

【女要放贤,男要四海】nǘ yao fáng xiàn nàn yao sí hai(谚)放贤:贤惠、明理。四海:豁达、宽厚。

【女光棍】nǜ guāng gong(词)对嗜赌女性的戏称。[例]老婆不管家,一天到晚打麻将,成了个~!

nui

【内奸】nuí jiān(词)暗藏在内部搞破坏的敌对分子。

【内里】nuí li(词)❶内部。[例]这话还是你们~的人传出来的。❷内脏。[例]查查看~有啥毛病。

O

ou

【欧——】ōu-(熟)呼唤人的声音。拖音较长。

【呕的】óu di(熟)干呕或呕吐。[例]吃了药,还是~不行。

P

pa

【爬扯了】pā ché le(熟)因惊吓或过度劳累而身体瘫软。[例]把人吓~了。

【爬唧唧】pā jí ji(词)❶食物煮得或泡得过久而烂糊,不经嚼。[例]面条子~的,不好吃。❷织物经纬稀疏或磨损变薄。

【爬了】pā le(词)❶布匹纺织不细密或磨损变薄。❷食物煮得稀烂。❸身体发软。[例]把他吓~。

【怕狗咬还不藏门子了】pá gòu yào hai bú cáng mèng zi le(熟)藏门子:串门子。意为该干的事还得干,不因小的干扰而停止。

【怕火星子的不是好铁匠】pá huò xīng zi di bú shi háo tié jiang (谚)比喻害怕困难和危险就学不到真本领。

【怕了】pá le(词)因受到某种伤害而产生的惧怕心理。[例]穷~。|饿~。|打~。|哄~。

【怕尿床还睡筛子呢】pá niáo chuàng hai shuí shāi zi ni(谚)比喻要成就一件事情,就不要患得患失,怕这怕那。

【怕啥来啥】pá shá lài shá(熟)谓怕什么偏来什么。

【怕是】pá shi(词)犹恐怕。[例]当个副的还可以,当正职~不行。

【怕是白矾,松香】pá shi biá fàn, sōng xiang(熟)戏谑语,有否定义。“东西”与“松香”谐音,一人若说“东西”,另一人则以~相戏谑。

【怕死鬼】pá si guì(词)对贪生怕死者的蔑称。

【爬得高,跌得疼】pà di gāo, dié di tèng(谚)❶官位越高,下台后的失落感越重。❷怀着个人野心往上爬,失败后的代价更大。

【爬锅爬灶】pà guō pà záo(词)比喻做饭。[例]女人整天在外头跑,叫男人在家里~。

【爬下跪倒】pà xia guí dào(词)一会儿跪下爬下、一会儿起来。形容辛苦。[例]她腿子痛,每天还要~地给大家煮饭烧炕。

【爬不动的时候】pà bú dóng di shì

hou(词)指老年人失去劳动和生活自理能力,泛指晚年。

pai

【排长】pài zhàng(词)公社化初期生产队实行组织军事化，设生产排长，相当于生产组长。后一直习称生产组长为排长。

【排子】pài zi(词)即羊皮筏子。详见附一。

【牌牌子】pài pai zi(熟)指某种可代表身份的证章或名义，有轻蔑义。[例]混了个农民记者的~,就觉得了不起。

pan

【攀亲】pān qīng(词)俗称订婚,也指结成亲家。[例]不~是两家,攀了亲就是一家。

【攀亲家】pān qíng jia(熟)❶两家儿女婚配后的亲戚关系。❷没有血缘或婚姻关系而拜认的干亲,双方互称干亲家。

【判官】pán guan(词)迷信指阎王手下主管生杀大权的官吏。

【判刑】pán xìng(词)司法部门依据法律给罪犯以刑事处分。

【盼头】pán tou(词)希望,指望。[例]一看没啥~,就辞职了。

【盼想】pán xiang(词)盼望,盼头,希望。[例]儿女只是父母的一个~;父母要想活得好,主要还得靠自己。

【叛徒】pán tù(词)❶泛指有背叛行为的人。[例]谁也不许当~!❷特指背叛祖国或背叛革命的人。

【盘场】pàn chàng(熟)因反复盘算事情而失眠。[例]昨天晚夕~了,一夜都没睡着。

【盘缠】pàn chan(词)出远门带的费用。[例]未见出门,先把~准备好。

【盘出去】pán chu ke(熟)把店铺连同商品转让给别人。[例]把商店~,改行干别的。

【盘炕】pàn káng(词)用土墼、垡垃、泥浆垒砌火炕。

【盘锅台】pàn guō tai(词)用土墼、垡垃、砖头、泥浆垒砌灶台。

【盘龙银元】pàn lòng yìng yuàn (词)清制壹元银币,背面有盘龙图案。

【盘儿上碟儿下】pànr sháng diér xiá(熟)形容以好吃好喝和周到的礼仪招待客人。

【盘算】pàn suan(词)思索,考虑。[例]我~着这个事不能做。

【盘头】pàn tòu(词)盘卷头发而成发髻。

【盘头马,三攻卒】pàn tòu mà,sān gōng zú(熟)象棋术语,谓开局跳了“盘头马”,就要连续进攻当心(中心、中间)卒,为盘头马开路。

【盘腿】pàn tuì(词)两腿盘曲交叠而坐。[例]~坐在炕上。

pang

【肨鼓烂胀】pāng gu lán zháng（词）❶吃得太多，觉得胃胀。❷穿得太厚，看着臃肿。

【肨着嘴】pāng zhe zuì（词）噘着嘴。[例]你~咋啦？

【胖】páng（词）❶粗。[例]这个棒安锹把太~了。❷肉肥。[例]养的猪一个比一个~。

【胖墩墩】páng dóng dong（词）形容矮胖而壮实的身材。[例]身子~的。

【胖乎乎】páng hū hū（词）形容身体胖而圆润。

【胖娃娃草】páng wà wa cáo（词）学名马齿苋，又名马齿菜、长寿菜，一种生长在田野和村落四周的野生蔬菜。

【胖子怕热，瘦子怕冷】páng zi pá ré，sóu zi pá lèng（熟）义如文。

【胖子胖，空壳郎】páng zi páng，kōng ke láng（顺）指体形虽胖，但体内空虚，没力气或抗病能力差的人。

【旁层另人】pàng ceng líng rèng（词）指非亲属或外人。

【旁处】pàng chu（词）别处，外地。[例]罢在这里嘈嚷，到~耍去。

【旁观者清，当道者迷】pàng guān zhe qīng，dāng dáo zhe mì（谚）谓对同一件事物，局外人往往比当事者看得全面、清楚。

【旁人】pàng reng（词）他人，外人。[例]有了事，~在哪里？还得靠自己人。

pao

【泡】pāo（词）虚而松软。[例]田里的土犁得~~的。

【泡囊囊】pāo náng nang（词）形容食品或其他物品过于松软。[例]面包~的，不好吃。

【泡泡纱】páo pao shā（词）一种表面有泡泡的轻薄布料。

【泡醒】páo xìng（词）❶用水把地里的土块泡开。[例]把土~了再浪田。❷用水把干硬的子粒泡软。[例]把豆子~了磨豆腐。

【炮灰】páo huī（词）比喻旧时被迫去打仗送死的士兵。[例]抓去的壮丁，不少人都当了~。

【炮筒子】páo tóng zi（词）比喻心直口快的性格。[例]~脾气。

【炮渣子】páo zhā zi（词）比喻性格过于火爆，一触即发。[例]~脾气，一点就炸。

【炮燥】pào zao（词）因燥热而感到难受。[例]炕太热，睡上~的。

【跑得慢了还不算】páo di mán le hài bú suán（熟）指只要有好处（好事）肯定积极争取（跑得快）。[例]只要说领钱，他~。

【跑了和尚跑不了庙】páo le hè shang páo bú liáo miáo（谚）指纵然一时躲掉，由于其他无法摆脱的牵累（如家庭、单位等），最后还是无法脱身。

【跑了是没捉好】páo le shi mú zhuó hào（熟）调侃语。一人说“好了”，另一人则以“好了”和“跑了”是谐音说“~”。

【跑了一气】páo le yí qí（熟）跑路子、争取。［例］~没跑成。

【跑趟子】páo táng zi（词）❶快速地跑，跑腿办事。［例］忙得人~呢。❷走，多次地走。［例］快点给办了吧，别让人家来回~。

【跑外】páo wái（词）出外办事或专职办理购销业务等。

【跑部钱进】páo bú qiàn jing（熟）指通过跑关系，争取到政府部门的资金支持。是“跑步前进”的诙谐说法。

【跑操】pào cāo（词）有组织的集体跑步。［例］保安每天早上都~。

【跑肚】pào dú（词）拉肚子。

【跑关系】pào guān xi（熟）指找关系办事。

【跑驴子】pào lǜ zi（词）❶赶着毛驴做生意的人，也叫驴户。❷社火中的“跑驴子”舞蹈。

【跑马】pào mà（词）遗精的俗称。

【跑买卖】pào mái mai（词）外出做生意。［例］常年在外头~。

【跑跑蹎蹎】pào pao diān dian（词）跑腿，奔波忙碌。［例］干的就是~的营生。

【跑片子】pào pián zi（词）指一部电影拷贝在几个场所错开时间放映，每放完一本或数本，由专人把拷贝从甲处送往乙处。

【跑跷】pào qiāo（词）指母猪发情。

【跑了的鱼是大的】pào le di yù shi dá di（谚）犹如“没得到的东西总是最好的”。是人的一种潜意识，反映了希冀、惋惜、不甘失去等复杂心理。常带有调侃意味。

【跑堂的】pào tàng di（词）旧指酒店饭馆里的伙计。

【跑腿】pào tuì（词）指为他人奔走做杂事。［例］挣几个~钱。

【跑腿的】pào tuí di（词）指旧时杂役或为他人奔走做事者。［例］我是个~，不知道内情。

【刨锛儿】pào bēngr（词）泥瓦匠用来刨断砖头的小工具。

【刨掉】pào diao（词）减去。［例］~皮还有多重？

【刨根问底】pào gēng wéng dì（词）认真盘究查问，弄清根底原由。［例］大概知道就行了，不要~了。

【刨一爪子吃一爪子】pào yí zhuá zi chí yí zhuá zi（熟）形容鸡刨食。比喻手里无积蓄、现挣现花的人。

【袍袖】pào xiu（词）袍子的袖管。多指衣服袖子过于宽大。

pei

【配对对子】péi duí dui zi（熟）把必须成双才能发挥作用的东西或人配成

对。如筷子、鞋以及演出二人转、对口词时的演员等。

【配花】péi huā(词)将南瓜、葵花等花朵的花蕊进行人工接触,达到异花授粉的目的。

【配人】péi rèng(词)未婚女子出嫁。[例]女儿大了,该~了。

【配神了】péi shèng le(熟)非常般配。[例]两口子~,都有洁癖。

【配药】péi yué(熟)按医嘱或处方搭配、凑够所需药物。

【配钥匙】péi yué chi(熟)请专业人员按锁子或原钥匙配制钥匙。

【配种】péi zhòng(词)使雌雄两性动物交配以繁殖后代。

【陪绑】pèi bàng(词)❶把不够死刑或判死缓的犯人跟立即处决的犯人一起绑赴刑场示众。❷违心地给别人当陪衬。

【陪房】pèi fang(词)旧时随嫁的婢女或仆人。

【赔个情】pèi ge qìng(词)道歉,赔不是。

【赔钱的买卖行家做】pèi qiàn di mái mai hàng jia zuó(谚)外行和内行的差别。

peng

【喷鼻鼻香】pēng bí bi xiāng (熟)喷香。[例] 香瓜一掰开,~。

【碰不过猪头碰羊头】péng bú guo zhū tou péng yàng tou(熟)比喻欺软怕硬。

【碰瓷】péng cì(词)指人与机动车辆故意相撞、索取赔偿的讹诈行为。详见附一。

【碰到驴屎上碰死去】péng dao lǜ qiù shang péng sí ke(熟)斥责、诅咒人的话。犹太可耻,太丢人,没必要活在世上。

【碰了一鼻子灰】péng le yí bí zi huī(熟)办事不成功或自讨没趣。[例]本以为去了就能办成,没想到~。

【碰牌】péng pài(词)麻将术语,自己有两张一样的牌,将其他人打下的同样的牌配成一副(三张)。

【碰破头】péng pó tòu(熟)不顾一切地。[例]一听说看戏不要钱,~地往戏园子跑了!

【碰头撒死】péng tòu sá sì(词)❶以死相威胁。[例]动不动~。❷因病而辗转反侧。[例]浑身痛得不行,~地在炕上滚了一夜。

【盆朝天,碗朝地】pèng cháo tiān, wán cháo dí(熟)形容厨房里的东西凌乱不堪。[例]都快晌午了,还~的。

【盆盆子】pèng peng zi(熟)指小盆儿。[例]用小~把汤盛上。

【朋友千个少,仇人一个多】pèng you qiān ge shào, còu reng yí ge duō(熟)谓要多交朋友少树敌。

【蓬灰】pèng huī(词)用野生植物蓬

蓬草烧制的碱灰。多在牛肉拉面中使用。

pi

【批斗】pī dóu(词)批判斗争。[例]明天召开~大会。

【批发市场】pī fá shí chàng(词)指向零售商或企事业单位销售商品的商业市场。[例]农产品~。

【批判会上没好人,追悼会上没坏人】pī pán huí shang mú hào rèng, zhuī dáo huí shang mú huái rèng (熟)指批判会上把批判对象说得一无是处;被批判者死后,在追悼会上只字不提他的过错。

【批批子】pī pi zi(熟)白麻等物品的细缕。[例]撕了一~酸菜。

【批殃】pī yāng(词)请阴阳先生验看死人并开具写有死者生卒年月、出殡时日等的殃书。

【披红戴花】pī hòng dái huā(词)披着红绸, 戴着红花, 表示喜庆或光荣。[例]给劳动模范~。

【披麻戴孝】pī mà dái xiáo(词)指长辈去世,子孙身披麻布,头戴白帽,表示哀悼祭奠。

【披头散发】pī tòu sán fá(词)形容头发长而散乱,仪容不整。[例]头都没梳,就~地出去了。

【劈了】pī le(词)❶木头等开裂。❷嗓音嘶哑,[例]嗓子~。

【劈声子】pī sheng zi(词)有裂纹的容器或开裂的木头受震动后发出的声音。[例]碗上有口子,~响呢。

【劈不开的榆木疙瘩】pí bú kāi di yù mu gé da(熟)比喻思想顽固、难以说通。

【劈叉】pí chá(词)戏曲、舞蹈、体育功夫术语。即两腿一前一后劈开,成"一"字形落地。

【劈头下家什】pí tòu xiá jiā shi (词)指不由分说,劈头盖脸地训斥。[例]把几个人叫到跟前,~地就是一顿。

【脾气狎】pí qi há(词)脾气坏。

【脾味相投】pí wei xiāng tòu (词)脾气、性格相合。

【脾胃】pí wei(词)比喻脾气、习性。也说脾味。[例]两个人~相投。

【脾性】pí xing(词)脾气,性情,性格。[例]由着我的~,早把他开除了!

【擗麻】pí mà(词)把麻的纤维从麻秆儿上剥离下来。

【擗股股子】pí gú gu zi(熟)擗:用力使离开厚物体。指要求从整体里分给自己应得的那一份。[例]老人生前留下几间房子,老人一死,儿女们都来~。

【屁滚尿流】pí góng niáo liù(词)形容因失败或害怕而狼狈逃窜的样子。[例]打得敌人~。

【屁冒了膏肓】pí máo le gāo huang (熟)形容吓破了胆。吓得屁从膏肓里冒出来。膏肓:人体内药力达不到的地方。

【屁轻捉不住】pí qīng zhuó bú zhú（熟）戏谑语。[例]甲说:“这把斧头太重了。”乙说:“~。”

【屁声狼嚎】pí sheng làng hào（熟）形容败阵时屁滚尿流、狼喊鬼叫的样子。也用来比喻特别辛苦劳累。[例]把人苦得~的,哪有时间理发。

【屁是屎的头，风是雨的头】pí shi shí di tòu,fēng shi yú di tòu（熟）义如文。头:前兆,开头。

【屁是一股冷风,搁在肚子里成精,你叫它悄悄出去，它偏要拉个死声】pí shi yí gù lèng fēng,gé zai dú zi ni chèng jīng,ní jiáo ta qiāo qiāo chú ke,tā piān yao lā ge sì shēng（顺）对自己放屁的解嘲。

【皮袄倒棉袄,棉袄倒夹袄】pì ao dào miàn ao,miàn ào dào jiá ào（谚）比喻越折腾越穷。

【皮包骨头】pì bāo gú tou（词）形容人或动物消瘦露骨。[例]家里分了一头瘦得~的马。

【皮薄性紧】pì bò xíng jìng（词）形容面皮薄,性子急。

【皮铲】pì chàn（词）皮匠使用的铲皮工具。

【皮唧唧】pì jí ji（词）❶酥脆食品受潮或冷却后变得有韧性,咀嚼费劲。❷比喻反应迟钝,疲沓。

【皮贱的】pì jián di（熟）对闲不住、主动帮子女干活的父母的揶揄。[例]他不给儿子干活,光是~不行!

【皮贱了】pì jián le（熟）威胁或呵斥用语。[例]我看你是~!（犹想挨打呢）

【皮焦里生】pì jiāo lì sēng（词）指烧烤、煎炸的食物表皮已经焦煳,里面还没熟透。

【皮紧肉松】pì jíng róu sōng（词）形容表面暴烈,内心怯懦。

【皮卡衣】pì kà yī（词）罩了布面的短皮大衣。

【皮皮子】pì pi zi（词）❶表皮,表面。[例]雨下得小,地湿了个~。❷封面。[例]买来的书翻了个~,就再也没看。

【皮屎二丸】pì qiu ér wàn（熟）疲疲沓沓,不急不恼,不理不睬。[例]人急得跳蹦子呢,他还~的!

【皮褥子】pì rú zi（词）用动物毛皮做的褥子。

【皮实】pì shi（词）❶身体好,抗病能力强。❷器物耐用,不易损坏。[例]这个手机~,摔了几次都没摔坏。

【皮条虫】pì tiao chòng（词）即水蛭。[例]薅稻子的时候,腿上趴了个~。

【皮笑肉不笑】pì xiáo róu bú xiáo（熟）形容不自然地装出的笑脸。也指虚伪或心怀恶意的样子。

【皮痒了】pì yáng le（熟）训斥语,犹想挨打呢。[例]我看你是~!

【皮子】pì zi（词）指厚脸皮,不知羞耻的人。

【疲疲沓沓】pì pi tā ta(词)❶性格黏糊磨蹭。❷作风松懈拖拉。

【僻静】pì jíng(词)偏僻安静。[例]找个~地方谈谈。

【避重就轻】pì zhóng jiú qīng (词)❶指回避较重的责任或工作,拣较轻的承担。❷指回避要点,只谈无关紧要的事情。

【避气】pì qí(词)避开令人生气的人或事。[例]本来不想分家,~的不过呢。

pia

【谝子】piā zi(词)特别健谈的人。

【拍】piā(词)把泥或纸贴在墙上。[例]~海报。

【拍拍打打】piá pia dá da(词)指同事间吹吹拍拍、拉拉扯扯的不良作风。

【拍手打掌】piá shou dà zhàng(词)人在高兴时的夸张性动作。

【拍子】piá zi(词)即箅子、笼屉。用高粱秸末梢的细秆儿串制的圆片,可做锅盖、缸盖或釜中蒸屉。

【啪啪子】piá pia zi(熟)指性格开朗、行为放浪、不拘小节的女人。[例]这丫头奇随那个~姑妈。

【啪踏踏】piá tá ta(词)跑步的声音。形容勤快,跑得欢。[例]不是有病了吗,怎么还跑得~的?

【啪得很】piǎ di hèng(词)❶指人不精神或穿戴寒碜。❷指肉不肥。[例]这肉~。❸指萧条冷清。[例]街上~。

pian

【偏方方子】piān fāng fang zi (词)❶民间流传、不见于医学著作的药方。❷医学手段以外的治病方法。

【偏格榔】piān ge lǎng(词)本该是球体的东西而没长圆。[例]~西瓜。

【偏骨食】piān gu shi(词)比喻外财、不义之财。[例]当了几年保管员,捞了不少~。

【偏怪】piān guái(词)偏颇,怪异。含不相信和责怪义。[例]人家都能待下去,~你就受不了!

【偏偏】piān piān(词)指虽是巧合,却与主观愿望相悖。[例]歪嘴和尚啃苤莲——~遇了个~。

【偏刃子斧子砍人】piān reng zi fú zi kàn rèng(熟)偏心,不公。以偏见待人、整人。

【偏听偏信】piān tīng piān xíng (词)指听信一面之词。

【偏头】piān tòu(词)指长偏了的脑袋或脑袋长偏的人。

【偏向】piān xiang(词)袒护、偏心。[例]说话办事总是~亲戚。

【偏心眼儿】piān xīng yánr(词)做事不公道,偏向某一方。

【偏要】piān yáo(词)固执地坚持。[例]都说不能去,他~去。

【偏子】piān zi(词)疝气的俗称。

【谝一谝】pián yi piàn(词)谈谈,聊聊。

【呐闲传】piàn xiàn chuàn(熟)闲聊。

【片儿汤】piánr tāng(词)本指汤面片，比喻虚假应付无诚意。

【片甲不留】pián jiá bú liù(词)一片铠甲都没留下来，形容全军覆没。

【片片子】pián pian zi(熟)形容碎片。[例]把书撕成了~。

【片儿扇儿】piànr shánr(词)形容凌乱分散。多指破烂的衣服或未装订的纸片。

【片开了】piàn kāi le(熟)解开了，弄懂了。片：劈开，解开。

【骗吃骗喝】pián chá pián hé (词)通过欺骗手段白吃白喝。

【骗得路途人稀的】pián de lú tù rèng xī di(熟)指一贯行骗，以致无人敢与之交往。

【骗子手】pián zi shòu(词)骗子。[例]那是个~，别上他的当。

【便宜叫王小占上走了】piàn yi jiáo wàng xiào zhān shang zóu le (熟)戏谑语，意谓不存在谁占便宜的问题。"王小"非实指。

【便宜没好货，好货不便宜】piàn yi mú hào huó，háo huó bú piàn yi(谚)比喻廉价的东西质量、品质不会好。有时也指娶的媳妇。

【便宜是个害，萝卜是个菜】piàn yi shí ge hái，luò bo shí ge cái(谚)谓占便宜未必是好事，平平常常、实实在在才可靠。

【谝嘴】piàn zuì(词)吹牛说大话，自吹自擂。[例]~的先生没好药。

【谝嘴的先生没好药，谝嘴的婆姨倒根子脚】piàn zuí di xiān seng mú háo yué，piàn zuí di pò yi dáo geng zi jué (谚) 指吹牛的人往往做得最差。先生:医生。倒根子脚:形容窝囊邋遢。

piang

【乒嘡】piāng tāng(熟)形容东西落地或人摔倒在地的声音。

piao

【飘带子】piāo dai zi(词)旗帜、衣帽等物品上的装饰带子，遇风飘动。

【漂漾】piāo yāng(词)身体漂浮在水面上。[例] 耍水的时候，又淹猛子又~。

【漂洋过海】piāo yàng guó hài(词)渡过海洋。[例]这些货，都是~从外国进口的。

【漂亮话】piáo liang huá(词)不能兑现的好听话。光说~不办事。

【票子】piáo zi(词)纸币，钞票。俗称钱。

【嫖风】piào fēng(词)男子同女子通奸。

【嫖客争风，婊子涨价】piáo ke zēng fēng，biáo zi zhàng jiá(词) 比喻紧俏商品滥涨价。有不满义。

pie

【撇干饭】pié gān fan(词)❶比喻赊账，

欠债不还,白吃白拿等。[例]要买就交钱,不要~。❷做米饭。

【撇绳子】pié sheng zi(词)拴在作业的牲畜笼头上的细绳,用于驭手指挥牲畜转弯和止步。

【撇蹄子事】piè tì zi shí(词)犯错误或做了不光彩的事。

ping

【品行】píng xing(词)人品、德性。[例]学生不仅要身体好,学习好,还要~好。

【凭啥】píng shá(词)疑问词。根据什么?[例]别人都排队挂号,你~不排队?

【凭信】píng xing(词)相信,信赖。[例]我就~他一个人。

【凭着】píng zhe(词)依托、依仗。[例]妹夫这几年之所以好过,全~一把子好苦(实干)。

【凭脸搋】pìng lián chuái(熟)形容不顾脸面的死磨硬缠。搋:以手用力压和揉。

【凭两把肉手】pìng liáng bá róu shòu(熟)凭两把手劳动吃饭 。

【凭钱夯】pìng qiàn hāng(词)夯:不惜代价地投入。意为拿出大量钱财做某件事。[例]这个工程是~出来的。

【贫寒】pìng hàn(词)贫穷寒微。[例]出身~。

【贫居闹市无人问,富住深山有远亲】pìng jú náo shí wù rèng wéng,fú zhú shēng shāng yòu yuàn qīng(谚)一种世俗现象。

【贫农】pìng nong(词)旧时农村没有或有很少土地、农具,靠租地和出卖一部分劳动力为生的农民。

【贫下中农】pìng xiá zhōng nong(词)贫农、下中农的合称。

【贫协】pìng xié(词)"四清"运动中建立的以贫下中农为成员的群众团体,全称为贫下中农协会。(1983 年 1 月由农会代替,同年 3 月撤销)

【平安是福】pìng ān shi fú(熟)生活顺利,身体健康就是福气,不必贪婪多欲。

【平摆着】pìng bái zhe(词)谓要做的事一点都没做。[例]眼看要娶人了,家里的活还~,啥都没准备好。

【平辈】pìng bei(词)相同的辈分,亦称一辈。[例]他俩是~。

【平吉堡】pìng jí pù(词)原名平羌堡,有平定外夷之意,现平吉堡镇。

【平吉堡车站】pìng jí pù chē zhán(词)包兰铁路在平吉堡附近的车站,1960 年设立。

【平起平坐】pìng qì pìng zuó(词)比喻彼此地位或权力相等。

【平顺】pìng shong(词)❶平安。[例]车撞坏了可以修,只要人~就好。❷平稳、顺畅。[例]小家伙睡得多~。

【平素】pìng sú(词)平时,历来。[例]俩人~就不睦。

【平田整地】pìng tiàn zhèng dí(词)平整土地。特指 20 世纪 70 年代大搞农田基本建设时的~。

【平头百姓】pìng tòu biá xing(词)指群众或没有官职的干部。

【平展】pìng zhan(词)平坦宽阔。[例]档子田整得~得很。

【平整】pìng zhèng(词)大规模平田整地的简称。[例]那些年,年年搞~。

【平正】pìng zheng(词)形容端正。[例]把东西放~。

【评功摆好】pìng gōng bài hào(词)互相评成绩,摆优点。详见附一。

【评审】pìng shèng(词)评判审核。特指"四清"运动后、三中全会前,由群众对"四类分子"的评判定级活动。

【瓶满自流】pìng mán zí liù(词)比喻成年男子的正常遗精现象。

【瓶嘴能扎住,人嘴扎不住】pìng zuì nèng zhá zhu,rèng zuí zhá bu zhú(谚)比喻秘密迟早会通过人的嘴传播出去。

po

【坡坡子】pō po zi(词)指坡度较小的地形。

【泼烦】pō fan(词)心里烦恼、不平静。

【泼碴子】pó chà zi(词)犹泼妇。[例]那个~,谁敢惹?

【泼出脸】pó chú liàn(词)豁出去,不顾羞丑。[例]这次要~来跟他闹一场!

【泼妇骂街】pó fu má gāi(词)像泼妇一样在街上当众谩骂。多形容大肆攻击、破口大骂。

【泼揽】pó lān(词)泼实肯干,尽量多地增加家庭收入。

【泼冷水】pó lèng shuì(词)比喻挫伤别人的热情或兴致。[例]大家的积极性刚起来,你不要~。

【泼命】pó míng(词)豁出命来。[例]分家以后,两口子才~地干开了。

【泼实】pó shi(词)健康平安。多指婴儿。

【破财】pó cài(词)损失钱财。[例]~免灾。

【破费】pó fèi(词)花费,耗费(金钱或时间)。常在他人赠予礼物或感谢款待时使用。[例]让你~了。

【破鼓乱人捶】pó gù lán rèng chuì(词)比喻失势者受到来自各方面的攻击。

【破罐子破摔】pó guán zi pó shuāi(熟)比喻做事失败或犯了错误后自暴自弃。

【破了身子】pó le shēng zi(词)指女子初次性交。

【破锣嗓子】pó luò sáng zi(词)粗大而带有劈音的嗓门。[例]一听那个~,就知道是谁。

【破落户】pó luó hú(词)衰败没落的人家。

【破谜谜子】pó mí mi zi(词)出谜语让人猜。

【破窍】pó qiáo(词)点破某种技艺的窍门。

【破散】pó san(词)指祭祀时将少量祭品撒(洒)在地上,让鬼神受用。[例]先~~,然后再吃。

【破四旧】pó sí jiú(词)"文化大革命"初期进行的以破除"旧文化、旧思想,旧风俗,旧习惯"为内容的活动。

【破头野鬼】pó tou yè gui(词)指死在外面、无家可归的鬼魂。

【破相】pó xiáng(词)损坏面容。[例]整容不成,反而~。

【破鞋】pó xiè(词)指放荡淫乱、作风不正的女人。

【破血】pó xié(词)指用中药中止妊娠。

【破出去】pǒ chu ke(词)不顾惜,豁出去。

【破出脸来】pǒ chu liàn lai(词)豁出脸去,不顾颜面。[例]~闹一场!

【婆婆是压菜的石头】pò po shí yá cái di shí tou(谚)谓当婆婆的口要紧、能压事。

【婆婆子】pò po zi(词)即婆母(丈夫的母亲)。

【婆婆嘴】pò po zuì(词)比喻好议论、言语啰嗦的人。[例]他是个~,不说两句心慌呢。

【婆媳不和是姑子的过】pò xi bú huò shi gū zi di guó(熟)谓婆媳不和多因小姑子或大姑子的挑拨而起。过:过错。

【婆姨】pò yi(词)❶对妻子的自称或他称。[例]我的~。❷对已婚妇女的泛称。[例]这些~干营生歪(厉害)着呢!

【婆姨顶不了汉,馍馍顶不了饭】pò yi díng bú liao hán,mò mo díng bu liáo fán(熟)偏见。

【婆姨管汉子,金银满罐子】pò yi guán hán zi,jīng yìng mán guán zi(谚)指妻子对丈夫及家庭的开销实行监控,家里的财富才能越积越多。

【婆姨汉子,羊油罐子】pò yi hán zi,yàng yòu guán zi(顺)比喻夫妻感情好,关系亲密。

【婆姨娃娃】pò yi wà wa(词)❶指妻子儿女。❷泛指妇女小孩。

pu

【潽了】pū le(词)❶水因沸腾而从锅里溢出。❷水因容纳不下而从地里或水道里溢出。

【潽江拉海的】pú jiang lá hái di(熟)形容端水、用水不严谨,弄得到处都是。比喻做事不紧凑,不干练,泼泼撒撒,散乱不堪。

【潽潽溜沿】pū pu liú yàn(词)形容水满得快要溢出来的样子。[例]渠里的水~的。

【扑呵呵】pú hé he(词)急切地想达到某种目的。[例]眼看到端午节了,娃娃都~地想吃粽子。

【扑拉】pú la(词)形容用手拍打或来

回拨弄，使干净或松散。[例]把身上的灰尘~掉。|把毛领子~~，叫毛毛子挓开。

【扑拉得欢】pú la di huān(熟)指做事泼辣，抓得紧，也指勤奋肯干。[例]不是两口子~，一大家子人咋养活住？

【扑噜噜】pú lú lu(词)形容成丛而蓬松的毛发。[例]狐皮领子上的毛~的。

【扑上打下】pú shang dà xiá(熟)形容特别好动的小孩。[例]这个娃娃太调皮，走到哪里都~的！

【堡子】pú zi(词)旧指筑有土墙的小城镇或村庄。[例]到~街上转一转。

【稝子】pú zi(词)把割倒的庄稼随手摆放成整齐的小堆，便于晾晒打捆。

【铺盖】pū gai(词)被褥、行李。

【铺盖板凳子】pū gai bàn deng zi(词)旧时放在炕上靠墙的地方、用于码放铺盖的长矮凳。

【谱谱子】pú pu zi(词)比喻大致的目标、计划、框子。[例]我俩先商量个~，再上会研究。

【脯子】pú zi(词)多指鸡鸭等胸部的肉。[例]鸡~。

【堡】pù(词)有城墙的村镇，多用于地名。[例]李俊~，王太~。

【蒲墩子】pù dōng zi(词)用蒲草编扎的坐墩儿。

【蒲鸡】pù jī(词)鲜蒲草根部的嫩芽，可生食。因其形状像雄性动物勃起的阳物，故名。

【蒲毛骨朵】pù mao gú duo(词)蒲草的穗状花序，呈蜡烛形。

【蒲门帘子】pù mèng liàn zi(词)旧时农村用蒲草制成、冬季挂在门上挡风的草帘。

【蒲苫】pù shán(词)用蒲草制成的用于温棚等保温的厚帘子。

【蒲扇】pù shán(词)用蒲草编织的扇子。

【蒲席】pù xí(词)蒲草编的席子。

【普雨】pù yu(词)指大范围、长时间的雨。

Q

qi

【咠咠出出】qī qi chū chu(词)交头接耳,窃窃私语貌。[例]两人一见面,就~说个没完。

【妻哥】qī ge(词)妻子的哥哥,也称大舅子。

【妻姐夫】qī jié fu(词)妻子的姐夫。

【妻离子散】qī lì zí sán(词)形容一家人被迫四散分离。

【妻嫂嫂】qī sáo sao(词)妻子的嫂子。

【凄惶】qī huang(词)悲伤不安,悲惨惶恐。[例]一脸的~。

【欺行霸市】qī hàng bá shí(词)控制和垄断某些商品交易, 欺压同行,强买强卖,称霸市场。

【欺男霸女】qī nàn bá nǜ(词)依仗权势欺负软弱的男子,霸占良家妇女。

【欺软怕硬】qī ruán pá yíng(词)欺负软弱的,害怕强硬的。

【欺上瞒下】qī sháng màn xiá (词)对上欺骗,博取信任;对下隐瞒,掩盖真相,愚弄民众。

【奇形怪状】qī xìng guái zhuáng(词)不同一般的、奇特的形状。

【奇随】qí suì(词)特别像。[例]《乡下秀才》第五章:"在吃饭方面,沙金~父亲。"

【七高八洼】qí gāo bá wá(词)形容道路或土地不平坦。[例]田~的,要好好平整呢。

【七个三, 八个四】qí ge sān,bá ge sí(熟)形容不停地说牢骚话、难听话。[例]我批评他,他还~地跟我顶嘴。

【七股八撬】qí gu bá qiáo(词)形容意见不统一,闹分裂。

【七榾八杈】qí gu bá chá(词)谓树上分枝较多。比喻意见、步调不一致。

【七九式】qí jiú shi(词)旧时指一种日式步枪。

【七拉八扯】qí lā bá chè(词)❶说话没中心,漫无边际。[例]说啥就说啥,不要~。❷也指把相关的人事牵扯进来。

【七狼八虎闯幽州】qí làng bá hù chuàng yōu zhou(词)指宋代名将杨继业的八个儿子大破幽州城(在今北

京市），解救被困的宋真宗的故事。

【七老八十】qí láo bá shí（词）形容年纪大。［例］我又没~，用不着你们养活。

【七零八落】qí lìng bá luó（词）破败、散乱貌。［例］几树果子叫娃娃们糟蹋得~。

【七扭八歪】qí niú bá wāi（词）歪歪扭扭，不直，不整齐。［例］旧街道~的。

【七拼八凑】qí pīn bá cóu（词）指把零碎的东西勉强凑拢起来。［例］~，才凑够了水利费。

【七窍】qí qiáo（词）眼、耳、口、鼻七孔。［例］娃娃的~都能分清了，又小月（流产）了，真可惜。

【七十二行，行行出状元】qí shi ér hàng，hàng hàng chú zhuáng yuan（熟）指各行各业都有出类拔萃的人才。

【七十二行，种田为上行】qí shí ér hàng，zhóng tiàn wèi sháng hàng（熟）传统农本思想。也是对诚实劳动的赞许。

【七十三，八十四，阎王不请自己去】qí shi sān，bá shi sí，yàn wang bú qìng zí ji ké（谚）旧指人到了这个年龄，已是暮年，自然死亡是迟早的事。

【七死八活】qí sì bá huó（词）指婴儿怀胎八个月出生有可能成活，怀胎七个月出生则可能死亡。

【七死八活】qí si bá huó（词）形容半死不活。

【七歪八厉害】qí wāi bá lí hai（词）逞强斗气，不依不饶。［例］别人已经不言喘了，你还~的，想咋呀？

【七仙女】qí xiān nǔ（词）传说中玉皇大帝的七个女儿，其中最小的一个和凡人董永成婚。

【七星剑】qí xīng jián（词）"花花子"术语，即"二牛二喜一副摆"的组合（共七张）。

【七星剑】qí xīng jiàn（词）一种宝剑的名称。

【七月七】qí yue qí（词）农历七月初七称七巧节，传说是牛郎织女相会的日子。

【七月十五】qí yue shí wu（词）指农历七月十五，又称中元节，是中国三大鬼节（清明、七月十五、十月初一）之一。

【七灾八难】qí zāi bá nán（词）形容人生不顺利，疾病、坎坷多。

【七长八短】qí chàng bá duàn（词）❶指物品不整齐。［例］筷子~的，咋用？❷指人员到得不齐。［例］人来得~的，怎么开会？

【七折八扣】qí zhé bá kóu（词）比喻折扣很多，不按足量计算或给付。［例］说是一个月挣多少钱，叫人家~的，就没多少了。

【七嘴八舌】qí zuí bá shè（词）比喻人多嘴杂，说法不一。

【七嘴八牙椎骨】qí zuí bá yá zhui gu（词）比喻人多口杂，意见不一。

【沏汤】qí tāng（词）一种烹调方法。即把葱花和辣面子放在烧热的油锅里稍加煎炸,加入食醋,然后加水成汤。

【缉鞋口子】qí hài kóu zi(熟)手工做鞋的一道工序,即紧针密线地把绲边缝到鞋口处。

【𪬨】qí（词）❶用沙土等吸收水分。[例] 用沙子~~毡上的尿。❷紧挨。[例]嘴~在耳朵上悄悄说。

【𪬨贼】qí zèi(词)耳朵紧贴物体,监听小偷动静。[例]你趴在地上~呢?

【气不打一处来】qí bú dá yí chu lài(熟)指多种原因引起气愤,越看越生气。

【气不忿】qí bu fēng(词)不平,不服。[例]正经儿对你~,你还惹他?

【气怅】qí chang(词)生气,不痛快。[例]听了那个话,怪~!

【气大伤身】qí dá shāng shēng(词)谓生气容易伤害身体,酿成疾病。[例]快别生气啦,~呢。

【气道】qí dao(词)难闻的气味。[例]卫生间里~得很。

【气得乱张嘴】qí di lán zhāng zuì(熟)形容被别人气得光张嘴却说不出话。

【气得驴都淌眼泪】qí di lǜ dōu tàng yán lui(熟)比喻非常生气。

【气狠狠】qí héng heng(词)形容生气发狠的样子。

【气卵子】qí lan zi(词)指疝气。

【气迷眼胀】qí mi yán zháng(词)形容因妒忌、有过节而表现出的不服气、不顺眼的样子。[例]一看见他们来,就~的。

【气咩咩】qí miā mia(熟)形容有气无力、快要断气的样子。

【气磨了】qí mó le(熟)指岔气,肌肉扭伤。

【气努干了】qí nù gān le(熟)形容力气或钱财全用上了。

【气使使】qí shí shi(词)形容气狠狠的样子。[例]~地舀了一碗饭,坐到外头吃去了。

【气势王纲】qí shi wàng gāng（词)形容气呼呼、气势汹汹的样子。

【气数】qí su(词)气运,命运。[例]~尽了,该散伙了。

【气死毛毛】qí si mào mao(词)指小孩颈后发际处留的一撮头发,用于大哭气绝时揪住急救。

【气头上】qí tòu shang(词)正在生气、发怒的时候。

【气性】qí xing(词)脾气。[例]~大得很,动不动就憋气。

【气长】qǐ chàng(词)理直气壮,持久。[例]自己种上点(粮食),吃着是个~的。

【气壮如牛，胆小如鼠】qí zhuáng rù niù, dàn xiào rù chù(熟)形容没有危险时吹牛说大话，危险到来时畏缩不前。

【汽灯】qǐ dēng(词)一种把煤油变成蒸气、通过特殊纱罩燃烧发光的灯具。[例]戏台前挂着~,把舞台照得雪亮。

【汽划子】qí huà zi(词)即汽艇。[例]坐上~游了一回鹤泉湖。

【汽馏水】qí liu shuì(词)指蒸气冷却后产生的冷凝水,即蒸馏水。[例]酒是~,喝到肚子里胡捣鬼。

【齐刷刷】qì shuá shua(词)❶形容成队成群的人或成片的植物一般高。[例]稻子长得~。❷形容动作整齐一致。[例]仪仗队的动作~的。

【齐腰杆杆子】qì yāo gán gan zi(熟)指衣服和腰一般齐,有嫌短的意思。

【齐锃锃】qì zéng zeng(词)犹齐刷刷。多指成捆成片、一端或两端齐整的东西。[例]车上拉着几捆~的钢筋。

【骑虎难下】qí hù nàn xiá(词)比喻事情做下去有困难,停止又不允许,陷入进退两难的境地。

【骑驴看唱本——走着瞧】qì lù kán cháng bèng — zóu zhe qiào(歇)常做威胁用语。[例]咱们~!

【骑驴看灯影子——走着瞧】qì lù kán dēng ying zi —zóu zhe qiào(歇)❶根据进展情况随时调整思路和方法。❷也做威胁用语。

【骑驴挑担子,都在驴身上】qì lù tiāo dán zi,dōu zái lù shēng shang(熟)比喻不论怎样调整变动,负担还在一人身上。有委屈、埋怨义。

【骑母猪拉骚猪】qì mú zhu lā sāo zhu(熟)埋怨别人出行时带上孩子或老人,影响集体行动。

【骑上驴找驴】qì shang lǜ zhào lǜ(熟)比喻东西本在身边,却在别处寻找。

【骑着驴,拄着棍,高兴一阵算一阵】qì zhe lǜ,zhú zhe gong,gāo xíng yí zhéng suán yí zhéng(熟)犹及时享乐。

【棋逢对手,将遇良才】qì fēng duí shou,jiáng yú liàng cài(熟)比喻双方本领不分上下,难分高低。

【棋胜不顾家】qì shéng bú gú jiā(谚)指象棋对弈中形势好的一方因忽视自卫而致失败。比喻顺利时忘乎所以。

【棋是木头块,输了再重摆】qì shi mú tou kuài,shū le zái còng bài(熟)谓下棋只是一种娱乐,即使输了也不必在意,重摆一局就是了。

【棋输子子子在】qì shū zí zi zi zái(熟)调侃语,谓棋下输了,棋子儿还在。比喻面对输局不以为意,保持淡定豁达心态。

【旗】qì(词)❶自然村用词。[例]上三~、下三~、四~寨(均在李俊镇西邵村)。详见附一。❷内蒙古自治区行政区划之一,相当于县。[例]阿拉善左~。

【旗号】qì hao(词)比喻假借某种名义。[例]打着受灾的~,到处募捐。

【旗开得胜,马到成功】qì kāi dé shéng,má dáo chèng gōng(词)比喻事情进展顺利,一开始就取得成功。也用于预祝胜利。

【旗满儿】qì mānr(词)旧时对满族(旗人)的称呼。

【旗人】qì reng(词)指清代编入旗籍的人。特指满族人。

【起发】qí fa(词)赍发,资助,打发。[例]费了好大劲,才把这些人~走了。

【起粪】qí fěng(词)指把畜圈里的厩肥起出来堆放在外面。

【起炕】qí káng(词)起床。[例]太阳都出来了,还不~?

【起面】qí mián(词)使面团发酵。[例]~馍馍(对死面而言)。

【起面饼子】qí mian bíng zi(词)用发酵后的面团烙制的饼子。

【起性】qí xíng(词)雄性动物阳物勃起。

【起子】qí zi(词)螺丝刀、开启瓶盖等的小工具。

【起层子】qì cèng zi(词)起皮。黏合的东西因受潮、暴晒、陈旧等开裂分层。[例]三合板~了。

【起场】qì chàng(词)把打碾后的粮食秸秆和子粒分别归集起来。

【起场起在场当中,不管东西南北风】qì chàng qí zai chàng dáng zhōng,bú guàn dōng xī nàn biá fěng(熟)指把打碾后的粮食归集到打谷场中间,不管刮什么方向的风都可以扬场。

【起程】qì chèng(词)开始出行。

【起根发脚】qì gēng fá jué(词)开头,根源。[例]~还是从那里开始的。

【起哄】qì hōng(词)谓许多人在一起凑伙闹事。[例]演员不小心跌倒了,有的观众就在台下~。

【起开】qì kai(词)祈使别人走开或让开。[例]~,别在这里碍事!

【起灵】qì lìng(词)把停放在灵棚里的灵柩送往墓地。

【起群】qì qiong(词)把母猪赶(牵)到有公猪的地方配种。

【起晌】qì shàng(词)午休后起床。[例]~以后,继续割田。

【起手】qì shou(词)习惯,规矩。[例]从小要养成好~。

【起五更】qì wù geng(词)五更,古代夜间时段名,相当于现代凌晨 3 至 5 时。[例]没实行包干到户以前,一到冬天,天天都~拉粪。

【起先】qì xiān(词)原先,最初。[例]~是一家子,后来分开了。

【起夜】qì yé(词)夜里解手。

【起早的遇了个睡不着的】qì záo di yú le ge shuí bu zhuò di(词)调侃语。谓你行动得早,还有比你早的。

【起早睡晚】qì záo shuí wàn(词)起得早,睡得晚。表示勤劳辛苦。

qia

【蹓毛臊】qiā mào sāo(词)抬腿从别人头上掠过,有欺负之意。

【蹓过去】qiā guo ke(词)一步跨过。[例]从小渠沟上~。

【吃亏】qiā kuī(词)吃亏,受损失。[例]

~占便宜就不说了。

【吃亏的人常在世】qiā kuī di rèng chàng zái shí(谚)谓吃亏者可以长寿。用于安慰他人或自我安慰。

【吃亏占便宜就不说了】qiā kuī zhān piàn yi jiú bú shuó le(熟)❶谓一切从头开始,不计较以往的得失。❷就这样办,即使吃亏也认了。

【卡子】qiā zi(词)发夹。[例]用~把长头发别到脑后。

【掐掉头的苍蝇】qiá diao tòu di cāng ying(熟)形容因受压制或虐待而怯懦畏缩。[例]见了头头就像~,大气都不敢出。

【掐气】qiá qí(词)一种按摩治疗肌肉扭伤的方法。

【掐青拈黄】qiá qīng niān huàng(词)到地里偷摸半成熟的庄稼。

【掐屎算】qiá qiù suán(词)对特别吝啬小气者的贬称。

qian

【千层底】qiān ceng dì(词)指把多层布子叠在一起做成的鞋底。千层是约数,形容层数多。

【千层肚】qiān ceng dù(词)牛羊等反刍动物的重瓣胃。[例]把~用碱水多洗几遍。

【千锤打锣,一锤定音】qiān chuì dà luò,yí chuì díng yīng(谚)比喻多人参加讨论,最后由一个人发表决定性意见。

【千错万错】qiān cuó wán cuó(熟)指所有错误。[例]~都是我的错。

【千刀万剐,不和头一把】qian dāo wán guà,bú hù tòu yi bà(熟)打麻将戏谑语,即开局和牌赢钱的,后来再不和牌,而且要输钱。既有妒忌心理,又有唯心色彩。

【千个朋友不算多,一个仇家不算少】qiān ge pèng you bú suán duō,yí ge còu jia bú suán shào(谚)义如文。

【千个有头,万个有尾】qiān ge yòu tòu,wán ge yòu yì(熟)谓做事必须有头绪,有秩序,有结果。

【千滚豆腐万滚鱼】qiān góng dóu fu wàn gòng yù(熟)指豆腐和鱼炖的时间越长,调料的味道才能进入,味道才会鲜美。

【千斤担子众人挑】qiān jīng dán zi zhóng rèng tiāo(熟)比喻重要而繁重的任务要发动大家来完成。

【千斤担子众人挑,人人头上有指标】qiān jīng dán zi zhóng rèng tiāo, rèng rèng tòu shang yòu zhì biāo(顺)比喻把任务分解给每个人,靠集体力量完成。

【千斤石】qiān jing shí(词)比喻特别重的东西。[例]又不是个~,你拿不动?

【千金】qiān jing(词)对他人女儿的尊称。[例]三~。

【千金姑娘】qiān jing gū niang(词)对

富贵人家女儿的称谓。有时含贬义。

【千金姑娘簸簸箕】qiān jing gū niang bò bó qi(词)千金姑娘指大蚱蜢。逗其玩时用手指捏住两只后腿的小腿,口念~,抖动其身,促其上下颠簸。

【千金难买老来瘦】qiān jīng nàn mài lào lai sóu(谚)指老来清瘦,有益健康长寿。

【千句捆住一句说】qiān ju kóng zhu yí ju shuó(熟)犹总而言之。

【千军易得,一将难求】qiān jiōng yí dé,yí jiáng nàn qiù(谚)比喻真正的人才不易得到;一旦得到,要倍加珍惜。

【千里驹】qiān li jū(词)指日行千里的骏马。也用来比喻能力强的少年才俊。

【千里驹也有失蹄的时候】qiān li jū ye yóu shí tì di shì hou(谚)比喻智慧再高的人也有失误的时候,本领再强的人也有偶尔失利的时候。

【千里送鹅毛,礼轻仁义重】qiān li sóng è mào,lì qīng rèng yí zhóng(谚)比喻礼物虽轻,心意诚厚。

【千里屠户一个眼】qiān li tù hu yí ge yàn(谚)本指屠夫买猪时对毛猪重量的估计大致差不多。比喻有经验、有见识的人对同一事物的看法大致相同。

【千里眼】qiān li yàn(词)神话传说中能看千里远的神仙。比喻站得高看得远。

【千里姻缘一线等】qiān li yīng yuan yí xián dèng(谚)犹有缘千里来相会。一线等：就像用一条线量出来那样一致。

【千里做官,为的吃穿】qiān li zuó guān,wéi di chí chuān(熟)谓到很远的地方做官,也是为了挣钱养家糊口。

【千年的草子,万年的鱼子】qiān nian di cào zì,wán nian di yù zì(谚)极言物种寿命之长。

【千年的古纸会说话】qiān nian di gù zhì huí shuó huá(词)比喻保存久远的书面材料(文献)会成为历史研究和揭开某些历史案件的原始资料。

【千年的王八万年的龟】qiān nian di wàng ba wǎn nian di guī(熟)王八是龟的俗称,寿命约 100 年,极言寿命之长。

【千年的夜壶——百屎知】qiān nian di yé hu— biá qiù zhī(歇)对自诩“百事通”者的讽语。

【千日苦好受,一日苦难受】qiān ri kù háo shóu,yí ri kù nàn shóu(谚)受苦指体力劳动。谓初次参加体力劳动非常难受,长期锻炼就不觉得了。

【千事费难】qiān shi féi nàn(词)指花了好多时间,打了好多麻烦。

【千说万说】qiān shuó wán shuó(熟)指不管怎样说或不管说多少遍。[例]~,土地不能撂荒。

【千算万算，不如老天一算】qiān suán wán suán，bú rù lào tiān yí suán（词）谓做事要顺其自然，不必过于谋算。老天指自然规律。

【千岁】qiān sui（词）中国封建社会对仅次于皇帝地位的人的尊称。详见附一。

【千闻不如一见】qiān wèng bú rù yí jián（谚）指听得再多也不如亲眼看见感受深刻。

【牵肠挂肚】qiān chàng guá dù（词）形容惦念，放心不下。[例]我每次出远门，爹妈都是~。

【牵扯】qiān che（词）牵连，有联系。[例]这件事~了好多人。

【牵马拽镫】qiān mà zhuí déng（词）指旧时主人出行，奴仆牵出马来，向下拉正马镫，侍候主人上马。比喻做忠实奴仆。

【牵线搭桥】qiān xián dá qiào（词）指通过第三方介绍而达成某项事情，如婚姻、生意、会见等。

【牵心】qiān xing（词）挂念，惦记。[例]你~人呢，人家想不想你？

【铅鱼】qiān yù（词）用金属铅或铅铁混合铸造、外形呈流线型的沉入式水文测验器具。[例]水管所的人用~测量水深。

【鹐】qiān（词）指鸟类用喙啄。[例]小心公鸡把娃娃的手~了。

【鹐仗】qiān zháng（词）❶比喻斗嘴，争吵。❷禽类打架。

【纤维板】qiān wēi bàn（词）用木屑或其他植物纤维等加工而成的人造板。

【纤维袋子】qiān wēi dái zi（词）用化纤布缝制的包装袋。多指化肥包装袋。

【谴刺】qiān ci（词）含沙射影地讽刺。[例]老爱~人。

【虔妇】qiān fu（词）指妓馆虔婆。也指妖里妖气的女人。

【虔妇事到】qiān fu shí dáo（熟）故弄玄虚，搬弄是非。

【欠打】qián dà（熟）指找打，打没挨够。[例]我看你是~呢！

【欠莫】qián mo（词）约莫，差不多，将近。[例]这个西瓜~20 斤呢。

【欠缺】qián qué（词）缺点，不足之处。[例]有什么~，请指出来。

【欠债不还，下辈子转了驴也要还】qián zhái bú huài，xiá bèi zi zhuán le lǜ yé yáo huài（熟）指所欠债务永远抹不掉。转：佛教所说的轮回转世。

【肷窝】qián wo（词）动物肋与胯之间的虚软处。[例]骡子的~最不挡痛。

【前奔楱，后疙榔】qiàn bēng leng，hóu gé lang（词）前额和后脑勺都突出的头型。

【前朝后代】qiàn chào hóu dái（词）指从古到今，各个朝代。

【前程】qiàn cheng（词）指个人前途。[例]之所以报考公务员，就为了奔个好~。

【前裆钻个狗,后裆插个手】qiàn dāng zuān ge gòu,hóu dāng chá gé shòu(熟)好马、好驴的生相。

【前店后厂】qiàn dián hóu chàng(词)指前面设置销售店铺,后面设置生产车间的经营方式。

【前脚走，后脚到】qiàn jué zòu,hóu jué dáo(词)比喻先走的和后到的人时间相差不多。

【前漏杆子，后漏眼子】qiàn lóu gán zi,hóu lóu yán zi(顺)形容衣不蔽体。杆子指男子阳物,眼子指屁股。

【前面子】qiàn mian zi(词)前头,前方。

【前怕狼，后怕虎】qiàn pá làng,hóu pá hù(词)比喻畏首畏尾,顾虑重重。

【前排拐】qiàn pài guài(词)指胶轮大车底板四角往外突出的前两个拐角,驭手可坐在上面吆车,亦可用于多装东西。

【前前后后】qiàn qian háu hou(词)指二婚夫妇初婚时留下的子女。[例]~的,不好处呀!

【前渠】qiàn qù(词)地名,因渠得名。原属增岗乡,今属望洪镇。[例]~生产大队(1963 年)。|~村(1985 年 3 月后)。

【前人无谚语,后人无话说】qiàn reng wù yán yù,hóu rèng wù huá shuó(熟)谚语是前人生活经验的总结,也是语言延续、丰富和发展的重要内容。

【前人栽树，后人乘凉】qiàn rèng zāi shú,hóu rèng chéng liàng(熟)比喻前辈艰苦创业,后辈享受成果。

【前三十年睡不醒,后三十年睡不着】qiàn sān shi niàn shuí bu xìng,hóu sān shi niàn shuí bu zhuò(熟)指年轻时负担轻,不懂事,瞌睡多;成年后负担重,渐懂事,瞌睡少。

【前世无冤，后世无仇】qiàn shi wù yuān,hóu shí wù còu(词)素来无冤无仇。[例]我跟你~,你为啥老跟我过不去?

【前头的路是个黑的】qiàn tou di lú shí ge héi di(熟)谓前面的事无法预料。

【前头走车,后头有路】qiàn tou zòu chē,hóu tou yòu lú(谚)❶顺着前人走过的路走就行了。❷诿过辞,即我之所以这样做,是受了前面人的影响。

【前头走个穿红的,后头来个挂绿的】qiàn tou zóu ge chuān hòng di,hóu tou lài ge guá lú di(熟)男子对离婚、再娶的自信。

【前心贴后心】qiàn xīng tié hóu xīng(熟)形容极为饥饿。[例]饿得~!

【前言不搭后语】qiàn yàn bú dá hóu yù(熟)形容说的话或写的文章语无伦次,前后矛盾,不能自圆其说。

【前一向】qiàn yi xiáng(词)前一个阶段,前几天。

【钱又不是弹弓打来的】qiàn you bú shi dán gong dá lai di(词)谓钱是辛辛苦苦挣来的，不是轻易得到的。

[例]~，怎么能乱花。

【钱串子】qiàn chuán zi(词)比喻喜欢攒钱、过分看重金钱的人。[例]那是个~，钱到了他的手里就别想拿出来。

【钱到手，饭到口】qiàn dáo shòu，fán dáo kòu(谚)比喻到手的钱就像到口的饭，如不节省，很快就花完了。

【钱多得搁门洞洞子淌呢】qiàn duō di gé mèng dóng dóng zi táng ni(熟)意为钱多得没处花，专门用来给被打者赔偿。常用于对肆意打人者的警告。

【钱花干了】qiàn huā gān le(熟)钱花光了。

【钱镊子】qiàn nié zi(词)用钢铁制成、夹取细碎东西的小工具。比喻吝啬，小气，不肯把到手的钱拿出来花费或借给别人。

【钱是个硬头货】qiàn shí ge yíng tou huó(熟)钱是硬苦硬拼挣来的，不是轻易能够得到的。

【钱是好汉子脚上的垢茧——褪掉一层又一层】qiàn shi háo han zi jué shang di góu jian—tuí diao yí cèng yóu yí cèng(熟)钱花完了或损失掉了，可以再挣来。有自信、失败了再重来的意思。

【钱也没挣下，人也没认下】qiàn ye mú zéng xia，rèng ye mú réng xia(熟)意为白忙乎，徒劳。

【钱壮光棍胆，酒是色媒人】qiàn zhuáng guāng gong dàn，jiú shi sé mèi reng(熟)指赌棍有钱就敢下注，男女醉酒后容易乱性。

【浅撇撇】qiàn pié pie(词)❶边缘低的盘子或其他容器。[例]~碗。❷指水很浅。[例]渠里有点~水，蹚着就过去了。

qiang

【枪打出头鸟，箭射张口雁】qiāng dá chú tòu niào，jián shé zhāng kóu yán(谚)比喻领头的人最易受到攻击。

【枪决】qiāng jué(词)枪毙。[例]就地~。

【枪子儿没长眼睛】qiāng zìr mú zhàng yán jing(熟)指打起仗来，流弹可以射杀任何人。

【戗了】qiāng le(词)逆碰，受阻，撞伤。[例]脚指头~。

【戗风】qiāng feng(词)逆风，顶头风。

【戗了毛】qiāng le mào(熟)不顺从，顶撞，忤逆，拗了性子。

【腔板子】qiāng bán zi(词)即胸脯。[例]见了人~腆得那么高！(趾高气扬的样子)

【腔壳朗】qiāng ke láng(词)指胸腔。[例]~里痛得很。

【腔口】qiāng kou(词)说话的口气。[例]~太硬，人听了不舒服。

【腔子】qiāng zi(词)指胸脯、胸腔。[例]动不动拿大~抗人(拿大话、硬话顶撞)。

【戗锯】qiáng ju(词)解开大型原木的

长条板锯。一般需把原木固定在架子上,由两人上下对锯。

【镪水】qiáng shuì(词)强酸的俗称,这里指盐酸与锌反应过的氯化锌溶液,常在金属焊接时涂在焊件表面。

【炝汤】qiáng tāng(词)一种烹饪方法,即在热油中放入葱和辣面子,然后倒醋加水,可增加香味。

【强将手下无弱兵】qiáng jiáng shóu xiá wù ruó bīng(谚)比喻有能力的领导能带出强势的下级和团队。

【强比】qiàng bì(词)强似,胜过。[例]一碗热三碗,~告艰难。

【强固】qiàng gù(词)强迫,硬来。[例]你不愿意去,我也不能~。

【强龙压不住地头蛇】qiàng lòng yá bu zhú dí tòu shè(谚)比喻外来势力虽然强大,却斗不过地方势力。

【强贼怕个弱主】qiàng zèi pá ge ruó zhù(谚)指只要家里有个看门的,哪怕是妇女、老人或小孩,小偷也不敢贸然行窃。

【强中自有强中手】qiàng zhōng zí yòu qiàng zhōng shòu(谚)比喻技艺或学问无止境,高手之外有高手。

【墙倒众人掀】qiàng dáo zhǒng reng xiān(谚)指某人大势已去,大家群起而攻之,使其彻底垮台。

【墙疙崂子】qiàng gé lāo zi(词)墙角。[例]站在~避风。

【墙根】qiàng gēng(词)墙脚。[例]老汉们坐在南~里晒太阳。

【墙里说话墙外听,草地里说话走了风】qiàng lí shuó huá qiàng wái tīng, cáo dí ni shuó huá zóu le fēng(熟)犹墙外有耳。

【墙里头的柱子——在暗处使劲】qiàng li tou di zhú zi——zái án chu shí jíng(歇)比喻幕后参谋。

【墙上挂口袋——不像画(话)】qiàng shang guá kóu dai—bú xiáng huá (huá)(歇)义如文。

【墙上挂帘子——没门】qiàng shang guá liàn zi—mú mèng(歇)没门儿,没希望。

【墙头草,随风倒】qiàng tòu cào,suì fēng dào(熟)比喻没有立场的人。

【抢杠】qiáng gáng(词)麻将术语,一方"听"牌的同时另一方成"杠",如"杠"牌正是"听"牌人所需,即可~和牌。

【抢街道】qiàng gāi dao(词)抢夺商机。街道:市场,商机。

【抢人】qiàng rèng(词)即抢劫。

【抢生意】qiàng sēng yi(词)争夺市场。[例]为了~,出租车总是比其他车开得快。

【抢头】qiàng tòu(词)要"花花子"术语,即按照事先约定,抓到某种特殊组合的牌可优先赢。

qiao

【悄悄地】qiāo qiāo di(词)❶制止他人

出声。[例]~,别吵。❷形容声音很轻。[例]~溜进去。❸寂静。[例]屋里静~。❹不声张。[例]没打招呼就~走了。

【跷不开腿】qiāo bú kāi tuì(熟)比喻经济拮据。跷:叉开、迈步。[例]刚买了房子,这一向困(窘迫)得~了。

【跷蹊】qiāo qi(词)蹊跷、疑点、怪异。[例]里头的~大了!

【锹鼻子】qiāo bí zi(词)锹裤子下面加厚的凸起,可增加强度。

【锹拐】qiāo guài(词)安在锹把顶端的横拐,既可做抓手,又能掌握平衡。

【锹裤子】qiāo kú zi(词)铁锹头上用于安装锹把的圆筒。

【劁了猪唠子割尾巴——两头子受伤】qiāo le zhū lao zi gé yí ba—liáng tòu zi shóu shāng(歇)比喻两头吃亏。[例]打了不罚,罚了不打,不能叫人~。

【敲打】qiāo da(词)指批评,提醒。[例]是该~~的时候了。

【敲锣卖糖,各干一行】qiāo luò mái tàng,gé gán yí hàng(谚)比喻各人谋生方式不同。

【敲明说】qiāo mìng shuó(熟)明说,毫不隐讳地说。[例]~吧,这事是你儿子干的!

【缲边】qiāo biān(词)指手工制作衣服边缘或带子时,把布边儿卷进去藏着针脚缝。

【翘饽饽】qiāo bō bo(熟)物体表面因干燥而起皮,多指嘴皮。饽饽:锅巴。[例]渴得人嘴都~呢!

【翘尾巴】qiāo yí ba(词)比喻骄傲或自鸣得意。[例]当了模范要谦虚谨慎,千万不能~。

【翘了】qiào le(词)纸制品或木器因受潮、受热而变得不平。[例]桌面子~。

【俏】qiáo(词)俊俏,美好。[例]若要~,一身皂。

【俏皮话】qiáo pì huá(词)幽默风趣的话。[例]满嘴的~。

【窍道】qiáo dao(词)窍门。[例]不会干,是因为没摸着~。

【撬棒】qiáo báng(词)撬重物的钢铁棍棒,一般都一头有尖或扁刃。

【撬散了】qiáo sán le(熟)搅散,通过捣乱使散伙。[例]本来能达成协议,硬叫那个搅屎棒~。

【撬上劲了】qiáo shàng jíng le(词)较劲,意见不一。[例]两个人~,一时难以和好。

【乔势】qiào shi(词)装模作样,故作矫情。[例]~死了,干了一天活就挣下病了!

【荞麦棱子】qiào mia lèng zi(词)银手镯上敲出的像荞麦样的棱角。[例]打了一对~手镯。

【桥子】qiào zi(词)自然村用词。[例]陈家~(在李俊镇古光村)。

【瞧病】qiào bíng(词)看病。[例]到医院~去了。

【瞧不起】qiào bu qì（词）看不上，轻视。[例]别做出叫人~的事情。

【瞧得起】qiào de qì（词）看得起，看重。[例]既然大家~我，我就领着大家干。

qie

【切刀】qié dao（词）切菜刀。

【切面】qié mian（词）特指手擀面条，对揪面而言。

【切实】qié shí（词）踏实，尽全力。[例]要~抬呢，不能打趔趔。

【怯处有鬼】qié chu yòu guì（词）指越怕出事的地方越容易出事。

【怯乎】qié hu（词）害怕，胆怯。[例]那么一点儿活，我根本不~。

【怯冷】qié lèng（词）怕冷。[例]牲口~，不愿意下水。

【怯阵】qié zhéng（词）临阵胆怯。[例]头次参加高考，未免有些~。

【笡了】qié le（词）墙壁或人的身子倾向一边。[例]墙~，找根木头支住。

【笡坡子】qié po zi（词）指坡度较陡的地形。

【趄一趄】qié yi qié（熟）将身子半靠在墙上或铺盖垛上小憩。

【茄把子底下能吊死个人】qiè bá zi dí xia nèng diáo si ge rèng（熟）立志或赌气的话，犹活人能叫尿憋死！

【茄子是吊大的，娃娃是跌大的】qié zi shi diáo dá di，wà wa shí dié dá di（谚）比喻人是在长期磨炼中成长起来的。

【茄子一沟，辣子一行】qiè zi yí gōu，lá zi yí hàng（熟）比喻分门别类，条理清楚。

【挈上】qiè shang（词）挈为借用同音字。意为扛在肩上。

qing

【亲帮亲，邻帮邻，和尚帮的出家人】qīng bāng qīng，lìng bāng lìng，hè shang bāng di chú jiā rèng（顺）谓人都会首先帮助关系亲近的人。

【亲不到跟前】qīng bu dao gēng qian（熟）亲：靠近、接触。[例]火太大，救火的人根本~。

【亲不亲，派上分】qīng bú qīng，pái shang fēng（熟）派性说法，谓只要是一派，就可以亲密相待。

【亲的】qīng di（词）有直系血缘关系的亲属 。[例]~毕竟是~。

【亲的几时都是亲的】qīng di jí shi dōu shi qīng di（熟）谓血统关系永远割不断。

【亲爹】qīng diē（词）❶永宁纳家户等地的回族对伯父（大爹）的称谓。❷亲生父亲。对义父、养父而言。

【亲沟子屁下的】qīng gōu zi bá xia di（词）即亲生的。[例]两个娃娃都是你~，为啥要亲一个疏一个？

【亲和】qīng he（词）亲热，和气。[例]待人~，没架子。

【亲妈】qīng mā(词)❶永宁纳家户等地的回族对伯母(大妈)的称谓。❷亲生母亲。对义母、养母而言。

【亲朋好友】qīng péng háo yóu (词)泛指亲戚朋友。

【亲戚不交财，交财永不来】qīng qi bú jiāo cài,jiāo cài yóng bú lài (谚)谓亲戚之间最好不要有经济来往，否则容易产生矛盾或伤了和气,甚至断交。

【亲戚伙子】qīng qi huó zi(熟)亲戚之间。

【亲戚要亲，银钱要分】qīng qi yáo qīng,yìng qiàn yáo fēng(熟)亲戚间的经济来往要记清账目，才能处得长久。

【亲上加亲】qīng shang jiā qīng(词)在原有亲戚关系的基础上再结姻亲。

【亲是亲，财是财】qīng shi qīng,cài shi cài(谚)谓亲戚关系要讲,钱财也要分清,不能把二者混为一谈——这样的亲戚关系才能持久。

【亲兄弟明算账】qīng xiōng di mìng suán zháng(谚)即使是亲兄弟,经济来往也要把账目算清，否则会产生矛盾。

【亲姊热妹】qīng zì ré méi(词)嫡亲姊妹。

【青草羊粪】qīng cao yàng fěng(词)羊吃青草所排泄的粪便,可做肥料,与羊老粪(羊圈里积累的陈粪)相区别。

【青功】qīng gōng(词)人工种植的绿肥。

【青沟子白点子】qīng gōu zi biá dián zi(熟)讽刺语,比喻讨好献媚,说奉承话。

【青洪帮】qīng hòng bāng(词)青帮和洪帮的合称，均为旧时帮会组织,中华人民共和国成立后取缔。

【青货】qīng huo(词)时令新鲜瓜果的统称。

【青萝卜没虚心，黄萝卜就虚心了】qīng luò bo mú xū xīng,huàng luò bo jiú xū xīng le(熟)对做了亏心事而自我暴露或心虚者的讽语。

【青年点】qīng niàn diàn(词)指集中安置下乡知识青年的地点。

【青天】qīng tiān(词)❶比喻清官。[例]包~。❷蓝天。[例]~白日。

【青铜峡】qīng tòng xià(词)黄河上游的最后一个峡谷。在宁夏青铜峡市境内。水力资源丰富,建有青铜峡大型水利枢纽。

【青盐】qīng yàn(词)盐的一种。多产于盐井、盐池中。

【青羊】qīng yang(词)一种生活在高山裸岩、草甸以及山谷草地、毛色发青的野羊,学名岩羊,亦称石羊。贺兰山上有此动物。[例]炕上铺着~皮褥子。

【青杨柳】qīng yang liù(词)即青杨,杨树的一种,别名家白杨,落叶乔木,各地均有栽植。

【青一坨紫一坨】qīng yi tuò zí yi tuò(熟)形容人皮肤受伤淤血呈现的颜色。

【青庄】qīng zhuang(词)苍鹭,亦称老等、灰鹳。晨昏活动于湖畔和沼泽地,以小型鱼类、蛙和昆虫等为食,巢筑树上。见附二。

【青庄死到稻田埂上了——肉烂嘴不烂】qīng zhuang sí dao dáo tiàn géng shang le—róu lán zuí bú lán(歇)青庄即苍鹭。烂:自然腐烂。比喻嘴不服软。

【轻车】qīng chē(词)没有装载东西的车。也叫空车。

【轻车出快牛】qīng chē chú kuái niù(谚)调驯生牛时不要让其负载过重,才能调出脚步快的牛。

【轻车熟路】qīng chē shú lú(词)比喻重新做所熟悉的工作。

【轻贱】qīng jián(词)举止轻佻、轻浮、不庄重。

【轻贱无式】qīng jián wù shí(词)轻佻献媚、令人作呕的样子。[例]一看那个~的样子,就知道不是好东西。

【轻狂】qīng kuang(词)放浪轻浮,挑逗耍贱。[例]再给我~,小心揍你!

【轻飘飘】qīng piáo piao(词)❶指工具太轻不服手,车辕太轻不好拉曳。❷形容动作或作风轻浮。[例]一副~的样子。

【轻饶】qīng rào(词)轻易地饶恕,白白地放过。宽恕。[例]下次再犯,绝不~。

【轻省】qīng seng(词)❶轻巧不费力。[例]刚出院,派个~活让他干。❷身体轻松。[例]晚上发了汗,今天~多了。

【轻装上阵】qīng zhuāng sháng zhéng(词)❶比喻放下思想包袱,全身心地投入工作。❷没有负重的行军打仗。

【清巴赶早】qīng ba gàn zào (词)大清早。[例]~的,吵什么?

【清鼻子】qīng bi zi(词)清鼻涕。[例]天太冷,~都冻出来了。

【清炖羊肉】qīng dóng yàng róu (词)当地的一种菜肴。

【清干】qīng gan(词)❶清爽。[例]娃娃大了,我们也该活几天~人了。❷清楚。[例]这事你怎么知道得这么~?

【清官】qīng guān(词)❶清正廉洁不贪腐的官吏,与赃官相对。❷秉公执法、断案公正的官吏。与昏官、糊涂官相对。

【清官难断家务事】qīng guān nàn duán jiā wu shí(谚)谓家庭纠纷非常复杂,外人没法判断谁是谁非。

【清米汤】qīng mí tang(词)即做米饭时撇出的不带米粒的清汤。

【清明】qīng ming(词)二十四节气之一,每年4月5日前后。民间依俗扫墓。

【清明前后,长淌直漏】qīng ming qiàn hóu,cháng tàng zhí lóu(谚)指清明

前后，大地解冻，地表潮水渗入地下。

【清清干干】qīng qing gán gan（词）❶指账目清清楚楚。❷指为官清廉。

【清渠】qīng qú（词）即大清渠。原从青铜峡市邵刚乡入永宁县李俊镇古光村。1976年接引渠建成后古光村停用。

【清山】qīng shān（词）指对山上的天然林木进行抚育，清除病、死或过密植株。

【清水洗，白布裹，送了埋体把锅抹】qīng shuì xì，biá bú guò，sóng le mài ti bá guō mò（熟）回族穆斯林习俗，亡人安葬后烙油饼（抹锅）散给清真寺和邻居。

【清水衙门】qīng shui yà meng（词）指预算外收入少、福利差、无外快可捞的单位 。［例］我所在的单位是个~。

【清汤寡水】qīng tang guà shuì（词）形容水多米少、没有油水的饭食。

【清汤咣水】qīng tāng guáng shuì（词）形容水多、干物质少、盛在容器里晃晃荡荡的饭食或汤水。

【清巷道】qīng háng dáo（词）指乡下不定期地集中清理村庄巷道中的杂物和违章建筑，使之通畅。

【清一色】qīng yí sé（词）麻将术语，指和牌是由一种花色的连序牌张组成。

【腈纶地毯】qīng lòng dí tàn（词）用聚丙烯腈纤维织成的地毯。

【请不到遇到】qíng bu dáo yú dáo（词）谓意外遇到，有惊喜义。

【请将不如激将】qíng jiáng bú rù jí jiáng（谚）犹激将法。用刺激性话语或反话鼓动人做某事。

【清硬】qíng yíng（词）减少水分，让糊状物自己凝固变硬。清：凉。［例］撇掉水，地皮就~了。|凉粉~了。

【清住】qíng zhu（词）凝固，凝结。［例］羊油~了。

【磬】qíng（词）❶古代打击乐器，形状像曲尺，用玉、石制成。❷佛寺中的钵状打击乐器，用铜铁铸成。

【秦琼的马——里膘】qìng qiòng di mà—lì biāo（歇）比喻外瘦内强体质好。

【秦琼卖马，早做准备】qìng qiòng mái mà，záo zuó zhòng bi（谚）秦琼，隋末豪杰，因盘缠耗尽欲卖掉坐骑黄骠马应急。比喻未雨绸缪，早做打算。

【勤快】qìng kuai（词）❶指手脚勤，爱劳动。❷有时也用于讽刺过度~。［例］你怎么那么~？

【勤励】qìng li（词）勤快，勤劳奋勉。［例］两个女儿可~了，不用大人说就把家务活干完了。

【勤学苦练】qìng xué kú lián （词）努力学习，刻苦训练。［例］要学会一门技术，除了~，没有别的办法。

【噙不住脚】qìng bu zhu jué（熟）鞋太破，包不住脚。噙：包，含。

【寝带】qìng dai（词）入殓前绑扎在死人裤脚上的布带。

【寝褥子】qìng ru zi(词)殓尸用的褥子。

【寝室】qìng shí(词)宿舍的别称。[例]四个学生住一间~。

【情人眼里出西施】qìng reng yán ni chú xī shi(谚)西施:春秋末期越国美女。比喻由于有感情,觉得对方无处不美。常用于恋人。

【晴天防雨天】qìng tiān fàng yù tiān(谚)比喻顺利的时候要想到困难和挫折。

【请锅】qìng guō(词)买铁锅。旧时铁器稀少贵重,称买锅为~。

【请人】qìng rèng(词)邀请客人。[例]孝子穿着孝身,到处~。

【请人打架不出力】qìng rèng dà jiá bú chú lí(谚)比喻请来帮忙的人不会竭尽全力。

【请神容易送神难】qìng shèng yòng yi sóng shèng nàn(谚)比喻邀请或招聘来的人不好打发。

qiong

【穷棒子】qiòng báng zi(词)旧时对穷人的蔑称。[例]发扬~精神。

【穷兵饿衙役】qiòng bīng wó yà yi(熟)指旧时士兵和衙役劫掠民财的行为。

【穷得叮当响】qiòng di dīng dāng xiàng(熟)穷得一无所有。

【穷得屁也夹不住】qiòng di pí ye jiá bú zhú(熟)形容极度贫困。亦有因贫困而身体干瘦(连屁也夹不住)的意思。夸张。

【穷得瓦渣子刮沟子】qiòng di wá zha zi guá gōu zi(词)穷得就像用陶瓷片刮过的屁股一样干净。犹一贫如洗。

【穷富是个家,破烂是个城】qiòng fú shi ge jiā,pó lán shi ge chèng (熟)谓再穷的家也比没家强,再破的城池也比没有城池好。

【穷干净,富邋遢,讨吃婆姨的三刷搭】qiòng gān jing,fú lá ta,táo chi pò yi di sān shuā da(顺)对有洁癖者的反感和讽刺。

【穷光蛋】qiòng guāng dán(词)指一无所有的人。

【穷鬼】qiòng guì(词)富人对穷人的蔑称。

【穷汉】qiòng han(词)泛指穷人。[例]~的娃娃天养呢。

【穷汉吃个饼,喝干一口井】qiòng han chí ge bìng,hé gān yí kòu jìng (熟)❶对爱喝水的人的揶揄。❷对穷人的蔑视。

【穷汉的娃娃会当家】qiòng han di wà wa huí dāng jiā(谚)指穷人的孩子懂事早,善于做家务和勤俭持家。

【穷汉的娃娃天养呢】qiòng han di wà wa tiān yáng ni(熟)指穷人的孩子靠着顽强的生命力和菲薄的物质条件也能长大。

【穷汉请客——他来你不来】qiòng

han qíng ká—tā lài ní bú lài（歇）对开会人难召集的怨词。

【穷急了】qiòng jí le（词）指因生活贫困而做出不明智的事情。[例]简直~，连衬裤都偷！

【穷家养了个富娃娃】qiòng jiā yáng le ge fú wà wa（熟）指某些贫穷家庭娇惯孩子，使之养成不尚勤俭、攀比享受的不良习惯。

【穷家难舍，故土难离】qiòng jiā nàn shè，gú tù nàn lì（谚）义同"故土难离，穷家难舍"。

【穷酒瓶，富油瓶】qiòng jiú ping，fú yòu ping（熟）指酒、油装在瓶子里，前者容易倒干净，后者不易倒干净。

【穷坑】qiòng kēng（词）❶特别贫困的家庭或地方。[例]早点跳出这个~。❷指贪心不足或饭量很大。[例]填不满的~。

【穷了罢慌，富了罢商】qiòng le bá huāng，fú le bá shāng（熟）慌：着急、羡富。商：骄傲，看不起穷人。

【穷忙】qiòng màng（词）无休止地白忙乎。常做自嘲。

【穷怕了】qiòng pá le（词）害怕继续或再次受穷的心理。

【穷怕亲戚富怕贼】qiòng pá qīng qi fú pá zèi（谚）穷人害怕亲戚来家耗费食物，富人担心贼来偷盗钱财。

【穷穷穷，养毛虫】qiòng qiòng qiòng，yàng mào chòng（谚）谓养殖业风险大，弄不好就要折本致穷。

【穷山恶水出刁民】qiòng shān é shuì chú diāo mìng（词）刁民：旧时官吏对贫困地区抗粮抗税、不好管束的百姓的蔑称。

【穷死鬼】qiòng si gui（词）❶对穷人的贬称。[例]他就那个~命。❷小气，吝啬。[例]看你那个~样子，打肉就打一斤。

【穷死鬼命】qiòng si gui míng（熟）犹天生的穷命。[例]就那个~，咋扶也扶不起来。

【穷酸】qiòng suān（词）指贫寒而迂拘的样子。也指穷困潦倒的人。有鄙视、歧视义。

【穷通了】qiòng tōng le（词）极穷，穷到家了。[例]简直~，啥都偷。

【穷窝窝子】qiòng wō wo zi（词）穷地方。

【穷嫌富不爱】qiòng xiàn fú bú ái（熟）穷人她嫌弃，富人不爱她。形容高不成、低不就的择偶者。

【穷小子】qiòng xiáo zi（词）旧时对穷人的贬称。

【穷在嘴上】qiòng zai zuí shang（熟）❶家里有钱却经常哭穷。❷只会哭穷，羡慕富人，却没有改变穷困面貌的志气和行动。

【裙裤】qiòng kú（词）一种裤腿像裙子的女裤。

【群众的眼睛是雪亮的】qiòng hong

di yán jing shi xué liáng di(熟)谓人多眼睛多,看问题全面。

qiu

【丘】qiu(词)语气助词。[例]你要真不想去,就算~了。

【丘、丘】qiù、qiù(词)赶牛前行的口令。

【秋场】qiū chàng(词)打碾秋粮的谷场。泛指秋季的粮食收成。[例]等~完了,买个四轮跑运输。

【秋翻】qiū fān(词)指秋收后大面积翻犁茬地。[例] 把拖拉机集中起来搞~。

【秋分】qiū feng(词)二十四节气之一,9 月 23 日前后,阳光直射赤道,昼夜等长。

【秋分不挡刀】qiū feng bú dáng dāo(谚)到了秋分这个节气,庄稼就不再生长,可以收割了。

【秋分秋,秕绽一律收】qiū feng qiū, bí zán yí lü shōu(谚)到了秋分,秋庄稼就可以全部收割了。绽:饱满开裂之义。

【秋工】qiū gōng(词)参加秋季干渠岁修工程的义务性民工。

【秋刮死,春刮活】qiū guá sì, chōng guá huó(谚)指多年生植物伴着秋风进入冬眠,迎着春风萌发新芽。也说刮死刮活。

【秋后的蚂蚱——蹦跶不了几天】qiū hóu di miá zha—béng da bú liao jì tiān(歇)比喻生命力不会太长。常用于形容行将灭亡的事物。

【秋后算账】qiū hóu suán zháng (词) 本指年底结算账目。常比喻等待时机进行报复。

【秋货郎】qiū huo láng(词)❶指秋后不能完全成熟的果实。❷比喻老年人所生的子女。

【秋鸡娃子】qiū jī wa zi(词)秋天孵的小鸡怕冷。比喻怕冷的人。

【秋凉了】qiū liàng le(词)指秋季。[例] ~,早晚要加衣裳。

【秋——秋,罢跌娃娃的沟沟】qiū—qiu, bá dié wà wa di gōu gou(儿)大人扶幼儿打秋千时念的口歌。沟沟指屁股。

【秋庄稼】qiū zhuāng jia(词)秋季收获的农作物。[例]夏季歉收,多种些~,以秋补夏。

【朽了】qiú le(熟)腐朽,腐烂。[例]这根木头~。

【囚犯】qiù fan(词)关押在监狱里的犯人。[例]头发长得~似的,快去理一理。

【囚磨】qiù mo(词)囚禁,折磨。[例]害了两年病,下不了炕,把人~成啥样子了!

【求告】qiù gao(词)谓央求别人帮助或宽恕自己。[例]自己节省一点,强比~旁人。

【求旁人不如求自己】qiù páng reng

bú rù qiú zí ji(谚)旁人指非亲非故的人,自己指嫡亲或本家族的人。

【求亲】qiù qīng(词)请求结为姻缘,多为男家向女家。[例]~~,就是要求呢。

【求神拜佛】qiù shèng bái fú(词)向神佛祈祷,祈求保佑。

【求爷爷告奶奶】qiù yè ye gáo nái nai(熟)到处求人。[例]~,总算把修路的人动员到工地上。

【尿大不理尿二】qiù dá bú lì qiù ér(熟)带招不理,不理不睬。[例]客人来了,你~的,咋回事吗?

【尿拉地】qiù lā dí(词)❶比喻因劳累而疲惫不堪的样子。❷比喻没希望或完蛋了。[例]一下雨,出门的事又~了。

【尿毛打绳子——不搿股】qiù mào dà shèng zi—bú gé gù(歇)打绳子:搓、拧、合绳子。不搿股:合不到一起。

【尿毛鬼胎】qiù mào guì tāi (词)吝啬、委琐。[例]大小是个老板呢,多捐上几个钱,不要~的。

【尿迷惺眼】qiù mi xíng yàn(词)迷迷瞪瞪,带招不理的样子。[例]说了半天还~的,不知道说谁呢!

【尿尿毛毛】qiù qiu mào mao(词)小里小气不大方。[例]花钱~的。

qu

【蛆肚子,坏肠子,挖倒渠堺淹房子】qū dú zi,huái chàng zi,wā dào qù bài yān fàng zi(儿)蛆肚子、坏肠子都指坏心肠的人。

【蛆芽子】qū yà zi(词)苍蝇卵长出的白色小蛆。

【黢黑】qū héi(词)很黑,指脸色。

【曲曲虫】qū qu chòng(词)蚯蚓。

【娶上婆姨是拴狗绳,养下儿子是咂鳖虫】qú shang pò yi shi shuān gòu shèng,yáng xia èr zi shi zá bié chòng(熟)男子成家后要受妻子管束,少了自由;生了儿子就要抚养,耗尽积蓄。咂鳖虫:鳖身上的寄生虫。

【娶媳妇,搭婆婆】qú xí fu,dá pò po(熟)谓儿媳在各方面都跟婆婆相似。

【焌火】qú huò(熟)把水浇到燃烧物上使火熄灭或把燃烧的木柴等放入水中熄灭。

【曲子】qú zi(词)小曲儿,歌曲。[例]男人心孤唱~,女人心孤哭鼻子。

【屈打成招】qú dà chèng zhāo(词)无罪的人在刑讯逼供下招认。

【屈死鬼】qú si gui(词)迷信指蒙冤或溺水而死的人变成的鬼。

【黢绿】qú lú(词)墨绿,深绿。[例]我腌的韭菜~~的。

【渠】qù(词)❶自然村用词。[例]新开~(在杨和镇东全村)。|周公~(在望远镇永清村)。❷人工开凿的灌溉河道。[例]唐徕~。

【渠堺】qù bài(词)渠堤、渠岸。

【渠渠子】qù qu zi（熟）指小渠、毛渠。［例］在田边上挖了个小~。

【渠梢】qù shāo（词）渠的下游，地名用词。［例］大~、石~（均在李俊镇）。

【瞿靖堡的口袋叶盛堡的驴，李俊堡的脏屄再罢提】qù jing pú di kǒu dai yē sheng pú di lǜ，lǘ jiong pú di zāng song zái bá tì（顺）❶一说旧时瞿靖堡口袋大，交易不公平，叶盛堡人野蛮，李俊堡卖食猪杂碎，不洁净。❷一说瞿靖堡、叶盛堡集市贸易中口袋和驴的交易旺盛，李俊堡的臧姓、宋姓是旺族。

【娶亲的】qù qīng di（词）婚娶时，男方到女方家迎娶新娘的人。

quan

【圈脸胡】quān lian hù（词）即络腮胡。

【圈！圈！圈！】quàn！quàn！quàn！（词）吆喝、驱赶牲畜进圈的口令。

【全浑】quàn hong（词）完整，浑然一体。［例］遭了一场大难，还落了个手脚~，也算万幸！

【全劳力】quàn lào li（词）指身体健康的青壮年劳动力。［例］他身体好，还不到20岁就成了~。

【全苗】quàn miào（词）指播下的种子全都出苗成活。［例］插秧初期要保~。

【拳把势】quàn bá shi（词）指有拳术的人。［例］~打不过个烂戏子。

【拳把势打不过个烂戏子】quàn ba shi dá bú guó ge lán xí zi（熟）烂戏子：指武生、武旦演员。因手脚灵活，善于躲闪，连有拳术的人都难以对付。

【拳不离手，曲不离口】quàn bú lì shòu，qú bú lì kòu（谚）比喻只有勤学苦练，经常复习，才能使知识得以巩固，技艺得到提高。

que

【撅折腿棒子，熬烂眼眶子】qué shè tuí báng zi，ào lán yán kuáng zi（谚）本形容聚赌。也用来形容会计和文字秘书的辛苦。

【撅折】què shè（词）折断。［例］把树枝~。

【缺掌少腿】qué céng shào tuì（词）残破的椅凳或床。

【缺德】qué dé（词）❶缺乏社会公德、职业道德、家庭美德和个人品德。❷对做坏事和恶作剧者的骂语。

【缺儿】quér（词）空缺。［例］《乡下秀才》第一章：“叫沙金顶他的~呢。”

【缺胳膊少腿】qué gé bo shào tuì（熟）缺这少那。多指不完整的物件。

【缺面无光】qué mian wù guāng（词）没面子，羞于见人。［例］刚释放回来，见了熟人~的。

【缺一头】qué yi tòu（熟）常指人生的缺憾处。［例］不管哪一头，总要~。

【缺这少那】qué zhé shào ná（词）指准备不充分，不能满足需要。

【缺子】qué zi（词）道路上的凹坑、缺窝。[例]车搁（浅）在~里头了。

【雀鸟】qué niao（词）泛指小鸟。[例]枕头顶上绣了几个~。

【雀雀子】qué que zi（词）小雀鸟的统称。

【搉蒜】qué suan（词）用石臼或铁臼把蒜瓣捣成泥状。搉:用臼捣。如搉辣面子，搉调和，搉盐等。

【瘸子的腿——就已了】què zi di tuì—jiú yi le（歇）就已:即成，定型，无法改变。

【瘸子腿上拿棒打】què zi tuí shang nà báng dà（谚）犹雪上加霜，祸上加祸。

R

ran

【染房里的磙子——捶布石】rán fang ni di dōng zi—chuì bu shi(歇)意为天生是挨打的。

【繎得很】ràn di hèng(词)繎:丝纠缠难理。❶纠缠、难摆脱。❷办事不利索。

【繎进去】ràn jìng ke(词)指牵扯进去,陷进去。

【繎丝头】ràn si tòu(词)指办事不利索或难缠、不讲理的人。

【繎牙】ràn yà(词)比喻办事不痛快的人或难以理清的事。

rang

【穰得很】rāng di hèng(词)❶绵软、不结实。[例]这张纸~,包不成东西。❷虚弱不强壮。[例]身体~,干不成重活。

【嚷仗】ráng zháng(词)吵架。[例]老俩又~呢。

【嚷床】ràng chuàng(词)闹新房。

【让伏】ráng fu(词)忍让、谦让。[例]哥哥要~弟弟。

【让人不为低】ráng rèng bú wèi dī(熟)谓对人谦恭礼让,不等于低人一等。

【让人是个礼,锅里没下着米】ráng rèng shí ge lì,guō ni mú xiá zhe mì(顺)比喻礼节性的虚让。[例]~,不过是说说而已。

【瓤口】ràng kou(词)西瓜瓤的颜色和品味。[例]这个瓜~好。

rao

【绕达】ráo da(词)在人面前走来走去或常来常往。

【绕了一圈】rǎo le yí quān(熟)边走边看,随便走了一下。[例]在厂里~就走了。

【绕帽盖子】rǎo máo gai zi(熟)比喻乱转,闲逛。[例]你到哪里~去了?

【绕圈子】rǎo quān zi(词)不直接表达意思,用较多的话语暗示。[例]有话直接说,不要~。

【绕弯弯】rǎo wān wan(词)脱离岗位,到处闲逛。[例]上班时间还到处~。

【绕五字】rǎo wú zi(词)拐弯抹角,不直接说出真实意图。[例]有话直说,少~。

【绕着弯弯子说】rǎo zhe wān wan zi shuó(熟)委婉地提醒劝说。

【饶是】rào si(词)任凭、尽管。[例]~我提了你的名字,人家还是不买账。

re

【惹不起】ré bú qì(词)不能招惹,否则会带来麻烦。

【惹操了】ré cáo le(熟)惹火了。[例]把我~,我可骂人呢!

【惹犯了】ré fán le(熟)引起、诱发、并发。[例]把心脏病~。

【惹祸遭殃】ré huo zāo yāng (词)自招祸殃。[例]忍着点,免得~。

【惹孽造罪】ré nie zāo zuí(词)指佛教所说的妨碍修行的种种罪恶。[例]打瞎子,骂哑巴,~的,千万不能干。

【惹是生非】ré shi sēng fēi(词)招惹是非,引起事端。[例]叫他在家里复习功课,免得到外面~。

【惹下了】ré xia le(词)❶得罪下了。[例]这回算是把人~。❷被引逗的一方不肯罢休。[例]这一说,把年轻人~,天天缠着他讲故事。

【惹狗狗咬,惹娃娃娃娃骂】rè gòu gòu yào,rè wà wa wà wa má(熟)谓被狗咬、被小孩骂是因为招惹了他们,最好不要招惹。

【惹鬼上庙】rè gui sháng miáo(词)比喻因处置不当而惹来麻烦。[例]能忍就忍,该让就让,免得~的。

【惹齁了】rè hōu le(熟)惹恼了,惹火了。

【惹祸头】ré huó tòu(词)带头惹祸的人或引起祸端的因由。

【惹黏气】rè niàn qi(词)惹来麻烦和不满。[例]要给就多给点,给上几块钱,还不够~的!

【惹人耻笑】rè rèng chí xiáo(熟)引起别人的笑谈和看不起。[例]三天两头吵架,~地干啥?

【热的是胖子,冻的是瘦子】ré di shi páng zi,dóng di shi sóu zi(谚)胖人怕热,瘦人怕冷。

【热饭烫不住个冷嘴】ré fán táng bú zhu ge lèng bī(熟)申斥语,用于制止吃饭时说不中听的话。

【热锅上的蚂蚁】ré guō shang di mà yi(词)形容烦躁、焦急、坐立不安的样子。

【热乎乎】ré hū hu(熟)❶指对某种事情特别热心的人。❷形容温度比较高。[例]屋里架了个炉子,~的。❸因受到安慰和关怀而感到亲热。[例]心里~的。

【热火朝天】ré huo chào tiān (词)形容群众性活动气氛热烈,情绪高涨,十分热闹。[例]正月十五那天,县城的社火搞得~。

【热火罐子】ré huó guan zi(词)使满意、满足。[例]给她(他)个~抱上,叫他欢欢喜喜的。

【热闹人】ré nao rèng(词)性格开朗、爱说爱笑的人。

【热丧】ré sāng(词)谓新遭丧事。[例]叫~拍(pia)了。(迷信指邪祟侵害身体)

【热生风,冷生雨】ré sēng fēng,lèng sēng yù(谚)夏秋季的天气现象。

【热水要烧呢,冷水要挑呢】ré shuí yáo shāo ni,lèng shuí yáo tiāo ni(熟)谓要尊重和珍惜别人的劳动成果。

【热腾腾】ré téng teng(词)冒着热气的饭食或温暖的环境。[例]端来一碗~的面条。

【热窝子】ré wo zi(熟)❶指焐热的被窝。❷比喻现成的空子或机会。[例]你调走了,给别人把~腾下了。

【热孝】ré xiáo(词)亲人新丧,孝服在身。[例]叫~拍(pia)了(迷信指邪祟侵袭身体),浑身痛得不行。

【热阳黄天】ré yang huàng tiān(词)形容夏季炎热的天气。

【热罪好受,冷罪难受】ré zuí háo shóu,léng zuí nàn shóu(谚)天热了可以到凉处降温,天冷了却没有保温取暖条件。指物质匮乏时期穷人的生活状况。

【偌大的】ré dá di(词)这样大,那么大。[例]嘴张得~,不借给点能行?

【偌死老长的】ré sí lào chàng di(熟)嫌太长。[例]锨把安得~,不好使。

【偌死烂重的】ré si lán zhóng di(词)太重。[例]背上个娃娃~,不如放在家里叫爷爷领上。

【偌死老高的】ré si lào gāo di(词)嫌高。[例]~,咋够着呀?

【偌死老远的】ré si lào yuǎn di(词)嫌远。[例]~,跑了去干啥呢?

reng

【任凭风浪起,稳坐钓鱼船】réng pìng fēng láng qì,wéng zuó diáo yù chuàn(谚)不管遇到什么险恶情况都沉着镇定,不乱方寸,坚守岗位。

【纫头】réng tou(词)穿入针鼻的带尖的线头儿。

【忍气压气】réng qi yá qi(词)犹忍气吞声。[例]跟你们一起生活十几年,我一直~,你们还以为我好欺负!

【忍让】réng ráng(词)容忍让步。[例]兄弟之间,要互相~。

【忍自忍,饶自饶,忍字还比饶字高】réng zí rèng,rào zí rào,réng zi hài bì rào zí gāo(熟)该忍耐则忍耐,能宽恕则宽恕,不要争胜好强,不依不饶。

【刃口家具】réng kou jiā ju(词)指带刃的金属器具,如刀、斧等。

【认承】réng cheng(词)承认,接受。

[例]先~下来,随后再说。

【认倒霉】réng dào mèi(词)无奈接受不该承担的责任或损失。[例]既然没人赔偿,我就~吧。

【认干亲】réng gān qing(词)跟没有血缘关系的人结为义亲,如干亲家、干兄弟、干姊妹之类。

【认囫囵不认破】réng hú long bú réng pó(熟)比喻只承认或只认识完整的,不承认或不认识分解开来的。囫囵:完整。

【认假不认真】réng jiá bú réng zhēng(词)真假不辨或认假为真。[例]有些人就是~。

【认了】réng le(词)❶见效。[例]这服药吃上~,头不痛了。❷接受,承担。[例]这钱他不出,我~。

【认路】réng lú(词)记住走过的路。[例]汽车司机特别能~。

【认亲戚】réng qīng qi(熟)看亲戚的面子。[例]不处分你难道~呢?

【认人】réng rèng(词)❶从本质上认识一个人。[例]~不准。❷婴儿能分辨出大人的相貌。[例]四个月就能~了。❸根据关系亲疏分别对待。[例]认事不~。

【认生】réng sēng(词)❶怕见陌生人,多发生在婴幼儿期。❷牲畜间的欺生排斥现象。

【认死理】réng sì lì(词)固执己见,不知变通。

【认赃】réng zāng(词)承认偷来或骗来的赃物。[例]背着牛头不~。

【认贼作父】réng zèi zuó fú(词)比喻甘心卖身投靠敌人。

【认账】réng zháng(词)承认所做的事或欠的债。

【认真认真,临了儿伤心,敷衍敷衍,使的好钱】réng zhēng réng zhēng, lìng liàor shāng xīng, fù yàn fù yàn, shí di hào qiàn(顺)一种消极处世和对待工作的态度。

【人】rèng(词)❶自称,我。常在抱怨、撒娇时用。[例]~有了病,你也不管!❷能制造工具并使用工具进行劳动的高等动物。

【人比人,活不成,货比货,卖不过】rèng bì rèng, huó bú chèng, huó bì huó, mái bú guó(谚)正视自身条件,不要盲目攀比。

【人比人,活不成】rèng bì rèng, huó bú chèng(谚)劝人知足常乐,不要盲目攀比。

【人不行,还说炕不平】rèng bú xìng, hái shuó káng bú pìng(词)戏谑语,谓男子性功能不行,不要怨炕不平展。比喻要从主观上找原因。

【人不可貌相,海水不可斗量】rèng bú kè máo xiáng, hài shuí bú kè dóu liáng(谚)不能以外貌估量一个人的能力和潜力,就像不能用斗来计量海水一样。

【人不求人一边大】rèng bú qiù rèng yí biān dá(词)人不求人,在人格上就是平等的,不会有低人一等的感觉。

【人不人,鬼不鬼】rèng bú rèng,guí bú guì(熟)❶形容不伦不类,不像人样。❷指活得艰难屈辱,很不舒心。

【人不伤心不落泪】rèng bú shāng xīng bú luó luí(熟)义如文。

【人不知自丑,马不知脸长】rèng bú zhī zí chòu,má bú zhī liàn chàng(熟)比喻自己很难看到自己的弱点、缺点。

【人才】rèng cai(词)指容貌、长相。[例]一来看上~好,二来看上会当家。

【人财两空】rèng cài liàng kōng(词)人和钱财都失去了。[例]找了个对象跟上别人跑了(私奔),落了个~。

【人馋了说亲,狗馋了舔灯】rèng chàn le shuó qīng,gòu chàn le tiàn dēng(熟)对媒婆的讽刺。说亲:说媒。灯:旧时的香油灯。

【人馋没好汤,猪馋没好糠】rèng chàn mú hào tāng,zhū chàn mú hào kāng(谚)比喻嘴馋挑食的人吃什么都不香,只能饿肚子。猪为本词目的喻体。

【人丑了爱戴花】rèng chǒu le ái dái huā(熟)❶指长相丑陋的人常常以打扮来弥补生理上的不足,以达到心理平衡。❷比喻找借口粉饰掩盖毛病缺点。

【人丑骨尸齉】rèng chòu gú shī náng(熟)谓长相不咋样,却喜欢扭捏作态,使性子撒气。骨尸齉:毛病多。

【人丑了裹上一身绸子也是丑的,人俊了顶上个抹布也是俊的】rèng chǒu le guó shang yí shēng chòu zi yé shi chǒu di,rèng jióng le díng shang ge má bu yé shí jióng di(熟)谓漂亮不漂亮,先天遗传是主要的。

【人倒霉,鬼吹灯,母鸡叫鸣狗刨坑】rèng dào mèi,guì chuī dēng,mú ji jiáo mìng gòu pào kēng(顺)形容人不顺利的时候各种倒霉事都赶到一起。

【人到事中迷,就怕有人提】rèng dáo shí zhōng mì,jiú pá yòu rèng tì(谚)指人在犯糊涂的时候只要有人醒提,就会猛然省悟。

【人的名,树的影】rèng di mìng,shú di yìng(谚)人的名声就像树的影子一样,永远和人相随。

【人的命苦了,生在蜜州都不甜】rèng di míng kú le,sēng zai mí zhōu dōu bú tiàn(谚)宿命论。

【人的学问在肚子里,不在书架上】rèng di xué weng zái dú zi ni,bú zái shū jiá shang(熟)谓只有消化吸收了的知识才是自己的知识和学问。

【人等好事,好事等人】rèng dèng háo shí,háo shí dèng rèng(谚)专门等好事不一定等得来;不等了,好事可能会找上门来。辩证关系。

【人多好干活,人少好吃饭】rèng duō

háo gán huò,rèng shào háo chí fán(谚)谓干活时人多力量大,进度快;吃饭时人少容易做,质量高。

【人多势众】rèng duō shí zhóng(词)指人多声势大,有威慑力。[例]仗着~,在这里闹了一场。

【人多智广】rèng duō zhí guàng(词)犹集思广益。

【人多嘴稠,锅里煮了个驴屎】rèng duō zuì chòu,guō ni zhǔ le ge lǚ qiù(词)驴屎越煮越直,越煮越硬。比喻谈不拢,越争论分歧越大。

【人多嘴杂】rèng duō zuí zá(词)谓很多人在一起议论,说什么的都有,意见很难统一。

【人贩子】rèng fán zi(词)以拐卖人口为业的人。

【人逢喜事精神爽】rèng fēng xí shi jīng sheng shuàng(谚)谓人遇到喜事时,心情舒畅,精神倍增。

【人跟人处,阎王跟鬼处】rèng gēng rèng chù,yàn wang gēng guì chù(谚)谓人生在世总要跟人打交道。也指什么人交往什么人。

【人公子】rèng gōng zi(词)公子指种畜。比喻作风不正、一贯玩弄女性的男子。[例]那家伙简直是个~。

【人滚马翻】rèng gong mà fān(词)❶形容紧张的劳动场面。❷也指兴师动众。[例]~地干了一气,有啥效果?

【人过留名,雁过留声】rèng guó liù mìng,yán guó liù shēng(谚)❶指在人世上活一回,要留下好名声。❷犹在职一任,造福一方。

【人好不如命好】rèng háo bú rù míng hào(词)人好指人的能力强,品行好,命好指命运和机遇好。谓命运往往胜过主观努力。

【人好嘴巧】rèng hào zuì qiào(词)人长得好,嘴也巧。讽刺语。

【人和】rèng huo(熟)人缘。[例]他(她)~好,跟谁都合得来。

【人恨人,交运呢,天恨人,要命呢】rèng héng rèng,jiāo yóng ni,tiān héng rèng,yáo míng ni(谚)个别人的妒恨不但不可怕,反而可促使被妒者奋发努力,得到好的结果。但如果违背社会公德和自然规律行事,就会引起公愤,自取灭亡。天:老天、规律、公众。

【人哄地皮,地哄肚皮】rèng hóng dí pì,dí hóng dú pì(谚)种地不浇水施肥、精耕细作,土地就没有产出,就会让人饿肚子。

【人活脸,树活皮,墙活一把泥】rèng huó liàn,shú huó pì,qiàng huó yí bà mì(顺)脸指人的自尊和羞耻感,就像墙上的泥巴、树的皮一样重要。

【人活五十不为夭】rèng huó wú shi bú wèi yāo(谚)旧时人的平均寿命短,活到五十岁死了就不算短寿。

【人活一世,草木一秋】rèng huó yí shí,cáo mu yí qiū(谚)谓人的生命暂

短,既要珍惜生命,有所作为,又要洒脱自如,不为名利所累。

【人活一世,吃穿二字】rèng huó yí shí,chí chuān ér zí(谚)指以享受为目的的人生观。

【人伙伙子】rèng huó huo zi(词)人群,人多的地方。[例]爱往~钻。

【人家屋里点灯,你们屋里不亮】rèng jia wú ni diàn dēng,ní meng wú ni bú liáng(熟)谓把自家的事情管好办好就行了,不要过分关心别家的事情。

【人精】rèng jīng(词)指特别精明、出色的人。[例]那可是个~,不好糊弄。

【人来客去】rèng lài ká ké(词)指常有客人来。[例]~的,没个客厅不行。

【人老八辈子】rèng láo bá bei zi(熟)时间久远。[例]好像~没喝过酒,一见酒就走不动路了!

【人老不值钱】rèng láo bú zhí qiàn(熟)❶老年人自嘲语,意为没有利用价值了。❷也指老年人不拘小节,做出不得体的事情。

【人老骨头硬,越干越有劲】rèng láo gú tou yíng,yué gán yué yóu jíng(熟)对老当益壮的赞语。

【人老几辈子】rèng lào jí béi zi(词)即几代人。[例]~都是种田的。

【人老了出鳖呢】rèng lǎo le chú bié ni(熟)指老年人笨手笨脚。也用于老年人自嘲。[例]~,哪能跟年轻人比。

【人老三件宝:贪财,怕死,瞌睡少】rèng lào sān jián bào:tān cài,pá sì,ké shui shào(顺)调侃语。

【人老惜子,猫老吃子】rèng lǎo xī zì,māo lǎo chí zì(谚)谓人老了更加爱惜幼子,猫老了往往吃掉幼崽。(人性与兽性的区别)

【人老心多,牛老筋多】rèng lào xīng duō,niù lào jīng duō(熟)前为主体,后为喻体。谓老年人爱多心。

【人老一年,马老一月】rèng láo yí niàn,mà láo yí yué(谚)指年岁大的人常常在一年之内突然衰老,口齿大的马往往在一月内突然干不动活。

【人老志不衰】rèng láo zhí bú shuāi(熟)❶人虽老,雄心壮志犹在。❷指老有所为,奋斗不息。

【人离地土贱】rèng lì dí tu jián(词)指人离开故乡后无亲无故,失去依靠,常常遭人排斥。

【人留子孙草留根】rèng liù zì song cào liù gēng(谚)生物繁衍的规律。[例]~,来世上一回,总要留下个儿女。

【人伦】rèng lòng(词)封建礼教所规定的人与人之间的关系,特指君臣、父子、夫妇、兄弟、朋友之间的尊卑长幼关系。

【人马伞旗】rèng ma sàn qì(词)万事齐备,阵容整齐。[例]人家~地来娶亲,我们总得迎一迎吧。

【人骂人的】rèng má rèng di(熟)犹正如人骂人时常说的话。[例]真是~:吃上匿上(不承认),活不到七十!

【人忙天气短】rèng màng tiān qi duàn(谚)人在忙的时候感觉时间过得快。

【人忙无智】rèng màng wù zhí(熟)指人在紧张和慌乱中常常想不出好主意。

【人没笼头纸上拴】rèng mú lòng tou zhí shang shuān(谚)以文书形式把人约束、控制起来。[例]~,写个合同比较好。

【人门】rèng mèng(词)对女人盆骨的另一种叫法。[例]~开了,娃娃快下来了。

【人命】rèng ming(词)人的性命。多指故意伤害他人性命。[例]他手上有~。

【人命关天】rèng ming guān tiān(词)比喻涉及人命,关系重大。

【人模狗样】rèng mu góu yáng(词)贬词。表面上像个人,背地里不做人事。

【人模人样】rèng mu rèng yáng(词)❶指长相穿戴像模像样,心地、品行却很恶劣。❷对动物模仿人、小孩模仿大人时外形和动作惟妙惟肖的形容。

【人挪活,树挪死】rèng nuò huó,shú nuò sì(谚)谓人通过改变住所和环境,运势得到转好。

【人怕伤心,树怕剥皮】rèng pá shāng xīng,shú pá bō pì(谚)谓人被伤了心就会断交,树被扒了皮就会中断营养(致死)。

【人凭志气虎凭山】rèng píng zhí qi hù pìng shān(谚)谓人有志气才能成就事业,老虎凭借大山才能发挥威力,生存繁衍。

【人七日】rèng qí ri(词)俗称农历正月初七为“人日”,这天吃长面,预祝长寿。

【人气】rèng qi(词)名气、人缘及受到众人爱戴的程度。[例]他的~高,肯定能当选。

【人勤地不懒】rèng qìng dí bú làn(谚)谓只要人勤快,土地就会有产出。

【人情】rèng qìng(词)❶应酬,馈赠,随礼。[例]~不是债,提上锅儿卖。❷情面,交情。[例]天理、~、国法。

【人情薄如纸】rèng qìng bò ru zhì(谚)犹君子之交淡如水。也有对世态炎凉的感叹。[例]~,自己的困难还得靠自己克服。

【人情不是债,提上锅儿卖】rèng qìng bú shi zhái,tì shang guōr mái(谚)人情指随份子出礼,意为就是砸锅卖铁也要尽人情。

【人情大于王法】rèng qìng dá yu wàng fa(谚)指法制不健全的社会中存在的不正常现象。此处的“人情”指面子或人际关系。

【人情世故】rèng qìng shí gú(词)为人处世的道理。[例]原则要讲,~也要考虑。

【人情是把锯，有来就有去】rèng qìng shí bajú，yòu lài jiú yóu kě（谚）人情指随礼出份子钱，这是有来有往的事情。

【人穷志不短】rèng qiòng zhí bú duàn（谚）虽然遭遇贫困或仕途不顺，也不丧失奋斗的志气。

【人穷志短】rèng qiòng zhí duàn（词）指人在贫困艰难的时候，容易做出丧志的事。

【人人不做官，做官都一般】rèng rèng bú zuó guān，zuó guān dōu yí bān（熟）❶谁做了官都会摆架子或疏远亲朋。❷做了官才知道做官的难处。

【人人都吃过，市上没卖的】rèng rèng dōu chí guo，shí shang mú mái di（谜）谜底：人奶。

【人软受人欺，马软受人骑】rèng ruán shóu rèng qī，mà ruán shóu rèng qì（谚）谓过于软弱的人常常受人欺负。

【人善人欺主不欺】rèng shán rèng qī zhú bú qī（谚）回族谚语。谓善良的人可能会被别人当作软弱而欺负，但真主绝不欺负善良的人。

【人上一百，五谷乱杂】rèng sháng yí biá，wù gu lán zá（谚）人多了，什么样的都有。

【人生地不熟】rèng sēng dí bú shú（熟）指对当地的人和各方面情况不熟悉。[例]刚到这里工作，~。

【人生面不熟】rèng sēng mián bu shú（熟）陌生，素不相识。[例]~的，就问人家借钱！

【人是吃米面长大的，不是叫人吓大的】rèng shi chí mí mián zhàng dá di，bú shi jiáo rèng xiá dá di（熟）自信、不怕威胁恐吓的意思。

【人是活神仙，一天走一千】rèng shi huó shèng xiān，yí tiān zóu yí qiān（谚）形容今天还在此处，明天就到了彼处，极言人的流动频繁和行走速度快。一千：一千里，约数。

【人是铁，饭是钢，一顿不吃饿得慌】rèng shi tié，fán shi gāng，yí dóng bú chí wó di huāng（谚）指吃饭问题非常重要。

【人是一样生，百样死】rèng shi yí yáng sēng，biá yáng sì（谚）指人的出生过程和形式大致一样，死亡的形式却多种多样。

【人是衣装马是鞍】rèng shi yī zhuang má shi ān（谚）人有了好的衣饰打扮、马背上好看的鞍鞴，就显得漂亮高雅了。

【人受指教武艺高】rèng shóu zhì jiao wú yí gāo（谚）比喻谦虚好学才能学到真本领，提高能力。

【人瘦马壮】rèng sóu má zhuáng（词）谓身体精瘦的男子性功能较强。"马"指阳物。

【人熟好办事】rèng shú háo bán shí（熟）义如文。

【人说人的】rèng shuó rèng di(熟)犹"正如人们常说的"。[例]~,什么虫屁什么屎!

【人死了，话在呢】rèng sí le,huá zái ni(熟)人虽然死了,但说过的某些话还留在人间。常用于对逝者生前经典性、预言性话语的追忆和肯定。

【人死如灯灭】rèng sì rù dēng nié(谚)人死了,生命就终止了,就像灯熄灭后不能发光一样。

【人死如土】rèng sì rù tù(谚)人死后生命就结束了,就像泥土一样没有知觉。也指人的尸体会化为泥土。

【人死账烂】rèng sì zháng lán (熟)一般情况下,人死后,其所欠的债务就没法讨还了。

【人㞞胆大】rèng sòng dán dá (谚)形容没本事,胆子却大,闯下乱子无法收场。

【人算不如天算】rèng suán bú rù tiān suán(谚)人算得再好,也改变不了大自然带来的灾难或客观规律的支配。

【人抬人高，人贬人低】rèng tài rèng gāo,rèng bián rèng dī(熟)人与人只有互相尊重,才能使彼此的尊严得到维护。

【人抬人高，水抬船高】rèng tài rèng gāo,shuì tài chuàn gāo(熟)同"人抬人高,水抬船高"。

【人庭百众】rèng ting biá zhóng (词)大庭广众。[例]~地搂在一起亲嘴,臊不臊?

【人同此心，心同此理】rèng tòng cì xīng,xīng tòng cì lì(谚)指符合常理的事情,大家的想法都差不多。

【人外有人，天外有天】rèng wái yòu rèng,tiān wái yòu tiān(熟)指能人之外有能人，小范围之外还有更大的世界。

【人王】rèng wàng(词)比喻统治欲、控制欲极强、称王称霸的人。[例]在家里,他就是个~。

【人为财死，鸟为食亡】rèng wéi cài sì,niào wéi shí wàng (谚) 人生观之一,即人活在世上就为了追求金钱。

【人误地一时，地误人一年】rèng wú dí yí shì,dí wú rèng yí niàn(谚)指到了播种季节不及时播种,就会耽误当年的收成。

【人无千日好，花无百日红】rèng wù qiān ri hào,huā wù biá ri hòng (熟)比喻友情不会永远不变,走红的人不可能永远红下去。红也指红颜美貌。

【人无远虑,必有近忧】rèng wù yuán lǘ,bí yóu jíng yōu(谚)没有长远的打算和考虑,祸患就不远了。

【人吓人,吓死人】rèng xiá rèng,xiá si rèng(熟)指迷信鬼神的人,会被装神弄鬼的人吓死。

【人闲长指甲,心闲长头发】rèng xiàn zhàng zhí jia,xīng xiàn zhàng tòu fa (熟)谓非体力劳动者因指甲磨损慢,

易存留变长；不操心的人心情愉快，有利于头发生长。

【人小鬼大】rèng xiào guí dá（词）❶形容年龄虽小，鬼点子却特别多。❷迷信认为小孩死后变的鬼，邪祟比大人变的鬼还要大。

【人心不公，拿上戥秤来称】rèng xīng bú gōng，nà shang déng chéng lài chēng（熟）谓因为人心不公，才发明了戥秤，以达到公平。

【人心都是肉长的】rèng xīng dōu shi róu zháng di（谚）指人都有向善、慈悲的一面。

【人心都是往上长的】rèng xīng dōu shi wáng sháng zháng di（熟）比喻人都有上进心。[例]~，谁不想把自己家里置得好一点。

【人心隔肚皮，你我两不知】rèng xīng gá dú pì，nì wò liáng bú zhī（谚）指人心难测。

【人心无底蛇吞象】rèng xīng wù dì shè tōng xiáng（谚）形容贪心不足。

【人牙子】rèng yà zi（词）❶人贩子。❷亦指刁钻难缠的女人。

【人养的，养人的】rèng yáng di，yàng rèng di（熟）指子女和父母，父母和子女之间的关系。[例]除了~，还有谁比这更亲近？

【人有高矮丑俊，地分三六九等】rèng yòu gāo ài chóu jiong，dì fēng sān liú jiù dèng（谚）比喻要区别看待和对待事物。

【人有曲曲心，天有拐拐意】rèng yòu qū qu xīng，tiān yòu guài guai yí（谚）谓处心积虑害人的人必遭天谴或报应。

【人有人言，兽有兽语】rèng yòu rèng yàn，shóu yóu shóu yù（谚）人和动物都有自己的语言。

【人有失手，马有失蹄】rèng yóu shí shòu，mà yóu shí tì（谚）谁都有失算、失误的时候。

【人在情在，人不在情不在】rèng zái qìng zái，rèng bú zái qìng bú zái（熟）指人一离开，就失去了相互利用的价值，无情谊可言了。犹人走茶凉。比喻世态炎凉，人情淡漠。

【人在世上练，刀在石上磨】rèng zái shí shang lián，dāo zái shì shang mò（谚）指人在社会上磨炼才能成熟，刀在石头上磨砺才会锋利。

【人渣】rèng zhā（词）人中渣滓、败类。

【人站黑了】rèng zhán héi le（熟）形容人很多，黑压压一片。[例]听说田里的白菜不要了，一时间，来田里铲白菜的~！

【人争一口气，佛争一炷香】rèng zēng yí kóu qí，fú zēng yí zhú xiāng（词）比喻人都需要别人的尊重，活得有尊严。

【人之常情】rèng zhi chàng qìng（词）合乎常规的道理和做法。[例]亲朋互相随礼,是~。

【人主】rèng zhu(词)主人,监护人,可依附的人。[例]我难道成了没~的人?

【人字梁】rèng zi liàng(词)架在房屋前后墙上的木制或钢制三角形大梁。

【人字呢】rèng zi nì(词)有人字形纹路的棉布或呢子。

【人走茶凉】rèng zòu chà liàng(词)指人离开原来工作的地方后,人们就会忽视或淡忘他。

【人走了,话在呢】rèng zóu le,huá zái ni(熟)人虽然调走了,但说过的某些经典性、预言性话语却留在原单位人的心里。

【人走时,马走膘,背罗锅走时立起腰】rèng zòu shì,mà zòu biāo,béi luo guo zòu shì lí qi yāo(谚)对某些走运兴时者的嘲讽。背罗锅:驼背。

【仁存】rèng còng(词)地名。以古人任春命名,后称仁存。[例]~堡,原属宁夏县。|仁存公社(1961 年从李俊公社析出)。|仁存乡(1983 年改称,2003 年并入李俊镇)。

【仁义】rèng yí(词)儒家的重要伦理范畴,本意为仁爱与正义。民间指平等、善良和礼貌待人等。[例]这个娃娃~得很。

【仁义道德】rèng yí dáo dé(词)泛指儒家的一整套道德规范。[例]一点~都不讲!

【仁至义尽】rèng zhí yí jíng(词)指善意及帮助已达最大限度。[例]我们对他们已经~了。

【任春堡】rèng chōng pù(词)古地名,以明代第一任堡长姓名命名,后改为仁存。1941 年前属宁夏县,后属宁朔县,1960 年划归永宁县。

【任春渡口】rèng chōng dú kou (词)古任春堡渡口,后名仁存渡口,现已废弃。

ri

【日塌】rī ta(词)搞垮,糟蹋,坑害。[例]老奶奶搽粉——~老爷爷呢!

【日弄】rī nong(词)捉弄,戏弄。[例]这不是~人吗?

【日把劘】rí ba chuà(词)二杆子,不正经的人。

【日白】rí biá(词)撒谎,胡说,闲哄。[例]你怕是~呢吧,哪有那样的事?

【日出卯时】rí chú máo shi(词)指早晨 5 至 7 点钟的时候。[例]听我妈说,我是~出生的。

【日怪死了】rí guái sí le(熟)疑问句,奇怪得很。[例]~,门锁着,贼咋能进来?

【日鬼】rí gui(词)❶指捉弄、取笑。[例]快别~我了。❷胡闹,捣鼓。[例]收音机硬叫你~坏了!

【日鬼捣棒槌】rí gui dáo báng chui(熟)捣鬼,不干正经事。

【日鬼扬唐】rí gui yàng tàng(词)指言

谈举止离奇古怪,不合常情。[例]~地买那些东西干啥!

【日鬼子弯三】rí gui zi wān sān (熟)邪门歪道。[例]尽干些~的事。

【日急慌忙】rí ji huāng màng (词)慌慌张张,匆忙,慌乱。[例]~地,能把针线活做好?

【日嗟】rí jie(词)用生硬的语言挖苦、训斥。[例]叫我~了一顿。

【日久人心淡】rí jiù rèng xīng dán (谚)指时间一长,对所热心的事情就会渐渐淡薄或忘却。

【日久知人心】rí jiù zhī rèng xīng(谚)相处时间长了,才能看出人心的好坏。也说日久见人心。

【日了怪了】rí le guái le(熟)感到奇怪,有不相信,不服气之义。[例]~,昨天还好好的,今天就不能用了?

【日落为定,锥子攮着不动】rí luó wèi díng,zhuī zi náng zhe bú dóng (谚)即当地冬季白天刮风、太阳落山时停息的自然现象。

【日谋长算】rí mu chàng suán(词)指从长计议,细水长流。

【日囊囊的】rí náng nang di(熟)形容做事没能力或慢慢腾腾。

【日能】rí nèng(词)指心灵手巧。[例]那是个~人,啥都会干。

【日能坏了】rí nèng huái le(熟)谓要求过了头,不能答应。[例]什么?不想念书?把你~,明天照给我上学去!

【日娘戳板颈】rí niàng chuó bàn jing (熟)用脏话骂人。[例]~地骂了一顿。

【日清月结】rí qīng yué jié(词)对会计出纳的基本要求,也形容财务人员工作认真,账目清楚。

【日酸】rí suān(词)像样,看得过去。[例]派来几个人,没一个~的!

【日头遭难了】rí tòu zāo nán le (熟)即日食。民间认为这是太阳遇到了灾难。

【日行千里,夜行八百】rí xìng qiān li,yé xìng bá bia(熟)旧时春节贴在车辆上的红纸条幅,上写此吉语。

【日鸭窝子】rí yá wō zi(熟)闲逛。[例]大家都忙着干营生,你跑到哪里~去了?

【日厌】rí yan(词)讨厌,膈应。

【日有所思,夜有所梦】rí yòu suò sī,yé yòu suó méng(谚)白天经历或思索的事情,常常在夜间的睡梦中有所反映。

【日样】rí yáng(词)像样,长相好看。[例]人不~毛病多。

【日月常在,何必忙坏】rí yué chàng zái,hè bì màng huái(熟)意为不必着急,慢慢来。有消极怠工、混时间的意思。

【日脏】rí zāng(词)恶心,肮脏。

rong

【闰月】róng yue(词)每逢农历闰年所增加的一个月(加在某月之后叫"闰某月")。

【茸头擦痒】ròng tou cá yàng（词）形容这里抠抠，那里摸摸，磨蹭拖延。

rou

【肉挨肉，强比盖得厚】róu āi róu，qiàng bi gái di hóu（谚）指天冷的时候身体挨在一起睡觉，可以用体温互相取暖。

【肉臭架子不倒】róu chóu jiá zi bú dào（熟）形容虽然失势，却仍然摆架子，讲排场。

【肉杵子】róu chú zi（词）形容身体肥胖，像个杵子。

【肉嘟噜脸】róu du lu liàn（熟）形容脸上肉多，脸蛋下垂。

【肉多不香，蜜多不甜】róu duō bú xiāng，mí duō bú tiàn（谚）比喻再好的东西，如果超过合理限度，就感觉不到美好了。

【肉肺子】róu fēi zi（词）比喻做事效率低、磨磨蹭蹭的人。

【肉滚滚的】róu góng gong di（词）形容胖乎乎、肉墩墩的身子。

【肉夯】róu hāng（词）形容身体肥胖臃肿的人。

【肉烂在锅里】róu lán zái guō ni（谚）比喻物品虽有增减，但仍在原有的圈子或范围里，没有流失到外面。

【肉捏捏】róu nié nie（词）形容身上的肥肉多而松弛。[例]你最近好像吃胖了，身上~的。

【肉牛】róu niù（词）本指脚步慢、行动迟钝的牛。比喻有这种特征的人。

【肉头】róu tòu（词）指脑子笨、经常上当受骗的人。

【肉头肉脑】róu tou róu nào（词）形容肥头大耳的男子。

【肉屠户】róu tú hu（词）形容特别能吃肉的人。

【肉眼凡胎】róu yàn fàn tāi（词）指凡人。对神仙而言。[例]唐僧~，分不清人和妖怪。

【肉眼贼】róu yàn zèi（词）形容反应迟钝、行动迟缓的人或牲畜。

【肉猪】róu zhu（词）指劁过的公猪或母猪，专做肉用。

【柔性子】ròu xíng zi（词）温和，柔弱的性格。

【揉上个肚子痛】ròu shang ge dú zi tèng（熟）放弃、隐忍，自认吃亏。[例]既然他不认账，我们就~，不要了！

ru

【乳牛】rú niu（词）母牛。

【辱没】rú mo（词）降尊，屈辱，玷污。[例]叫上一声师傅，能把你~到哪里？

【辱作】rú zuo（词）用语言讽刺、侮辱、作践。[例]拿话~人。

【擩脚处】rú jué chu（词）立足的地方。[例]地上摆满了东西，连个~都没有。

【擩了】rú le（熟）手臂伸出时用力过猛而筋肉损伤。[例]胳臂~。

【擩】rù(词)放置、搁。[例]把钳子~给我。不知道把东西~到哪里了。

【擩钱】rù qiàn(熟)使钱,行贿。[例]不~事情办不成。

【擩水】rù shuì(词)手放在水里干活。[例]你有风湿病,最好少~。

【擩嘴】rù zuì(词)插嘴,插话。[例]一~就叫他堵回去。

【入伏】rú fú(词)指进入三伏天,是一年中最热的时期。详见附一。

【入殓】rú lián(词)将死者的遗体装入棺材。

【入深】rú sheng(词)指房子前后墙的距离,也叫进深。

【入土为安】rú tù wèi ān(谚)人死了,就再也没有世事纷扰了。入土:埋葬。

【入蜇】rú zhé(词)❶动物冬眠。❷戏称人窝在家里不出门。[例]他是个病公鸡,一到冬天就~了。

【如服】rù fu(词)舒服,合适。[例]软饭吃到肚子里~。

【如同】rù tòng(词)犹如,好像。[例]他说话~放了个屁!

rua

【挼】ruà(词)搓揉、摩挲。[例]小心点,别把纸~穰了。

【挼得熟熟的】ruà di shú shu di(熟)❶指把牲口调教得很顺溜。[例]把那匹马~。❷对某种技艺稔熟。[例]把修电脑的活~。

ruan

【软布耷耷】ruán bu dā dā(词)❶形容东西不硬梆。❷形容作风、手段软。[例]~的,能管住个人?

【软菜】ruán cai(熟)比喻软弱,好欺负的人。[例]别把人当成~!

【软处好取土,硬处好打墙】ruán chu hào qù tù,yíng chu hào dà qiàng(谚)谓软处取土省力易挖,硬处筑墙基础牢固。

【软处欺,硬处怕,见了光棍倒爬下】ruán chù qī,yíng chù pá,jián le guāng gong dáo pà xia(顺)形容欺软怕硬。光棍指江湖好汉或地痞无赖。

【软蛋】ruán dán(词)比喻软弱、懦弱、体力差或胆小的人。

【软当当】ruàn dáng dang(词)物品软绵不硬气。[例]椽子太细,担到房上~的。

【软的怕个硬的,硬的怕个愣的,愣的怕个不要命的】ruán di pá ge yíng di,yìng di pá ge léng di,léng di pá ge bú yáo míng di(熟)比喻强者能慑服弱者。也指如果不怕死,就无所畏惧。

【软耳朵】ruàn ér duo(词)❶形容没主见,随风倒。❷指怕老婆的男子。

【软骨头】ruán gu tou(词)❶没骨气。[例]一枪没放就投降了,真是些~!❷没耐力。[例]才干了一天活就累得不行了,真是个~!

【软和】ruán huo(词)❶柔软，绵软。[例]没牙，吃点~的。❷说话口气柔和。[例]求人办事，话要说得~点。

【软咱咱】ruàn piá pia(词)❶食物太松软，没筋骨。❷工具不硬梆，不结实。❸说话口气软，没力度。

【软叽咱哒】ruán ji biá dá(词)不硬气，不牢固。[例]楼梯扶手~的，保不住哪天就坏了。

【软叽叽】ruàn jí ji(词)指脚下的地面或铺垫物太松软，走到上面不实落。[例]架板太薄，走到上头~的。

【软面条子】ruán mián tiào zi (词)形容物品不硬梆，人的口气或态度软弱。[例]这个钢筋~似的，能用吗？

【软囊囊】ruàn náng nang(词)指食物过于炽软，没嚼头。

【软能克刚】ruàn nèng ká gāng (词)指用柔韧的手段能制服强硬的对手。

【软软地顶了回去】ruàn ruàn di díng le huì ke(熟)指用柔中带刚的话语加以拒绝。

【软弱无能】ruán ruó wù nèng(词)指态度不坚决，做事没力度。

【软柿子】ruán shí zi(词)比喻软弱可欺。

【软塌塌】ruàn tá ta(词)❶形容说话的口气软弱无力。❷形容物品软绵不经用。

【软腾腾】ruàn téng teng(词)绵软，暄软。[例]热蒸馍~的。

【软梯子】ruán ti zi(词)❶用木杆和绳子组成的担架。❷用绳子做成的梯子。

【软香瓜子】ruàn xiāng gua zi(词)比喻软弱可欺的人。

【软腰子】ruàn yāo zi(词)比喻没力气、怕吃苦、没耐力的人。

【软硬不吃】ruán yíng bú chí (词)比喻不接受对方的威逼和利诱。

【软嘴耷舌】ruàn zui tá shè(词)口气软弱，工作没魄力。[例]~的，能把账要来？

rui

【瑞雪兆丰年】ruí xué zháo fēng niàn(谚)适时的冬雪预示着来年庄稼丰收。

ruo

【若干】ruó gān(熟)犹没多少，不会有大进展。[例]已经吃了零食，再吃饭也是~了。

【若要富，靠公路】ruó yao fú，káo gōng lú(顺)指要想发家致富，就住在公路边上。

【若要公道，打个颠倒】ruó yao gōng dào，dá ge diān dào(顺)指要想办事公道，可通过换位思考或将心比心来实现。

【若要会，跟上师傅睡】ruó yao huí，gēng shang shī fu shuí(熟)比喻想得到师傅的真传，就要时刻紧跟师傅。睡是比喻，非实指。

【若要理，戏上比】ruó yao lì，xí shang

bì(熟)谓若要知道合不合道理，就跟戏曲里的故事作比。

【若要俏，一身皂】ruó yao qiáo，yí shēng záo(谚)要想俏丽，就穿一身黑。

【若要穷，一觉睡到太阳红；若要富，半夜起来磨豆腐】ruó yao qiòng，yí jiáo shuí dao tái yáng hòng；ruó yao fú，bán yé qì lài mó dóu fu(谚)谓越懒越穷，勤劳才能致富。

【若要人不知，除非己莫为】ruó yáo rèng bú zhī，chù fēi jí mó wèi (谚)谓要人家不知道，除非自己不去做。指干坏事终究要暴露。

S

sa

【仨瓜俩枣】sā guā lia zào(词)形容东西太少,不值一提或不顶大用。

【靸哧】sā chi(词)象声词,形容走路时鞋底擦地的声音。比喻走路不精神。

【靸鞋】sá hài(词)踏倒鞋后跟穿鞋的样子。

【洒快】sá kuai(词)形容自由自在,不受约束,非常惬意。

【撒把】sá bà(词)放开双手骑自行车的做法。

【撒粪】sá fěng(词)农活之一,即用铁锨把运到地里的粪堆均匀地撒开。

【撒懒】sá làn(词)因怕苦而中止。[例]要不~,这点活早干完了。

【撒了】sá le(词)因盛装、包裹不严密而抛撒、溢出、泄漏。多指液态、颗粒状、粉状物品。[例]端好碗,别把汤~。

【撒面补】sá mián bu(词)擀面时撒在面张上防止粘连的面粉。比喻分散使用资金或物资。[例]扶持资金要集中使用,不能~。

【撒泼】sá pó(词)耍赖,无理取闹。

【撒泼打滚】sá po dà gòng(词)❶躺在地上翻滚哭闹。❷形容发烧难受时在床(炕)上辗转反侧。

【撒撒泼泼】sá sa pó po(词)因粗心或端不稳而使液体或颗粒状物品撒落。[例]把水端好,别~的。

【撒风】sà fēng(词)指故意把消息散布出去。

【撒播】sà bō(词)播种方法之一,即用手将种子均匀地撒在地里。[例]20世纪60年代以后,水稻逐步由~改为插秧或条播。

【撒势】sà shi(词)样子,趋势。[例]看~,他是不想走了。

sai

【腮帮子】sāi bāng zi(词)腮帮。[例]一口吃一个包子,把~填得满满的。

【塞上江南】sái sháng jiāng nàn (词)❶对宁夏(中)卫银(川)平原的赞誉。❷原指古凉州治内贺兰山一带。后泛指塞外富庶之地。

san

【三“天”不吃“鱼”——居士】sān tiān bú chí yù— jū si(歇)“花花子”用语，即虽有三“天”，但不挂“摆”，吃不了“鱼”。常以此语调侃吃素者。详见附一。

【三八式】sān bá shí(词)❶指旧时日制“三八式”步枪。❷指抗日战争时期参加革命的老干部。

【三扒两咽】sān bā liáng yán（词)形容快速吃饭的样子。

【三百六十行，行行出状元】sān bia liú shi hàng,hàng hàng chú zhuáng yuan(谚)指只要肯努力，在哪个行业都能做出成绩。三百六十是约数。

【三边】sān bian(词)指原安边、定边、靖边三县的合称，抗日战争时期陕甘宁边区辖地。

【三步并做两步走】sān bú bíng zuó liáng bú zòu(熟)形容快步前进的样子。

【三步不出车是臭棋】sān bù bú chú jū shi chóu qì(熟)象棋术语。谓象棋开局后应及早出车，以防车被封死，不能发挥作用。

【三材】sān cài(词)水利设施建设中使用的材料，分地方三材(石头、沙子、石子)和国拨三材(钢筋、水泥、木材)。

【三岔路口】sān chá lú kòu(词)三条路交会的地方。[例]来到~，不知道该往哪条路上走。

【三朝元老】sān chào yuàn lào(词)指受三朝皇帝重用的臣子，比喻长期供职于某机构里的老人手。

【三车闹士】sān jū náo shí(熟)象棋术语。指用两车一卒(兵)攻击对方双士(仕)的杀局。

【三撺九割】sān cuàn jiú gé(词)指备受欺凌和迫害。[例]~，硬把那个人害死了。

【三寸丁】sān cong dīng(词)泛指个子矮小的人。[例]外号~。

【三寸金莲】sān cong jīng liàn（词)旧时对妇女小脚的赞语。

【三大件】sān dá jián(词)在物质匮乏年代，女子结婚时要求男方必须置备的物件。如20世纪70年代是自行车、手表、缝纫机等。

【三顶一的锅】sān díng yí di guō(词)三个石头或垡垃支起的锅。比喻临时搭起的架子，不牢固，不准备久用。

【三对质面】sān dui zhí mián（词)当事人和证明人等当面说明或弄清真相。[例]~地说一说。

【三顿三晌】sān dong sān shàng（词)指一日三餐。[例]~地把饭给你们做上，还嫌我不好!

【三番五次】sān fàn wù cì(词)指多次反复。[例]~地跑来说。

【三翻六坐九爬爬，十个月街上撵娃娃】sān fān liú zuó jiù pà pà,shí ge

yué gāi shang niàn wà wa(熟)婴儿发育成长过程。

【三反五反】sān fàn wù fàn (词)指1951年底到1952年10月在全国党政机关开展的“反贪污、反浪费、反官僚主义”和在私营工商业者中开展的“反行贿、反偷税漏税、反盗骗国家财产、反偷工减料、反盗窃国家经济情报”的斗争(运动)。

【三反九正】sān fàn jiú zhéng (熟)比喻翻来覆去,多次反复。[例]这个事~地闹了几次了。

【三分病，七分挣】sān fēng bíng,qí fēng zéng(熟)挣:挣扎,抵御。谓有病既要治疗,还要加强锻炼,靠自身抵抗力战胜。

【三分的验头】sān fēng de yán tou (熟)验头:验证、应验,把握,可能。多用于没有十分把握或可靠度。[例]说不上去了办不成,也没~(有可能)。

【三分钱难倒个英雄汉】sān fēng qiàn nàn dáo ge yīng xiong hán(熟)比喻没钱难办事。

【三分像人,七分像鬼】sān fēng xiáng rèng,qí fēng xiáng guì(熟)❶形容人长相丑陋,也指人因遭受疾病或其他折磨后不成人样。❷比喻人品行恶劣,明里是人,暗里是鬼。

【三分钟的热情】sān fēng zhōng di ré qìng(熟)形容热情不持久。

【三副子】sān fú zi (词)“花花子”术语,即三张一样的牌。可以独立成副,可以大吃小。

【三个儿子愁死个爹，三个丫头拴个拉拉车】sān ge èr zi còu si ge diē,sān ge yā tou shuān ge lā la chē(谚)旧指儿子结婚要花钱，女儿出嫁可收彩礼。拉拉车:胶轮大车。

【三个干粮一碗米,哄出门去不管你】sān ge gān liang yí wàn mì,hóng chú mèng ke bú guàn ni(熟)旧时地主这样对待长工。

【三个和尚念的一个经】sān ge hè shang nián di yí ge jīng(熟)比喻执行的是同一个政策。

【三个鸡巴支了个鼓架子】sān ge jī ba zhī le ge gù jiá zi(熟)比喻临时凑合,不牢靠,不持久。

【三个老鼠配了一服药】sān ge lào chu péi le yí fu yué(熟)比喻合谋害人。三个是约数。

【三宫六院】sān gōng liú yuán(词)泛指帝王的妃嫔。

【三股叉】sān gu chā(词)指有三个股子的铁叉或木叉。

【三股麻绳拧成一股劲】sān gù mà shèng nìng cheng yí gú jíng(谚)比喻齐心合力。

【三关口】sān guān kòu(词)特指贺兰山赤木口,位于永宁县西部与内蒙古阿拉善左旗交界之处,是宁夏通往内蒙古的山口之一。

【三锅两灶】 sān guo liáng záo（词）指同灶的人不同时吃饭，导致几次开饭，增加麻烦。[例]要吃一起吃，免得~的。

【三合泥】 sān hé mì（词）用黄土、石灰、沙子和成的泥，糊墙比较光搪、结实。

【三黄】 sān huàng（词）农村女子订婚时要求男方置备的三种黄金首饰：金项链、金戒指和金耳环。

【三魂】 sān hong（词）道家谓人有三魂：一曰爽灵，二曰胎元，三曰幽精。[例]差点把人的~吓掉了！

【三魂吓掉了】 sān hong xiá diao le（熟）犹吓得魂飞魄散。"三魂"见该条。

【三家四靠，倒了锅灶】 sān jia sí káo，dáo le guō záo（熟）指由于互相推诿，导致事业垮台或组织散伙。

【三尖尖】 sān jiān jian（熟）对排行老三的习称。

【三间房子挂棒槌——由着你甩】 sān jiàn fàng zi guá báng chui — yòu zhe nì shuài（歇）比喻一切由一人做主或支配。

【三搅一扑拉】 sān jiào yí pú la（词）形容瞎搅和或不受欢迎的参与。[例]人家都弄好了，你~地干啥呢？

【三教九流】 sān jiáo jiù liù（词）指宗教或学术上的各种流派，也指社会上各行各业的人。[例]做生意的，~都要接触。

【三结合】 sān jié hè（词）❶"文化大革命"时期产生的临时权力机构——革委会，实行领导干部、群众代表和解放军代表~。❷泛指由三种不同类型的人员配合工作的组织形式。

【三九三，冻得野狸子没处钻】 sān jiù sān，dóng di yé li zi mú chu zuān（熟）野狸子：泛指野兽。

【三句好话不如一马棒】 sān ju hào huá bú rù yí má bang（熟）旧时官吏说法，即对老百姓不必好言相劝，毒打一顿就能解决问题。

【三句好话当钱使】 sān jú hào huá dáng qiàn shì（谚）谓多说好话也能办成事情。

【三句话不离本行】 sān jú huá bú lì bèng hàng（熟）指说话离不开本人所从事的职业范围。

【三两口】 sān liàng kou（词）旧时的二夫一妻或一夫二妻家庭。

【三令五申】 sān líng wù shèng（词）多次命令和告诫。[例]上面~不准公款旅游，你还违反。

【三六九的集】 sān lú jiú di jí（熟）❶指集贸市场把每月逢三、逢六、逢九的日子设为集日。❷比喻做事不连贯，断断续续。

【三漏一的鱼子】 sān lóu yí di yù zi（熟）"花花子" 术语，即手中有组成"摆"的任何三张同样的牌，手里的"鱼子"可能会大。详见附一。

【三媒六证】 sān mèi lú zhéng （词）旧

婚俗。三媒即男方、女方和媒人。六证即桌子上摆的斗、尺、秤、剪、镜和算盘。

【三面新】sān mián xīng(词)指里子、面子和棉花都是新的。[例]~的棉袄子。|~的褥子。

【三年的墙,两年的炕,上到田里庄稼旺】sān niàn di qiàng,liàng niàn di káng,sháng dao tiàn ni zhuāng jia wáng(谚)指旧墙旧炕拆除砸碎后可做肥料。

【三年等了个闰腊月】sān niàn déng le ge róng lá yue(谚)意为总算等到了这一天。赌气解恨的说法。(农历中没有闰腊月)

【三年两头闰,三年两不闰】sān niàn liáng tou róng,sān niàn liáng bú róng(谚)闰指农历的闰月。是根据农历"十九年七闰"的规律而编的口诀。详见附一。

【三年能学个买卖人,三年学不下个庄稼人】sān niàn nèng xué ge mái mai rèng,sān niàn xué bú xiá ge zhuāng jia rèng(谚)指做生意易学,种地难学。

【三年清知县,十万雪花银】sān niàn qīng zhī xian,shí wán xué huā yìng(谚)对贪官的讽刺。

【三年学个胀鼓鼓,十年学个不出声】sān niàn xué ge zháng gú gu,shí niàn xué ge bú chú shēng(谚)谓知识越少的人越觉得自己知识多;知识越多的人越觉得自己知识浅薄。

【三炮台】sān páo tài(词)盖碗茶。

【三朋四友】sān pèng sí yóu(词)泛指各种朋友。

【三七开】sān qí kāi(词)❶指按人头占七成、工分占三成的比例分配口粮的办法。❷常以此比例用于对人之功过的评价。

【三旗墩】sān qi dōng(词)古烽火台,在李俊镇西邵村一队(上三旗)西边的老阶地上。

【三青团】sān qīng tuàn(词)三民主义青年团的简称,是国民党控制的一个青年组织,1947年9月并入国民党。

【三请诸葛亮】sān qìng zhū ge liáng(熟)❶比喻真心求贤。❷比喻求贤之难。

【三秋不如一夏】sān qiū bú rù yí xiā(谚)指夏作物有充裕的生长时间,收成比较把握,秋作物易受早霜等灾害,丰收把握小。

【三拳两脚,腰里一别】sān quàn liáng jué,yāo ni yí bié(熟)形容打人动作敏捷。

【三拳两胜一咣当】sān quàn liáng shéng yí guāng dang(熟)指猜拳喝酒时三拳为一局,两败者要一次把输的酒喝完(一咣当)。

【三繎两繎】sān ràn liàng ràn(词)犹一来二往,长期交往。

【三人两根胡子——稀少】sān rèng

liàng gēng hù zi—xī shào(歇)义如文。

【三日斧子百日锛，一辈子铇子推不平】sān ri fú zi biá ri bēng,yí béi zi báo zi tuī bú pìng(熟)指使用各种木工工具的难易程度。

【三三见九只嫌多,二五一十摸不着】sān sān jián jiú zí xiàn duō,ér wú yí shí mó bú zhuò(顺)比喻头脑糊涂，分不清哪多哪少。

【三十里滩】sān shi li tān(词)黄羊滩的旧称。[例]你要是穷急了,到~抢人去!(斥责语)

【三十如狼，四十如虎】sān shi rù làng,sí shi rù hù(熟)指妇女性欲旺盛的年龄。

【三十年河东，三十年河西】sān shi niàn hè dōng,sān shi niàn hè xī(谚)指因河流改道而使某地由河东变为河西。比喻人事盛衰兴替,变化无常。

【三十岁得一子，铁榔头打不死】sān shi sui dá yí zì,tié làng tou dá bú sì(熟)迷信认为,男子在30岁得子容易成活。

【三说两说】sān shuó liáng shuó(词)多次、反复地解释或劝说。[例]~,倒把对方的气说上来了。

【三孙子】sān sōng zi(词)比喻低声下气,活得没尊严。[例]活得跟个~似的。

【三天半】sān tiān bán(词)形容时间暂短。[例]还不是~的兴趣!

【三天半的兴绪】sān tiān bán di xíng xu(词)指热情或兴趣不持久。[例]学手艺?我看也是~。

【三天不唱口生，三天不练手生】sān tiān bú cháng kòu sēng,sān tiān bú lián shòu sēng(谚)比喻学习任何一项技艺都要坚持练习,否则就会生疏退步。

【三天不吃饭，装个粜米的】sān tiān bú chí fán,zhuāng ge tiáo mí di(熟)比喻强打精神装好汉。

【三天不打,上房揭瓦,一天一顿,喜欢不尽】sān tiān bú dà,sháng fàng jié wà,yí tiān yí dóng,xí huan bú jíng(顺)❶旧时对妇女实行家庭暴力的口歌。❷也针对顽皮孩子。

【三天不发市，发市吃三天】sān tiān bú fá shí,fá shí chí sān tiān(谚)发市,生意成交。

【三天打鱼,两天晒网】sān tiān dà yù,liàng tiān shái wàng(熟)比喻时做时停没恒心。[例]~,能念好个书?

【三天的猫娃子——眼也不睁，奶也不吃】sān tiān di mào wa zi — yàn ye bú zēng,nài ye bú chí(歇)对不经观察分析而乱说乱做的讽斥。

【三天两后晌】sān tiān liáng hóu shang(熟)形容时间暂短不持久。[例]还不是~的兴趣!

【三天没大小】sān tiān mú dá xiào(谚)民俗。在儿子和儿媳举行婚礼时,亲朋们可尽情戏耍其父母。晚上可以闹新房。

【三天抹了帽，忙把鱼儿撂】sān tiān má le máo，màng ba yùr liáo（顺）“花花子”用语。自己有一只“天”，如用三张一样的牌把别人的三“天”顶下去，自己的“鱼”就大了。详见附一。

【三天三夜】sān tiān sān yé（词）犹言时间长。[例]他们的故事，~都说不完。

【三天一窝鱼】sān tiān yí wō yù（词）“花花子”术语，指三“天”一副“鱼”成牌的情况。（必须是另一只“天”已经下来）详见附一。

【三同】sān tòng（词）下队干部和群众同吃、同住、同劳动的简称。

【三头两下】sān tou liàng xiá（词）形容事情简单、用时暂短。[例]~，手续就交完了。

【三头六臂】sān tòu liú bí（词）比喻本事非凡，神通广大。[例] 我又没长着~，能干那么多活？

【三下撂到两下】sān xia liáo dao liáng xia（熟）不重视，长期搁置耽误。[例]娃娃的病，硬叫你们~给耽误了。

【三下五除二】sān xiá wù chù ér（熟）珠算口诀，比喻做事干脆利落。[例]~，就把活干完了。

【三香铲不如一烙铁】sān xiāng chan bú rù yí luó tie（谚）原指烧红的烙铁比香铲更厉害。后指采用更加严厉的手段一次性解决问题。香铲：锅铲。

【三星】sān xing（词）指从地球上用肉眼看到的三颗明亮、等距、直线排列的恒星。

【三星晌午过年呢，三星后晌种田呢】sān xing shàng wu guó nián ni，sān xing hóu shang zhóng tiàn ni（谚）谓冬季天黑时“三星”（见该条）若在头顶，即是过春节的时候；“三星”若偏西，则是开始春耕的时候。

【三性泥】sān xíng mì（词）指用黄土、细沙和石灰和成的泥。

【三姓人】sān xíng rèng（熟）三个不同姓氏的人。常在迷信活动时要求~参加。

【三言两语】sān yàn liàng yù（词）形容话很少。[例]~就说清了。

【三要不如一偷】sān yáo bú rù yí tōu（谚）指与其一次又一次乞求索要，不如悄悄偷来。

【三一三余一】sān yí sān yù yí（熟）珠算除法口诀之一，十除以三余一。比喻三人平分。

【三月三，麻眼帽，单布衫】sān yué sān，mà yan máo，dān bú shān（谚）指到了农历三月，就能戴用钩针织成的有眼儿的帽子、穿单衣服了。

【三长两短】sān chàng liàng duàn（词）指意外的灾祸或事故。[例]他要是有个~，一家人靠谁呢。

【三只手】sān zhī shòu（词）比喻扒手、小偷。

【三转一响】sān zhuán yí xiàng（词）

20世纪60—70年代找对象时，男方家里必备的物件,即自行车、缝纫机、手表和收音机。

【三锥子扎不出血来】sān zhuī zi zhá bú chú xié lài(熟)形容迟钝木讷,不爱说话。

【三子归边】sān zì guī biān(熟)象棋术语。指车、炮、马集中到对方一侧、构成威胁的局面。

【三自一包】sān zí yí bāo(词)指自留地、自由市场、自负盈亏和包产到户。是20世纪60年代初国民经济调整时中央的提法。

【三字经】sān zi jīng(词)中国旧时幼儿启蒙课本。三言押韵。

【馓子】sán zi(词)回族传统食品。形似细绳呈马蹄形回环缠绕。

【散活了】sán huo le(词)散架。[例]旧自行车眼看要~。

【散离无章】sán li wù zhāng(词)形容散乱无序的东西。

【散钱】sán qiàn(词)指春节时,家长发给妻子和儿孙的压岁钱。

【散心】sán xing(词)消除烦闷,使心情舒畅。[例]到外面~~。

【散学】sán xué(词)放学。

sang

【桑皮纸】sāng pi zhì(词)用桑树皮为原料制造的纸。主要用于书画装裱、包扎纸币、制伞、制造鞭炮和文化工艺品等。

【桑杏子】sāng heng zi(词)桑树的果实,即桑葚。

【丧棒】sāng bang(词)❶出殡时孝子所持的缠着白纸的棍子。❷对步枪、文明棍等棍状物的贬称。

【丧门神】sāng meng sheng(词)❶给家庭带来灾祸的人或畜。❷也用于斥骂爱哭的家庭成员，多指小孩或妇女。

【丧门神话】sāng meng sheng huá(熟)指丧气话、不吉利的话。[例]少说~。

【丧声恶气】sāng sheng é qí(词)形容情绪低落,使性败气,恶语伤人。

【丧使使】sāng shí shi(词)形容哭丧着脸或使性败气。

【丧家虫】sáng jiā chòng(词)指故意毁坏家庭声誉的人。[例]搁着新衣裳不穿,还说没衣裳,真是个~。

【丧家犬】sáng jiā quàn(词)比喻无处落脚,到处乱窜的人。

【丧人】sáng rèng(词)指诽谤、诋毁别人。

【搡了个轱辘子】sáng le ge gū lu zi(熟)指把人推倒在地。

【搡倒】sàng dào(词)推倒。[例]小心点,别把娃娃~了。

sao

【骚胡】sāo huo(词)公羊。“胡”为借用字。

【骚胡的卵子——皮外的毛】sāo huo di làn zi—pì wái di mào(歇)比喻不是主体,不打数。“胡”为借用字。

【骚货】sāo huó(词)指淫荡女人。

【骚牛】sāo niu(词)即公牛。

【骚情】sāo qīng(词)❶男女之间调情。❷向别人献媚。

【骚条】sāo tiao(词)指需要掐掉的植物腋蔓。[例]把西瓜秧上的~掐掉,瓜才能坐住并长大。

【骚咬的】sāo yáo di(熟)指动物发情时焦躁不安的样子。

【骚猪】sāo zhu(词) ❶即公猪。❷也比喻喜欢玩弄女性的男子。

【骚猪杨广】sāo zhu yàng guàng(词)本指隋炀帝杨广的荒淫无度。比喻好色淫乱的男子。

【扫地出门】sáo dí chú mèng (词)比喻没收其全部财产并赶出家门。[例]土改时,他家被~。

【扫兴花儿开】sáo xing huār kāi(熟)比喻大为扫兴。

【扫帚眉】sáo zhú mì(词)形容眉头聚集,眉尾散开且下垂的眉形。

【扫帚星】sào zhú xīng(词)彗星。迷信的人认为出现~,将有灾祸降临。也把给家庭带来不幸的儿媳妇叫~。

【埽夫】sáo fu(词)做埽的民工。“埽”见该条。

【瘙头戴礼帽——装好人】sào tóu dài lǐ máo—zhuāng hào rèng (歇)瘙头:黄癣。比喻做了坏事还装好人。

【臊巴眼】sáo bā yan(词)形容受人奚落或冷落后尴尬的样子。

【臊婊子】sáo biáo zi(词)骂女人的话,程度较轻。

【臊狗缠了个肉架子,终究免不了一砍刀】sáo gòu chàn le ge róu jiá zi, zhōng jiù mián bu liào yí kàn dao (熟)❶指政治运动频仍时期,长期担任基层干部,迟早免不了挨整。❷比喻为追逐心目中的目标而遭到痛击。

【臊狗套皮绳】sáo góu táo pì shèng (词)用欺瞒哄骗的手段套取财物。[例]名义上为我们办事,结果是~,把钱都骗走了。

【臊驴驮了个烂风箱——走得慢,扇得快】sáo lǜ tuò le ge lán fēng xiang — zóu di mán, shān di kuái(歇)讽刺语。比喻没有实际能力,却做出积极能干的样子。

【臊毛】sáo mào(词)丢人,失面子。

【臊眉打眼】sáo mi dà yàn(词)因受冷遇而感到尴尬没趣。[例] 人家没请,我自己跑过去,~的,多不好意思。

【臊气燎毛】sáo qi liào mào (词)害臊,丢人,不好意思。[例]穿得这么寒碜,跑到街上~的。

【臊悻悻】sáo xíng xing(熟)受羞辱后不好意思的样子。[例]讨了个没趣,~地走了。

【臊子面】sáo zi mián(词)指加了臊子的汤面条。臊子:经烹调的肉末或肉丁。

【扫尘】sào chèng(词)清扫灰尘,特指春节前的大扫除。[例]快过年了,家家都要~。

【扫地】sào dí(词)死人出殡后由族外老鳏夫打扫灵堂内外垃圾,清除死者生前用物并放火焚烧。

【扫地不起尘,走路不看人】sào dí bú qì chèng,zòu lú bú kán rèng (熟)旧时对女子的要求。

【扫盲】sào màng(词)扫除文盲的简称,即让不识字或识字不多的成年人接受识字教育。[例]村村都有~班。

【扫堂腿】sào tàng tuì(词)武术动作。横抡其腿以绊倒对方。[例]一个~,扫倒了三个人。

【扫园】sào yuàn(词)果园或瓜菜地里最后一次采摘,即不论成熟,全部收完。

se

【色蛋眼】sé dan yàn(词)好色的眼神。指见了异性喜欢眯眼斜视的眼神。[例]长着一对~。

【色鬼】sé guì(词)指好色的男子。[例]一见女人就盯着看,肯定是个~!

【色迷】sé mì(词)俗称贪色之人。[例]那是个老~。

【色气】sé qi(词)颜色,色泽。

【骰子】sé zi(词)也叫色子,用象牙、骨头或塑料等制成的小四方块,六个面分别刻有 1 到 6 的点儿,常做游戏或赌博工具。

【啬鳖】sé bié(词)吝啬鬼。[例]太~了,连个雪糕都舍不得买!

【啬皮】sé pì(词)吝啬,小气。

seng

【生搬硬套】sēng bān yíng táo(词)指不顾实际情况,机械照抄别人的经验或做法。

【生不乍乍】sēng bu zhā zhā(词)❶形容对情况不熟悉。[例]刚来,一切都~的。❷指从未见过面的人。[例]这人看起来~的。

【生菜】sēng cai(词)即莴笋。[例]打些~叶子蘸酱吃。

【生方方,编筐筐】sēng fāng fang,biān kuāng kuang(熟)❶指生编捏造问题。❷千方百计、想方设法解决困难。[例]钱不够,就~往起凑。

【生分】sēng feng(词)冷淡,疏远,分彼此。[例]不要太~。

【生粪】sēng féng(词)未经沤化腐熟的粪肥。[例]~上菜连根烂。

【生格子烂疼】shēng gé zi lán tèng(熟)形容生疼。

【生根的要肥,长嘴的要吃】sēng gēng di yáo fèi,cháng zuí di yáo chí (熟)植物生长需要肥料,动物生存需要食物。比喻种、养业都需要投入和开支。

【生瓜】sēng guā(词)比喻粗鲁野蛮的人。[例]~脾气要改呢!

【生花】sēng hua(词)笔的别称。

【生荒】sēng huāng(词)指未开垦的荒地。[例]分完熟田又分~。

【生就的骨头长就的筋】sēng jiú di gú tou cháng jiú di jīng(谚)形容天生的东西不好改变。

【生了心】sēng le xīng(词)指产生了想法。常用于产生了分家的想法。

【生驴】sēng lǜ(词)指未经调驯、不会干活的驴。

【生闷气】sēng méng qí(词)形容在心里生气。[例]心脏病人就怕~。

【生米烂干饭】sēng mi lán gān fan(词)形容夹生米饭。

【生米煮成熟饭】sēng mì zhù chèng shú fán(熟)比喻事情已经做成,不好改变。

【生牛皮】sēng niù pì(词)指未经鞣制的牛皮。比喻性格倔强不服管束的人。[例]不信熟(鞣制)不展你这张~!

【生怕】sēng pá(词)只怕,唯恐。[例]领了几个钱,~丢了。

【生坯子】sēng pī zi(词)经成形干燥但未烧制的陶、瓷土、耐火材料等的半成品。

【生死簿子】sēng si bú zi(词)迷信谓阴曹地府记载众生生卒年月时辰的本子。比喻生杀予夺的权力。

【生死有命,富贵在天】sēng sì yóu míng,fú guí zái tiān(谚)迷信指人的生死际遇皆由天命决定,不必做主观努力。

【生死之交】sēng sì zhi jiāo(词)有过生死患难之交的朋友。

【生田】sēng tiàn(词)未耕种过或初开垦的土地。[例]~变熟田。

【生铁锢漏锅,就在这一火】sēng tie gú lou guō,jiú zái zhé yí huò (熟)指用铜水给铁锅补漏速度要快。比喻成败在此一举。

【生铜】sēng tòng(词)即粗铜,铜含量低于94.5%,其韧性、组织致密性较差。通常用于壳体铸造、艺术雕塑等。

【生相】sēng xiang(词)指牲畜的长相、体形。[例]这头驴~不错。

【生性】sēng xing(词)指天性,禀性,性格。[例]~古怪。

【生养】sēng yàng(词)指妇女生产。[例]女不忌~。

【生在杭州,吃在广州,死在柳州】sēng zai hàng zhou,chí zai guàng zhou,sí zai liǔ zhou(谚)杭州环境优美,广州吃得好,柳州有好的棺木。

【生在龙宫里,跌在屎坑里】sēng zai lòng gōng ni,dié zái shì kēng ni(顺)比喻开始时生活优裕,后来败落受苦。

【生在十冬腊月——冻(动)手冻(动)脚】sēng zai shí dong lá yue — dóng (dóng)shòu dóng(dóng) jué(歇)比喻好冲动,动不动就想打人。

【生在新社会，长在红旗下】sēng zai xīng shé huí,cháng zai hòng qì xiá(熟)指中华人民共和国成立后出生的人。

【生乍乍】sēng zhá zha(词)❶犹生硬地,活活地。[例]把新衣裳挂了个~的口子。❷很,非常,剧烈地。[例]伤口~地痛。

【生资公司】sēng zī gōng sī(词)经营生产资料的公司的简称。

【生子留后】sēng zi liù hóu(词)生儿育女,留下后代。

【牲口挨了打还记窝窝子】sēng kou ài le dà hài jí wō wo zi(谚)比喻要记住吃亏失败的教训。[例]~,人受了治能不记取教训？窝窝子:地方。

【牲口惊了】sēng kou jīng le(熟)指骡马等牲口因受惊吓而狂奔,不受控制。

【牲口有足没羞，人有羞没足】sēng kou yòu zú mú xiū,rèng yòu xiū mú zú(谚)牲畜发情交配有季节性,但不分场合;人的性交比较隐蔽,但无时间和次数限制。

【省吃俭用】séng chí jián yóng(词)形容吃用节俭,生活简朴。

【省得】séng de(词)犹免去,省下。[例]他同意了最好,~我们多费口舌。

【省着省着，窟窿等着】séng zhe sēng zhe,kú long déng zhe(顺)尽管省吃俭用,却常常出现意外开销。

【省俭】sèng jian(词)俭省,节约。[例]过日子特别~。

【省钱买老牛,折本也不多】sèng qiàn mài lào niù,shé bèng yé bú duō(谚)对为了省钱而买了质量差的东西的嘲笑。也用于自我解嘲。

【省油的灯】sèng yòu di dēng (词)古时的一种节油灯盏。比喻和善、易处或安分守己的人。[例]不要说别人,你们几个也不是~!

sha

【唦】shɑ(词)语气助词,相当于普通话里的"啊"和"嘛"。[例]咋这么糊涂~?

【沙坝】shā bá(词)指经过风吹或水流冲刷而形成的形如堤坝的沙丘。[例]到黄河的~上玩。

【沙鼻子】shā bi zi(词)一种反复发作的鼻出血症,每次出血量不多,久治不愈,医学上称为特发性鼻出血。

【沙葱】shā cong(词)百合科多年生草本植物,茎叶针状,形似幼葱,故称沙葱。可做蔬菜。贺兰山及其两侧的荒漠中有生长。

【沙罐】shā guán(词)指用陶土和沙子烧制的大肚小口罐,用于盛水、煨水等。

【砂锅熬成铁锅了】shā guō āo cheng tié guō le 比喻苦日子终于熬出了头。

【砂锅捣蒜——一锤子买卖】shā guō dáo suán——yí chuì zi mái mai(歇)

形容不管成功与否,只做这一次。也比喻只顾眼前,不顾以后(不再交往)。

【砂锅锅，炒豆豆，打南来了个老舅舅。和白面,舍不得,和黑面,丢人呢,宰公鸡,叫鸣呢,宰母鸡,下蛋呢,末了又说宰狗呢,舅舅听了要走呢】shā guō guo,cháo dóu dou,dà nàn lài le ge láo jiú jiu。huò biá mián, shé bú de,huò héi mián,diū rèng ni,zài gōng ji,jiáo mìng ni,zài mú ji,xiá dán ni, mó liào yóu shuó zài góu ni,jiú jiu tīng le yáo zóu ni(儿)形容穷人待客时的矛盾心理。

【砂锅煮驴屎——两耽搁】shā guō zhù lǜ qiu— liàng dān ge(歇)比喻什么目的也没达到。(驴屎没煮熟,砂锅倒撑破了)

【沙蒿】shā hao(词)荒漠里的旱生植物,可固沙,可做牛羊等家畜饲草。

【沙蒿柴】shā hao chài(熟)生长在沙漠里的蓬蒿,冬季干枯后可做燃料。[例]打些~烧炕。

【沙和尚】shā hè shang(词)古典小说《西游记》中人物,法号悟净,与师兄孙悟空、猪八戒及白龙马一起保护唐僧到西天取经。

【沙狐】shā hu(词)一种生于沙碱地中的狐狸。[例]~皮不太值钱。

【沙湖】shā hù(词)❶宁夏七十二连湖之一，在今青铜峡市邵岗镇沙湖村北。与李俊镇古光村接壤。❷宁夏沙湖风景旅游区,在银川市北部。

【沙鸡】shā jī(词)生活在沙漠草原地带的一种鸟。贺兰山东麓荒漠中有分布。

【沙金】shā jīng(词)❶自然界中与沙石相混、经淘洗后产出的黄金。❷本县作家西莽长篇小说《乡下秀才》里的主人公。

【沙里澄金】shā li déng jīng(词)比喻经过多次过滤筛选得到的珍贵成果。[例]选个好村长就像~。

【沙柳】shā liu(词)沙漠植物,耐盐碱,可防风固沙。

【沙毛子】shā mao zi(词)指山羊羔的皮毛。

【沙眯眯,芦鼓手,不吃大麦吃秫秫】shā mī mi,lù gù shou,bú chí dá mia chí shù shu(词)对眯缝眼的嘲笑。芦鼓手:虚构的、长着眯缝眼的唢呐艺人。秫秫:高粱。

【沙眯眯】shā mī mi(词)即眯眯眼。

【沙弥子】shā mi zi(词)指初出家的男佛教徒。[例]本地不服本地僧,外来的~会念经。

【沙木】shā mu(词)沙枣木。

【沙囊囊】shā náng nang(词)形容口感像沙子一样疏松的食物。[例]黄元帅~的,我不爱吃。

【沙泥撇子】shā mi piě zi(词)水道里由泥沙淤积成的小洲(有的在水道中央,有的在水道边上)。[例]渠边上淤上了~。

【沙葡葡】shā pú pu(词)指沙漠里的小蜥蜴。

【沙瓤】shā rang(词)指西瓜或甜瓜的内瓤较沙,与脆瓤相对。

【沙滩】shā tān(词)地名用词。[例]马家~(在杨和镇旺全村)。

【沙田】shā tiàn(词)以沙质土壤为主的土地。

【沙土坷垃绊倒人】shā tu ké la bán dào rèng(熟)在一定条件下,不起眼的东西或人也会成为前进的障碍。比喻不要小看微小事物。

【沙土坷垃揩沟子——闪人呢】shā tu ké la kāi gōu zi—shàn rèng ni(歇)闪人:闪下,丢下,诓人。比喻靠不住的东西或人。

【沙窝】shā wo(词)❶泛指沙漠地带。[例]西~(在望远镇西部)。❷自然村用词。[例]蒋家~(在李俊镇古光村)。

【沙眼】shā yàn(词)由沙眼衣原体引起的一种慢性传染性结膜角膜炎。

【沙毡比绒毡,伆化子比神仙】shā zhān bì ròng zhān,chāo huá zi bì shèng xian(谚)比喻没有可比性,比不上。沙毡:粗毛毡。绒毡:细毛毡。伆化子:叫花子。

【沙珠珠】shā zhū zhu(词)形容某种食物像细小的沙粒一样松软可口。[例]这个瓜熟得~似的。

【沙竹子】shā zhu zi(词)一种生长在干旱荒原的多年生草本植物,其茎秆可用于编织。

【沙嘴子】shā zuí zi(词)指自流灌溉的田块入水口处淤积的小沙坨。[例]扎(挖掉、去除)~。

【砂眼】shā yan(词)铸件或陶器上形成的小孔。[例]铁锅上有个~。

【沙一沙】shá yi shá(词)摇动盛器,使杂质集中,加以清除。[例]用簸箕把米里的杂质~。

【刹服】shá fu(词)严词制止。[例]不是父亲~得快,两个儿子就打起来了。

【杀不了穷汉,成不了富汉】shá bu liào qiòng han,chéng bu liào fú han(熟)旧时某些靠剥削起家者的口头禅。

【杀场】shá chang(词)即战场。[例]又不叫你上~,有啥可怕的?

【杀富济贫】shá fú jí pìng(词)指豪杰或义军杀掉为富不仁者,救济帮助穷人。

【杀个回马枪】shá ge huì mà qiāng(熟)比喻出其不意地回头一击。

【杀瓜】shá guā(词)切瓜。[例]亲戚来了,快~。

【杀鸡给猴看】shá jī gèi hòu kán(谚)打击、惩治这个,警戒、震慑那个。

【杀鸡何用宰牛刀】shá jī hè yóng zài niù dāo(熟)比喻解决小问题不用投入重要力量。

【杀鸡抹脖子】shá jī mó bó zi(熟)形容十分着急的神态。[例]看她~的样子,肯定是事情紧急。

【杀鸡取蛋】shá jī qú dán(词)比喻为了眼前利益而断送长远利益。[例]这种~的做法不可取。

【杀口】shá kou(词)宰猪时进刀的地方,这里指要害和关键部位。[例]要捅就往~上捅。

【杀了剐了】shá le guá le(词)指处以极刑。剐:凌迟,封建时代的一种酷刑。[例]你偏不去,看他能把你~!

【杀驴的声色】shá lǜ di shēng se(熟)比喻大声喊叫。

【杀你没刀，砍你没锹】shá ní mú dāo,kàn ní mú qiāo(顺)"杀"与"啥"谐音，多在不耐烦回答问题时使用。[例]问:"你说的啥?"答:"~!"

【杀人不过头点地】shá rèng bú guó tòu dián dí(词)比喻没什么了不起,不必惧怕。是表示不怕死或视死如归的豪言壮语。

【杀人不见血】shá rèng bú jián xié(词)形容陷害人的手段非常隐蔽。

【杀人不眨眼】shá rèng bú zhá yàn(熟)杀人时连眼睛都不眨一下。形容极其凶狠残暴。

【杀人偿命,欠债还钱】shá rèng chàng míng,qián zhái huàn qiàn(熟)谓合情合理,无法逃避。[例]~,天经地义。

【杀人的无罪，递刀的有罪】shá rèng di wù zuí,dí dāo di yóu zuí(谚)谓主谋者、指使者罪过大于执行者。

【杀人放火的跳蹿蹿，吃斋念佛的病团团】shá rèng fáng huó di tiáo zàn zan,chí zhāi nián fú di bíng tuàn tuan(熟)谓做坏事的人活得活蹦乱跳,信佛积善的人却疾病缠身。

【杀生害命】shá seng hái míng(熟)指佛家所说的杀害生灵，包括低级动物。[例]罢掏鸟窝,~的不好。

【杀抓抓】shá zhuá zhua(词)形容大声喊叫或号哭。[例]动不动喊得~的,干啥呢?

【砂枪】shá qiang(词)指装火药和铁砂的土枪,可打猎。

【啥心不操，吃了一身囊膘】shá xīng bú cāo,chí le yí shēng náng biāo(熟)对养尊处优者的讽语。

【傻半塍子】shá ban téng zi(词)骂人的话,意为呆傻,愚蛮。

【傻得连豆腐都嚼不动】shá di liàn dóu fu dōu juè bu dóng(熟)形容极傻。

【傻话】shá hua(词)比喻幼稚的话。[例]娃娃,你怎么尽说~吵。

【傻里吧叽】shá li bá jí(词)形容愚蠢糊涂的样子。

【傻屌】shà diào(词)傻子,愚笨。

【傻婆姨等汉子】shà pò yi déng hán zi(词)戏谑语,比喻痴痴地白等。[例]快别~了,人家根本就不想来!

【傻㞞】shà song(词)傻家伙。常做夫妻或情人间的打情骂俏语。

【傻塍无情】shá tou wù qìng(熟)❶呆

傻,痴呆。❷幼稚,不懂事,多指婴幼儿。

【傻惺惺】shà xíng xing(词)形容呆头呆脑、反应迟钝的样子。

【傻小子睡凉炕,耍的身体壮】shà xiáo zi shuí liàng káng,shuá di shēng ti zhuáng(熟)比喻自恃身强力壮而不忌冷热。

shai

【筛子饮驴——尽份人心】shāi zi yíng lǘ—jíng feng rèng xīng(歇)筛子盛不住水,拿它来饮驴,只是做做样子而已。比喻做样子应付。

【晒了盖】shái le gái(词)本指乌龟在沙滩上晒太阳。比喻人被冷落、淘汰而没事做。

【晒肋巴】shái liá ba(词)指游手好闲,躺在南墙根里晒太阳。比喻懒惰怕干活的人。肋巴:肋骨。[例]那是个~,别指望他。

【晒暖暖】shái nán nan(词)指冬天在向阳的地方晒太阳。

shan

【山棒】shān báng(词)❶比喻土气,没见过世面。❷形容穿得太厚,像山区来的人。

【山不转水转】shān bú zhuán shuí zhuán(谚)比喻事物处于不断变动状态,形势会发生变化。

【山高挡不住太阳,风大刮不掉月亮】shān gāo dáng bu zhú tái yang,fēng dá guá bu diáo yué liang(谚)比喻对光明和希望的坚定信念。

【山高路远】shān gāo lú yuàn (词)形容路途遥远艰难。[例]人家~地从外地跑回来看你,你连个谢字也没有,像话吗?

【山汉】shān han(词)川区人对山区人的俗称。

【山河湾】shān he wān(词)银川市旧街名,在今银川市兴庆区文化东街。

【山后】shān hóu(词)特指贺兰山西边的内蒙古阿拉善左旗。

【山鸡】shān jī(词)鸟名,雉的别称。[例]贺兰山原始森林里有~。

【山蚂蚱】shān miá zha(词)即蝈蝈儿。

【山南海北】shān nàn hái biá (词)泛指五湖四海,四面八方。特指外地。[例]~的人都能活下去,单单把你一个人饿下了?

【山水】shān shui(词)即山洪。

【山水沟】shān shui gōu(词)山洪冲出的沟壑。[例]顺着~往里走。

【山羊得了喀喀子】shān yang dá le kà ka zi(熟)形容山羊咳嗽时发出的“喀喀”声。常用来比喻人感冒咳嗽。有厌恶义。

【山羊的角——直(这)角(个)】shān yáng di gé—zhí(zhé)gé(ge)(歇)调侃语,当有人说“这个”时,反唇者便以“直”和“这”是近音说:~。

【山羊胡子】shān yáng hù zi(词)指男子下巴上留的小撮带尖或簇状胡须。

【山羊皮袄】shān yang pì ao(词)用山羊皮做的大衣。

【山羊皮袄毛朝外,一天铺来晚夕盖】shān yáng pì ao mào chào wái,yí tiān pū lai wán xi gái(熟)旧时穷人的生活写照。

【山羊皮袄套罩子——死撑】shān yang pì ao táo zháo zi—sì cēng(歇)山羊皮袄本来就是外套,不需要套罩衣。死撑:狡辩,强词夺理。

【山药蛋】shān yue dán(词)马铃薯的别称,又名土豆。有时也比喻没见过世面的人。

【山有多高,水有多高】shān yòu duō gāo,shuì yòu duō gào(谚)❶指再高的山上也会有水。(详见附录一)❷比喻一个人有多大的靠山,就有多高的社会地位。

【山芋】shān yu(词)马铃薯的俗称。[例]那是块烫手的~。

【山珍海味】shān zhēng hái wéi (词)指山野里、海洋里出产的各种珍异食材,如熊掌、燕窝、鱼翅、海参等。

【山嘴子】shān zuí zi(词)山脚伸出的尖端。[例]过了那个~就是平地了。

【煽风点火】shān fēng diàn huò (词)比喻煽动别人闹事。[例]每次闹事,都是他在背后~。

【煽忽】shān hu(词)❶自然或人工产生的小风。[例]外面的风又~开了。|盖被子轻点,别把娃娃~凉了。❷煽动、怂恿。[例]这事都是他~起来的。

【扇一个屄斗给一个皮糖】shān yí ge bī dou géi yí ge pì tàng(熟)比喻软硬兼施,拉打结合。屄斗:耳光。

【扇鼓】shǎn gu(词)用去了毛的生羊皮绷紧在鼓框上做成的扇形鼓,也叫单鼓。

【扇子有风,拿在手中,谁人来借,等到秋冬】shǎn zi yòu fēng,ná zai shòu zhōng,shuì rèng lài jié,déng dao qiū dōng(顺)顺口溜,义如文。

【苫布】shán bu(词)用于遮盖物品的雨布。有油布、帆布、涂塑维纶布等。

【闪了】shán le(词)❶甩下、丢下不管。[例]约好要来,结果没来,把人~。❷因用力过猛而致筋肉扭伤。[例]腰~。

【闪面】shán mián(词)指露面。[例]自始至终没~。

【闪失】shán shi(词)由于失误或差错而造成事故或损失。[例]万一有个~,这趟买卖就白做了。

【闪下】shán xia(词)撇下,丢下。[例]你不能走(死)在我的前头,把我~。(老年夫妻用语)

【闪得很】shàn di hèng(熟)闪:娇气、脆弱,吃不得苦。

【陕西的麦子——黄一块,割一块】shán xi di miá zi—huàng yi kuài,gé yi kuài(歇)比喻事情成熟一件了结

一件。常用于喝酒时输一杯喝一杯，不积压。

【陕西擀擀】shán xi gàn gan（词）当地人对陕西人的代称。旧时陕北擀毡匠常到宁夏农民家里承揽擀毡生意，故名。

【陕西庙】shán xi miáo（词）又名显圣寺，永宁县城北佛教寺庙。

【善罢甘休】shán bá gān xiū（词）指自愿了结纠纷，停止闹事。[例]他这次吃了亏，绝不会~。

【善财童子】shán cài tòng zi（词）佛教菩萨之一。因参拜过观音，故常伴于观音塑像或画像旁。

【善茬儿】shǎn chàr（词）比喻容易对付的人。[例]那可不是个~。

【善口难开】shán kòu nàn kāi（词）多指老好人不说得罪人的话。[例]我看他也是~！

【善男信女】shán nàn xíng nǜ（词）泛指佛教信众。

【善人】shǎn reng（词）指行善积德、常做善事的人。[例]大家都叫他大~。

【骟马】shán ma（词）阉去睾丸的公马。

【骟匠】shǎn jiang（词）阉骟牲畜的匠人。

【骟驴】shǎn lü（词）阉去睾丸的公驴。

【骟驴的鸡巴——虚挓】shǎn lü di jī ba——xū zhá（歇）骟过的驴没种，即使阳物勃起，也没有实质意义。比喻虚张声势，没有实际作用。

【骟驼】shǎn tuo（词）阉过的公驼。

【单岭子】shǎn líng zi（词）永宁县西部贺兰山中的小山岭之一。

shang

【伤风败俗】shāng fēng bái sú（词）指败坏社会风气的行为。

【伤筋动骨】shāng jīng dóng gú（词）比喻对事物整体做大的改动。[例]拣要紧的地方修一修，不要~了。

【伤筋动骨一百天】shāng jīng dóng gú yí biá tiān（谚）指伤了筋骨要休息一百天才能康复。

【伤水面】shāng shui mián（词）和面掺水太多，面团太软。[例]和了个~，咋擀呢？

【伤损】shāng song（词）指言语伤人。[例]好好说，不要~人。

【伤天害理】shāng tiān hái lì（词）形容做事凶残，损害天道伦理。[例]不能做~的事。

【伤心落泪】shāng xīng luó luí（词）因心里痛苦而流下眼泪。[例]一提起去世的老伴，就~。

【商量合议】shāng liang hé yí（词）商议、商量。多指友好协商。

【商气】shāng qi（熟）形容傲气、优越感。因地位上升而看不起比自己地位低的人。[例]这几年有了钱，见了人~的。

【墒气】shāng qi（词）指土壤里保有的

水分或湿度。

【赏罚分明】sháng fá fēng ming（词）该赏的赏，该罚的罚。形容处理事情严格公正。

【上八下八，上吐下拉】sháng bá xiá bá，sháng tú xiá lá（顺）“花花子”术语，指地下的“活”牌达到八张时，要“紧牌”，每人手里最多留八张。详见附一。

【上菜】sháng cái（词）❶赌博中要求输家交钱的代语。❷把做好的菜端到餐桌上。

【上长下短，压折轿杆】sháng chàng xiá duàn，yā shè jiáo gàn（顺）迷信谓上身长、下身短的人有坐轿享福的命。

【上蹿下跳】sháng cuān xiá tiáo（词）比喻上下奔走，四处活动。

【上辈子】shǎng bei zi（词）❶上代人。❷先祖。

【上辈子先人】shǎng bei zi xiān reng（熟）即祖先。有贬义。[例]当~似的供着。

【上不了台盘】shǎng bú liao tài pan（熟）❶比喻因寒酸丑陋等不愿见人。❷没见过世面，不敢在公开场合露面。

【上当受骗】sháng dáng shóu pián（词）因不辨真假或轻信骗局而吃亏受损。

【上坟烧树叶子——哄鬼】sháng fèng shāo shú yé zi— hòng guì（词）比喻敷衍应付，自欺欺人。

【上岗子】sháng gáng zi（词）指上首座位。

【上工坐折鞧绳，收工曳折仰绳】sháng gōng zuó shè qiū sheng，shōu gōng yé shè yáng sheng（熟）形容大集体时社员上工磨蹭、收工后争先恐后回家的现象。鞧绳、仰绳见各该条。

【上贡】sháng góng（词）本指给神灵或祖宗奉献供品。后指下级向上级、百姓向官吏送礼。

【上夹骨拶子】sháng jiá gu zàn zi（熟）比喻施以酷刑或施加压力。[例]还没给你~，你就沟子松了？“夹骨拶子”见该条。

【上建议】sháng jián yí（词）给上级反映情况，提建议。[例]你是人民代表，要给政府~，把那条路修一修。

【上劲】sháng jíng（词）比喻施加压力。[例]要给他们~呢，不然就不能按期完成任务。

【上九流】sháng jiù liù（词）❶中国古代指宗教与各种学术流派。❷中国古代对人的地位和职业的等级划分。~一般指佛祖、仙、圣贤、官、公卿、相、僧、道、庄田等。

【上槛】sháng kàn（词）门楣。门框上端的横木。

【上辣嘴唇子，下辣沟门子】sháng lá zuì chòng zi，xiá lá gōu mèng zi（顺）指多吃辣椒的感觉。

【上梁不正下梁歪】sháng liàng bú

zhéng xiá liàng wāi(谚)比喻长辈或上级的不良作风会影响到晚辈或下级。

【上路不捎书】sháng lú bú shāo shū(熟)古代的书由竹简制成,上路携带很不方便,故有此说。

【上路不舍伴】sháng lú bú shé bán(熟)指出门不能扔掉同伴。[例]~,都是一搭里来的,不能把他撂下。

【上面千条线,下面一根针】sháng mian qiān tiào xián,xiá mian yí géng zhēng(熟)比喻上级多个部门都给下级某个部门下达任务。[例]~,乡镇工作难做啊!

【上气】sháng qí(词)犹生气,上火。[例]不要~,听我慢慢说。

【上气不接下气】sháng qí bú jié xiá qí(熟)形容因劳累或焦急而喘息。

【上三旗】sháng sān qi(词)自然村名,在李俊镇西邵村。

【上杀场】sháng shá chang(词)指到刑场受刑。比喻有生命危险的地方。

【上天】sháng tian(词)昨天或前些天。[例]~见了他,还好好的。

【上头】sháng tou(词)❶指地势高于村落的干渠之侧。❷对上级的俗称,也称上面。

【上头擩个手,下头蹲个狗】sháng tou rú ge shòu,xiá tou dōng ge gòu(谚)指用泥土盘砌火炉时,炉膛要上小下大。

【上吐下拉】sháng tú xiá lá(词)指呕吐与腹泻同时发生的疾病。

【上无片瓦,下无立锥之地】sháng wù piàn wà,xiá wù lí zhuī zhi dí(成)形容一无所有,贫困到极点。

【上西天】sháng xī tian(词)佛教指到极乐世界,比喻人死亡。也用作杀害的代语。[例]吃了断头饭,送你~!

【上下不走叶】sháng xiá bú zóu yé(熟)耍"花花子"规则之一,即"紧牌"后,已出手和仍留在手的牌不准上下互换。

【上下精】sháng xiá jīng(词)指脱光衣服,一丝不挂。[例]天太热,娃娃动不动就脱个~。

【上有天堂,下有苏杭】sháng yòu tiān tang,xiá yòu sū hàng(谚)谓苏州、杭州景色秀丽,物产丰富,文化发达,堪比天堂。

【上有政策,下有对策】sháng yòu zhéng cé,xiá yòu duí cé(熟)指想方设法钻政策空子或规避政策约束。

【上刀山】shǎng dāo shān(词)比喻冒险,从事危险工作。常用于批评不敢冒险或承担责任。[例]又不是~呢,你怕啥?

【上房泥】shǎng fàng mì(熟)指建房时把泥浆均匀地糊在房顶上。

【上访】shǎng fàng(词)群众越级反映并要求解决问题。

【上盖】shǎng gai(词)指房顶。[例]大风把房子的~揭掉了。

【上工】shǎng gōng(词)指开始下地或上班。[例]队里一天三~。

【上姑舅】shǎng gū jiu(词)指表兄弟中属于舅舅一方的。

【上锅】shǎng guō(词)指下厨做饭。[例]下了班,两口子一起~。

【上河】shǎng hè(词)地名(因黄河得名),原属通桥乡,今属望远镇。[例]~生产大队(1961年)。|~村(1983年6月)。

【上家】shǎng jia(词)指行酒令、打牌时坐在本人左边的人。

【上了船巴命,下了船巴财】shǎng le chuàn bā míng,xiá le chuàn bā cài(谚)比喻因条件变化而改变目的。也形容人的贪欲。

【上了房把梯拿】shǎng le fàng bá tī nà(熟)比喻达到目的后,就把曾经帮助过自己的人踢开。

【上了头】shǎng le tòu(熟)指酒喝多了头晕。

【上礼】shǎng lì(词)指把礼金交到主人所设的收礼之处。

【上梁】shǎng liàng(熟)指盖房时把大梁安放在前后墙体上。

【上前城】shǎng qiàn chèng(词)即~村,在银川市兴庆区大新镇。

【上人】shǎng rèng(词)指把民工集中到建设工地。[例]一号到五号动员,六号~。

【上山容易下山难】shǎng shān yòng yi xiá shān nàn(谚)指下山比上山的难度和危险性大。比喻撤退或收尾时的工作复杂难做。

【上手】shǎng shòu(词)❶指接生员用手工助产。❷指吵架中先动手打人。❸指男人勾引女人得手。

【上寺】shǎng sí(词)指穆斯林按时到清真寺做礼拜。

【上台】shǎng tài(词)指掌权或任职。[例]那一派又~了。

【上堂屋】shǎng tàng wu(词)旧时四合院中的正屋,一般为长辈居住或供奉先人牌位。

【上天呢】shǎng tiān ni(熟)对过于顽皮或好高骛远者的警示语。[例]要是不管住点,还想~!

【上天碰了玉皇的卵子——冲天冒日鬼】shǎng tiān péng le yú huang di làn zi—chōng tiān máo rí guì(歇)形容冒失莽撞。玉皇指玉皇大帝,卵子即睾丸。

【上天无路,入地无门】shǎng tiān wù lú,rú dí wù mèng(熟)比喻陷入困境,走投无路。

【上天言好事】shǎng tiān yàn hào shí(熟)指农历腊月二十三日贴在灶王台两侧的对联的上联内容。引申为请别人在上级面前多说好话。

【上天言好事,回宫降吉祥】shǎng tiān yàn hào shí,huì gōng jiáng jí qiang(熟)民间在农历腊月二十三日

贴在灶王台两侧的对联的内容。

【上头】shǎng tòu(词)指倒插门女婿的完婚仪式。

【上香】shǎng xiāng(词)指烧香、敬香。

【上香抠沟子，不是好毛气】shǎng xiāng kōu gōu zi,bú shi hào mào qi(顺)烧香时抠屁股,是对神灵的不敬和亵渎。泛指习惯不好。

【上心】shǎng xīng(词)因喜欢、感兴趣而放在心上或用心对待。[例]对这个工作不~。

【上夜】shǎng yé(词)指值班守夜或夜间巡查。

【上硬弓】shǎng yíng gōng(熟)比喻强令或强迫。[例]对这种人只能哄着来,不能~。

【上仗】shǎng zháng(词)指吵架,骂仗。[例]两个人又~呢。

【上中农】sháng zhōng nong(词)土改时称富裕中农,后改称~,属中农范畴。

【上庄】shǎng zhuāng(词)打牌时轮到当庄家。

【上座】shǎng zuó(词)道士念经时的一个环节。

【上座】sháng zuo(词)上首座位。

【上贼船容易下贼船难】shǎng zèi chuàn yòng yi xiá zèi chuàn nàn(词)❶比喻一旦上当入伙，就很难抽身。❷比喻一旦误入歧途,就很难自拔。

【尚方宝剑】shǎng fāng bào jiàn(词)旧指皇上授予的代其行刑的宝剑,泛指得到最高统治者的授权。

【绱鞋】shǎng hài(词)把鞋帮和鞋底缝在一起。

【绱鞋不拿锥子——针(真)好】shǎng hài bú nà zhuī zi— zhēng(zhēng)hào(歇)俏皮话。以"真""针"谐音表示"真好"之义。

shao

【捎个信】shāo ge xíng(词)❶带信。多指口信。❷提醒、警告。[例]你给他~,叫他不要太嚣张!

【捎驴绞脖子】shāo lü jiáo bó zi(词)原指骑一头驴拉一头驴行走不便。比喻出门上路带小孩或其他东西不方便,不利索。

【捎马子】shāo ma zi(词)即马褡子。可搭于肩头或牲畜背上的长条形布袋,中间开口,两头盛物。

【捎绳子】shāo sheng zi(词)用于自行车上捆捎东西的绳子。

【烧包】shāo bāo(词)❶有钱乱花,恣意挥霍显摆。❷因暴富或得势而待人傲慢。[例]看那个~样子,见了人都不问一声。

【烧柴】shāo chai(词)即柴火。

【烧地垒】shāo dí luì(熟)旧时积肥方法之一。即把土块垒成堡垒形状,里面用火烧烤,然后砸碎做肥料。

【烧坊】shāo fang(词)❶制酒作坊。❷

地名用词。[例]王家~(在望洪镇西和村)。|~门(在原通桥乡下河村,今属望远镇)。

【烧乎乎】shāo hú hu(词)形容心里或脸上有灼热感。[例]喝了些酒,脸上~的。

【烧火燎灶】shāo huo liáo záo(词)比喻用柴火烧火做饭。[例]吃点剩饭算了,不要~地做了。

【烧鸡】shāo jī(词)❶犹烧包。贬义。❷汉族风味菜肴。将涂过饴糖的鸡油炸,然后用香料制成的卤水煮制而成。

【烧酒兑(对)上水了】shāo jiu duí(duí) shang shuí le(熟)调侃语。表示不同意。[例]一人说:"对着呢。"另一个说:"怕是~!"

【烧炕喂驴志人心】shāo káng wéi lǜ zhí rèng xīng(熟)比喻通过某些小事,可以看出有没有诚心。志:志验,验证。

【烧料子】shāo liao zi(词)❶比喻烧包式人物。❷非水晶石制成的镜片或假冒玉石。

【烧野炕】shāo yé káng(词)旧时积肥方法之一。即在野外用垡垃盘炕,用柴火烧煳后砸碎做肥料。

【烧衣裳】shāo yī shang(词)给死去的人焚烧纸做的衣裳。

【烧纸】shāo zhì(词)焚化纸钱以敬鬼神。[例]炕上没个屉屎的(小孩),坟上没个~的(后代)。

【烧纸子】shāo zhi zi(词)给鬼神焚烧的白纸,上面用凿子打出铜钱状缝隙。

【烧锅燎灶】shāo guo liáo záo(词)同"烧火燎灶"。

【烧了】shǎo le(词)指红色霞光。[例]天~。

【梢瓜】shāo gua(词)瓜类作物藤蔓梢部的果实,一般较大。

【梢后结大瓜】shāo hóu jié dá guā(熟)指西瓜蔓梢结的瓜大。比喻后来居上、大器晚成。

【梢膀】shāo bang(词)胳臂。[例]他的~长,衣裳袖子稍微做长点。

【梢子】shāo zi(词)渠的下游,常做自然村名。[例] 袁家~(在望洪镇高渠村)。

【梢梢的】sháo sháo di(词)细而尖的东西,多用于形容女子手指。[例]她的手指头~。

【捎了】sháo le(词)退色。[例]蓝衣服~,快变成白色了。

【少年夫妻老来伴】sháo niàn fū qi lào lái bán(谚)谓夫妻年轻时,性生活是重要生活内容;到了老年,相依为命,互相做伴就变成主要的了。

【少气】sháo qi(词)麻烦少,贡献多,有捡了便宜的意思。[例]这头草驴~你们了,不但干营生,还下了个骡子。

【少说】sháo shuó(熟)❶往少里说,有估计的成分。[例]~也有七八斤。❷少参与或少发表意见。[例]以后会上~

点。❸少管，少唠叨，有制止义。[例]你~，烦死了！

【少说话，威信高，多吃馒头身体好】sháo shuó huá，wēi xing gāo，duō chá màn tou shēng ti hào（熟）意为明哲保身。

【少一】sháo yi（词）不要，少那样。一：一老，经常。[例]以后~往那里跑。

【少壮不努力，老大徒伤悲】sháo zhuáng bú nú lí，láo dá tù shāng bēi（谚）年轻时不努力学习，老了后悔也无济于事。

【少来】shào lài（词）不要那样。[例]~那一套，我不稀罕！

【邵刚堡】sháo gang pù（词）古为南典农城（胡城），后为灵武马站堡，明洪武初年（1376年）建邵刚堡，以第一任堡长邵刚命名。永宁县李俊镇部分村队曾受其管辖，现为青铜峡市邵刚镇，与永宁县李俊镇接壤。

【韶子】shào zi（词）指不明事理、动辄吵闹的人。[例]老~。

she

【赊账】shē zháng（词）赊欠。即赊货欠款。[例]现钱现货，概不~。

【赊账的买卖不赚钱】shē zháng di mái mai bú zhuán qiàn（谚）赊账占用资金、承担利息，增加成本，故有此说。

【舌趔趔】shē liē lie（词）边沿外伸且呈弧形的器皿。舌：《汉语大字典》第2941页"❸像舌的物体。""又箕口外伸部分即盛物处。""又箭靶两旁左右伸出部分……郑玄注：'左右出谓之舌。'"[例]~碗。

【舌出去】shē chú ke（熟）物体边沿伸出去。舌：《汉语大字典》第2941页"❸像舌的物体。""又箕口外伸部分即盛物处。""又箭靶两旁左右伸出部分……郑玄注：'左右出谓之舌。'"[例]房檐子要往外~一点。

【舌尖嘴快】shè jiān zuǐ kuái（词）❶形容口舌伶俐，说话直率。❷指说话尖刻，不肯让人。❸指遇事爱多嘴。

【舌头底下的话】shè tou dí xia di huá（熟）犹随口即可说出的话。

【舌头底下压着话】shè tou dí xia yá zhe huá（熟）话中有话或有意保留的话。

【舌头是肉蛋，翻过来就变】shè tou shi róu dán，fān guo lai jiú bián（熟）比喻出尔反尔。

【舍不得】shé bu de（词）❶珍惜，不愿放弃或离开。[例]俩人~分开。❷过分节俭，不肯花钱。[例]~吃，~穿。

【舍不了金钩，钓不着鲤鱼】shé bú liào jīng gōu，diáo bú zhuo lí yu（谚）比喻没有投入劳动、资金、诱饵等就不会有收获。

【舍力】shé lí（词）舍得出力气。[例]这么重的东西，不~咋能搬得动？

【舍命不舍财】shé míng bú shè cài（词）情愿丢掉姓命也要保住钱财。比喻过分贪财、吝啬。

【舍命陪君子】shé míng pèi jiōng zi（谚）指不惜一切地陪伴、追随。[例]今天我~，不醉不归！

【虱子掉进磨眼里——一折的一磨】shé zi diáo jing mó yán ni — yí zhé di yí mò（歇）比喻受尽折磨。

【虱子多了不叮，债多了不愁】shé zi duō le bú dīng，zhài duō le bú còu（谚）❶比喻面对无法摆脱的困境，只好听天由命，顺其自然。❷比喻经历的磨难太多，已经习以为常。

【虱子也是肉】shé zi yé shi róu（谚）比喻再小的利益也不舍弃。

【折了】shé le（词）❶减少，损失。❷水位下降。[例]渠里的水~。

【折本】shé bèng（词）赔本，亏本。[例]省钱买老牛，~也不多。

【折财】shé cài（熟）亏损，失去财物。[例]~免灾。

【折财免灾】shé cái miàn zāi（谚）谓损失了财物可以免除灾祸。一种安慰别人或自我安慰的说法。

【折忽】shě hu（词）躲闪，忽悠，用虚招诓人。[例]小心把人~下去了（从高处掉下去）。

【折耗】shě hao（词）正常损耗。[例]头年入库的粮食，第二年出库，肯定有~。

【折腰】shě yāo（词）犹下腰。练武时上身尽力向后弯曲的动作。

【折腰】shè yāo（词）形容中断。[例]开了个~会。

【设身处地】shě shēng chù dí（词）设想自己处在别人那种境地。[例]~地想一想，就想通了。

【设官奉职，各有专责】shě guān fěng zhí，gé yòu zhuān zé（谚）指忠于职守、各司其职。

【社干】shě gán（词）农业合作化时期对基层干部的称谓。

【社会】shě huí（词）特指社会制度和社会风气。[例]现在这个~，只要勤快点，饿不着。

【社教】shě jiáo（词）政治运动名，全称为社会主义教育运动。特指20世纪60年代在全国开展的“四清”运动。

【社员四两粮，拄着拐棍扶着墙，干部四两粮，又翻窗子又跳墙】shě yuàn sí liàng liàng，zhú zhe guái gong fǔ zhe qiàng，gán bu sí liàng liàng，yóu fān chuāng zi yóu tiáo qiàng（顺）粮食“低标准”时期（国民经济三年困难时期）社员们编的顺口溜，表示对基层干部的不满。

【射人先射马，擒贼先擒王】shě rèng xiān shě mà，qìng zèi xiān qìng wàng（谚）比喻打击敌人要切中要害。

【佘太君】shè tái jiong（词）北宋名将杨继业之妻，名赛花，精通韬略，曾挂帅出征，抵御外敌。

【蛇虫子鞭子】shè chong zi biān zi

(词)手工编制的蛇形短皮鞭。[例]赶牛车用的是~。

【蛇皮袋子】shè pì dái zi(词)塑料编织袋。

【蛇钻的窟窿蛇知道】shè zuán di kú long shè zhī dao(谚)比喻自己的困难自己清楚。

sheng

【伸手不见五指】shēng shǒu bú jián wú zhí(熟)形容光线非常暗,看不见四周的事物。

【伸手牌香烟】shēng shàu pài xiāng yān(词)意为自己不买烟,只抽别人递的或向别人要的烟。

【身薄力单,沟门子挣翻】shēng bò lí dān,gōu meng zi zéng fān(顺)形容身体单薄力气小,做事吃力。沟门子:肛门。

【身不由己】shēng bú yòu jì(词)指自己的事不由自己做主。犹没有自由。

【身大力大】shēng dá lí dá(词)指一般情况下,(人或牲畜的)个头大力气就大。

【身单力薄】shēng dān lí bò(词)身体瘦弱力气小。[例]~,背不了那么多。

【身底里】shēng dí ni(词)男女外生殖器的隐称。

【身乏不算乏,心乏没办法】shēng fà bú suán fà,xīng fà mú bán fa(谚)谓身体乏困可通过休息恢复,若丧失信心就难以恢复。

【身高不算数,多穿二尺布】shēng gāo bú suán sú,duō chuān ér chí bú(顺)对大个子的妒语。

【身高力大】shēng gāo lí dá(词)谓个子高,力气相对大些。

【身怀有孕】shēng huài yóu yóng(词)即怀有身孕。

【身教重于言教】shēng jiáo zhóng yu yàn jiáo(谚)以身作则比口头教育更有效。

【身面】shēng mian(词)指穿戴。[例]人长得好,就是没个好~。

【身强力壮】shēng qiàng lí zhuáng(词)形容身体强壮有力气。

【身上穿的彩吊子,嘴里吃的肉臊子】shēng shang chuān di cái diáo zi,zuí ni chí di róu sáo zi(顺)比喻穿得破,吃得好。也指宁可穿得烂,也要吃喝好。

【身上有了】shēng shang yóu le(熟)指妇女怀孕了。

【身卧福地】shēng wó fú dí(熟)旧时春节贴在炕头墙上的红纸条幅,上写此语。

【身在曹营心在汉】shēng zái cào yìng xīng zái hán(谚)蜀将关羽被曹操拘禁,操虽厚待,羽还是想回到刘备身边。比喻身在此而心在彼。

【身在福中不知福】shēng zai fú zhōng bú zhī fú(谚)指生活在幸福中还觉得不幸福。

【身子不空】shēng zi bú kóng（熟）对妇女怀孕的委婉说法。

【身子底下】shēng zi dí xia（熟）指紧接着前一个孩子后面出生的子女。[例]我是我哥哥~生的。

【身子腾开】shēng zi tèng kāi（词）指避开责任或担干系的事。

【身子重重的】shēng zi zhóng zhóng di（熟）对孕妇体态的形容。

【呻唤】shēng huan（词）呻吟、叫唤。[例]人老了，有个病就~的。

【深更半夜】shēng gēng bán yé（词）指深夜。[例]~的，哭啥？

【深谷子浅糜子，胡麻种在表皮子】shēng gú zi qiàn mì zi，hù ma zhóng zai biào pì zi（谚）指这几种农作物的播种深度。

【深犁浅种，如同上粪】shēng lì qián zhóng，rù tòng sháng fèng（谚）种田规律之一，即地耕得深有利于扎根，种子下得浅有利于出苗。

【深水不养苗，暴利多招灾】shēng shuí bú yàng miào，báo lí duō zhāo zāi（谚）谓水深不利于作物扎根，暴利会引起同行妒忌或消费者公愤。

【深眼窝，疙郎头，人不日样骨尸稠】shēng yán wo，gé lāng tòu，rèng bú rí yáng gú shī chòu（顺）比喻长相不咋样，毛病却不少。骨尸稠：毛病多，脾气大。

【升表】shēng biào（熟）将黄表纸点燃后上抛的动作。

【升级】shēng jí（词）扑克牌的一种玩法。

【升天】shēng tiān（词）❶上升到天界。[例]魂魂子~了。❷比喻使人死。[例]一颗手榴弹就让几个匪徒~了。

【升转】shēng zhuàn（词）❶官职升迁。❷境况好转。[例]每个人都有~的机会。

【升子】shēng zi（词）旧时口大底小的棱台体木制量具，容量为一升。十升为一斗。

【声都喊岔了】shēng dou hàn chá le（熟）形容连续惨叫，声音发劈。[例]狗把娃娃撵得~。

【声叫声应，不来也好听】shēng jiáo shēng yīng，bú lài ye hào tīng（熟）指及时回应父母呼唤，即使没有马上来到面前，父母也感到宽慰。

【声气】shēng qi（词）指声音、动静、消息。[例]出门半年多了，连个~也没有。

【声色】shēng se（词）说话口气重。[例]看你那个~，把娃娃吓坏了！

【什么虫屙什么屎】shéng me chòng bá shéng me shì（谚）比喻什么样的父母培养什么样的子女。

【什么东西】shéng ma dōng xi（熟）犹不是好人。有鄙视厌恶义。[例]你是~，来给他说情？

【什么意思】shéng ma yí si（熟）犹想怎样，想干什么？[例]会议不参加，会餐也不去,你~?

【婶婶】shéng sheng(词)❶指叔父之妻。❷对与母亲同辈、但年纪较轻的已婚妇女的称呼。

【肾】shéng(词)❶雄性动物的阳物。❷人或高等动物的肾脏。

【甚经】shéng jing(词)过分,太。[例]~不能喂得饱了。

【瘆寡寡】shéng guá gua(词)恐怖,阴森可怕的环境。[例]停产的大车间空无一人,~的。

【瘆人】shéng rèng(词)使人惊恐害怕。[例]山洞里怪~的。

【圣人门上走了一回】shéng rèng mèng shang zóu le yí huì(俗)圣人指孔子。比喻上过私塾或正规学校的识字人。

【圣旨】shéng zhì(词)皇帝的指令。引申为必须执行的指示(有讽义)。[例]经常把领导的话当~。

【胜败乃兵家常事】shéng bái nai bīng jia chàng shí(谚)意思是不要把偶然一次的胜利或失败看得太重。

【胜利】shéng lí(词)地名。今~乡。[例]旧~乡(1950年)。|~农业社(1955年)。|~生产大队(1958年)。|~村(1985年6月)。

【胜利果实】shéng lí guó shi(词)特指土地改革运动中分到没收地主的财产,包括生产生活资料及浮财。

【胜利乡】shéng lí xiāng(词)永宁县乡镇之一,1961年设胜利公社(从望远公社划出),1983年6月后为胜利乡,2003年7月金沙乡并入。

【盛气凌人】shéng qi lìng rèng(词)指以骄横的气势对待人。形容傲慢自大,气势逼人。

【剩饭】shěng fan(词)指吃剩下的饭菜。

【神不知鬼不觉】shèng bú zhī guí bú jué(熟)指形迹隐秘,不为人知。[例]~就把事情办了。

【神机妙算】shèng jī miáo suán(词)形容善于估计判断形势,做出正确决断。

【神经病】shèng jīng bíng(词)❶神经系统组织发生病变或机能发生障碍。❷对精神病的错误叫法。[例]乱说什么呀?~!

【神经过敏】shèng jīng guó mìng(词)泛指多疑,大惊小怪。

【神经衰弱】shèng jīng shuāi ruó(词)一种神经活动机能失调的病。[例]她得的是~性头痛。

【神了】shèng le(词)❶指高超出奇,令人惊异。[例]魔术简直演~!❷特别相像。[例]哥俩像~!

【神秘兮兮】shèng mi xī xī(熟)神神秘秘的样子。

【神婆子】shèng po zi(词)巫婆。

【神婆子的口,没梁子的斗】shèng po zi di kòu,mú liàng zi di dòu(谚)比喻说话没有分寸。斗:量具,上口中间有横梁,所量物品与横梁持平为准。

【神神道道】shèng sheng dáo dao(词)神志昏聩,颠三倒四。也指装神弄鬼。

【神堂】shèng tàng(词)供奉神灵的地方。[例]神婆子在家里设了~,专门给人"看病"。

【神堂古庙】shèng tang gū miáo (词)比喻行为诡秘、疯疯癫癫,穿戴怪异。

【神仙打架,凡人遭殃】shèng xian dà jiá,fàn reng zāo yāng(谚)比喻上层争权夺利,百姓遭受祸害。

【神仙洞】shèng xian dóng(词)比喻阴暗的房屋。[例]屋里没有灯,黑得~似的。

【神柱子】shèng zhu zi(词)即给死人立的牌位。

【审贼】shèng zèi(词)形容声色俱厉地审问,像审问小偷一样。

【慎着】shèng zhe(词)忍耐,缄默,不发表意见。[例]悄悄~,啥话也别说。

【绳从细处断,薄处开窟窿】shèng cóng xí chu duán,bò chu kāi kū long(谚)比喻物品都是从薄弱处开始损坏。

【绳打细处断,鞋打前头烂】shèng dá xí chu duán,hài dà qiàn tou lán(谚)比喻物品断裂、破损都从薄弱处开始。

【绳捆三道紧,账算三遍稳】shèng kòng sān dao jìng,zháng suán sān bian wèng(谚)比喻做事要举一反三,反复斟酌,仔细核对,才比较可靠。

【申喝】shèng he(词)申斥、断喝。

shi

【尸首】shī shou(词)❶物品的残骸。[例]把自行车整得连~都不见了。❷尸体。

【师傅】shī fu(词)❶特指汽车司机。❷泛指有技术的工匠。❸对不认识的人的尊称。

【师傅不高,教的徒弟趔腰】shī fu bú gāo,jiāo di tù di lié yāo(顺)比喻技艺拙劣的师傅带不出好徒弟。

【师父领进门,修行在个人】shī fu líng jíng mèng,xīu xīng zái gé reng (谚)谓师父只起引导、示范、传授作用,能否学会并运用所学技艺(知识),还要靠自己的实践和努力。

【师母】shī mù(词)对师傅妻子的敬称。

【狮子大开口】shī zi dá kāi kòu (熟)比喻要价或要求太高。

【狮子滚绣球】shī zi góng xiú qiū(词)❶民间舞狮的一种形式。❷以~的意境制作的艺术品,如菜肴、刺绣、剪纸、年画等。

【失蹿】shí cuán(词)形容人畜快速前进时受阻栽倒。比喻失手,失算。[例]慢点,小心~了!

【失格】shí gá(词)丢人,失体,有失人格。[例]一个有文化的人,说出这么难听的话,太~了!

【失货】shá huó(熟)指女人失去贞操。[例]什么黄花闺女?早~了!

【失散】shí san(词)散失,丢弃。[例]太爷爷留下的医书,全~了。

【失手】shí shòu(词)❶无意中摔破东西或造成伤害。[例]~打死人。❷失利、失败、未得手。[例]小偷第一次行窃就~了。

【失笑】shí xiáo(词)令人可笑,笑话。[例]~死了,那种破锣嗓子还上台唱歌。

【湿叽叽】shí jí ji(词)形容潮湿或水渍状。[例]昨晚上下了雨,早上虽然不下了,路上还~的。

【湿气】shí qi(词)❶潮湿的空气。[例]刚盖的房子,~大得很。❷中医名词。

【十八层地狱】shí bá cèng dí yu(词)❶佛家谓恶人死后的受苦之所。❷比喻灾难深重,永世不得翻身的境地。

【十八摸】shí bá mó(词)旧时民间的一首色情小调。

【十簸箕,使伙计】shí bó ji,shì huó ji(熟)迷信谓十个指纹都是簸箕状的人,有当财主、使伙计的命。

【十大碗】shí dà wàn(词)西北回族宴席名称,又叫"清真十大碗"。

【十单不如一棉】shí dān bú rù yí miàn(谚)谓多层单衣不如一层棉衣暖和。

【十滴水】shí dí shuì(词)中成药祛暑剂名。适用于中暑头晕、恶心呕吐、腹痛腹泻等症。

【十冬腊月】shí dōng lá yue(词)泛指冬季寒冷的月份。

【十二个肋巴忽闪忽闪地动弹】shí ér ge liá ba hū shan hū shan di dóng tan(熟)比喻无休止地劳作。

【十个指头抻出来有长短】shí ge zhí tou chēng chu lai yòu chàng duàn(谚)比喻人与人、物与物都有差别,不能强求一致。

【十估】shí gú(词)估计有十分把握。[例]我~着这事能成,谁知道又出了岔子。

【十里路上背猪槽——站站喂(为)你】shí li lú shang bēi zhū cào—zhán zhán wéi(wéi)nì(歇)调侃语。谓时刻为你着想。

【十里路上跟嘴,不如在家喝水】shí li lú shang gēng zuì,bú rù zái jiā hé shuì(顺)谓跑到老远的地方赴宴,回来的路上就消化光了,还不如在家里喝开水。

【十六两秤】shí liú liáng chéng(词)旧时使用的秦制十六进位(十六两为一市斤)秤。详见附一。

【十聋九哑】shí lòng jiù yà(词)指先天性耳聋的人会成为哑巴。

【十腡九簸箕,不当讨吃就饿死】shí luò jiú bó qi,bú dāng táo chi jiú wó si(熟)义如文,唯心说法。腡:指纹。簸箕:簸箕型指纹。

【十拿九稳】shí nà jiù wèng(词)比喻很有把握。[例]~得冠军。

【十年寒窗】shí niàn hàn chuāng(词)形容长年刻苦读书。

【十年九旱】shí niàn jiú hán(词)指干旱少雨的地方。[例]山区~。

【十年树木，百年树人】shí niàn shú mú,biá niàn shú rèng(词)比喻培养人才需要很长时间,是长久之计。

【十七十八火钻钻,二十二三钻出火】shí qí shí bá huó zuán zuan,ér shi ér sān zuán chu huò(熟)指男子性欲最旺盛的年龄。

【十七十八力不全,二十七八正当年】shí qí shí bá lí bú quàn,ér shi qí bá zhéng dāng niàn(顺)力不全:身体尚未完全成熟,耐力、韧性不够。正当年:身体完全成熟的年龄。

【十人九马挡不住】shí reng jiù má dáng bu zhú(熟)比喻不听众人劝阻,一意孤行。

【十三点】shí sān diàn(词)比喻不明事理、傻里傻气的人。

【十四王爷的帽顶子——宝贝疙瘩】shí sí wàng ye di máo díng zi—báo bei gā da(歇)指清朝王爷的帽顶上镶嵌的宝石。比喻非常受宠、别人不能批评的人。

【十头八头】shí tòu bá tòu(词)比喻工作头绪多,负担重。[例]~地忙。

【十万八千里】shí wán bá qiān lì(词)极言距离远,差距大。

【十哑九聋】shí yà jiù lòng(词)指哑巴多因先天性耳聋所致。

【十有八九】shí yóu bá jiù(词)❶指大多数。[例]~都来了。❷估计差不多。[例]~是他干的。

【十鱼九炖】shí yù jiú dóng(词)鱼要炖得时间长,香味才浓厚。

【十月初一】shí yue cū yi(词)农历十月初一,中国三大鬼节(清明、七月十五、十月初一)之一。每年这天,民间有给已去世亲人焚烧纸衣的习俗。

【十月朝朝】shí yue zhāo zhao(词)农历十月初一,也叫寒衣节,民间多给死去的亲人焚烧纸衣。

【十月里有个小阳春】shí yue ni yóu ge xiáo yang chōng(谚)指农历十月偶尔出现的暖和天气。

【十指连心】shí zhí liān xīng(词)❶形容身体的每个部位都跟神经相连,伤了哪里都会感到疼痛。❷比喻亲人跟自己休戚相关。

【十字八道】shí zi bá dáo(词)形容用绳索把东西捆绑得很牢固。[例]把铺盖卷捆得~的。

【十字路口】shí zi lú kòu(词)❶指两条纵横交叉的道路的路口。❷比喻处在对重大问题做出选择的境地。

【石沟驿】shí gōu yì(词)驿站名,建在石沟城(今灵武市白土岗乡)。[例]~煤矿。

【石女女的】shí mí mi di(词)由"石女"一词引申,比喻迟钝,无所用心。

[例]坐在家里~,猪跑了都不知道。

【石头大了宛着走】shí tou dá le wán zhe zòu(谚)比喻惹不起躲得起。宛:绕路。

【石头镜子】shí tou jíng zi(词)指水晶石做的眼镜。

【石头磨】shí tou mó(词)农村没有通电和使用磨面机前的磨面工具。由上下两扇圆形石头磨片和泥筑磨台等组成。

【石瑕】shí xià(词)指水晶石镜片上的瑕疵。

【石子子】shí zì zi(词)即碎石头。[例]土路上铺了一层~。

【识大体,顾全局】shí dá tì,gú quàn jú(熟)指从整体和大局考虑问题,照顾全局利益。

【识时务者为俊杰】shí shì wu zhe wèi jióng jié(谚)能认清时代潮流的人,才能成为出色人物,成就大事。

【识字不识字,胸前别钢笔】shí zí bú shí zí,xiōng qiàn bié gāng bí(顺)20世纪50年代初期,当地人把学习文化作为一种时尚,故有此说。有调侃义。

【识字不识字,先识傍个子字】shí zí bú shí zí,xiān shí báng ge zi zí(熟)根据汉字是象形文字和形声字较多的特点,初学识字的人常用这种方法。傍个子:半个,一半。

【实报实销】shí báo shí xiāo(词)支出多少报销多少。

【实诚】shí cheng(词)诚实,朴实,真诚。[例]这人也太~了,给个芨芨就当拐棍拄!

【实底话】shí dí huá(词)实在话。[例]说个~,这事我一开始就不同意。

【实服了】shí fú le(词)实在服气了。含讽刺、不满义。[例]这两个人啊,我~,太能睡了!

【实拍了】shí piá le(熟)形容遍布,覆盖。[例]身上的风片~了。|田里叫三棱草~了。

【实守人】shí shou rèng(词)指老实、诚实的人。[例]那是个~,不会扯谎。

【实腾腾】shí téng teng(词)形容食物在胃里没有消化,有胀满、沉重的感觉。[例]晚夕吃了几嘴饭,心里~的。(老年或病人语)。

【实心】shí xīng(词)真心实意,诚心。[例]你要~买,给你打八折。

【实攥】shí zuán(词)形容双目紧闭,对外界事物不闻不问。[例]一天眼睛~下的,光知道吃!

【拾】shí(词)将固体食品装盘、摆上桌子招待客人。[例]快~几个油饼子叫姨妈吃。拾:捡、放。

【拾掇】shí duo(词)❶收拾。[例]把屋里~~。❷整治、批评。[例]我把他狠狠~了一顿。

【拾翻】shí fan(词)翻找。[例]人一不在家,你就在箱子里乱~。

【拾翻洞里的老鼠】shí fan dóng ni di

lào chu(词)比喻乱翻乱找东西的小孩。[例]这个娃娃,简直是~,哪里的东西都往出拉。

【拾粪叉子】shí fēng chā zi(词)拾取杂粪的五股小铁叉,叉头为铁制,叉柄为木制。有时用来比喻又黑又脏的手。

【拾起来】shí qi lai(词)比喻重操旧业。[例]抽空把文学创作再~。

【食克住了】shí ke zhu le(词)食克:被邪祟侵袭。迷信说法。[例]娃娃叫生人~住了。

【使绊子】shí bán zi(词)❶暗中设障害人。❷摔跤的一种招数,即用腿脚绊倒对方。

【使不上】shí bu sháng(词)犹不能用,用不成。[例]老办法~了。

【使不动】shí bu dóng(词)不听支派。[例]这个人除了你派,其他人根本~。

【使得嘟噜噜转】shí di dú lú lu zhuán(熟)形容指挥得团团转。[例]真没见过,娃娃把大人~。

【使坏】shí huái(词)出坏主意,使坏招。[例]他不背后~就不错了,还给你帮忙。

【使唤】shí huan(词)❶使用。[例]挣上钱自己~。❷叫人为自己做事。[例]不听~。❸旧时指佣人。[例]~丫头。

【使唤丫头】shí huan yā tou(词)旧指使女,现用于对别人役使的不满。[例]我又不是谁的~!

【使上憨狗咬狮子】shí shang hān gòu yào shī zi(熟)比喻让别人充当炮灰。

【使性败气】shí xing bái qí(词)犹使性子、气急败坏。[例]动不动~的。

【使一手】shí yi shòu(词)比喻趁机使手段,进行捣乱破坏。

【使短短子】shì duán duan zi (词)指故意刁难、设障、使坏。

【使短见】shì duán jian(词)指促狭、捉弄人、暗中设障使坏等。

【使狗,不如自走】shì gòu, bú rù zí zòu(谚)狗指小孩,谓与其派小孩去说不清,做不好,不如自己去。

【使虎头】shì hú tou(词)发火,训斥,施威。[例] 我又没做错, 你凭啥给我~?

【使气】shí qí(词)耍脾气,使性子,恣意逞气。[例]不愿意干就放下,少给人~!

【使钱】shì qiàn(词)❶花钱。[例]~要省着点。❷行贿。[例]不~就办不成。

【使眼色】shì yán se(熟)用眼神暗示。

【屎】shì(词)比喻笨,愚蠢。[例]咋能上这种当? 你也太~了!

【屎肚子】shì dú zi(词)❶泛指肚子,比喻吃饭、生活。[例]一年苦死苦活,还不是为了这个~。❷指大肚皮。[例]腆着个~。❸称幼儿的肚子,也叫屎包(腹肌弱,肚子显大)。

【屎肚子百姓】shí du zi biá xing(词)比喻只知吃饭干活、不问时事的老百姓。也用于老百姓自嘲。[例]我们这些~,知道个啥?

【屎轱辘】shí gú lu(词)干稠成型的大便。也用来比喻某些像~样的东西。[例]迭的被子跟~一样。

【屎急了找茅房】shí jí le zhào mào fàng(谚)比喻事先没准备,临时想办法。

【屎屉到裤裆里——跟狗打赌】shì bá dao kú dāng ni—gēng gòu dà dù(歇)讽刺语,比喻自己做错了,却跟别人撒气作对。

【屎壳郎搬家——滚蛋】shì ké lang bān jiā—góng dán(歇)调侃语,意为让人滚蛋。

【屎壳郎打喷嚏——满嘴喷粪】shì ké lang dá péng ti—màn zuì pēng féng(歇)对说脏话者的骂语。

【屎盆子】shì pèng zi(词)比喻坏事,罪名。[例]他干了坏事,把~往我头上扣!

【世道】shí dao(词)人世间的道路。指纷纭万变的社会状态。

【世面】shí mian(词)指形形色色的社会现象。[例]没见过~。

【世上】shí shang(词)指人世间。[例]~啥人没有。

【世上没有不透风的墙】shí shang mú yóu bú tóu fēng di qiàng(谚)比喻秘密总有泄露的时候。

【世上没有卖后悔药的】shí shang mú yóu mái hóu huí yué di(熟)对后悔者的调侃语。

【世上没有鬼,都是自己吓自己】shí shang mú yòu guì,dōu shi zí ji xiá zí ji(熟)义如文。

【市面】shí mián(词)指工商活动的一般状况或市场。[例]~上的价格就是这样。

【势利】shí li(词)指趋奉有权有势者、歧视疏远失势者或穷人的行为(做法)。[例]~小人。

【势利小人】shí li xiáo reng(词)指势利行为严重的人。

【势利眼】shí li yàn(词)指待人势利的人。

【事出有因】shí chú yòu yīng(词)指事情的发生是有原因的。有原谅之义。

【事到不由人】shí dáo bú yòu rèng(词)指该发生的事情必然会发生,不以人的意志为转移。[例]~,一切顺其自然吧。

【事后诸葛亮】shí hóu zhū ge liáng(熟)讽刺语。指那些耍小聪明、事后出点子或说自己早就预见到了的人。

【事看谁办呢,法看谁犯呢】shí kán shuì bán ni,fá kán shui fán ni(熟)指法制不健全的社会里存在的不正常现象。

【事忙先记账,免得后思想】shí màng xiān jí zháng,mián de hóu sī xiang(熟)告诫财会人员应养成按时记账的习惯。

【事前没计划,事到没办法】shí qiàn mú

jí huá,shí dáo mú bán fa(谚)谓做事或处理问题前要做好计划,免得在进行过程中忙乱无序或束手无策。

【事妥人安】shí tuò rèng ān(词)❶指事情办妥了,可以安心了。❷指问题解决后就忘记了曾经帮助过自己的人。

【事在人为】shí zái rèng wèi(词)指事情靠人去做,只要坚持不懈地努力,就能达到既定目标。

【试当】shí dang(词)❶试验,试试。[例]你走开,叫我~一下。❷用于威胁。[例]不信你~着看!

【试火一下】shí huo yí ha(熟)试一试。[例]来,再~

【试验田】shí yán tiàn(词)❶进行农业试验的田地。❷比喻领导干部蹲点调查的地方。

【是非】shí fei(词)指喜欢搬弄是非的人。[例]那可是个~头!

【是非倒精】shí fei dào jīng(词)指搬弄是非的行为。[例]一天东家进,西家出,~地倒闲话!

【是非筐筐子】shí fei kuāng kuang zi(词)比喻喜欢翻闲话、戳是非的人。

【是非人便知是非事】shí fēi rèng bián zhī shí fēi shí(谚)谓传播是非的人常常是喜欢拨弄是非的人。

【是非窝】shí fēi wō(词)比喻矛盾和是非比较多的单位。

【是非只为多开口,烦恼皆因强出头】shí fēi zhí wéi duō kāi kòu,fàn nao jiē yīng qiáng chú tòu(谚)矛盾和纠纷往往因说话太多而引起,烦恼多因争胜好强而招致。

【是非自有公论】shí fēi zí yòu gōng lóng(熟)是非曲直不必争辩,众人自有公正评论。

【是福不是祸,是祸躲不过】shí fú bú shi huó,shí huó duò bú guó(谚)祸福无规律可循,既然来了,就要勇敢面对。

【是骡子是马拉出来遛遛】shí luò zi shí mà lā chu lài liú liu(熟)比喻要想了解某人能力如何,让其亲自做一下就知道了。

【是锥子,就有露尖的时候】shí zhuī zi,jiú yóu lóu jiàn di shì hou(谚)比喻有才干的人,总会有施展显露的机会。

【适当】shí dang(词)合适,妥当,恰当。[例]汤的咸淡正~。

【适可而止】shí kè èr zhì(词)到适当的程度就停下来,不要过头。[例]他对你够可以了,~吧。

【舐】shí(词)以舌舔物。[例]吐到地上的痰还能~起来?

【矢进去】shí jing ke(熟)形容一头撞进去,矢:向前冲。[例]到门上先喊一声,别冒冒失失地~。

【时工八千】shì gōng bá qiān (词)间隔时间很长或偶尔出现。例]~跟个集,其他时间都在家干营生。

【时工见现】shì gōng jián xián(词)形

容稀少或偶尔出现。[例]稻子已经薅了三遍,田里也就剩下~的几根杂草。

【时间不等人】shì jian bú dèng rèng(熟)谓时间自然而然流逝,逝去了就不会回来,犹时不我待。

【时来运转】shì lài yóng zhuàn (词)指好的时机来临,命运(境况)出现转折。

【时里巴工】shì ni bá gōng(词)❶指很少或偶尔出现的情况。[例]老板~到店里看看。❷形容掺杂在大量东西里很不显眼的异物。[例]米里头~地有几个稗子。

【时里工里】shì ni gōng ni(词)同"时里巴工"。

【时时步步】shì shi bú bu(词)犹时时处处,经常。[例]既然不恨我,为啥要~欺负我?

【时势造英雄】shì shi záo yīng xiong(谚)指特定的历史条件和形势使人的聪明才智显露出来,相互作用,成为英雄人物。

【时头八节】shì tou bá jié(词)节日和节气的统称。

【时兴】shì xīng(词)应时而兴或一时流行的东西。[例]今年~穿皮夹克。

【史庄】shì zhuāng(词)自然村,因史姓得名。原属增岗乡,今属望洪镇。[例]~生产大队(1961 年)。|~村(1985 年 3 月)。

shou

【收分】shōu feng(词)指建筑土坯房或高大烟囱时,上面比下面收进的尺寸。[例]砌墙都有~。

【收口】shōu kòu(词)指各季粮食收获结束。[例]秋粮一~,就给儿子办婚事。

【收礼】shōu lì(词)❶借红白喜事或其他庆贺事由设宴待客,收取礼金(品)。❷利用职权收受他人礼物。

【收礼不待客】shōu lǐ bú dái ká(熟)指某些特殊情况下的特殊做法。多指权势者在婚丧嫁娶时只收礼金(品)、不设宴款待客人的做法。有讽刺意味。

【收敛】shōu lian(词)自我克制。[例]说话~着点,罢说张(失控)了。|吃饭也~着点,不要撒撒泼泼的。

【收拢】shōu long(词)对他人的管束、控制。[例]这个人不能用,用上就~不住了。

【收生】shōu sēng(词)即接生。[例]她(老娘婆)专门给人~。

【收拾】shōu shi(词)❶整治。[例]看谁来~这个烂摊子。❷训斥。[例]叫我美美气气~了一顿。

【收头】shōu tòu(词)指疮口愈合封口。[例]疮口一~就快好了。

【收心】shōu xīng(词)比喻通过自我反省和约束,放弃不良行为,回到正路上来。[例]受了几回挫折,慢慢~了。

【手背】shóu béi(词)指赌博时手气(运

气)不好。

【手不离肘，肘不离手】shóu bú lì zhòu,zhóu bú lì shòu(熟)比喻关系密切,谁也离不开谁。

【手不稳】shóu bú wèng(熟)比喻小拿小摸毛病。

【手到擒来】shóu dáo qìng lài (词)指很容易办到。

【手电】shóu dián(词)即手电筒。

【手锯】shóu jú(词)可单手使用的小锯子。

【手里】shóu ni(词)犹主政,经办。[例]马家~(马鸿魁主政宁夏时期)。|这是老会计~的事,只能问他。

【手里无刀杀不了人】shóu ni wù dāo shá bú liào rèng(谚)比喻没有一定条件办不成事。

【手气】shóu qi(词)指赌博或博彩时的运气。[例] 抓奖全凭~。

【手臊】shóu sáo(熟)❶做活手快,麻利。[例]她干营生~。❷喜欢动手打人。[例]那个人~得很,动不动就打人。

【手善】shóu shán(词)❶从不动手打人。❷比喻手懒。有讽刺义。

【手套】shóu tao(词)大车上拉套的三头牲口中靠左边的,驭手常通过牵动其撇绳指挥全部拉套牲口左转弯。

【手下】shóu xia(词)指所属、所管辖的人。[例]他是我的~。

【手下败将】shóu xiá bái jiáng(词)❶战败的将领。❷泛指负于对方的人。

【手续】shóu xu(词)❶办事的程序、规定和步骤。[例]办理移交~。❷也指出具的书面凭据。[例]交了钱,叫他们出个~。

【手拙】shóu zhuó(词)手笨,不灵巧。常用于自谦。[例]我~,怕是做不好。

【手镯】shóu zhuo(词)用金、银、玉等制成,戴在手腕上的环形装饰品。[例]奶奶留下一对玉~。

【手扶】shòu fū(词)手扶拖拉机。

【手紧】shòu jìng(词)❶自己不乱花钱,也不随便给别人花钱。❷不轻易借钱给别人。❸手头拮据。[例]最近~得很。

【手懒】shòu làn(熟)懒惰不勤快。

【手拿把攥】shòu nà bá zuán (词)形容十分有把握。

【手勤】shòu qìng(词)指手脚勤快,爱做活。[例]当饲养员,一定要~腿勤。

【手梢子】shòu shāo zi(词)手指头尖儿。[例]~都是个痛的。

【手稳】shòu wèng(词)比喻不随便拿别人的东西。

【手闲得很】shòu xiàn di hèng(熟)指因乱动别人东西或动手打人而招来麻烦。[例]~,动人家的车干啥?

【手心手背都是肉】shòu xīng shóu béi dōu shi róu(谚)比喻两个人同样重要。

【手眼通天】shòu yàn tōng tiān (词)比喻手段多,交际广,善于走上层路线。手:手段、手腕。眼:眼光、眼界。

【手揸得傲子似的】shòu zhā di sán zi xi di(熟)形容伸开五指,做出打人或索要东西的样子。[例]~,想干啥呢?(有压恶、制止义)

【手挓脚扬】shòu zhā jué yáng(词)指伸开手臂,抬起脚,做出要打人的样子。贬义。[例]动不动~地干啥呢?(呵斥制止义)

【手章】shòu zhāng(词)刻着人名的印章,即私章、名章。[例]盖上~。

【守活寡】shóu huó guà(熟)指妇女有妻子名分、没有实际夫妻生活的现象。[例]男人老不回家,把她撂在家里,如同~。

【守孝】shóu xiáo(词)尊亲去世后居家服丧,停止娱乐和交际,以示哀思。[例]在家~三年。

【守在跟前】shóu zai géng qian(熟)住在附近的亲邻或老乡。

【守在一搭里】shóu zai yí dà ni(词)指住在、待在一个地方。[例]~,早起不见晚夕见,不要伤了和气。

【守寡】shòu guà(词)指丈夫去世后没有再嫁的女人。

【首帕】shóu pa(词)旧时老年妇女使用的黑色丝织长条头帕。

【受摆迭】shǒu bài die(词)比喻挨整,受挫折。[例]你这个队长趁早罢干了,免得运动来了~。

【受搓捻】shǒu cuō nian(词)比喻挨整受欺负。[例]家里没个强硬人,在队上受~呢!

【受够了】shǒu góu le(词)承受太多,再也受不下去了。[例]这种气我已经~。

【受看】shǒu kán(词)指人长得好看,耐看。[例]别人看着不惯的,他还觉得~的。

【受气筒子】shǒu qí tóng zi(词)指受欺负的人。

【受过治】shǒu guo zhí(词)指吃过亏,有过教训。[例]在这方面~,后来小心多了。

【受活】shǒu huo(词)舒坦、适用。[例]饭太硬,吃上不~。

【受苦的】shǒu kú di(词)❶指体力劳动者。❷给别人干活的。[例]我们这些~,哪里知道那些事。

【受了冲犯】shǒu le chōng fan(熟)迷信认为被邪气侵害。[例]昨晚夕在外头~,今天头痛得很。

【受使】shǒu shì(词)指顺驯听话,好使唤。[例]他是最~的一个。

【受死苦】shǒu sì kù(词)指没有其他特长,一直从事体力劳动。

【受听】shǒu tīng(词)指中听,好听,听起来舒服。[例]他说的话还~一点。

【受益】shǒu yi(词)意为享受、舒服。[例]光看大门,把你~死了!

【受益饭】shǒu yi fán(词)比喻吃现成。[例]回机关吃个~。

【寿材】shǒu cai(词)为老年人备下的

棺材。亦称老材。

【寿禄】shǒu lu(词)指寿命和口粮。迷信认为这都是上天的赐予和安排。[例]没办法,就这么大的~。

【寿桃】shǒu tào(词)❶即蟠桃,学名水蜜桃。❷祝寿用的鲜桃或面制桃。

【寿星】shǒu xing(词)❶民间画像或雕塑中的寿星形象,象征长寿。❷称被祝寿的人。

【寿衣】shǒu yi(词)为老年人置备的殓衣,也叫老衣。

【嗾狗】shòu gòu(词)向狗发出攻击的命令。

shu

【书背子】shū béi zi(词)书的背面。[例]~好好的,书皮子(封面)就揉烂了。

【书呆子】shū dāi zi(词)❶指理论脱离实际、不知变通、死板教条的读书人。❷指特别爱看书或看书入迷的人。

【书念到肚子里贼都偷不去】shū nián dao dú zi ni zèi dōu tōu bú ké(熟)形容多学知识最有用。

【书念到驴肚子了】shū nián dao lǜ dú zi le(熟)骂词。谓白上了学,没一点儿礼貌。

【书念傻了】shū nián shá le(熟)❶形容只读书,不与他人交往的书呆子。❷指只有书本知识,不与实践相结合,死板、教条。

【书生】shū seng(词)泛指读书人,也指学生。[例]~哥哥,这个活你干不了,还是我来吧。

【舒坦】shū tan(词)舒服畅快。[例]听了他道歉的话,心里还~点。

【输不起】shū bú qì(词)❶指输了竞赛或赌博后面子挂不住,急眼,耍赖。❷谓必须赢,否则无法承受损失。

【输胆】shū dán(词)害怕、胆怯了。[例]爬山爬到一半就~了。

【输钱为了赢钱易,吃亏为了占便宜】shū qiàn wéi le yìng qiàn yí,qiā kuī wéi le zhān piàn yi(熟)比喻占小便宜吃大亏。

【叔老子】shú lao zi(词)堂叔或表叔。

【赎人气】shú rèng qi(词)指争回面子。[例]这次来应聘,不是为了挣钱,而是为了~。

【熟读唐诗三百首,不会作诗也会偷】shú dú tàng shī sān bia shòu,bú huí zuó shī yé huí tōu(词)比喻读的书多了,写作能力自然会提高。偷:模仿。

【熟惯】shú guan(词)熟悉,习惯。[例]刚来,不适应,待~了就好了。

【熟麻】shú mà(词)指沤麻。即收割的白麻经过沤制,表皮纤维易于剥离。

【熟皮】shú pì(词)❶将生皮鞣制成柔软皮革的过程。❷比喻整治,收拾。[例]看我怎么熟你的皮!

【熟人好办事】shú reng háo bán shí(熟)指利用私人关系办事比较容易。

【熟熟他的皮】shú shu tā di pì(熟)比

喻好好整治整治。

【熟套子】shú táo zi(词)❶关系稔熟,多指不正当的男女关系。[例]两个人是~。❷娴熟的技艺。[例]种庄稼他是~。

【熟田】shú tiàn(词)常年耕种、土壤熟化的土地,相对生田而言。

【熟铜】shú tòng(词)即品位高的电解铜,也叫纯铜或紫铜。

【熟透的瓜】shóu tóu di guā (词)❶指完全成熟的瓜。❷比喻高龄老人,随时可能去世。[例]~,说不行就不行了。

【属亥】shú hái(词)回族忌猪,若生肖属猪,便不说属猪而说~。

【属核桃的——敲着吃】shú hé tao di—kāo zhe chí(歇)比喻不施加压力不会出钱或说出实话。

【属狼的头上有个属虎的】shú làng di tòu shang yóu ge shú hú di(词)犹天外有天,人外有人,一物降一物。

【属龙的不如属㞞的】shú lòng di bú rù shú sòng di(熟)不服气语,表示自信或自负。

【属驴的】shú lǜ di(熟)比喻不听好言相劝,只配挨打挨骂。

【属鸭子的——浑身的肉能煮烂,嘴煮不烂】shú yá zi di—hòng shēng di róu nèng zhú lán,zuì zhú bú lán(歇)指嘴不饶人。

【树大分枝】shú dá fēng zhī(熟)比喻儿子大了就要分家。

【树大根深】shú dá gēng shēng(词)比喻势力强大,根基牢固。

【树大招风】shú dá zhāo fēng (熟)比喻人出了名或有了钱容易引起别人妒忌,招来麻烦。

【树榾子】shú gú zi(词)指树的较大分枝。

【树老根多,人老心多】shú lào gēng duō, rèng lào xīng duō(熟)前为喻体,后为主体,比喻上了年纪的人容易多心见怪。

【树挪死,人挪活】shú nuò sì,rèng nuò huó(谚)同"人挪活,树挪死"。

【树身子】shú shēng zi(词)指树的主杆。

【树丫脖子】shú yā bo zi(词)指树杈之间的夹角。

【树叶子掉下来怕打头】shú yé zi diáo xia lai pá dà tòu(熟)形容胆小怕事,不敢承担责任。

【树栽子】shú zāi zi(词)从柳树的母树(芽条树)上砍下来做扦插的独杆树枝。"芽条树"见该条。

【秫秫】shù shu(词)高粱。[例]没主意,吃~。

【鼠迷】shù mi(词)指难看,丑陋。(天津方言亦有此语)也说 chù mi。[例]脸搽得猴沟子似的,~死了!|最近又干了个~事(丢人事)。

shua

【刷扮】shuá ban(词)❶打扮、装扮。[例]把那匹马~得漂漂亮亮。❷阿谀奉承。[例]小儿媳妇在公婆面前~得好,公婆就偏心她。

【刷黄】shuá huàng(词)形容因生病、生气、受惊吓等脸上没血色。

【耍得大了叫鸡踢了】shuá di dá le jiáo jī tí le(熟)对耍大牌、傲慢自大者的讽刺语,有不屑、看不起的意思。鸡踢了:连只鸡都斗不过。

【耍的没沟门子洋气】shuá di mu gōu meng zi yàng qi(熟)指洋气耍过了头。

【耍货子】shuá huo zi(词)❶指玩具之类的东西。❷比喻做事嘻嘻哈哈、很不严肃的人。

【耍贱】shuá jián(词)指轻浮,不严肃。[例]滚一边去,少在这里~!

【耍赖】shuá lái(词)❶抵赖。❷小孩撒娇。

【耍了个悬悬】shuá le ge xuàn xuan(熟)指经历了危险,却有惊无险。[例]爬山的时候~,差点从山上滚了下来。

【耍了流星】shuá le liù xing(熟)比喻随意操纵支配他人,玩弄于股掌之间。[例]你那么老实,给他当副手,还不叫他~?

【耍面软】shuá mián ruàn(词)比喻不坚持原则,当老好人。

【耍线线子】shuá xián xian zi(词)指操作皮影或木偶。引申为幕后操纵或事实上的领导人。

【耍笑人】shuá xiao rèng(熟)比喻戏弄、捉弄人。[例]刚订婚就要退婚,这不是~吗?

【耍笔杆子】shuá bí gán zi(词)靠给别人代笔或自己写作吃饭,也指做文字游戏。[例]一辈子就靠~吃饭。

【耍把戏】shuà bá xi(词)❶泛指表演杂技和魔术。❷比喻耍脾气,闹事。[例]匠人们这几天又~呢。

【耍表面】shuà biáo mián(词)指做表面文章,当面讨好。

【耍叉叉子把头打了】shuà chā chā zi bá tòu dá le(熟)"花花子"和"叉叉子"谐音,有人邀人"耍花花子",不接受者便调侃说:~!

【耍场伙】shuà chàng huo(词)即耍赌。

【耍大样】shuà dá yáng(词)对长辈和熟人傲慢自大,满不在乎,没有礼貌。[例]见了长辈不能~。

【耍公婆】shuà gōng pò(熟)当地风俗,儿子结婚时,乡亲们以戏耍公婆助兴。

【耍猴】shuà hòu(词)指猴戏。[例]庄子里来了个~的。

【耍花花哨子】shuà huā hua sháo zi(熟)指说奉承话,献殷勤。

【耍花招】shuà huā zhāo(熟)指卖弄小聪明,施展诡诈手段。

【耍滑头】shuà huà tòu(词)指玩弄手

段推卸责任或少出力气。

【耍积极】shuà jí jí(词)指刻意表现积极。

【耍阔】shuà kuó(词)指讲排场,摆阔气。

【耍流氓】shuà liù màng(词)指流氓手段,如放刁、撒赖、诈骗、调戏妇女等恶劣行为。

【耍龙】shuà lòng(词)舞龙。

【耍牌】shuà pài(词)指打麻将、玩扑克、要"花花子"等。

【耍牌子】shuà pài zi(词)摆阔气,要排场。[例] 租了辆小汽车回到庄子上,名义上看爹妈,实际是~。

【耍脾气】shuà pí qi(词)指发怒、使性子、赌气。[例]~不吃饭。

【耍贫嘴】shuà pìng zuì(词)指爱说废话或乱开玩笑。

【耍钱】shuà qiàn(词)即赌博。

【耍钱的恨钱不足,呆脸的驴够秫秫】shuà qiàn di héng qiàn bú zú, dāi lián di lǜ géng shù shu(熟)对参赌者、观赌者的讽语。呆脸的:观赌者。驴够秫秫,详见该条。

【耍人】shuà rèng(词)奚落、捉弄人。[例]约好一起去,到时候又不来,这不是~吗!

【耍生气】shuà sēng qi(熟)用生硬的态度待人。[例]对人和气一点,不要~。

【耍狮子】shuà shī zi(词)舞狮。

【耍手腕】shuà shóu wan(词)指为达到某种目的而使用手段。

【耍手艺】shuà shòu yi(词)指凭手艺挣钱谋生。[例]我们是~的,不管别的事。

【耍水】shuà shuì(词)即游泳。

【耍死狗】shuà sì gòu(词)耍赖,装死。

【耍态度】shuà tāi du(词)犹发脾气,使性子。[例]要多做解释工作,千万不能~。

【耍娃娃摆锅锅】shuà wà wa bài guō guo(熟)孩童玩的一种做饭游戏。比喻把正事当儿戏。

【耍威风】shuà wēi feng(词)指显示自己的威势或派头。[例]想给我~,没门儿!

【耍新姐姐】shuà xīng jié jie(词)回族婚俗,即闹洞房,以逗新娘为主。

【耍悬悬】shuà xuàn xuan(词)指冒险,危险。[例]坐羊皮筏子不穿救生衣,简直是~。

【耍洋气】shuà yàng qi(词)指模仿时髦的式样、风格、习俗等。[例]有了钱,就开始~。

【耍搊货子】shuà zhóu huo zi(词)演木偶戏。

【耍砖车车】shuà zhuān chē che(词)砖车车,旧时小孩玩具。即在长方形大青砖的一头钻孔,拴上绳子拉着玩。

【耍嘴】shuà zuì(词)说话滔滔不绝,甚至胡搅蛮缠,显示自己能说。[例]叫你去反映问题,又不是叫你去~。

【耍嘴皮子】shuà zuì pì zi(词)指光说不做或卖弄口才。[例]尽是些~的主儿。

shuai

【摔打】shuāi da(词)形容使性败气时的神态。

【摔锅子拌碗】shuāi guo zi bán wàn(词)因发泄赌气而摔掼东西。

【摔摔打打】shuāi shuai dá da(词)同"摔打"。[例]谁又没惹你,你~地干啥?

【甩袖子】shuái xiú zi(熟)犹甩手掌柜。[例]当领导的也要亲自干呢,不能光~呀!

【甩成个驴笼头】shuài chèng ge lǜ lòng tou(熟)比喻把工作或事业搞得一团糟,不可收拾。驴笼头:乱糟、紊乱。

【甩手掌柜的】shuài shou zháng guí di(词)形容指手画脚、不肯实干的领导者。

【甩籽】shuài zì(词)指鱼类、虫类产卵。[例]青蛙在水里~呢。

shuan

【拴到石头上也饿不死】shuān dao shí tou shang yé wó bú sì(熟)比喻谋生手段很多的人。

【拴马桩】shuān mà zhuāng(词)❶旧时用来拴马的立桩。❷长在耳庭上的肉瘤,迷信认为有此"桩"者有骑马运。❸调侃语。[例]男人那个东西(指阴茎)是~。(维系夫妻关系的重要因素)

【涮锅子】shuǎn guō zi(词)把肉片、蔬菜等放在火锅里涮着吃。

【涮涮子】shuǎn shuan zi(词)比喻喜欢走亲戚、串门子的人。[例]那个~,不知道往哪里走了!

【涮弯弯】shuǎn wān wan(词)指到处闲逛。[例]别人忙得发死呢,你还到处~!

【涮羊肉】shuǎn yàng róu(词)把羊肉片放在滚水里烫一下取出来蘸作料吃的烹饪方法。

shuang

【双保险】shuāng bào xiàn(词)指双重保障。[例]厂里由两路供电,等于上了~。

【双车难破士(仕)象(相)全】shuāng jū nàn pó shí (shí)xiáng(xiáng)quàn(熟)象棋术语,一方只要士(仕)象(相)都在,对方即使拥有双车,也很难取胜。

【双反】shuāng fàn(词)特指 1960 年在宁夏开展的"反坏人坏事"运动。

【双坟茔】shuāng fèng ying(词)地处永宁县西部、贺兰山东麓的西夏王陵中两座最高大的陵墓——裕陵和嘉陵,俗称"双陵"。

【双抠】shuāng kōu(词)扑克牌玩法

之一。

【双粮双饷】shuāng liàng shuāng xiàng（词）双份口粮和薪水，清朝时满族的特权之一。

【双料子货】shuāng liáo zi huó（词）指被专政对象中，具有两顶政治"帽子"的人。

【双轮双铧犁】shuāng lòng shuāng huà lì（词）20世纪50年代推广的一种畜力双铧犁，因过于笨重费力而被淘汰。

【双舌头】shuāng shè tou（词）指说假话、传闲话、要两面派的人。

【双身子】shuāng shēng zi（词）对孕妇的另一种叫法。

【双手能写梅花篆，没人提拔干尿蛋】shuāng shòu nèng xiè mèi huā zhuán, méi rèng tì ba gān qiù dán（熟）梅花篆：一种难度较高的篆书。比喻才学再高，没人赏识和起用也是枉然。

【双手写不了个八字】shuāng shòu xié bú liáo ge bá zi（熟）对文盲的形容。

【双手圆碗的】shuāng shou yuàn wán di（词）用两手将饭食端给对方，表示恭敬侍奉。

【双职工】shuāng zhí gong（词）指夫妇二人都有公职的家庭。

【双旋】shuāng xuán（词）指顶上的头发有两个旋窝。

【双摆】shuáng bài（词）"花花子"术语，即一人同时有两副"摆"。如是头家，可独立成牌，如是下家，可吃上家的"双鱼"。

【双摆鱼儿大，钩九十一下】shuáng bài yùr dá, gōu jiu shí yí ha（顺）"花花子"术语，即"双摆"加一副"鱼"加二"牛"共11张，可"跐"牌。

【双棒棒】shuáng báng bang（词）即双胞胎。

【双双】shuáng shuang（词）双胞胎。

【双鱼】shuáng yù（词）"花花子"术语，即一人同时有两副鱼。可独立成牌，但可被"双摆"吃。

【双鱼子底下不斗纸】shuáng yù zi dí xia bú dóu zhì（谚）"花花子"用语，即上家出"双鱼"，说明后面还有大牌，"掀"牌者就要警惕，以防"滚掀"。

【霜打了的茄子——蔫了】shuāng dá le di qié zi — yān le（歇）比喻因挫伤锐气而精神委靡。

【霜降】shuāng jiang（词）二十四节气之一，10月23日或24日，开始有霜。

【爽扎了】shuáng zá le（熟）犹舒畅，开心，痛快。[例]一边喝啤酒一边听歌曲一边跳舞，~！

【爽快】shuáng kuai（词）❶直爽，直截了当。[例]说话~点，不要吞吞吐吐的。❷舒适痛快。[例]洗了个澡，身上真~。

shui

【水布拉几】shuí bú lá jí（词）形容食

物含水过多。[例]米饭没蒸好,~的。

【水到渠成】shuí dáo qù chèng(词)比喻条件成熟了,事情自然会成功。

【水过地皮湿】shuí guó dí pì shí (熟)❶比喻走了过场。❷比喻事后留有痕迹。❸比喻从中得好处。

【水激了】shuí jí le(熟)身体突然被冷水刺激而得病。[例]娃娃叫~,发高烧呢。

【水落石出】shuí luó shí chú(词)比喻事情的真相完全显露出来。

【水门子】shuí meng zi(词)对雌性动物外生殖器的雅称。

【水木匠】shuí mú jiang(词)水生蜣螂。

【水色】shuí se(词)形容年轻女子长得水灵。[例]小媳妇子长得~得很。

【水是命,肥是劲】shuí shí míng,fèi shí jíng(谚)种庄稼的两个最重要因素:水是命脉,肥是营养。

【水刷石】shuí shuá shí(词)建筑工艺。即把水泥、小石子等抹在建筑物表面,用硬毛刷蘸水刷去表面泥浆,使小石子半露。

【水水浆浆】shuí shui jiáng jiang(词)泛指有泥水的地方。[例]你有风湿病,再干那种~的营生,只能加重病情。

【水水子】shuí shui zi(熟)比喻肚子里有墨水或有水平。[例] 可惜我没那个~。

【水仙不开花——装蒜】shuí xian bú kāi huā— zhuāng suán(歇)比喻装糊涂,装腔作势。

【水折了】shuí shé le(词)即水位下降。[例]汉延渠里的~。

【水汁滓】shuí zhí zi(词)即水垢。[例]壶底上积了一层~。

【水从门前过,不淌也有错】shuì còng mèng qiàn guó,bú tàng yè yóu cuó(谚)比喻来到身边的好处不得白不得。

【水斗子】shuì dóu zi(词)指用柳条编织的汲水工具。

【水房子】shuì fàng zi(词)❶清真寺或家中礼拜之前做大、小净的沐浴室。❷看守斗渠口的人居住的小房子。

【水火无情】shuì huò wù qìng (词)指水、火不讲情面,要时刻防范。如疏忽大意,容易酿成灾祸。

【水鸡鸡】shuì jī ji(词)指一种水鸟,常飞翔于水面上空觅食。

【水老鼠】shuì láo chu(词)水獭,当地也叫水獭貂。[例]棉帽子上钉着~皮,说是水獭貂。

【水米没搭牙】shuì mí mú dá yà(熟)谓还没有吃喝。[例]从早上起来忙到这会子,还~呢!

【水米一起下,锅滚就搭话】shuì mí yí qì xiá,guō góng jiú dá huá(顺)谓冷水和生米一起下锅,经过浸泡,锅开后稍微煮一煮就可以吃(搭话)。

【水磨石】shuì mò shí(词)一种人造石料。即用硬质磨石机将掺有小石子及颜料的水泥砂浆磨光。

【水浅了谁都能过去，水深了谁都过不去】shuì qián le shuì dōu nèng guó ke,shuì shēng le huì dōu guó bú ké(熟)比喻待人要宽厚,要与人为善。

【水洒洒】shuì sá sa(词)形容米饭没蒸干,有米水分离的口感。

【水烟锅子】shuì yān guo zi(词)旧时用羊胫骨做的水烟锅。

【水长秆枝粪把籽】shuì zhàng gān zhi féng bà zì(谚)谓适时灌水可以使庄稼枝叶茂盛,合理施肥可以使庄稼子粒饱满并增产。

【水长叶子旱长根】shuì zháng yé zi hán zhàng gēng(谚)植物生长规律之一。

【水涨船高】shuì zhàng chuàn gāo(词)比喻随基础的提高而提高。[例]公司盈利了,~,员工的福利也会增加。

【睡】shuǐ(词)指男女性交。

【睡大头觉】shuǐ dá tou jiáo(熟)对睡懒觉者不满意的说法。[例]别人苦得满头大汗,你还在这里~!

【睡的是凉炕,使的是电棒】shuǐ di shi liàng káng,shí di shi dián báng(顺)电棒:手电筒。比喻生活贫困,还要耍洋气。

【睡货】shuǐ huo(词)对瞌睡特别多的人戏称。[例]真是个~,白天睡了一天,晚夕还能睡着。

【睡觉如小死】shuǐ jiáo rù xiào sì(熟)形容沉睡的人就像假死一样。道教亦称睡觉为小死。

【睡懒觉】shuǐ lán jiáo(词)指人贪睡、不爱劳动和锻炼身体。

【睡着的兔子惊醒了】shuǐ zhuò di tú zi jīng xíng le(熟)比喻在别人提醒下忽然醒悟。[例]经他这一说,把我这个~。

【谁熬不过个谁】shuì áo bú guó ge shuì(口词)对自己耐力和竞争实力的自信。[例]跟他熬着,~!

【谁的人谁疼】shuì di rèng shuì tèng(谚)指有亲缘关系的人互相疼爱。多指未婚或已婚夫妻。

【谁的干营生】shuì de gán yìng seng(熟)谁干的营生(事)的倒装句。多指坏事。[例]这是~?

【谁家的娃娃没个小名字】shuì jiā di wà wa mú ge xiáo ming zi(熟)比喻谁的东西都有可以辨认的记号。

【谁家子】shuì jià zi(词)谁,哪个,有蔑视义。[例]~说的?

【谁没个马高镫短的时候】shuì mú ge mà gāo déng duán di shì hou(熟)谓任何人都有犯错误或遇到难处的时候。

【谁没个灾孽病疾】shuì mú ge zāi nie bíng ji(熟)谓任何人都有生病的时候。

【谁们】shuì meng(词)疑问代词,犹谁。[例]~干的这个事?

【谁咪】shuì mí(词)口头语用词。有不确定或一时想不起的人称指代义,犹“某某”。[例]这个话是~对我说的。

【谁谁谁】shuì shuì shuì(熟)某某某,

复述他人话语时省略真实姓名的一种说法。[例]我问他是谁告诉他的,他说是~说的。

【谁挖的坑埋谁】shuì wā di kēng mài shuì(谚)比喻为别人设计的陷阱反成为埋葬自己的坟墓。犹害人如害己。

【谁喂的狗咬谁】shuì wéi di gòu yào shuì(谚)比喻谁维的人最终伤害谁。

shong

【顺风旗】shóng fēng qì(词)比喻没有立场,人云亦云,随波逐流。

【顺溜溜】shóng liú liu(词)形容顺从,服从,顺气。[例]别人一叫,就~地跟上走了。

【顺路】shóng lú(词)指顺着所走路线捎带办另外一件事。也说顺脚。[例]~到市场上买了些菜。

【顺气碗好捧】shóng qi wàn hào pèng(熟)比喻心平气顺的日子好过,顺气饭好吃。

【顺时】shóng shì(词)指时运顺当,做事顺利。[例]这几年太不~,家里老出事。

【顺手牵羊】shóng shòu qiān yàng(词)比喻乘机拿走别人的东西。[例]手套子落在柜台上,叫人~了。

【顺水人情】shóng shuì rèng qìng(词)比喻趁机顺便给人好处,也指不费力的人情。

【顺驯】shóng xun(词)顺从,听话,驯服。[例]两个儿子可~了。

【顺着杆杆爬】shóng zhe gān gan pà(熟)❶顺着他人的心意行事,意在讨好巴结。❷得寸进尺,顺势而上。

【瞓气】shòng qi(词)与喜气相反,有晦气、不吉利等意思。瞓为同音借用字。

【瞓气八脑】shòng qi bá nào(词)指男女性交后身上不干净甚至带着晦气。瞓为同音借用字。[例]你昨晚夕没干好事,~的,别碰我的东西!

shuo

【说不得了】shuó bú dà le(词)犹什么也别说了,不讲条件了,就这样办吧。[例]~了,为朋友,我就走一趟吧。

【说不定】shuó bú díng(词)犹说不准,有可能。[例]这个事~就是他干的。

【说不过去】shuó bú guó ke(熟)指没有理由推托。[例]既是同学,又是朋友,不帮一帮~。

【说不来】shuó bú lài(词)即嘴笨,不会说。[例]连个话也~。

【说不上】shuó bú sháng(词)❶因不知情或认识不清而说不出具体内容。[例] 那个情况我还真~。❷揣测,估计。[例]~已经走了。

【说不转】shuó bú zhuán(熟)指思想说不通,不肯接受。

【说词】shuó ci(词)指理由、借口。[例]既然多收钱,总得有个~吧。

【**说到九九八十一**】shuó dao jiù jiù bá shi yí(熟)说到底,归根结蒂。[例]~,田还得种,肚子还得吃。

【**说到做到**】shuó dáo zuó dáo(词)言行一致,答应的事一定兑现。

【**说道**】shuó dao(词)❶理由、原因。[例]不叫干? 总得有个~吧。❷宣讲,解释。[例]再给大家~~。

【**说得比唱得好听**】shuó di bí cháng di hào tīng(熟)说的动听,但都是骗人的空话。

【**说得心疼的**】shuó di xīng teng di(熟)讽刺语,犹虽然说得动听、可爱,但不能接受或应允。

【**说得有鼻子有眼**】shuó di yóu bí zi yòu yàn(熟)指说得形象具体,像亲眼见过一样。

【**说的一套,做的一套**】shuó di yí táo, zuó di yí táo(熟)言行不一。[例]~,以后谁还信他。

【**说讹话**】shuó è hua(熟)说抵赖、不认账的话。[例]我提醒你,一旦签了合同,就不能~!

【**说个驴拌嘴**】shuó ge lǜ bán zuì(熟)意为再没有理由和借口了。[例]再不还钱,给人家~呢?

【**说个难听话**】shuó ge nàn tīng huá(熟)即说句不好听的话。(不针对听者)[例]~,离了他,地球照样转!

【**说个你罢多心的话**】shuó ge nì bá duō xīng di huá(熟)犹如果说的话伤到你,请你不要在意。

【**说给你记不住,指给你指头短**】shuó gei nì jí bú zhú,zhì gei nì zhí tou duàn(熟)不愿详细解释或推托用语。[例]~,等随后闲了再说。

【**说胡话**】shuó hù hua(词)❶指自食其言,赖账。[例]借多少还多少,绝不~。❷神志不清时说的话。[例]又做噩梦,又~。

【**说话不算话,头有卵蛋大**】shuó hua bú suán huá,tóu yòu làn dán dá(顺)斥责言而无信者用语。

【**说话的**】shuó huá di(词)指中介或说情的人。[例]把~叫来对证。

【**说话的没意,听话的有意**】shuó huá di mú yí,tīng huá di yòu yí(熟)说话者觉得说的是平常话,随口话,听话者却觉得话中有话或含有深意。

【**说话中间**】shuó hua zhōng jian(词)即转眼间,很快。[例]欢跳跳的一个人,~叫电打死了!

【**说来说去**】shuó lài shuó ké(词)❶反复、重复地说。[例]~还是那句话。❷通过交谈弄清了某个问题。[例]~,我们还是亲戚呢!

【**说赖话**】shuó lái hua(熟)抵赖,不认账。[例]老老实实还钱吧,~不顶事!

【**说了半天大姐姐,你还不知道第几个**】shuó le bán tiān dá jié jié,nì hài bú zhī dào dí jí ge(熟)比喻说了半天,对方还没听明白。

【说了人的耳朵难说心】shuó le rèng di ér duo nàn shuó xīng(熟)指被劝说者虽然嘴里表示赞同,但心里并没接受。

【说理不讲理】shuó lí bú jiàng lì(熟)指某些给别人劝架时讲得头头是道、轮到自己吵架就蛮不讲理的人。

【说驴的角】shuó lü di gé(熟) 幽默说法。驴本无角,~,即没什么说头。有不满义。

【说驴话】shuó lü hua(熟)说脏话、下流话。[例]快走开,少在这里~!

【说冒了】shuó máo le(熟)说了冒失话。[例]对不起,刚才~。

【说你胖你喘起来了】shuó ní páng nì chuàn qi lai le(词)意谓听到礼节性赞扬的话,竟然得意起来,以为自己真是那样的人。

【说亲】shuó qīng(词)给别人做媒。[例]狗馋舔灯,人馋~。

【说屈了】shuó qú le(熟)错怪了。

【说三道四】shuó sān dáo sí(词)形容不负责任地胡乱议论。[例]自己小心点,免得叫别人~。

【说散话】shuó sán hua(熟)发表不负责任的议论,传播闲言碎语。

【说啥】shuó shá(词)❶无论如何,不管怎样。[例]~都要去。❷不必再说。[例]合同签了,还~呢?

【说啥有啥】shuó shá yòu shá (词)指人们口头上常说的事情,都是现实中存在或曾经存在过的。

【说上点,留上点】shuó shang dian,liù shang dian(熟)批评人要适可而止,不要过于刻薄,让别人接受不了。

【说是非者便是是非人】shuó shí fei zhe bián shí shí fēi rèng(谚)传播是非的人,自己便是善于打听或挑拨是非的人。

【说是公鸡不叫鸣,说是母鸡不下蛋】shuó shí gōng ji bú jiáo mìng,shuó shi mú ji bú xiá dán(熟)❶比喻好吃懒做、无所事事的人。❷对不生育的妇女的怨词。

【说是丫头没辫子,说是婆姨没汉子】shuó shí yā tou mú bián zi,shuó shi pò yi mú hán zi(熟)指老处女。

【说书离不了员外,就米汤离不了咸菜】shuó shū lì bú liào yuàn wái,jiú mí tang lì bú liào xiàn cái(顺)前句谓说书人常把员外(富豪)作为主人公,后句指吃黏粥必须就咸菜。

【说顺话】shuó shóng hua(词)指说现成话、风凉话、怪话。[例]干正事不行,~行。

【说说笑笑大道理,不说不笑臊叫驴】shuó shuo xiáo xiao dá dáo li,bú shuó bú xiáo sáo jiáo lü(熟)谓随便谈笑合乎情理,不说不笑不近人情。是对不苟言笑者的讽语。

【说私话】shuó sī hua(词)指个人之间说私密话。[例]我这是跟你谈公事,不是~。

【说㞞话】shuó sòng huɑ(熟)说软话,退让,畏惧。[例]当时吹得文大武大,现在又~开了!

【说头】shuó tou(词)❶理由,说词。[例]嘴里的~总是个多的。❷意义、价值。[例]遇上这号人,有啥~?❸话题,谈资。[例]多看报纸,闲谝的时候也有个~。

【说媳妇】shuó xí fu(词)找对象。多指请人介绍。[例]穷得没钱给儿子~。

【说喜】shuó xì(词)民俗。由吹手、残疾人或乞丐在红白喜事及其他喜庆活动时说吉利话,祝贺讨好主家,获得赏钱。

【说下】shuó xiɑ(熟)指留下话,嘱咐。[例]我现在就给你~。

【说闲话】shuó xiàn huɑ(词)背后议论或说牢骚话。[例]快把钱还了,免得人家~。

【说相话】shuó xiáng huɑ(熟)犹说俏皮话和不严肃的流搪话。[例]人家谈正经事呢,你还在这里~!

【说笑】shuó xiáo(词)开玩笑,闹着玩。[例]跟你~呢,别生气。

【说也是俩五,不说也是一十】shuó ye shì lià wù,bú shuó ye shi yí shí(熟)犹说跟没说一样。

【说一半,留一半】shuó yi bán,liù yi bán(熟)没有把想说的话全说出来。[例]要说就说完,不要~。

【说一不二】shuó yí bú ér(词)形容说话算数。[例]他说话从来~。

【说一句薄一句】shuó yi jú bò yi jú(熟)谓多说一句,多伤一层感情。

【说一千道一万】shuó yí qiān dáo yí wán(熟)犹说来说去或不管怎么说。[例]~,该交的税还得交。

【说张了】shuó zhāng le(熟)形容因情绪激动而说了失控的、过头的话。

【说着不算,走着再看】shuó zhe bú suán,zóu zhe zái kán(熟)犹听其言,观其行。

【说着也迟了,翻着也煳了】shuó zhe yè chí le,fān zhe yè hù le(谚)比喻已经错过了时间和机会,来不及了。

【说真的】shuó zhēng di(熟)说实话。表示肯定与强调。[例]~,如果不是你们再三动员,我确实不想去。

【说嘴】shuó zuì(词)耍嘴皮子、吹牛。[例]~行呢,实干不行。

【说嘴啪啦啦,尿尿欻嗒嗒】shuó zuí piá lá la,niáo suī chuá tá tɑ(顺)比喻说得好,做得差。尿尿指尿床。

【勺勺子】shuó shuo zi(熟)指小勺儿、汤匙。[例]拿个~给娃娃喂饭。

si

【司务长吃饺子——屌门儿没有】sī wu zháng chí jiáo zi—diào mèngr mú yòu(歇)没门儿。旧军队过年时,把肉和面粉等发给各班让士兵包饺子。司务长忙于料理其他事务，无暇包、吃饺子，故有此说。

【司务长打老子——公事公办】sī wu zhàng dà láo zi—gōng shí gōng bán（歇）司务长泛指官员。强调公事公办。

【丝光卡其】sī guāng ká qi（词）经过丝光工艺处理的斜纹棉布。[例]扯（买）上6尺~，做个裤子。

【丝丝繎繎】sī si ràn ran（熟）形容理不清头绪、断不了关系。

【丝丝穰穰】sī si ráng rang（词）形容物品或事情纠缠在一起，难以理清。

【私访】sī fàng（词）旧时官员隐匿真实身份到民间察访。

【私了】sī liào（词）指不经过司法机关而私下了结纠纷。

【私娃子】sī wa zi（词）即私生子，非婚生子女。

【私下里】sī xia ni（词）背着人，不公开。[例]~给他说过。

【私心重】sī xīng zhóng（词）把私利看得特别重的人。[例]不能选~的人当干部。

【思谋】sī mu（词）思考、盘算。

【思前想后】sī qiàn xiáng hóu（词）❶事后回忆、反思。[例]~，越想越生气。❷事前反复斟酌。

【思思一千，想想八百】sī si yí qiān，xiàng xiang bá bia（熟）比喻思来想去，犹豫不决。

【厮打斗殴】sì dá dóu òu（词）形容打得不可开交。

【厮挖】sī wa（词）指厮打，扭在一起。[例]头我赶到，俩人已经~到一起了。

【撕破脸】sī pó liàn（词）形容拉下脸来，不讲情面。[例]一旦~来跟你闹，你也不好对付。

【撕破卵子缒破尿】sī pó làn zi zhuí pó qiù（熟）形容不顾一切地，豁出去了。[例]这回就是~，也要叫他说个明白！

【死气违意】sí qi wèi yí（熟）慢慢腾腾，很不情愿的样子。[例]要去就快点去，不要~的。

【死爱面子活受罪】sí ái mián zi huó shóu zuí（熟）因过分爱面子而遭受痛苦。[例]为了给先人修墓，欠了一屁股账，真是~！

【死爱占便宜】sí ái zhān piàn yi（熟）非常爱占便宜。死：最、极、非常、特别。

【死不放手】sí bú fáng shòu（熟）本指人在死前抓住的东西，死后还攥在手里，引申为紧抓不放。

【死不死，活不活】sí bú sì，huó bú huó（熟）❶比喻陷于困境，勉强维持。[例]这种~的日子我是熬不下去了！❷形容植物半死不活的样子。

【死不下的】sí bú xiá di（熟）骂人、咒人的话，多用于对病人或老人的厌恨、嫌弃。

【死不要脸】sí bu yáo liàn（熟）指脸皮厚，不知羞耻。

【死吃好的下不得力】sí chí hǎo di xiá

bu de lí(熟)谓光想吃好的不想干活出力。犹好吃懒做。

【死疙瘩】sí gé da(词)指绳子上的死结或死褙子。

【死骨头上挨骂】sí gú tou shang ài má(熟)指死后被人骂。

【死活一理】sí huó yí lì(熟)迷信认为，阳间和阴间的道理是一样的。

【死记硬背】sí jí yíng béi(词)指不采用理解记忆而一味机械记忆、死背书本的学习方法。

【死掘】sí jué(词)❶形容使劲地扫地而扬起灰尘。[例]轻轻地扫，不要~。❷指大风不停地刮。[例]风~~的(有厌恶义)。

【死了化成灰都能认得】sí le huá chèng huī dóu nèng réng de(熟)形容对特别熟悉或印象特别深刻的人什么时候见了面都能认出来。

【死了活该，没有棺材】sí le huò gāi,mú yòu guān cai(词)对仇敌的诅咒语。

【死了叫蛆虫蚂蚁扛呢】sí le jiáo qū chong mà yi gáng ni(熟)诅咒语。谓生前作恶多端，死后无人埋葬，被蛆虫蚂蚁咬噬。

【死了妈的月娃子——没盼头】sí le mā di yué wa zi—mú pán tou(歇)比喻失去了赖以生存的希望。

【死了没埋】sí le mú mài(熟)❶指无所事事、坐吃等死的人。❷形容光吃饭不操心、一问三不知的人。❸指已经失去意识、只待咽气的人。

【死了抢钱都跑不到前头】sí le qiàng qiàn dōu páo bú dao qiàn tou(熟)对性格木讷、做事磨叽者的讽语。钱:给死人烧的纸钱。

【死了屠户连毛吃】sí le tù hu liàn mào chí(谚)反话。比喻离开了某个人，事情照样进行。

【死了外母杀鹅——爱个汤汤水水】sí le wái mu shá è—ái ge tāng tang shuí shui(歇)指喜欢吃有汤水的饭食。比喻有某种嗜好。

【死了外母杀驴——大干呢】sí le wái mu shá lǘ— dá gán ni(歇)比喻大事铺张，大操大办。

【死面】sí mian(词)指未发酵的面团。[例]~饼子泡西瓜。

【死面饼子】sí mian báng zi(词)用未经发酵的面粉烙制的饼子。对面饼子而言。

【死没力气好打捶】sí mú lí qi háo dà chuì(熟)对力气小、爱打架者的讽语。也比喻承揽没能力完成的工作(事情)。

【死没阳光】sí mu yàng guāng(词)形容火炉或火势不旺盛，半死不活。

【死气】sí qi(词)形容举止死板，不大方。

【死气摆呆】sí qi bài dāi(熟)形容人呆板死气，缺乏生气活力。

【死气沉沉】sí qi chèng chèng(词)形

容气氛不活跃或人的精神消沉。[例]年轻人应该活泼一点,不要~的。

【死去活来】sí qú huó lài(词)指因极度疼痛或悲哀晕过去又醒过来。[例]老汉死了,老婆子哭得~。

【死热】sí ré(词)指天气连续酷热。[例]都立秋了,还~~的。

【死人】sí reng(词)比喻死板,不管事的人。[例]那是个~,别指望他。

【死人的鸡巴——凉棒】sí reng di jī ba——liàng báng(词)比喻性格粗鲁、做事鲁莽的人。

【死治司马懿,好的在后头】sí zhí sī mà yì,háo di zái hóu tou(熟)民间关于诸葛亮死后用浸了毒药的书毒死司马懿的故事。详见附一。

【死治司马懿】sí zhí sī mà yì(熟)❶诸葛亮死后治死司马懿的故事。❷比喻死板、教条,不知变通。[例]老是~的,就不能想个别的办法?

【四不清】sí bú qīng(词)"四清"运动中,对政治、经济、组织、思想四方面有问题干部的称谓。

【四不像】sí bú xiáng(词)麋鹿的俗称。比喻不伦不类的事物。[例]画的马改来改去,改成个~。

【四臭】sí chóu(顺)指"阳沟里的死猫焐麻坑的水,捂馊的陈屁吃了蒜的嘴"。对四香而言,四香见该条。

【四川老子】sí chuān lǎo zi(熟)因四川人口语里常带"格老子"一词,当地人便把四川人称~。

【四大没出息】sí dá mú chú xi(顺)指"掏牙撅席子,吃饭擤鼻子,来人打娃娃,公公夸媳妇"。

【四大碗】sí dá wàn(词)指1960年代前,当地汉民举办红白喜事时待客的席面。详见附录一。

【四股叉】sí gù chā (词) 一种用来挑起、擢动柴草的四股叉子,叉头有木制和铁制。

【四海】sí hai(词)指性情豪爽、宽容热情、交际广泛的人。[例]那个人可~了。

【四合院】sí hè yuán(词)旧时的一种民居格局,由堂屋、厢房、耳房、大门等组成。四面为房,中间为院。

【四季鲜农产品批发市场】sí jí xiān nòng chàn pìng pī fá shí chàng (词) 指位于永宁县望远镇的宁夏~,于2011年建成运营。

【四靠】sí káo(词)指四面相邻的地方,常用于土地或建筑物。[例]合同上要写清这块地的~。

【四棵树】sí kuō shú(词)指位于李俊镇李俊村的四棵银白杨,距今200余年,现主干已枯萎,又发新枝。

【四棱子】sí lèng zi(词)形容怪话、牢骚话多、说话就抬扛的人。

【四两红肉】sì liàng hòng róu (熟)指心脏。比喻心地,良心。[例]把心里的~放公道。

【四邻不安】sí lìng bú ān(词)因大吵

大闹而使邻居受到干扰。

【四六风】sí lú fēng（词）指新生儿感染破伤风菌后，一般在4~7天发病，俗称“四六风”。

【四路八下】sí lú bá xiá（词）指四面八方，到处。[例]住的旧房子~透风。

【四类分子】sí luí féng zi（词）地主、富农、反革命和坏分子的简称，也有加上右派分子，称为“五类分子”的。

【四轮】sí lòng（词）小型四轮拖拉机的简称。

【四马攒蹄】sí mà cuàn tì（词）比喻把人的手和脚像马一样捆起来放倒在地。

【四片瓦的帽子】sí piàn wá di máo zi（词）旧时男子冬天戴的仿蒙古族皮帽，四周有四片方形皮毛耳朵，可放下来为双耳、脖颈御寒。

【四平八稳】sí pìng bá wèng（词）❶形容说话做事稳当。❷形容只求无错、不求创新的工作作风。

【四旗墩】sí qi dōng（词）古烽火台，在今李俊镇西邵村四旗寨西边的老阶地上。

【四旗寨】sí qi zhái（词）自然村名，在李俊镇西邵村，因四旗墩得名。

【四清】sí qīng（词）指1963~1966年中共中央在全国城乡开展的社会主义教育运动。简称“四清”。详见附一。

【四软】sí ruàn（顺）指“出了货的鸡巴犁了田的牛，放了气的皮球爬了杆的猴”。对四硬而言，四硬见该条。

【四梢】sí shāo（词）即四肢。[例]他的~长，你的衣服他穿不成。

【四舍五入】sí shè wú rú（词）数学运算中一种取近似值的方法。遇多位小数时，可截取若干位，如被舍部分头一位数满五，则在所取末位数加一，不满五则舍去。

【四十五，养个抓天虎】sí shi wù，yáng ge zhuā tiān hù（熟）指女人四十五岁时生下的孩子，因稀奇，娇惯，故比较调皮

【四书五经】sí shū wù jīng（词）指儒家经典。四书即《大学》《中庸》《论语》《孟子》，五经即《诗》《书》《礼》《易》《春秋》。

【四棱四正】sí lèng sí zhéng（词）四方四正，有棱有角。[例]被子叠得~。

【四体不勤，五谷不分】sí tí bú qìng，wú gú bú fēng（熟）指不参加农业生产劳动，缺乏生产知识，不能辨别庄稼。

【四天拆不开的活亮子】sí tiān cé bú kāi di huó liáng zi（熟）“花花子”术语，指“四天挂摆”的牌在赢牌时既可赢“摆”钱，又可赢四“天”的“亮子”（四张一样的牌）钱。详见附一。

【四天一只虎，肚子气个鼓】sí tiān yí zhī hù，dú zi qí ge gù（顺）“花花子”用语，即头家抓到四“天”加一“虎”（共五张）的牌，再无其他不被人吃的牌，因此不成牌，赢不了其他人（赢牌

至少要达到六张)。比喻不凑事,手气不好。

【四挖一清】sí wā yí qīng (词)"文化大革命"期间开展的"深挖叛(徒)特(务)反(革命)资(走资派)和清理阶级队伍"的运动,简称~。

【四外】sí wái(词)外面,外地,离家远的地方。[例]到~走一走,开开眼界。

【四下】sí xia(词)指四处,周围。[例]往~里看了看。

【四香】sí xiāng(顺)民间指"开笼的包子满月的×,小炒糊饽大炖鸡"。

【四眼人】sí yàn rèng(词)指怀孕的妇女。迷信常提醒婚庆场合要回避~。

【四硬】sí yíng(顺)指"娃娃的鸡鸡子霸王的弓,庄户人的腔口数九天的风"。

【四月八,冻死个黑豆芽】sí yue bá, dóng si ge héi dóu yà(熟)农历四月初八还有可能来晚霜,冻死刚出土的豆类幼芽。

【四月八】sí yue bá(词)即农历四月初八,传统节日,依俗朝山拜佛。[例]逛~(庙会)。

【四正】sí zheng(词) ❶摆放端正稳当。[例]把桌子摆~。❷长相周全,没有缺陷。[例]娃娃的五官长得~。❸做事细致,周密,无瑕疵。[例]别做出不~的事。

【四至】sí zhí(词)指建筑基地或耕地四周跟别处交界的地方。[例]起草土地转让合同要写清~。

【四柱倒了】sí zhu dáo le(词)四柱:指牲畜的四条腿。形容牲畜因病或过劳而站立不稳。也比喻人十分乏困,体力不支。

【死沉死沉】sì chèng sì chèng (词)形容很重,很沉。[例]写字台做成了木头疙瘩,搬起来~的。

【死撑】sì cēng(词)指狡辩、强词夺理、固执己见的行为或有这种习惯的人。

【死撑活胀】sì cēng huó zháng(词)形容吃饱了还要吃。

【死挡死挨】sì dàng sì ài(词)形容被动挨打(整)不还击(不辩解)。

【死狗】sì gòu(词)比喻装死、撒泼耍赖的人。[例]动不动就要~。

【死狗扶不上墙】sì gòu fù bu shang qiàng(熟)比喻不识抬举或没有培养前途。

【死鬼】sì gui(词)指已去世的人。[例]眼看清明了, 到坟上给你那个~老子添个土,烧个纸。

【死黄土】sì huàng tu(词)未经耕种或虽经耕种、尚未熟化的土壤。[例]全是~,庄稼不扎根。

【死癀】sì huàng(词)❶对睡懒觉的骂语。[例]就知道挺~!❷对害病的另一种说法,有自责和厌恶义。[例]害~。

【死灰里拨了个活火籽】sì huī ni bó le ge huó huò zi(熟)比喻绝处逢生,死灰复燃。火籽:火种。[例]已经进了停尸房又活了,也算是~。

【死鸡巴绑到碾杆上】sì jī ba báng

dao niàn gán shang（熟）比喻死板，教条，不会灵活处置。

【**死忌日子**】sì ji rí zi（词）死亡纪念日。［例］明天是我爹的~。

【**死结子话**】sì jié zi huá（词）像打了死结一样肯定、不再改变的话。

【**死口无对**】sì kou wù duí（词）犹死无对证。［例］人一死，他们以为~，就不认账了。

【**死老虎**】sì lào hu（词）旧指已被打倒并被监督改造的敌对分子。

【**死了死了**】sì liào sì liào（词）人死了，一切都结束了。

【**死驴不怕狼拽**】sì lǜ bú pá làng zhuāi（谚）犹死猪不怕开水烫，破罐子破摔。拽：撕扯啃食。

【**死驴烂马肉**】sì lǜ lán má rou（熟）泛指非宰杀而死亡的牲畜肉。

【**死马当活马治**】sì mà dáng huó má zhí（谚）比喻明知无可求药，却抱着一丝希望积极挽救。

【**死脑筋**】sì náo jing（词）形容思想僵化固执的人。

【**死牛顶墙**】sì niù dìng qiàng（词）固执，认死理，不善变通。

【**死坯活墙**】sì pī huó qiàng（谚）指新砌的墙在没凝固前有摆幅。

【**死皮赖膪**】sì pi lái chuái（词）指厚着脸皮死磨硬缠。膪：猪腹部肥而松弛的肉。

【**死皮子**】sì pì zi（词）形容脸皮厚，不怕羞。［例］真是个~，骂着都不在乎。

【**死期**】sì qī（词）❶指定期存款。［例］钱存了个三年的~。❷临刑或死亡的日期。

【**死生有命，富贵在天**】sì sēng yóu míng，fú guí zái tiān（谚）指万事皆由天命注定。唯心说法。

【**死守**】sì sháu（词）指长期待在一个地方。［例］~在那个穷地方，有啥出息。

【**死水**】sì shuì（词）指不流动的水。［例］那是个~坑。

【**死无对证**】sì wù duí zhéng（词）指当事人死了，无法核对事实。

【**死心塌地**】sì xīng tá dí（词）形容打定了主意，决不改变。［例］~地跟着干。

song

【**松弛弛**】sōng chí chi（词）松弛不紧凑。［例］铺盖捆得~的，一抖就散了。

【**松椽**】sōng chuàn（词）指松木椽子。［例］小伙子的胳膊就像~一样（形容粗壮）。

【**松椽当牙签——大材小用**】sōng chuàn dāng yà qiān—dá cài xiáo yóng（歇）意如文。

【**松动**】sōng dong（词）轻松、宽松。指时间和工作量。［例］前一向忙得很，这几天才稍微~了点。

【**松沟子**】sōng gōu zi（词）比喻胆小的人。［例］那是个~，夜里连门都不敢出。

【**松桁条**】sōng xìng tiao（词）指松木

檩条。

【松紧鞋】sōng jing hài（词）鞋口两侧镶有小块松紧布、穿脱方便的布鞋。

【松快】sōng kuai（词）轻松，痛快。[例]快把外套脱掉~~。

【松梁】sōng liàng（词）用松木做的屋梁。

【松饶】sōng rào（词）宽容、轻饶。

【孙大圣】sōng dá shéng（词）即《西游记》中的孙悟空。

【孙儿嫡女】sōngr dí nǜ（词）泛指儿孙。[例]~一大堆了，她还爬锅爬灶（做饭）不识闲。

【孙猴子】sōng hòu zi（词）即《西游记》中的孙悟空。

【孙猴子开了个芝麻铺——吃不了抖擞了了】sōng hòu zi kāi le ge zhī ma pú — chí bú liào dòu sou liáo le（歇）比喻因炫耀、挥霍而全部损失。

【孙猴子做了个弼马温，官大官小都不知道】sōng hóu zi zuó le ge bí mà wēng，guān dá guān xiào dōu bú zhī dao（熟）弼马温，玉皇大帝为孙悟空所封的管马的小官。常用于讽刺多管闲事或爱摆架子的小官。

【孙娃子】sōng wà zi（词）男孙子。

【孙媳妇】sōng xí fu（词）孙子的妻子。

【孙丫头】sōng yā tou（词）孙女。

【孙子】sōng zi（词）❶对轻蔑、厌恶之人的贬称。[例]你是个啥~，跑来给他说情？❷孙儿孙女。

【孙子辈】sōng zi béi（词）指家族中处于孙子一辈的人。[例]我跟你爷爷是表兄弟，你就是~了。

【孙子比爷爷大】sōng zi bì yè ye dá（熟）比喻成本高于售价或利息比本金还多。

【孙子咕噜子】sōng zi gū lu zi（熟）❶较轻微的骂语。[例]别提那个~！❷长辈对孙子辈的习称。[例]这些~跑来干啥？

【宋澄】sóng deng（词）~堡，古堡，以第一任堡长名命名。1960年8月前属宁朔县，今属永宁县望洪镇。[例]~乡（解放初）。|~生产大队（1958年）。|~村（1983年6月后）。

【宋澄堡】sóng deng pù（词）古堡，以第一任堡长名命名，今为望洪镇宋澄村。

【宋江卖沟子——仁义过天】sóng jiāng mái gōu zi— rèng yí guó tiān（歇）对伪善人的讽刺。

【送货上门】sóng huó sháng mèng（词）❶将货物送到客户家里。❷比喻送上门的好处或机会。❸比喻女方向男方投怀送抱。

【送亲】sóng qīng（词）指结婚时女家亲属陪送新娘到男家的习俗。

【送亲的】sóng qīng di（词）女子出嫁时娘家陪送的人。

【送亲要双不要单,大人娃娃一齐端】sóng qīng yáo shuāng bú yáo dān,dá reng wà wa yí qì duān(熟)陪伴女子出嫁的娘家人必须是双数,以示成双成对。

【送人情】sóng rèng qìng(词)❶给人好处。❷用给好处的办法讨好别人。

【送生娘娘】sóng sēng niàng niang(词)指送子观音(菩萨)。

【送笤帚,扫断路】sóng tiào zhu,sáo duán lú(熟)迷信认为不能给别人送笤帚,否则就不再来往了。

【送头】sóng tòu(词)迷信做法。认为头痛是被鬼"汤"住了,用送汤水的办法安抚。详见附一。

【㞞包】sòng bāo(词)❶对厌恶的小孩的称谓。[例]这个~多少不听话。❷无能,胆小。

【㞞到你的手下】sòng dao ní di shóu xiá(熟)谓不能弱在你手下。

【㞞干瓦尽】sòng gān wá jìng(词)一无所有。[例]把钱花了个~。

【㞞杆子】sòng gán zi(熟)对调皮捣蛋小孩的厌称。[例]这个~娃娃,一点都不听话。

【㞞了心】sòng le xīng(熟)泄了气,失去信心。

【㞞形】sòng xìng(词)❶犹形象丑陋难看。[例]看你那个~!❷被人整得狼狈不堪的样子。[例]叫别家整了个~。

【损人不利己】sòng rèng bú lí jì(熟)指损害了别人,自己也没得到好处。

【损阴功】sòng yīng gong(词)指活着做坏事,会损害死后在阴间的功课,受到阎罗天子的惩罚。迷信。

sou

【搜儿透儿】sōur tóur(词)挖空心思地找出最刻毒的语言骂人。[例]骂起人来~的。

【搜掏】sōu tao(词)搜集。[例]不知道从哪里~了那么多方言。

【馊屄日麦仁】sōu bī rí miá reng(词)骂词。胡诌、瞎说、废话。[例]说啥就说啥,不要~的说别的事。

【馊事】sōu shi(词)无关紧要、容易引起是非的事。[例]干啥不干啥,管那些~干啥?

【馊主意】sōu zhù yi(词)不高明的主意。

【擞沟子虫】sóu gou zi chòng(词)蛲虫。比喻从旁督促、搅扰、鼓动的人。有厌烦感。

【擞炉子】sòu lù zi(词)用火箸或炉钩子从上或从下捅炉子。

【瘦猴猴】sóu hòu hou(词)比喻身体干瘦的人。[例]他原来是个~,现在成了个大胖子。

【瘦啪啪】sóu piá pia(词)形容肉太瘦。[例]那个肉~的,不买。

【瘦死的骆驼比马大】sóu sí di luó tuo bì má dá(谚)比喻有钱人虽然衰败,

其家底仍比穷人厚实。

su

【苏子】sū zi(词)又名荏,一年生草本植物,有紫苏和白苏。这里指当地种植的白苏,子实可榨油。

【疏慢】sū man(词)轻忽,怠慢。[例]对不起,今天把你~了。

【酥油】sū yòu(词)用牛羊乳制成的食用油。[例]~灯,~茶。

【俗话】sú huá(词)亦即俗语。流行于民间、带方言性质的通俗定型句。如谚语、俚语、惯用语和口头常用成语等。

【俗气】sú qi(词)❶穿戴土气不雅致。❷礼物寒碜不大气。❸无情趣格调。❹粗俗,庸俗。

【俗套子】sú táo zi(词)❶世俗的习惯和礼节。[例]新事新办,不要搞~。❷陈旧的格调或程式。

【诉苦】sú kù(词)❶公开控诉遭受过的压迫和痛苦。[例]召开~大会。❷向别人诉说自己的苦楚或困难。[例]见人就~。

【诉冤】sú yuān(词)诉说冤屈、误会或委屈。[例]跑到娘家~。

【素菜】sú cái(词)全部用蔬菜、瓜果、植物油等做的菜肴。

【素饭】sú fán(词)不加荤腥的饭食。[例]肉吃多了,想吃点~。

【素浆】sú jiāng(词)一般指水泥和水合成的纯浆。也指水与某种材料以外不加其他材料的浆液,如素豆浆等。

【素席】sú xí(词)指全部是素菜素饭的宴席。

【素一日】sú yí ri(词)犹平素,一贯,长期。[例]俩人~不和。

【素油】sú you(词)用植物子实榨取的食用油,相对荤油而言。

【速成识字班】sú chèng shí zí bān(词)指20世纪50年代初期为扫除农村文盲而举办的扫盲班。

【嗉子】sú zi(词)鸟类喉咙下装食物的地方。[例]鸡~。

【塑匠】sú jiang(词)泥塑匠人。

【塑匠难塑,画匠难画】sú jiang nàn sú,huá jiang nàn huá(熟)比喻性情怪异,模样丑陋,难以形容和描绘。

【数得过来】sú dé guó lai(熟)形容数量不多。[例]~的几棵树。

【数落】sú luo(词)列举过失并加以指责。[例]把他~了一顿。

【数一数二】sú yí sù ér(熟)最好的,拔尖的。

【数黄瓜道茄子】sù huàng gua dáo qiè zi(熟)比喻一件事一件事地唠叨数落。

suan

【酸辣汤】suān lá tāng(词)❶饭食之一,即又酸又辣的汤。❷玩游戏中,胜者拧败者鼻子的小惩罚,叫喝~。

【酸酪蛋子】suān láo dan zi(词)即奶酪,蒙古族食品。[例]我在阿左旗牧民家里吃过~。见附一。

【酸溜溜】suān liū liu(词)野菜,叶酸,可生食。学名酸模叶蓼。

【酸奶子】suān nái zi(词)即酸奶。❶指牧民用牛、羊等鲜奶发酵加工的酸味奶制品。❷指市场上销售的半固体酸味牛奶饮品。

【酸楸子】suān qiū zi(词)即海棠果。比苹果小,皮红味酸。

【酸汤泡干饭】suān tāng páo gān fan(词)一种饭食,即用沏好的酸辣汤泡米饭。

【酸甜苦辣】suān tiàn kú lá(词)指各种味道。比喻幸福、痛苦等各种境遇。

【酸心】suān xīng(词)❶比喻寒酸,不体面、丢人。[例]出门穿个旧衣裳,~死了! ❷心里难过酸楚。[例]看得人~落泪。

【酸杏子】suān héng zi(词)指尚未成熟的绿杏子。[例]害口(怀孕)的女人爱吃~。

【酸丫头,辣尕子】suān yā tou,lá gà zi(熟)民间认为孕妇爱吃酸的可能生男孩,爱吃辣的可能生女孩。也有说酸男辣女的。

【酸枣刺】suān záo cí(词)酸枣树有带钩的刺,当地常用酸枣枝做篱笆。

【酸枣子】suān záo zi(词)❶酸枣树的果实。❷比喻迂腐、自恃清高的文人(讽刺)。

【蒜辫子似的】suán bián zi xi di(词)形容果实累累,像辫在一起的蒜头一样密集。[例]树上的李子结得~。

【蒜头鼻子】suán tòu bí zi(词)形容鼻头较大,像大蒜头一样。

【蒜窝窝】suán wō wo(词)指捣蒜泥的工具(臼)。

【算哪炷蜡】suán ná zhu lá(熟)犹算什么东西?表轻蔑。[例]他~,坐在上岗子上?

【算趸账】suán dóng zháng(词)把零碎账目集中起来总算。[例]平时赊欠着,年底~。

【算卦】suán guá(词)根据卦相推算吉凶。一种迷信活动。

【算计】suán ji(词)❶会算账,会筹划。[例]人家会~,日子过得好。❷阴谋损害他人。[例]不好好干工作,专门~人!

【算老账】suán láo zháng(词)算总账,多指新账老账一起算。[例]等我闲了再跟你~!

【算老婆账】suán láo po zháng(词)即算家庭账。泛指大略粗糙的算账方法。[例]算个老婆账,就知道大概情况了。

【算命】suán míng(词)算卦者根据人的生辰八字等推断人的命运。一种迷信。

【算命先生】suán míng xiān seng(词)

指专门给人算命的人。

【算完了事】suán wàn liào shí（词）谓事情草草了结。[例]死了找个地方一埋，~，不要大操大办。

【算得了】suàn de le（熟）算了，中止。[例]我看你~，再闹下去也没啥结果。

sui

【尿斗子】suī dóu zi（词）比喻有尿床毛病的人。

【尿尿到裤裆里觉不着潮】suī niáo dao kú dāng ni jué bu zhuò chào（熟）比喻假装没觉察到。

【尿捏的鼻子——骚蛋】suī nié di bí zi— sāo dán（歇）比喻喜欢调戏妇女的男子。

【尿脬】suī pao（词）即膀胱。

【尿脬打人，虽然不疼，臊气难闻】suī pao dà rèng，suī rán bú tèng，sāo qi nàn wèng（谚）比喻说出的话虽然不伤实质，却很难听。

【尿水子】suī shui zi（词）比喻眼泪，有贬义。[例]动不动~淌的！

【尿洗眼睛看着】suī xì yán jing kán zhe（熟）胜利者蔑视仇人用语。[例]叫他们~，过去老受他们欺负，现在我也成了老板了！

【岁目】suí mu（词）年龄。[例]~不饶人啊！

【岁目不饶人】suí mu bú rào rèng（熟）比喻人随着年龄增长，只会逐步衰老。无论怎样保养打扮，都无法改变自然衰老的规律。

【岁修工程】suí xiū gōng cheng（词）指宁夏引黄（河）自流灌溉地区每年春秋对几大干渠进行有计划的维修养护工作。

【遂心】suí xīng（词）称心，合心意。[例]这件衣裳买得很~。

【碎鼻子碎眼睛】suí bi zi suí yán jing（熟）形容五官小巧。多指女孩。[例]这个娃娃长得~，怪心疼（好看）。

【碎虮麻蝣的】suí ji mà yóu di（词）比喻多而小的事物。虮指虮子，即虱子的卵；蝣:水中蜉蝣。

【碎末合子】suí mó he zi（熟）碎末儿。

【碎㞞】suí song（词）大人对小孩的称呼，依心情而含义不同。[例]这个~还有这个本事？（喜爱）|这些~快走开！（厌烦）

【碎娃娃】suí wà wa（词）指小孩。多出自大人之口。

【碎籽溜子】suí zī liu zi（熟）形容小的东西或人。[例]大萝卜卖光了，只剩下些~。

【碎嘴婆婆】suí zuì pò po（词）比喻爱唠叨而言语啰唆的人。[例]我们那个主任简直就是个~。

【穗头】suí tou（词）指稻麦等禾本科植物的穗。[例]一看那个~，就知道是好品种。

【随】suì（词）❶指子女和父母的性格

习惯很相像。[例]这个娃娃奇~他爸爸。❷衣服合身。[例]这个衣裳穿上~得很。

【**随当**】suì dáng(词)随即，当时，马上。[例]~叫我拿这么多钱，确实拿不出来。

【**随方就圆**】suì fāng jiù yuán (词)适应客观情况，灵活待人处世。[例]~，做个套子套上。

【**随风打浪**】suì fēng dá láng(词)比喻没有立场，随声附和。

【**随个傍傍子**】suì ge bāng bang zi (熟)沾点边儿，大致相像。[例]虽然没有师傅做得好，也能~。

【**随和**】suì huo(词)❶顺从，跟着做。❷不固执，善于与人合作。

【**随和着来**】suì huo zhe lài(熟)指随大流，跟着做。[例]在人家手下干，~着来，不要顶牛。

【**随后**】suì hóu(词)犹待后，接着。[例]先给他办，~给你办。

【**随伙打堂**】suì huo dà tàng(词)指旧时衙役在公堂上喊堂威、拷打人犯等活动。比喻随波逐流，不持主见，应付差事。

【**随机应变**】suì jī yīng bián(词)形容随情况变化灵活应对。

【**随口话**】suì kóu huá(词)未假思索、顺嘴说出的话。[例]说了个~，他就当真了。

【**随上疯子扬土呢**】suì shang fēng zi yǎng tǔ ni(词)比喻跟着别人做过激、过分的事。

【**随上个好鬼，喝口好水；随上个恶鬼，喝口恶水**】suì shang ge hào guì, hé kòu hào shuì;suì shang ge é guì, hé kòu é shuì(谚)鬼:指领头的，当家人。好水恶水指福利待遇好坏。

【**随身衣裳**】suì shēng yī shang(词)指平时穿的衣服。与制服、礼服相区别。

【**随声附和**】suì shēng fú hè(词)指自己没主见，别人怎么说就跟着怎么说。

【**随时随地**】suì shì suì dí(词)指任何时间地点，时时处处。[例]这种健身操，~都可以做。

【**随手**】suì shòu(词)犹顺手，顺便，很快，不一会儿。[例]牙长的一截子路，~就来了。

【**随乡入俗**】suì xiāng rú sú(词)指到了一个地方，就按照当地的风俗习惯生活、行事。比喻要善于适应新环境。

【**随乡入乡，辣角子摆在市上**】suì xiāng rú xiāng, là ge zi bái zai shí shang(谚)比喻到了一个新的地方，要随乡入俗，适应新的环境。

【**穗子**】suì zi(词)用丝线、布条或纸条制作、挂起来下垂的饰品。[例]灯笼下面吊着~。

suo

【**梭梭不断**】suō suo bú duán(词)像穿梭一样连续不断。[例]赶集的人~。

【塑料薄膜】suō liɑo bò mò(词)用聚氯乙烯、聚乙烯、聚丙烯、聚苯乙烯以及其他树脂制成的薄膜，用于包装、覆膜等。

【嗍奶】suó nài(词)用嘴在奶头上吮吸奶汁。

【缩脖子】suó bó zi(词)❶对脖子短的人的贬称。❷怕冷或害怕挨打时把脖子往回收缩。❸比喻在危险到来时畏缩不前。

【缩脖子是一刀，伸脖子也是一刀】suó bó zi shi yí dāo,shēng bó zi yé shi yí dāo(谚)比喻勇敢面对危难或危险。

【缩手缩脚】suó shòu suó jué（词)形容畏缩躲闪，不敢放手大胆地做。[例]大胆干,不要~的。

【缩缩乞乞】suó suo qí qi(词)猥琐不大方。[例]干啥都~的,不敢往前闯。

【所以然】suó yi ràn(词)原因或道理。[例]说了半天没说出个~。

【所在】suò zɑi(熟)自在,舒服,满足。[例]吃得好,穿得好,啥心也不操,还嫌不~!

【嗦！嗦！嗦！】suò！suò！suò！(词)让牲畜倒退的口令。

【锁鼻子】suó bí zi(词)安装在门窗、箱子、抽屉等上面用于上锁的金属环孔。

【锁铤子】suò díng zi(词)指老式挂锁上的横铤和新式挂锁上的铁环。[例]小偷把~锯断了。

【锁簧】suò huàng(词)锁中有弹力的机件。[例]~坏了要换锁芯。

【锁君子锁不住小人】suò jiōng zi suó bú zhu xiáo reng(熟)锁子只对守规矩、有德行的人起作用,对窃贼是不起作用的。

T

ta

【他有我的钱】tā yòu wó di qiàn(熟)犹他欠我的钱。

【耷了头】tā le tòu(熟)❶低头服软。❷抬秤称重时,秤杆末梢下垂,表示分量不足。

【塌鼻子】tá bí zi(词)指鼻梁低、鼻翼扁平或长着这种鼻子的人。

【塌膘】tá biāo(词)由肥变瘦。[例]猪最近~了。

【塌价】tá jiá(词)即降价。[例]这两天市场上的粮食~了。

【塌没气气】tá mu qí qi(熟)形容性格木讷、说话小声细气的人。

【溻湿了】tá shí le(词)被水浸湿。[例]衣服被汗~。

【褟肉穿】tá róu chuān(词)挨着皮肤穿。[例]~的衣服尽量用纯棉的。

【塔塔松】tá ta sōng(词)像锥体塔形的松树,即塔松。

【踏】tá(词)让配种站的公畜给母畜配种(专指马驴)。[例]给驴~个骡子。

【踏脚后跟】tá jué hóu geng(熟)比喻跟踪挑毛病,抓小辫子。

【踏死蚂蚁的走劲儿】tá si mà yi di zóu jingr(熟)形容走路慢慢腾腾,带走不走的样子。多用于批评走路太慢。

【踏田】tá tiàn(词)用脚步丈量土地面积。

【踏渣】tá zhā(词)民间榨油工序之一。油料磨碎后放进木槽,掺入开水,用脚反复踩踏,使油脂最大限度析出。

【踏住了】tá zhu le(词)迷信指婴儿因生人来家而得病。[例]他的脚跟子重,把娃娃~。

【拓章】tá zhāng(词)即盖印章。

tai

【胎胞】tāi bao(词)指胞衣。[例]不管咋说,我们是一个~子抖下来的(一娘同胞)。

【胎毒】tāi dú(词)中医指导致初生儿患疥疮等疾病的母体热毒。[例]黄水疮又叫~。

【胎里富】tāi ni fú(词)指生在富贵人家的人。[例]他是个~,小时候没受过一点罪。

【胎里素】tāi ni sú(词)指生来就吃素的人。[例]他是个~,从来不动荤腥。

【胎毛子】tāi mao zi(词)初生儿尚未剃过的头发。[例]请个人把娃娃的~剃一剃。

【胎皮】tāi pi(词)从母羊肚里剥出或刚落地就死了的羔羊的皮。

【胎气】tāi qi(词)妇女在怀孕期间气血运行的情况。[例]不小心摔倒,动了~。

【太奶奶】tái nái nai(词)曾祖母。

【太平官】tái ping guān(词)谓只占位子,不进行创造性工作的领导干部。[例]做了几年~,啥政绩都没留下。

【太上皇】tái shang huàng(词)传位于太子的皇帝,习称太上皇。比喻表面退居幕后,实际地位最高、操纵实权的人物。

【太上老君】tái shang láo jiong(词)道教对老子的尊称。又称"道德天尊"。

【太师椅】tái shi yì(词)指有靠背和扶手的大圈椅,因古代常为太师等官僚所坐而得名。

【太素】tái sú(熟)指颜色过于单一,不艳丽。[例]年轻轻的穿上一身灰,~了。

【太岁】tái sui(词)❶初指中国古代天文学中的木星。后演变成汉民族的一种神祇信仰。❷黏菌生物肉灵芝的别称。

【太岁头上动土】tái sui tòu shang dóng tù(熟)❶迷信认为冲犯了太岁所在方位,要发生祸事。❷比喻触犯了强横有势力的人。

【太阳傍山】tái yang bāng shān(熟)指太阳快落的时候。

【太阳搁西面子出来了】tái yang gé xī mian zi chú lài le(熟)形容不可能或不合常规。[例]他平常都是吃别人的请,今天怎么请别人吃,真是~了!

【太阳冒红红,冻得车户淌㞞㞞】tái yang máo hòng hong,dóng di chē hú tàng sòng song 形容冬天太阳刚出来的时候最冷。㞞㞞:鼻涕。

【太阳晒到沟子上】tái yang shái dao gōu zi shang(熟)意谓太阳都出来了,还没起床。沟子:屁股。

【太阳一竿子高】tái yang yí gān zi gāo(熟)指夏季上午八点钟左右、冬季早上九点钟左右。

【太爷爷】tái yè ye(词)曾祖父。

【太影影】tái yíng ying(词)太阳能照到的地方。[例]别堵我的~。

【太贼】tái zèi(词)贼:狡猾。指特别狡猾。

【太扎眼】tái zhá yàn(熟)指显眼、引人注目。[例]穿上红的~。

【台盘】tài pan(词)比喻桌面上,公开的场合。[例]拿不到~上。

【台上三分钟,台下十年功】tài shang sān fēng zhōng,tài xiá shí niàn gōng(谚)谓台上表演的功夫是长期苦练

出来的。

【台上握手,台下使绊子】tài sháng wó shòu,tài xiá shí bán zi(熟)比喻当面一套背后一套。

【台台子】tài tai zi (熟) ❶高出地面的台子。[例]他走乏了,坐在路边的~上缓了缓。❷指讲台、舞台、主席台。[例]上过几回~。❸比喻执政掌权。[例]硬把他挡到~上。

【台柱子】tài zhú zi(词)指组织里的骨干成员。这里指家庭的主要劳动力或主事人。

【抬秤】tài cheng(词)大型杆秤。使用时把所称物品挂在秤钩上,将木杠或扁担穿过秤纽,由两人抬起称出重量。

【抬鸡蛋都拣小头子】tài jī dán dōu jiàn xiáo tou zi(熟)形容拈轻怕重,极为奸猾。

【抬脚割掌子】tài jué gé zháng zi(熟)比喻及时抢占离开座位者的位置或趁机捞取好处。

【抬举】tài ju(词)尊重,赞扬,器重。[例]这是人家~你的话,你以为你真有那么好。

【抬杠】tài gáng(词)吵架,争执不下。[例]两个人见面就~。

【抬眉皱】tài mi zóu(词)额头上的皱纹。[例]一睁眼睛,脑门盖上那么多~。

【抬死杠】tài sǐ gáng(词)指固执己见,无谓争辩。[例]几个老汉没事干,天天坐在南墙根里~。

【抬头见喜】tài tòu jián xì(熟)春节时贴在屋梁上的红纸条幅,上写此语。

【抬重】tài zhóng(词)抬着灵柩去茔地下葬的讳忌说法。

tan

【贪多嚼不烂】tān duō juè bú lán(谚)比喻一次办多件事忙不过来,也指包揽过多任务没能力完成。

【贪官】tān guan(词)贪污腐败的官吏。

【贪官污吏】tān guān wū lí(词)贪赃枉法的官吏。

【贪厚】tān hou(词)丰富、满足、过瘾。[例]多买点青货,叫娃娃吃个~。

【贪青】tān qīng(词)农作物到了变黄成熟的时期茎叶却仍呈青绿色,导致子粒不饱满。[例]氮肥施多了庄稼容易~晚熟。

【贪色】tān sé(词)好色或房事过度。

【贪生怕死】tān sēng pá sì(词)指在危难时刻畏缩不前。[例]既然去当兵,就不能~。

【贪耍】tān shuà(词)贪玩。

【贪污分子】tān wu féng zi(词)"三反""五反"运动中的政治术语。泛指有贪污行为的人员。

【贪小便宜吃大亏】tān xiào piàn yi chí dá kuī(熟)为贪图小利而遭受重大损失。

【贪心不足】tān xīng bú zú(词)形容

贪得无厌，永不知足。

【贪赃枉法】tān zāng wáng fá（词）贪污受贿，破坏法纪。

【贪私】tān sī（词）贪求私利，爱占公家或他人便宜。［例］他办事公道，不~。

【摊场】tān chàng（词）旧时打碾粮食的一道工序：将禾捆解开，均匀地摊在场上，晒干后用石磙碾压。

【摊鸡蛋】tān jī dán（词）即摊鸡蛋饼，一种家常菜肴。

【瘫子】tān zi（词）肢体瘫痪的人。

【炭井】tán jìng（词）即煤矿。

【炭骷髅子】tán kū lou zi（词）即未烧成灰的煤核。［例］用~封炉子。

【炭烟】tán yān（词）煤烟。［例］一家子人叫~打了（煤烟中毒）。

【探口气】tán kóu qi（词）设法引出别人的话，然后加以分析。

【探子】tán zi（词）❶旧时称军中从事侦察工作的人。❷旧时指探警。❸用来测量容器中液体深度的长条状、带刻度的工具。

【碳氨】tán ān（词）化学肥料碳酸氢氨的简称。

【坦性子】tǎn xíng zi（熟）犹慢性子。

【坛场】tàn chang（词）❶摊子，场面。多指场面宏大，有炫耀意。❷古代设坛举行庆典。❸指佛家讲经说法的法坛。

【坛坛罐罐】tàn tan guán guan（词）泛指家当器物。［例］谁家里没个~？

【弹簧脖子橡皮头】tàn huàng bó zi xiáng pì tòu（词）比喻善于看风使舵、左右逢源的人。

【弹克朗子】tàn kē lang zi（熟）用拇指勾住中指弹人的脑门。常用于游戏中赢家对输家的小惩罚。

tang

【汤瓶】tāng ping（词）回族生活用品，俗称汤瓶壶，是回族穆斯林日常洗手洗脸及沐浴的器具，形似茶壶。

【汤瓶吊罐小白帽，回回人家少不了】tāng ping diáo guán xiáo biá máo, huì hui rèng jia sháo bú liào（熟）义如文。

【汤药】tāng yue（词）即中药。

【汤住了】tāng zhu le（熟）迷信认为感冒头痛是被鬼~，常用“送头”（烧纸钱、泼汤水）的方法治疗。参见“送头”条。

【耥子】táng zi（词）一种窄木板上安有长把的起场工具，可将稳子和颗粒推到一起。［例］用~把稳子和粮食推拢。

【蹚田】táng tiàn（词）指春播前用铁锹翻铲越冬稻茬田的农活，现已废弃。

【蹚土】tàng tu（词）指干燥的土地或土路上蹚起的细密浮土。［例］搁着好路不走，单单跑到~窝里！

【躺在功劳簿上睡大觉】táng zai gōng

lao bù shang shuí dá jiáo(熟)犹吃老本,不思进取,不立新功。

【躺倒不干】tàng dào bú gán(熟)指干部撂挑子不干。

【烫面饼子】táng mian bíng zi(词)用烫得半熟的面烙的油饼。

【烫面馍馍】táng mian mó mo(词)同"烫面饼子"。

【烫手的山芋】táng shóu di shān yu(词)指吃不得、扔不得的烫土豆。比喻难以处理的事情。

【烫嘴的不吃,烧手的不拿】táng zuí de bú chí,shāo shóu de bú nà(谚)比喻不贪污受贿。

【唐铎堡】tàng duó pù(词)以古人唐铎姓名命名,现属望洪镇。

【唐渠】tàng qù(词)即唐徕渠。开口于青铜峡,至平罗县上闸堡,全长322公里。自李俊镇西邵村潘渠口入境,至高桥二排涵洞出境,流经永宁38公里。

【唐僧】tàng seng(词)小说《西游记》中人物。姓陈,法名玄奘,唐代高僧。

【唐僧取经】tàng seng qù jīng(词)指唐代高僧玄奘赴天竺(印度)求经的事。自小说《西游记》行世,~的故事为中国民间熟知。

【堂叔兄弟】tàng shu xiōng di(词)堂兄弟。

【堂屋】tàng wu(词)四合院里的正屋,也叫上~。

【搪塞】tàng se(词)敷衍塞责,支吾应付。[例]拿话~人。

【糖瓜瓜】tàng guā gua(词)民间用大麦等熬制的一种黏性糖。旧俗做祭祀灶神的供品。

【糖萝卜】tàng luò bo(词)甜菜的俗称。

【糖麻叶】táng mà ye(词)一种油炸面食,表面有糖或蜂蜜。

【糖甜不如蜜,棉暖不如皮】tàng tiàn bú rù mí,miàn nán bú rù pì(谚)意思如文。

【淌耳底】tàng èr dì(词)中耳炎的俗称,伴有流脓及发热。

【淌凌】tàng lìng(词)江河中冰雪融化时产生的顺流而下的冰块。

【淌水】tàng shuì(词)从渠道里往地里灌水。

tao

【掏裆】tāo dāng(词)搏击或摔打时捏住对方下身,造成致命打击。

【掏麻雀】tāo mà que(词)也叫捏码子。民间贸易中用手指在袖筒里、衣襟下秘密议价的方式。详见附一。

【掏牙撅席子,吃饭擤鼻子,来人打娃娃,公公夸媳妇】tāo yà qué xí zi,chí fán xíng bí zi,lài rèng dà wà wa,gōng gong kuā xí fu(顺)这四种行为被当地称作"四大没出息"

【掏腰包】tāo yāo bāo(词)❶出钱。[例]每次请客都是他~。❷偷别人衣袋里的财物。也称掏包。

【掏络】tāo luo(词)带把儿的网兜,用于从水里捞取鱼虾等。

【韬略】tāo luo(词)谋略,办法。[例]别看他年轻,肚子里有~呢。

【讨吃】táo chi(词)❶乞丐。❷败家子作风。[例]把好好的大衣改成棉袄,真是个~!

【讨吃打砂锅——耍穷脾气】táo chi dà shā guō— shuà qiòng pí qi(歇)比喻因使性子而损坏仅有的财产。讨吃:乞丐。

【讨吃戴铃铛——穷得叮当响】táo chi dái lìng dang—qiòng di dīng dāng xiàng(歇)调侃语。讨吃:乞丐。

【讨吃丢了棍,解了狗的恨】táo chi diū le góng,gāi le gǒu di héng(谚)对幸灾乐祸者的骂语。

【讨吃翻跟斗——穷折腾】táo chi fān gēng dou—qiòng zhé teng(歇)比喻反复做毫无价值的事。

【讨吃搁不住隔夜食】táo chi gé bu zhu gá yé shí(熟)对不知节俭、存不住钱财者的讽语。

【讨吃过年——吃头不多,说头不少】táo chi guó niàn— chí tou bú duō, shuó tou bú shào(歇)比喻光说空话,不干实事。

【讨吃还有三个穷朋友】táo chi hài yòu sān ge qiòng pèng you(熟)指地位再低下的人也有自己的人际圈子。

【讨吃毛】táo chi mào(词)指过于吝啬、舍不得花钱的人。[例]买上新衣裳舍不得穿,锁在箱子里叫虫嗑,真是个~。

【讨教】táo jiáo(词)请教。[例]自己不会,又不肯向别人~。

【讨人嫌】táo reng xiàn(词)比喻没人喜欢的人。

【讨臊】táo sáo(词)即害臊,见不得人。[例]做了那种事,不够~的,还对人说呢!

【讨符】tào fù(词)请巫婆画符治病。迷信。

【套车】táo chē(词)把牲口套在车辕里拉运东西。[例]大集体的时候,一到冬天,天天都是~拉粪。

【套哄】táo hong(词)用谎言巧语套取他人的话或物品。[例]手里的几个钱,全叫小儿子~走了。

【套弧弯子】táo hu wān zi(词)形状像驴套弧似的弯子,常用来形容沟渠的拐弯处。

【套话】táo huá(词)引诱别人说出真话。[例]拿话~。

【套话】táo hua(词)指某时期或某行业流行的程式化用语。[例]报告里尽说些~,没实际东西。

【套活】táo huo(词)碾米磨面时套牲畜的挽具。

【套墙】táo qiàng(词)用泥巴糊墙,既可加固,又光搪好看。

【套上了】táo shang le(熟)指账目倒错了。

【套绳】táo shèng(词)帮车拉套的牲畜使用的绳索,有皮绳和麻绳。

【套种】táo zhóng(词)指在一块地里按不同行距、株距分期种植两种以上庄稼。[例]大面积推广小麦~玉米技术。

【逃兵】táo bing(词)❶私自逃离部队的士兵。❷比喻害怕困难或危险而擅离岗位。

【逃荒】tào huāng(词)❶遇到灾荒时逃到外地谋生。❷形容狼狈、邋遢的样子。[例]看你们几个,跟个~的似的。

【逃难】tào nán(词)因逃避天灾、兵祸而背井离乡。[例]旧社会从甘肃~到宁夏。

【逃脱】tào tuó(词)指摆脱了某种责任、纠缠或危险。[例]用装聋子的办法~了抓兵。

【逃学】tào xué(词)逃避上学,无故旷课。[例]小时候经常~。

【逃债】tào zhái(词)躲债,逃避债务。[例]企业倒闭了,老板到外面~。

【桃饱杏伤人，李子树下埋死人】tào báo héng shāng rèng,lí zi shú xiá mài sí reng(谚)指桃子可以尽饱吃,杏子吃多了伤胃,李子吃多了得病,甚至要命。

【桃红】tào hòng(词)粉红色。也指粉红色颜料。

【桃三杏四梨五年，想吃大果子等九年】tào sān héng sí lì wù niàn,xiáng chí dá guo zi dèng jiù nian(谚)指这几种果树开始挂果的大致年限。

【淘气】tào qí(熟)闹别扭,吵嘴。[例]两口子~了。

【淘气搁孽】tào qi gé nié(熟)多指家庭成员之间的内斗、吵闹和互掐。[例]与其搁在一个屋里~,不如早点分开过。

【淘神】tào shèng(词)斗嘴闹气,耗费精神。[例]快叫他们到学校里念书去,免得搁在家里~。

teng

【熥饭】tēng fán(词)做米饭(干饭)时,米半熟后再以小火蒸一会儿,使水分减少,米粒更软和。

【熥热】tēng ré(词)把变冷的熟食蒸热。[例]把馒头放在米饭锅里~吃。

【縢格子烂重】téng ge zi lán zhóng(词)沉重,很重。[例]路远,背上个娃娃~的。详见附一。

【縢子】téng zi(词)比喻呆傻。详见附一。

【腾开脚步】tèng kāi jué bu(熟)为防不测,事先采取预防措施。

【腾空了】tèng kōng le(熟)❶把容器里的物品腾光。[例]囤子~。❷比喻排光了肚子里的粪便。[例]肚子~,又来吃。

【腾面袋子】tèng mián dái zi(熟)比

喻光吃饭不做事。

【腾下了】téng xia le(熟)指拉下粪便。[例]又把屎~。

【疼爱】tèng ai(词)关心爱护,心疼。[例]不会~人!

ti

【踢哩喀啦】tī li kā lā(词)形容不由分说地训斥人。[例]~就是一顿。

【踢方】tí fāng(词)小孩玩的单腿游戏。详见附一。

【踢剪脚】tí jián jue(词)一种武术动作,即手臂平伸,手心向下,一脚弹跳,另一脚脚尖踢手心,轮番进行。

【踢脚线】tí jué xián(词)房屋装修时,粘贴或钉在墙脚、保护墙面的线条。

【踢骡子】tí luo zi(词)生性暴烈、乱踢乱咬的骡子。

【踢皮球】tí pì qiū(词)比喻工作不负责任,互相扯皮推诿。

【踢踏】tí ta(词)浪费,糟蹋。[例]中彩票闹了几个钱,不到一年就~光了。

【踢仗】tí zháng(词)比喻闹矛盾。[例]两个人分在一个组里,老~。

【剔骨肉】tí gu róu(词)剔除了骨头的净肉。

【体谅】tí liang(词)关心,体贴。[例]只顾自己,不~别人的难处。

【体念】tí nian(词)犹体谅、念及。[例]~他过去的好处,就原谅这一回吧。

【屉子】tí zi(词)垫在牲畜脊背上、防止鞍子磨伤脊背的软垫,有时也用做人骑牲畜时的垫物。

【剃头刮胡子——捎带】tí tòu guà hù zi — shāo dai(歇)比喻顺便办事。

【剃头挑子一头热】tí tòu tiāo zi yí tòu ré(熟)旧时剃头担子一头为板凳、工具,一头为火炉。比喻一厢情愿。

【替手】tí shou(词)指接替、替换者。[例]累死累活就一个人,连个~也没有。

【替死鬼】tí si guì(词)比喻代人受过或做出牺牲的人。[例]当了别人的~。

【提笔忘字】tì bí wáng zí(词)指写字的时候一时想不起某个字怎样写。

【提不起鼻子】tì bú qi bí zi(熟)连鼻涕都吸不上去。比喻无能。[例]那是个~的人,快别指望他。

【提倡】tì chang(词)彰显、重视、依靠、提携。[例]"四清"的时候,工作组时时步步~贫下中农。

【提名喝姓】tì mìng hé xíng(词)大喊着某人的姓名骂。[例]站在门口~地骂。

【提起放下】tì qi fáng xiá(熟)比喻工作能力强,完全胜任。

【提起裤子不认赃】tì qi kú zi bú réng zāng(谚)泛指做坏事没被抓到现场就不认账。[例]事实摆在面前,你还~?

【提起来一条,放下去一堆】tì qi lai yí tiào,fáng xia ke yí duī(熟)形容不可培养和造就的人。

【提稍】tì shāo(词)引起话头儿。[例]不是你~,他们也吵不起来。

【提说】tì huo(词)提醒,说一说。[例]找机会在他跟前~~。

【提味】tì wéi(词)增加香味。[例]饭里头加点醋能~。

【提鞋】tì hài(词)❶比喻做别人的仆从。[例]给人~都没人要。❷差距太大,没法比。[例]给别人~去!

【提腰】tì yāo(词)要"花花子"术语。开局时,头家将牌堆上面的牌抓起几张,再由底家从中间抓起一小摞,把头家抓的牌压在下面,以打乱次序,改变局面。

【提子】tì zi(词)用金属或塑料制成小桶、在一侧装上提杆儿,从坛子或桶内舀取液体的量具。[例]油~,酒~。

【蹄癀】tì huang(词)即口蹄疫。是猪、牛、羊等偶蹄兽的一种急性传染病。

【蹄蹄爪爪】tì ti zhuá zhua(词)❶比喻原形、破绽。[例]到时候~都得露出来。❷比喻背后搞小动作。要光明正大,不要搞~。

tian

【天】tiān(词)"花花子"纸牌中点子最大的一张牌。

【天包地】tiān bāo dí(词)指上嘴唇比下嘴唇长。

【天包地,吃狗屁,地包天,抱金砖】tiān bāo dí,chí gòu pī,dí bāo tiān,báo jīng zhuān(熟)指以人的嘴唇长短看穷富。唯心。

【天不灭曹】tiān bú nié cào(熟)民间说法,谓曹操多次遇难不死,是老天在护佑他。

【天不怕,地不怕】tiān bú pá,dí bú pá(词)形容无所畏惧,什么都敢干。

【天不收,地不管】tiān bú shōu,dí bú guàn(熟)❶指老来无依无靠。❷比喻活得自由自在,不受约束。

【天擦黑】tiān cá héi(熟)指天刚黑的时候。

【天打五雷轰】tiān dà wù luì hōng(熟)意为如果干了伤天害理的事,会受到上天惩罚。也用于赌咒发誓。详见附一。

【天地良心】tiān dí liàng xing (词)发誓用语,表示诚实无欺。[例]~,我要干了那个事,明天叫汽车轧死。

【天高皇帝远】tiān gāo huàng dí yuàn(词)比喻地方偏僻,中央权力涉及不到。[例]这里~,谁也管不着。

【天狗吃月亮】tiān góu chí yué liang(熟)民间称月食为~。

【天鼓响了,银钱广了】tiān gu xiáng le,yìng qiàn guáng le(顺)人们对富裕的向往。天鼓:天空响起鼓样的声音,预示老天爷要降福人间。

【天河】tiān hè(词)即夜间可见的银河系恒星带。

【天颌板】tiān he bàn(词)指口腔上腭。[例]上火了,~起了泡。

【天和】tiān hù(词)麻将用语,即刚抓完牌就和的牌。

【天虎不见，捶头子乱攒】tiān hú bú jián, chuì tou zi lán zán (顺)"花花子"用语，即抓不到有用的大牌，尽抓些无用的小牌。捶头子:六点的牌。

【天花乱坠】tiān huā lán zhuí (词)形容说话有声有色，极其动听(多指夸张而不实际)。[例]尽管他说得~，大家还是不相信。

【天开钩九母，必定打对虎】tiān kāi góu jiu mù, bí díng dá duí hù (顺)"花花子"用语，头家有两"天"对"母牛"，则"对虎"可能是大的。

【天涝了】tiān láo le(词)指连续几天下雨，地里积水。

【天理】tiān lì(词)公理、道理、真理。[例]~难容啊!

【天理人情国法】tiān li rèng qìng guó fá(词)泛指情理法度，是做人做事要考虑的基本因素。

【天良】tiān liàng(词)天赋的善心、良心。[例]坏~的。

【天麻麻亮】tiān mà ma liáng (词)指拂晓。

【天上错到地下】tiān shang cuó dào dí xia(熟)比喻天壤之别，差距太大。

【天上的龙肉，地下的驴肉】tiān shang di lòng róu, dí xia di lǜ róu (谚)谓驴肉没腥味，好吃。

【天上掉馍馍，还得张嘴接】tiān shang diáo mò mo, hài dá zhāng zuí jié(谚)比喻只有亲自劳动，才能得到果实。

【天上飞的，地下跑的】tiān shang fēi di, dí xia páo di(词)❶泛指飞禽走兽。❷也指交通工具。[例]~，哪一样我没坐过。

【天上金童配玉女，地上瘸马配瞎驴】tiān shang jīng tòng péi yú nǜ, dí shang què má péi xiá lǜ(熟)比喻婚姻般配。

【天上无云不下雨，地上无媒不成亲】tiān shang wù yòng bú xiá yù, dí shang wù mèi bú chèng qīng(谚)比喻要做成一件事，离不开中介的撮合。

【天上下雨地上滑，自己跌倒自己爬】tiān shang xiá yú dí shang huà, zí ji dié dào zí ji pà(谚)犹自强自立，不依赖别人。

【天上下雨地上流，小两口打架不记仇】tiān shang xiá yú dí shang liù, xiào liàng kou dà jiá bú jí còu(顺)小两口拌嘴打架会自行和解。也是劝解小两口和好的话。

【天上一颗星，地上一个丁】tiān shang yí kuō xīng, dí shang yí ge dīng(词)丁即人。谓地上有一个人，天上就有一颗相对的星。

【天烧了】tiān shǎo le(词)云彩在太阳映射下变红的自然现象，多指朝霞或晚霞。[例]早烧阴，晚烧晴。

【天生的】tiān sēng di(熟)❶天然形

成的。[例]人的长相是~。❷犹言命定。[例]~穷命。

【天生卷】tiān sēng juàn(词)指先天性卷发。

【天遂人愿】tiān suì rèng yuán(词)指事物发展正合自己心愿。

【天塌下来有大个子支着】tiān tá xia lài yòu dá gé zi zhī zhe(谚)比喻危险或困难自然有人承担,自己不用担心。

【天王老子】tiān wang láo zi (词)比喻至尊至贵、最有权威的人物,有轻蔑意。[例]~来了我也不怕!

【天无百日雨,人无一世穷】tiān wù biá ri yù,rèng wù yí shí qiòng(熟)谓事物是变化的,穷人不可能穷一辈子。

【天无二日,民无二主】tiān wù ér rí,mìng wù ér zhù(谚)旧指一个国家不能同时有两个君主,否则社会秩序会乱。比喻统一管理的重要。

【天无绝人之路】tiān wù jué rèng zhi lú(词)❶谓天下这么大,不会断绝人的出路。❷比喻虽一时处于绝境,但终归可以找到出路。

【天下第一难】tiān xià dí yí nàn (词)常比喻最难推行的工作。[例]一度时期,人们把计划生育工作称作~。

【天下黄河富宁夏】tiān xia huàng hè fú nìng xia(谚)原指宁夏川区,现指宁夏引黄灌区。

【天下黄土埋回回,那里无常那里睡】tiān xià huàng tu mài huì hui,ná ni wù chang ná ni shuí(熟)无常:去世。睡:安葬。比喻适应环境,随遇而安。

【天下回回生得怪，个个都会做买卖】tiān xia huì hui sēng di guái,gé gé dōu huí zuó mǎi mai(熟)后句为本义。

【天下老，向着小】tiān xia lào,xiáng zhe xiào(谚)指父母一般都偏爱最小的子女。

【天下兴亡，匹夫有责】tiān xia xīng wàng,pī fu yóu zé(谚)国家的兴衰存亡,每个人都有一份责任。

【天晓得】tiān xiáo de(词)表示难以理解或无法说明。[例]~是咋回事。

【天要变卦】tiān yao bián guá(熟)天气由晴转阴或下雨。

【天要下，娘要嫁，谁也挡不下】tiān yáo xiá,niàng yáo jiá,shuì ye dáng bu xiá(熟)比喻无能为力或无可奈何。

【天阴不知道迟早，没胡子不知道老小】tiān yīng bú zhī dao chì zào,mú hù zi bú zhī dao lào xiào(熟)意思如文。

【天阴总有天晴时】tiān yīng zòng yòu tiān qing shì(熟)比喻形势总有好转的时候。

【天有不测风云，人有旦夕祸福】tiān yóu bú cé fēng yòng,rèng yòu dān xi huó fú(谚)比喻灾祸随时可能发生,事先无法预料。

【天灾人祸】tiān zāi rèng huó (词)指自然灾害和人为的祸患。

【天长日久】tiān chàng rí jiù(词)指经

过很长时间。[例]~了,就慢慢知道他是个什么人。

【天知地知你知我知】tiān zhī dí zhī nì zhī wò zhī(熟)相约保密语。指天地间只有你我知道这个秘密,不能对别人说。

【天钻钻】tiān zuán zuan(词)小孩头顶上扎的独根发鬏。

【天作之合】tiān zuó zhi hè(词)称赞婚姻美满的话。犹这是上天的安排,把你们配合到一起。

【添补添补】tiān bu tiān bu(词)给予资助。[例]把这些钱带上,当紧忙了也能~。

【添草】tiān cào(词)给牲畜往槽里加草。[例]晚上起来给牲畜~。

【添粮莫如减口】tiān liàng mó ru jiàn kòu(谚)增加粮食不如减少人口。比喻解决问题要从根本入手。

【添钱恶买】tiān qiàn é mài(词)抬高价钱,恶意购买。[例]我刚把价格讲好,你来~,能行吗?

【添土】tiān tù(词)指扫墓上坟时往坟头上培土。[例]清明了,各家都到坟茔上~。

【添油加醋】tiān yòu jiā cú(词)比喻叙述事情经过或转述别人话语时加上自己的观点和评论。

【添砖加瓦】tiān zhuān jiā wà(词)比喻尽自己的力量做些工作,有谦虚义。

【掭】tián(词)❶毛笔蘸墨汁后在砚台或瓶口上把笔尖理顺。[例]把毛笔~一~。❷拨动。灯不亮了,把灯捻~一下。

【掭杠】tián gáng(词)暗中挑拨,加盐调醋,制造矛盾。[例]俩人本来就不睦,他还在中间~!

【田不鸡鸡】tiàn bu jí ji(词)即田鸡,青蛙。

【田埂】tián gèng(词)分割田块、拦住灌水的土堤。[例]两家的责任田只隔着一道~。

【田里没打下,锅里没煮的】tián ni mú dá xia,guō ni mú zhú di(顺)比喻源和流的关系。

【田里能等黄,锅里等不熟】tián ni nèng dèng huàng,guō ni déng bú shú(谚)比喻更长的时间都熬过来了,剩下很短的时间就等不住?劝人不要着急。

【田嘴子】tiàn zuí zi(词)引黄河水自流灌溉的地方,在地块入水口处淤澄起来的小土丘。第二年播种前要去除,叫扎~。

【甜饭】tiàn fán(词)❶没有菜的白饭。[例]婆姨不在家,没人给做菜,他顿顿吃~。❷指带甜味的抓饭。

【甜哥哥,蜜姐姐】tiàn gē ge,mí jié jie(熟)比喻男女说情话时的互相称谓。

【甜咱咱】tiàn biá bia(词)饭食缺少咸味。[例]饭~的,加点盐。

【甜唧唧】tiàn jí ji(词)太甜或淡而无味的食物。[例]汤做得~的,不好喝。

【甜苦菜】tiàn ku cái(词)苦苦菜的一种。叶缘光滑，色嫩绿，煮熟后基本无苦味。

【甜牌】tiàn pai(词)“花花子”用语，即赢家的牌里没有“牛”或“喜”，赢得少。

【甜秫秆秆】tiàn shú gán gan (词)有甜味的高粱秆儿。

【甜头】tiàn tou(词)甜味。比喻好处或利益。[例]上次尝到~，这次又来了。

【甜言蜜语】tiàn yàn mí yù(词)比喻为了讨人喜欢或哄骗人而说的好听话。[例]别看他这时候~，到时候就翻脸不认人了。

【填方】tiàn fāng(词)指实施土木工程时向地基或其他地方填充的土石方。[例]可以按~算，也可以按挖方算。

【填房】tiàn fang(词)旧指女子嫁给死了妻子的人。[例]姐姐死后，妹妹给姐夫做了~。

【填还】tiàn huan(词)指赠送、周济、白给。[例]把钱~了娘家。

【填炕】tiàn káng(词)指把燃料塞进炕洞，燃烧后使炕面发热。

【填炕叉叉子】tiàn káng chā cha zi (词)往炕洞里塞填柴火的长把短股木叉。

【填了黑洞】tiàn le héi dong(词)比喻把钱花在嫖娼等不该花的地方。也说塞了黑洞。

【填穷坑】tiàn qiòng kēng(词)❶从经济上资助他人，有贬义。❷指农历正月初五吃饺子的习俗，叫~。

【舔沟子】tiàn gōu zi(熟)比喻溜沟子、拍马屁。沟子：屁股。

【舔嘴咂舌】tiàn zuí zá shè(词)形容吃得有滋有味的样子。是不雅的吃相。

tiao

【挑菜】tiāo cái(词)用铁铲挖野菜。挑：挖、掘。[例]挑苦苦菜。

【挑葱的见不得卖蒜的】tiāo cōng di jián bu de mái suán di(谚)比喻同行相互排斥。

【挑肥拣瘦】tiāo fèi jián sóu(词)比喻只挑对自己有用(利)的，放弃对自己无用(不利)的。贬义。

【挑渠】tiāo qù(词)挖渠、修渠。挑：掘、挖。[例]那时，生产队年年都要派人到大干渠~。

【挑三拣四】tiāo sān jián sí(词)指挑挑拣拣，嫌这嫌那。[例]眼看成了老丫头(大龄女青年)了，还~的。

【粜的粮食一人高，扯的裤子没有腰】tiáo di liàng shi yí rèng gāo, ché di kú zi mú yòu yāo(熟)旧指卖出的粮食有一人高(用口袋装)，买(扯)回的布只够做裤腿、没有做裤腰的。比喻粮价太低。粜：卖出粮食。

【粜粮食】tiáo liàng shi(词)卖出粮食。

【跳】tiáo(词)指马、驴与同类自行交配。

【跳蹦子】tiáo bēng zi(词)因高兴或着急而跳起来。

【跳鳖】tiáo bié(词)农村里一种类似鞍马的儿童体育游戏,"鞍马"(即鳖)由人充当。

【跳槽】tiáo cào(词)❶改变行业,变动工作处所。❷指爱情婚姻上喜新厌旧,见异思迁。

【跳到黄河里也洗不清】tiáo dao huàng hè ni ye xí bú qīng(词)比喻很难摆脱干系和嫌疑。[例]我是~了!

【跳到猪圈里能把猪吓跑】tiáo dao zhū juán ni nèng bá zhū xiá pào(熟)形容长相过于丑陋。

【跳得高,跌得疼】tiáo di gāo,dié di tèng(熟)指怀着卑鄙目的上蹿下跳,兴风作浪,终究没得到好下场。

【跳房子】tiáo fàng zi(词)又称跳方,一种儿童游戏。见附一。

【跳三丈高的蹦子】tiáo sān zhang gāo di bēng zi(熟)人在高兴或气愤时激动地跳起来。三丈是夸张的说法。

【跳神】tiáo shèng(词)巫婆神汉假装神仙附体,来回跳跃,为人"治病"。

【跳腾】tiáo teng(词)比喻不安分,胡折腾。[例]自从你给她谈话以后,再没~。

【跳趱子】tiáo zàn zi(词)比喻活蹦乱跳,无忧无虑。[例]杀人放火的~,吃斋念佛的病团团。

【调羹子】tiǎo geng zi(词)即汤匙。[例]拿~喝汤。

【挑槽子】tiào cào zi(词)在地上挖槽。[例]先~,再下石头。

【挑猴】tiào hòu(词)❶指玩跷跷板。❷比喻平放的东西因放置不稳而两头(边)互挑。[例]案板没放平,~呢。

【挑明】tiào mìng(词)公开、明说。[例]~说吧,这事是我干的。

【挑明了】tiào mìng le(词)把本来有所保留或隐瞒的事公开。[例]事情一旦~,也就无所顾忌了。

【挑唆】tiào suo(词)犹教唆、挑拨。[例]他是受了别人的~,才这么干的。

【条播】tiào bō(词)播种方法之一,对撒播而言。即用农机具把种子播成等距离的多行直线。[例]水稻~机。

【条凳】tiào deng(词)长条形板凳。[例]主席台上摆着桌子和~。

【条绒】tiào ròng(词)即灯芯绒。

【条绒鞋】tiào ròng hài(词)用条绒做面料的家制鞋。

【条桌】tiào zhuó(词)长方形的桌子。[例]把供品摆在~上。

【条子】tiào zi(词)❶树上比较直溜的枝条。[例]削些~编个筐。❷当作字据的纸条。[例]叫他打个~,再把钱交给他。

【调和】tiào huo(词)一种米面两掺并加入杂粮蔬菜及调料的粥。

【调教】tiào jiao(词)教养、训练。[例]都怪我没把孩子~好。

【调皮捣蛋】tiào pì dáo dán(词)指不

守纪律,顽皮,捣乱。[例]不怕你~,就怕你单兵教练。

【调牲口】diào sēng kou(词)指牛、马、骡、驴等役畜在使役前的调驯,方法各有不同。

【笤帚杪】tiào zhu miāo(词)指连着糜子穗的那一节茎秆,掼去子粒后可扎制笤帚。

tie

【贴本】tié bèng(词)赔本,亏损。

【贴大发了】tié dá fa le(词)亏损得太多。贴:亏损。大发:严重,无法收拾。

【贴钱】tié qiàn(词)赔钱。[例]~的买卖谁干?

【贴钱货】tié qiàn huó(词)❶旧时嫁女,娘家要陪嫁妆,故称女儿为~。❷指购进的东西不赚钱或不产生经济收益。

【铁板上钉钉】tié bán shang díng dīng(熟)不可改变的决定或事实。[例]对他的处分是~,谁说情也改变不了。

【铁车】tié che(词)旧时农村运输工具,由马、骡拉运,也叫马车。因车轮外侧包有铁瓦,故名。详见附一。

【铁打的洪广营,纸糊的宁夏城】tié dá di hòng guang yìng,zhì hū di nìng xia chèng(顺)民间传说。洪广营在宁夏贺兰县境内,宁夏城即银川市原老城区。指前者戒备盘查严,后者几乎无戒备。详见附一。

【铁打的衙门流水的官】tié dá di yà meng liù shuí di guān(熟)指机构不变,官员经常变动。

【铁打的营盘流水的兵】tié dá di yìng pan liù shuí di bīng(熟)谓军营修筑得非常坚固,士兵却经常调防流动。

【铁饭碗】tié fán wàn(词)比喻稳定的、不易失业的工作。[例]现在都是合同制,哪来的~。

【铁哥儿们】tié gēr meng(熟)形容关系牢固的朋友。

【铁公鸡——一毛不拔】tié gōng ji—yí mào bú bá(歇)比喻特别吝啬的人。

【铁匠短了一锤,木匠短了瓷贼】tié jiang duán le yí chuì,mú jiang duán le cì zèi(熟)铁匠把铁活做短了可以锤砸延长,木匠把木头锯短了则无法延长。

【铁匠没样,现打现相】tié jiang mú yáng,xuán dà xuán xiáng(谚)比喻没有可比照的样板,全靠边干边修改。

【铁匠使的烂锅,木匠使的烂车】tié jiang shí di lán guō,mú jiang shí di lán chē(谚)比喻手艺人只顾为别人做活挣钱,顾不上自家建设。

【铁路警察——各管一段】tié lú jīng chà——gé guán yí duán(歇)比喻分工明确,互不相扰。

【铁门闩】tié mèng shuān(词)❶铁制门闩。❷象棋术语(一种无解的杀局)。❸一种主治胃气痛的中药方剂。

【铁面无私】tié mian wù sī(词)形容公正严明，不畏权势，不讲情面。[例]做纪检工作就要~。

【铁锹不用要生锈，人不学习要落后】tié qiāo bú yóng yáo sēng xiú，rèng bú xué xi yáo luó hóu(谚)旧指干部不参加集体生产劳动就会蜕化变质，人不学习就会落后于形势或他人。

【铁算盘】tié suán pàn(词)比喻原则性强的财会人员。[例]老会计被大家称作~。

【铁叶子】tié yé zi(词)铁皮。[例]用~把木板门包上。

【铁辕犁】tié yuàn lì(词)也叫单把犁，是取代"二牛抬杠"的新式步犁。因它的牵引杆是铁的，故称~。

【铁嘴】tié zuì(词)❶比喻能言善辩的人。❷称算卦较准的人。

【铁嘴麻雀子】tié zuì mà que zi (词)❶嘴硬，善辩。❷跟长辈说话不称辈分或直呼其名。

ting

【听岔了】tīng chá le(熟)指听错了或误解了。

【听窗根】tīng chuāng geng(词)❶在别人窗外偷听。❷偷听新婚夫妇初夜动静的习俗，也叫听房。

【听到鼻子里了】tīng dao bí zi ni le (熟) 调侃语。比喻没听进去或领会错了。

【听分明】tīng fēng ming(熟)听清楚。[例]他说的声音小，我没~。

【听风的买卖跑死马】tīng fēng di mái mai páo si mà(谚)本指道听途说的好生意，及至真做时才发现并不是那么回事。泛指不可靠的消息。

【听风就是雨】tīng fēng jiú shi yù (熟) 比喻听到一点不确切的消息就信以为真，并附和传播。

【听话听声，锣鼓听音】tīng huá tīng shēng，luò gù tīng yīng(顺)谓从别人说的话中分析出言外之意。

【听会】tīng huí(词)指参加类似报告会的会议，即只听别人讲，自己无需发言。

【听了《西游记》，误了庄田地】tīng le《xī yòu jí》，wú le zhuāng tiàn dí(谚)指听《西游记》的故事入迷，以致耽误了做农活。

【听了个风风子】tīng le ge fēng feng zi(熟)指听到一些不确切的消息。

【听墙根】tīng qiàng geng(词)躲在墙脚下偷听别人谈话。

【听了别人的喝，打了自己的锅】tīng le biè reng di hē，dá le zí ji di guō (谚) 比喻受别人鼓动或挑唆而坏了自家(己)的事。

【听天书】tīng tiān shu(词)比喻听不懂讲的话或所读的文章。[例]外行听起来就像~。

【听天由命】tíng tiān yòu míng(词)比

喻一切听任事态自然发展变化,不做主观努力。

【听稀罕】tīng xī han(词)听稀奇。[例]家里第一次买了收音机,爷爷奶奶天天坐在跟前~。

【听响声】tīng xiàng sheng(熟)对洗锅刷碗时撞击声太大的嗔语。[例]是洗锅呢,还是~呢?

【听长】tīng zhàng(词)对开会不发言的人的揶揄。

【听诊器,方向盘,人事科长营业员】tīng zhēng qí,fāng xiang pàn,rèng shí kē zhàng yíng yé yuàn (顺)20世纪50—70年代比较吃香的行业和岗位。

【挺棍】tíng gong(词)❶碾米磨面时,将一根木棍一头缚在牲畜嘴边、一头缚在碾柱或磨扇上,以防止牲畜偷吃。❷浪稻田时,将一根细长的木棍一头缚在牲畜笼头上、一头抓在牵引人手里,以减少牲畜踢起的泥水溅到牵引人身上。上述木棍都叫~。

【挺尸】tìng shī(词)对只顾睡觉、不干家务的男子的骂语。[例]就知道~,圈墙倒了也不砌!

【停当】tìng dang(词)❶结束,妥帖。[例] 手续办~了。❷暗指快要死了。[例]害上这种病,一辈子也就~了。

【停跌绊】tìng dié ban(熟)实力相当,不分上下。[例]别看狗小,和大狗~呢!

【停了磙子,卖了稳子】tìng le góng zi, mái le wéng zi(熟)指旧时租地、少地农民所产粮食交完公粮和租子后所剩无几,甚至连稳子也得卖掉。

【停丧】tìng sāng(词)指灵柩下葬前临时安放的地方。[例]宁~,不挺双(把闲房子借给他人做临时新房)。

tong

【吞】tōng(词)生气时对吃的代称。[例]他~都~不迭,还管别人吃不吃!

【吞吞吐吐】tōng tong tú tu(词)形容想说但又不痛快地说。

【通风报信】tōng fēng báo xíng (词)指把对立双方中一方的机密暗告另一方。

【通吉桥】tōng ji qiào(词)以清朝工部侍郎通智命名的、建在汉延渠上的桥梁。1983年翻建。

【通桥】tōng qiào(词)地名,因通吉桥得名,原属通桥乡,今属望远镇。[例]~公社(1961年)。|~乡(1983年6月,2003年并入望远镇)。

【通情达理】tōng qìng dá lì(词)指接受道理,体谅情况。[例]只要把道理讲清楚,多数人是~的。

【通说】tōng shuo(词)指与神灵对话交流。有翻译解释之义。[例]上香的时候,好好(给神灵们)~~。

【通私情】tōng sī qìng(词)因私人关系或个人感情而放弃原则。[例]关系再好也要按原则办,不能~。

【通天】tōng tiān(熟)直通最高当局

或领导人。

【通上走了】tóng shang zóu le(词)迁居,搬家,转移 。[例]这家人早~。

【通场】tòng chàng(词)指牧民迁移草场。

【统共】tōng góng(词)总共,一共。[例]~五个人,你就得罪了四个。

【统购粮】tōng góu liàng(词)指国家按统一定价向农户或农业集体经济组织收购的粮食。

【统购统销】tōng góu tōng xiāo (词)指国家对某些关系国计民生的物资实行统一收购和销售。

【捅棍】tōng gong(词)宰猪用具,也叫捅条。

【褪】tóng(词)❶把套在身体某部位的衣物退下来。[例]把袖套~下来。❷后退。[例]不往前走往后~。

【痛快人】tóng kuai rèng(词)形容办事干脆爽快的人。

【同名同姓】tòng mìng tòng xíng(词)名字和姓氏都相同的人。

【同上个人】tòng shang ge rèng (熟)请个中介或证人。[例]还钱的时候~,免得以后说胡话。

【铜帮铁底】tòng bāng tié dì(词)形容结实,牢不可破。[例]老祖宗置了个~(家业),全叫他毁了。

【铜匠】tòng jiang(词)制造和修理铜器的工匠。

【铜圆】tòng yuàn(词)也叫铜板,从清代末年到抗日战争前通用的无孔铜质辅币。

【童男童女】tòng nàn tòng nǜ(词)❶未婚男孩与女孩。❷治丧时糊扎的形似男孩女孩的纸人。

【童养媳】tòng yáng xí(词)指领养别人幼女、长大后做儿媳妇。

【童猪】tòng zhu(词)摘除了卵巢的母猪。

【童子】tòng zi(词)旧时称十四岁以下的男性为~, 也指从未经历过性生活的男子。[例]~身。

【童子鸡】tòng zi jī(词)指尚未与母鸡交配过的小公鸡。

【童子痨】tòng zi lào(词)一种儿童疾病, 中医指儿童所患的肺结核病,也指其他慢性病引起的虚弱症。

【童子身】tòng zi shēng(熟)指没有性生活经历的男子。

【童子娃娃】tòng zi wà wa(词)同"童子"条。

tou

【偷的驴贩私盐——二宗归一】tōu di lǜ fán sī yàn—ér zōng guī yí (谚)比喻把两件罪名合起来加以处罚。

【偷风不偷雨】tōu fēng bú tōu yù (熟)惯盗的经验。风可掩护作案发出的声音,雨天容易留下踪迹。

【偷工减料】tōu gōng jián liáo(词)在制作产品时不遵守质量标准,偷省工序，减少用料（或以次充好）。[例]不能靠~赚钱。

【偷鸡摸狗】tōu jī mō gòu（词）❶小偷小摸。❷婚外偷情。❸泛指不正经、不光明的勾当。

【偷奸取巧】tōu jiān qù qiào（词）指用投机取巧的办法得到好处。

【偷空】tōu kóng（词）犹抽空。[例]今天~走个街（赶集）。

【偷来的麦子上不了场】tōu lai di miá zi shány bu liào chàng（谚）指偷来的带穗的麦子不敢在场上公开打碾。比喻偷来的东西不敢公开使用。

【偷梁换柱】tōu liàng huán zhú（词）比喻暗中玩弄手法，以假代真，以次充好。

【偷人】tōu rèng（词）❶已婚女子勾引别家男子。❷做贼，当小偷。

【偷三挖四】tōu san wà sí（词）指偷偷把自家的东西送给别人。

【偷死鬼】tōu si gui（词）形容偷偷摸摸、吓吓怕怕的样子。[例]看你那个~样子，一点也不大方。

【偷偷摸摸】tōu tou mō mo（词）形容瞒着别人做事。[例]给东西就明打明地给，不要~地。

【偷咬的狗不出声】tōu yáo di gòu bú chú shēng（谚）比喻暗害人者自己不露面，只躲在背后活动。

【偷嘴】tōu zuì（词）❶偷吃东西。[例]~的猫儿不改性。❷拉碾、磨的牲畜偷吃加工的粮食。

【偷嘴的猫儿不改性】tōu zuí di màor bú gái xíng（谚）比喻养成的恶习不好改正。

【透底】tóu dì（词）❶透露、外露底细。[例]我给你透个底，你别对人说。❷拿话套问底细。[例]我先去透个底再说。

【透惑】tóu huo（词）采用手段引诱别人说出实情或秘密。[例]不能着急，要慢慢~。

【透气】tóu qí（词）比喻透露消息。[例]出了这么大的事，也不给我们透个气！

【透问】tóu weng（词）诱惑式询问、了解。[例]你们先走，等我慢慢~。

【透心凉】tóu xīng liàng（词）比喻一语中的，完全符合听者的心意。[例]几句话把他说了个~。

【投机倒把】tōu jī dào bà（词）计划经济时期，利用权力或时机，倒卖紧缺物资牟取暴利的行为。

【投机取巧】tōu jī qù qiào（词）指用不正当手段谋取私利。也指靠小聪明占便宜。

【投犁】tòu lì（词）旧指木匠制作老式犁。[例]请木匠师傅~。

【投不上】tòu bu shány（词）不相投合，不相吻合，多指数字。[例]分类账和总账~。

【投到】tòu dao（词）介词，表示在某一时间之前，相当于“及至”“等到”。

[例]~我去,戏已经散了。

【投机】tòu jī(词)❶投合,相投。[例]话不~半句多。❷趁机谋取私利。[例]~分子。

【投师】tòu shī(词)从师学艺。[例]从小~学木匠。

【投胎】tòu tāi(词)迷信谓人或动物死后灵魂投入他胎,再次转世。

【头插到地下苦】tòu chá dao dí xia kù(熟)形容竭尽全力地劳动。[例]就是~,也没人说个好。

【头黪面】tòu chan mián(词)麦子磨第一遍时筛出的细面粉。[例]把~单另收上,过年吃。黪:舂、碾、磨粮食的遍数,一遍为一~。

【头朝下控上三天也控不出一点墨水】tòu chào xiá kóng shang sān tiān ye kóng bu chú yí dián miá shuì(词)对文盲的形容。

【头醋】tòu cu(词)指第一道醋,味道最酸。

【头大脖子细,越望越着气】tòu dá bó zi xí,yué wáng yué zhuó qí(顺)比喻对这种长相的人或搭配不合理的物件看不顺眼。

【头大二目宽,必定做高官】tòu dá ér mú kuān,bí díng zuó gāo guān(熟)二目指印堂。谓印堂宽阔平光,是做官的相。

【头戴半升子——真是个四棱子】tòu dái bán shēng zi—zhéng shi ge sí lèng zi(歇)半升子:量具,一市升的一半。四棱子:对经常讲怪话、说风凉话者的贬称。

【头掉了才是碗大的疤】tòu diáo le cài shi wán dá di bā(词)表示不怕死或视死如归。[例]别拿大帽子吓人,~!

【头都大了】tòu dou dá le(词)脑袋都发胀(晕,糊涂)了。

【头都苦干了】tòu dou kù gān le(熟)因过度辛苦劳累而身体干瘦。[例]~,还是分不上钱。

【头发菜】tòu fa cái(词)发菜。

【头发缨缨子】tòu fa yīng ying zi(词)女子脑门上的刘海。

【头房】tòu fang(词)指第一任妻子或丈夫。

【头房是二房的影】tòu fang shi ér fang di yìng(熟)谓第二任丈夫或妻子与第一任丈夫或妻子的习性相似。唯心。

【头伏萝卜二伏菜】tòu fu luò bo ér fu cái(谚)指入伏后的第一个十天(头伏)种萝卜(青萝卜),第二个十天(二伏)种白菜最好。

【头锅饺子二锅面】tòu guō jiáo zi ér guō mián(谚)头锅饺子易熟,二锅面筋道。

【头昏脑涨】tòu hōng náo zháng(词)因繁忙或生病而头脑不清醒。[例]算了一天账,~的。

【头昏眼花】tòu hōng yàn huā(词)形

容头发晕，眼睛模糊迷乱。

【头家】tòu jia(词)牌戏或赌博中规定第一个出牌的人。

【头口】tòu kou(词)指骡马牛驴等大牲畜。

【头里】tòu ni(词)前面，前头。[例]我在~走，你后头走。

【头难头难】tòu nàn tòu nàn (谚)万事开头难。也指婴儿出生时头比较难生。

【头破血肿】tòu po xié zhòng (词)头破脸肿，血流满面。多用来形容家庭暴力中妇女被打状况。[例]旧社会，她经常被丈夫打得~。

【头肉】tòu róu(词)过于老实，头脑不灵活。[例]都怪你~，不然怎么会上当？

【头上开疮，脚下流脓——坏透了】tòu shang kāi chuāng，jué xiá liù nèng—huái tóu le(歇)意思如后半句。

【头上捻个土土子】tòu shang niān ge tú tu zi(熟)比喻欺负人。

【头首子】tòu shou zi(词)妇女所生的第一个孩子。

【头水要满，二水要撵】tòu shui yáo màn，ér shui yáo niàn(谚)小麦浇水的规律。撵：紧跟上次。

【头睡扁了】tòu shuí bián le(熟)对少干活、多睡觉者的讽语。[例]快起来干活吧，别把~！

【头痛发烧，阿司匹林一包】tòu tòng fá shāo，ā si pī lìng yí bāo(顺)意谓头痛发烧是小病，吃点普通感冒药就好了。

【头痛顾头，脚痛顾脚】tòu tèng gú tòu，jué tèng gú jué(熟)❶比喻事先没计划，临时应付。❷也指忙乱无序。

【头痛脑热】tòu tèng náo ré(词)指感冒之类的小病。有时也比喻日常开销和困难。[例]就是叫他抵了命，能解决你们的~？

【头痛治头，脚痛治脚】tòu tèng zhí tòu，jué tèng zhí jué(熟)指治病时治标不治本。比喻被动应付，不从根本上解决问题。

【头头脑脑】tòu tou náo nao (词)泛指各种组织的头领或负责人。[例]今天来的全是各单位的~。

【头头子】tòu tou zi(词)❶指物体的最上端、最前端。❷指事情的开端。❸指头领、负责人。

【头头子叫疳吃了，尾尾子叫獾吃了】tòu tou zi jiáo gān chí le，yí yi zi jiáo huān chí le(词)比喻无头无尾的故事或没有头领的组织。疳：疳疮，性病。

【头碗饭好吃，二碗饭不好吃】tòu wán fán háo chí，ér wán fán bú háo chí(熟)比喻妇女头婚日子好过，二婚麻烦较多，日子不好过。

【头尾都摸不着】tòu yì dōu mō bu zhuò(熟)形容刚刚从事某项不熟悉的工作，摸不着头绪。

【头想上个菜瓜长】tòu xiáng shang ge cái guā chàng(熟)讽刺语,即把脑袋想得像菜瓜那样长也不顶事。

【头兴帽角子颤】tòu xíng máo ge zi zhán(熟)形容高兴时摇头晃脑的样子。帽角子:小辫子,也叫帽盖子。

【头摇屁股晃】tòu yào pí gu huáng(熟)形容得意忘形或举止轻浮。[例]看那个~的样子,就知道是个烧包!

【头长得搁天窗冒出去了】tòu zháng di gé tiān chuang máo chu ke le(熟)比喻大龄男子。常做儿子婉拒父母催婚的话。[例]急啥? 我又没~。

【头枕夜壶——不缺渴】tòu zhèng yé hu—bú qué ké(歇)对有钱人的嘲讽。

【头枕元宝——看财奴】tòu zhèng yuàn bao— kān cài nù(歇)比喻敛财舍不得花的人。元宝:两头翘中间凹、形状像船的金、银锭。

【头重脚轻】tòu zhóng jué qīng (词)❶因身体不适而头脑发胀, 脚下不稳。❷比喻上重(大)下轻(小)或基础不牢固的物体。❸形容人举止轻狂不稳重。

【头子碰】tòu zi péng(词)迎面碰上。[例]俩人迎了个~。

tu

【秃头尕子】tú tou gà zi(词)泛指小男孩。旧时小男孩多剃光头。[例]养了两个~。

【秃头圈脸胡, 一亏有一补】tú tòu quān lian hù,yí kuī yóu yí bù(顺)比喻这方面的不足或损失由那方面弥补。

【秃桩桩】tú zhuāng zhuang(词)指没有枝叶的树木或其他植物。

【秃子打伞——无发(法)无天】tú zi dà sàn—wù fá(fá)wù tiān(歇)比喻不顾法纪天理,恣意妄为。

【秃子留分头——没条件】tú zi liù fēng tòu — mú tiào jian(歇)比喻缺少最基本的条件。

【秃子头,抹香油,钻狗屄,滑溜溜】tú zi tòu,mò xiāng yòu,zuān gòu bī, huá liú liu(儿)小儿对剃光头或秃顶者的戏谑。

【秃子头上的虱子——明摆着】tú zi tòu shang di shé zi—mìng bái zhe(歇)比喻无遮掩,一目了然。

【土八路】tú bá lu(词)❶旧时对八路军的蔑称。后成为“非正规”“土气”的代词。❷对乡下人的蔑称或乡下人自嘲。

【土得掉渣渣子】tú di diáo zhā zha zi(熟)形容过于土气。[例]看你穿的那个衣裳,~呢!

【土蜂】tú feng(词)指马蜂。[例]放火烧掉了~窝。

【土搁三年成粪,粪搁三年成土】tú gé sān niàn chèng fèng,fèng gé sān niàn chèng tù (谚)指黄土经长期堆放而

熟化，可做肥料；农家肥长期闲置就会失去养分，变成普通的土。

【土蛄蛄】tú gú gu(词)即蝼蛄。

【土话】tú huá(词)在一定区域范围内使用的方言。[例] 外来人听不懂当地~。

【土墼】tú ji(词)指用于盘炕、褛栈子(见该条)的土坯。做法是用木模把草泥制成方块，晒干备用。

【土墼模子】tú ji mù zi (词) 脱土墼(土坯)的模具，木制，有正方形和长方形。正方形分 1.5 尺×1.5 尺和 1.8 尺×1.8 尺二种，长方形为 1.5 尺×0.75 尺。

【土神爷爷】tú sheng yè ye (词)对土地神的敬称。[例]~还有个土性子。

【土雾烧山，下雨不过三天】tú wú shāo shān，xiá yú bú guó sān tiān (谚)指山头上如果出现土黄色的雾，近日内可能要下雨。

【土腥气】tú xing qí(词)指泥土的气味。[例]菜没洗干净，~的。

【土葬】tú záng(词)葬式之一，又称埋葬。一般是把死人遗体装进棺材，埋进土里。

【土政策】tú zhéng cé(词)指地方或小团体内部自己搞的规定。多指不合法或不恰当的规定。

【土包子】tù bāo zi(词)比喻没见过世面的乡下人。

【土财主】tù cái zhu(词)指旧时未见过世面的乡下有钱人。

【土苍苍】tù cáng cang(词)形容物体表面落上尘土的样子。[例]身上~的，在外面拍拍再进屋。

【土方】tù fāng(词)挖土、填土、运土的工作量，通常用立方米计算，一立方米为一个~。

【土改】tù gài(词)即土地改革运动。详见附一。

【土皇上】tù huàng shang(词)指盘踞一方的军阀或恶霸。也比喻不讲民主、独断专行的基层干部。

【土坷垃】tù ké la(词)❶即土块。❷比喻不受重视的人或物。

【土老鼠】tù lào chu(熟)形容人浑身尘土，像从土里出来的老鼠。

【土洋结合】tù yàng jié hè(词)指把简单的设备或技术同现代化设备或技术结合起来的做法。

【土有翻身之力】tù yòu fān shēng zhi lí(谚)指土地经过翻犁晾晒，会增加地力。

【吐故纳新】tú gú ná xīng(词)原指人呼吸时吐出浊气，吸进新鲜空气。特指 1967 年毛泽东发出党建要~的指示。

【吐口】tù kòu(词)指开口说话，答应，表态。[例]只要丫头一~，你们就去领结婚证。

【兔儿不吃窝边草】túr bú chí wō

biān cào(谚)比喻不伤害邻里或身边人的利益。也指不跟妻子之外的身边女性通奸。

【兔儿满山跑，归来入旧窝】túr màn shān pào,guī lài rú jiú wō(谚)犹落叶归根。

【兔子的尾巴——长不了】tú zi di yí ba—chàng bú liào(歇)比喻没有生命力的事物。

【兔子急了也咬人】tú zi jí le yé yáo rèng(谚)比喻再善良的人也知道自卫。

【兔子跳三跳还要缓一缓】tú zi tiáo sān tiáo hài yao huán yi huàn(熟)比喻有劳有逸。

【兔子也有打盹的时候】tú zi yè yòu dà dóng di shì hou(熟)比喻再机警的人也有放松警惕的时候。

【图财得利】tù cài dá lí(词)指目的在于得到钱财和好处。[例]好心帮他，他还以为我~呢!

【图财害命】tù cài hái míng(词)为劫夺财物而害人性命。

【图个啥】tù ge shá(词)犹想得到什么,要达到什么目的。[例]这样没天没夜地干,到底~?

【图一头】tù yi tòu(词)指得不到这个也要得到那个(好处)。[例]年轻轻的嫁个老头儿,总得~。

【屠户】tù hu(词)即屠夫。[例]千里~一个眼。

tuan

【团结】tuàn jié(词)地名,意为民族团结。原属仁存乡,现属李俊镇。[例]~生产大队(1958年)。|~村(1983年6月后)。

【团结沟】tuàn jié gōu (词)1966年由原丰登沟改建而成,起于李俊镇侯家湾子,穿望洪旧涵洞入黄河,全长12公里。

【抟】tuàn(词)❶捏之成团。[例]把面絮絮~到一起。❷被人哄骗裹挟。[例]女娃娃叫人~上走了。

【疃庄】tuàn zhuang(词)自然村用词。[例]王家~(在李俊镇)。

tui

【推刨】tuī bao(词)即刨子。推刮木料等使之平滑的工具。

【推日头爷爷下山】tuī rí tou yè ye xiá shān(熟)比喻混日子,磨时间。

【推十点半】tuī shí dián bán(词)扑克牌玩法之一。

【推推搡搡】tuī tui sáng sang (词)❶互相推诿。❷互相推搡。

【推头】tuī tòu(词)用推剪理发。

【推子】tuī zi(词)即推剪,理发工具,有手动和电动两种。

【腿棒子】tuí báng zi(词)即动物的小腿。

【腿拨廊】tuí bo lāng(词)两腿之间。

[例]从~里钻过去。

【腿带】tuí dai(词)旧时缠在裤脚的布带，后多用于老年人和坐月子的妇女,现已不用。

【腿肚子】tuì dú zi(词)小腿后面隆起的肌肉。[例]~转筋了。

【腿卡子】tuì qiā zi(词)大腿之间靠上处。[例]人太胖,一到夏天~就烂。

【腿弯子】tuì wān zi(词)指腿后正对膝盖的拐弯处,也叫腿窝子。

【腿窝子】tuì wō zi(词)即腿弯子。

【退槽】tuí cào(词)牲畜退役。比喻人退休或用具淘汰。[例]老了,该~了。

【退毛】tuí mào(词)禽兽身上的毛羽因季节变化而自然脱落。

【退坡】tuí pō(词)比喻意志衰退。[例]产生了~思想。

【退伍军人】tuí wù jiōng reng (词)现指义务兵退役。

【蜕化变质】tuí huá bián zhí(词)比喻人堕落变坏。[例]~分子。

【煺毛】tuí mào(词)已宰杀的猪、鸡等用滚水浇烫去毛。

tuo

【托词】tuō ci(词)借口。[例]那不过是个~。

【托福】tuō fú(词)依托别人而得到福气或幸运。[例]我们能有今天,全托了你们老俩的福。

【托烙子】tuō luo zi(词)用烤炉烤制的小圆饼。

【托生】tuō sēng(词)指人或牲畜死后转世投胎。迷信说法。

【托子】tuō zi(词)承垫杯碗等、起平稳隔热作用的器皿。特指盖碗子(一种茶具,也叫三炮台)底部的茶船子(底托儿)。

【拖儿带母的】tuō èr dái mǔ di (词)指子女多的母亲。比喻家有拖累,出门不方便。[例]她~的,上不了夜校。

【拖泥带水的】tuō ni dái shuǐ di (词)比喻说话做事不干脆,不利落。

【托梦】tuó méng(词)指死去的人出现在活人的梦里。

【托天的万福】tuó tiān di wán fú(熟)依赖上天赐予的福气,有感激义。万福:多福,祝祷之词。

【脱不开】tuó bú kāi(熟)因繁忙而走不开,脱不开身。

【脱工】tuó gōng(词)指旷工。

【脱了相】tuó le xiáng(词)因得病、饥饿等原因使相貌大变，几乎认不出来。[例]人都饿得~。

【脱了心】tuó le xīng(词)摆脱精神负担,用不着操心、烦心。[例]儿女一成家,我们就~。

【脱力】tuó lí(词)指体力和精力下降。[例]人过四十岁就~了。

【脱利核桃】tuó lí hu tào(熟)推卸、摆脱责任。利核桃:见该条。[例]出了这么大的事,你想~呀!

【脱煤饼子】tuó mì bíng zi(熟)脱煤砖。

【脱贫致富】tuó pìng zhí fú(词)脱离贫困,达到富裕。[例]通过开展多种经营,好多家庭已经~。

【脱身】tuó shēng(词)抽身、摆脱。[例]警察在前面挡着,我们才趁机~。

【脱土墼】tuó tú ji(词)用掺有稳子的泥脱土坯。见"土墼"条。

【脱销】tuó xiāo(词)指商品供不应求或一时供应不上。[例]供销社的盐~了。

【驮垛子】tuò duó zi(词)指经过整理捆扎、供牲畜驮运的货包。

【驮棍】tuò gong(词)牲畜驮运东西时担在背上的棍棒。

【驮筐】tuò kuāng(词)挂在牲畜身体两侧的柳条篓子。

【驮梁】tuò liàng(词)两头拴在马车车辕上、中间搭在驾辕牲畜脊背上、用于承载车辕重量的皮带或粗绳。

【驮骡子】tuò luo zi(词)专门驮运东西的骡子。

【沱沱迹迹】tuò tuo jí ji(词)不连片的水迹或其他痕迹。[例]娃娃把床单上尿得~的。

【驼户】tuò hu(词)指用骆驼搞长途运输的商人。

【驼色】tuò se(词)褐色、咖啡色。

【妥了】tuó le(词)事情办妥帖了,可以放心了。

【庹线】tuó xián(词)买卖棉线。旧时买卖棉线用膀子(即两臂伸开的距离)量,叫~。

W

wa

【挖方】wā fang(词)指土石工程施工时开掘的土石方。

【挖房子】wā fàng zi(词)拆房子的俗称。

【挖绝户坟，抬寡妇门】wā jué hu fèng,tài guá fu mèng(熟)比喻做缺德事。

【挖老鼠仓】wā lào chu cāng (熟)挖取老鼠洞里的粮食。

【挖了一眼】wā le yí yàn(词)用眼神制止或表示厌恶。

【挖叽挖囊】wá ji wá nàng 形容洗东西水少,不认真,洗得不干净。

【洼洼子】wá wa zi(词)地势较洼的地方。地名用词。如伍家~(在今李俊镇丰登村)。

【瓦渣】wá zha(词)碎瓦片、陶瓷片。[例]精脚片子叫~碴烂了。

【瓦渣子刮沟子】wá zha zi guá gōu zi (熟)一点不剩,干干净净。比喻钱财花光或被剥夺得一无所有。[例]家里穷得~。

【瓦罐】wá guan(词)一种陶制容器。[例]~里倒核桃——稀里哗啦。

【瓦罐离不了井口破，只要你来得回数多】wá guan lì bú liào jìng kóu pó,zí yáo ni lài di huì sú duō (谚)比喻同样的事情多次重复,就会被人发现。指坏事。

【瓦罐里倒核桃——稀里哗啦】wá guan ni dáo hé tao — xī li huā lā (歇)比喻干脆利索地说出。

【袜靿子】wǎ yáo zi(词)袜子套在腿上的筒状部分。

【袜鱼子】wǎ yū zi(词)手工制作布袜时加在底部的鱼形套层。[例]把~绱到袜子上。

【袜子比靴子硬】wǎ zi bì xuē zi yíng (谚)比喻从属者(如仆人、雇员、晚辈等)的态度比主宰者(如主人、老板、尊长等)还强硬。

【掭米掭面】wà mì wá mián(词)用勺状工具从容器里取出米面。

【娃娃爱个娃娃】wà wa ái ge wà wa

(熟)指孩子爱跟孩子玩。

【娃娃的鸡鸡子霸王的弓，庄户人的腔口数九天的风】wà wa di jī ji zi bá wang di gōng,zhuāng hu rèng di qiāng kou sù jiù tiān di fēng(顺)这四种现象被当地人称为“四硬”。

【娃娃屁屎——挪截截子】wà wa bà shì—nuò jiè jie zi(歇)比喻干活干干停停、有意拖拉,不能一鼓作气地完成。含批评义。

【娃娃半肚子了】wà wa bán dú zi le(熟)形容怀孕几个月了。

【娃娃不哭娘不奶】wà wa bú kú niàng bú nài(熟)对有困难但不申明者不闻不问或忽略不管。比喻做事不主动,不细心,不尽责。

【娃娃不依惯,拿上巴掌劝】wà wa bú yī guán,nà shang bā zhang quán(谚)谓对小孩不能一味溺爱,该打时要打(吓唬)。

【娃娃的爸爸】wà wa di bá ba(词)妇女在外人面前对丈夫的称呼。

【娃娃的鼻子—— 一抹糊】wà wa di bí zi— yí mó hu(歇)比喻不加区分地做事或处理问题，导致一塌糊涂。鼻子:鼻涕。

【娃娃的话，沙打的坝】wà wa di huá,shā dá di bá(熟)比喻小孩的话靠不住。

【娃娃的鸡鸡子—— 一拨拉就拃】wà wa di jī ji zi— yí bó la jiú zhá(歇)比喻一听到批评意见就暴跳如雷。

【娃娃都是自己的好，婆姨都是旁人的好】wà wa dōu shi zí ji di hào,pò yi dōu shi pàng reng di hào (谚)谓父母偏爱自己小孩，男性向往新的异性。

【娃娃拿哭吓唬人,老人拿死吓唬人】wà wa nà kú xiá hu rèng,láo reng nà sǐ xiá hu rèng(谚)意思如文。

【娃娃气】wà wa qí(词)孩子气,不成熟。[例]带着几分~。

【娃娃亲】wà wa qīng(词)旧时由父母给年幼子女订的亲事。

【娃娃勤,爱死人,娃娃懒,狼刁没人撵】wà wa qìng,ái si rèng,wà wa làn,làng diāo mú rèng niàn(谚)指勤快的小孩人人喜爱，懒惰的小孩没人帮助。鼓励小孩要勤快。撵:追狼救人。

【娃娃头】wà wa tòu(词)❶孩子里的头儿。❷比喻未脱掉稚气、孩子气十足的人。❸指小学教师。

【娃娃养老了,脐带子倒铰上】wà wa yàng láo le,qì dai zi dáo jiáo shang(熟)本指接生人员剪断婴儿脐带时剪在不该剪的一端。比喻越老越笨。也用于自嘲。

【娃娃一沟子】wà wa yí gōu zi (熟)指妇女已经生了几个小孩。一沟子:多的意思。

【娃娃挣掉了】wà wa zéng diáo le(词)孕妇因过劳而流产。

【娃娃嘴里掏实话】wà wa zuí ni tāo shí hua(谚)指从小孩嘴里问出真话。

【娃子】wà zi(词)❶男孩。[例]她养(生)了个~。❷父母对外人称自己的儿子。[例]我腿子疼,~用车子把我捎来了。

wai

【歪】wāi(词)❶力气大,特别能干。[例]小伙子干得可~了!❷显示厉害。[例]做错了,还~得不行。❸顶撞、反驳长辈。[例]儿子把妈~了一顿。

【歪脖子理性】wāi bó zi lí xing(熟)歪理,强词夺理,站不住脚的道理。[例]净是些~,谁听?"理性"见该条。

【歪脖子树】wāi bó zi shú(词)比喻祖上留下的遗产。[例]又不是先人给你置下的~!

【歪才】wāi cai(词)偏见指不正统或自学的才能。[例]别看他不是科班出身,还真有些~呢。

【歪戴帽子横长眼睛】wāi dái máo zi hóng zhàng yán jing(熟)形容仪表不整,行为不端。

【歪风邪气】wāi fēng xiè qi(词)指不良的作风和风气。[例]绝不能让~占了上风。

【歪瓜裂枣】wāi guā lié zào(词)形容外形丑陋的人或物。[例]净是些~,一个也看不上!

【歪锅配个歪灶】wāi guō péi ge wāi záo(词)比喻身体有残疾的男女结为夫妻。

【歪门邪道】wāi mèng xiè dáo(词)指不正当的途径、门道、主意等。[例]不干正经事,尽搞~!

【歪扭失格】wāi niu shí gé(词)物体摆放或制作得不端正,也指字写得不工整,不规范。[例]本子上写着几个~的字。

【歪死】wāi si(词)犹最多不过,到顶了。[例]这只羊~有40斤。

【歪歪干】wāi wāi gán(熟)鼓励或要求他人好好干,使劲干。[例]大家~,干完了放三天假。

【歪歪扭扭】wāi wai niú niu(词)形容歪斜不正。[例]墙砌得~。

【歪嘴和尚】wāi zui hè shang(词)指歪曲上级政策的干部。[例]上头的经是好经,全叫~给念歪了。

【歪嘴和尚啃苤莲——偏偏遇了个偏偏】wāi zuì hè shang kèng pié lian—piān piān yú le ge piān piān(歇)本指歪嘴的人啃食不周正的苤莲(学名苤蓝)。比喻碰巧,巧合。

【外财】wái cài(词)指外快或灰色收入,多指不正当收入。[例]马无夜草不肥,人无~不富。

【外聪明】wái cōng ming(词)指从外表看很聪明,实际上愚钝糊涂。

【外道】wái dao(词)❶见外,客气。

[例]这么说就有点~了。❷外行。[例]看看,你~了吧,这个事应该这么干。

【外方方子】wái fāng fang zi (词)正规医疗手段以外的治病方法,多指迷信方法。[例]医院里治不好,用~治治看。

【外风风子】wái fēng feng zi(熟)犹外面传来的未经证实的消息。

【外父】wái fu(词)即岳父。

【外后天】wái hóu tiān(词)大后天。紧接在后天之后的那一天。

【外家】wái jia(词)指母亲或妻子的娘家。[例]孙子今天走他~了。

【外快】wái kuái(词)正常收入以外的收入。[例]利用给单位当采购员的机会捞了不少~。

【外来的沙子压了本地的黄土】wái lài di shā zi yá le béng dí di huàng tu (熟)比喻外地人制压了本地人。有排外义。

【外来户】wái lài hú(词)从外地搬迁来的人家。

【外路人】wái lu rèng(词)即外乡人。[例]听口音是个~。

【外母】wái mu(词)即岳母。

【外母见了女婿,落了窝的母鸡】wái mu jián le nǘ xu,láo le wō di mú ji (谚)比喻通常情况下,岳母对姑爷比较尊重和关心。

【外奶奶】wái nái nai(词)即外婆。

【外首】wái shou(词)指车辆和正在作业的役畜右边。

【外孙子是狗,吃了就走】wái sōng zi shi gòu,chí le jiú zòu(熟)比喻外孙是外姓人,养不家。

【外套】wái tao(词)指拉套的三头(或两头)牲畜靠右首的那头。

【外头屋】wái tou wú(词)指数间相连的房屋中,门直通外面的房间,相对"里头屋"而言。

【外乡侉子】wái xiang kuá zi (熟)对外地人的蔑称。

【外乡人】wái xiāng rèng(词)从外地来的人。

【外心】wǎi xīng(词)二心,外遇。[例]男人一有~,就对自己的妻子冷淡了。

【外姓】wǎi xíng(词)本宗族以外的姓氏。[例]刘庄除了姓刘的,还有不少~人。

【外爷爷】wéi yè ye(词)外公。

wan

【弯柳瘸把】wān liu què bá(词)形容棍状物弯弯曲曲。

【弯里转里】wān ni zhuǎn ni(词)形容想方设法,千方百计。[例]~把那个东西弄到手。

【弯㞞钩獠子】wān qiu gòu liào zi(词)比喻物体不笔直。[例]沟挖得~的。

【弯死缠】wān si chàn(词)比喻死缠硬磨的人。[例]硬叫那个~给缠上走了。

【弯弯柳】wān wan liù(词)柳树的一

种，树干树枝均呈弯弯曲曲的形状。

【弯弯缺缺】wān wan qué que（词）犹弯弯曲曲。[例]老路~的，不好走。

【弯弯子】wān wan zi（词）形容物品弯曲。[例]把钢筋上的~捋直。

【弯腰】wān yāo（词）❶因疾病或年老而腰部变弯。[例]大家都叫他老~。❷低下上身使腰部弯曲。

【剜启】wān qi（词）摆弄、琢磨。[例]他一闲，就~那个手机。

【剜眼眼见不得】wān yán yan jián bú de（熟）比喻非常讨厌，不愿见到。

【湾】wān（词）自然村用词。[例]侯家~（在李俊镇侯寨村，汉渠拐弯处）。|唐~（在望远镇红旗村，唐徕渠拐弯处）。

【湾湾子】wān wan zi（词）比喻闲逛。[例]你到哪里绕~去了？

【湾子】wān zi（词）❶河流、干渠弯曲的地方。[例]唐渠~。❷自然村用词。[例]吴家~（在李俊镇宁化村）。|南湾子（在杨和镇红星村）。

【豌豆挤扁豆子】wān dou jì bián dou zi（谚）比喻让多人当面对质，弄清事情真相。

【豌豆心】wān dou xīng（词）形容心思像豌豆一样滚来滚去，变化不定。

【宛路】wán lú（词）绕道，迂回，多走了路。

【晚熟品种】wán shú pìng zhòng（词）指生长期较长、成熟较晚的作物品种。

【晚夕】wán xi（词）晚上，夜间。

【晚夕花花云，明天热死人】wán xi huā hua yòng，mìng tiān ré si rèng（谚）指晚上天空如果有分布均匀的白云，次日可能是大太阳。

【晚夕许到天上，早起长到毡上】wán xi xú dao tiān shang，zào qi zháng dao zhān shang（顺）指头天晚上计划要做某事，次日早晨却睡懒觉不起床。长：黏合。

【万变不离其宗】wán bián bú lì qì zōng（词）指不管形式怎样变化，宗旨和目标没有改变。[例]公司不管改成什么名字，但~，目的还是赚钱。

【万儿八千】wánr bá qiān（词）一万或接近一万的约数。

【万事大吉】wán shí dá jí（词）指一切事情都已办妥。

【万元户】wán yuàn hú（词）农村实行大包干后出现的年收入万元以上的家庭。

【万丈高楼平地起】wán zháng gāo lòu pìng dí qì（谚）比喻再大的事业也得打好基础，从头做起。

【万辈子仇】wǎn béi zi còu（熟）指仇恨非常深，要世代为敌。[例]又没结下~，为啥不能来往？

【卍字】wǎn zi（词）中国传统纹样，右旋叫万字不到头。藏传佛教中~是永恒不变的象征。非纳粹使用的左旋万字标志。

【完了】wàn le(词)对成年人死亡的隐语。[例]人已经~几年了。

【完粮】wàn liàng(词)旧指交纳田赋粮税。[例]打的粮食不光自己吃,还要~。

【玩空手道】wàn kōng shóu dáo(熟)比喻不投资或不摊成本的生意。也指以空话诓骗。

【顽人多受伤】wàn rèng duō shóu shāng(谚)指好动者(多指小孩)容易受伤。有嗔义。

【顽戏】wàn xi(词)即调皮、好动、顽皮。

【绾彩子】wàn cái zi(词)把各色绸布或绢纸扎成彩花。[例]几个女的帮着~。

【绾疙瘩】wàn gé da(词)指把长条形的东西(如绳子、带子、头发等)盘绕起来打上结。

【绾纽疙瘩】wàn niú gé da(词)指把布条缲成布绳,按一定程序编结成圆球状纽扣。

wang

【汪怜】wāng lian(词)形容贫困、可怜、悲惨。[例]日子过得真~。

【汪水坑】wāng shui kēng(词)容易积水的低洼地方。[例]院子太洼,一下雨就成了~。

【亡人】wáng reng(词)回族指去世的人。

【往常】wáng chang(词)平时,过去。[例]~也好呢,今天咋这么冷?

【往沟底里送】wáng gōu dǐ ni sóng(熟)比喻陷害到底。[例]他是想把他~呢。

【往后捎】wáng hóu sào(词)让牲口往后退。[例]把牛车~一捎。

【往脸上端】wáng lián shang duān(熟)指当面说使人难堪的话。

【往泥里头踩】wáng mì li tou cài(熟)指压制,打击,陷害,令其不得翻身。[例]要把他~呢。

【往日无冤,近日无仇】wáng ri wù yuān,jīng rí wù còu(熟)谓从来没有冤仇。[例]我跟你~,为啥老跟我过不去?

【往腰包里一别】wáng yāo bāo ni yí bié(熟)指从容地装进口袋。[例]废铜烂铁,~。

【忘得死死的】wáng di sì si di(熟)丝毫没想起来,蒙住了。[例]我怎么把这个事~?

【忘恩背祖】wáng ēng béi zù (熟)指忘记别人恩情,背离祖宗遗训。

【忘恩负义】wáng ēng fú yí(词)忘掉他人恩德,做背信弃义之事。

【忘忽大】wáng hu dá(词)健忘,记性差。[例]我的~,你到时候给提个醒。

【旺得很】wáng di hèng(词)特指种畜精力旺盛,劲头十足。[例]这个叫驴~,一天配了几次种。

【望长久远】wáng chang jiù yuàn

(词)犹长远考虑,从长计议。

【望洪】wáng hòng(词)古地名。[例]~堡。1960年由红旗公社改名为望洪公社,1983年6月改为望洪乡,2003年与增岗乡合并为~镇。

【望洪堡】wáng hong pù(词)古堡,以明代筑堡人王弘命名。后改~(近黄河)。曾为宁朔县、永宁县县治。现望洪镇政府驻地。

【望洪镇】wáng hòng zhéng(词)永宁县乡镇之一,2003年7月由望洪乡和增岗乡合并设立。

【望山跑死马】wáng shān pào si mà(谚)远处看山很近,走起来却很远,甚至连马都会累死。

【望天】wáng tiān(词)因生理等原因造成的仰视。

【望通路】wáng tōng lú(词)又名胜通路,乡道,胜利三队至通桥村,全长11.98公里。

【望想】wáng xiang(词)理想,盼向,希望。[例]~着娃娃成才呢。

【望远】wáng yuàn(词)地名,以明代知县王元命名,后改~(登高望远),在今~镇。[例]~桥。|~村(1983年6月)。

【望远工业园】wáng yuàn gōng ye yuàn(词)即银川市望远工业园,位于永宁县望远镇,1997年开建,规划面积32.1平方公里。有生物制药、电气制造、保健食品、建材、化工、金属及农副产品物流配送加工、商住等。

【望远镇】wáng yuàn zhéng(词)永宁县乡镇之一,因望远桥得名。1958年成立望远公社,1983年6月改为望远乡,1993年7月改为~,2003年7月通桥乡并入。

【望子成龙】wáng zì chèng lòng(词)希望子女在学业、事业上有成就。

【亡命徒】wàng míng tù(词)指不顾性命、以身试法的人。

【王八羔子】wàng ba gāo zi(词)骂人的话,犹野种。

【王法】wàng fa(词)❶国家法律。❷家长制作风。[例]父亲的~大。

【王根】wàng gēng(词)原指王侯的儿孙或他们的生殖器。比喻靠山、硬根子。

【王家广湖】wàng jia guǎng hu(词)湖泊名,在望远镇境内。

【王家妈妈撞钟,巴都巴不到这声】wàng jia mā ma chuáng zhōng,bā dou bā bú dao zhéi shēng(熟)指到庙里敲钟求神的人希望把钟敲得响些。王家妈妈非实指。

【王莽替刘秀操心】wàng mǎng tí liù xiú cāo xīng(谚)比喻白替别人操心。详见附一。

【王母娘娘】wàng mu niàng niang(词)传说中生活在天上、地位尊贵的女神。

【王母娘娘下厨房】wàng mu niàng

niang xiá chù fàng(熟)民间传说,到了"龙口夺食"的夏收季节,连王母娘娘都要下厨房做饭。比喻忙。

【王太】wàng tái(词)古地名。[例]原名王泰堡,后改~堡。|~乡(解放初)。|~大队(1958年后)。|王太村(1983年6月后)。

【王太农场】wàng tái nòng chàng(词)即宁夏王太堡农业试验场,始建于1950年,现名宁夏农林科学院农作物研究所。

【王太堡】wàng tái pu(词)王泰堡,以明宁夏左屯卫指挥使王泰命名,现杨和镇王太村。

【王太堡的秫秫——大头】wàng tái pu di shù shu——dá tòu(歇)20世纪50年代初,这里的高粱以秆粗、头大、产量高而闻名。当地人常以此歇后语调侃脑袋长得大或头脑不灵活的人。

【王团】wàng tuàn(词)即王家疃庄。原属仁存乡,现属李俊镇。[例]~乡(解放初)。|~大队(1963年)。|~村(1983年6月)。

【王团民办中学】wàng tuàn míng bán zhōng xue(词)1958年由原宁朔县建设的民办中学,地点在今李俊镇王团村,1960年9月迁至永宁县李俊堡,改名李俊中学。

【王祥卧冰】wàng qiàng wó bīng(词)孝道故事。古人王祥为医治母病,用身体融化冰面,捕鱼奉母。后世以此比喻子女孝顺父母。

【王小二过年,一年不如一年】wàng xiáo ér guó niàn,yí niàn bú rù yí niàn(谚)比喻经济状况一年比一年差。王小二泛指穷人,非实指。

【王元桥】wàng yuan qiào(词)地名,以古人名命名。现为望远桥。包兰公路通过大新渠的桥梁,1964年翻建。

【王子犯法,与民同罪】wàng zi fán fá,yù mìng tòng zuí(谚)犹法律面前人人平等。

【枉然】wàng ran(词)指徒劳无功,浪费时间。[例]说了多少遍都不听,再说也是~。

【旺全】wàng quàn(词)以古人王全命名,后改~,今属杨和镇。[例]~堡(旧名)。|~大队(1961年)。|~村(1983年6月后)。

【旺全堡】wàng quàn pu(词)原名王全堡,以古人姓名命名,现杨和镇旺全村。

wei

【威力】wēi li(词)❶令人畏惧的权威或势力。[例]这事能办成,全仗你的~。❷具有巨大的或毁灭性力量,如地震等。

【威信扫地】wēi xing sào dí(词)比喻威望和信誉完全丧失。

【煨水】wēi shuì(词)指用茶壶在火炉

或火盆上烧开水。

【**委靡不振**】wēi mì bú zhéng(词)形容情绪低落,精神颓废。

【**委靡咂血**】wēi mi zá xié (词) ❶形容很不情愿、磨磨唧唧的样子。[例]去不去痛快点,不要~的。❷犹言软弱不中用。《醒世姻缘传》有"软脓咂血"一词。详见附二。

【**萎缩**】wēi suo(词)❶疲乏、精神不振貌。[例]小狗~的,是不是有病了?❷物体干枯缩小。[例]子宫~。

【**为个驴肘棍,砍倒紫荆树**】wéi ge lǜ zhóu gong, kàn dào zí jing shú (谚)比喻因小失大。"驴肘棍",见该条。"紫荆树":一种供观赏的药用树木。

【**猥琐**】wéi suo(词)指(容貌、举止)庸俗不大方。[例]猥猥琐琐的,没个大方气!

【**未尝不可**】wéi chàng bú kè (词)不是不可以。[例]能力强的多干点也~。

【**未勉**】wéi mián(词)勉为其难,未必,不一定。[例]说是一定能完成,我看~。

【**喂脑袋**】wéi náo dai(词)对吃饭的俏皮说法。

【**喂上狗有恩,喂上人有仇**】wéi shang gòu yòu ēng, wèi shang rèng yòu còu (熟)自己喂养的狗知道报恩、忠于主人;无义之人则常常恩将仇报。

【**魏疃**】wéi tuàn(词)自然村名,在今李俊镇。[例] ~乡(解放初)。|~大队(1958 年后)。|~村(1983 年 6 月后)。

【**魏信堡**】wéi xíng pu(词)旧地名,在今望远镇西魏村境内。

【**偎墙根子**】wèi qiàng gēng zi(熟)指用石料砌墙基础。

【**偎偎擦擦**】wèi wei cá ca(词)形容慢慢吞吞。偎:坐着扭动身子前进。

【**为富不仁**】wèi fú bú rèng(词)指没有仁慈心肠的富人。

【**为奴**】wèi nù(词)比喻为别人干活、效劳。[例]给人~半辈子,落了个啥下场?

【**为冤结仇**】wèi yuān jié còu(词)因得罪人而结仇。[例] 少管闲事,免得~的。

【**围嘴子**】wèi zuí zi(词)围在小孩脖下或胸前, 用以保持衣服清洁的布(或塑料)兜儿。

【**惟盼**】wèi pán(词)犹只盼,只要。[例]~年年有个好收成。

【**维人**】wèi rèng(词)通过向别人示好或给予好处来维持关系。[例]拿上公家的东西~。

【**维人维不下,得罪人一句话**】wèi rèng wèi bu xiá, dá zui rèng yí ju huá(谚)维人不容易,得罪人非常容易。

【**维下鞑子有马骑, 维下招脖子活剥皮**】wèi xia dá zi yòu mà qì, wèi xia zháo bo zi huó buó pì(谚)维:结交。鞑子:旧时泛指蒙古族,此处特指豪爽、易交的蒙古族牧民。招脖子:旧时指耿直、倔强、执拗的山西移民及其后裔(如“犟招脖子”),此处特指精明、奸诈的山西籍商人。

【伪保长】wèi bào zhàng(词)指抗日战争期间由日本扶持的傀儡政权下担任保长的人。

【伪君子】wèi jiōng zi(词)指表面正派高尚,实则卑鄙无耻的人。

【尾水】wèi shui(词)一种建在沟渠尾部的水利设施,用于排放沟渠末端的水,保护堤岸。

weng

【温鞋】wēng hai(词)即棉鞋。

【酝酿】wēng ràng(词)犹商量,讨论。[例]先~一下再正式表决。

【稳稳当当】wéng weng dáng dang(词)❶形容人的言谈举止稳重妥帖。❷形容十分有把握。[例]~赚了一笔。❸物品摆放牢固稳当。

【稳子】wéng zi(词)庄稼打碾后碾碎的秸秆、皮壳等。

【稳子泥】wéng zi mì(词)用黄土和稳子和的泥,用于糊抹墙面或脱土墼。“稳子”见该条。

【问不响】wěng bu xiàng(词)指无人答复或无人承当。[例]当时预交的钱,现在问都~了。

【问到石头上了】wěng dao shí tou shang le(熟)比喻向聋子、不懂事或不了解情况的人问话。

【问心无愧】wǎng xīng wù kuí(词)反躬自问,没有做过对不起社会和他人的事情。对得起良心,没有愧疚。

【问信信子】wěng xíng xing zi(词)只打听间接信息,不到实地查看或询问。[例]不要光~,直接去看看不就清楚了。

【文场面】wèng cháng mian(词)演戏时管弦乐队的总称,与武场面(打击乐队)相对。

【文昌阁】wèng chāng gé(词)❶自然村名,在胜利乡杨显村。❷指银川中山公园里的~。

【文大武大】wèng dá wú dá(熟)比喻吹牛皮说大话。[例]当时吹得~,这一阵又说不行!

【文武双全】wèng wù shuāng quàn(词)古指能文能武,现指脑力劳动和体力劳动都会。

【闻气气子】wèng qí qi zi(熟)指婴儿能根据大人身上的气味辨别亲疏。

【闻腥气】wèng xīng qi(词)❶比喻人多肉少。[例]这么多人炒一斤肉,不够~的。❷讽刺男子约会旧情人。[例]又~去了。

【蚊甩子】wèng shuai zi(词)驱赶蚊子的用具,一般用马尾子做成。

【稳产高产】wèng chàn gāo chàn(词)在稳定原有产量的基础上进一步提高。

【稳如泰山】wèng ru tái shan(词)形容像泰山一样稳固,不可动摇。[例]人民的江山~。

wo

【倭瓜】wō guɑ(词)即南瓜。

【窝屄道】wō bi dào(词)比喻地方狭窄。[例]扭秧歌为啥不找个大点的地方,非弄到这个~里来?

【窝风】wō fēng(词)挡风,避风,空气不流通。[例]这里~,不能扬场。

【窝瓜】wō guā(词)像倭瓜的脸型或长有这样脸型的人。

【窝活着】wō huo zhe(词)暂时蜗居在不宽绰的房屋里。[例]先~吧,等有条件了再盖新房子。

【窝镰野斧,跌锹入土】wō liàn yè fù,diè qiāo rú tù(谚)指镰刀头和刀把的夹角小于90度、斧头有刃的一端和斧把的夹角大于90度、铁锹头和锹把垂直时,使用起来顺手,工效较高。

【窝囊废】wō nang fèi(词)❶窝囊邋遢的人。❷怯懦无能的人。

【窝牛回】wō niu huì(词)本指把牛头窝过来走回头路。比喻碰壁而归。

【窝实窝实】wō shi wō shi(词)形容踏踏实实吃东西的样子。[例]舀给一碗饭,就~地吃去了。

【窝窝囊囊】wō wo náng nang(词)❶指人懦弱,没本事。[例]~活了一辈子。❷穿戴或居室邋遢不整洁。[例]屋里总是~的。

【窝窝枕卷卷】wō wo zhèng juán juan(词)形容起床后不叠被子的邋遢样。[例]早饭都吃过了,床上还~的。

【窝箱】wō xiāng(词)好东西或人才被埋没。

【窝严】wō yan(词)周到,妥帖。[例]你的家算是闹~了!

【窝在家里】wō zai jiā ni(词)守在家里不愿出门,不愿见人。

【踒了】wō le(词)扭伤。[例]手腕子~。

【卧卧车】wō wo chē(词)旧指吉普车,泛指小轿车。

【喔喔喔】wó wó wó(词)让驴、马、骡慢走或停下来的口令。

【我不吃你的蜜,你也罢叮我的头】wó bú chí ní di mí,nì yé bá dīng wó di tòu(熟)比喻我不占你的便宜,你也别找我的麻烦。

【我不吃你的红糜子绿谷子,谁捣我的窝秃头瞎眼睛】wò bú chí ní di hòng mì zi lú gú zi,shuì dào wó di wō tú tòu xiá yán jing(熟)对燕子叫声的人为解读,劝导人们不要伤害这种益鸟。

【我的鳔都使不完,还使你的胶】wó di biáo dōu shí bú wàn,hài shì ní di jiāo(熟)鳔:鳔胶,黏性比普通胶大。意为我的好主意多的是,不需要你的赖主意。有自负义。

【我的瓜哟】wó di guā yao(词)惊叹或感叹用语。相当于我的天哪!我的妈呀!

【我的光三】wó di guāng sān(词)惊叹或感叹用语。犹我的天哪!

【我的命就在的你手里】wó di míng jiú zai ní di shóu ni (熟) 威胁用语,犹你要这样做,我就死在你面前!

【我急得滚油浇心呢,你还东吴招亲呢】wò jí di gòng yòu jiāo xīng ni,nì hài dōng wù zhāo qīng ni(熟)东吴招亲,指《三国演义》中刘备东吴招亲的故事。比喻我心急如焚,你还寻欢作乐。

【我们的板子上扣着他们一个碗】wó meng di bán zi shang kòu zhe tā meng yí ge wàn(熟)比喻我们家有他们家一口人(指他家女儿是我家的儿媳妇)。

【我是个仓嘛廒吵】wó shi ge cāng ma ào sha(熟)反诘别人嫌自己吃得多。

【我说的城门楼子,你诌的驴屄上的瘊子】wó shuó di chèng meng lòu zi, nì zhōu di lǘ bī shang di hòu zi (熟) 讽刺语。指悟性差,不能正确理解别人的话意。楼子和瘊子谐音,往往会听混。

【我问老子借,他问讨吃借】wó wéng láo zi jié,tā wéng táo chi jié (熟)老子指有钱的单位或个人,讨吃指贫穷者自己。[例]比喻向贫穷者借钱物。

【我在高高山,你在低低川,我吃羊肉面,你吃驴粪蛋】wó zai gāo gao shān,ní zai dī di chuān,wó chí yàng rou mián,ní chí lǘ feng dán (儿)小儿比赛爬山(或土丘)时领先者的自豪语。

【我屁的也是我屁的,狗屁的也是我的】wò bá di yé shi wò bá di,gòu bá di yé shi wò bá di(熟)不分青红皂白地把所有坏事或责任归咎于一人。

【我连他】wò lian tā(词)连:连词,义同跟、和、同。[例]~一搭里去。

【饿出来的见识】wó chu lài di jián shi(熟)窘迫中逼出的办法,用于自嘲或贬低他人。

【饿过了】wó guō le(词)即饿过了平时吃饭时间、反而不觉得饿的生理现象。

【饿狼扑食】wó làng pú shí(词)比喻动作猛烈而迅速。

【饿了给一口,强比饱着给一斗】wó le géi yí kòu,qiàng bì bǎo zhe géi yí dòu(谚)穷困时的援助比富有时的帮助更珍贵。

【饿了能打几个,饱了能打几个】wó le nèng dà jí ge,bǎo le nèng dà jí ge [熟]对抗、刹服打人者用语。[例]别挡他,看他~!

【饿熟了】wó shóu le(词)对饿得过了头的诙谐说法。[例]这时候才把饭送来,人都快~!

【饿死不吃猫碗的食,冻死不烤灯头的火】wó si bú chí mào wán di shí, dóng si bú kào dēng tòu di huò (熟) 谓猫碗里的饭和灯头上的火不能从

根本上解决饥饿和寒冷问题，不值得吃、烤。

【饿死鬼】wó si gui（词）比喻极其贪吃且吃相不雅的人。[例]看那个~样子！

【饿蚊子落到驴屄上——馕吃】wó wèng zi luó dao lǜ bī shang— náng chí（歇）形容碰上了丰富的食物，可以尽情地吃。

【饿相】wó xiang（词）指贪吃且吃相不雅。[例]一看他吃饭的~样子，就知道是个粗人。

wu

【乌龟支桌腿——硬撑】wū guī zhī zhuó tuì— yíng cēng（歇）调侃语。比喻勉强支撑或明知无理却强词夺理。

【乌合之众】wū hé zhi zhóng（词）像临时聚合的鸦群。比喻临时拼凑、毫无组织纪律的人群。

【乌鸡】wū jī（词）即乌骨鸡。[例]~炖山药。

【乌眉带愁】wū mi dái còu（词）犹愁眉苦脸。

【乌七八糟】wū qi bā zāo（词）形容可鄙可憎的人或事。[例]别提那些~的事！

【乌纱帽】wū shā máo（词）古代官吏戴的一种黑纱制成的帽子。借指官职。[例]小心丢了~。

【乌鸦嘴】wū yā zuì（词）指说出不吉利的话或说出的坏事得到应验。贬义。

【乌烟瘴气】wū yān zháng qí（词）比喻环境嘈杂、秩序混乱或风气不好。

【乌云接日】wū yòng jié rí（熟）太阳落山时遇到乌云，预示次日天气不好。

【诬赖】wū lái（词）诬陷。[例]不能~好人。

【呜呼】wū hu（词）死亡或被害。[例]啥时候叫坏人把我~了，你们还不知道呢。

【呜里呜拉】wú li wú lá（词）形容说话含混不清或扩音器声音不清晰。[例]电视机的声音怎么~的，是不是坏了？

【呜喽喽】wú léng leng（词）❶形容做事雷厉风行，有声有色。[例]带着一把子人干得~的。❷形容甩脸子或拂袖而去的神态。[例]一见面甩得~的。

【焐肚子水】wú du zi shuì（词）指没烧开的温水。[例]喝了~肚子痛。

【焐麻】wú mà（词）把收割后的白麻封闭在水坑里浸沤，晒干后表皮纤维易于剥离。焐：沤、浸泡。

【乌拉】wú la（词）立在庄稼地里吓唬鸟类的草人。

【屋暖一盘炕】wú nán yí pàn káng（谚）指旧时的冬季屋里只要有一盘火炕，整个屋子就暖和了。

【屋里】wú ni（词）❶室内，家里。[例]有话到~说。❷指妻子，家人。[例]那些话都是你们~的人说出去的。

【屋里罢搁闲人，灶怀里罢搁闲柴】 wú ni bá gé xiàn rèng，záo huai ni bá gé xiàn chài(谚)前者指容易引起是非，后者指容易引起火灾。

【屋里的营生】 wú ni di yìng seng(词)❶即家务活。[例] 田地里的活干不成，~总能干吧？❷室内工作，有别于野外工作。

【屋里搁下人了】 wú ni gé xia rèng le(熟)指女人把野男人勾引到家里来。

【五大三粗】 wú dá sān cū(词)形容人高大粗壮，身材魁梧。

【五毒俱全】 wú dú jú quàn(词)❶泛指违法乱纪、各种坏事都做的人。❷特指吃、喝、嫖、赌、抽(吸毒)。

【五毒一张膏药】 wú dú yí zhāng gāo yue(词)“花花子”用语，即头家用五张成副的“牛”“喜”加 1 张“天”而成牌(赢)。

【五福临门】 wú fú lìng mèng (词)通常指长寿、富贵、无病、子孙满堂和善终。

【五谷】 wú gu(词)多指稻、黍(黄米)、稷(高粱)、麦、菽(大豆)五种粮食，泛指粮食。[例]~丰登。

【五谷丰登】 wú gu fēng dēng (熟)春节时写着此语、贴在仓库或粮囤上的红纸条幅。

【五黄六月】 wú huang lú yue (词)麦子黄熟、天气最热的季节。

【五匠】 wú jiáng(词)泛指木匠、铁匠、泥瓦匠、皮匠等手艺人。

【五七】 wú qi(词)民俗。人死后每七天祭奠一次，至四十九天（七七)结束。~是死者还魂日，请道士念经后亡灵不再回家。

【五七干校】 wú qi gán xiáo （词)“文化大革命”时期根据毛泽东的《五七指示》精神举办的对干部进行劳动改造、思想教育的农场。

【五月端午】 wú yue dān wu(词)即端午节。

【五猪倒六羊】 wù zhū dáo lú yàng (熟)比喻瞎折腾，做生意或做事情总不成功。含贬义。[例]这几年~的，越倒腾越穷了。

【五保户】 wù báo hu(词)农村里对无依无靠无劳动能力的人实行保吃、保穿、保烧(燃料)、保儿童教育、保死后丧葬的制度。

【五冬至夏】 wù dōng zhí xiá (词)即一年四季。

【五二鬼】 wù ér guì(熟)指不务正业或行为不端的人。

【五工六匠】 wù gōng lú jiáng(词)对农村手艺人的统称。

【五谷仓子】 wù gu cāng zi(词)放在死人灵柩前的五股小布袋，每股各装一种粮食，代表五谷。每股比拇指稍粗、长约五寸，侧连在一起，成为一束。

【五股叉】 wù gu chā(词)一种有五个

股子、用于挖土攉柴草的钢叉。

【五股分尸】wù gu fēng shī(词)❶古代的一种酷刑,即车裂。❷比喻东西被很多人瓜分。

【五怪话】wù guái hua(词)无原则的牢骚或议论,不讲道理的胡说。[例]不但不念情分,还说~!

【五好社员】wù háo shé yuàn(词)人民公社时期农村的评优活动。五好是:思想好,劳动好,服从领导好,团结好,爱社如家好。

【五花八门】wù huā bá mèng(词)比喻变化多或花样多。[例]群众的意见~。

【五花大绑】wù huā dá bàng(词)先用绳索套住脖子,再绕到背后反剪两臂的绑人方法。

【五花肉】wù huā róu(词)肥瘦分层相间的猪肉,在前腿和腹部之间。[例]做条子肉要用~。

【五讲四美】wù jiáng sí mèi(词)20世纪80年代初在全国开展的一项文明礼貌活动。[例]要~,不要说脏话。详见附一。

【五劳七伤】wù lào qí shāng(词)泛指各种疾病和致病因素。[例]这个老医生专治~和疑难杂症。

【五牛分尸】wù niù fēng shī(词)❶古代的一种酷刑,同五马分尸。❷比喻完整的东西被瓜分。

【五渠】wù qù(词)地名,以支渠序号为名。今属胜利乡。[例]~生产大队(1961年)。|~村(1983年6月后)。

【五爪龙】wù zhào lòng(词)即龙,中国古代神话传说中的一种神异动物,有4爪,每爪5指,故称~。常作为帝王的象征。

【五周下】wù zhōu xia(词)到处,四处。[例]找了个~没找见。

【忤逆】wú yi(词)冒犯,违抗。[例]儿子是个~种。

【忤逆种】wú yi zhòng(词)指不孝顺的子女。

【武飞】wú fei(词)调皮、好动,多指小孩。[例]这个娃娃~得很。

【武艺】wú yi(词)武功、技能、本领等。[例]人受指教~高。

【捂着卵子过河——小心过肚(度)】wú zhe làn zi guó hè——xiào xīng guó dú(dú)(歇)肚与度谐音,意为小心过度。

【捂住心口子说话】wú zhu xīng kou zi shuó huá(熟)昧着良心说话。[例]你不要~,我啥时候虐待了你?

【务劳】wú lao(词)经营,用心做。[例]把大棚~好,也能卖点钱。

【务死死】wú sí si(词)牢记不忘,专门。[例]~跑来要去年的奖金。

【务营】wú ying(词)操心、经营、关心。[例]干啥的~啥。

【务正】wú zhéng(词)干正当事,走正道。[例]人只要~就好办。

【物以稀为贵】wú yì xī wèi guí(谚)东西少了便显得珍贵,货源少了价格就高。

【雾地】wú dí(熟)指当地初春时节的阴霾天气,可加速大地解冻。

【雾腾腾】wú téng teng(词)形容烟雾朦胧,雾气很重。[例]天~的。

【无巴怜】wù bā lian(词)值得怜悯或同情。[例] 活得~的, 你还欺负他(她)?

【无边无岸】wù bian wù án(词)形容面积大,一望无际。[例]一过贺兰山,那里的沙漠~。

【无常】wù chang(词)回族日常生活用语,即去世。

【无底洞】wù dí dóng(词)比喻欲壑难填或做不完的事。[例]有些人的心就像个~,永远都填不满。

【无恶不作】wù é bú zuó(词)谓没有哪件坏事是不干的。也指干尽坏事。

【无风不起浪】wù fēng bú qí láng(谚)比喻事出有因。[例]~,既然这么多人都在说,可能真有这回事。

【无功不受禄】wù gōng bú shóu lú(词)没有功劳就不能接受报酬。常用于婉拒别人的好意。

【无关紧要】wù guān jíng yáo(词)不重要或不影响大局的话或事。[例]那些~的话就不要说了。

【无官一身轻】wù guān yí shēng qīng(谚)指不做官就没有责任和负担,精神感到轻松。

【无鬼】wù guì(词)助词,犹等等,表示列举。[例]买个烟火呢~呢。

【无家可归】wù jiā kè guī(词)没有可以安身立足的家。比喻流离失所。

【无价之宝】wù jiá zhī bào(词)无法估价的宝物。泛指极珍贵的东西。

【无奸不商】wù jiān bú shāng (词)不奸诈就不能经商。

【无酒不成席】wù jiú bú chèng xí(谚)宴席上有酒才能助兴,增加欢乐气氛,否则显得冷清。

【无窟窿生蛆】wù kú long sēng qū(熟)比喻给别人编造“错误”或问题。

【无名小卒】wù mìng xiáo zú (词)比喻没有名望或地位的人。也用于自谦。

【无明昼夜】wù ming zhóu yé (词)不分白天晚上。[例]~地为这事犯愁。

【无巧不成书】wù qiáo bú chèng shū(谚)指没有离奇凑巧的故事,就编不出吸引听众的评书或吸引读者的小说。也比喻十分凑巧。

【无商不奸】wù shāng bú jiān(词)就商品交易而言, 商人都是奸诈的,否则就赚不到钱。

【无师自通】wù shī zí tōng(词)指没有老师传授、全靠自学而通晓或学会。[例]他的技术都是~。

【无事不动当头卒】wù shí bú dóng dāng tòu zú(熟)象棋术语。指开局时

最好不要先攻当头卒。

【**无事不可胆大，有事不可胆小**】wù shí bú kè dán dá,yóu shí bú kè dàn xiào(谚)谓无事要谨慎小心,出了事要敢于担当,设法解决。

【**无事生非**】wù shí sēng fēi(词)闲极无聊,寻衅滋事。[例]快给他找个干的,免得搁在家里~。

【**无所谓**】wù suó wéi(词)❶说不上,不足道。[例]~好与不好。❷没什么,不在乎。[例] 别人都觉得这是个事儿,他还觉得~。

【**无形中**】wù xìng zhong(词)犹在不知不觉的情况下。[例]~说漏了嘴。

【**无依无靠**】wù yī wù káo(词)形容没有亲人,孤独无助。

【**无缘无故**】wù yuàn wù gú(词)没有任何原因或理由。[例]~就哭起来。

【**无知者无畏，多谋者胆小**】wù zhī zhe wù wēi,duō mù zhe dàn xiào(谚)知识浅薄的人常常做事鲁莽,知识丰富的人往往过于谨慎。

【**无中生有**】wù zhōng sēng yòu(词)指把没有的事说成有的。形容凭空捏造。

【**伍家铺**】pù jia pú(词)自然村名,在李俊镇东方村。

【**武把子**】wù bá zi(词)戏剧中的武打。

【**武场面**】wù cháng mian(词)演戏时打击乐队的总称,与文场面(管弦乐队)相对。

【**武大郎攀杠子——上不沾天，下不着地**】wù dá lang pān gáng zi—sháng bú zhān tiān,xiá bú zhāo dí(歇)指身份和职务没有确定,悬在半空。

【**武河村**】wù hè cōng(词)村名。1997年取福建省武夷山和宁夏黄河各一字命名~,属闽宁开发区,2003 年 7 月后属闽宁镇。

【**捂嘴**】wù zuì(词)即封口,用话语或钱财堵住别人的嘴。

X

xi

【西大路】xī dá lú(词)又名李(俊)银(川)公路,乡道,全长 34.7 公里,始建于 1984 年。

【西风能刮倒】xī fēng nèng guá dào(熟)形容身板过于单薄。[例]~的身子。

【西干渠】xī gán qù(词)1959 年开挖,开口于青铜峡,至平罗县下庙乡,全长 120 公里。永宁县过境长度 24 公里,自李俊镇西邵村上三旗入境,至靖益堡陈家田转向西北至马圈出境。

【西干渠车站】xī gán qù chē zhán(词)包兰铁路于 1972 年在永宁县西部设立的火车站,原名为“西干铁路‘五七’干校乘降所”。

【西干渠桥】xī gán qù qiào(词)❶许黄公路在西干渠宁化村段的桥梁。❷永黄公路在西干渠增岗段的桥梁。两桥均建于 1961 年。

【西瓜掉进油缸里——滑头滑脑】xī gua diáo jíng yòu gāng ni—huà tou huà nào(歇)对圆滑、奸猾人的讽刺。

【西瓜皮揩沟子——没个完】xī gua pì kāi gōu zi—mú ge wàn(歇)义如文。

【西海固】xī hái gú(词)宁夏南部西吉、海原、固原、彭阳、同心、隆德、泾源等七个国家级贫困县的统称。

【西和】xī huò(词)村名。原名西河,因地处黄河汉河西岸而得名,中华人民共和国成立后改称西和(取和睦、和平之义)。今属望洪镇。[例]~乡(1950 年二区七乡)。|~大队(1961 年)。|~村(1983 年 6 月)。

【西老风】xī láo feng(词)大西风。[例]你没钱?你的钱难道叫~刮走了?

【西马营】xī mà yìng(词)银川市中山公园旧称。

【西面子】xī mian zi(词)西方,西面的地方。[例]~天阴了。

【西山上不出的白蘑菇】xī shān shang bú chú di biá mào gu(熟)比喻稀罕物。[例]又不是~。

【西山上的黄羊——没数数字】xī shān shang di huàng yang—mú sú su zi(歇)对心中无数者的揶揄。[例]家

里养了多少羊你也不知道，难道是~?

【西山上拾狼粪去】xī shān shang shí làng feng ke(熟)对什么都不会干、不肯干者的调侃语。[例] 这里没你的活,快到~!

【西山上着火，黄河里担水——远水救不了近火】xī shān shang zhuò huò, huàng hè ni dān shuì—yuàn shuí jiú bu liáo jíng huò(歇)远不济急。

【西山头上戴礼帽,庄户人家睡大觉】xīshān tòu shang dái li máo, zhuāng hu rèng jia shuí dá jiáo(熟)礼帽,指西山头上聚结了大片乌云,预示近期有雨,农民可以休息了。

【西邵】xī sháo(词)地名(因地处邵刚堡西得名)。在今李俊镇。[例]~乡(解放初)。|~大队(1961 年后)。|~村(1983 年 6 月后)。

【西邵乘降所】xī sháo chéng jiáng suò(词)包兰铁路设在永宁县李俊镇西邵村西部的乘降所。

【西塔】xī tá(词)又名承天寺塔,位于银川市兴庆区利民街和新华西街交叉口。为八角十一层楼阁式砖制佛塔,高 64.5 米。始建于西夏毅宗天祐垂圣元年(1050 年),乾隆三年受地震破坏,清嘉庆二十五年(1820 年)重修。

【西天】xī tian(词)佛教语,指西方极乐世界,常称人死亡为上~。

【西魏】xī wéi(词)地名,因古魏信堡得名。原属胜利乡，今属望远镇。[例] ~乡(1950 年三区西魏信乡)。|~生产大队(1963 年)。|~村(1983 年 6 月后)。

【西夏啤酒】xī xiá pì jiù(词)为宁夏西夏嘉酿啤酒有限公司制造。该公司前身为银川啤酒厂(设立于 1975 年 5 月,由银川糖厂啤酒车间而来)。1980 年 4 月正式生产~。

【西玉】xī yú(词)地名,因西狱庙得名,后改~。今属望洪镇。[例]~大队(1961 年后)。|~村(1983 年 6 月后)。

【稀里马虎】xī li mā hú(词)不认真,马马虎虎。

【稀溜子米汤】xī liu zi mí tang(词)喝起来能听到响声的稀粥。

【稀奇古怪】xī qi gú guái(词)❶物品稀罕奇特。❷想法古怪,不一般。[例]尽想些~的事。

【稀奇贵宝】xī qi guí bào(词)特别珍爱,当宝贝看待。[例]得了个孙子,~的,老是抱在怀里。

【稀诧】xī chá(熟)令人惊诧,稀罕,意外。[例]尽出~事情!

【稀烂贱】xī pā lán jián(词)因货物多而导致价格便宜。烂:烂煳软和、软弱。

【稀罕】xī han(词)❶亲热,亲厚小孩。[例]别怕,阿姨亲你是~你呢。❷稀少,稀奇。[例]都是~东西。❸稀奇,喜欢。[例]我才不~呢!

【稀和】xī huo(词)指饭食稠稀适当,易于食用和消化。[例]晚饭煮~点,吃上不造病。

【稀客】xī ka(词)不常来的客人。[例]你可是~呀,快坐下!

【稀里哈拉】xī li hā la(词)作风不严谨,马马虎虎,嘻嘻哈哈。

【稀里呼噜】xī li hū lu(词)❶形容快速吃稀饭的声音。❷物件安装不牢固或已经摇动。[例]这颗牙~的。❸比喻夫妻关系不稳定。[例]俩人一直~的。❹做事马虎或思路不清。[例] 他办事~的, 我有点不放心。

【嬉皮笑脸】xī pi xiáo liàn(词)形容嘻嘻哈哈、很不严肃的样子。

【系忽忽】xī hú hu(词)犹几乎,差一点。[例]不是我扶得快,老人家~跌倒了。

【吸溜】xī liu(熟)形容疼痛或哭泣时轻声吸气。也指喝烫水或吃糊状饭食时发出的声音。

【吸人眼】xí rèng yàn(词)因长相好看而令人喜爱,顺眼。[例]女娃娃长得~。

【吸铁石】xí tié shí(词)磁铁的俗称。

【吸肷】xí qiàn(词)动物干瘦时肚子瘪进去。肷:身体两旁肋骨和胯骨之间的部分。[例]这马病得不轻,肚子都~了。

【惜米有米吃,惜衣有衣穿】xí mì yòu mí chí,xí yī yòu yī chuān(谚)教导人俭省过日子才能细水长流,不致断顿儿。

【皙肤】xí fu(词)皮肤细腻白嫩。[例]你的肉皮子咋这么~?

【皙皮嫩肉】xí pi néng róu(词) 形容皮肤白嫩,也指人长得娇嫩。[例]一个个长得~的。

【习惯成自然】xí guan chèng zí ràn(熟)指某种行为或生活方式一旦养成习惯,就习以为常,不易改变了。

【席厚】xí hóu(词)指宴席丰盛。[例]今天的~,所有桌子上的菜都没吃完。

【媳妇】xí fu(词)年轻丈夫对妻子的外称,如:我媳妇。公婆也可称儿媳为~。

【媳妇带钥匙——当家不做主】xí fu dái yué chi—dāng jiā bú zuó zhù(歇)比喻表面像个当家的,实际没权力。

【媳妇子恋娘家,一辈子没婆家】xí fú zi lián niàng jia,yí béi zi mu pò jia(谚)指已出嫁的女子过于依恋娘家,就会冷落婆家,从而得不到婆家更多关照。

【媳妇坐月,公公跺脚——有劲使不上】xí fu zuó yué,gōng gong duó jué—yóu jíng shí bu sháng(歇)比喻不便出力和无法出力的特殊情况。

【洗祀】xí si(词)祭祀祖先或神灵。[例]一年小~,三年大~。

【喜欢栽花, 不爱种刺】xí huan zāi huā,bú ái zhóng cí(熟)比喻只爱维人,不愿得罪人。

【喜鹊登枝】xí que dēng zhī(词)民间刺绣或剪纸常用图案。

【喜鹊嘎嘎】xí que gà ga(词)即喜鹊。

【喜鹊落在墙头上——根子不稳】xí que luó zai qiàng tòu shang—gēng zi bú wèng(歇)形容走路做事不稳重。

【喜保亮】xì báo liáng(词)"花花子"术语,头家出"二喜"和"亮子"并申明~,下家要吃此牌,必须也是~,而且"亮子"要比出牌大。头家不申明的,下家可单吃"亮子"。详见附一。

【喜欻欻】xì chuǎ chua(词)蜘蛛。欻为借用同音字。

【喜单鞭】xì dān bian(词)"花花子"术语,即三"喜"加一副"摆"的组合。详见附一。

【喜斤头】xì jīng tou(词)"花花子"用语,即"双天带摆加二喜"(六张)的牌局,若是头家拿到这样的牌,即可先赢。详见附一。

【喜毡】xì zhān(词)办喜事铺的红毡。

【戏房】xí fang(词)演员化妆的房间,亦即后台。

【戏耍无意,朝卵子一踢】xí shuà wù yí,cháo làn zi yí tí(顺)无意中踢到男子的致命处。卵子:睾丸。比喻无意中打伤了人。

【戏台子上的丫头——有了下家】xí tài zi shang di yā tou—yóu le xiá jia(歇)指有了"对象"。

【戏箱】xí xiāng(词)戏班、剧团放置戏衣和道具的箱子。亦指剧团的戏衣、道具等行头。

【戏子】xí zi(词)旧时对职业戏曲演员的称谓,有蔑视义。[例]好拳师打不过烂~。

【细根瓮瓮】xí geng wéng weng(词)形容物品太细。[例]这些芦柴尽是~,咋打席子?

【细嚼慢咽】xí juè mán yán(词)本指慢慢吃东西。引申为对知识慢慢咂摸消化。

【细米白面】xí mì biá mián(词)即白米白面。泛指精细的粮食。[例]能吃上~就不错了。

【细米子】xí mi zi(词)指特较细的米糠。

【细苗条条】xí miao tiào tiào(词)形容身材苗条。

【细筛子】xí shāi zi(词)眼孔小而细密的筛子。与粗筛子相对。

【细水长流】xí shuì chàng liù(词)比喻节约钱物,以保持长期不缺用度。

【细详】xí xiang(词)细心,小心,节俭之意。[例]他做事~,就派他去。

【嘻亲】xì qīng(词)献殷勤,讨好。[例]又到领导跟前~去了。

【嘻亲卖骨】xì qīng mái gú(词)形容卑躬屈膝,献媚讨好。

【洗泥】xì mì(词)洗尘。新房竣工时为感谢建房工匠和帮忙者而设宴招待。现多做乔迁宴请的代称。

【洗三】xì sān(词)回族生育习俗。孩子出生三天时,用热水洗掉孩子身上的污垢,并以羊肉臊子面款待来贺的亲友。

【洗手不干】xì shóu bú gán(词)比喻像洗掉手上的污垢一样不再做诸如抢劫、偷盗、赌博等坏事。

【洗手洗澡】xì shòu xì zào(词)"四清"运动用词,指干部主动交代问题。

xia

【瞎参谋,烂干事】xiá cān mu,lán gán shi(熟)比喻给领导出馊点子的下属。

【瞎捣眼】xiá dào yan(词)比喻观察能力差、看事不准的人。[例]遇上个~,赖货也能卖出去。

【瞎饭胀死狗】xiá fán zháng sì gòu(熟)比喻光吃饭不干活的人或牲畜。泛指没有回报的投入。

【瞎狗】xiá gòu(词)骂人的话,比喻分不清好坏或胡言妄语之人。[例]真是个~,好人坏人分不清!

【瞎狗戴罐子——冒碰着呢】xiá góu dái guán zi— máo péng zhe ni (歇)比喻没弄清情况而盲目行动或妄加评论。

【瞎汉】xiá han(词)文盲。[例]我是个~,不知道信上写的啥。

【瞎胡闹】xiá hù náo(词)没根据、没来由地乱搞。[例]派妇女看场,简直是~!

【瞎话】xiá hua(词)没根据的议论、批评或唠叨。[例]知道他~多,就没在意。

【瞎麻雀碰了个秕谷子】xiá mà que péng le ge bí gú zi(熟)比喻未经努力而碰到的好处。

【瞎忙乎】xiá màng hu(词)❶没头绪地乱忙。❷用于自嘲或自谦。

【瞎猫碰了个死老鼠】xiá mào péng le ge sì lào chu(词)比喻偶然或凑巧得到的好处。

【瞎猫鼠眼】xiá mao chú yán (词)比喻视力不好。

【瞎毛】xiá mào(词)熟人间略带嗔意的称呼。[例]你这个~,尽干下三烂事!

【瞎子吹擀杖—— 一窍不通】xiá zi chuī gán zhang— yí qiáo bú tōng (歇)意思如后半句。

【瞎子拉驴不丢手】xiá zi lā lǜ bú diū shòu(谚)比喻工作忙,不能放松,没有闲空。

【下辈子】xiá béi zi(词)来生,来世。[例]想发财? ~吧!

【下不得力】xiá bú de lí(熟)不肯出力或怕干力气活。

【下不了台】xiá bu liào tài(熟)使别人当众受窘。[例]当时就叫他~。

【下茬】xiá chà(词)比喻能拉下脸,不怕得罪人。

【下队】xiá duí(词)指乡镇干部到村队检查或帮助工作。

【下方】xiá fāng(词)一种简单的棋类游戏。

【下放】xiá fáng(词)把干部调到基层工作或送到农村、工厂、矿山锻炼。[例]有一段时间,我被~到农村劳动了一年多。

【下风子事】xiá feng zi shí(词)不光彩、不得体的事。[例]尽干~。

【下个低歉】xiá ge dī qian(熟)服软、道歉。

【下沟石】xiá gōu shí(词)自然村名,在李俊镇李俊村。

【下姑舅】xiá gū jiu(词)表兄弟中属于姑姑一方的。

【下馆子】xiá guán zi(词)到饭馆吃饭。

【下话】xiá huá(词)即道歉。

【下集】xiá jí(词)集市结束,赶集的人散去。

【下家】xiá jia(词)❶女子有了未婚夫或商品有了预售对象。[例]女儿已经有了~。❷打牌或其他游戏中下一个轮到的人。

【下九流】(词)xiá jiù liù 中国古代指社会地位较低的职业和从事这些职业的人。

【下槛】xiá kàn(词)即门槛,门框下方的横木。对上槛而言。

【下苦】xiá kù(词)肯出力吃苦。

【下了药】xiá le yué(熟)比喻安排了内线或定好了计策。

【下力】xiá lí(词)卖力气。[例]这个小伙子干营生肯~。

【下淋】xiá líng(词)尿道发炎、小便有脓血的病。

【下楼】xiá lòu(词)“四清”运动用语,意为过关或解除审查。[例]帮助干部“洗手洗澡”,~过关。

【下马饭】xiá má fán(词)指为娶亲者接风的饭食。[例]接亲的人一到,先吃~。

【下埋体】xiá mài ti(词)回族丧葬习俗。即由阿訇向坟坑内安放亡人的尸体。

【下毛渠】xiá mào qu(词)地名用词。[例]上~、下~(均在李俊镇宁化村)。

【下奶】xiá nài(词)催奶。[例]月婆子(产妇)奶少,吃几服~药。

【下蛆】xiá qū(词)使坏,背后说坏话。

【下软蛋】xiá ruán dan(词)比喻关键时刻害怕、退缩。

【下三烂】xiá sān làn(词)指下贱,没出息的人。[例]男女淫乱是不可原谅的~事。也称下三滥。

【下三旗】xiá sān qi(词)自然村名,在李俊镇西邵村。

【下梢沫子】xiá shao mó zi(词)犹下三烂,不识时务,不受欢迎的人。[例]真是个~,找着挨骂!

【下世】xiá shí(词)去世。[例]父母早就~了。

【下首】xiá shou(词)次级较低的位置。[例]长辈坐上首,小辈坐~。

【下水】xiá shui(词)牲畜的内脏。[例]这副牛~有几十斤呢。

【下台】xiá tài(词)退出掌权地位或卸去职务。[例]那一派~了。

【下汤】xiá tāng(词)民俗。孩子出生三天,亲戚邻居带上自制长面条前来祝贺,主家用羊肉臊子面招待,祝孩子健康长寿。

【下席】xiá xí(词)宴席结束。[例]~了,客人们先后离开。

【下乡】xiá xiāng(词)上级干部到乡下视察、调研或帮助工作。

【下雪不冷消雪冷】xiá xué bú lèng xiāo xué lèng(谚)下雪时雪从空中落下,较少吸收地面空气热量,故不觉冷;融雪时,需要吸收地面空气中较多热量,使地面温度降低,感觉特别冷。

【下压制】xiá yà zhi(熟)用强制手段进行严厉约束。[例]要给他们~,不然要出事呢。

【下眼子】xiá yan zi(熟)用歧视、瞧不起的态度对待。[例]动不动拿~看人。

【下腰】xiá yāo(词)练习武功时上身尽量向后弯曲的动作。

【下夜】xiá yé(词)夜间工作或巡逻。[例]今天轮到我~。

【下阴】xiá yīng(词)旧时遇久病不愈或诸事不顺时,由道士或巫婆举行仪式,到阴间与鬼魂沟通,寻求解决办法。迷信。

【下雨天打娃娃——闲着也是闲着】xiá yù tiān dà wà wa— xiàn zhe yé shi xiàn zhe(歇)比喻闲极而做无聊的事。

【下中农】xiá zhōng nong(词)旧时农村阶级成分之一。即占有较少生产资料,需要出卖少量劳动力,生活水平较低的中农。

【下庄】xiá zhuāng(词)麻将用语。庄家没有和牌,由下一个人当庄家。

【吓咩唬子】xiá miā hu zi (词) 咩唬子:做出吓唬人的鬼脸。指手段太弱,镇不住人,或东西太少,不解决问题。[例]跟集才带了五块钱,~呢?

【吓破他的苦胆】xiá pó tā di kù dan(熟)极度恐惧害怕,或把胆子放到最大。[例]~也不敢来。

【吓吓怕怕】xiá xia pá pa(词)害怕,胆小怕事。

【夏场】xiá chàng(词)夏收和夏粮打碾。

【夏天水汪汪,冬天白茫茫】xiá tiān shuì wāng wang,dōng tiān biá máng mang(熟)对低洼盐碱地的形容。

【夏至】xiá zhí(词)二十四节气之一,在6月21日前后,炎夏到来,当天白昼最长。

【匣子】xià zi(词)❶薄而小的棺材。常用于穷人、小孩或无主野尸的轻殓薄葬。❷迁坟时装殓骸骨的木盒(招魂~)。❸盛装文具或小型物品、带活动盖的木盆。

【侠客】xià ke(词)旧指武艺高强、行侠仗义的人。

【峡口】xià kòu(词)指青铜峡。[例]用牛车往~送做埽的稻草。

【辖不到里头】xià bu dao lí tou(熟)指包括不到里面。辖:计算、包含、包括。

xian

【先打里，后打外】xiān dà lì,hóu dá wái(熟)先整顿内部,再治理外部。

【先分组,后分队,一步退到旧社会】xiān fēng zù,hóu fēng duí,yí bú tuí dao jiú shé huí(顺)农村改革初期,部分人把家庭联产承包责任制误解为旧时的单干,故有此顺口溜。

【先锋】xiān fēng(词)地名,今属胜利乡。[例]~农业社(1955年)。|~大队(1963年)。|~村(1983年6月)。

【先搞响,后罢嚷】xiān gào xiàng,hóu bá ràng(熟)有约在先,事后别反悔。

【先紧后撤，必定是行家】xiān jìng hóu sá,bí díng shi hàng jia(谚)指花钱或分发物品时先紧后松,才是内行或有经验的人。

【先来的不如后到的】xiān lài di bú rù hóu dáo di(熟)对不按规则或顺序行事的怨词。

【先来后到】xiān lài hóu dáo (词)按照到来的先后次序进行。[例]凡事都讲个~。

【先前】xiān qiàn(词)从前。[例]他们家~也是有钱人。

【先人】xiān reng(词)祖先。[例]不干那种羞~的事。

【先生】xiān seng(词)旧时对医生的称谓。

【先头】xiān tòu(词)❶犹早先,一开始。[例]我~就对你说过,你难道忘了?❷刚才,开头。[例]~来过,这一阵走了。

【先喜后不喜】xiān xì hóu bú xì (熟)“花花子”用语,即“够牌”时如果有“喜”牌,必须先下,否则不赢“喜”钱。

【先下手为强】xiān xiá shòu wèi qiàng (词)在对手没有准备好的时候先动手,以赢得主动。

【先小人后君子】xiān xiáo reng hóu jiōng zi(熟)把关于利益得失的话说在前头,然后按约定行事,以免发生争议,伤了感情。

【先赢后输,典田卖猪】xiān yìng hóu shū,diàn tiàn mái zhū(顺)指嗜赌者开始可能赢钱,最后倾家荡产。

【先有着】xiān yóu zhe(熟)先放一放,随后再说。[例]那个事~,抓紧办其他事。

【掀跐包跐】xiān cī bāo cī (熟)“花花子”术语,指“掀”牌人如果吃不住出牌人的牌而使其“跐了”,则要承担自己和另外一人的输金。详见附一。

【掀花花子】xiān huā hua zi(词)花花子:一种纸牌。也叫要“花花子”“砍牛腿”。详见附一。

【掀牌】xiān pài(词)要"花花子"术语,同"掀花花子"。详见附一。

【鲜朵朵】xiān duó duo(词)像花朵一样鲜艳、鲜亮。有炫耀义。[例]动不动把过去的功劳提得~的。

【鲜亮】xián liang(词)鲜明,清楚。[例]这个电视机~得很。|戴上这个眼镜,看字~得很。

【显摆】xián bai(词)显示,炫耀。[例]不就有几个钱嘛,~啥?

【显豁】xián huo(词)显摆炫耀。[例]脖子黑得车钏似的,还到处~!

【显显赫赫】xián xian huó huo(熟)指在人前做事,有些空名声。也用于自嘲。[例]儿子~地在人前头跑,不穿好点能行?

【显能】xiàn nèng(词)炫耀、显示才能。[例]爱在人前头~。

【县太爷】xián tái ye(词)旧时对县令、县知事的俗称。现用于对县级主要领导人的戏称。

【现世】xián shí(词)出丑,丢脸。[例]养了个~的,丢人死了!

【现世宝】xián shi bào(词)指不成器、丢人现眼的人。

【现眼】xián yan(词)❶显摆,张扬。[例]不在家待着,到处~啥?❷丢人现眼,也指这样的人。[例]家里怎么出了这么个~!

【现眼八拉】xián yan bá lá(熟)❶不受人欢迎的卖弄显摆。[例]穿得那么烂,还~地往街上跑。❷用于自谦或自嘲。[例]~地当了几年村长,啥成绩也没有。

【线哔叽】xián bí ji(词)一种棉织斜纹布。

【线垂】xián chuì(词)一种测量垂直的工具,也叫吊线垂。[例]拿~吊一吊,看看墙直不直。

【线锯】xián jú(词)用以锯曲线或不规则形状的(细锯条)手锯。

【宪书】xián shu(词)即历书、皇历。[例]老母猪吃了个~——一肚子文章。

【献出去】xián chu ke(熟)把提供机密或情报的人暴露(供)出去。

【献好】xián hào(词)献殷勤,说奉承话,讨好别人。[例]经常在头头面前~。

【献牲】xián sēng(词)❶在求神祷告时许下心愿,达到目的时献上羊、猪以表谢意。

【献月亮】xián yué liang 民俗,即中秋节(也叫祭月节)晚上,各家将月饼、瓜果等装盘,用小桌摆放到屋外月光能照到的地方,表示敬献。

【献猪献羊,不能献人】xián zhū xián yàng,bú nèng xián rèng(熟)谓不能把提供情报、机密的人暴露。

【闲差】xiàn chāi(词)不重要、不担责任的工作。

【闲扯】xiàn chè(词)闲聊。[例]路上碰见个熟人,~了几句。

【闲得没事干了】xiàn di mú shí gán le(熟)指做不该做的事,有嗔怪义。[例]~,跟那些人掺和啥?

【闲话】xiàn hua(词)❶背后议论他人的话。❷发泄不满情绪的牢骚话。[例]哪来那么多~?

【闲话大喇喇】xiàn hua dáa lá la(词)埋怨的话一大堆。

【闲话来闲话去】xiàn hua lài xiàn hua ké(熟)指亲戚朋友间听信传来传去的闲话,影响关系。

【闲话没根,越拉越深】xiàn hua mú gēng,yué lā yué shēng(谚)指是非话本来就没什么根据,如果深究,会更加说不清。

【闲空】xiàn kóng(词)空闲时间。[例]总是忙,没一点~。

【闲冷闲冷】xiàn lèng xiàn lèng(词)指不活动不干活的人怕冷。[例]~,活动活动就不冷了。

【闲磨牙】xiàn mò yà(词)谓白费口舌地劝说或无谓地争吵。

【闲喧】xiàn piàn(词)闲聊。[例]几个人在那里~。

【闲钱】xiàn qian(词)暂时不用的钱。[例]~买笊篱。

【闲钱买笊篱】xiàn qiàn mái zháo li(熟)笊篱为打场时接牲畜粪便的工具。意为拿钱买了暂时不用或无用的东西。

【闲书】xiàn shū(词)旧时指经史典籍以外的文学作品等。现指专业书籍以外的消遣性书籍。

【闲物件】xiàn wú jiàn(词)闲置不用或用处不大的工具用具。

【闲闲的】xiàn xiàn di(词)闲暇,清闲。[例]一天~,病还多得很。

【闲闲话话】xiàn xian huá hua(熟)外界的议论或风言风语。[例]做事谨慎点,免得别人~的。

【闲心】xiàn xíng(词)心里无事,清闲,空闲。[例]一天忙地脚打后脑勺呢,哪有~管别人的事。

【闲言淡语】xiàn yàn dán yù(词)没有用处或无聊的话。[例]说正事,少说那些~。

【闲言碎语】xiàn yàn suí yù(词)❶与正事无关的话。❷风言风语。[例]你们用的是他的长处,不要管别人的~。

【闲张子】xiàn zhāng zi(词)麻将术语,指没用处的牌。

【贤良】xiàn liang(词)指贤惠善良的女人。[例]儿媳妇可~了。

【弦断码子倒,必定唱不好】xiàn duán má zi dào,bí díng cháng bú hào(顺)本指因伴奏的弦乐出故障而影响整场演出。比喻事情开头不顺利,影响全过程。

【弦子】xiàn zi(词)指三弦。

【咸屄酱瓜子】xiàn bī jiáng guā zi(词)闲聊,拉呱,说无聊的话。[例]快干活去,不要在这里~地说!

【咸吃萝卜淡操心】xiàn chí luò bo dán cāo xīng(熟)好管闲事却不受欢迎。[例]你也是~,多管的闲事!

【咸苦咸苦】xiàn kù xiàn kù(词)咸而发苦。[例]盐调多了,~的。

【嫌货的正是买货人】xiàn huó di zhéng shi mái huó rèng(熟)❶给货物挑毛病的人,正是想压低价格、然后购买的人。❷比喻嘴上说不做或没做某事的人,正是想做或已做某事的人。

【嫌贫爱富】xiàn pìng ái fú(词)指以贫富为标准,决定对待的态度。[例]父亲~,不同意我自找的对象。

【嫌弃】xiàn qi(词)嫌少,笑话,厌恶。[例]收下吧,别~。

【嫌择】xiàn ze(词)嫌弃,忌讳。[例]人家~你们家的水不干净,所以没喝。

xiang

【乡巴佬】xiāng ba lào(词)乡下人,乡下佬(含轻蔑义)。

【乡棒】xiāng báng(词)城里人对没见过世面的乡下人的蔑称。

【乡丁】xiāng dīng(词)旧时乡公所里的差役。

【乡公所】xiāng gōng suò(词)旧时乡机关办公的地方。

【乡规民约】xiāng guī míng yué (词)指由当地村民共同制定并遵守的行为规则。

【乡俗】xiāng xu(词)乡风民俗,习惯。[例]娶媳妇要公婆是这里的~。

【乡下干部是万金油】xiāng xia gán bu shi wán jīng yòu(词)比喻乡下干部工作头绪繁多,哪里当紧就到哪里去。

【乡镇企业】xiāng zhéng qí ye(词)我国乡、镇、村和农民举办的集体所有制企业、合作企业和个体企业的统称。

【乡庄】xiāng zhuāng(词)乡下,村庄。[例]这些东西~上见不到。

【相仿】xiāng fàng(词)大致相同,差不多。[例]俩人年龄~。

【相干】xiāng gān(词)关系,关联,牵扯。[例]这个事与他无~。

【相好】xiāng hào(词)指恋人。[例]他们是老~。

【相思病】xiāng si bíng(词)指男女因爱情受阻、互相思念而得病。

【香包包】xiāng bāo bao(词)❶端午节期间由妇女制作的、外表绣有图案、内装香料的小布袋,可佩戴,可赠人。❷比喻走俏的商品或受宠信的人。

【香铲】xiāng chan(词)即锅铲。

【香歹了】xiāng dái le(词)特别香。歹:很,厉害。

【香豆子菜】xiāng dou zi cái(词)即香豆子。一年生草本植物,植株和种子含香豆素,可做调味品。

【香火】xiāng huo(词)指后嗣。[例]从此断了~(无儿无女)。

【香胰子】xiāng yì zi(词)香皂。

【香油】xiāng yòu(词)当地指胡麻油。

【香油炸了个狗鸡巴——又尖(奸)又滑又难拿】xiāng yòu zhá le ge gòu jī ba—yóu jiān (jiān)yóu huà yóu nàn nà(歇)比喻奸诈难交往的人。

【镶边秃子】xiāng biān tú zi(词)❶形容四周有发、头顶无发的脑袋。❷比喻四边有苗、中间无苗的盐碱地。

【相端】xiáng duan(词)端详、观察、掂量。[例]这个事你就~着办去。

【相公】xiáng gong(词)❶指打麻将时多了或少了一张牌的人本局不能和牌,叫~。❷古代妻子对丈夫的称呼。

【相面】xiáng mián(词)观察人面以测吉凶。唯心。[例]专门给人~。

【相生】xiáng seng(词)人的属相,即十二生肖。[例]按~说,他今年十八岁了。

【相岁】xiáng sui(词)属相和年龄。[例]两人一个~。

【相在面子上】xiang zái mián zi shang(熟)碍于面子或当着面。[例]最好避开他,免得~不好看。

【相住了】xiáng zhu le(熟)指不能拉下面子坦率地说,而是面面相觑。

【响鼻】xiáng bi(词)骡马等动物鼻子里发出响声。[例]打~儿。

【响鞭】xiáng bian(词)用鞭子使劲在地上抽打或将鞭鞘在空中折甩发出的清脆响声。[例]车把势在空中甩了个~。

【响马】xiàng ma(词)古指拦路抢劫的强盗。因抢劫前先放出响箭而得名。

【响声】xiàng sheng(词)❶比喻投入资本所产生的效果。[例]那些钱撂到水盆里还有个~，送给他能起什么作用？❷比喻生气时摔砸炊具的声音。[例]我们吃饭来了,又不是听~来了!

【响冰不擂,擂冰不响】xiàng bīng bú luí,luí bīng bú xiàng(熟)谓走在上面作响的冰不易塌陷,不响的冰却容易塌陷。擂为借用字,塌陷、陷落义。

【响当当】xiàng dāng dāng(词)❶形容敲打的声音响亮。❷比喻有名气。[例]在当地是~的木匠。

【想吃人参呢】xiáng chá rèng seng ni(熟)对挑食者的讽语。[例]这么好的饭还嫌不好,难道~?

【想得不榔当】xiáng di bú lāng dang(熟)讽语,犹想得太好,比喻不切实际的想法。[例] 叫我把手机白送给你,~!

【想得不穰】xiáng di bú rāng(词)讽语,义同“想得不榔当”。穰:差、错、不好。

【想得美】xiáng di mèi(熟)讽刺语,犹妄想,实现不了的梦想。

【想了个苦】xiáng le ge kù(熟)苦思冥想。苦:耐心的,尽力地。[例]~,也没想出啥办法。

【想头】xiáng tou(词)指望,盼头,奔头。[例]给他许上个~。

【想着方方子】xiáng zhe fāng fang zi(熟)想方设法。

【想咋的】xiàng zá dí(词)想怎样？能怎样？表示不怕或不服气。[例]你们来上一伙人,~呢？

【想当然】xiàng dāng ràn(词)凭主观推断,认为事情大概是、应该是这样。[例]不能凭~办事。

【向护】xiǎng hu(词)偏向、袒护。[例]他是你的亲戚,你当然要~他。

【向口】xiǎng kou(词)朝向,方向。[例]盖房子要把~选好。

【向情向不了理】xiǎng qìng xiáng bu liào lì(谚)说话办事可以顾及情面,但不能违背道理。

【向阳黄】xiǎng yang huàng(词)向日葵。也指喜怒无常的人。[例]就那么个~人,别管他。

【像个驴的耳朵】xiǎng ge lǜ di ér duo(词)犹像那么回事。"驴的耳朵"比喻事物的标准。[例]这双鞋做得还~。

【像神了】xiǎng shèng le(词)长相酷似。[例]姊妹两个~。

【橡皮】xiǎng pì(词)比喻没血气、不知羞耻的人。[例]一点脸面都不顾,简直成了个~人!

【降住】xiàng zhu(词)❶将物体固定住,使之稳定。[例]先把螺杆~,再上螺帽。❷制服,使驯服。[例]只有他能~那头骡子。

xiao

【逍遥派】xiāo yào pai(词)❶泛指与世无争、逍遥自在的人。❷特指"文化大革命"中不参与派别活动的人。

【逍遥自在】xiāo yào zí zai(词)悠闲安逸,自由自在,无拘无束。[例]退休以后,过着~的生活。

【消化】xiāo hua(词)比喻对别人的意图或传授的知识的理解。[例]你说了这么多,总该让我~~吧？

【消极怠工】xiāo ji dái gōng(词)指用消极的态度对待工作,或以不完成工作相对抗。

【消磨时间】xiāo mò shì jian (熟)打发、度过闲暇时间。[例]闲得没事干,靠打麻将~。

【消停】xiāo ting(词)❶安静,定停。[例]你~点行不行？❷歇缓,闲暇。[例]等我~了再说。

【消消停停】xiāo xiao tíng ting(词)不慌不忙,慢条斯理。[例]客人走了,再~地收拾杯盘碗筷。

【消灾免罪】xiāo zāi mián zuí(词)消除灾祸,免予罪刑。[例]信佛的人认为吃斋念佛能~。

【销门】xiāo mèng(词)插上门销板子(插销)。

【小爸爸】xiáo bá ba(词)叔叔,即父亲的弟弟、堂弟或表弟。

【小不指事，老不指事】xiáo bú zhí shí,láo bú zhí shí(熟)谓别指望年幼的孩子和垂暮老人承担重要任务。指事:指靠,指望。

【小吃子】xiáo chí zi(词)油炸夹板、丸子加调料烩成的饭食。

【小道消息】xiáo dáo xiāo xi (词)指非正式途径传播的消息,往往失实不可靠。

【小的不知事，老的把屎吃】xiáo di bú zhī shí,láo di bá shí chí(熟)嗔怪、骂人的话,比喻小的和老的都不懂事,重点在老的。

【小洞不补，大洞尺五】xiáo dóng bú bù,dá dóng chí wu(谚)告诫要把问题解决在萌芽状态。

【小豆子】xiáo dóu zi(词)豆科植物赤豆的种子,可食。

【小肚鸡肠】xiáo dú jī chàng (词)比喻气量狭小,只考虑小事,不顾大局。

【小队】xiáo duí(词)即生产队。人民公社时期农村基本核算单位,相对生产大队而言。

【小队干部两头拧，大队干部抽“长城”,公社干部“黄金叶”,县级干部“大前门”】xiáo duí gán bu liáng tou nìng,dá duí gán bu chōu“chàng chèng”,gōng shé gán bu “huàng jīng yé”,xián ji gán bu “dá qiàn mèng”(顺)指级别不同,抽的烟也不同。“长城”“黄金叶”“大前门”均为香烟牌子。“两头拧”指用纸条卷旱烟叶的自制烟。

【小躲】xiào duó(词)毛驴在驮人行走时猛然停步,把人摔下来。[例]那个驴有~的毛病,骑它的时候要小心。

【小胳膊】xiáo gé bo(词)即下臂,和手腕相连。

【小工】xiáo gong(词)给技术工人当助手的人员。也指干粗重活的普工。[例]农忙了,~不好找。

【小集团】xiáo jí tuàn(词)指在集体组织中拉帮结派,形成宗派团伙。

【小见】xiáo jián(词)心胸狭窄,见识短,爱计较。[例]那个人~大,跟他交往要小心。

【小脚一双，眼泪一缸】xiáo jué yí shuāng,yán lei yí gāng(熟)形容旧时妇女缠足的痛苦。

【小舅爷子】xiáo jiú ye zi(词)妻子的弟弟。

【小里小气】xiáo li xiáo qí(词)指花钱吝啬,胸襟狭隘。[例]以后对人大气点,不要~的。

【小量】xiáo liang(词)低估,小看。[例]你不要~人,我行呢!

【小庙供不下大菩萨】xiáo miáo góng bú xiá dá pù sa(熟)比喻小地方小单位难以让学问大、名望大的人充分发挥作用。

【小名字】xiáo ming zi(词)乳名。相对官名、大名。[例]谁的娃娃没个~。

【小人】xiáo reng(词)❶指妒忌心特强的人。❷指道德低下或行为不正派的人。[例]那种~不能处。

【小人得志】xiáo reng dé zhí(词)指人格

卑下的人得势后趾高气扬，不可一世。

【小人见识】xiáo reng jián shi（词）见识浅薄的人的看法。

【小人惹不起】xiáo reng ré bú qì（谚）品格卑劣的人专门寻机害人，因此不要招惹或尽量回避。

【小叔子】xiáo shu zi（词）丈夫的弟弟。

【小媳妇子】xiáo xí fu zi（词）❶新婚女子，少妇。❷指小儿媳。

【小雪】xiáo xue（词）二十四节气之一，11月22日前后，进入下雪季节。

【小阳春】xiáo yang chōng（词）指农历十月。[例]十月里有个~。

【小爷】xiáo ye（词）对与祖父一辈、年龄较小者的敬称。

【小意思】xiáo yí si（词）❶送礼谦词，犹微薄的心意。[例]一点~，请收下。❷比喻不值一提的事物。[例]~，再罢提。

【小月】xiáo yue（词）❶小产。❷阳历12个月中不足31天的月份。

【小着偷针，大了偷星】xiáo zhe tōu zhēng，dá le tōu xīng（谚）比喻小时候染上偷盗习惯，长大后难以改正，并且越偷心越狠，越偷胆越大。

【小坝】xiào bá（词）即小坝镇，曾为宁朔县治，现为青铜峡市治。

【小嘀咕】xiào dī gu（词）小报复，找茬儿。[例]虽然没把我咋的，但~总是不断。

【小颠困子】xiào diān kong zi（熟）小挫折，小教训。颠困：颠仆，困窘（详见附二）。[例]这才是个~，再不改毛病，还出大事呢。

【小东方】xiào dōng fang（词）❶自然村名，在望洪镇金星村。❷永宁作家姜自力的长篇小说名。

【小而犯上】xiào er fán sháng（词）晚辈顶撞、忤逆长辈。

【小生子】xiào gà zi（词）小男孩。

【小光阴子】xiào guāng ying zi（熟）家底较薄、勉强度日的小家户。[例]那时候，他家也是个~。

【小姑贤】xiào gū xiàn（词）传统戏曲名。剧中主要人物为一贤惠的小姑。

【小姑子】xiào gū zi（词）丈夫的妹妹。

【小广播】xiào guàng bò（词）喜欢私下传播消息的人。[例]他（她）喜欢传播小道消息，大家都叫他（她）~。

【小锅锅子】xiào guō guo zi（熟）吃小锅饭，开小灶。多指少数人搞特殊化。

【小鬼】xiào gui（词）迷信指阎罗天子手下当差的鬼。民间比喻没有官衔、爱刁难群众的一般官吏。[例]阎王好见，~难见。

【小寒】xiào hàn（词）二十四节气之一，1月6日前后，进入严寒期。

【小和尚念经——有口无心】xiào hè shang nián jīng——yòu kòu wù xīng（歇）比喻嘴里那样说，心没那样想。也比喻不是有心要说。

【小鸡鸡下蛋——紧沟沟努呢】xiào jī

ji xiá dán—jìng gōu gou nú ni(歇)比喻负担超过承受能力，做起来非常吃力。

【小家子气】xiào jiā zi qí(词)❶形容人的言谈举止不大方，待人不宽厚。❷比喻办事不痛快，出手不大方，花钱抠抠索索。

【小襟】xiào jīng(词)大襟衣服下面的辅襟。

【小口子】xiào kóu zi(词)即贺兰山小滚钟口,旧为避暑地,现为旅游景点。在永宁县西北方。

【小流子】xiào liú zi(词)即小二流子。

【小喽啰】xiào lōu luo(词)旧称强盗头子的部下，比喻追随恶人做事的走卒。

【小妈】xiào mā(词)部分地方对婶娘的称谓。

【小买卖】xiào mái mai(词)小生意，小本经营。[例]做大生意没本钱,先做个~。

【小卖部】xiáo mái bú(词)村庄或居民点开设的小商店。[例]到~里买点瓜子。

【小满】xiào màn(词)二十四节气之一,5月21日前后,夏作物灌浆。

【小闷头户】xiào mēng tou hú(词)富裕但不张扬的小康人家。[例]别看他不显山不露水,那可是个~!

【小糜子】xiào mì zi(词)生长期短的糜子,常在麦收后复种。

【小爬虫】xiào pà chòng(词)比喻干坏事的小角色、小人物或走卒。[例]那些个~,不值一提!

【小跑】xiào pào(词)❶指替人跑腿送信办事的人。❷形容快步行走。常用来形容工作繁忙。[例]我~着来的。

【小瓶瓶掉到井里——咕嘟咕嘟】xiào píng ping diáo dao jíng ni— gū du gū du(歇)比喻唠叨个没完。

【小钱打动人心】xiào qiàn dá dong rèng xīng(熟)用小恩小惠引诱、感化人。

【小秋收】xiào qiū shōu(词)粮食匮乏时期的一项活动,即秋收后采收野生植物。[例]那时候,学校经常组织学生搞~。

【小圈子】xiào quān zi(词)为私利而互相拉拢、利用的小集团。[例]做人要光明磊落,不搞~。

【小晌午子】xiào shàng wu zi(词)接近中午时分。[例]~了，该做晌午饭了。

【小婶婶】xiào shéng sheng(词)对父亲的弟弟的妻子的称呼。或专指年纪较轻的婶娘。

【小时穷不算穷,老来穷穷死人】xiào shì qiòng bú suán qiòng,lào lài qiòng qiòng si rèng(熟)谓年少时贫穷可通过努力来改善，年老时贫穷则无力改变。

【小暑】xiào chù（词）二十四节气之一,7月7日左右,炎热季节到来。

【小暑大暑，灌死老鼠】xiào chù dá

chù,guán si lào chu(谚)形容这两个节气里雨水较多。

【小死】xiào sì(词)犹半死。多指得大病、遇险或自杀未遂。

【小死了一场】xiào sí le yí chàng(词)差点儿死了。[例]上半年得了一场大病,~。

【小尿】xiào song(词)大人对小孩的厌称。

【小偷小摸】xiào tōu xiáo mó(词)指偷窃少量的不太值钱的东西。

【小娃娃子家】xiào wá wa zi jia(熟)犹小孩子家。长者对小孩的称谓。

【小杂杂】xiào zā za(词)形容小。[例]找个~石头,把缝子填上。

【小幺】xiào yāo(词)指小孩们。[例]牛魔王的儿子——小妖(幺)。

【小咬】xiào yào(词)即蠓虫,人被其叮咬后局部红肿、奇痒。

【小姨子】xiào yì zi(词)妻子的妹妹。

【小小不然】xiào xiao bú ràn(词)形容微不足道的小事。[例]那些~的事就别提了。

【小心把鸡尾巴踏掉了】xiào xīng ba jī yí ba tá diao le(熟)戏谑语。谓起得太早,看不清道路,踩上了早起叫鸣的公鸡尾巴。

【小心灯火】xiào xīng dēng huò(熟)旧时春节贴在灶台或灯台附近的红纸条幅,上写此语。

【小心没大错】xiào xīng mú dá cuó(谚)谓做事小心,才不会出现大的错误。

【孝崇】xiáo chong(词)即孝顺。

【孝虫子】xiáo chong zi(词)❶长辈称孝顺的后辈。[例]我这个孙子真是个~。❷痒痒挠儿的别称。

【孝帽子】xiáo mao zi(词)参加丧礼的人戴的白布帽子。

【孝身】xiáo sheng(词)即孝服。

【孝义】xiáo yí(词)奉养和顺从尊亲,做事合乎道义。[例]我的儿女都~得很。

【孝子的头,赛狗尿】xiáo zi di tòu,sái gòu qiù(熟)指父母去世时,孝子(多为长子)为了替死者消灾免罪、见人(不分长幼)就磕头的做法。

【孝子贤孙】xiáo zì xiàn sōng(词)本指孝顺长辈的子孙,比喻忠实继承某种主张或传统的人。

【笑场】xiáo chàng(词)戏曲艺人在演出时失笑。[例]因为~,被师傅狠狠骂了一顿。

【笑得喜的,没个给的】xiáo di xí di,mú ge géi di(熟)调侃语。意为你笑容可掬,我却没有可奖赏的东西。

【笑话】xiáo hua(词)被人讥讽、耻笑。[例]当众搂搂抱抱,就不怕人~?

【笑话得人多了】xiáo hua di rèng duō le(熟)意为平时喜欢讥笑别人,结果自己家里也出了同样的人或事,受到更多的嘲讽。

【笑里藏刀】xiáo ni càng dāo(词)形

容外表和气、内心阴险毒辣。

【笑面虎】xiáo mián hù(词)比喻外表善良、心地凶狠的人。

【笑模嘻嘻】xiáo mo xī xī(词)形容笑嘻嘻、面带微笑的样子。

【笑谈】xiáo tàn(词)笑料,谈资。[例]做下这种丑事,落人~。

【笑由】xiáo yòu(词)犹笑话,可笑。[例]不但不帮忙,还在一边看~。

【笑着吃人】xiáo zhe chí rèng (熟)犹笑里藏刀,笑面虎。[例]别看他见了你笑模嘻嘻的,那可是个~的人!

xie

【些子】xiē zi(词)细小,少许,一点儿,不定的数量。[例]你比他稍微高~。

【歇缓】xié huàn(词)稍作休息。[例]走了这么远,坐下来~~。

【歇凉】xié liàng(词)歇阴凉,乘凉。[例]大家坐在大树下~。

【歇晌】xié shàng(词)午休。[例]夏天,大家都有~的习惯。

【歇田如放账】xié tián rú fáng zháng(谚)指免耕轮作可培肥地力,就像放债生息一样。

【歇阴凉】xié yīng liang(词)即天热时在背阴的地方乘凉。

【蝎子的尾巴——歹虫】xié zi di yí ba—dài chòng(歇)比喻歹毒之人。

【胁迫】xié po(词)多指用语言威胁、逼迫、挖苦。[例]不念恩情也就罢了,还拿话~人!

【揳】xié(词)❶打,揍。[例]~了他几棒。❷捶打,特指把钉子、橛子等敲打到其他东西里面。[例]往墙上~了个钉子。

【揳你两棒呢】xié ni liáng báng ni(熟)调侃语。[例]问:"我给你帮了忙,你也不谢谢我?"答:"谢?~!"(谢与揳谐音)

【写家子】xié jia zi(词)有写作能力的人,写手。

【写上个长工】xié shang ge chàng gong(熟)旧时立字据当长工。戏谑用语。指短时间内能完成的活却要拖延很长时间。[例]你干脆~干去!

【写红仿】xiè hòng fāng(词)儿童初学毛笔字时,在印有红色大楷字的习字帖上描摹,也叫描红。

【泻火】xié huò(词)中医指祛火,清热。[例]上火了,吃几服~的药就好了。

【卸车】xié chē(词)❶停车并卸去拉车的牲畜。❷指卸去车上装载的东西。

【卸磨杀驴】xié mó shá lǜ(词)比喻达到目的后把为自己出过力的人一脚踢开。

【谢媒人】xié mèi reng(词)婚后酬谢媒人的习俗。

【谢天谢地】xié tiān xié dí(词)表示目的达到或困难解除后满意轻松的心情和话语。[例]~,总算按时赶到了!

【谢土】xié tù(词)民俗。房子竣工后酬谢土地神的祭祀活动。

【澥了】xié le(词)黏饭由于长时间放置而自然变稀。[例]早上煮的黏饭,搁到现在都~。

【蟹田稻】xié tiàn dáo(词)指稻田养蟹、蟹稻共生所产的水稻。

【血糊流浪】xié hu liù làng(词)形容鲜血直流,血肉模糊。

【血气汗干】xiē qi hán gān(词)耗尽气血,流干汗水,比喻非常辛苦。[例]一年四季苦得~的,还不是为了供你们念书。

【血马裤子】xié má ku zi(词)女人来潮时穿的衬裤。

【血泡泡子】xié páo pao zi(词)比喻出生不久的婴儿。[例]才是个~,买那么好的衣裳干啥?

【血口喷人】xié kòu pēng rèng(词)比喻用恶毒的话污蔑、辱骂、陷害人。

【血脾】xié pi(词)即动物的脾脏。

【邪病】xiè bing(词)迷信认为因鬼神附体所得的病。(正规医院以外的治病方法)[例]~要用外方方子治。

【邪不压正】xiè bú yá zhéng(词)指不正当、不正派的人或事物压不倒正当、正派的人或事物。

【邪风】xiè fēng(词)使人致病的阴风。

【邪乎】xiè hu(词)怪异,玄乎,不可思议。[例]这事也太~了。

【邪门歪道】xiè mèng wāi dáo(词)指不正当的道路或方法。

【邪气】xiè qi(词)❶指盐碱较重的土地。[例]这个田有~,种上啥都不长。❷指歪风邪气。

【斜里马跨】xiè li má kuá(词)东西安放或悬挂歪斜不正。[例]墙上的画子贴得~的。

【斜趔】xiè lié(词)指站立不正,歪向一边。[例]站有站相,坐有坐相,不要~下个胯子。

【斜坡】xiè pō(词)指倾斜的地面,有坡度。[例]把车从~推上去。

【斜趄】xiè qié(词)身体斜躺着。[例]他~在被垛上休息。

【斜三横四】xiè sān hóng sí(词)东西摆放或很多人凌乱无序地坐躺。[例]几个喝得酩酊大醉的人,~地躺在床上或沙发上。

【斜眼子婆姨迭角牛,占不上便宜猴墙头】xiè yan zi pò yi dié gé niù, zhān bu shang piàn yi hòu qiàng tòu(熟)比喻某些长相丑陋却生怕吃亏、争强好斗的人。

xing

【心爱的】xīng ái di(词)喜欢或钟爱的人或物。[例]养了两个~的娃娃。

【心病】xīng bing(词)郁结在心里的隐情。[例]小两口一直不和,成了父母的一块~。

【心不能㞞】xīng bú nèng sòng(熟)鼓励语,即心不能乏,胆不能怯,志不能移。

【心不在位】xīng bú zái wēi(熟)指心不在焉，心神不宁。

【心不重】xīng bú zhóng(熟)犹知足，不贪心。

【心慈手软】xīng cì shòu ruàn (词)因心地善良而不忍心下手。

【心都黑了】xīng dou héi le(词)比喻绝望，产生自杀或杀人念头。[例]当时我~，真想一头栽到河里淹死。

【心疯】xīng fēng(词)形容心里不安，烦躁。

【心服口服】xīng fú kóu fú(词)心口如一地信服、服气。[例]这回他~了。

【心甘情愿】xīng gān qing yuán (词)完全自愿，没有丝毫勉强。[例]嫁给他，就是要着吃(当乞丐)，我也~!

【心高】xīng gāo(词)指心气高傲。

【心高命薄】xīng gāo míng bo(词)指心性高傲，但命运不好。

【心好】xīng hào(词)指心地善良，待人诚恳。

【心狠手辣】xīng hèng shóu lá(词)心肠凶狠，手段毒辣。

【心红得辣角子一样】xīng hòng di lá ge zi yí yáng(熟)对不服老或盲目乐观者的讽语。[例]家里穷得揭不开锅了，你还~，跑到街上看戏。

【心慌】xīng huāng(词)形容空虚、无聊、寂寞。[例]一个人待在家里，太~了!

【心慌谋乱】xīng huāng mú lán(词)犹心烦意乱。[例]~的，啥都没心思干。

【心火】xīng huò(词)内心激动或愤怒的情绪。[例]~不要太旺!

【心惑两疑】xīng hu liàng yì (词)疑惑、猜测，游移不定。[例]要去就去，不要~的。

【心急火燎】xīng jí huò liào(词)形容心里急得像火烧一样。[例]~地从家里跑到医院，一问病人已经脱离危险，这才放了心。

【心奸命穷，脖子扛了个草绳】xīng jiān míng qiòng，bó zi káng le ge cào shèng (顺)形容虽然处处算计，无奈命运不济，最后还是穷困潦倒，牵着草绳耕地。

【心劲】xīng jing(词)兴趣，心力。[例]~大得很，养了那么多花!

【心净自然凉】xīng jíng zí ràn liàng (谚)指心里平静，不焦躁，就不觉得燥热了。

【心境】xīng jing(词)念头，想法，心情。[例]今天没~打麻将。

【心口窝窝子】xīng kou wō wo zi(词)❶胸口，也指胃所在的位置。❷比喻内心。[例]这句话说到他的~上了。

【心口眼眼子】xīng kou yán yan zi (词)❶比喻内心深处，心坎儿上。❷欲望，目标。[例]这回算是填满了他的~。

【心宽了一围】xīng kuān le yi wèi (词)一围即一圈，形容顿时放宽了心。

[例]听了这个话,我~。

【心里多少过不去】xīng ni duō sháo guó bu ké(熟)过意不去。

【心里没怪意】xīng ni mú guái yí(熟)即心里没恶意。

【心里没冷病，不怕吃西瓜】xīng ni mú léng bing,bú pá chí xī gua(谚)比喻心里没鬼,泰然处之。[例]~,谁爱咋说咋说去!

【心里绾着疙瘩】xīng ni wán zhe gé da(熟)绾:结。即结下梁子,有了芥蒂。

【心凉了半截】xīng liàng le bán jiè(熟)比喻非常失望。[例]看了化验单,知道自己得的是癌症,当时就~。

【心灵】xīng lìng(词)心思灵敏,头脑灵活,一学就会。[例]这个娃娃~得很,啥东西一学就会。

【心灵手巧】xīng lìng shòu qiào(词)头脑聪明,手艺巧妙(多用于女子)。

【心明得镜镜似的】xīng mìng di jíng jing xi di(熟)比喻心里明明白白。

【心捏了个撮撮子】xīng nié le ge zuó zuo zi(熟)比喻心情紧张,非常担心,无法放开。[例]病人进了手术室,我的~。

【心偏到脊梁杆子上了】xīng piān dao jí liang gán zi shang le(熟)形容做事不公正、不公平,偏向某一方。

【心平气和】xīng pìng qí huò(词)心情平静,态度温和,不躁不怒。[例]你们~地谈一谈,把事情说清楚,误会不就解除了?

【心强命不强,娶了个媳妇子光尿床】xīng qiàng míng bú qiàng,qú le ge xí fu zi guāng niáo chuàng(熟)比喻理想和现实常常不能一致。

【心轻】xīng qīng(词)看轻钱财,不贪婪。[例]那个人~,收费低。

【心软】xīng ruàn(词)指受感动后容易产生同情或怜悯的性格。[例]他~,见人哭鼻子就淌眼泪。

【心上不好受】xīng shang bú háo shóu(熟)一般指胃里不舒服。

【心上的肉】xīng shang di róu(词)比喻十分心爱的人或物。[例]刚买的新手机丢了,就像割掉了他~。

【心上翻】xīng shang fān(熟)形容发恶心,要呕吐。

【心上膨的】xīng shang pèng di(词)胃胀的感觉。[例]最近老觉得~。

【心上人】xīng shang rèng(词)❶心爱的人。❷信任且重用的人。

【心上拴了个石头】xīng shang shuān le ge shí tou(熟)比喻特别贪婪,欲壑难填。

【心烧火燎的】xīng shao huò liáo di(熟)形容心焦气躁、坐立不安的样子。

【心实嘴拙】xīng shí zuí zhuó(词)形容心地诚实,不善言辞。

【心术】xīng shu(词)指思想品质,心地。[例]~不正。

【心术不正】xīng shu bú zhéng(熟)心

地不纯正，做人不正派。

【心甩】xīng shuái（词）指心悸、心律失常等。

【心甩肉颤】xīng shuài róu zhán（词）生气或挨饿时的一种生理反应。

【心思】xīng si（词）心事，心结，想法。［例］这个事几时不了结，都是我的~。

【心思重】xīng si zhóng（词）遇事想不开，容易放在心里。［例］这丫头~，要好好开导呢。

【心疼】xīng teng（词）小孩或少女长得好看、可爱。［例］小姑娘长得真~！

【心疼】xīng tèng（词）❶爱惜、珍惜，关心。［例］不知道~人。❷减少、损失钱物后感到可惜。［例］不~人~钱呢！

【心闲无事瞌睡多】xīng xiàn wú shí ké shui duō（熟）指心里无事的人特别能睡觉，而且睡得沉。

【心心病病】xīng xing bíng bing（熟）形容疑疑惑惑，不太放心。［例］我们还是少接触的好，免得有些人~的。

【心性】xīng xing（词）性情，兴趣，个性。［例］不能由着~来。

【心绪不长】xīng xu bú chàng（熟）热情不持久，待人做事没耐心。

【心眼比筛子眼儿多】xīng yàn bì shāi zi yánr duō（熟）形容心计重，心眼多。

【心影】xīng yìng（词）幻觉，臆想，印象。［例］寡妇梦见个鸡巴——~。

【心硬】xīng yíng（词）指受到外界事物感动后不易产生怜悯或同情，对心软而言。［例］那个人~，他妈死了都没掉个眼泪疙瘩子。

【心有余而力不足】xīng yòu yù er lí bú zú（熟）心里想做，但力量不够。［例］啥都想干，就是老了，~啊！

【心长】xīng chàng（词）指长久地与人友好相处或和善待人。

【心知肚明】xīng zhī dú mìng（词）比喻对情况或事情清清楚楚。有明明知道却假装糊涂的意思。［例］具体情况你~，我就不细说了。

【心直口快】xīng zhí kóu kuái（词）性情直爽，有话就说。［例］他~，说过撂过，从不记仇。

【心重】xīng zhóng（词）指贪财，要价高。

【心字头上一把刀——忍了吧】xīng zi tòu shang yí bà dāo—réng le ba（歇）劝导别人控制情绪，极力忍受。

【辛苦钱】xīng ku qiàn（词）意为凭劳动挣下的钱。

【欣赏】xīng shàng（词）认为好，喜欢。［例］上司很~他。

【新车旧钏，套上就转】xīng chē jiú chuán，táo shang jiú zhuán（谚）车钏，旧时木轮车轮毂内镶嵌的铁环，和车轴相合。比喻重操旧业，也用于调侃男女双方都是二婚的夫妻。

【新城】xīng chèng（词）指银川市新城，在今银川市金凤区辖内。

【新待招遇了个圈脸胡】xīng dái zhāo

yú le ge quān lian hù(熟)待招,旧时对剃头匠的称谓。比喻新手遇上了难度大的工作。

【**新富农**】xīng fú nòng(词)一度时期指中华人民共和国成立以后发家并达到富农经济标准的家庭。

【**新华**】xīng huà(词)地名,原属增岗乡,今属望洪镇。[例]~农业社(1955年)。|~生产大队(1958年)。|~村(1983年)。

【**新姐夫**】xīng jié fu(词)新郎。

【**新姐姐**】xīng jié jie(词)新娘子。

【**新近**】xīng jíng(词)最近,近来。[例]病是~才得的。

【**新开渠**】xīng kāi qù(词)唐徕渠支渠之一,古有,1939年改造,在靖益村东开口,上段长8.7公里,下段由良田渠供水。

【**新来乍到,摸不着锅灶**】xīng lài zhá dáo,mō bu zhuò guō záo(谚)新来的人对情况不熟悉,工作无头绪。

【**新妈**】xīng mā(词)新娶的婶娘。

【**新米**】xīng mì(词)指当年新稻谷碾的米。

【**新桥**】xīng qiào(词)永黄公路在西干渠增岗新桥林场处的桥梁,1973年建。

【**新亲**】xīng qīng(词)新亲家。

【**新渠埂**】xīng qu gèng(词)自然村名,在胜利乡杨显村。

【**新娶婆姨乍种田,新绪大半年**】xīng qù pò yi chá zhóng tiàn,xīng xu dá bán niàn(熟)比喻对新买的东西或新工作产生的新鲜感和热情。

【**新人**】xīng reng(词)❶指新娘。[例]~领进房,媒婆子撂过墙。❷兼指新郎和新娘。

【**新人领进房,媒婆子撂过墙**】xīng reng líng jíng fàng,mèi po zi liáo guó qiàng(谚)指男女结婚后,就把媒人忘了。泛指事过忘恩。

【**新三年,旧三年,缝缝补补又三年**】xīng sān niàn,jiú sān niàn,fèng feng bù bu yóu sān niàn(熟)物质匮乏年代节省布匹的口号。

【**新社会**】xīng shé huí(词)指中华人民共和国成立后的社会。[例]~了,还那么封建!

【**新银**】xīng yìng(词)地名,属望远镇。[例]~堡(旧有)。|~乡(1955年11月)。|~大队(1958年)。|~村(1983年6月)。

【**新月味精**】xīng yué wéi jīng (词)由宁夏味精厂(厂址在李俊镇)生产,曾为农业部和自治区名牌产品。

【**新锃锃**】xīng zéng zeng(词)形容簇新,崭新。[例]~的棉鞋。

【**新账老账一起算**】xīng zháng láo zháng yí qì suán(熟)比喻把所做的坏事放在一起清算。多指报复或惩罚。[例]这人作恶多端,下次抓住了,要~!

【薪水】xīng shui(词)工资。[例]两口子~不多,刚够维持生活。

【星星点点】xīng xing diàn dian(词)形容少而零碎。[例]要给就一次给够,不要~地惹人说话。

【兴庆区】xīng qíng qū(词)即银川市兴庆区,原名城区、老城。曾为西夏国都兴庆府。2002 年 11 月更名为兴庆区。和永宁县接壤。

【兴时】xīng shì(词)❶指人走红,有名气。❷指因走红而显得傲气。[例]看把他~的,见了熟人都不问一声。❸指合乎时俗的风尚。[例]现在~穿唐装。

【兴许】xīng xù(词)也许,或许。[例]什么没钱,~是赖账呢!

【兴绪】xīng xu(词)兴趣、兴致。[例]这几天又学二胡呢,我看也是三天半的~。

【兴头】xíng tòu(词)❶兴趣正浓。[例]正要在~上,别惹他。❷气头上。[例]他正在~上。

【囟门子】xíng meng zi(词)婴儿头顶骨未合缝的地方。

【信鸽】xíng gé(词)经过训练、专门用于传递书信函件的家鸽。

【信马由缰】xíng ma yòu jiāng(词)形容不勒缰绳,任马行走。比喻过于放纵。[例]要好好管管,不能叫他们~地干。

【信人人】xíng rèng reng(词)所有人,任何人。[例]~都能参观,为啥不叫我们参观?

【信天游】xíng tiān yòu(词)❶漫无边际,拖延,任由发展。[例]任务一布置就不管了,成了~的长格(gá)格(ga)。❷流传在西北的一种民歌形式。

【信心不长】xíng xīng bú chàng(熟)没毅力,热情不持久。[例]他干啥都~。

【信则有,不信则无】xíng zé yòu,bú xíng zé wù(谚)对待鬼神或迷信的态度。

【信嘴胡说】xíng zuì hù shuó(熟)犹信口开河。[例]不要~,叫人家听见不好。

【信嘴胡蹚】xíng zuì hù tāng(熟)信口开河,胡说八道。[例]稍微提个话头,就~开了。

【擤鼻子】xíng bí zi(词)按住鼻孔使劲出气,排出鼻涕。[例]不要当着人的面~,那样不礼貌。

【幸亏】xíng kuī(词)表示因某种原因而避免了不良后果。[例]~我没去,不然也牵扯进去了。

【幸灾乐祸】xíng zāi luó huó(词)指缺乏善意,庆幸别人遇到灾祸。

【性直】xíng zhí(词)即性格耿直。

【性子暴】xíng zi báo(熟)指过分急躁、容易冲动的性格。

【性子坦】xíng zi tàn(词)即性格坦缓、和善。

【臖着痛】xíng zhe tèng(词)皮肤发炎后跳着痛。

【擤肿了】xíng zhóng le(词)身体某处发炎,引起周边红肿。[例]牙痛,把脸~。

【饧面】xìng mián(词)把和好的面团放一会儿,使软硬均匀。

【行不更名，坐不改姓】xìng bú gēng mìng,zuó bú gái xíng(熟)任何情况下都不隐瞒自己的真实姓名。形容为人处世光明磊落。

【行程】xìng cheng(词)行装。也比喻东西,事情,关系。[例]这里有你的什么烂~,快滚到一边!

【行得端,立得正】xìng di duān,lí di zhéng(熟)为人处世光明正大,符合做人准则。[例]我~,谁爱说啥说啥去!

【行房】xìng fàng(词)男女交合。

【行好】xìng hào(词)佛教用语,即多做好事善事。[例] 我给人看病是为了~,不是为了挣钱。

【行坏】xìng huái(词)佛教用语,即做坏事。[例]多行好,不~,下辈子好过。

【行善积德】xìng shán jí dá(词)多做善事,积累德行。

【行善前世看得见,作恶后世受磨难】xìng shán qiàn shí kán de jián,zuó é hóu shí shóu mò nan(熟)劝人多行善,不作恶。

【行王霸王】xìng wang bá wang(词)总想占上风,横行霸道。[例]老是~的,好像比谁有理一样!

【行政村】xièng zhéng cōng(词)中国行政区划中最基层的一级,设有村民委员会。

【桁条】xìng tiao(词)檩条。架在屋架或山墙上用来支持椽子和屋面板的长木,有方形和圆形。

xiong

【凶虎烈虎】xiōng hu lié hu(词)比喻来势凶猛,气势汹汹。

【兄弟】xiōng di(词)❶专指弟弟。[例]哥哥让着~。❷泛指弟兄关系。[例]打捶(打架)离不了亲~。

【胸脯子】xiōng pú zi(词)即胸脯。[例]~腆得老高,一副不可一世的样子。

【胸台子】xiōng tài zi(词)胸前,多指胸前的衣服。[例]~上满是汤渍。

【寻短见】xiòng duán jian(熟)自杀。[例]要防止他(她)~。

【寻死】xiòng sì(词)❶企图自杀。[例]~觅活。❷找死。

【寻死觅活】xiòng si nié huó(词)闹着要自杀。[例] 儿子稍微一顶撞,她就~。

【巡夜】xiòng yé(词)夜间巡逻。[例]最近小区有了贼,保安要加紧~呢。

【栒子】xiòng zi(词)落叶灌木,木质坚韧,可做鞭杆。

xiu

【休妻】xiū qī(词)旧时称丈夫离弃妻子。[例]拆苗如~。

【休书】xiū shu(词)旧时男子离异(不要)妻子的文书。[例]搁在老社会,写上个~就把她休了!

【修地球】xiū dí qiū(词)比喻从事农业劳动或当农民。

【修行】xiū xīng(词)出家学佛或学道。

【修行练道】xiū xīng lián dáo (词)本指道家修养练功等活动,这里指隐身自保。[例]这么多天不见你,躲到哪里~去了?

【修脚孤拐】xiū jué gū guai(熟)打脚踝骨,比喻长辈重责晚辈。

【修理】xiū li(词)❶用言语或暴力教训、整治人。[例]等我闲了再好好~你!❷使损坏的东西恢复原来的形状或作用。

【修桥补路,眼见的功劳;拆桥毁路,眼睛瞎成个窟窿】xiū qiào bù lú,yán jián di gōng lao;cé qiào huí lú,yán jing xiá chèng ge kū long(熟)对善举和恶行的褒贬之词。

【修造】xiū záo(词)❶指人的修养、素质和行为。[例]他~好,死的时候一天病都没害。❷佛教指通过修炼所达到的境界。

【羞丑】xiū chòu(词)❶害羞,羞耻。[例]养娃娃那一阵,就顾不得~了。❷私密处,羞体。[例]衣裳烂地遮不住~了。

【羞了八辈子先人】xiū le bá béi zi xiān reng(熟)骂人的话,羞辱了祖宗。

【羞臊】xiū sáo(词)害羞。[例]娃娃一天天大了,也知道~了。

【羞体】xiū ti(词)回族穆斯林经堂语。伊斯兰教法规定,人体不许外露或不能为他人所见之部位,即是~。

【羞先人】xiū xiān reng(词)所作所为有辱祖先。[例]不能做~的事。

【羞眼睛】xiū yán jing(熟)指强光把眼睛刺得不舒服或睁不开。

【秀才】xiú cai(词)❶泛指读书人。❷明清两代生员的通称。

【秀才不出门,便知天下文】xiú cai bú chú mèng,bián zhī tiān xia wèng(熟)指识字人可通过书本了解古今中外的事情。

【秀才不怕衣裳破,就怕肚子里没有货】xiú cai bú pá yī shang pó,jiú pá dú zi ni mú yòu huó(谚)比喻有文化、有修养的人看重知识和学问,不看重衣着打扮。

【秀才见了兵,有理说不清】xiú cai jián le bīng,yòu lí shuó bú qīng(熟)比喻斯文人和粗俗人说不到一块儿。也是对粗暴、野蛮者的讽刺。

【秀气】xiú qi(词)❶对故作秀气、扭捏作假现象的讽刺。[例]你今天咋这么~,才吃了一小碗就不吃了?❷形容人眉眼清秀。❸形容器物小巧灵便。[例]这个杯子真~。

【袖手旁观】xiú shòu pàng guān(词)

比喻置身事外，既不过问，也不协助任何一方。

【袖筒里的老虎】xiú tóng ni di lào hu（熟）比喻隐蔽起来伺机伤人者。[例]那是个~，要防着点！

【绣花枕头】xiú huā zhéng tou（词）比喻徒有其表，没有真才实学和实干精神。

【锈病】xiú bíng（词）由真菌引起的植物病害，常在叶子和茎部出现铁锈色斑点，如小麦~。

【锈刀子里头有好钢】xiú dāo zi lí tou yòu hào gāng（谚）比喻后进单位也有积极因素，被人瞧不起的人也有某些长处。

【咻头】xiù tòu（词）指顽皮、捣蛋的小孩。咻：喧嚷扰乱。[例]这娃娃真是个~！

xu

【虚屄寡喊哩，干哭没眼泪】xū bī guà hán li，gān kú mú yán lui（顺）指唬人、撒赖的干号。

【虚屄冷气】xū bī lèng qí（词）虚伪的话语或没有感情的假哭。

【虚礼】xū li（词）表面应酬的礼节。[例]那些~就免了吧。

【虚胖】xū páng（词）因体内脂肪增多而发胖或各种浮肿现象。

【虚情假意】xū qìng jiá yí（词）虚假的情谊。[例]风摆柳不久长，~灌米汤（指露水夫妻）。

【虚岁】xū sui（词）按年头计算的年龄，对周岁而言

【虚套子】xū tao zi（词）虚让或虚情假意，也指做表面文章。

【虚体】xū tì（词）虚体面。[例]草驴戴叉子（嚼子）——要的个~。

【虚头巴脑】xū tou bá nào（词）虚伪无诚意。[例]要来就来实的，别~的！

【虚虚笼笼】xū xu lóng long（词）指盛装、堆放的物品疏松不实密。

【絮窝】xú wō（词）鸟兽做窝。[例]燕子在房檐下面~。

【絮絮吊吊】xú xu diáo diao（词）形容互相连缀、多而杂乱、悬挂下垂的条状物。[例]房顶上的灰尘~的，也不扫一扫。

【畜人呢】xú rèng ni（词）反复闻一种气味而产生的熏呛腻味感。[例]伙房里的油烟~。畜：详见附录二。

【宿根】xú gēng（词）指隔年或多年生草本植物。[例]冰草是~，冬天干了，春天又长出来。

【许黄路】xù huàng lú（词）县级公路，东起许家桥，西至黄羊滩车站，全长21.9公里。1963年始建，1972年改造。

【许家桥】xù jia qiào（词）指许黄公路在惠农渠许桥村段的桥梁。

【许桥】xù qiào（词）地名，因许家桥而得名，原属仁存乡，今属李俊镇。[例]~大队（1961年，原名五坊）。|~村（1983

年6月)。

【许旺】xù wang(词)地名,以第一任堡长命名。今属胜利乡。[例]~堡(旧有)。|~大队(1961年)。|~村(1983年6月后)。

【许旺堡】xù wang pù(词)以古人名命名,在永宁县胜利乡许旺村。

【许想头】xù xiáng tou(熟)即许愿。[例]老给人~,就是不兑现。

xuan

【塇树】xuān shú(词)修剪树木。

【暄软】xuān ruàn(词)松软。多指发面馒头。

【暄蒸馍】xuān zhēng mo(熟)白而松软的馒头。

【炫呢么】xuān ni me(词)吹牛。[例]他~,家里哪有什么古董。

【炫头】xuān tou(词)据以向别人夸耀的话题。

【楦头】xuán tou(词)制鞋袜帽子的模型,或把新做的鞋帽撑大定型的木楦。

【碹】xuán(词)桥梁、窑洞、门窗等用砖石筑成的弧形。亦做券。

【现来的福现享】xuán lài di fú xuán xiàng(熟)指及时享乐。

【现钱】xuán qiàn(词)即现金。

【现时】xuán shì(词)现在,当下。[例]就是想买,~也没钱。

【现世现报】xuán shi xuán báo(词)佛教谓现世所做善恶之业,现世即得报应。

【现走现看】xuán zòu xuán kán(词)在进行中根据情况决定。[例]到底咋办,还要~。

【宣传队】xuàn chuàn duí(词)❶通过演讲、演出文艺节目等向群众做宣传的小型团队。❷为配合某种任务而临时组成的工作队。

【玄乎】xuàn hu(词)不保险,没把握,实现的可能性不大。

【悬的】xuàn di(熟)指夸张、夸大。[例]看把你~,有那么疼吗?

【悬楞楞】xuàn léng leng(词)东西举得或堆得很高,好像要坠落或倾倒的样子。[例]车上的草装得山一样,~的。

【悬死了】xuàn si le(词)❶危险。[例]~,车差点翻了!❷对倨傲无礼者的讽语。[例]~,当了小官官子就认不得人了!❸对故弄玄虚、夸大其词的讽语。[例]说得~,有那么危险吗?

【悬头车】xuàn tóu chē(词)车辆装载的货物远远大于车体本身,显得摇摇欲坠的样子。

【悬着】xuàn zhe(词)没着落,没落实。[例]那件事一直~没处理。

【选种】xuàn zhòng(词)指选取农作物优良品种,如块选(拔杂去劣)、穗选、粒选、筛选、风选、泥水选等。

xue

【些薄】xuē bò(词)轻微,稍许。[例]~擦破点皮。详见附二。

【些微】xuē wēi(词)稍微,些许,很短的时间,[例]~等等,我马上就来。

【些许】xuē xú(词)很少,轻微。[例]~有点痛。详见附二。

【踅嘴】xuē zuì(熟)指不请自到的白吃白喝。[例]他不是借东西,而是找借口~来了。

【穴道】xué dao(词)穴位,比喻要害。[例]没找着~。

【削尖脑袋往里钻】xué jiān náo dai wáng lì zuān(熟)为达到个人目的而拼命钻营。

【削铁如泥】xué tié rù mì(词)形容兵刃或其他刀剑极其坚硬锋利,切削铁器如同斩剁泥土一样。

【削职为民】xué zhí wèi mìng (词)指撤掉官职,降为平民。

【学大寨】xué dá zhái(词)20 世纪60—70 年代在全国开展的农业学大寨运动。大寨见该条。

【学房】xué fang(词)学校。[例]赶快吃了饭走~。

【学好】xué hào(词)以好人好事为榜样,照着做。[例]这么大的人了,多少不~!

【学坏容易学好难】xué huái yòng yi xué hào nàn(熟)谓学坏不费气力,可以随波逐流;学好则需要遵守规则,严格自律,下苦工夫。

【学前班】xué qiàn bān(词)指六到七岁的幼儿在上小学前最后一年的幼儿班。

【学善十年不会,学坏只要一天】xué shán shí niàn bú huí,xué huái zhí yáo yí tiān(谚)学坏容易学好难。

【学问学问,连学带问】xué wèng xué wèng,liàn xué dái wéng(熟)谓要获得知识,必须将勤学和好问结合起来。

【学学】xuè xue(词)把别人的话学说一遍。[例]老汉是咋说的,你给大家~。

【学,学,学不烂,给你个驴屎囫囵咽】xuè,xuè,xuè bú lán,gèi ní ge lǜ qiù hú long yán(顺)小儿之间因故意学舌惹怒对方,对方用此话反骂。

【雪花】xué hua(词)用发面蒸制的与笼屉一般大的又暄又白的馒头,剥皮后切成小块食用。

【雪花粉】xué huā fèng(词)指细腻洁白的小麦粉。

【雪花膏】xué huā gāo(词)旧时化妆品名。[例]脸上搽着~。

【雪花银】xué huā yìng(词)指提炼精度较高的白银,像雪花一样白,故称。也是银子的泛称。

【雪里头埋不住死人】xué lí tou mài bú zhu sí reng(词)比喻做了坏事终究会败露。

【雪梅吊孝】xué mèi diáo xiáo(词)民

间唢呐曲牌名，较为悲凉。

【**雪糁糁子**】xué zhēng zheng zi（词）指米粒样的雪花。

【**血道**】xué dao（词）血液循环系统的俗称。［例］可能是~上的毛病。

【**血脉**】xué miá（词）❶指人体的血液循环。❷血统，后代。［例］这个娃娃是他家的~。

【**斜横**】xuè hóng（词）犹反正，不论怎样。［例］~是花钱，不如到大医院看看。

【**踅来踅去**】xuè lài xuè ké（词）旋转不肯离去。［例］老树砍倒了，苍鹭还在空中~。

【**踅磨**】xuè mo（词）旋磨，指想做或想要而又不好意思开口。

【**谑话**】xuè hua（词）空话、风凉话、无用的话。［例］说说~还行，真叫他干就不行了。

Y

ya

【丫环带钥匙——当家不做主】yā huan dái yué chi—dāng jiā bú zuó zhù(歇)比喻表面有权,实则无权。

【丫头】yā tou(词)❶女孩,女儿。❷指未婚处女。❸旧指使女。

【丫头片子】yā tou pián zi(词)对女孩的戏称,有轻蔑义。

【丫头失货——吃了面软的亏】yā tou shí huó—qiā le mián ruán di kuī(歇)失货:失去贞操。面软:拉不下脸。

【丫丫杈杈】yā ya chá cha(词)指树木枝杈繁多。比喻字写得不工整。

【鸦雀老乌】yā que láo wu(词)泛指鸟类。

【鸦雀无声】yā que wù shēng (词)形容非常寂静。[例]会场里~。

【压秤】yá chéng(词)分量重(就同等体积的物质而言)。[例]这个东西~得很。

【压床】yá chuàng(词)当地习俗。婚用新房未使用前,让未婚男孩睡在里面,以防鬼祟趁机侵占。

【压大的力气吓大的胆】yá dá di lí qi xiá dá di dàn(熟)指人的力气和胆量是在实际锻炼中逐步增强的。

【压豆子】yá dóu zi(词)旧时用石磙在打谷场上碾压晒干的大豆植株,使脱粒。

【压风】yá fēng(词)❶掩盖丑事,不使外传。[例]用制造假象~。❷挡风或不让冷风钻进来。[例]棉袄缝长点能~。

【压稀】yá pù(词)把割下来的庄稼顺手摆放成整齐的小堆, 待晒干后打捆。

【压瓜条】yá guā tiào(词)指西瓜生长期间,将瓜蔓上长出的不定根压埋于土中,可防止蔓叶被风卷翻、有效利用光能、多吸收养分、提高西瓜品质和产量。

【压光】yá guāng(词)用铁抹子压实墙壁、地面等表层部位的砂浆混凝土,清除气泡、砂眼等缺陷,使之密实光洁。

【压饥】yá jī(词)充饥、解饿。[例]装上两个馍馍，路上~。

【压轿】yá jiáo(词)旧时女子出嫁，由其弟、妹陪坐在轿车里。

【压轿钱】yá jiáo qian(词)娶亲时，婆家给坐在迎亲车里“压轿”人(一般为新娘的弟、妹)的赏钱。如不给，新娘不会下车。

【压炕】yá káng(词)调侃语，意为睡在炕上。[例]晚上吃那么多，难道~呢？

【压摞摞】yá luó luo(词)一种用身体叠压身体的儿童游戏。

【压气】yá qí(词)胸闷气短的感觉。[例]我喝了酒~呢。

【压事】yá shí(词)隐瞒、封锁消息，以息事宁人。[例]当婆婆的要能~。

【压塌市】yá tá shí(词)形容市场上某种商品极多。[例]白菜~了，一斤才几分钱。

【压稳】yá wèng(词)比喻保守秘密，不要声张。

【压阵】yá zhéng(词)本指排在队伍后面稳住阵脚，比喻以威势稳定局面。[例]关键时刻，还得你这个老将来~。

【压制】yá zhi(词)多指以权力限制、压迫和欺负人。

【押宝】yá bào(词)❶比喻把力量或资金全部投入某个方面。[例]把宝全都押到这上面了。❷一种赌博形式，也叫押红宝。

【鸭蛋】yá dán(词)比喻考试或竞赛成绩得零分。

【鸭儿鸭，二十八】yár yá，ér shí bá(谚)谓鸭子孵化约需 28 天。

【鸭舌子】yá she zi(词)即鸭舌草，一种水田杂草。

【鸭子的鸡巴——油(游)串串】yá zi di jī ba—yòu(yòu) chuán chuán(歇)比喻游手好闲的人。

【鸭子的爪子——连手】yá zi di zhuá zi—liān shou(歇)比喻互有关联，一伙儿的。

【鸭子过去鹅过去，孙子过去爷过去】yá zi guó ke è guó ke，sōng zi guó ke yè guó ke(谚)谓别人能过去我也能过去。表自信甚至自负。

【鸭子叫鸣笑死个鸡】yá zi jiáo mìng xiáo sí ge jī(熟)比喻做事外行，引起别人耻笑。

【哑巴吃扁食——心里有数】yá ba chí bián shi—xīng ni yòu sú(歇)扁食即饺子。比喻心中有数。

【哑巴吃黄连——有苦说不出】yá ba chí huàng liàn—yòu kú shuó bú chú(歇)义如后半句。

【哑巴过年——看隔壁子】yá ba guó niàn—kán gé bí zi(歇)哑巴不能问，只会看。比喻照着别人做。

【哑巴见了妈——好得没法说】yá ba jián le mā—háo di mú fá shuó(歇)比喻关系特别亲密，不能用语言表达。

【哑巴亏】yá ba kuī(词)即吃了不便

说或说不出的亏。[例]吃了个~。

【哑默洞悄】yá mo dóng qiāo (词)寂静无声,就像在山洞里一样。

【牙床子】yà chuàng zi(词)牙齿附着的地方,即围绕牙颈及覆盖上下牙槽的组织。学名齿龈。

【牙掉帽角子歪】yà diáo máo ge zi wāi(熟)形容衰老。帽角子即辫子。

【牙饿得龇龇的】yà wó di cī cī di (熟)因饥饿难受而龇着牙。[例]饿上三天,把他的~,看他还挑不挑食?

【牙根子扚上血了】yà geng zi dí shang xié le(熟)扚:用牙齿撕扯。比喻尝到甜头而更加贪婪。

【牙狗】yà gou(词)即公狗。

【牙行】yà hang(词)旧时指居间说合生意的场所或人,当代叫经纪或经纪人。

【牙口】yà kou(词)❶指牙齿好坏和咀嚼能力。[例] 年龄虽大,~还好着呢。❷指根据牲口的牙齿数和磨损程度判定其年龄。[例]看看~就知道几岁了。

【牙岭】yà lìng(词)牙龈因发炎而出现的隆起。

【牙是骨头口是肉】yà shi gú tou kóu shi róu(熟)意为说话算数。[例]~,绝不变卦!

【牙疼不是病,疼死没人问】yà tèng bú shi bíng,tèng si mú rèng wéng (顺)义如文。

【牙牙子】yà ya zi(熟)量词,指切成月牙形的瓜块。[例]吃了一~西瓜就走了。

【牙长的一截子】yà chàng di yí jiè zi (熟)比喻路程、物件很短。

【牙猪】yà zhu(词)指阉去睾丸的公猪。

【芽条树】yà tiao shú(词)也叫母树。将成年活柳树从中截断,促其长出众多新芽,留存修剪,不生毛枝,两年后砍下做苗木(也叫柳栽子)。

【衙门】yà meng(词)旧时官吏办公的机关。[例]八字~朝南开,有理无钱莫进来。

【衙役】yà yi(词)旧时在衙门里当差的人。[例]官记仇没~活的路了。|穷兵饿~。

【掗开】yà kāi(词)稍稍开启,亦做牙开。[例]把窗子~点。

yan

【胭粉美人计】yān fèng méi reng jí (词)即美人计。

【烟囱狗窝】yān cong góu wo(词)指火炕(或锅灶)烟囱底部的构造。[例]~要支(砌)好,不然出烟不利。

【烟囱里扰手——往黑路上指】yān cong ni ráo shòu—wàng héi lú shang zhì(歇)比喻把人往邪路上指引。扰手:招手。

【烟鬼】yān guì(词)❶旧指吸食鸦片成瘾的人。❷现指烟瘾重、抽烟多的人。

【烟锅子不利】yān guo zi bú lí(熟)办事不顺利或遇到麻烦。[例]我最近~。

【烟荷包】yān hè bao(词)装烟丝的小袋子。

【烟火钱】yān huo qiàn(词)比喻买烟火的钱,小钱。[例]摆个水果摊摊子,挣几个~。

【烟酒不分家】yān jiú bú fēng jiā(熟)指抽烟喝酒不分你我,不必客气。

【烟煤子】yān mei zi(词)指物体燃烧后积累的黑色烟尘。

【烟幕弹】yān mú dàn(词)能射出并产生浓烟的装置。比喻迷惑人的手段。[例]不要放~迷惑人!

【烟灭火着】yān mie huò zhuò(熟)形容用柴火烧炕、做饭时火炙烟熏的情形。

【烟枪】yān qiāng(词)❶吸食鸦片的工具。❷泛指嗜烟的人。

【烟炭】yān tan(词)即烟煤,和干炭(无烟煤)相区别。

【烟熏火燎的】yān xiong huò liáo di(词)❶烟火浓重的环境。[例]柴锅台煮饭~,还是炉子煮饭干净。❷被烟火熏烤过的物品。[例]住着一间~的房子。

【烟熏色】yān xiong sé(词)像被烟熏成的黄褐色。

【烟釉子】yān yóu zi(词)烟囱、火炕、烟杆儿、牙齿等因长期被烟熏而形成的黑色釉状物。

【蔫不拉唧】yān bu lā jí(词)❶植物失水后的蔫软状态。❷形容人蔫头蔫脑没活力。

【蔫坏蔫坏】yān huái yān huái(词)形容表面老实、背后常做坏事的人。

【蔫耷了】yān ta le(熟)蔫了。[例]寒流一来,树叶子都冻~。

【蔫奶头】yān nái tou(词)没有奶水的奶头,比喻报酬低、没有奔头的工作。[例]就那个~,他爱嘣(吮吸)不嘣!

【蔫头叫驴踢死人】yān tou jiáo lü tí si rèng(熟)蔫头蔫脑的人往往出语刻毒或出招阴损。

【蔫头蔫脑】yān tou yān náo(词)❶植物因缺水或遭霜冻而萎缩变蔫。❷人或动物没精打采的样子。

【淹猛子】yān méng zi(词)指游泳时在水里扎猛子。

【淹死的是会水的】yān sí di shi huí shuí di(谚)比喻内行常因疏忽大意而出事。

【淹死的是会水的,打死的是犟嘴的】yān sí di shi huí shuí di,dà sí di shi jiáng zuí di(谚)自恃水性高的人往往被淹死,嘴不服软的人常常遭打。

【腌心】yān xīng(词)胃里作酸时难受的感觉。[例]吃了点冷饭,作得~~的。

【咽喉桩桩子】yān hou zhuāng zhuang zi(词)动物的软腭。

【咽不下这口气】yán bí xiá zhéi kóu

qí(熟)指受了欺侮或吃了亏心里不服气,想进行报复或讨说法。

【咽气】yán qí(词)指人断气死亡。

【颜面】yán mian(词)体面,脸面,面子。[例]大办丧事是活人的~,与死人没啥关系。

【颜色暗】yàn se ǎn(词)颜色不鲜艳,多指布料。[例]这件衣裳~,不适合你穿。

【弇住】yán zhu(词)覆盖、遮蔽。[例]把那具无主尸先搬到沙窝边上~点,看随后有没有人认领。

【眼不见为净】yán bú jián wèi jíng(谚)❶对不愿看见的人和事,只要不再看见,心就静了。❷形容食品中不卫生的成分只要看不见,就认为是干净的。(自我原谅)

【眼不见心不烦】yán bú jián xīng bú fàn(熟)谓只要没看见或不在眼前,就不会为之操心或烦恼。

【眼睫毛】yán jie mào(词)即睫毛。[例]你以为她的~真的那么长?假的!

【眼睛鼻子都动弹】yán jing bí zi dōu dóng tan(熟)形容说话时面部表情丰富,好像五官都会说话。含贬义。

【眼睛不行,爱认个生人】yán jing bú xìng,ái réng ge sēng rèng(顺)视力不好,却喜欢辨认生人或跟陌生人说话。调侃语。

【眼睛不治不瞎,腿子不治不瘸】yán jing bú zhí bú xiá,tuí zi bú zhí bú què(熟)指治疗眼病、腿病需十分慎重,以防致残。

【眼睛吃蓝了,队长认成社员了】yán jing chí làn le,duí zháng réng cheng shé yuàn le(顺)比喻眼力不行,把官吏认成普通群众。常用于献媚讨好上司。

【眼睛都盼红了】yán jing dōu pán hòng le(熟)非常盼望的夸张说法。

【眼睛多】yán jing duō(熟)比喻人多眼杂。

【眼睛拐拐子】yán jing guái guai zi(词)即眼角。[例]她除了自己的丈夫,对别的男人连~都不睄一下。

【眼睛尖】yán jing jiān(词)❶视力好,看得清楚。[例]小娃娃~。❷比喻眼光敏锐,啥事都瞒不过。[例]众人的~着呢。

【眼睛眍了】yán jing kōu le(词)眼睛因熬夜或生病而下陷。[例]娃娃的~,怕是有病了。

【眼睛麻了】yán jing mà le(词)指眼花或近视,有时也指失明。

【眼睛绕花花】yán jing ráo huā hua(熟)眼花,看东西乱晃。

【眼睛是怕怕,手是个夜叉】yán jing shi pá pa,shóu shi ge yé cha(熟)比喻工作任务看起来很多很重,但只要动手做,也不算什么(能全部完成)。

【眼睛瞎了,心也死了】yán jing xiá le,xīng ye sí le(熟)骂人的话。即眼睛看

不见,难道心里也想不到?

【眼睛瞎了几胳膊深】yán jing xiá le jì gé bo shēng(词)夸张说法,对观察识别能力太差者的骂语, 也用于自责。[例]~,找了这么个男人!

【眼睛邪】yán jing xiè(词)指男子好色。

【眼眶子大】yán kuáng zi dá(词)比喻看不起小钱,不知节省。[例]~着呢,根本看不上那几个小钱!

【眼泪花花子直冒】yán lui huā hua zi zhí máo(熟)形容眼泪快要出来的样子。[例]痛得人~!

【眼泪汪心】yán lui wāng xīng(词)比喻特别难过、悲伤。

【眼里搁都没搁】yán ni gé dōu mú gé(熟)鄙视,看不起。[例]你羡慕他有钱,我~!

【眼里过千遍,不如手里过一遍】yán ni guó qiān bián,bú rù shóu ni guó yí bian(谚)指学习时既要阅读,更要动手抄写,这样才能记得牢固。

【眼里揉不下沙子】yán ni ròu bú xia shā zi(熟)比喻容不得不公平的事或被人欺负。[例]我的~,这事非管不可!

【眼泪簌簌】yán gu sū sū(词)因同情或共鸣而眼泪欲出的感觉。[例]看得人~的。

【眼面前】yán mián qian(词)面前。[例]东西放在~都看不见!

【眼皮子薄】yán pi zi bò(熟)比喻目光短浅,爱贪小便宜。

【眼皮子高了】yàn pi zi gāo le(熟)谓因升迁、发达而看不起原来的人或物。

【眼皮子浅】yán pi zi qiàn(熟)目光短浅,经不起诱惑。

【眼热】yán ré(词)羡慕并伴有轻微妒忌。

【眼时前】yán shi qiàn(词)目前,当下,暂时。[例]这些问题~还解决不了。

【眼头四见】yán tou sí jián(词)有目共睹,谁都能看清。[例]他的困难是~的,应当救济照顾。

【眼窝里有水】yán wō ni yòu shuì(熟)比喻有眼光。[例]这丫头~呢,找了个好女婿。

【眼眼子】yán yan zi(词)犹小孔。[例]车胎叫钉子扎了个~。

【眼硬】yán yíng(词)指不因情绪激动而轻易流泪。

【眼睁睁】yàn zēng zēng(词)眼睛看着却无可奈何。[例]~看着河水把人冲走了。

【眼饱有力,嘴方肯吃】yàn bào yóu lí,zuì fāng kéng chí(熟)一般指牛。也用于调侃人。

【眼馋肚饱】yàn chàn dú bào(熟)指吃饱了还想吃。比喻贪得无厌。

【眼高手低】yàn gāo shòu dī(词)❶形容目标很高,能力很低。❷只会评论别人,自己并不会做。

【眼观六路，耳听八方】yàn guān liú lú,èr tīng bá fāng(词)形容人耳聪目明,机智灵活,信息通达,遇事能多方观察分析。

【眼尖手快】yàn jiān shóu kuái(词)视力好,手脚麻利。[例]年轻人~,多干点没啥。

【眼皮子底下】yàn pì zi dí xia(熟)眼前,身边。[例]搁到~都看不见。

【眼仁子】yàn rèng zi(词)比喻非常宝贵,非常珍惜。[例]就那么~似的一个儿子,还给人招了女婿!

【眼斜心不正,不是做贼就剜洞】yàn xiè xīng bú zhéng,bú shi zuó zèi jiú wān dóng(熟)对斜眼人的歧视语。唯心说法。

【眼中钉，肉中刺】yàn zhōng dīng, róu zhōng cí(熟)比喻极为厌恶、痛恨的人。

【眼拙】yán zhuó(词)眼光不敏锐,反应迟钝,不能很快辨认出人或物。也用于自谦。[例]我~,人走到跟前都没认出来。

【魇住了】yán zhú le(词)梦中突然惊叫或感觉被压迫、不能动弹。

【厌恨】yán heng(词)厌恶憎恨。[例]就像个绿头苍蝇,太~人!

【厌弃】yán qi(词)厌烦,讨厌、嫌弃。[例]天天来,~死了。

【验脑袋】yán náo dai(词)讽刺语,犹比美,出风头。[例]又没通知你开会,你跑去~呢?

【验着沟子裁裤子】yán zhe gōu zi cài kú zi(熟)比喻买的东西刚好够用,不留冗余。含贬义。

【雁过拔毛】yán guó bá mào (词)比喻不放过任何捞便宜的机会。

【酽茶】yán chà(词)浓茶。

【酽得很】yán di hèng(熟)比喻气势凶猛或性欲旺盛。[例]这头叫驴~。

【燕叽叽】yán jì ji(词)即燕子。

【严公恶婆】yàn gōng é pò(词)对待儿媳妇特别严苛的公婆。[例] 又不是~把你管住了,你怕啥?

【严师出高徒】yàn shī chú gāo tù(谚)要求严格的师傅才能培养出手（武）艺高强的徒弟。

【严匝】yàn za(词)严实,严密,无缝隙。[例]把被子盖~,小心受了风。

【言传身教】yàn chuàn shēng jiáo(词)指既用言语教导，又用行动示范的教育方法。[例]在老师的~下,他进步很快。

【言喘】yàn chuan(词)即说话,吭声,打招呼。[例]有啥事~一声。

【言多必有失】yàn duō bí yóu shí(谚)谓话说多了难免有说错的地方。

【言口语四】yàn kou yù sí(熟)指亲口所说,信誓旦旦。[例]是你~对我说的,现在又不承认了!

【言无二价】yàn wù ér jiá(词)指说出口的价格不再变更。[例]~,说多少就是多少。

【沿边儿】yàn biānr(词)指把窄布条缝在衣物边上。

【沿山公路】yàn shān gōng lú (词)又名青(铜峡)石(嘴山)公路,省道,永宁县过境长度17.7公里。

【沿沿子】yàn yan zi(词)指小件物体的边沿。[例]碗~。|缸~。

【盐根】yàn gēng(词)产于盐湖深部的结晶体,可做光学仪器原料,也是中医、蒙藏医入药的材料,亦可制成工艺品。

【盐蒿】yàn hāo(词)又名碱蒿,是耐盐碱的盐生植物,牛、羊和骆驼爱吃。

【盐颗子】yàn kuó zi(词)指大颗粒原盐。

【盐面子】yàn mián zi(词)经捣碎或擀碎的盐面儿。

【盐是精神醋是乏,吃上香油尥尜尜】yàn shi jīng sheng cú shi fà,chí shang xiāng yòu liáo gà ga(谚)分别指盐、醋和胡麻油对人体的作用。醋是乏:指过量食醋会导致短暂疲乏。尥尜尜:蹦蹦跳跳的样子。

【盐窝窝】yàn wō wo(词)用来捣碎食盐的臼,有石制、铁制和木制。

【阎王不嫌鬼瘦】yàn wang bú xiàn guí sóu(谚)比喻在扩大势力或收取不义之财时不计较数量多少和质量好坏。

【阎王殿】yàn wang dián(词)指阎王居住和朝会的地方。后比喻凶恶势力盘踞的地方。[例]衙门好比~。

【阎王好见,小鬼难见】yàn wang háo jián,xiào gui nàn jián(熟)比喻官阶高的人有涵养,接待老百姓时态度和蔼些,普通办事人员往往简单粗暴。

【阎王贴告示——鬼话连篇】yàn wang tié gáo shi—guí huá liàn piàn(歇)比喻全是骗人的话。

【阎王爷爷】yàn wang yè ye(词)指阴间最高统治者阎罗天子。

【阎王爷爷嫖风——胡合(日)鬼】yàn wang yè ye piào fēng—hù rí(rí)guì(歇)比喻瞎胡闹。

【芫荽】yàn sui(词)一年生植物,嫩叶可调味,俗称香菜。

【辕马】yàn ma(词)指驾在车辕里的马。

【演双簧】yàn shuāng huàng(词)比喻暗中有约定,在公开场合一唱一和。[例]你还没看出来,俩人~呢!

yang

【央央跄跄】yāng yang qiáng qiang(词)指病病歪歪,勉强支持。

【秧好一半稻】yāng hào yí bán dáo(谚)培育出好稻苗,就为丰收奠定了基础。

【洋洋得意】yāng yāng dé yí(词)骄傲自满,沾沾自喜,十分得意。[例]受了表扬,就~的!

【仰尘】yáng cheng(词)用纸张糊裱

的天花板。

【仰仰倒坐】yáng yang dáo zuó（词）❶形容人体受外力推搡而仰坐在地。[例]把人搡了个~。❷指物件制作或安放过于后倾。[例]沙发~的，坐上不舒服。

【养不家】yáng bú jiā（词）指抓来的野生动物或抱养的孩子不容易驯服。[例]抓的娃娃~。

【养的爹多，支的锅多】yáng di diē duō，zhī di guō duō（熟）谓养的儿子多，分的户多；分户就要设灶，设灶就要买锅。比喻子女多了父母负担重。

【养汉】yáng hán（词）指女人有外遇并给予资助。

【养活】yáng huo（词）指抚养子女，赡养老人。

【养上儿子不如你，要上钱干啥呢，养上儿子比你强，要上钱干啥呢】yáng shang èr zi bú rù nì，yáo shang qiàn gán shá ni，yáng shang èr zi bì nì qiàng，yáo shang qiàn gán shá ni（熟）谓儿子如是败家子，父母留下钱也会被挥霍光；儿子如果比父母能干，父母留不留钱都无所谓。

【养下了】yáng xia le（词）❶指娃娃生下来了。❷指既然生育了儿女，就得抚养。有无奈义。[例]既然~，就得管呀。

【痒骨酥酥】yáng gu sū sū（词）形容瘙痒如虫爬的感觉。

【痒痒挠儿】yáng yang nàor（词）挠痒痒的器具，多用竹、木等制成，长柄，一端有弯形梳齿儿。

【仰住了】yáng zhu le（词）指动物四脚朝天翻不过身来。[例]驴~，快挡起来。

【样样子】yǎng yang zi（熟）❶作为比照的图样。[例]鞋~。❷模样，长相。[例]~就像她妈。

【样子】yǎng zi（熟）只做样子，不来真的或到此为止，不会有大的发展和变化。[例]喝了那么多酒，吃饭也是个~了。

【扬场】yàng chàng（词）指借助自然风力或电风扇把打碾的庄稼子粒分离出来。

【羊把势】yàng bá shi（词）长期从事牧羊工作、富有养羊经验的人。

【羊吃肋巴鸡吃皮】yàng chí liá ba jī chí pì（熟）这两种食物比较肥嫩，既好吃又解馋。

【羊倒了圈】yàng dáo le juán（词）羊群因疫病长卧不起。比喻乏困的人群横七竖八地躺在地上。

【羊肚子手巾】yàng dú zi shòu jing（词）即毛巾。

【羊羔羔】yàng gāo gao（词）羊的幼崽。

【羊角葱，又辣鼻子又辣心】yàng ge cōng，yóu lá bí zi yóu lá xīng（顺）指春天刚出土的越冬葱，辣味较冲。

【羊角葱】yàng ge cōng（词）上年留在土里过冬、开春生芽后挖出来食用的葱。

【羊角风】yàng ge fēng(词)癫痫的俗称。

【羊老粪】yàng láo feng(词)羊圈里积累的陈粪。

【羊马比君子】yàng mà bì jiōng zi(谚)羊和马在某些方面堪比人中君子,如羔羊跪乳,子马不与母马交配等。

【羊马年,广种田,留下鸡猴饿狗年】yàng má nian,guáng zhóng tiàn,liù xia jī hòu wó góu nian(熟)义如文,有唯心因素。羊、马、鸡、猴、狗:指带有这些生肖的年份。

【羊毛掺沙子,养活一家子】yàng mào chān shā zi,yáng huo yí jiā zi(顺)一种掺假使杂的办法,即在羊毛里揉进细沙和少量黏合物,出售时增加重量。

【羊毛出在羊身上】yàng mào chú zai yàng shēng shang(熟)比喻表面上给人好处,实际上这些“好处”都是接受者所创造的,施予者并未真正付出。

【羊毛疔】yàng mao dīng(词)一种消化系统的急性病,又叫羊毛痧,主要症状是肚子剧痛。

【羊毛里的苍耳子——绒着扎人】yàng mào li di cāng ér zi—róng zhe zhá rèng(歇)苍耳子:苍耳子的子实,上面带刺。比喻隐藏或伪装起来伺机伤人。

【羊咩咩】yàng miā mia(词)即羊,当地对羊的另一种叫法。(因羊的叫声而来)

【羊盘肠】yàng pàn chang(词)一种盘圆状的油炸面食。

【羊皮筏子】yàng pì fá zi(词)用羊皮“浑脱”(整体剥离的筒状羊皮)组成的水上运输工具,又称排子。

【羊群里藏不住骆驼】yàng qùn ni càng bu zhu luó tuo(熟)比喻出类拔萃的人物不会被芸芸众生埋没。

【羊群里的骆驼】yàng qòng ni di luó tuo(歇)比喻人的个头大或能力出众。

【羊群里丢了羊群里找】yàng qòng ni diū le yàng qòng ni zhào(谚)比喻在哪里损失的仍从哪里找补回来。

【羊肉街口】yàng rou gāi kòu (词)银川市老地名。为现兴庆区中山北街口向北至建材巷口(最早叫羊肉札口)。旧时为活羊交易、羊肉及羊皮销售集散地。永宁人亦来此交易。

【羊头上的毛——没长劲】yàng tòu shang di mào—mú zháng jing(歇)比喻没有发展潜力。

【羊弯角角】yàng wān gé ge(词)即羊角蔓,果实似羊角,有白汁,味甜可食。

【羊油倒灌蜡】yàng yòu dáo guán lá(词)❶指女子上位性交。❷比喻液体倒流现象。

【羊杂碎】yàng zá sui(词)将煮熟切碎的羊内脏、头蹄肉烩在一起的风味小吃。

【阳沟】yàng gōu(词)指露出地面的排水沟。[例]怕受苦(干体力活),到~里躺着去(死)。

【阳沟里的死猫焐麻坑的水，捂馊的陈屁吃了蒜的嘴】yàng gōu ni di sì mào wú mà kēng de shuì,wù sōu di chèng pí chí le suán di zuì(顺)这四种东西被当地人称为“四臭”。

【阳关道】yàng guān dáo(词)阳关,在今甘肃敦煌西南,古代通西域的必经关口。多比喻宽阔的道路和光明的前途。

【阳历】yàng li(词)即通常所说的公历。[例]~年(元旦)放一天假。

【阳坡】yàng pō(词)向阳的山坡。[例]贺兰山的~上一般不长树。

【阳世上】yàng shí shang(词)人世间,与阴间相对。[例]~上竟有这号人!

【阳寿】yàng shóu(词)在人间的寿命。迷信。[例]~到了,该死了。

【杨和】yàng huò(词)地名。[例]~堡(永宁县治)。|~乡,~公社,~镇,~村,~街道办事处。

【杨和工业示范区】yàng huò gōng ye shí fán qū(词)位于永宁县城南侧,初建于1995年，总规划面积6000余亩,有生物发酵、造纸、制药、新型建材、乳品加工等数百家企业。

【杨和堡】yàng huo pù(词)以明宁夏参将杨和命名，曾一度称养和堡，1982年4月后恢复为~。现杨和街道办事处所在地。

【杨和镇】yàng huò zhéng(词)永宁县所辖乡镇之一,因杨和堡得名。1958年为杨和公社,1983年4月改为杨和乡,2003年7月设~。

【杨梅大疮】yàng mèi dá chuāng(词)即梅毒。

【杨显】yàng xiàn(词)地名,以明代宁夏前卫镇抚杨贤命名,后改~。今属胜利乡。[例]~堡(旧有)。|~大队(1958年)。|~村(1983年6月后)。

【杨显桥】yàng xiàn qiào(词)观平路在唐徕渠杨显村段的桥梁,1966年建。

【杨显堡】yàng xian pù(词)古有。现永宁县胜利乡杨显村。

【佯瞅不睬】yàng qiu bú cài(词)佯装没看见或待理不理的样子。

【佯糊子】yàng hu zi(词)马马虎虎，浑浑噩噩，糊涂麻木。有时是假装。[例]外号老~。

【佯佯吾吾】yàng yang wú wu(词)头脑不清醒，对外部事务反应迟钝。[例]一天~的,羊跑了也不知道。

【洋鼻梁杆子】yàng bí liang gán zi(词)形容鼻梁高。

【洋布】yàng bú(词)旧对机织平纹布的称谓,与手纺“土布”相对。

【洋钉子】yàng dīng zi(词)旧指从国外进口的铁钉。

【洋镐】yàng gōu(词)即十字镐。

【洋鬼子看戏——傻了眼】yàng guí zi kán xí—shá le yàn(歇)形容因语言不通或对演出内容不懂而目瞪口呆的样子。

【洋红】yàng hòng(词)一种近似粉红色的颜料。

【洋灰】yàng huī(词)旧时对水泥的叫法。

【洋火】yàng huò(词)旧时对火柴的叫法。

【洋碱】yàng jiàn(词)旧时对肥皂的叫法。

【洋姜开花，十八天来霜】yàng jiāng kāi huā,shí bá tiān lài shuāng(熟)一种物候特征。

【洋码号】yàng má hao(词)旧指阿拉伯数字。

【洋柿子】yàng shí zi(词)对西红柿的另一种叫法。

【洋糖】yàng tàng(词)旧指从国外进口的水果糖。

【洋戏匣子】yàng xí xià zi(词)旧时称留声机和收音机。

【洋相鬼】yàng xiáng guì(词)喜欢说笑话或做出怪样子逗人发笑的人。

【洋烟】yàng yān(词)❶鸦片、大烟的俗称。❷外国进口的香烟。

【洋胰子】yàng yì zi(词)肥皂、香皂的统称。

【洋芋】yàng yú(词)马铃薯的俗称。[例]自留地里种了几行~。

【养兵千日，用兵一时】yàng bīng qiān ri,yóng bīng yí shì(谚)比喻平时储备,用时投入。

【养成了】yàng chèng le(词)指把儿女抚养成人。[例]父母把我们~,我们要好好孝顺他们。

【养儿不算饭账】yàng èr bú suán fán zháng(谚)指既然生下儿女,就不能计较抚养费用。

【养儿防老】yàng èr fàng lào (词)指生儿子为的是老有依靠。[例]还说~呢,养了三个儿子,一个都指不上!

【养儿随舅舅，养女像姑妈】yàng èr suì jiú jiu,yàng nǜ xiáng gū ma(谚)义如文。指长相和个性。

【养儿也得济，养女也得济】yàng èr yé dá jí,yàng nǜ yé dá jí (谚) 济:接济,奉养。指生儿生女都能老有所依,得到赡养。

【养儿子抱孙子】yàng èr zi báo sōng zi(词)儿孙满堂,烟火延续。多用于希冀和赌咒发誓。[例]要说~的话呢,不能胡说。

【养老送终】yàng láo sóng zhōng(词)指子女对父母身前的赡养和死后的殡葬。[例]招了个~的女婿。

【养老送终的女婿】yàng láo sóng zhōng di nǘ xu(词)有女无儿的父母为养老而招进家里的女婿。[例]他们只有女儿没儿子,叫二丫头招了个~。

【养牛养个扒山虎，娶婆姨娶个大屁

股】yàng niù yáng ge bā shān hù，qù pò yi qú ge dá pí gu（谚）民间认为能爬坡的牛肯出力，屁股大的女人生育能力强。

【养娃娃】yàng wà wa（词）即妇女生产。

【养外甥随舅舅】yáng wái seng suì jiú jiu（熟）指在长相和性格上相像。

【养种像种，栽上葫芦上埂】yàng zhóng xiáng zhòng，zāi shang hú lu sháng gèng（熟）比喻因先天遗传和后天影响，子女的性格与父母非常相像。

yao

【吆车】yāo chē（词）即赶车，驾驭畜力车。

【吆到路上】yāo dao lú shang（熟）本指把车辆或牲畜赶到路上，比喻把人聚集起来朝着一个目标前进。［例］只要把人~，工作就好做了。

【吆五喝六】yāo wú hé lú（词）本指赌博时掷骰子的喊声。形容盛气凌人，发号施令，大声呵斥。

【约一约】yāo yi yāo（词）用秤称。［例］把菜~，看有多少斤。

【妖精得很】yāo jing di hèng（词）形容女人说话时矫揉造作，妖里妖气，夸张卖弄。［例］那个女人说话~哪！

【妖里妖气】yāo li yāo qí（词）形容女人打扮妖冶，举止轻佻，矫揉造作。

【腰包】yāo bāo（词）指私囊。［例］装了自己的~。

【腰干了】yāo gān le（词）❶妇女正常闭经。［例］~几年了。❷比喻钱花光了，腰包里没钱了。

【腰沟】yāo gou（词）指在整档农田的半中腰开挖的小型挡浸沟。

【腰叫风湿了】yāo jiao fēng shí le（熟）比喻腰痛不能弯曲。常用于讽刺懒得弯腰的人。［例］帽子掉到地上为啥不拾起来，难道~？

【腰杠】yāo gáng（词）亦称“驮梁”，是固定在车辕中间、搭在牲畜鞍子上承载车辕重量的软杠。

【腰来腿不来】yāo lái tuí bú lài（词）形容做事很不情愿，很不主动，吊儿郎当的样子。［例］要干就干，不要~的！

【腰里别了个死老鼠——装了个打野的】yāo ni bié le ge sì lào chu—zhuāng le ge dà yé di（歇）比喻装模作样，以假充真。打野即打猎。

【腰墙】yāo qiàng（词）在主墙一侧起加固作用的矮墙，也叫裙墙。多用于旧墙加固和桥梁建筑。

【腰身】yāo sheng（词）指人或动物身体的中间部分。［例］这马~长。

【腰绳】yāo shèng（词）❶用于固定车载货物的大绳。❷履带起重机上的辅助性缆绳。❸女子腰间所系彩绳。

【腰子】yāo zi（词）即动物的肾脏。［例］软~（没力气）。

【舀饭】yáo fán（词）盛饭。

【要不是】yáo bú shi(词)假设情况并非如此或如果没有。[例]~你劝,他还不走呢。|~你在里面搅和,事情咋能闹成这个样子?

【要风有风，要雨有雨】yáo fēng yòu fēng,yáo yù yòu yù(熟)因得宠、得势而万事如意。

【要个十三呢】yáo ge shí sān ni (熟)"十二"已是数量多、程度深的意思,十三就过了头或不合情理。

【要棺材钱】yáo guān cai qiàn(熟)比喻借机漫天要价。

【要紧三关】yáo jìng sān guān(词)指紧急时刻。[例]不到~的时候不出手。

【要钱没有，要命一条】yáo qiàn mú yòu,yáo míng yí tiào(熟)意谓反正我没钱,你想怎样就怎样。有豁出去或耍赖之义。

【要是】yáo shi(词)连词。如果,假如。[例]~这次不去,以后就没机会了。

【要说养儿子抱孙子的话】yáo shuó yàng èr zi báo sōng zi di huá(熟)不能昧着良心说话,不然会断子绝孙的。

【要天上的星都许半边】yáo tiān shang di xīng dóu xú bán biān(熟)比喻无所不从,无所不依。

【要退东吴的兵，离不了东吴的人】yáo tuí dōng wù di bīng,lì bú liào dōng wù di rèng(谚)犹解铃还需系铃人。东吴:三国时的吴国。

【要想吃饱种糜子,要想暖和穿皮子】yáo xiáng chí báo zhóng mì zi,yáo xiàng nán huo chuān pì zi(谚)糜子碾出的米叫黄米,用黄米做的饭吃上比较耐饱。后句意思如文。

【要想发得快，庄稼搅买卖】yáo xiáng fá di kuái,zhuāng jia jiào mái mai(顺)要想发家致富,就要种地兼做生意。

【要知父母,且看儿郎】yáo zhī fú mù,qiè kán èr lang(词)谓从子女的身上可以看到父母的影子(人品和性格)。

【鞡子】yáo zi(词)鞋、袜的筒。[例]高~靴子。

【鹞子翻身】yáo zi fān shēng(词)武术、杂技身段的一种。身体悬空翻转,轻捷如鹞。

【鹞子唤麻雀子——越唤越远】yáo zi huán mà que zi—jié huán jié yuàn(歇)鹞子是麻雀的天敌,自然唤不来麻雀。比喻越叫越离得远。[例]她不愿意跟那个小伙子交朋友,小伙子喊她,她就像~。

【耀武扬威】yáo wù yàng wēi (词)炫耀武力,显示威风。也有洋洋自得的意思。

【窑婆子】yào po zi(词)即老鸨。比喻喜怒无常、变化多端的女人。

【窑子】yào zi(词)妓女的俗称。也指妓院。

【窑子院】yào zi yuán(词)妓院。

【谣歌】yào ge(熟)❶传说,议论,谣传。[例]光听人~呢,谁也没见实。❷只在嘴上念叨,不见行动。[例]光~呢,一直没行动。

【摇单双】yào dān shuāng(熟)赌博的一种,把两只骰子放在盖碗里摇动后,让参赌者猜单数或双数,然后开盖,猜对者为赢。

【摇木榔榔】yào mū lāng lang(词)逗婴儿学摇头。[例]摇个木榔榔我看。

【摇钱树】yào qiàn shú(词)指借以获得钱财的人或事物。[例]饭馆子成了他家的~。

【摇尿摆卵子】yào qiu bài làn zi (熟)形容摇摇摆摆,不慌不忙的样子。[例]水都快淹到房子了,你还~的不着慌。卵子:睾丸。

【摇头不算点头算】yào tòu bú suán diàn tòu suán(熟)指以点头同意为准。

【摇头晃脑】yào tóu huáng nào (词)形容洋洋得意的样子。[例]稳重点,别~的!

【摇尾巴】yào yí ba(词)❶多指狗摇着尾巴向主人示好或乞求爱怜。❷比喻人像狗那样卑屈柔顺、讨好乞怜的样子。

【摇摇浪浪】yào yao láng lang(词)摇摇摆摆、不慌不忙的样子。

【摇羽毛扇的】yào yù mào shán di (词)比喻在幕后出谋划策者。

【咬群的骡子】yào qiong di luò zi (词)比喻生性好斗,不合群,爱跟身边人闹纠纷。[例]就像个~,走到哪里都跟人合不来!

【咬人的狗不露牙】yào rèng di gòu bú lú yà(熟)比喻暗中伤人者多不表露出来。

【咬文嚼字】yào wèng juè zí(词)形容过分斟酌字句,不注意精神实质。

【咬牙不喝汤】yào yà bú hé tāng(熟)比喻不松口,不改口。[例]~,一斤韭要卖20块钱。

【咬牙放屁说胡话】yào yà fáng pí shuó hù hua(熟)指某些人熟睡时的毛病。

【咬牙切齿】yào yà qié chì(词)形容极端仇视或痛恨。[例]一提起那个人,就恨得~。

ye

【掖心】yé xing(词)挂念、惦记、放心不下。[例]爹妈最~小儿子。

【噎食病】yé shi bíng(词)当地人对食道癌或胃癌的俗称。

【噎噎咯咯】yé ye gé ge(熟)记在心里,放心不下。[例]嘴里说不想,心里总是~。

【噎噎塞塞】yé ye sé se(熟)形容说话不痛快,态度不热情。也说意意思思。[例]到亲戚家借钱,人家~的,我就回来了。

【噎儿塞儿的】yér sér di(熟)也说意儿思儿的。同"噎噎塞塞"。

【也不知】yé bu zi(词)即不知道。[例]狗不见了,~朝哪里跑了。

【也好呢】yè háo ni(熟)指感觉不明显或反应不强烈。[例]我~,你就冷得不行。|别人~,就我们自家人喊得凶!

【也就是】yé jiú shi(词)口语,表示同意、赞成。[例]~,他确实应该来。

【也是话一个】yé shí huá yi ge(熟)仅仅是说说而已,不一定能做到。[例]要求一天干完?我看~,能三天干完就不错了。

【野百姓】yé biá xing(熟)指不守纪律、不服管束的群众。

【野稗子】yé bái zi(词)一种野草,常与水稻等粮食作物伴生,子粒提前脱落。

【野汉子】yé hán zi(词)指女人的情夫。

【野话】yé hua(词)没有原则和分寸的粗野话。[例]你以为说上几句~,就把问题解决了?

【野炕】yé káng(词)生产队缺肥料的年代,在田野里用土块垒炕,经柴火烧焦后砸碎做肥料。

【野牲】yé seng(词)野兽的泛称。[例]西瓜叫~糟蹋了。

【野食】yé shi(词)指禽兽在野外找到的食物。[例]流浪猫、狗都靠吃~活命。

【野燕麦】yé yán mia(词)一年生草本植物,常与小麦伴生,是为害麦类等作物的杂草。子粒即熟即落,次年复生。

【野鸡翎子】yè jī lìng zi(词)戏曲中插在武将头盔上的两根很长的雉鸡翎,除了起装饰作用,还可加强舞蹈性,表达人物感情。

【野驴】yè lǜ(词)对野蛮、不受管束的人的贬称。

【叶蝶子】yé ti zi(词)即蝴蝶。

【叶子】yé zi(词)❶“花花子”牌张的旧称,一张即一叶。❷衣着的另一种称谓。[例]平反了,闹上一身好~穿上。

【叶子麻】yí zi mà(词)比喻做事果断,雷厉风行。[例]新来的领导~得很。

【曳粪】yé fēng(词)用畜力车往地里送粪。

【曳死跌活】yé si dié huó(词)形容急促地赶路。

【曳下脖子】yé xia bó zi(熟)形容脖子朝前够着干活或走路。[例]大家~跑来,会又不开了!

【曳项】yé háng(词)形容庄稼出穗后茎秆延长。[例]麦子一~,就显得高了。

【夜蝙蝠】yé pian fu(词)即蝙蝠。

【夜叉】yé cha(词)比喻丑恶凶狠的人。[例]母~。

【夜点明灯,活剥人皮】yé diàn mìng dēng,huó bó rèng pì(谚)对通宵赌博的形象说法。

【夜饭少吃,赢官司少打】yé fán shǎo chí,yìng guān si shào dà(谚)劝人的话。谓多吃夜餐容易积食生病;打官司花钱、费时、树敌,即使赢了,也不一定执行得了。

【夜壶】yé hu(词)夜间小便的壶。[例]头枕~不缺渴(戏谑语)。

【夜哭条儿】yé ku tiàor(词)旧时为治疗小儿夜哭,在路边的墙上、树上贴纸条儿,上写:“天皇皇,地皇皇,我家有个夜哭郎,过路君子念一遍,一觉睡个大天亮。”

【夜猫子】yé mao zi(词)❶即猫头鹰。❷比喻喜欢晚睡或熬夜的人。❸不能跟人友好相处、动辄变脸的人。

【夜猫子进屋——来者不善】yé mao zi jíng wú—lài zhe bú shán(歇)迷信认为这是坏兆头。泛指没有善意。

【夜明珠】yé mìng zhū(词)❶比喻迟睡早起的人。❷黑夜里放光的石头或珍珠。

【夜校】yé xiáo(词)20 世纪 50 年代农村举办的夜间识字班。

【夜长梦广】yé chàng méng guàng(词)即夜长梦多。

【爷父们】yè fu meng(词)犹父老乡亲们或父子们。

【爷俩】yè liàng(词)即父子俩。

【爷爷】yè ye(词)❶比着孙子对其~的称谓,省去“你”字,表示亲近。[例]小兰,快给~倒水。❷男子骂架时的自称,有使横、占上风之意。❸泛指神佛。[例]指着~化布施。❹祖父。

【爷爷慢了站着烧香呢】yè ye mán le zhán zhe shāo xiāng ni(熟)爷爷指庙里的泥神。慢:性格温和。比喻人过于温和仁慈,别人就会怠慢甚至欺负。

【爷爷养孙,个个有份】yè ye yàng sōng, gé ge yóu fĕng(谚)指子孙都有按传统继承父辈遗产的权利。

yi

【衣】yī(词)中医对胎盘和胎膜的统称。[例]娃娃下来了,~随后也下来了。

【衣不加寸,鞋不加分】yī bu jiā cóng, hài bu jiā fĕng(谚)指制作衣服和鞋的时候必须严格掌握尺寸,不能随意加大,否则穿上不合适。

【衣单】yī dan(词)给死者焚烧纸衣时夹在衣襟下的单子,上写接收人姓名并盖有道士印。

【衣裳是新的好,朋友是旧的好】yī shàng shi xīng di hào, pèng yóu shi jiú di hào(熟)新衣服好看体面,老朋友知心可靠。

【衣来伸手,饭来张口】yī lài shēng shòu, fán lài zhāng kòu(熟)❶形容懒惰成性,坐享其成。❷形容家庭条件优裕,家务活不用自己动手。

【衣裳尾巴】yī shang yí ba(词)衣服后襟的下摆。[例]他从地上站起来,~上还粘着草末儿。

【衣裳奓】yī shang zhā(词)指衣服下摆太宽,有些翘。

【医不自医】yī bú zí yī(谚)指医生给

自己或家人看病顾虑较多，疗效不佳。比喻自己很难认识和彻底纠正自己的缺点错误。

【医官】yī guan(词)旧时对医生的称谓。亦指军医。

【咿咯咿咯】yī ge yī ge(词)唤鸭子的声音。

【倚老卖老】yī láo mái lào(词)凭借年龄大、资格老而看不起人。

【倚老撒膪】yī lào sá chuái(词)指以年老不怕死撒泼讹人。

【亦工亦农】yī gōng yī nòng(词)旧指社办企业工人,也指工厂兼办农场。

【腻味】yī wei(词)反复逗弄小孩而使之厌烦。[例]看看,把娃娃~哭了吧?

【伊品味精】yī pìng wéi jīng(词)由宁夏伊品生物科技股份有限公司生产。该公司位于永宁杨和工业园区,设立于2002年(前身为宁夏谷氨酸厂)。

【倚头逢时】yí tou féng shì(熟)指倚仗、借助某种特殊条件（如年老、年幼、生病、特许等)而撒赖、佯装,达到躲避任务、推卸责任等目的。[例]该完成的任务你得完成,不要~的找借口。

【一把手】yí bà shòu(词)单位或组织的主要负责人。

【一把算盘一支笔,一二三四五六七,运动来了先立正，干到老死没出息】yí bá suán pan yí zhī bí,yí ér sān sí wú liú qí,yóng dóng lài le xiān lí zhèng,gán dao lào si mú chú xi(顺)旧时对会计人员的形容。先立正:指政治运动中站着交代问题。

【一把蚊子一把汗】yí bà wèng zi yí bá hán(熟)形容伏天收割小麦时的辛苦感受。

【一把钥匙开一把锁】yí bá yué chi kāi yí bà suò(熟)比喻针对具体问题采取相应措施。多用于解决思想问题。

【一把子】yí bá zi(词)犹一群,一批,一伙儿的。[例]那边过来了~人。

【一百单八将】yí bia dān bá jiáng(词)指《水浒传》中聚集在梁山泊的108位好汉。

【一百单八塔】yí bia dān bá tá(词)指位于青铜峡的西夏至元代佛塔群,俗称~。

【一百斤的身子掴不住九十斤的头】yí biá jīng di shēng zi zhóu bu zhú jiú shi jīng di tòu(熟)形容自己没主见,听任别人摆布。

【一般般】yí bān bān(词)很平常,一般化。[例]技术~吧。

【一般见识】yí bān jián shi(词)犹见识、看法一样。意为不要跟知识低、修养差的人争论计较。[例] 你是个大人,不要跟小孩~。

【一半半子】yí bán ban zi(熟)一半。[例]连他的~都不如。

【一半个】yǐ bán ge(词)表示很少。[例]~人,随便就安排了。

【一半天】yǐ bán tiān(词)一天半天。泛指较短时间。[例]快了,再有~就干完了。

【一棒打到河里——没个漂漾的,没个落底的】yí báng dá dao hè ni—mú ge piāo yāng di,mú ge luó dǐ di(歇)比喻处于同一水平, 不分优劣高下。[例]你们这些人,~。

【一傍个是人脸, 一傍个是狗脸】yí báng ge shi rèng liàn,yí báng ge shi gòu liàn(熟)一傍个:一边,一半。谓办公事要拉得下脸子,不徇私情,才能做到公平公正。

【一包在内】yí bāo zái néi(词)全部包括在里面。[例]各种费用~一万元。

【一报还一报】yí báo huàn yí báo(熟)指做坏事必然会受到报复或报应。

【一抱子】yí báo zi(词)❶表数量,两臂合围的长度。[例]树有~粗。❷一下子抱住。[例]~把准备跳楼的人从后面抱住。

【一辈】yí béi(词)指同辈。[例]我跟你爸爸~。

【一辈子不剃头, 几时也是个连毛子】yí béi zi bú tí tòu,jí shi yé shi ge liàn mao zi(熟)比喻不学着做,什么时候也不会。

【一辈子做官, 三辈子搬砖】yí béi zi zuó guān,sān béi zi bān zhuān(熟)搬砖,比喻做苦力或拆卖房屋。谓做官者的后代常常穷困潦倒。

【一本万利】yí bèng wán lí(词)比喻本钱小、利润大的生意。

【一笔勾销】yí bí gōu xiāo(词)❶比喻把以前的债务或恩怨全部取消。[例]从今以后,你欠我的债就~。❷比喻把过去的成绩全部否定。[例]不能因为犯错就把过去的成绩~。

【一笔写不出两个李字】yí bí xié bú chu liáng ge lí zi(词)比喻都是本家,要互相团结,不要生分。李为泛指,可根据实际需要变为其他姓氏。[例]~,闹得那么生疏干啥?

【一不凑,二不够】yí bú cóu,ér bú góu(熟)指凑不够需要的数量。

【一不扭众】yí bú niú zhóng(词)❶指一个人拗不过多数人的意见(志)。❷劝导少数要服从多数。

【一不做,二不休】yí bú zuó,ér bú xiū(词)指事情既然已经开了头,就索性做到底。

【一步错, 步步错】yí bú cuó,bú bú cuó(熟)指最初的错误决定或行动会影响到后来的全过程。

【一步登天】yí bú dēng tiān(词)比喻一下子就达到很高的境界或程度(有理想化因素)。也用来比喻人突然得志,爬上高位。

【一步跟不上,步步跟不上】yí bú gēng bu sháng,bú bú gēng bu sháng (熟)比喻起步晚了,很难追上先行的。

【一步一个脚印】yí bú yí ge jué yíng

(熟)比喻稳步前进,扎扎实实做事。

【一层】yí cèng(词)比喻普遍,很多。[例]世上打工的人~呢,又不是你一个。

【一坨】yí tuò(词)一小片。常指衣服、被褥上的汗迹、尿迹或地面上的水迹。

【一茶一水】yí chà yí shuì(词)比喻原配夫妻。劝人维持好这种关系,不要轻易离异。[例]还是~的好,二婚的多数过不好。

【一差二错】yí chā ér cuó(词)可能发生的意外或差错。[例]万一有个~,你也担待着点。

【一场】yí chàng(词)事情的经过或行为的次数。[例]找几个人来,我们好好说~。

【一场秋雨一场寒,十场秋雨穿上棉】yí chàng qiū yú yí chàng hàn,shí chàng qiū yù chuān sháng miàn(谚)指立秋后每下一场雨,气温就会下降一些。

【一程子】yí chèng zi(词)犹一些日子,一段时间。[例]这~没见他来。

【一出子】yí chú zi(词)一开始,一次性。[例]如果~把话说清,哪有现在这些啰唆。

【一传十十传百】yí chuàn shí shí chuàn biá(熟)泛指言语、消息传播得快而广。

【一床】yí chuàng(词)量词,指一件被褥等。

【一锤子买卖】yí chuì zi mái mai(熟)多指因价钱贵、货色次、服务态度差或不守信用等导致顾客不愿再打交道。

【一忽忽都没有】yí hū hu dōu mú yòu(熟)一点都不懂或一点可能都没有。忽:极少极小。

【一凑】yí cóu(词)一并,一趸儿,凑起来。[例]~把事情办了。

【一凑二得】yí cóu ér dá(词)犹一举两得。

【一寸光阴一寸金,寸金难买寸光阴】yí cóng guāng ying yí cóng jīng,cóng jīng nàn mài cóng guāng ying(谚)义如文。

【一搭里】yí dà ni(词)一起,一块。[例]他们~出差。

【一带】yí dái(词)一概,一贯,一向。[例]~的好有了,再原谅他一次吧。

【一刀两断】yí dāo liáng duán(词)比喻坚决断绝关系。[例]既然你这么无情,我俩从此就~!

【一到】yí dáo(词)每到,每次。[例]~草发芽的时候就犯病。

【一得罪好得罪】yí dá zui háo dá zui(熟)指一开始就把话说清楚,即使得罪人,也比事后解释好。

【一磴一磴上来了】yí dèng yí dèng sháng lai le(词)一个台阶一个台阶地上来,形容得寸进尺,越来越不像话。

【一底底子】yí dí di zi(熟)形容只在底部有很少的一些。[例]渠里的水只剩下~。|袋子里的黄豆还有~。

【一点就憣】yí dián jiú fán(熟)一点拨就明白。憣:心变动。

【一吊子钱搭在门槛上——里半吊,外半吊】yí diáo zi qiàn dá zài mèng kán shang——lí bán diáo,wái bán diáo(歇)对半吊子式人物的戏谑语。

【一丁丁子】yí dīng ding zi(词)一丁点儿。形容极少或极小。[例]对父母~孝心都没有。

【一冬】yí dōng(词)整个冬天。[例]~都没闲着。

【一动不如一静】yí dóng bú rù yí jíng(熟)对没有把握或没有益处的事还是不做为好。比喻多一事不如少一事。

【一肚子,两腔子,家里搁着两箱子】yí dú zi,liàng qiāng zi,jiā ni gé zhe liàng xiāng zi(熟)形容读书多,有学问。(有夸张义)

【一肚子坏水】yí dú zi huái shuì(熟)比喻心肠坏,肚子里全是坏主意。

【一顿吃伤,十顿喝汤】yí dóng chí shāng,shí dóng hé tāng(熟)指一次过量食用某种食物,会导致以后厌食这种食物。

【一顿吃在嘴上,十顿吃在腿上】yí dang chí zai zuí shang,shí dang chí zai tuí shang(谚)比喻对营养含量高的食物逐步食用,才能消化吸收,起到增强体力的作用。

【一顿瞌睡能舍,五番乃玛孜不撇】yí dòng ké shui nèng shè,wù fān ná má zi bú piè(词)乃玛孜:礼拜。

【一顿省一把,三年买个马】yí dong séng yí bà,sān niàn mái ge mà(谚)比喻只要勤俭持家,就会积少成多,由穷变富。

【一二三的管鱼子】yí ér sān di guàn yù zi(熟)"花花子"术语,即手里拿的牌可以吃住上家出的单张、对子、三张及"鱼子"。详见附一。

【一方水土养一方人】yí fāng shuì tù yáng yí fāng rèng(熟)谓当地资源可以养活当地的人。也指每个地方的人都有自己赖以生存的资源。

【一分钱,一分货】yí fēng qiàn,yí fēng huó(谚)❶指货物的价钱和质量成正比。❷谓要买到好东西,就要多花钱。

【一分钱难倒个英雄汉】yí fēng qiàn nàn dáo ge yīng xiong hán(谚)比喻再有本事的人,没有钱也办不了事。劝人节俭。

【一夫不当二差】yí fū bú dāng ér chāi(熟)比喻不能同时给一个人派两项活。

【一夫当关,万夫莫开】yí fū dāng guān,wán fū mó kāi(谚)指一个人把着关口,一万个人也打不进来。形容地势十分险要。

【一夫一妻】yí fū yí qī(词)指法定夫妻在一起和睦地生活。有赞美义。[例]~多好,不要闹得妻离子散的。

【一服药】yí fu yué(词)即一剂中药。

【一副牌】yí fu pài(词)麻将术语,即一搭子牌。

【一竿子插到底】yí gān zi chá dao dì(熟)比喻把文件或会议精神直接传达贯彻到基层,也指将事情一做到底。

【一疙瘩臭肉】yí gé da chóu róu(熟)比喻自己的子女(谦称)。[例]说来说去,是舍不得这~。

【一个 * 字掰不破】yí gé ★ zi biá bú pó(熟)宗族观念,意谓同姓家族的人儿时也分不开,应当互相关照。"★"代表任意一个汉字姓氏。义同"一"笔写不出两个李字。

【一个巴掌拍不响】yí ge bā zhang piá bú xiàng(熟)比喻矛盾由双方引起,不能归咎于一方。

【一个半个】yí ge bán ge(词)谓为数甚少。[例]~不要紧。

【一个鼻子窟窿出气】yí ge bí zi kú long chú qí(熟)比喻在某件事情上保持一致。犹沆瀣一气。

【一个槽上拴不住两个叫驴】yí ge cào shang shuān bú zhú liáng ge jiáo lü(熟)比喻性格不合或能力相当的两个男人很难在一起共事。

【一个唱红脸,一个唱白脸】yí ge cháng hòng liàn,yí ge cháng biá liàn(熟)比喻一个说软话,一个说硬话,达到劝和目的。有时也指行骗的伎俩。

【一个大人能服侍三个娃娃,三个娃娃服侍不了一个大人】yí ge dá reng nèng fú si sān ge wà wa,sān ge wà wa fú si bú liào yí ge dá reng(熟)意思如文。

【一个蛋出一个雀儿】yí ge dán chú yi ge quér(熟)比喻婴儿成活率高。常用于满足和自诩。

【一个儿女一条心,十个儿女扯断筋】yí ge èr nǚ yí tiào xīng,shí ge èr nǜ ché duán jīng(熟)比喻父母把每个儿女都挂在心上,哪个有事都会令他们不安。

【一个骨头连着一个筋】yí ge gú tou liān zhe yí ge jīng(熟)比喻直系亲戚休戚相关。

【一个锅里搅勺子】yí ge guō ni jiáo shuó zi(熟)指在一个灶上吃饭。比喻在一个家庭里生活。

【一个和尚挑水吃,两个和尚抬水吃,三个和尚没水吃】yí ge hè shang tiāo shuí chí,liáng ge hè shang tài shuí chí,sān ge hè shang mú shuí chí(熟)比喻人多会产生依赖思想,贻误事情。

【一个将军一个令,一个麦子一个璺】yí ge jiāng jiong yí ge líng,yí ge miá zi yí ge wéng(熟)比喻每个领导人都有自己的一套主张和行事风格。璺:纹沟。

【一个劲儿】yí ge jíngr(熟)经常地,连续不断地。[例]~地说,都说皮了。

【一个萝卜一个坑】yí ge luò bo yí ge

kēng(熟)比喻一人一个位置，没有多余空位。

【一个驴粪蛋，一碗小米饭】yí ge lǜ feng dán,yí wàn xiào mí fán(谚)比喻多积、多施农家肥，可以提高粮食产量。

【一个蚂蚱十条腿，一个下水都下水】yí ge miá zha shí tiào tuì,yí ge xiá shuì dōu xiá shuì(熟)比喻整体遭遇祸患，每个成员都会受到牵连。

【一个人一个性，一个麦子一个璺】yí ge rèng yí ge xíng,yí ge miá zi yí ge wéng(谚)比喻人的性格各有特点。璺：纹沟。

【一个帽子安着一个头】yí ge mào zi ān zhe yí ge tóu(熟)比喻没有空闲和多余的。

【一个模子脱下来的】yí ge mù zi tuó xia lài di(熟)比喻外形一模一样。[例]他跟他老子就像~。

【一个女婿半个儿】yí ge nǘ xu bán ge èr(熟)谓女婿可以当作半个儿子依靠。

【一个人吃饱了全家不饿】yí ge rèng chí báo le quàn jiā bú wó(熟)比喻独身生活。

【一个人是条龙，三个人是条虫】yí ge rèng shí tiào lòng,sān ge rèng shí tiào chòng(熟)❶比喻擅长独立工作，不善与人合作。❷比喻内斗使团队力量削弱。

【一个神婆子一个跳法】yí ge shèng pó zi yí ge tiáo fa(熟)比喻一人一个做法。

【一个师父的传教】yí ge shī fu di chuàn jiáo(熟)指一个师父教出来的徒弟，许多方面很相像。

【一个胎胞子抖下来的】yí ge tāi bao zi dóu xia lài di(熟)一个母亲生的。

【一个唾沫一个钉】yí ge tú mo yí ge dīng(熟)比喻说话算数，不再改变。[例]~，说到哪里死(固定、定格)到哪里。

【一个娃娃也是领，两个娃娃也是领】yí ge wà wa yé shi lìng,liáng ge wà wa yé shi lìng(熟)比喻两件或多件同类的事情凑在一起做，负担不会增加太多。

【一个丫头许两家】yí ge yā tou xù liàng jiā(谚)比喻把一件货物同时答应卖给两家，或把一件好事同时答应给两个人。

【一个羊也是放，一群羊也是放】yí ge yàng yé shi fáng,yí qùn yàng yé shi fáng(谚)谓工作性质一样，只是数量增加，多做点也可以。

【一个羊一把草】yí ge yàng yí bà cào(谚)比喻只要来到人世上，总会有吃的用的。

【一个鱼头半钱参】yí ge yù tòu bán qiàn sēng(词)鱼头有较高的营养价值，故有此说。

【一个做托，一个卖锅】yí ge zuó tuō, yí ge mái guō(熟)比喻串通起来相互配合，化解矛盾或达到其他目的。

【一根筋】yí gēng jīng(词)形容某些性格固执、不知变通、一条路走到黑的人。

【一勾一撒】yí gōu yí sá(词)比喻说话模棱两可、未置可否。

【一沟子】yí gōu zi(词)即一屁股。[例]欠了~账。

【一沟子臊】yí gōu zi sāo(熟)犹一堆麻烦。[例]打狐子不成，还惹了~!

【一沟子账】yí gōu zi zháng(熟)犹一屁股债。[例]生意没做成，还欠了~。

【一股】yí gù(词)犹一群，一帮。[例]跟上~娃娃跑了。

【一骨碌】yí gū lu(熟)迅速翻身。[例]听见同学在外面喊，他~从床上翻起来跑了。

【一挂车】yí guá chē(词)旧指一辆配套齐全的马车，包括车辆、牲畜及挽具。

【一官半职】yí guān bán zhí(词)一定的官衔职位。泛指官职。

【一滚就熟】yí góng jiú shú(熟)比喻稍一拷问就全部招认。

【一棍子打死】yí góng zi dà si(熟)比喻对犯错误的人不给出路的做法。

【一锅烩】yí guō huí(词)比喻一起解决或一次性消灭。

【一锅糨子】yí guō jiáng zi(熟)犹一锅粥，比喻一团糟或极其混乱。[例]把账目弄成了~。

【一锅烂面】yí guō lán mián(词)一团糟，极其混乱。[例]把公司闹成~，又甩下不干了!

【一行】yí xìng(熟)量词，砌墙时砌一层垡垃或砖为~。

【一呼百应】yí hū biá yīng(词)形容一人呼喊，很多人响应。

【一忽忽】yí hū hu(词)一点儿，一丝丝。形容极少。[例]别人还多少懂点，他连~都不懂。

【一回生，二回熟】yí huì sēng, ér huì shú(熟)指通过交往逐步熟悉。

【一会会子】yí huí hui zi(词)一会儿，时间很短。

【一伙搪炒】yí huò tàng chào (词)比喻把不同种类的物品或事情掺和在一起。[例]把大的小的分开，不要~。

【一伙一阵】yí huò yí zhéng(熟)形容成群结伙。

【一技之长】yí jī zhi chàng(词)指有某种技能或特长。[例]用他的~。

【一家打墙两家光】yí jiā dà qiàng liàng jiā guāng(熟)比喻一家做好事，邻里同时受益。

【一家伙】yí jiā huo(词)犹一下子。[例]叫他~就闹(弄)坏了。

【一家人不说两家话】yí jiā rèng bú shuó liàng jiā huá(熟)谓自家人不分彼此。[例]~，先拿去用吧。

【一家有女百家求】yí jiā yòu nǔ biá jiā qiù(熟)女儿大了,上门求亲的人络绎不绝,这是正常现象。

【一家有事,四邻不安】yí jiā yòu shí, sí lìng bú ān(熟)谓各家管好各家的门和人,免得惊扰邻里。

【一家之主】yí jiā zhi zhù(词)即家庭的主事、当家人。

【一家子】yí jiā zi(词)熟语,对同姓氏者(不论有无血缘关系)的称呼。表示亲热。

【一箭双雕】yí jián shuāng diāo (成)犹一举两得。比喻一次行动达到两个目的。

【一脚登】yí jué dēng(词)一种鞋口带松紧布(有的不带),不用系鞋带、暗扣等而容易穿脱的鞋,也称懒汉鞋。

【一九二九不出手,三九四九冰上走,五九六九,开门大走,七九鸭子八九雁,九九侧鹂满天转,九九加一九,犁铧遍地走】yí jiú ér jiú bú chú shòu, sān jiú sí jiù bīng shang zòu, wù jiù liú jiù, kāi mèng dá zòu, qí jiú yá zi bá jiú yán, jiù jiú cé li màn tiān zhuán, jiù jiù jiā yí jiù, lì hua pián dí zòu(谚)九九歌。侧鹂:一种候鸟。

【一九生一芽】yí jiù sēng yí yà(谚)进入"数九"后,各种植物就陆续萌发胚芽了。

【一就】yí jiú(词)犹向来。[例]两个人~不和。

【一匊匊子】yí jū ju zi(词)一小束或两手可捧(的东西)。[例]~子柴。

【一举成名天下闻】yí jù chèng mìng tiān xia wèng(熟)原指一旦中了科举就扬名天下。后指因某件出名的事而家喻户晓。

【一开年】yí kāi niàn(词)即一过年,一年开头的时候。

【一开先】yí kāi xiān(词)开头,开始。[例]~答应了,现在又变卦了。

【一棵树上往死里吊】yí kuō shú shang wáng sí ni diáo(熟)比喻墨守成规,不知变通,自受其害。

【一颗老鼠屎,坏了一锅汤】yí kuō lào chu shì, huái le yí guō tāng(熟)比喻因一个坏人或一件坏事而毁坏了群体利益或声誉。

【一客不烦二主】yí ká bú fàn ér zhù(谚)比喻一件事由一人办即可,不必麻烦更多的人。

【一口吃不了个胖子】yí kóu chí bú liáo ge páng zi(熟)比喻成功要靠一步一步努力,不可急于求成。

【一口价】yí kóu jiá(词)❶指商品销售时实行统一价格。❷指商品已经是最低价,不再讲价。

【一口气难咽】yí kóu qí nàn yán(熟)❶比喻不愿忍受所遭遇的屈辱或精神损失。❷指人断气前痛苦的样子(多为活人的感受)。

【一口气上不来】yí kóu qí sháng bú

lài(熟)指人咽气死亡。[例]~就完了。

【一口同声】yí kòu tòng shēng(词)形容多人一起说出相同的话。同异口同声。

【一拉一串串,黄狗下蛋蛋,公鸡磨面面,花猫做饭饭】yí lā yí chuán chuan,huàng góu xiá dán dan,gōng ji mó mián mian,huā mào zuó fán fan(儿)儿歌。指把不相干的人或事拉扯进来。

【一来趁早,二来趁饱】yí lài chéng zào,ér lài chéng bào(熟)趁着时间早、肚子没饿,多干点活或多赶点路。

【一来来子】yí lài lai zi(熟)一成儿,一停儿,一点儿。[例]还以为他能行呢,谁知道连别人的~(能力或本事)都没有。

【一廊堂】yí láng tang(词)比喻多的意思。[例]挑了~毛病。

【一老】yí lào(词)犹经常,总是。[例]你不是要跟职工谈心吗,咋~不谈?

【一了百了】yí liáo biá liào(熟)指人死了,所有的烦恼都结束了。

【一塄】yí léng(词)东西堆集得像田埂或坡塄一样。[例]把人打倒了~。

【一绺子一刷子】yí liú zi yí shuá zi(熟)指情绪多变、忽冷忽热。

【一路货】yí lú huó(词)指品行相同的人,含贬义。[例]那几个家伙是~!

【一路子传教】yí lú zi chuàn jiao(熟)指受同一师长的教育而形成的作风。

【一轮】yí lòng(词)十二生肖的一轮,即十二年。[例]他比我大一轮。

【一骡车】yí luò che(词)即一车,比喻多。[例]好话说了~。

【一律】yí li(词)全部,都。[例]家里~忙得乱翻呢,你还跑到外头打麻将!

【一律律儿】yí lǘ lür(词)形容人或物品像经过挑选似的整齐划一。[例]房上担的是~的松椽子。

【一马平川】yí mà pìng chuān(词)指一望无际的平原。

【一马不背双鞍,一女不嫁二男】yí má bú béi shuāng ān,yí nǘ bú jiá ér nàn(谚)意为女子要从一而终。系封建礼教。

【一马不跨双鞍】yí má bú kuá shuāng ān(谚)❶比喻一个男人不能取两个妻子。❷比喻一女不嫁二夫。

【一码归一码】yí mà guī yí mà(熟)谓一件事归一件事,不能混为一谈。

【一满】yí màn(词)一共、全部。[例]~才七八个人。

【一帽角子深】yí máo ge zi shēng(熟)比喻水有一人加辫子那么深。帽角子:辫子。

【一米度千斤】yí mí dú qiān jing(谚)极言食物对生命的重要。一粒米可保住性命,渡过难关。

【一面之词】yí mian zhi cì(词)指争执双方中一方所说的话。[例]不能凭~就下结论。

【一面之交】yí mián zhi jiāo(词)只见过一面的交情。比喻交情浅。

【一面子绕去】yí miàn zi ráo ke(熟)驱赶别人离开的话语。有厌恶义。[例]那种话我听得多了,你快~,别在这里啰唆!

【一面子顺去】yí mián zi shòng ke(熟)厌恶、驱赶语,犹滚到一边游说去。顺:放任,干扰。[例]这里不欢迎你,快到~!

【一名二声】yí mìng ér shēng (词)指不好的名声传扬出去。

【一命抵一命】yí míng di yi míng(熟)常用于被害人家属要求害人者以命偿命。

【一命呜呼】yí míng wū hū(词)指人死亡。[例]回到家里就~了!

【一模二样】yí mò ér yáng(词)犹一模一样。样子完全相同。

【一抹到底】yí má dáo dì(词)比喻撤销所有职务,成为平民。

【一目了然】yí mú liào ràn(词)一眼就看清楚。[例]独眼龙看告示——~。

【一男半女】yí nàn bán nǚ(词)指生儿育女。[例]结婚10年了,也没生下个~。

【一娘母子】yí nià mu zi(熟)指一头母畜和它的一个幼仔。[例]这两个牛是~。

【一年半载】yí niàn bán zài(词)多则一年,少则半年。[例]这一走,估计~回不来。

【一年四季】yí niàn sí jí(词)指全年。[例]~不闲。

【一年小,二年大】yí niàn xiào,ér niàn dá(熟)❶指孩子一年会比一年大,要耐心抚养,不必着急。❷谓孩子越大越懂事。

【一年之计在于春】yí niàn zhi jí zái yù chōng(谚)谓在一年开始的时候要做好计划,多做准备工作,为全年打下基础。

【一年庄稼两年做】yí niàn zhuāng jia liàng niàn zuó(谚)谓种庄稼的人头一年就要做好下一年的准备工作。

【一娘生九种,种种不一样】yí niàng sēng jiù zhòng,zhòng zhòng bú yí yáng(谚)指即使是一娘同胞,性格也不一样。

【一拍头顶脚心都动弹】yí piá tòu dìng jué xīng dōu dóng tan(熟)比喻聪明透顶。

【一盘散沙】yí pán sàn shā(词)比喻(人)没有组织起来或组织起来又散伙。

【一泡】yí pào(词)量词,这里指尿,也指大便。[例]~尿。

【一捧】yí pèng(词)量词,即两手能捧掬的量。[例]~红枣。

【一贫如洗】yí pìng rù xì(词)比喻赤贫,没有任何资产。[例]听爷爷说,他旧社会老是给人扛长工,家里~。

【一平二调】yí pìng ér diáo(词)指集

体经济组织间的平均主义和无偿调拨。[例]我们那些土地是~的时候划给外队的。

【一瓶子不满,半瓶子晃荡】yí pìng zi bú màn,bán pìng zi guāng dang(熟)比喻技术不熟练或一知半解。

【一扑鲁】yí pú lu(词)一丛,多指植物。[例]~青草,~韭菜。

【一起势】yí qì shí(词)指一伙的或串通一气。[例]我知道你们是~。

【一锹挖不出个井来】yí qiāo wā bu chu ge jìng lai(熟)做事要一步步来,不可急于求成。

【一窍不得,少挣几百】yí qiáo bú dá, sháo zéng jí biá(谚)要想在某种行业上获利,就要懂得其中的窍门和技巧,否则就达不到或不能完全达到目的。

【一瘸一拐】yí què yí guài(词)形容脚或下肢受伤(残疾)的人走路的样子。

【一人】yí rèng(词)每人。[例]夏天~分了100斤麦子。

【一人动嘴,十人流水】yí rèng dóng zuì, shí rèng liù shuì(词)谓一个人吃东西,其他人看到后不由自主地流口水。[例]~,让大家都尝点。

【一人搁,十人摸】yí rèng gé,shí rèng mó(熟)指一个人放置(保存)的东西,其他人不易找到。

【一人难骑两匹马】yí rèng nàn qì liàng pī mà(熟)比喻事情要一件一件做,贪多反而做不成。

【一人一把号,各吹各的调】yí rèng yí bá háo,gé chuī gé di diáo(熟)比喻各自为政,各行其是。

【一人之下,万人之上】yí rèng zhi xiá, wán rèng zhi sháng(词)旧指位高权重的大臣。

【一人做事一人当】yí rèng zuó shí yí rèng dàng(熟)谓自己做的事(有时指犯错或犯罪)自己承担责任,不牵连别人。

【一日为师,终身为父】yí rí wèi shī, zhōng shēng wèi fú(词)谓哪怕只给自己当过一天老师,也要一辈子当作师父看待。

【一山不藏二虎】yí shān bú càng ér hù(谚)比喻两强不能相容。

【一山容不得二虎】yí shān yòng bú de ér hù(谚)比喻两个强势者难以共事。

【一时时子】yí shì shi zi(词)❶一小会儿。[例]~都待不住。❷过一会儿。[例]我~就去。

【一世界】yí shí gai(词)到处,全身。[例]旧自行车~的毛病。

【一世界的毛病】yí shí gai di mào bing(熟)人、牲畜或机械毛病太多。

【一势】yí shí(词)一样,同道,一伙的。[例]他们是~。

【一是一,二是二】yí shi yí,ér shi ér(熟)该怎样做就怎样做,绝不含糊。

【一手交钱,一手交货】yí shòu jiāo qiàn,yí shòu jiāo huó(词)谓现钱买

卖,不赊欠。

【一手难抓两条鱼】yí shòu nàn zhuā liàng tiào yù(熟)比喻事情要一件一件做,不能急于求成。

【一手托两家】yí shòu tuō liàng jiā (熟)比喻中间说合或调停的人要同时照顾到两家的利益。

【一手遮天】yí shòu zhē tiān(词)形容依仗权势,玩弄手段,欺上压下。

【一手专权】yí shòu zhuān quàn (词)指一人独揽大权。

【一瘦搭一肥,正肋搭猪腿】yí sóu dá yí fèi,zhéng liá dá zhū tuì(熟)正肋,指猪肋骨处带膘的肥肉。比喻肥瘦搭配和公平做事。

【一束束子】yí sú su zi(词)一束。犹一嘟噜。[例]~葡萄。

【一水洗百净】yí shuì xì biá jíng(熟)指食材经清水淘洗后,就基本干净了。

【一顺百顺】yí shóng biá shóng (词)指开头的顺利会对后来的发展产生有利影响。犹良好的开端是成功的一半。

【一顺子】yí shong zi(词)指顺序或方向相同。[例]割倒的麦子要~放。

【一丝丝】yí sī si(词)一点儿,丝毫。[例]对他没有~感情。

【一丝一毫】yí sī yí hào(词)形容极小或极少。[例]~不能马虎。

【一死了百愁】yí sì liáo biá còu(谚)谓人死了,什么忧愁也没有了。

【一塌糊涂】yí tá hú du(词)形容混乱或败坏到不可收拾的地步。[例]把账目弄了个~。

【一沓子】yí tá zi(词)形容叠放在一起的纸张或其他薄东西。[例]拿着~钱。

【一趟】yí tàng(词)一场,一回。[例]念了~大学,连个工作都找不上。

【一天】yí tiān(词)❶白天。[例]~游四方,晚上借油补裤裆。❷整天,每天。[例]~老钻在麻将场上,连吃饭都不回来。

【一天不洗五遍水,不能算是真回回】yí tiān bú xì wú bian shuì,bú nèng suán shi zhēng huì hui(熟)穆斯林每天要做五次礼拜,礼拜前必须洗浴。

【一天省个馍,三年省个骡】yí tiān séng ge mò,sān niàn séng ge luò(谚)谓平时注意节俭,日积月累,就会积少成多。

【一天省一把,十年买个马】yí tiān séng yí bà,shí niàn mái ge mà(谚)义如文。省一把:节省一把粮食。

【一天省一口,十年省个样样有】yí tiān séng yí kòu,shí niàn séng ge yáng yáng yòu(谚)谓只要省吃俭用,日子就会越过越好。

【一天游四方,晚夕借油补裤裆】yí tiān yòu sí fāng,wán xi jié yòu bù kú dāng(熟)比喻白天不抓紧干活,到处闲逛,晚上点灯加班。

【一天有三迷】yí tiān yòu sān mì(熟)谓人每天都有犯迷惑出错的时候。三是约数。

【一条龙】yí tiào lòng(词)麻将术语,指同一花色中1—9的牌,加上其他花色的一副牌和对"将"共14张而和牌。

【一条路朝黑里走】yí tiào lú chào héi ni zòu(熟)比喻墨守成规,即使错了也不变易。

【一停】yí tìng(词)总数分成几等份,其中的一份叫~。

【一头沉】yí tòu chèng(词)一头带柜子的办公桌。

【一头糨子】yí tòu jiáng zi(熟)比喻头脑糊涂。

【一头心思】yí tòu xīng si(词)❶指搁在心里的一件事。[例]儿子结了婚,~就了了。❷指一门心思。[例]~干他的专业。

【一头一头来】yí tòu yí tòu lài(熟)指不必着急,一件事一件事地做。

【一通天下】yí tōng tiān xia(熟)指能从前墙担到后墙的长椽子。[例]房上担的都是~的椽子。

【一团和气】yí tuàn huò qi(词)❶本指态度和蔼可亲。❷指只讲和气,不讲原则的表面团结。

【一退(推)六二五】yí tuī(tuī)liú ér wù(熟)用珠算除法计算重量的口诀之一(旧时1斤为16两,1两为1斤的0.0625)。比喻推诿,推得一干二净。

【一坨坨子】yí tuò tuo zi(词)即一小块地方。

【一庹】yí tuó(词)旧时买卖棉线用膀子(即两臂伸开的距离)量,量一次为~。

【一碗热三碗,强比告艰难】yí wán ré sān wàn,qiàng bí gáo jiān nàn(谚)比喻自己省吃俭用,总比向别人借粮食方便。

【一碗水端平】yí wàn shuì duān pìng(熟)比喻办事公道,不偏袒任何一方。[例]只要~,大家就不会有意见。

【一问三不知】yí wéng sān bú zhī(熟)❶对所问的事情一无所知。❷不愿回答问话或装作不知。

【一窝蜂】yí wō fēng(词)❶很多人拥挤在一起或一拥而上。❷指不长蔓、不压条的茭瓜(西葫芦)。

【一窝老鼠不嫌脏】yí wō lào chu bú xiàn zāng(熟)比喻一娘同胞互不嫌弃。

【一屋一块】yí wú yí kuài(词)比喻家庭团圆。

【一屋子】yí wú zi(词)即一家子。[例]和父母在~过了十几年。

【一五一十】yí wù yí shí(词)比喻从头到尾、原原本本地叙述。

【一物降一物,蜈蚣把蟒捉】yí wó jiàng yí wó,wū gōng bá máng zhuó(谚)指蜈蚣虽小,却可以用毒汁把蟒毒死。比喻以小胜大,以弱胜强。

【一夏】yí xiá(词)整个夏天。[例]忙了~,连个街都没顾上走。

【一向】yí xiáng(词)一段时间。[例]前~来过一回。|过~再去。

【一硝二磺三木炭】yí xiāo ér huàng sān mú tán(熟)指旧时民间制造火药的三种原料,即硝酸钾、硫黄和木炭,配比为 10∶2∶3。

【一心不可二用】yí xīng bú ké ér yóng(谚)指做事只有专心致志,不分散精力,才能成功。

【一心无挂】yí xīng wù guá(词)指没有别的挂牵,可以一心一意地做事。

【一星观半夜】yí xīng guān bán yé(谚)指天黑时能看到星星,预示着上半夜无雨。

【一姓不一家】yí xíng bú yí jiā(熟)指姓氏相同但没有血缘关系,不是一个家族。

【一言难尽】yí yàn nàn jíng(词)形容事情曲折复杂,不是一句话能说清楚的。也有痛苦的经历一时半会说不完的意思。

【一言为定】yí yàn wèi díng(词)即说定的事,就不再更改。比喻说话算数,绝不反悔。

【一养下来】yí yáng xia lài(熟)即一生下来。

【一样的话两样说】yí yáng di huá liáng yáng shuó(熟)谓说话要讲究方式方法,不可过于直白生硬。

【一样】yí yáng(词)谦词,在回答别人礼让时说。[例]甲:"到家里吃饭去。"答:"一样。"(意为你家跟我家一样,表关系亲近)

【一样的人两样待】yí yáng di rèng liáng yáng dái(熟)比喻看人下菜碟。

【一样的五谷百样做】yí yáng di wú gu biá yang zuó(熟)指粮食可做出多种花样的食品。

【一也是打墙,二也是动土】yí yé shí dà qiàng,ér yé shí dóng tù(谚)比喻一不做,二不休。

【一阴一阳,打桩盖房】yí yīng yí yàng,dà zhuāng gái fàng(熟)民间对生双胞胎家庭的祝语。

【一阴一阳,死个家破人亡】yí yīng yí yàng,sí ge jiā pó rèng wàng(熟)迷信说法,认为生双胞胎的家庭有灾祸。

【一早起】yí zào qi(词)❶指一个早上的时间。[例]~不出工,爹妈就唠叨。❷清晨,一大早。[例]~就跑去排队。

【一眨眼】yí zhá yàn(词)比喻极短的时间。[例]~就不见了。

【一拃长】yí zhà cháng(词)拇指和中指伸直后两头间的距离。常比喻很短。

【一站到】yí zhán dáo(词)比喻取消中间环节,一步到位。

【一张邮票八分钱,上上下下查半年】yí zhāng yòu piáo bá fēng qiàn,sháng shang xiá xia chà bán niàn(顺)指某些诬告者或恶作剧者用写信方式捉弄有关部门的做法。

【一张纸画了个驴头——好大的面子】

yí zhāng zhǐ huá le ge lǜ tòu — háo dá di mián zi(歇)有蔑视、讽刺义。

【一张嘴】yí zhāng zuì(熟)即一开口。[例]~就是那句话。

【一招鲜，吃遍天】yí zhāo xiān,chí bián tiān(谚)谓掌握一门技术即可到处谋生。

【一阵风】yí zhéng fēng(词)比喻来得快,去得也快,不能持久。多指过去的政治运动。

【一阵阵子】yí zhěng zheng zi (词)犹一会儿。[例]~都闲不住。

【一阵子是牡丹，一阵子是菊花】yí zhěng zi shi máo dan,yí zhěng zi shi jú hua(熟)比喻情绪不稳定,喜怒无常。

【一正压百邪】yí zhéng yá biá xiè(熟)指正义占据主流,邪气形不成气候。

【一支支子】yí zhī zhi zi(词)指宗族的分支。

【一纸入公门，九牛拔不动】yí zhí rú gōng mèng,jiù niù bá bú dóng (熟)旧指状纸一旦递上公堂,就不好撤回了。

【一衠衠】yí zhōng zhong(词) 衠:全,尽,清一色,没有杂质。[例]~糯米,没一颗本米(粳米)。

【一抓抓子】yí zhuā zhua zi(词)用几个指头即可抓起的东西,形容很少。

【一转转子】yí zhuán zhuan zi(熟)指一件事情的来龙去脉。[例]原来是这么~。

【一状告到堂上】yí zhuáng gáo dao tàng shang(熟)比喻把问题直接反映给主管部门或主要领导,从而得到重视和解决。

【一锥子攮不出血来】yí zhuī zi náng bú chú xié lai(熟)比喻麻木迟钝。

【一籽下地，万籽归仓】yí zì xiá dí, wán zì guī cāng(谚)比喻付出劳动就会有收获。

【一字救人，一字害人】yí zí jiú rèng, yí zí hái rèng(谚)谓从事文字工作的人要严肃认真,秉公持正,不因粗心或偏见而贻害于人。

【一字师】yí zi shī(词)指哪怕为别人纠正了一个读错或写错的字,也可称之为老师。

【一撮撮子】yí zuó zuo zi(词)❶用三个指头就可拈起的颗粒状东西。[例]抓~盐。❷形容成丛的禾草或毛发。[例]~稗草。

【一嘴警掉了】yí zuí áo diao le(熟)形容一句话就把别人的意见诋毁或否定掉。警:诋毁、否定。[例]本来快要定下来的事,叫他~。

【一醉解百愁】yí zuí jié biá còu(熟)一种用喝酒解除郁闷忧愁的消极办法。

【尾巴大了苫住了】yí ba dá le shán zhu le(熟)苫住:遮住。指绵羊尾巴遮住羞体。比喻借权势包庇、袒护、遮盖丑事、坏事。

【尾巴骨锥子】yí ba gú zhuī zi(词)即尾骨。

【尾尾子】yí yi zi(词)末尾,末梢。[例]把他排在后~。

【尾子】yí zi(词)指马尾上的长毛。[例]马~捆豆腐——别提。

【艺不压身】yí bú yá shēng(词)比喻掌握的技艺多,不会压坏身体,只会对谋生择业有好处。

【艺多不养人】yí duō bú yàng rèng(谚)指技艺虽然多,但都不精湛,仍然起不到养家糊口的作用。

【忆苦思甜】yí kù sī tiàn(词)指回忆苦难的过去,感念今天的幸福生活。

【议价】yí jiá(词)❶即高价。通常指高于国家统一定价的市场价。[例]卖完统购粮还要卖~粮。❷指买卖双方商量定价。

【易容的】yí yóng di(词)不容易的反语。[例]说得~? 你试一试就知道了。

【意见筐筐子】yí jiàn kuāng kuang zi(词)比喻爱提意见的人。

【意思意思】yí si yí si(词)象征性地表示一下。[例]送点小礼物,~。

【瞖子】yí zi(词)指眼角膜上产生的障碍性白斑。[例]眼睛打上沙子,快磨上~了。

【腻得很】yí di hèng(词)食物中油脂过多,使人厌食。[例]肥肉~。

【姨奶奶】yì nái nai(词)指父亲或母亲的姨妈。祖母的姊妹。

【姨爷爷】yì yè ye(词)指父亲或母亲的姨爹。姨奶奶的丈夫。姨父的父亲。

【姨侄女】yì zhé nü(词)指姊妹的女儿,妻子姊妹的女儿。

【姨侄子】yì zhé zi(词)指姊妹的儿子,妻子姊妹的儿子。

【胰子】yì zi(词)旧时对肥皂,香皂的称谓。

【移民乡】yì mìng xiāng(词)指为外来移民建立的居民点。特指青铜峡市邵刚镇沙湖村的前身——北京移民乡。

【遗留】yì liù(词)指流传下来的习惯或事物。[例]啥事都有个~。

【疑病】yì bing(词)指多疑的心理状态。又称疑病性神经症。[例]哪里来的癌症? 全是心里的~。

【疑人不用,用人不疑】yì rèng bú yóng, yóng rèng bú yì(谚)谓既然要使用某个人,就要充分信任,否则一开始就不要用。

【疑神疑鬼】yì shèng yì guì(词)形容非常多疑,对什么都不相信。

【疑心病】yì xīng bíng(词)多疑的心理状态。[例]人家并没说他,而是他~太重。

【疑疑憾憾】yì yi hàn han(词)疑惑不定。[例]想去就去,不要~,怕这怕那。

【以大压小】yì dá yá xiào(词)❶以长辈的身份压制晚辈。❷以上级的权力压制下级。❸以强势压制弱者。

【以毒攻毒】yì dú gōng dú(词)中医用语。比喻利用不良事物内部的矛盾消耗、削弱其力量。也比喻利用恶人对付恶人。

【以老为实】yì lào wèi shí(词)即老老实实。[例]别人已经休息了,他还~地在那里干。

【以貌取人】yì máo qù rèng(词)只凭相貌来衡量人的品德才能并决定取舍。(片面主观的做法)

【以农代干】yì nòng dái gán(词)指一度时期,在人民公社机关工作的农民身份的干部(工厂里有以工代干)。

【以小人之心，度君子之腹】yì xiáo réng zhī xīng,dú jiōng zi zhī fú(谚)指用卑劣的心态去猜度品行高尚的人。

【尾巴】yí ba(词)❶比喻总跟在别人屁股后面的人。[例] 孙子就像奶奶的~。❷比喻盯梢、跟踪的人。[例]甩掉了~。

【异心】yì xīng(词)即二心,不同的想法。[例]儿媳妇有了~,趁早分家吧。

【斁气】yì qi(词)指对脏东西的恶心和嫌弃。

ying

【因地制宜】yīng dí zhí yì(词)❶根据不同地域和土地特点种植适宜的作物。❷泛指根据当地具体情况制定适当措施。

【因因子】yīng ying zi(词)因由,借口。[例]找个~收拾他。

【阴曹地府】yīng cào dí fǔ(词)指人死后灵魂所在的地方。迷信。

【阴差阳错】yīng chā yàng cuó(词)比喻由于偶然因素造成了差错。[例]~,把张三的奖状发给李四了。

【阴风拍了】yīng fēng piá le(词)外邪侵入身体而致病。[例]他叫~,半个身子不能动弹。

【阴功】yīng gong(词)指人在世的时候行好积善，到阴间才不会受罪。[例]损~的事不能干。

【阴脸式人】yīng lian shi rèng (熟)脸色阴沉、不苟言笑的人。[例]就那么个~,你别在意。

【阴谋士】yīng mu shi(词)指表情冷峻、不苟言笑、话语较少的人。[例]那是个~,别多他的心。

【阴坡】yīng pō(词)北坡,阳光照不到的山坡。[例] 贺兰山的原始森林都在~上。

【阴天戴草帽——二凉(踉)】yīng tiān dái cáo máo—ér liàng(歇)二凉,有些二气的人。

【阴阳】yīng yang(词)指道士兼风水先生。[例]请来六个~念大经。

【阴阳死到磨道里——受驴的指教】yīng yang sí dao mó dáo ni—shóu lǜ di zhì jiao(歇)骂语,指不需要别人的指教。驴指别人。[例]滚开,我~呢!

【阴柱子】yīng zhu zi(词)旧时大木轮车车厢辕条下面卡在车轴上的两组木桩,也叫车勾头、阴夹木、鹰爪子,用来连接、固定车厢与车轴。

【音气气】yīng qí qi(词)消息、音信。[例]这么大的事,我连个~都不知道!

【音音子】yīng ying zi(熟)指不太确切的消息。[例]掠了个~就当真的。

【洇了】yīng le(词)墨水向纸的周围散开。[例]这个纸不好,写上字就~。

【英雄难过美人关】yīng xiong nàn guó méi reng guān(谚)指英雄人物往往因迷恋女色而失去斗志,荒废大业,甚至身败名裂。

【英雄无用武之地】yīng xiong wù yóng wù zhi dí(熟)指人才因环境不适或遭受压制而无法施展才能。

【樱桃好吃树难栽,小曲好唱口难开】yīng tao háo chí shú nàn zāi,xiáo qú háo cháng kòu nàn kāi(熟)比喻万事开头难。

【樱桃小口】yīng tao xiào kòu(词)形容姑娘的嘴唇红润、小巧、可爱。

【鹰的眼睛八哥的嘴,母猪的肚子兔子的腿】yīng di yán jing bá gē di zuì,mú zhu di dú zi tú zi di tuì(顺)旧比喻担任生产队长的人要有洞察力(鹰)、说服力(八哥)、宽宏大量(母猪)和腿子勤快(兔子)等基本素质。

【鹰钩鼻子】yīng gōu bí zi(词)形容上端凸起、下端带尖并向内弯曲、好似"鹰嘴"的鼻子。

【鹰手鳖爪子】yīng shóu bié zhuá zi(词)比喻有手脚而不会劳动的人。[例]我又不是~,为啥靠别人养活?

【应得碗大汤宽,钻到炕洞里拉不出来】yīng di wán dá tāng kuān,zuán dao káng dóng ni lā bu chú lai(词)比喻满口答应的事,到时候不认账。

【应个卯】yīng ge mào(词)指报到,应付点名。[例]先去~,再来跟你呥。

【应个门子】yīng ge mèng zi(熟)即喝酒时跟打通关的人划拳。

【应个名名字】yīng ge mìng ming zi(词)指挂名、充数。[例]说是参加会议,也就是~。

【应关】yīng guān(词)即喝酒时跟打通关的人划拳。

【应口】yīng kòu(词)即答应,应允。[例]到现在他还没~。

【应了个满,放了个展】yīng le ge màn,fáng le ge zhàn(顺)指满口答应的事全部落空。放展:使求助者完全陷入被动。

【应人事小,误人事大】yīng rèng shí xiào,wú rèng shí dá(谚)对别人的要求可以答应,也可以不答应;一旦答应就要做到,否则会误别人的事。

【应声】yīng sheng(词)即回声。声波遇到障碍物反射回来再度被听到的声音。[例]新盖的库房啥也没放,~大得很。

【应声虫】yīng shēng chòng(词)比喻自己毫无主张,随声附和。

【应手】yìng shòu(词)随手,顺手,马

上。[例]商店不远,我~就买来了。

【应醒】yīng xing(词)指保持半睡半醒状态。[例]~着起来套车,别睡过头了。

【应走】yīng zòu(词)很快、马上、顺便。[例]你稍微等等,我~就弄好了。

【应承】yīng cheng(词)犹答应、承诺。[例]受害人提出的要求,对方都~下来了。

【应酬】yíng chou(词)指招待客人。[例]买的烟是~人的,不是叫自家人抽的。

【饮水】yíng shuì(词)❶给牲畜打水喝。[例]饲养员给牲口~。❷给花木蔬菜浇水。[例]别忘了给花~。

【隐恤】yíng xu(词)指隐忧、心病。[例]心里要是有~,就买上几挂鞭炮放放,驱驱晦气。

【隐隐忽忽】yíng ying hū hu(词)形容时隐时现,看不太清楚。[例]~看见前面有个人影儿。

【缨被】yíng béi(词)用大针线把棉被的面子和里子以及所絮棉花、毛、绒等连缀在一起。

【印把子】yíng bá zi(词)比喻官职或权力。[例]~不能掌在坏人手里。

【印色】yǐng se(词)即印泥。[例]~盒子。

【印印子】yǐng ying zi(熟)印子,痕迹。

【愸挨个屄斗不吐个皮糖】yíng ài ge bī dou bú tú ge pì tàng(熟)比喻宁愿挨打受屈辱,也不在钱财上让步。愸:宁愿。屄斗:耳光。皮糖:家制糖。

【愸吃樱桃一颗,不吃烂梨一筐】yíng chí yīng tao yí kuō,bú chí lán lì yí kuāng(谚)比喻不图数量,只讲求质量。愸:宁愿。

【愸穿朋友衣,不占朋友妻】yíng chuān péng you yī,bú zhán pèng you qī(谚)朋友间应遵循的道德准则。愸:宁愿。

【愸带千兵,不带一将(匠)】yíng dái qiān bīng,bú dái yí jiáng(jiáng)(谚)指工匠和有技术的人不好管理。愸:宁愿。

【愸给好汉子牵马拽镫,不给屄汉子主谋定计】yíng gèi háo han zi qiān mà zhuí déng,bú gèi sòng han zi zhù mù díng jí(谚)宁可给好汉做奴仆,也不给软弱无能的人当参谋。愸:宁愿。

【愸跟灵人打一架,不跟傻子搭个话】yíng gēng lìng rèng dá yí jiá,bú gēng shá zi dá ge huá(谚)灵子:聪明人,明白人。不跟不明事理的人讲理争辩。愸:宁愿。

【愸活人下人,不活树下树】yíng huó rèng xiá rèng,bú huó shú xiá shú(谚)谓地位低的人可通过奋斗求发展,生长在大树下的小树永远无法长大。愸:宁愿。

【愸叫沟子淌脓,不叫嘴上受穷】yíng jiáo gōu zi tàng nòng,bú jiáo zuí shang shóu qiòng(顺)比喻宁可吃坏肚子拉稀,也要一饱口福。愸:宁愿。

【愸叫锅里剩,罢叫撑下病】yíng jiáo

guō ni shéng,bá jiáo cēng xia bíng(熟)宁可把饭剩在锅里,也不要加吃得胃病。慭:宁愿。罢:不要,别。

【慭叫悔着干,罢叫干着悔】yíng jiáo huí zhe gán,bá jiáo gán zhe huì(谚)谓宁可做出(错误)决定在干中后悔,不为没做决定而后悔。慭:宁愿。

【慭叫瞒过,罢叫掰破】yíng jiáo màn guó,bá jiáo biá pó(谚)谓宁叫继续(善意地)瞒着,别让说破真相,以免引起不快或矛盾。慭:宁愿。

【慭叫身上害冷,不叫嘴上受穷】yíng jiáo shēng shang hái lèng,bú jiáo zuí shang shóu qiòng(熟)谓宁可穿得破烂,也要吃好喝好。慭:宁愿。

【慭叫胀死,不叫饿死】yíng jiáo zháng sí,bú jiáo wó sí(熟)指生怕吃亏而拼命吃,以致撑出病或撑死。慭:宁愿。

【慭叫挣死牛,不叫翻了车】yíng jiáo zéng sì niù,bú jiáo fān le chē (谚)比喻不管付出多大代价也要争取成功。慭:宁愿。

【慭买个吃亏东西不吃个便宜嘴】yíng mái ge qiā kuī dōng xi bú chí ge piàn yi zuì(熟)谓宁可花大价买个有用之物,也不图便宜吃零食。慭:宁愿。

【慭死个做官的老子不死个叫街的娘】yíng sí ge zuó guān di láo zi bú sí ge jiáo gāi di niàng(谚)对于未成年人来说,母亲比父亲更重要。叫街:当街大声呼唤儿女的名字。慭:宁愿。

【慭停丧,不挺双】yíng tìng sāng,bú tìng shuāng(熟)民间有"棺材头上有喜、新人头上有煞"之说,故闲房可借人停柩,不能做新房。慭:宁愿。

【慭找个胡茬茬,不找个娃伢伢】yíng zháo ge hù chà cha,bú zháo ge wà yà ya(熟)比喻女子嫁个年龄稍大的丈夫会得到丈夫关心体贴;反之则不会。慭:宁愿。

【慭折不弯】yíng shè bú wān(词)犹宁死不屈。慭:宁愿。

【慭转头颤子驴,不转头颤子人】yíng zhuàn tòu shou zi lǜ,bú zhuàn tòu shou zi rèng(熟)转:转世。头颤子:排行老大。谓头胎牲畜能得主人优待,排行老大的人要多吃苦。慭:宁愿。

【窨井】yíng jìng(词)即检查井。设在给排水、电缆等管道转弯、分支、跌落处,用于检查和疏通管道。

【影墙子】yíng qiang zi(词)室内安装的轻型透光隔断墙。旧指影壁、照壁。

【影影子】yíng ying zi(词)❶光线被物体挡住的阴影。❷镜子、水面等反映出来的影像。❸模糊的印象。[例]脑子里连个~都没有。❹人或人的身影。[例]跑得~都不见了。

【硬八点子】yíng bá dian zi(词)❶"花花子"术语。指手里已有八张硬牌,出手后没人能"吃"。❷比喻霸道,霸占,别人管不了。

【硬梆】yíng bang(词)❶指物件结实,

耐用。[例]房上担的木料~着呢。❷比喻人的能力强,手段硬。[例]配了两个~助手。

【硬根子】yíng gēng zi(词)比喻坚强的靠山或后盾。[例]人家背后有~。

【硬固】yíng gù(词)指强迫,强奸。[例]当丫头的时候,叫人~了。

【硬固硬降】yíng gú yíng xiàng(词)指蛮横强硬,不容商量。[例]干啥都是~,从来不跟人商量。

【硬汉子】yíng han zi(词)指坚强不屈的人。

【硬膀子】yíng báng zi(词)比喻得力助手。

【硬碰硬】yíng péng yíng(词)以强力对付强力。[例]不能~,要以柔克刚。

【硬气】yíng qi(词)❶指物品(或工具)有硬度。[例]这把锹真~。❷说话理直气壮。[例]不敢说个~话。❸幼儿腰里有劲,站立得早。[例]这个娃娃真~,一扶就站起来了。

【硬肉烂面,吃死无怨】yíng róu lán mián, chí si wù yuán(熟)谓吃硬肉须咀嚼、吃烂面易消化,均可减轻胃的负担,对身体无害。

【硬铮铮】yíng zéng zeng(词)多用于形容崭新挺括的纸币。[例]手里拿着几张~的新票子。

【硬账主子】yíng zháng zhu zi(词)比喻必须归还的债务或必须支付的费用。[例]孙子是~,要啥得给买啥。

【硬着头皮】yíng zhe tòu pì(熟)比喻勉强去做难度较大的事。

【硬挣】yíng zéng(词)使劲挣扎,拼命挣扎。[例]干板子(身体瘦弱者)~。

【寅时一个牡丹,卯时一个菊花】yìng shi yí ge máo dan,máo shi yí ge jú huā(熟)比喻情绪波动,喜怒无常。[例]~,叫人咋伺候?

【银川大学】yìng chuān dá xue(词)1999年10月筹建,2003年8月迁入永宁王太堡原宁夏农学院旧址,系全国普通高等学校。

【银圆】yìng yuàn(词)银质圆形货币的通称,也叫大洋。

【银子钱】yìng zi qiàn(词)泛指货币。[例]~是那么好挣的?

【银子钱不争气,儿女不争气】yìng zi qiàn bú zēng qí,èr nǚ bú zēng qí(谚)谓家庭能否致富,儿女能否成材,都不以人的意志为转移。

【银子钱是个硬头货】yìng zi qiàn shí ge yíng tou huó(熟)❶钱财是靠苦干硬拼挣来的,不会轻易得到。❷没钱买不到东西,向别人借钱难。

【引火烧身】yìng huò shāo shēng(词)❶比喻自招祸患或自取灭亡。❷比喻主动检讨自己的缺点错误,恳请大家批评帮助。

【引狼入室】yìng làng rú shí(词)比喻因受骗上当或缺乏经验,把坏人、敌人引进家里或组织里。

【迎风】yìng fēng(词)对着风,吸风。[例]你不吃饭~去呢?

【迎风吃炒面——难张口】yìng fēng chí cháo mian— nàn zhāng kòu(歇)比喻不好开口。

【迎岁岁子】yìng suí sui zi(熟)指幼儿接近周岁的时候。[例]~就会走路了。

【茔地】yìng dí(词)墓地。[例]老人家在世的时候就看好了~。

【营生】yìng seng(词)活计、工作,多指农活。[例]干~。

yong

【拥秉秉】yōng bíng bing (词) 形容不断、充分地供给。[例]零食~地叫他吃。

【拥脖子】yōng bó zi(词)套在牲畜脖子上挡住索套夹棍、保护脖子的围脖。

【壅土】yōng tù(词)多指给植物根部培土,也指把土堆积在某些建筑物基部起加固作用。

【晕头转向】yōng tòu zhuán xiáng (词)形容头脑发晕,辨不清方向。[例]第一次到大城市,~的,东南西北都分不清。

【晕头搕脑】yóng tòu kè náo(词)形容因眩晕而行动不稳。

【晕血】yōng xié(词)指产妇因大出血而昏迷。

【用场】yóng chang(词)用途、作用。[例]这东西没啥~,扔了吧。

【用了拉到怀里,不用了搡到崖里】yóng le lā dao huài ni,bú yóng le sáng dao ài ni(谚)一种实用主义的用人方法,即急用时拉过来,不用时推到一边。

【用人不疑,疑人不用】yóng rèng bú yì,yì rèng bú yóng(谚)同“疑人不用,用人不疑”。

【用心用意】yóng xīng yóng yí(词)专心致志,聚精会神。有倾注全部感情之义。[例]妻子~给他做了一双鞋垫子,上头还绣着花。

【运动来了是积极分子,运动走了是受气分子】yóng dóng lài le shi jí jí fēng zi,yóng dóng zóu le shi shóu qí fēng zi(熟)谓政治运动中表现积极的人,运动结束后会受到被整对象的辱骂或报复。

【运气】yóng qi(词)命运,幸运。[例]这件事没把握,碰~吧。

【永二干沟】yóng ér gán gōu (词)永宁县境内排水干沟之一,1970年4月至次年4月开挖,起于胜利乡陆坊村苏家湖,至掌政乡永固村防洪堤外入夹河。县境内长度21.13公里。

【永共】yóng gong(词)犹从来。[例]自打搬了家,~没来看过我们。

【永常】yòng chàng(词)犹从来。[例]跟父亲总是冒搭话,~不叫一声爸爸。

【永世】yóng shi(词)犹从来,一贯。[例]~没重言重语地骂过我。

【永红】yòng hòng(词)地名,意为永葆红色。今属杨和镇。[例]~大队(1970 年由永丰大队划出)。|~村(1983 年 6 月后)。

【永黄路】yòng huàng lú(词)永宁县城红星桥北至黄羊滩的县道,全长 27.67 公里。

【永良 4 号】yòng liàng sí hao (词)永宁县育种专家裘志新等培育的小麦品种,又名宁春 4 号。

【永宁火车站】yòng nìng huò chē zhán(词)中银太铁路在永宁县境内的车站,具体位置在望洪镇西和村范家庄附近。

【永宁黄河大桥】yòng nìng huàng hè dá qiào(词)位于永宁县城东部,全长 3568 米,桥宽 33.5 米,2013 年 10 月开建,计划于 2016 年完工。是宁夏黄河上游第一座双塔双索景观公路大桥。

【永宁县】yòng nìng xián(词)宁夏回族自治区银川市辖县。于 1941 年 4 月由当时宁夏、宁朔两县分别划出一部分设置。

【永宁西部水系工程】yòng nìng xī bu shuí xí gōng cheng(词)2013 年初开建,南接青铜峡市,北连金凤区,穿过本县李俊镇、望洪镇、胜利乡和望远镇,全长 38 公里。具有挡浸、防洪、排涝、灌溉、调蓄、生态保护等功能。

【永清】yòng qīng(词)地名,旧名河西寨(在黄河西岸)。原属通桥乡,今属望远镇。[例]河西寨乡(1955 年,五区)。|~生产大队(1966 年 5 月 7 日增设,意为河水变清)。|~村(1983 年 6 月)。

【永清沟】yòng qīng gōu(词)原名永干沟,1965 年 4 月至 1965 年 5 月开挖,起于胜利乡岗子湖,至望远镇下河村双坟沟入黄河,全长 22 公里。

【荣华富贵】yòng huà fú guí(词)形容有钱有势或富足安逸。

【云朝北,大雨下】yòng cháo biá,dá yú xiá(谚) 当地气象特征。指阴云北移,预示着有大雨。

【云朝东,一溜风】yòng cháo dōng,yí liú fēng(谚)当地气象特征。指下雨天阴云往东飘移,预示着雨将停,天将晴。

【云朝南,雨团团】yòng cháo nàn,yù tuàn tuan(谚)当地气象特征。指阴云南移,预示着有阵雨。

【云朝西,淋死个鸡】yòng cháo xī,lìng si ge jī(谚)当地气象特征。指阴天时,若云彩往西走,则下雨时间会比较长。

【云子】yòng zi(词)❶即天上的云。[例]满天的~散了。❷模拟云彩而设计的图案,用于绘画、刺绣、雕刻、剪纸等。

【匀碌碌】yòng lú lu(词)❶指在总体中所占比例较高。[例]现在考上大学的娃娃~的。❷多而分布均匀。[例]稻里的稗子~的。

【匀实】yòng shi(词)形容均匀,匀称。[例]身子长得~。

【芸芥】yòng gai(词)一种旱生油料作物,当地叫臭芸芥,嫩株可做绿肥,子粒可榨油。

you

【悠悠地】yōu yōu di(词)形容缓缓地、慢慢地、匀速地做(劳动或工作)。

【悠着点】yōu zhe dian(熟)指慢慢来,不要过急过猛。

【囮头】yóu tou(词)指进行滋事、讹诈、诱骗时编造的由头。[例]什么工伤,还不是为请长假找~。

【囮子】yóu zi(词)媒鸟。捕鸟时用于引诱鸟的鸟 。

【友爱】yóu ái(词)意为团结友爱。原属仁存乡,现属李俊镇。[例]~大队(1958年后)。|~村(1983年6月后)。

【有鼻子有眼】yóu bí zi yòu yàn(词)谓说得活灵活现,像真的一样。[例]他说得~,你不得不信。

【有病】yóu bíng(词)讽刺、嘲笑用语。[例]大冬天穿单衣,你脑子~啊?

【有病乱投医】yóu bíng lán tòu yī(谚)比喻事情到了紧急关头,到处求人,乱想办法。

【有吃嘴的钱,没买针的钱】yōu chí zuí di qiàn,mú mài zhēng di qiàn(熟)指花钱不当,以致窘迫。

【有出气没进气】yóu chú qí mú jíng qí(词)形容人临死前呼吸困难的模样。

【有当无】yóu dáng wù(熟)犹可有可无,无把握地试探。[例]~地问问。

【有的】yóu di(词)犹认可,存在。[例]你说的那些,都是~。

【有的没的】yóu di mú di(词)❶犹所有,全部。[例]~都要。❷不顾事实。[例]要实事求是,不能~都说。

【有的是】yóu di shí(词)指多,充足。[例]粮食~,你尽管吃。

【有福的板凳上坐】yóu fú di bàn deng shang zuó(熟)"花花子"的二点又叫二板凳子,上家给下家出二点时用此语戏谑。

【有福的生在十冬腊月,没福的生在五黄六月】yóu fú di sēng zai shí dōng lá yue,mú fú di sēng zai wú huang lú yue(谚)谓婴儿生在冬天有热炕取暖,可少受罪;生在夏天要受酷暑之苦。

【有福的死在五黄六月,没福的死在十冬腊月】yóu fú di sí zai wú huang lú yue,mú fú di sí zai shí dōng lá yue(谚)谓人死在农历五六月尸体容易腐化,可少受阴罪,尽早转世;死在冬季尸体不易腐化,要延长受罪期限,推迟转世。迷信。

【有福同享,有难同当】yóu fú tòng xiàng,yóu nán tòng dàng(谚)指有好处大家一起享受,有灾难大家一起承受、克服。

【**有福之人不用忙**】yóu fú zhī rèng bú yóng màng(熟)有福运的人用不着奔波忙碌,幸福自然会到来。宿命观点。

【**有个不够人的,还有个够人的**】yóu ge bú góu rèng di,hài yóu ge góu rèng di(熟)谓别人做了对不起你的事,你要以德报怨,坚守本分,不可以牙还牙。

【**有个再一再二,没有个再三再四**】yóu ge zái yí zái ér,mú yóu ge zái sān zái sí(熟)❶指不能犯重复性错误。❷形容不能无休止地提出个人要求。

【**有骨头有肉**】yóu gú tou yóu róu(熟)比喻说话、写文章有观点有实例。

【**有话当面说,有马群里捉**】yóu huá dāng mián shuó,yòu mà qiòng ni zhuó(谚)有话摆到桌面上说,买东西要见到实物,按质论价。

【**有家子**】yóu jia zi(词)有钱的人或家庭。[例]我是穷汉,能跟你这个~比。

【**有劲的风箱慢慢扇**】yóu jǐng di fēng xiang mán mán shān(谚)比喻有力气、有能力(包括人力物力)要慢慢用,不要过度投入,急于求成。

【**有了**】yóu le(词)怀孕的隐语。[例]媳妇子~,已经四个月了。

【**有了罢商,没了罢慌**】yóu le bá shāng,mú le bá huāng(熟)指富了不要傲慢,看不起穷人;穷了不要着急,慢慢改善。

【**有了媳妇忘了娘**】yóu le xí fu wáng le niàng(谚)指男子婚后淡忘了父母。

【**有了下家**】yóu le xiá jia(词)❶指货物已订购出去。❷指未婚女子已经订婚。

【**有了一顿,没了抱棍**】yóu le yí dóng,mú le báo góng(熟)比喻有钱时铺张浪费,大吃大喝,穷困时到处乞讨。

【**有命**】yóu míng(词)指在某个方面或某项事情上遇到好运气。[例]事倒是个好事,就看他~没有。

【**有难莫论亲**】yóu nán mó lóng qīng(谚)谓遇到危难的时候不要指望亲戚。

【**有呢**】yóu ni(词)指富有或不缺钱。[例]人家~,别为人家担心。

【**有皮没毛**】yóu pi mú mào(词)比喻把人诽谤、诋毁得一无是处,一文不值。

【**有气无力**】yóu qí wù lí(词)形容说话声音微弱,做事精神不振。

【**有气在心里,有笑在脸上**】yóu qí zái xīng ni,yóu xiáo zái lián shang(熟)指有城府和涵养的人,即使心里有气,也会在表面上装出笑脸。

【**有去无回**】yóu ké wù huì(词)谓付出的财物不可能收回来。[例]肉包子打狗——~。

【**有色眼镜**】yóu sé yán jíng(词)比喻以成见看人或事物。[例]戴着~看人。

【**有啥说啥**】yóu shá shuó shá(词)❶说实话,不捏造。[例]~,不能害人。❷不隐瞒,把知道的都说出来。[例]大家要打消顾虑,~。

【有啥也罢有病，没啥也罢没钱】yóu shá yé bá yóu bíng,mú shá yé bá mú qiàn(谚)一种正常而良好的企盼。

【有事有人，无事无人】yóu shí yòu rèng,wù shí wù rèng(熟)指有事才求人,无事不上门。

【有说有笑】yóu shuó yóu xiáo(词)❶连说带笑,十分欢快。❷形容人性格活泼开朗,爱说爱笑。

【有些子】yóu xie zi(词)谓时间较长或东西较多。[例]~日子了。

【有一分热，发一分光】yóu yí fēng ré,fá yí fēng guāng(谚)比喻贡献出全部力量。也指老年人发挥余热。

【有一利必有一弊】yóu yí lí bí yóu yí bí(谚)谓在这方面有好处,在另一方面就会有害处。

【有一手】yóu yí shòu(熟)比喻做事内行,有一定能力和技巧。

【有一说一,有二说二】yóu yí shuó yí,yóu ér shuó ér(熟)形容说话诚实,尊重事实。

【有一套】yóu yí táo(词)谓做事有办法或手段。

【有着】yóu zhe(词)❶使存在,平等对待。[例]不管亲疏,都叫~。❷先放着,搁置。[例]那个事先~,随后再说。

【有着不多,没着不少】yóu zhe bú duō,mù zhe bú shào(词)可有可无。[例]这样的人,~。

【有着俩五,没着一十】yóu zhe lià wù,mú zhe yí shí(词)比喻有没有一样。

【有志不在年高，无志空活百岁】yóu zhí bú zái niàn gāo,wù zhí kōng huó biá suí(谚)谓从小就要立志。

【有罪】yóu zuí(词)指所做的事要受到上天或神灵的惩罚。[例]糟蹋五谷~呢!

【有本事吃本事，没本事吃苦头】yòu béng si chí béng si,mú béng si chí kú tòu(熟)谓有技术的靠技术吃饭,没技术的只能干体力活。

【有朝一日】yòu zhāo yí rí(词)谓总有那么一天。[例]我~翻了身,一定好好报答你。

【有仇不报非君子】yòu còu bú báo fēi jiōng zi(熟)一种冤冤相报的思想,不可取。

【有多大的碗，吃多大的饭】yòu duō dá di wàn,chí duō dá di fán(熟)比喻根据自己的财力决定开支用度,亦即量入为出。

【有多没少】yòu duō mú shào(词)犹全部。[例]~的都交到这里来。

【有恩不报枉为人】yòu ēng bú báo wàng wèi rèng(熟)谓知恩必报是做人的根本。

【有粉往沟子上搽】yòu féng wáng gōu zi shang chà(熟)❶比喻有成绩不宣传,不上报。❷指表面文章没做到点子上。

【有钢有铁是錾子,有软有硬是汉子】 yòu gāng yóu tié shí zán zi,yòu ruàn yóu yíng shí hǎn zi(谚)比喻英雄好汉要刚柔相济,能伸能屈,不能像錾子一样只硬不软。

【有功之臣】 yòu gōng zhi chèng(词)比喻有特殊功劳的人。

【有光纸】 yòu guáng zhì(词)指一面光滑、比较薄的书写纸。

【有胡子没牙,一个猪全拿】 yòu hù zi mú yà,yí ge zhū quàn nà(熟)戏谑语,比喻全部归一人所有。详见附一。

【有今无明】 yòu jiē wù miè(词)对年岁大或得了不治之症者的断语。可指他人,可指自己。[例]八十几岁了,是~的人了。

【有口无心】 yòu kòu wù xīng(词)❶指嘴上那样说,心里却没那样想。[例]小和尚念经,~。❷指不是特意或有心要说。

【有苦难言】 yòu kù nàn yàn(词)指心里有苦楚,嘴里不便说或不想说。

【有来无回】 yòu lài wù huì(词)只要来了,就回不去。常比喻被彻底消灭。

【有来有往】 yòu lài yòu wàng(词)指互相交往,走动,帮助,礼尚往来等对等行动。[例]亲戚朋友之间,总是~的。

【有理】 yòu lì(词)❶指优越感,占上风。[例]她比老汉小10岁,在老汉面前可~了。❷有道理。[例]~走遍天下,无理寸步难行。❸讨公道。[例]上次吃了亏,这回又跑来要~。

【有理霸行】 yòu lí bá hàng(词)指倚仗某种势力横行霸道。

【有理不在声高】 yòu lí bú zai shēng gāo(谚)指有理没理不在于说话声音大小。

【有理的三扁担,无理的扁担三】 yòu lí di sān bián dan,wù lí di bián dan sān(熟)比喻不问谁是谁非,给予同样处罚。三扁担:约数,指处罚。

【有利钻当,无利脱逃】 yóu lí zuān dāng,wù lí tuó tào(谚)指对自己有利时拼命往里钻,对自己无利时赶紧推脱、逃避。

【有麻搭】 yòu mā da(熟)❶比喻关系暧昧(不正当男女关系)。[例]早就看出他俩~。❷指麻烦、后患。[例]这个事以后~呢,不能干。

【有毛装秃子】 yòu mào zhuāng tú zi(熟)比喻有钱装穷或有能力装不会。多做反语使用。[例]我要是会干,还能~?

【有米一锅,有柴一灶火】 yòu mí yí guō,yòu chài yí záo huo(熟)灶火指厨房。比喻过日子不会计划,不知节约。

【有米有面是好夫妻,没米没面是孬夫妻】 yòu mì yóu mián shi hào fū qi,mú mí mú mián shi nào fū qi(熟)比喻不能同甘苦、共患难的夫妻。

【有苗不愁长】 yòu miào bú còu zhàng(熟)❶指地里只要有苗,就会有收获。

❷比喻只要生下小孩,就不愁长不大。

【**有名无实**】yòu mìng wù shí(词)指只挂虚名不做实事。[例]当了个~的官。

【**有奶便是娘**】yòu nái bián shi niàng(熟)比喻谁给好处就投靠、忠于谁。

【**有你不多,无你不少**】yòu ní bú duō,wù ní bú shào(熟)犹可有可无、无关紧要的人。

【**有你的砖呢,有你的瓦呢**】yòu ní di zhuān ni,yòu ní di wá ni(熟)谓没你什么事,不需要你参与。[例]这里~,你插什么嘴?

【**有你没我,有我没你**】yòu ní mú wò,yòu wó mú nì(熟)比喻势不两立,拼个你死我活。

【**有年没日子**】yòu niàn mú rí zi(词)指只有大概时间,没有具体日期,也指遥遥无期。[例]说是到时候一定还钱,我看也是~。

【**有其**】yòu qi(词)犹与其。[例]~借给要不来,不如白送给。

【**有其父必有其子**】yòu qì fú bí yòu qì zì(词)谓什么样的父亲会培养出什么样的子女。

【**有钱不买半年闲**】yòu qiàn bú mái bán niàn xiàn(谚)谓不要购买暂时不用的东西,以免占用、浪费资金。

【**有钱不如有人**】yòu qiàn bú rù yòu rèng(谚)谓钱是死的,可以花完;人是活的,可以不断地创造财富。钱和人比,人更重要。

【**有钱大家挣**】yòu qiàn dá jiā zéng(谚)指做生意要让各相关方都得到实惠,不能一人独吞。

【**有钱的好汉,有膘的好马**】yòu qiàn di háo hán,yòu biāo di hào mà(词)比喻人有了钱腰杆硬,马有了膘体力强。

【**有钱的王八大三辈**】yòu qiàn di wàng ba dá sān béi(熟)比喻即使是口碑不好的人,只要有钱,也会显得身份尊贵。有讽义。

【**有钱的掌柜的好当**】yòu qiàn di zháng guí di hào dāng(谚)掌柜的:家长或领导。比喻财力雄厚的家庭或单位办事容易,当家人压力小。

【**有钱没钱,剃个光头过年**】yòu qiàn mú qiàn,tí ge guāng tòu guó niàn(熟)民俗,春节前夕,男子都要剃光头(或理发),以示弃旧图新。

【**有钱没钱,先把肚子搂圆**】yòu qiàn mú qiàn,xiān ba dú zi lóu yuàn(顺)指不管挣钱多少,首先要把饭吃饱。

【**有钱使的鬼推磨,没钱使的鳖耍水**】yòu qiàn shí di guì tuī mó,mú qiàn shí di bié shuà shuì(谚)比喻有钱人可以拿钱雇人干活,没钱人只能靠自己苦干。

【**有钱有势**】yòu qiàn yóu shí(词)指既有钱财,又有地位和权势。

【**有情后补**】yòu qìng hóu bù(词)客套话。意为欠你的人情,随后补上。[例]你帮了我们的忙,我们~。

【有情可原】yòu qìng kè yuàn(词)有可以原谅之处。[例]小娃娃不懂事,出点错也~。

【有情有义】yòu qìng yóu yí(词)指对人有深厚的情义。[例]人家对我们~,我们也不能无动于衷。

【有求必应】yòu qiù bí yīng(词)指只要有人请求帮助,就一定答应和兑现。

【有人养,没人教】yòu rèng yàng,mú rèng jiáo(熟)对缺乏教养、没礼貌的小孩的斥语。

【有三个向你的,有三个向我的】yòu sān ge xiáng ní di,yòu sān ge xiáng wó di(熟)比喻舆论不会一边倒,有拥护这边的,也有拥护那边的。

【有三门穷亲戚不算富,有三门富亲戚不算穷】yòu sān mèng qiòng qīng qi bú suán fú,yòu sān mèng fú qīng qi bú suán qiòng(熟)前句为穷亲戚可拖垮富亲戚,后句为穷亲戚可得到富亲戚接济。

【有收无收在水,收多收少在肥】yòu shōu wù shōu zái shuì,shōu duō shōu sháo zái fèi(谚)指水是庄稼生长的基本条件,肥是庄稼增产的重要因素。

【有收无收在天,多收少收在人】yòu shōu wù shōu zái tiān,duō shōu shào shōu zái rèng(谚)指影响农作物产量的两个因素,前者指气候,后者指人的努力。

【有他不多,没他不少】yòu tā bú duō,mú tā bú shào(熟)比喻某人在单位或家庭中处于可有可无的地位。

【有天没日头】yòu tiān mú rí tou(熟)比喻说话放肆,无所顾忌。[例]听到儿子说出这样~话,母亲赶忙制止。

【有头有脸的】yòu tòu yòu lián di(词)指有面子的人物。[例]~人都坐在前排。

【有头有尾】yòu tòu yòu yí(词)形容结构完整或办事有始有终。

【有我吃的就有你吃的】yòu wó chí di jiú yòu ní chí di(熟)犹有福同享,有难同当。多用于亲人间的承诺和鼓励。[例]~,包管叫你饿不下。

【有相可】yòu xiāng kè(熟)犹有情可原,勉强说得过去。[例]赊上一回半回~,老赊就不行了。

【有心的】yòu xīng di(词)指报恩,念旧情。[例]几十年前的学生还记着我这个老师,也算是~。

【有眼不识荆山玉】yòu yán bú shí jīng shān yú(熟)和氏璧出自荆山,后人称之为荆山玉(也说金镶玉)。比喻眼力差,认不出贤人或珍品。

【有眼不识泰山】yòu yán bú shí tái shān(词)比喻见闻太窄,认不出地位高或本领大的人。

【有眼无珠】yòu yàn wù zhū(词)责骂语,谓人瞎了眼,看不见某人、某事物的伟大或重要。

【有羊赶不到山上】yòu yàng gán bú

dao shān shang(谚)反诘语。比喻已经属于你的东西，迟早都由你支配，用不着急急忙忙拿回家或做处分。

【有窑妈就有窑爹】yòu yào mā jiú yòu yào diē(熟)窑妈指心地偏狭狠毒的后妈。比喻父亲听信后妈的话，虐待前妻留下的子女。

【有意识】yòu yí shi(词)犹故意。[例]~这么做。

【有意思】yòu yí si(词)❶男女之间产生好感或恋情。[例]俩人早就~了。❷好笑。[例]这人真~(厌恶义)。

【有因因子】yòu yīng ying zi(熟)因因子:缘由、根据。此语反其义用之,即无稽之谈,太离谱。[例]你说的~呢!

【有勇有谋】yòu yòng yòu mù(词)形容做事既有胆量又有谋略。

【有缘千里来相会】yòu yuàn qiān li lài xiāng huí(熟)谓只要有缘分,即使相距很远的人也会相见。常指男女婚配。

【有枣没枣打三杆】yòu záo mú zào dà sān gān(熟)比喻有收获没收获都过一遍,以免遗漏。

【有贼心没有贼胆】yòu zèi xīng mú yòu zèi dàn(熟)比喻有想法但不敢行动。

【有长必有短】yòu chàng bí yòu duàn(熟)指钱款、物资账实不符。长:多出。短:短少。

【有长不耍短】yòu chàng bú shuà duàn(熟)"花花子"用语,即出牌时尽量出连张多的。比喻有长处不使短处。

【有真不算假】yòu zhēng bú suán jià(谚)谓只要情况或货物是真的,就不怕检验。

【有嘴面子】yòu zuì mian zi(熟)指能说会道的人。嘴面子:口头表达能力强。

【又打里又打外】yóu dà lì yóu dá wái(词)指又管家里的事,又应付外面的事,多指能干的女人。

【又没上上夹骨拶子】yóu mú sháng shang jiá gú zàn zi(熟)夹骨拶子:旧时刑具。意为并没受到严格约束或威逼。[例]~,你为啥给他说实话?

【又想吃肉，又怕荤嘴】yóu xiáng chí róu,yóu pá hōng zuì(谚)比喻又想得好处,又怕承担责任。

【又想娶婆姨,又怕领娃娃】yóu xiàng qù pò yi,yóu pá lìng wà wa (熟)比喻只想接受舒服有利的一面,不想承担由此产生的责任和负担。

【又要勤,又要懒,又要耖犁又要板】yóu yáo qìng,yóu yáo làn,yóu yáo chāo li yóu yáo bàn(谚)种庄稼既要精耕细作,又要根据土质和地力安排免耕歇茬。

【右傍个】yóu báng ge(词)右侧。[例]~胛子痛。

【右面子】yóu mian zi(词)右边。[例]从~跑来几个人。

【诱哄】yóu hong(词)❶引诱、诱骗。❷安抚、稳住。[例]先~着,等人来多了再抓它(他)。

【釉水】yóu shui(词)指瓷器、陶器表面的釉子。

【釉子疙瘩】yóu zi gé da(词)煤炭在炉内燃烧时产生的烧结块。

【由不得】yòu bú de(词)❶不由自主。[例]看见别人哭鼻子,眼泪~就下来了。❷受到管束或胁迫,失去人身自由。[例]只要入了伙,不干也~你!

【由马信缰】yòu ma xíng jiāng(词)比喻放任自流,不加约束。

【由身自主】yóu sheng zí zhù(词)指获得自由,自己的事自己做主。

【由着】yòu zhe(词)犹听任,顺从。[例]再不能~他(她)的性子胡来。

【由着肚子,卖了裤子】yòu zhe dú zi, mái le kú zi(谚)谓不知节俭,大吃大喝,总有一天要变成连裤子也要卖掉的穷光蛋。

【油饼子没钻眼——糕(高)】yòu bing zi mú zuán yàn—gāo(gāo)(歇)调侃用语。高与糕谐音,当别人指出这里比那里高时,反对者即用此语调侃。

【油布】yòu bú(词)指涂了桐油用于防水防湿的布。[例]炕上铺着带花子的~。

【油茶】yòu chà(词)即油茶面,一种熟食。做法是将面粉用牛羊等动物油脂炒熟,食用时用滚开水冲成糊状即可。

【油锅油锅热热,锅热了,炸馍馍】yòu guō yòu guō ré re,guō ré le,zhá mò mo(儿)青少年玩"翻油锅"游戏时的口诀。参见"翻油锅"条。

【油馃子】yòu guo zi(词)一种油炸面食,样子像木头锅盖,上有两道梁儿。

【油乎乎】yòu hú hu(词)形容菜肴或汤水过于油腻。

【油葫芦】yòu hǔ lu(词)❶对油坊老板或卖油人的称呼。❷安有长把儿、用于从油缸里勺出香油的大葫芦。

【油尽捻子干】yòu jíng nián zi gān(熟)比喻筋疲力尽,财力枯竭。

【油揦子】yòu lā zi(词)即盛香油的小瓶子。

【油了】yòu le(词)被油渍污损。有时也用于手持油腻物品、提醒他人避让、以免被"油"的警示语。[例]~~,请让一下!

【油里叭叽】yòu li bá jì(词)形容油滑、轻浮、不正经的样子。

【油梁】yòu liàng(词)大榨油坊的主要设备之一。采用杠杆原理榨出油脂。详见附一"包油"条。

【油漏子】yòu lóu zi(词)往小口瓶里装油的漏斗。

【油蚂蚱】yòu miá zha(词)蟋蟀。

【油毛毡】yòu mào zhān(词)指浸透沥青的毛毡或植物纤维厚纸坯,可做建筑防水、防潮材料。也叫油毡。

【油磨】yòu mó(词)指磨碎榨油原料的石磨。

【油皮】yòu pi(词)皮肤的表层。[例]摔了一跤,把腿上的~蹭掉了一块。

【油瓶倒了都懒得扶】yòu ping dáo le dōu lán de fù(谚)比喻过于懒惰。

【油腔滑调】yòu qiāng huà diáo(词)形容说话轻浮油滑,不诚恳,不严肃。

【油酥】yòu sū(词)❶比喻浑身沾满油渍的人,多指从事油脂加工或销售的人。❷一种和了油的油炸面饼。

【油头滑脑】yòu tou huà nào(词)形容又轻浮,又狡猾的人。

【油汪汪】yòu wáng wang(词)形容食物中油水多。[例]煎鸡蛋~的。

【油香】yòu xiang(词)回族传统食品,即油饼。

【油楔子】yòu xié zi(词)人工榨油用具。即由坚韧木头制成的五寸见方、长尺余、一端有刃的楔子,逼紧油坨,使之出油。

【油心辣肠】yòu xing lá chàng(词)比喻兴趣大,有热心。[例]自己有风湿病,还~地给娃娃包粽子。

【油盐不进】yòu yàn bú jíng(词)形容人十分固执,不听别人劝告。

【油挣化了】yòu zéng huá le(熟)讽刺懒惰不肯出力者用语。油:指人体内的脂肪。[例]年轻轻的,多干点活,能把你的~?

【油炸辣子】yòu zhá lá zi(熟)即用香油炸的干辣面。

【油嘴滑舌】yòu zuì huà shè(词)形容说话油滑,耍嘴皮子。

【游手好闲】yòu shóu háo xiàn(词)指人游荡懒散,不愿参加劳动。

【游游浪浪】yòu you láng lang(词)❶指游手好闲,四处闲逛。❷形容自由散漫,做事不踏实。[例]要干就好好干,不要~的。

yu

【迂了】yū le(词)迂腐,迂叨,糊涂。[例]你~,刚说过的话又重复一遍。

【迂三倒四】yū sān dào sí(词)说话重复啰嗦,语无伦次。[例]就那么一点事,~地说了几遍!

【淤澄】yū déng(词)指水中泥沙沉淀的过程。[例]河滩上的田都是~出来的。

【淤肉】yū róu(词)淤积在某个部位的赘肉。[例]他太胖,脖子上的~那么多!

【吁吁吁】yú yú yú(词)让驴、马、骡等左拐的口令。

【玉不琢,不成器】yú bú zhú,bú chèng qí(谚)玉石不经雕琢成不了器物。比喻人不受教育成不了材。

【玉海村】yú hài cōng(词)村名。1997年取海原县和玉泉营各一字命名,属闽宁开发区,2003年7月后属闽宁镇。

【玉皇大帝】yú huang dá dí(词)道教

和民间尊称的天帝，统领天、地、人三界，管理宇宙万物的兴隆衰败、吉凶祸福。

【玉皇阁】yú huàng gé（词）指原坐落在杨和街北桥子西侧、甘四渠与永宁中学毗邻处的~。该阁始建于清光绪二十九年（1903 年），占地面积 718 平方米，总高 20 米，阁高 12 米，上有玉皇阁和观音殿。拆除于 1974 年。

【玉皇李子】yú huang lí zi（词）当地指个儿较大的一种李子。

【玉泉营农场】yú quàn yìng nòng chàng（词）永宁县西南部国有农场，因南邻玉泉营而得名。1969 年 3 月由解放军某部开发，1977 年与连湖农场玉泉营分场合并为~。

【玉泉营葡萄酒厂】yú quàn yìng pù tao jiù chàng（词）始建于 1985 年，1989 年产出"玉泉牌"葡萄酒，2007 年更名为"西夏王"。1996 年改制为宁夏西夏王葡萄酒业（集团）有限公司，生产高档干红等系列产品，有葡萄种植基地。

【玉眼睛】yú yán jing（词）指长了瞖子或得了白内障的眼睛。

【预分方案】yú fēng fāng án（词）生产队于夏收后进行的半年收益分配。

【遇逢了】yú feng le（词）迷信谓遇到或冲犯鬼神而得病。［例］昨晚上出去~，回来又吐又拉。

【遇婚姻说成，遇官司说散】yú hōng ying shuó chèng，yú guān si shuó sán（谚）比喻怀着善意劝和不劝斗。

【遇上了】yú shang le（词）指某种既成事实的亲属关系。［例］没办法，~，只能凑合着过。

【遇事三思，到老不悔】yú shí sān sī，dáo láo bú huì（词）指经过深思熟虑后的事情，即使错了，也无怨无悔。

【遇遇】yú yu（熟）犹见见，会会。［例］多大的官？我想~他。

【余事】yù shí（词）❶指正业或本职工作之外的事。❷无事生非。［例］饭饱生~，饥寒自安然。

【鱼帮水，水帮鱼】yù bāng shuì，shuì bāng yù（谚）比喻相互帮助，彼此扶持。

【鱼刁刁】yù diāo diao（词）一种小水鸟，以小鱼为食。

【鱼脊梁房子】yù jí liang fàng zi（词）指顶上起脊的房子。

【鱼米虾蟹】yù mi xiā xie（词）比喻细小琐碎的事物，也指喽啰。

【鱼米之乡】yù mì zhī xiāng（词）指盛产鱼和稻米的地方。［例］银川平原是远近闻名的~。

【鱼泡】yù páo（词）即鱼鳔。

【鱼上四两，各等缘人】yù sháng sí liàng，gé dèng yuàn rèng（谚）谓自然水面里的鱼类长到一定大时，就会成为人类捕捞的对象。四两为约数。

【鱼死不闭眼】yù sí bú bí yàn（谚）指鱼没有眼睑（眼皮），死活都不闭眼。

【鱼死网破】yù sì wáng pó（词）比喻

拼个你死我活。

【鱼头上有火】yù tòu shang yòu huò（熟）对冷水里或凿冰捉鱼者的揶揄。

【鱼香肉丝】yù xiāng róu sī（词）一道常见川菜，因具有鱼香味而得名。

【鱼罾】yù zēng（词）用木棍或竹竿做支架、横拦在沟渠等水道上捕捞鱼类的网具。

【鱼找鱼，虾找虾，癞蛤蟆找的癞蛤蟆】yù zhào yù，xiā zhào xiā，lái há ma zháo di lái há ma（顺）比喻人以群分，物以类聚。

【鱼子】yù zi（词）"花花子"术语，即一、二、三点的组合。可独立成副，可被"天"吃。详见附一。

【榆木疙瘩】yù mu gé da（词）比喻人过于老实死气。［例］那是个~。

【榆木脑袋】yù mu náo dai（词）比喻思想顽固不化。

【榆钱钱】yù qiàn qian（词）即榆钱，榆树的果实或种子。因其形状如一串串圆薄的钱币，故名。

【与人为善】yù rèng wèi shán（词）指和善地与人相处。

【雨激了】yú jí le（熟）身体遭雨淋而生病。［例］你有风湿病，千万不能叫~。

【雨，雨，大大下，精沟子娃娃不害怕】yù，yù，dá dá xiá，jīng gōu zi wà wa bú hái pá（儿）指一丝不挂的小孩不怕下雨（把衣服淋湿）。

【雨，雨，大大下，学生娃娃不害怕】yù，yù，dá dá xiá，xué sēng wà wa bú hái pá（儿）表现农村小学生风雨无阻、坚持上学的顽强精神。

【雨丢丢】yù diū diu（词）指一种喜欢在下雨前鸣叫的鹞。

【雨拍了】yù piā le（词）被大雨拍打了。［例］刚出土的小白菜叫~。

【雨起泡，天下涝】yù qí páo，tiān xiá láo（谚）雨点在水里击起水泡，预示着有淫雨天气。

【雨洒洒】yù sá sa（词）空气中水汽较大，像要下雨的样子。

【雨水】yù shui（词）二十四节气之一，2月19日前后，备耕开始。

【熨帖】yù tie（词）本是舒服、妥帖的意思，这里是正话反说。［例］《乡下秀才》第三十七章："单长新这回叫单老二爷俩整~了。"

yuan

【鸳鸯了】yuān yang le（词）比喻不能配对使用的物品。［例］买了一双鞋，是一只脚上的，~。

【鸳鸯戏水】yuān yang xí shuì（词）一种由雌雄两只鸳鸯组成的图案，象征夫妻和睦、相亲相爱，民间刺绣或剪纸中常用。

【冤大头】yuān dá tòu（词）❶枉费钱财的人。❷蒙受不白之冤的人。［例］替别人顶了缸，当了~。

【冤家对头】yuān jiā duí tou(词)指仇人,仇敌。[例]那可是一对~。

【冤家路窄】yuān jiā lú zè(词)仇人或不愿见面的人偏偏相遇。

【冤孽】yuān nie(词)佛教语,因造恶业而招致的冤报。[例]不知道哪辈子亏了人,养了这么个~!

【冤死旁人笑死贼】yuān si pàng reng xiáo si zèi(谚)指未抓到真正窃贼,错怀疑他人。

【冤有头,债有主】yuān yòu tòu,zhái yòu zhù(谚)冤有冤头,债有债主。指报仇讨债要找准对象,不能累及无辜。

【冤冤相报何时了】yuān yuān xiāng báo hè shì lè(熟)谓仇人若互寻报复,永远没个头。应当放弃前嫌,尽早化解。

【愿心】yuán xing(词)本指迷信的人祈求神佛时许下的酬谢。泛指对他人的承诺或许愿。[例]先许上个小~,把他稳住再说。

【元宝】yuàn bao(词)古代货币,用黄金或白银制成,马蹄形,白银居多。中国正式把金银称作元宝始于元代。

【园林村】yuàn lìng cōng(词)行政村名,1997 年以地处县园林场而命名。属胜利乡。

【园艺村】yuàn yi cōng(词)村名。1997 年以当地有园艺队而命名,属闽宁开发区,2003 年 7 月后属闽宁镇。

【员外】yuàn wái(词)❶旧称有钱有势的富豪。[例]说书离不了~,就米汤(黏粥)离不了咸菜。❷旧指正员以外捐买的官职。

【袁大头】yuàn dá tòu(词)北洋政府所铸、上有袁世凯头像的壹元银币,俗称~。

【原封原样】yuàn feng yuàn yáng(词)形容没有变化,原封未动。[例]当场表示坚决改正,过后还是~。

【原回】yuàn hui(词)犹仍旧,依然。[例]集资房不建了,谁交的钱~退给谁。

【原婚】yuàn hōng(词)即复婚。[例]为了娃娃,他们又~了。

【原旧】yuàn jiú(词)犹照旧、原来。[例]还住他~的房子。

【原就原】yuàn jiu yuàn(熟)依照原来的样子。[例]请大家~坐好。(坐在原来的位置上)

【原情】yuàn qìng(词)本来的情况,情由,过程。[例]说明~,求得谅解。

【原盘子原秤】yuàn pàn zi yuàn chéng(词)保持、维持原来的格局或组合。多指人员。[例]今天参加修路的,明天~照来。

【原身】yuàn sheng(词)犹原形,真相。[例] ~总算露出来了。

【原汤化原食】yuàn tāng huá yuàn shí(谚)指吃完某种饭食接着喝煮了这种饭食的汤,可助消化。

【原为】yuàn wéi(词)犹原本为了。[例] ~学知识,不在乎学费多少。

【原先】yuàn xiān(词)犹从前,当初。[例]村里~没这么多人。

【圆场】yuàn chàng(词)比喻为了调解纠纷、缓和僵局而从中劝说或提出折中的解决办法。[例]闹成这种僵局,谁来给你~?

【圆丢丢】yuàn diú diu(词)形容圆而小并且可爱的东西。[例]转动着两只~的小眼珠。

【圆泛】yuàn fan(词)犹周全,圆满,没有破绽。[例]就看能不能把话说~。

【圆房】yuàn fàng(词)指新婚夫妇开始同房。

【圆谎】yuàn huàng(词)指掩盖、弥补谎话中的漏洞。[例]谎是他扯(撒)的,别人没必要替他~。

【圆唧轱辘】yuàn ji gú lú(词)形容人长得圆润,有赞美义。[例]长得~的,怪好看。

【圆口鞋】yuàn kòu hài(词)指一种圆口的手工布鞋。

【圆溜溜】yuàn liú liu(词)形容滚圆的东西。[例]眼睛睁得~的。

【圆梦】yuàn méng(词)指解说梦中的事,用附会的办法预测吉凶。迷信。

【圆头锨】yuàn tou xiān(词)用铁(钢)板轧成的前部圆形略尖、后部安有长木柄的锹,是掘挖、攉铲的工具。

【远客】yuán ka(词)远来的客人。

【远了香,近了臭】yuán le xiāng,jíng le chóu(谚)比喻亲戚朋友住远点会经常思念,长期交往;住得太近会日久生厌,产生矛盾。

【远在天边,近在眼前】yuán zái tiān biān,jíng zái yàn qiàn(熟)形容要寻找的东西(或人)貌似很远,实际上就在很近的地方。

【远买卖近庄稼】yuàn mái mai jíng zhuāng jia(谚)指长途生意能赚更多的钱,就近做庄稼路途近,省时省工,便于看管等。

【远亲不如近邻,近邻不如对门】yuàn qīng bú rù jíng lìng,jíng lìng bú rù duí mèng(谚)指近邻在遇到紧急情况时可就近寻求帮助,比住在远处的亲戚管用。

【远走高飞】yuàn zòu gāo fēi(词)比喻离开原地,跑到很远的地方。多指为了摆脱困境,到远处去寻找出路,谋求发展。

yue

【月大月小是赶的】yué dá yué xiáo shi gán di(熟)比喻机会是按照既定规则轮到的。[例]轮到我跟前,刚好专家号挂完了,唉!~,明天再来吧。

【月房】yué fang(词)指产妇坐月子的卧房。[例]母亲嘱咐她要忌~。

【月经病】yué jing bíng(词)指妇女因生产期身体虚弱、不慎被风寒侵入而得病,如产后风等。

【月经不投】yué jīng bú tòu(词)指妇

女月经周期紊乱。

【月经带】yué jīng dái（词）妇女行经期间系于腰间、垫有卫生纸的布带（可吸附月经），又称月经布。现由卫生巾代替。

【月亮遭难了】yué liang zāo nán le（熟）即月食。民间认为这是月亮遇到灾难或天狗吃了月亮。

【月怕十五年怕端，礼拜怕的星期三】yué pá shí wu niàn pá dān，lí bai pá di xīng qī sān（顺）指过了这些日子或节气，很快就到了月末、年末和星期日。端指端午节。

【月婆子】yué po zi（词）指坐月子的妇女。[例]这是给~做的小锅饭，其他人吃大锅里的饭去。

【月娃子】yué wa zi（词）指尚未满月的婴儿。

【月月有个麦子黄】yué yué yóu ge miá zi huàng（熟）比喻按月领取工资的工人或干部。

【月子病】yué zi bíng（词）指妇女坐月子期间得的未治愈的病。

【月子的娃娃比驴丑】yué zi di wà wa bì lǜ chòu（谚）指未满月的婴儿皮绉、眼肿、发稀，十分难看。满一月后就渐渐变得白胖好看了。

【药罐子】yué guán zi（词）比喻经常害病吃药的人。[例]常年四季药不断，是个老~。

【药剂子】yué jí zi（词）指中药的剂量。

【药棉花】yué miàn hua（词）医疗上用的脱脂棉。

【药捻子】yué nián zi（词）带药的纱布条或纸捻，用于放入伤口或疮口内，以助提脓、消炎等。

【药引子】yué yíng zi（词）指某些引导中药药力达到病变部位或经脉，借以提高药效、解毒、矫味、保护肠胃的药物或食物。

Z

za

【咂哧咂哧】zā chi zā chi(词)形容猪不踏实吃食时发出的声音,有时也形容人吃饭。[例]吃饭~的,没个踏实劲儿。

【扎实】zā shi(词)形容说话过于尖刻,做事过头、挖苦。[例]你说话也太~了,一点情面都不留。

【扎了】zá le(词)很、极之意。[例]舒服~了。|凉快~!

【咂个水水子】zá ge shuí shui zi (熟)不将食物全部咀嚼咽下,只嘬吸其中的水分和味道。[例]牙掉光了,吃苹果只能~。

【咂箊箊子】zá mí mi zi(熟)咂嘴,表示惋惜、后悔等。[例]光~没说话。

【咂脓】zá nòng(词)用嘴吸脓,一种原始治疗痈疽恶疮的方法。

【咂蔫奶头】zá yān nái tou(熟)指吮吸没有奶水的奶头。比喻用冷淡、疏远的方法对待人。

【杂话】zá huá(词)闲话,牢骚话,不负责任的议论。[例]~老是个多的!

【杂货摊子】zá huo tān zi(词)比喻把乱七八糟的东西放在一起或摆在那里。[例]两口子都不爱拾掇屋,东西随便乱扔,屋里摆得像个~。

【杂毛毡】zá mào zhān(词)指把不同颜色或不同种类的羊毛掺在一起制成的毛毡。

【杂耍】zá shuà(词)本是杂技的一种,当地人常用来比喻物品种类繁杂。[例]下酒菜上了个~。

【杂㞞龟合的】zá song guī ri di(熟)老年人对孙子辈的爱称。

【杂碎】zá sui(词)❶宰杀后的牲畜内脏及头蹄。❷比喻人的内心、品行。[例]这个人的~都坏了!

【杂姓】zá xíng(词)指一个村庄里大姓之外的零星姓氏。[例]这是个移民队,都是~。

【砸儿打儿】zár dàr(熟)比喻生气时摔、扔东西。[例]动不动~的,谁受得了?

【砸锅卖铁】zá guō mái tié(成)比喻倾其所有。[例]就是~,也要供娃娃上学。

【砸锅子拌碗】zá guo zi bán wàn(熟)指做饭或洗锅时故意把锅碗弄出响声,以发泄不满。[例]不想干就放下,少~的!

【砸泥炮】zá mì páo(词)一种小孩玩泥巴的方法。即将泥巴做成碗状,将碗口猛地砸向地面,发出炮一样的响声。

【咋吃了咋吐出来】zà chí le zà tú chú lài(词)比喻把不该得到的钱物全部退出来。

【咋的话】zà di huá(熟)犹你说的什么?有不满、质问、威胁义。[例]~?你再说一遍我听听!

【咋话了】zà huá le(词)犹咋啦,怎么了?[例]你哭着~?

【咋嗑呢】zà ké ni(熟)咋办?咋闹啊?[例]万一借不到钱~?

【咋闹下了】zà náo xia le(词)闹:办、做、进行。[例]你招工的事~?

【咋想数】zà xiáng su(词)数:道数,方法,技巧。犹怎么办?有啥办法啊?详见附二。[例]万一出了事~?

【咋张开嘴】zà zhāng kāi zuì (熟)犹不好开口。[例]老向人家借钱,~呢?

【咋肿了咋消】zà zhóng le zà xiāo (熟)比喻谁造成的后果由谁消除。有惩罚解恨义。[例]乱子是你趸下的,~,看你咋办?

zai

【灾孽病疾】zāi nie bíng ji(词)泛指各种疾患。[例]谁一辈子没个~!

【栽倒了】zāi dáo le(词)即跌倒,摔倒。[例]眼前一黑,就~。

【栽到炕上】zāi dao káng shàng (熟)指躺在、睡在炕上。常用于形容非常乏困。[例]一头~就睡着了。

【栽盹】zāi dòng(词)指打盹儿。因打盹时脑袋常往前栽,故称。

【栽盹纳闷】zāi dong ná méng(词)形容心事重重,委靡不振。[例]这几天~的,有啥心事呀?

【栽跟斗竖蜻蜓】zāi geng dou shú xīng ting(熟)形容走路不稳,前栽后仰。[例]今天头晕,走路~的。

【栽绒毯子】zāi rong tán zi(词)一种用特殊工艺制成的羊毛毯子,可做地毯、坐垫等。工艺是把织入经线的纬线割断,使之紧密竖立,成片后将表面修平。

【再不了】zái bú le(词)要不然。表示两件事情的选择关系。[例]车小坐不下,~我不去,你们几个去算了。

【再处】zái chu(词)别的地方。[例]这里没有,可以到~买。

【再的人】zái di rèng(词)别人,外人,其他人。[例]有了事,~在哪里?还不是靠自己。|就我们两个去,~不要去。

【再嗨嗨下去】zái hāi hai xiá ke(熟)嗨嗨:光说不做、拖拖拉拉。[例]~,地都冻了,想干也干不成了。

【再磨磨】zái mō mo(熟)几乎,差点儿。[例]~从房上掉下去了。

【再瘦也是肉,再穷也是舅】zái sóu yé shi róu,zái qiòng yé shi jiú(谚)谓不能嫌弃穷亲戚。

【再咋说】zái zà shuó(熟)再怎么说,无论怎么说。[例]~她也是你妈,咋能扔下不管呢?

【在别人的舌头尖尖子上活着】zái biè reng di shè tou jiān jian zi shàng huó zhe(熟)比喻有重要证据掌握在别人手里,只要别人一揭发,就会置其于死地。

【在不痒处抠】zái bú yáng chu kōu(熟)比喻做事没抓住要害,不解决问题。

【在的人】zái di rèng(词)自称。[例]~胃痛了一夜,你连问都不问一声!

【在行】zái hàng(熟)即懂行,内行。[例]干这种事他最~。

【在黑处蹲着】zái héi chu dōng zhe(熟)比喻处于不知情的状态。[例]外面都传红了,我还~呢!

【在鸡架底下蹲着】zái jī jiá dí xia dōng zhe(熟)比喻消息闭塞,不了解外面的变化。[例] 福利分房早取消了,你还~,等着单位给儿子分房呢!

【在家不理人,出外没人理】zái jiā bú lì rèng,chú wái mú rèng lì(熟)谓在家不善待亲朋宾客,出门时就没人帮助。

【在家的也好,在外的也好,在劫的难逃】zái jiā di yè hào,zái wái di yè hào,zái jié di nàn tào(熟)劫指劫数。宗教用语。指命中注定、难以幸免的厄运、大难、大限等。

【在家敬父母,何必烧远香】zái jiā jíng fú mù,hè bí shāo yuàn xiāng(熟)谓在家孝敬父母就是行善积德,不必舍近求远,到庙里烧香。

【在家靠父母,在外靠朋友】zái jiā káo fú mù,zái wái káo pèng you(谚)劝人广交朋友。

【在家靠娘睡,出门靠墙睡】zái jiā káo niàng shuí,chú mèng káo qiàng shuí(谚)指两种比较可靠的依托。

【在家千日好,出门一时难】zái jiā qiān rí hào,chú mèng yí shì nàn(谚)指在家时什么都方便顺当,出外时会遇到许多意想不到的困难。

【在劫难逃】zái jié nàn tào(词)谓命中注定要经历的灾难是无法逃脱的。有宿命唯心成分。

【在你妈的肚子里转筋呢】zái nì mā di dú zi ni zhuán jīng ni(词)比喻还没生下来。[例]我参加工作的时候,你还~。

【在人屋檐下,咋能不低头】zái rèng wú yàn xiá,zà nèng bú dī tòu(谚)比喻受制于人,只得顺从。

【在商言商】zái shāng yàn shāng(谚)谓干哪一行就关心哪一行或按哪一行的规矩行事。

【在天之灵】zái tiān zhī lìng（词）指死去的人对在世的人产生的心灵上的影响力，也是对死者精神的尊称。［例］父母的~。

【在外的黄金不如在家的黄土】zái wái di huàng jīng bú rù zái jiā di huàng tù（谚）比喻真正到手的才是可靠和有用的。

【在早】zái zào（词）犹早先，从前。［例］我~就说过，你就是不听。

【宰人】zǎi rèng（词）比喻商贩用狡诈的手段使顾客多出钱。

zan

【簪子】zán zi（词）旧时中老年妇女用以固定髮髻的针状饰物，多为银质。后由发夹代替。

【攒劲】zán jíng（词）❶赞美人长得俊美，物品好用、好吃。［例］这个媳妇子长得~得很！❷形容行动有力、卖力等。［例］板胡拉得~！❸形容小儿学步时积蓄力量、跃跃欲试的样子。［例］娃娃在腰里~呢。

【錾子】zán zi（词）凿石头或金属的小凿子。

【濽出来】zán chu lai（词）濽：溅，液体迸射。［例］汽车轮子把雨水坑里的水~了。

zang

【赃官】zāng guan（词）指贪污腐败的官吏。

【赃官门上贴告示——禁住旁人自己行】zāng guān mèng shang tié gáo shi—jìng zhú pàng reng zí ji xìng（歇）形容要求别人清廉，自己却大肆贪腐的官吏。

【脏水不脏衣】zāng shuí bú zāng yī（熟）洗过衣服的水再洗衣服仍能洗干净。

【脏兮兮】zāng xí xi（词）形容不洁净。［例］一天老耍土，把身上弄得~的！

【脏腑】záng fu（词）❶比喻心胸、胆量。［例］承包？你有那个~吗？❷指肠胃、消化系统。［例］他~好，喝凉水没关系。

【奘头小伙子】záng tou xiào huo zi（词）脑袋大、身体壮的男青年。

【奘头奘脑】zóng tou záng nào（词）形容身子壮实脑袋大的人。

【奘斤头】záng jīng tou（词）"花花子"组合之一，由"对天挂摆对牛"组成。

【奘斤头，见了三副子栽跟头】záng jīng tou，jián le sān fu zi zāi gēng tou（熟）耍"花花子"术语，即"对天挂摆对牛"的组合"掀"牌时，最怕上家出三张一样的牌。详见附一。

【臧房】zàng fàng（词）闹新房，嚷床。［例］天一黑，年轻人都来~。

【臧讲】zàng jiang（词）互相开玩笑。［例］两挑担一见面就互相~。

【臧笑】zàng xiáo（词）说笑话，调侃。［例］跟你~呢，别当真。

zao

【嘈嚷】zāo rang(词)很多人在一起喧闹,嘈扰。[例]我家有病人,你们到别处要去,别在这里~。

【糟践】zāo jian(词)糟蹋、侮辱。[例]这不是~人吗?

【遭了瘟】zāo le wēng(词)倒霉,生病、遭祸患,不得安宁。[例]他一来,这里就~。

【遭殃】zāo yāng(词)❶遭受灾殃或祸害。[例]神仙打架,凡人~。❷人或物品被糟蹋。[例]孙子一来,树上的果子就~了。

【遭罪】zāo zuí(词)受罪的意思。[例]这几年没少~。

【糟害】zāo hai(词)糟蹋,使受损害。[例]把猪圈(quàn)好,别让它跑出去~庄稼。

【糟糠之妻不下堂】zāo kāng zhì qī bú xiá tàng(熟)比喻不与贫贱时结成的妻子离婚。

【糟了】zāo le(词)小孩死亡的隐语。[例]头胎难产,娃娃~。

【糟蹋人】zāo ta rèng(熟)❶谩骂、诽谤、欺负人。❷小孩给大人撒娇、耍赖。❸埋没、浪费人才。❹妇女被男子强奸。

【枣核子解板——没几锯(句)】záo hu zi gài bàn—mú jí jú(jú)(歇)比喻不善言辞,说不了几句。解板:把原木锯成板材。"核"详见附录二。

【枣骝马】záo liu mà(词)指枣红色的马。

【枣子不害羞,当年红丢丢】záo zi bú hái xiū,dáng niàn hòng diú diu(熟)指新栽的枣树当年就能结果。

【灶利爷爷】záo li yè ye(词)当地对灶神(灶王爷)的习称。详见附二。

【灶伙】záo huo(词)指锅灶等设施,代指厨房。[例]~里少放闲柴。

【灶伙里少放闲柴,家里少放闲人】záo huo ni sháo fáng xiàn chài,jiā ni sháo fáng xiàn rèng(熟)谓厨房里多放柴火容易失火,家里常引进外人容易产生是非或发生意外。

【灶神】záo sheng(词)即灶王爷,旧时在锅灶上方设龛供奉。

【造病】záo bíng(词)导致生病,落下病症。[例]坐月子的人要忌生冷,不然容易~。

【造厨】záo chù(词)指厨师为宴席制作菜肴。

【造反派】záo fán pái(词)特指"文化大革命"中对所谓"走资派"和"牛鬼蛇神"进行大规模严厉批判斗争的人或组织。

【造化】záo hua(词)犹福分,命运。[例]能不能成功,就看你的~了。

【造孽】záo nié(词)佛教指妨碍修行的种种罪恶。泛指做伤天害理的事。[例]白生生的米饭就倒了,~呀!

【造然】záo ran(词)指人世间一切事物都由上天造就或规律使然。[例]俩人能结成夫妻,都是~。

【造下】záo xia(词)指规律使然或上天已经造就。[例]~受苦的命。

【造谣生事】záo yào sēng shí (词)指制造谣言,挑起事端。

【躁气】záo qi(词)形容着急,生气,烦躁。[例]不但没说服他,反而把他的~惹上来了。

【早不说书,晚不说梦】záo bú shuó shū,wán bú shuó méng(谚)谓清早起来不讲故事,以免耽误干活;晚上睡觉前不说做梦的事,以免夜里多梦。

【早看东南,晚看西北】záo kán dōng nàn,wán kán xī biá(谚)当地观测天气的方法。

【早熟品种】záo shú pìng zhòng(词)指生长期较短、成熟较早的作物品种。

【早睡早起,两个眼睛欢喜】záo shuí zào qì,liáng ge yán jing huān xì(熟)早睡早起精神好。

【早喂猫,晚喂狗】záo wéi mào,wán wéi gòu(熟)指根据猫和狗的觅食习惯和发挥作用的时间而喂食。详见附一。

【早领的娃娃早大】zào líng di wà wa záo dá(熟)领:抱养。谓自己没有生育能力,不如早点抱养个娃娃,以便早点长大。

【早起】zào qi(词)指早晨,早上。[例]一~就出去了。

【早起不见晚夕见】zào qi bú jián wán xi jián(熟)早起:早晨;晚夕:晚上。形容经常见面。

【早起三光,迟起三慌】zào qì sān guāng,chí qì sān huāng(熟)谓早起一点,准备工作可从容不迫地进行;反之则手忙脚乱,丢三落四。

【早前】zào qiàn(词)犹之前。

【早先】zào xiān(词)以前,先前,很早的时候。[例]~我们两家经常走动,现在不多来往了。

【早养的娃娃早大】zào yáng di wà wa záo dá(熟)谓早生的孩子早长大。(主张早婚早育者的说法)

【早养儿子早得济,早娶媳妇早着气】zào yàng èr zi záo dá jí,zào qú xí fu záo zhuó qí(顺)得济:得到子女的赡养和接济。着气:受气。

【早雨不多,一天的啰唆】zào yú bú duō,yí tiān di luō suo(谚)谓早上下了雨,全天都可能有雨。

【早知今日,何必当初】zào zhī jīng ri,hè bì dāng cū(谚)❶表示后悔。❷用于责问。谓既然现在后悔,当初为什么要那样。

【早晚不保】zào wán bú bào(词)谓随时都有可能发生。[例]~,就这几天生呢。

【早晚不等】zào wán bú dèng(词)谓随时有可能发生。多指妇女分娩或生命垂危者去世。

【澡堂子】zào tàng zi(词)即浴池、浴室。

ze

【啧啧】ze ze(词)用舌尖顶住上牙龈弹出的声音,表示赞叹、叹息、惊异等。[例]~,这楼房真高哇!

【啧啧啧】ze ze ze(词)用舌尖顶住上牙龈连续弹出声音,让驴、马、骡等停下来(的口令)。

【则可】zé kè(词)犹也就罢了,还可以。[例]以后没啥事~,要是有事,还得找你!

【择选】zé xuan(词)犹挑拣、忌讳、嫌弃。[例]人家不~我是二婚,我还有啥说的。

【泽一泽】zé yi zé(词)指衣物等洗涤后再用清水淘洗一遍,以漂去残留污垢、泡沫等。

【仄碌子】zé góng zi(词)指把石碌从一头抬起来。

【仄棱头】zé leng tòu(熟)比喻蛮不讲理的男人,好像头上有棱角一样。

【仄棱悬天】zé leng xuàn tiān (词)形容物体或人体突然翻滚或下落。

【仄棱子】zé leng zi(词)❶侧睡。[例]~睡在床上。❷蛮不讲理的人。[例]那是个~,跟他说不成!

【仄棱子睡】zé leng zi shuí(词)即侧身睡觉。

【摘茄子】zé qiè zi(熟)搏斗中的掏裆动作。茄子指男子下身。

【窄溜溜】zè liū liu(词)形容空间或物体窄而长。[例]穿个~裤子,不怕往下蹲的时候绷扯了?

【窄狭】zè xia(词)指不宽敞、狭窄。[例]房子~得很。

zei

【贼把子】zèi bá zi(词)贼人的头儿,比喻特别精明。[例]那是个~,你哄不了他。

【贼屄】zèi bī(词)撒谎,也指爱撒谎的人。

【贼屄二流子,烂屎尿斗子】zèi bī ér liú zi,lán qiù suī dóu zi(顺)对失信者的骂语。

【贼屄日戏】zèi bī rí xí(词)指吹牛撒谎,言而无信。

【贼不犯把人偷死呢】zèi bú fán bá rèng tōu si ni(谚)愤恨咒骂语。意为惯盗若不败露就会为害更多的人。

【贼不空走】zèi bú kōng zòu (熟)指窃贼只要来到行窃地点,就不会空手而归。

【贼打鬼】zèi dà guì(词)指不务正业、不可信任的人。

【贼大胆】zèi dá dàn(词)指胆大妄为的人。

【贼胆子忒大】zèi dán zi téi dá(熟)形容胆大妄为。有斥责义。

【贼得很】zèi di hèng(熟)形容机警，狡猾。[例]这条鱼~,老不上钩。

【贼爹】zèi diē(词)对他人儿子的恶称。[例]把你那个~好好管管!

【贼蹓到沟子上了】zèi duán dao gōu zi shang le(熟)比喻像强盗追到屁股上一样惊慌。

【贼骨头】zèi gu tou(词)❶指偷盗成性、难以改正的人。❷泛指不怕挨打或打死不招认的人。

【贼喊捉贼】zèi hán zhuó zèi(词)比喻做坏事者为了转移人们的视线,故意把目标引向别处。

【贼汉子】zèi han zi(词)骂人用语。多指调皮捣蛋的男孩。[例]把你那个~爹管住点!

【贼忽睩忽】zèi hu lú hu (熟)形容因做坏事而心虚惊慌的眼神。[例]一看他~的样子,就知道这事是他干的。

【贼唧唧】zèi jí ji(词)❶形容毫不在乎,耐力强。[例]从房上掉下来还~的。❷形容人不显老。[例]六十岁了,还~的。

【贼计】zèi jí(词)诡计。[例]他不是尿急了,而是出~想跑呢。

【贼里头不要的贼】zèi lí tou bú yáo di zèi(熟)比喻特别精明狡猾的人。

【贼溜子】zèi liú zi(词)形容狡猾精明的人。

【贼眉鼠眼】zèi mi chù yán(词)❶形容相貌丑陋狡猾。❷形容神色鬼祟惊慌。

【贼没赃,赛如钢】zèi mú zāng,sái ru gāng(谚)指如果拿不出证据,窃贼是不会招认的。

【贼皮】zèi pì(词)指做贼的名声。[例]他做了贼,想把~给我搭上!

【贼气】zèi qi(词)指狡猾、机灵。[例]好好来,不要耍~!

【贼人有贼心，萝卜有虚心】zèi rèng yòu zèi xīng,luò bo yòu xū xīng(熟)比喻什么样的人怀着什么样的心态和目的。

【贼三棱,滑稗草,拔不尽的老芦草】zèi sān leng,huà bái cào,bá bú jíng di lào lù cào(熟)指稻田里几种难以除净的杂草。

【贼杀的】zèi shá di(词)骂人、恨人的话。古义为伤害他人或被人杀死。现为该杀的、该死的。[例]把你这个~!

【贼死】zèi sì(词)犹要死,令人受不了。[例]一年苦个~,才能落几个钱?

【贼通九州】zèi tōng jiù zhōu (熟)谓小偷的信息来源广泛。

【贼偷不能撵】zèi tōu bú nèng niàn(熟)谓不要追赶窃贼,以免狗急咬人。

【贼偷火烧】zèi tou huò shāo(词)形容行动诡秘,溜溜探探。

【贼偷贼,谁也不亏谁】zèi tōu zèi,shuì ye bú kuī shuì(熟)犹黑吃黑。

【贼头诡计】zèi tou guì jí(词)形容诡秘地商量计策,偷偷摸摸、鬼鬼祟祟地做事。

【**贼头贼脑**】zèi tou zèi nào（词）形容形象狡黠，举止诡诈。

【**贼土匪**】zèi tù fěi（词）对特别顽皮的男孩的厌称。

【**贼娃子**】zèi wa zi（词）❶对小偷或有偷窃毛病的人的蔑称。❷对别人男孩的恶称。[例]这事都是你们那个~干的！

【**贼娃子打官司——堂堂输**】zèi wa zi dà guān si—tàng tàng shū（歇）比喻赌博或划拳经常输。

【**贼娃子，绺娃子，偷了张家的狗娃子**】zèi wa zi，liú wa zi，tōu le zhāng jia di góu wa zi（顺）骂小偷的话。

【**贼小名声大**】zèi xiào mìng sheng dá（谚）比喻事情或事业小，但外界名声很大。常做自谦语。

【**贼星**】zèi xīng（词）即流星。

【**贼牙**】zèi yà（词）指多生出的畸形牙。

【**贼走了关门**】zèi zóu le guān mèng（熟）比喻出事后采取的无济于事的补救措施。

zeng

【**增岗**】zēng gang（词）地名，古为僧刚。原属~乡，现属望洪镇。[例]~堡。|~公社（1961年）。|~乡，~村（1983年6月）。

【**增岗堡**】zēng gang pù（词）原名曾（僧）刚堡，以古人姓名命名，现望洪镇增岗村。

【**争大**】zēng dá（词）指跟别人争论自己辈分大。[例]人老了，爱~。

【**争风**】zēng fēng（词）指因男女关系而妒忌、争吵。[例]~吃醋。

【**争风吃醋**】zēng fēng chí cú（词）为争夺男女私情而互相嫉妒。

【**争功**】zēng gōng（词）指争夺功劳。[例]任务完成了，都来~。

【**争衡**】zēng hèng（词）指争强斗胜，互不相让。[例]爱跟人~。

【**争名夺利一场空**】zēng mìng duó lí yí chàng kōng（词）指生前争夺名利，死后什么也留不下。

【**争气**】zēng qí（词）比喻努力有为，发愤争光。[例]不~的东西！

【**争强好胜**】zēng qiàng háo shéng（词）指事事处处都想超过和压倒别人。

【**争上游**】zēng sháng yòu（词）扑克牌玩法之一，最早下完牌者为“上游”。

【**争着不够，让着有余**】zēng zhe bú góu，ráng zhe yòu yù（谚）指分配东西时如果互相争夺，就不够分；如果互相谦让，不但够分，而且还有余头。

【**争嘴**】zēng zuì（词）争吃争喝。

【**争嘴窝**】zēng zui wō（词）颈后的凹槽。民间认为这是喜欢争食的标志：深则爱争，浅则谦让。

【**睁口袋**】zēng kóu dai（词）指撑开口袋装东西。比喻为人做嫁衣、背黑锅。[例]给别人~，自己挨骂，合不着。

【睁眼拔缝】zēng yan bá fěng（词）形容木器或织物多处开缝。[例]旧衣裳~的，快扔了吧。

【睁眼豹子】zēng yan bǎo zi（词）比喻性格急躁、动不动跟人瞪眼争吵的人。

【睁眼瞎】zēng yán xiá（词）比喻不识字的人，文盲。

【睁一只眼，闭一只眼】zēng yí zhī yàn，bí yí zhī yàn（熟）比喻不想管，装马虎。

【睁着眼睛说瞎话】zēng zhe yán jing shuó xiá hua（熟）比喻不顾事实的瞎说。

【憎恶】zéng wu（词）令人讨厌。[例]这个人太~了！

【挣坏了】zéng huái le（熟）因过度用力而损伤了身体。

【挣命】zéng míng（词）拼命挣扎。[例]我今天感冒了，能来上工，也是~着呢！

【挣钱不挣钱，天天划两拳】zéng qiàn bú zhéng qiàn，tiān tiān huà liàng quàn（熟）某些小本生意人的自嘲语。

【挣死罔命】zéng si wàng míng（词）拼命地做事或行走。[例]我~地从家里跑来，他又不在！

【挣一个不如省一个】zéng yí ge bú rù séng yí ge（熟）谓既要开源，又要节流。此语强调后者。

【挣着赌，要着吃】zéng zhe dù，yáo zhe chí（熟）指挣了钱就赌博，最后变成乞丐。

【诤头】zéng tòu（词）指性格暴躁的人。[例]那是个~，动不动就跟人翻眼睛。

zha

【挓巴】zhā ba（词）❶手脚乱舞。[例]手里拿着棍子乱~。❷形容行走困难。[例]腿子冻~了。

【挓捶头】zhā chuì tou（词）❶指选举时举拳头表示赞成。[例]大家~表决吧。❷指呼口号时举拳头表示激动愤怒。

【挓大拇哥】zhā dá mu gā（熟）指伸出大拇指表示称赞。

【挓格格】zhā gé ge（词）形容干活浮哨、不踏实。

【挓鸡巴弄豆腐】zhā jī ba nóng dóu fu（熟）形容轻微的打人或打架。常用于斥责、制止上述行为。[例]都住手！~的干啥呢？

【挓姐姐】zhā jié jie（词）比喻娇气、浮哨、不能吃苦的人。[例]一个一个~似的，能干个重活？

【挓脚扬手】zhā jue yáng shòu（词）❶形容举止不稳重、说话时手舞足蹈的样子。❷指打人或打架。[例]有话好好说，不要~的。

【挓开】zhā kāi（词）形容手指、两臂或形似手臂的东西伸开。

【挓挓，走到姑妈家家，姑妈家里有狗呢，咬了娃娃的花手呢】zhā zha，zóu dao gū mā jiā jia，gū mā jiā ni yòu góu ni, yáo le wà wa di huā shóu ni (儿)教小孩学走路的歌谣。

【挓扬舞爪】zhā yang wù zháo(熟)❶形容手舞足蹈,有失稳重。❷形容枝条状物品生长(或摆放)不规整,不紧凑,向四处挓开。

【喳呼】zhā hu(词)形容炫耀,宣扬,张扬。[例]遇事爱~。

【渣面】zhā mian(词)形容揉不到一起的面团。比喻存在麻烦或后患。[例]照这个样子,两个人(两口子)迟早也是个~。

【喳喳呼呼】zhā zha hú hu(词)形容炫耀、张扬,不稳重。

【奓着耳朵听】zhā zhe ér duo tīng (熟)全神贯注地仔细听。

【扎耳朵】zhá ér duo(词)谓话语刺耳,不中听。[例]说出来的话~。

【扎耳朵眼眼子】zhá ér duo yán yan zi(熟)即扎耳朵眼儿。[例]临上轿~。

【扎扶子】zhá fu zi(词)马、骡、驴牵引农具时卡在脖子上(拥脖前)的一种挽具。详见附一。

【扎花】zhá huā(词)即刺绣。[例]往鞋帮子上~。

【扎了一道营】zhá le yí dáo yìng(熟)形容聚集了很多围观者。[例]街上撞死一个人,马路两边看热闹的~。

【扎窝子】zhá wō zi(词)❶指赌气时窝在一个地方不动弹。❷指畜力车遇到障碍时牲畜不肯用力往前拉。

【扎衣裳】zhá yī shang(词)指用缝纫机缝制衣服。

【扎纸货】zhá zhì huo(词)指民间办理丧事时,请阴阳道士用各色纸张糊扎纸幡、童男童女、房宅车马等,置(挂)于灵堂前。

【喳喇喇】zhá lá la(词)形容说话口齿流利、声音尖脆。

【劄子】zhá zi(词)一种带刃口的、用于切断金属的短钢冲。

【劄根】zhà géng(词)形容说话夸张、言过其实的人。

【劄折】zhà shè(词)砍断、剁断。[例]旧社会为了躲兵,有的人被迫把右手的食指~。

【闸了】zhá le(词)犹停止、截止。[例]今年的工分已经~。

【闸账】zhá zháng(词)指一个会计期段结束、对当期账务进行结算处理、暂停办理新业务的活动。

【闸子】zhá zi(词)指设在斗渠上的固定水闸。

【铡刀床子】zhá dāo chuàng zi(词)指铡刀的底座。木制,中间有辖住刀刃的槽缝,槽缝两侧有铁齿,用以卡住草等铡切物。

【铡刀钉】zhá dāo dīng(词)将铡刀刃的一端固定在铡刀床上的铁棍儿。[例]苍蝇噙了个~,腰里没劲嘴上的功。

【铡刀刃子】zhá dāo réng zi(词)即铡

刀的刀刃,一端带小孔,固定在刀床一端,另一端有抓手的把儿。

【砟子】zhá zi(词)一种易燃的褐煤。[例]灵武磁窑堡煤矿出~。

【涺菜】zhá cái(词)指蔬菜放在沸水里烫一烫即捞出来。

【诈唬】zhá hu(熟)指用假话吓唬对方,使之吐露实情。

【诈金花】zhá jīng huā(词)又叫玩三张,一种多人玩耍的纸牌游戏。

【诈冒悬天】zhá mao xuàn tiān(词)形容张扬,夸张,炫耀。[例]干啥事拿不稳,老是~的。

【栅剌子】zhá la zi(词)即栅栏,用树枝编制的篱笆门。[例]园子门上挡着~。

【奓毛子】zhá mào zi(词)形容头发散乱张开的人。

【炸了营】zhá le yìng(词)比喻人群受到某种刺激而剧烈骚动。[例]听了这个宣布,会场里一下子~。详见附一。

【痄腮】zhá sai(词)指流行性腮腺炎,是一种由病毒引起的急性传染病,冬季易发,多见于5—10岁儿童。

【榨箱】zhá xiāng(词)小型榨油作坊的设备。两边为两根粗长原木,中间有结实的横樑,夹住油坨,用榔头狠砸木楔,挤出油脂。

【拃一拃】zhà yi zhà(词)指张开拇指和中指量长度。二指间的距离为一拃。

【苲毛】zhà mào(词)生长在湖泊、沟渠中的一种水藻类植物。

zhai

【斋把子】zhāi bá zi(词)带领道士做堂事(道场)的头儿。[例]"上座"的时候,~坐在中间。

【寨子】zhái zi(词)❶古代因战事需要或村民自防而筑有围墙的村落。❷地名用词。[例]四旗~、李家~等。

zhan

【沾】zhān(词)肯定、赞成用词。[例]~,对着呢,就这么干。

【沾不住三分膘】zhān bú zhú sān fēng biāo(熟)比喻稍一得势,就忘乎所以。

【沾亲带故】zhān qīng dái gú (词)泛指亲戚朋友关系。[例]参加葬礼的,都是~的。

【沾屑头】zhān xiē tou(词)比喻得到些许好处。[例]靠着公家的边边子,总能~。

【沾因因子】zhān yīng ying zi (熟)犹沾边儿。常反其意而用之,即毫不沾边儿,没根据。[例]说的~呢!

【毡窝窝】zhān wō wo(词)用羊毛擀制的毡鞋。[例]穿上~暖和。

【盏匙子】zhán chi zi(词)指饭桌上放的盛装调味品的小碟儿。

【展不开马腿】zhán bú kāi mà tuì (熟)比喻地方太小,施展不开。

【展脱】zhán tuo(词)❶犹大方。[例]

放~点,不要拘束。❷洒脱。[例]出门穿~点。❸心里没鬼,坦然面对。[例]心里~着呢。❹担忧,纠结。[例]心里一直不~。

【搌麦子】zhán miá zi(词)用湿布在麦子里来回搓,使麦粒儿湿润,磨面时皮瓤易于分离。

【搌索】zhán suo(词)指多次的、少量的索要（钱物），有占便宜的意思。[例]儿女经常来~父母。

【搌一搌】zhán yi zhàn(熟)❶用抹布等吸拭器物表面的水迹。❷用蘸水的布子把谷物润湿。[例]把麦子~再磨面。

【占上便宜哈哈笑，占不上便宜双脚跳】zhān shang piàn yi hā hā xiáo, zhān bú shang piàn yi shuāng jué tiáo(顺)对爱占便宜怕吃亏者的形容。

【占尖巧】zhán jiān qiao(词)指抢先讨好或得到好处。[例]处处都想~。

【占面子的话】zhán mián zi di huá(熟)指不伤情面或给别人撑面子的话。

【栈子】zhán zi(词)指用土墼裱成的盛装粮食的固定容器。

【战备路】zhán bí lú(词)今沿山公路前身，永宁段在县域西部。初建于1970年。

【战争贩子】zhán zēng fán zi(词)❶指依靠煽动战争而从中谋取利益的人。❷比喻故意挑起事端和争斗的人。

【站不住脚】zhán bu zhu jué(熟)指观点和理由经不起推敲反驳,不能成立。

【站队】zhán duí(词)"文化大革命"中指与某一派别的观点保持一致。[例]~站错了,站过来就是了。

【站岗】zhán gāng(词)诙谐语。形容割田时漏下的植株伫立在那里,好像站岗的人。[例]光图割得快,后头还有~的呢!

【站能能】zhán nēng neng(词)称婴幼儿学习站立。[例]快来看,娃娃会~了!

【站人银圆】zhán rèng yìng yuàn(词)指英制一元银币,正面为持戟盾站立的武士图案,俗称"站人",曾在我国流通。

【站下】zhán xia(词)待着,逗留。请亲戚朋友住下。[例]今天~,明天再回。

【站在边墙上骂鞑子——里勾外联】zhán zai biān qiàng shang má dá zi—lì gōu wái liàn(歇)比喻里应外合,里通外国。边墙:长城。鞑子:古时汉人对北方少数民族的称呼。

【站着说话腰不疼】zhán zhe shuó huá yāo bú tèng(谚)对说风凉话者的讽刺。

【站住】zhán zhu(词)❶指新生儿存活。[例]养了八个娃娃,只~三个。❷停止前进,原地不动。[例]你~,我跟你说个话。

【蘸火】zhán huò(词)即淬火。把煅烧好的钢刃工具浸入水或油中急速冷却,以增强坚硬度。

【颤巍巍】zhán wéi wei(词)颤抖。[例]说话时嘴唇~的。

【睙眼】zhàn yàn(词)眨眼,转眼,形容时间极短极快。[例]一~就不见了。

zhang

【张单鼓的法走了】zhāng dān gu di fá zóu le(熟)单鼓指跳大神的。"张单鼓"是泛指,法指法术。比喻老办法不灵了。

【张飞不怕出战，黑驴子不怕驮炭】zhāng fēi bú pá chú zhán,héi lǜ zi bú pá tuò tán(谚)比喻自信和勇气。

【张飞穿针——大眼瞪小眼】zhāng fēi chuān zhēng—dá yán déng xiào yàn(歇)形容面面相觑。

【张疯子,一蹦子】zhāng fēng zi,yí bēng zi(熟)形容疯疯张张的样子。多指年轻女性。

【张个嘴】zhāng ge zuì(词)犹开口说明或提出要求。[例]需要啥,~就行了。

【张公吃酒李公醉】zhāng gōng chí jiù lì gōng zuí(谚)比喻因误会而代人受过。

【张家长李家短】zhāng jia chàng lí jia duàn(熟)比喻谈论邻里的琐事或拨弄是非。

【张家油坊】zhāng jia yòu fang(词)自然村名,在胜利乡先锋村。

【张惊】zhāng jīng(词)张扬,故作惊慌。[例]养娃娃~早了肚子更痛。

【张惊事到】zhāng jīng shí dáo(词)犹一惊一乍,故弄玄虚。

【张口东西】zhāng kou dōng xi(词)指可以生食的水果或蔬菜。[例]那是个~,要把守紧一点,不然都叫人吃光了。

【张狂】zhāng kuang(词)形容嚣张、轻狂。[例]老实点,不要太~!

【张里八狂】zhāng li bá kuǎng(词)形容张扬、声张、宣传。[例]做个满月嘛,~地待什么客?

【张咱子,撂咔子,打老碗,钉疤子】zhāng piā zi,liáo kā zi,dà lào wàn,díng bā zi(儿)对特别健谈、惹人厌烦者的揶揄。张咱子:非实指。撂咔子:旧时农村男孩玩的一种扔大铜钱赌输赢的游戏。

【张三】zhāng sān(词)对狼的另一种叫法。

【张三的箭——箭箭不离沟门子】zhāng sān di jián—jián jián bú lì gōu mèng zi(歇)比喻工作任务一个接一个,且催得很紧。"张三"非实指。

【张三的帽子给李四戴上了】zhāng sān di máo zi gèi lì sí dái shang le(熟)比喻弄错了事实或对象。同张冠李戴。

【张三李四王麻子】zhāng sān lì sí wàng mà zi(熟)假设名字,泛指某人或某些人。

【张三拾了个钞,李四跟着要,要的不给，给的不要】zhāng sān shí le ge

cháo,lì sí gēng zhe yáo,yáo di bú gèi,géi di bú yáo(顺)比喻有选择地把东西送给合意的对象。钞:大型铜钱。

【张声】zhāng shēng(词)指狗叫。提醒主人,吓唬窃贼。[例]养上个狗,张个声。

【张天子李霸王】zhāng tiān zi lì bá wang(熟)比喻漫无边际地闲聊。

【张头二飞】zhāng tou ér fēi(词)多指疯疯张张、行动不稳重的女子。[例]这么大的丫头了,还~,没个稳重气。

【张牙舞爪】zhāng yà wù zháo(词)❶同"挓扬舞爪"。❷形容猛兽凶恶可怕。比喻人猖狂凶恶。

【张言巴口】zhāng yan bá kóu(词)形容张口求人。

【张嘴吃饭，伸胳膊穿衣】zhāng zuí chí fán,shēng gé bo chuān yī (熟)比喻过着衣食无忧、不用操心的生活。

【张嘴打哈欠】zhāng zui dà hā xi(词)形容疲劳或瞌睡的样子。[例]才几点钟,你就~的。

【鷝鸽郎】zhāng ge lang(词)一种生活在湖泊里、头有白点的水鸟。《汉语大词典(普及本)》第2030页:"青鷝,生北乡湖荡中,颇肥。"

【獐子的卵子——香包包】zhāng zi di làn zi—xiāng bāo bao(歇)比喻受宠和吃香。獐子即麝,又名香獐,雄麝肚脐和生殖器之间腺囊的分泌物称麝香,可制香料和入药。当地人误以为麝香产于香獐睾丸内,故有此说。

【掌柜的】zháng guí di(词)指家长,当家人,老板。

【丈夫丈夫,只管一丈远】zháng fu zháng fu,zí guàn yí zháng yuàn(熟)谓夫妻分处时是否出轨，只能靠相互信任和道德约束,监视看管几乎无用。

【仗个胆子】zháng ge dán zi(熟)指为他人壮胆或请人做伴壮胆。

【仗啥唱】zháng shá cháng(熟)比喻失去基本条件,事情无法进行。[例]你把书都丢了,~呢?

【仗势欺人】zháng shí qī rèng (词)指依仗自己或某种权势欺压别人。

【仗着】zháng zhe(词)即依仗。[例]~舅舅的权势为非作歹。

【账外账】zháng wái zháng(词)指在法定账目以外设立的账册,多用于私设小金库。

【账主子】zháng zhu zi(词)债主。[例]孙子是硬~,他要啥爷爷都得给买。

【胀出来】zháng chu lài(词)库存实物比账面余额多出来。[例]钱~出来了,说明账不对。

【胀黄了】zháng huàng le(熟)"花花子"术语,"跐"牌人因为粗心,使下牌总数超过16张,致"跐"牌无效。(跐牌16张为限)

【胀气】zháng qí(词)给气受。[例]你少给我~比啥都强!

【胀气】zháng qi（词）受气，生气。[例]说的那些话叫人越听越~。

【障眼法】zháng yán fá（词）❶对魔术师通过遮蔽、光电等道具转移观众视线的手法的称谓。❷比喻用假象蒙蔽欺骗。

【幛子】zháng zi（词）上面题有词句的整幅绸布，用作庆贺或吊唁。[例]参加追悼会的亲戚朋友送了不少~。

【长进】zháng jing（词）进步，上进。[例]念了几年书，没一点~！

【长上眼睛出气呢】zháng shang yán jing chú qí ni（熟）讽斥语。犹长着眼睛为什么不看。

【长疯了】zhàng fēng le（词）指庄稼因疯长而绝收。[例]稻子~，全是秕子。

【长牛牛子的】zhàng niù niu zi di（熟）比喻男人或雄性动物。牛牛子：阳物。

【长他人志气，灭自己威风】zhàng tā rèng zhí qi,nié zí ji wēi feng（熟）指一味助长别人的气势，看不起自己的力量。

zhao

【朝往年】zhāo wáng nian（词）过去的年份。

【朝往日】zhāo wáng ri（词）过去，往常，平常。[例]~都开门，今天没开门，可能是盘点呢。

【朝每】zhāo mei（词）平时，往日。[例]娃娃~也好呢，今天咋哭得这么厉害？

【朝每年】zhāo mei niàn（词）往年。[例]~每年都来一两回，今年一回都没来。

【招兵买马】zhāo bīng mài mà（词）指组织或扩充武装力量。比喻扩大组织或扩充人员。

【招的女婿雇的人，使得紧了肚子疼】zhāo di nǚ xu gú di rèng,shí di jíng le dú zi tèng（谚）指倒插门女婿或雇用的人干活不尽力，还要找借口怠工旷工。

【招风耳】zhāo fēng èr（词）指耳郭上半部平而大、耳郭向外侧竖立的先天性畸形耳朵。

【招呼】zhāo hu（词）即招待。[例]别管我，赶紧~别的客人去。

【招魂匣子】zhāo hong xià zi（词）指迁墓时用于盛装骸骨的木匣。

【招伙】zhāo huò（词）"招家伙"的缩语。指招祸，吃亏，受损。[例]热热的脱衣服，~呢。

【招家伙】zhāo jiā huo（熟）挨打，招来祸患。[例]闹不好要~呢。

【招见】zhāo jian（词）犹理睬，打招呼。[例]那是个緆丝头，千万别~！

【招架不住】zhāo jiá bú zhú（词）形容抵挡不住或支撑不下去。

【招来女婿气走儿】zhāo lai nǘ xu qí zòu èr（谚）比喻因引进新人而伤害了原有人员感情的现象。

【招女婿】zhāo nǘ xu（词）指男方入赘到女方家，也叫倒插门女婿。

【招惹】zhāo rè(词)❶挑逗、勾引、招引。[例]不要把那些人~到家里来。❷招致、触犯。[例]你不~它(狗),它能咬你?

【招臊的母狗】zhāo sāo di mù gou(词)比喻因某种原因招致他人尾随追逐。[例]一到年底,老板就成了~,尽是跟上沟子要账的。

【招手停】zhāo shòu tìng(词)对客运中巴车的俗称。

【招贤纳士】zhāo xiàn ná shí (词)招收贤士,接纳书生。泛指网罗人才。

【着吓】zhāo xiá(词) ❶指小孩受惊吓得病。[例]娃娃~了,睡觉老是猛然惊醒。❷害怕,畏惧。[例]这次我确实~了。

【找不到遇到了】zháo bú dáo yù dáo le(熟)指专门寻找某人时没找到,却偶然碰上了。含庆幸、欣喜义。

【找害】zháo hái(词)指自寻烦恼或给别人添麻烦。[例]麻雀子吃蚕豆——给沟子(屁股)~呢!

【找后账】zháo hóu zhang(词)指事后订对、追究或索要。[例]一次算准确,免得叫人~。

【赵将军的儿子——讨吃毛】zháo jiāng jiong di èr zi—táo chi mào(熟)犹败家子。详见附一。

【赵匡胤卖火熜子——隐蔽身子】zháo kuāng yíng mái huó qu zi—yíng bi shēng zi(歇)比喻隐瞒真实身份。赵匡胤:宋太祖。火熜子:火柴。

【笊篱】zháo li(词)❶打场时接住牲畜粪便的工具。用柳条或芨芨草编织,一头为喇叭状,一头为把儿。❷指漏勺。

【照蛋】zháo dán(词)指家禽蛋孵化一定时间后,用灯(阳)光对蛋进行透视,剔除无精蛋和早死的胚蛋。

【照葫芦画瓢】zháo hú lu huá piào(谚)比喻照着样子制作。

【照猫画虎】zháo mào huá hù(词)比喻照着样子临摹。

【照尸】zháo shī(词)指照亮死人遗体的长明灯。常用来斥责无谓的点灯和开灯。[例]啥也不干,点(开)上灯~呢?

【照是】zháo shi(词)照旧是,仍然是。[例]误会解除了,他们~好朋友。

【照在】zháo zái(词)犹还在,仍然在。[例]~那个房子里开会。

【照子】zháo zi(词)❶指让马与驴交配时(马与驴不会自行交配)用来引诱公畜的同类母畜。❷旧指铜镜。

【罩个面子】zháo ge mián zi(词)指在土泥台上抹一层水泥浆。(好看、耐磨)

【罩衣】zháo yi(词)为保护其他衣服而穿在最外面的一层衣服。

【找补】zhào bù(词)特指人民公社时期,生产队在年终分配时,扣除夏季预分给社员的粮、款,补够全年应得劳动报酬。

【找不自在】zhào bú zí zai(词)形容自找麻烦或难堪。

【找残】zhào càn(词)比喻没事找事，自讨苦吃。

【找碴碴子】zhào chà cha zi(熟)比喻故意找由头滋事或报复。

【找麻烦】zhào mā fan(词)❶给自己惹来麻烦。❷寻衅滋事。[例]这伙人是故意~来了。

【找米下锅】zhào mí xiá guō (熟)指计划经济时期，某些企业的生产原料没有列入国家计划，全靠自找原料维持生产。

【找农民看不上，找工人怕定量，找干部怕下放，找军人怕打仗】zhào nòng mìng kán bú sháng，zhào gōng rèng pá díng liáng，zháo gán bu pá xiá fáng，zhào jiōng reng pá dá zháng (顺)20世纪50—70年代农村姑娘择偶时的困惑。

【找平】zhào pìng(词)❶指瓦工、木工等将高低不平的表面变平整的工作。❷会计用语。通过计算，使账目或表格的相关和数平衡。

【找欺头】zhào qī tou(词)挑衅，寻找滋事、报复的由头。[例]不是我们的活没干好，而是他故意~!

【找死】zhào sì(词)自寻死路。

【找因因子】zhào yīng ying zi (熟)找由头。[例]~讹人呢!

zhe

【遮丑】zhē chòu(词)❶用言语或行动遮掩缺点、错误或不足之处。❷用衣物遮盖丑陋的地方。

【遮盖】zhē gai(词)掩饰，隐瞒，庇护。[例]如果我在位子上，或许能~一下。

【遮护】zhē hu(词)指铁匠用以遮挡火花的围裙、脚面等。

【折腾】zhē teng(词)❶折磨。[例]简直是~人！❷翻来覆去地捣弄。[例]瞎~。❸人为地制造乱局，干扰了正确方向和中心工作。

【折恶水的缸】zhé é shui di gāng (熟)指干部要接受来自各方面的批评意见。

【折干了】zhé gan le(熟)❶指耗尽全部财产。[例]把你的家产~也不够赔。❷形容体力耗尽。[例]今天听上你的话，算是把我~!

【折硌】zhé gé(词)指虐待、折磨。[例]受尽了后妈的~。

【折给】zhé géi(词)折算给。[例]把东西~他顶了账。

【折回头】zhé hui tòu(词)犹返回头。[例]~一想，不对呀!

【折手】zhé shòu(词)指掌心横纹连贯直通的手。迷信认为有这种手的人会克父母，并有“左折老子右折娘”之说。

【折寿】zhé shóu(词)指减少自然寿命。迷信认为太受恩宠或过于享福以及行凶作恶都会~。

【折死】zhé si(词)减寿。表示承受不起。[例]叫长辈给你磕头,不~你了?

【折子戏】zhé zi xí(词)指全本戏中情节相对完整的一段戏。[例]《别窑》是《王宝钏》中的一~。

【折子】zhě zi(词)❶折叠而成的纸册,多用来记账。现指银行存款折。[例]拿~到银行取款。❷旧指奏折。[例]上~。

【折燥】zhè zao(词)不知足,不识好。[例]把你~的,这么好的工作还嫌不好!

【侄儿阁女】zhé er gé nǚ(词)泛指子侄辈。[例]谁没个~。

【侄媳妇】zhé xí fu(词)即侄儿的妻子。

【浙江青年】zhé jiāng qīng niàn(词)指1959年从浙江省迁入永宁县的支宁青年。

zhei

【这程子】zhéi chèng zi(词)这一阵,这个阶段。[例]原来两个人好得不得了,~又臭得不行行。

【这疙瘩臭肉】zhéi gé da chóu róu(熟)常用于母亲暗指年幼子女。[例]说来说去,还是舍不得~!

【这个耳朵进去,那个耳朵出来】zhéi ge ér duo jíng ke,néi ge ér duo chú lai(熟)比喻没把听到的话记在心里。

【这号事】zhéi hao shí(词)犹这种事,这类事。[例]~没人关心。

【这山望着那山高,到了那山没柴烧】zhéi shān wáng zhe néi shān gāo,dáo le néi shān mú chài shāo(熟)比喻好高骛远,见异思迁,一无所获。

【这阵子】zhéi zhéng zi(词)现在,目前,这时候。[例]事情拖到~,话就不好说了。

zheng

【针大的窟窿牛大的风】zhēng dá di kú long niù dá di fēng(谚)形容冬季天冷,很小的孔洞能进来很大的冷风。

【针尖对麦芒】zhēng jiān duí miá wàng(词)比喻矛盾很深,针锋相对。[例]两个人真是~,一见面就吵架。

【针尖上削铁,麦芒上砍柴】zhēng jiān shang xué tié,miá wàng shang kàn chài(熟)比喻极端抠气吝啬。

【针纫头】zhēng réng tou(词)指准备穿入针鼻的带尖儿的线头。[例]把~放在嘴里抿了抿,然后穿进针鼻子。

【针头线脑】zhēng tou xián nào(词)泛指缝纫用的针线等物,比喻细微的东西。[例]养些鸡,下个蛋,买个~的。

【针线箔篮子拾剪子,锅框道里拾卷子】zhēng xian bú lan zi shí ján zi,guō kuang dáo ni shí juán zi(熟)讽刺语。谓在上述地方捡到上述东西,并不是拾,而是拿或偷。

【针扎的胡麻卧牛的谷,背上干粮找秫秫】zhēng zhá di hù ma wó niù di gú,béi shang gān liang zhào shù shu

(谚) 是对上述作物种植密度的形象说法,有夸张意味。

【针针线线,棉花蛋蛋,娃娃头头,疙瘩屎屎】zhēng zheng xián xian,miàn hua dán dan,wá wa tóu tou,gé lang qiù qiu(顺)指旧时农村妇女接触较多的什物。

【针黹】zhēng zhi(词)犹缝纫用的针,比喻很短。[例]过了冬至,长个~。

【针黹子】zhēng zhi zi(词)旧时妇女随身佩戴的针袋儿。见附一。

【针锥锥】zhēng zhuī zhui(词)用大针做成的锥子,一般用来纳鞋底和绱鞋。

【珍珠米】zhēng zhu mì(词)一种颗粒饱满、色泽洁白、形似珍珠的粳米,是宁夏川区特产之一。

【真帮实底】zhēng bāng shí dì(词)比喻存在的事实,实实在在。[例]从老家里带来的东西,是~的土特产。

【真才实学】zhēng cài shí xué (词)指真正的学识和才能。[例]人家是靠~当上秘书的。

【真材实料】zhēng cài shí liáo (词)指质量合格的正品,没有假冒伪劣或掺假使杂。[例]这些家具用的都是~。

【真的假不了,假的真不了】zhēng di jiá bú liào,jiá di zhēng bú liào(谚)意思如文。

【真格】zhēng gè(词)犹真的,自以为。[例]~把你的膀膀子养硬了(长大,自立),连爹妈的话也不听了!

【真格的】zhēng gè di(词)犹确实,真的。[例]~,车就是坏到路上了,我亲眼看见的。

【真金子不怕火炼,黑驴子不怕驮炭】zhēng jīng zi bú pá huó lián,héi lǜ zi bú pá tuò tán(谚)比喻经得起检验或考验。

【真龙天子】zhēng lòng tiān zi(词)旧时认为皇帝是天上的真龙下凡,故以~作为皇帝的代称。

【真命天子】zhēng míng tiān zi(词)旧称秉承天命降世的皇帝。

【真凭实据】zhēng píng shí jú (词)指确凿的凭据。

【真切】zhēng qie(词)指确切,准确,清楚。[例]娃娃刚学话,有些话还说不~。(指吐字不清楚)

【真人不露相,露相不真人】zhēng rèng bú lóu xiáng,lóu xiáng bú zhēng rèng(熟)指真正有本事的人不轻易显露,而本事不高的人却喜欢吹嘘卖弄。

【真人面前不说假话】zhēng reng mián qian bú shuó jià huá(熟)谓对诚实可靠的人不必说谎,要以实相告。[例]~,我就把实话告诉你吧。

【真三分假四分】zhēng sān feng jià sí feng(熟)犹半真半假,含糊其辞。[例]说话~,叫人不敢相信。

【真是的】zhēng shi di(词)口头语。表示嫌憎、不满。[例]天天都迟到,~!

【砧子】zhēng zi(词)指锻打金属用的

铸铁垫座。[例]铁匠铺的~。

【征购】zhēng góu(词)指国家根据法律向生产者或所有者征收购买农产品、土地等。[例]交~粮。

【征购粮】zhēng góu liàng(词)旧时对农业税(征收实物和粮食)和统购粮的总称。[例]先完成~任务,再留下种子、饲料,最后才是社员口粮分配。

【蒸锅】zhēng guo(词)用于蒸油料或馒头的大锅。

【蒸馍】zhēng mo(词)即馒头。[例]热~蘸辣子。

【阵势】zhéng shi(词)❶比喻场面,情势,架势。[例]一看那个~,不由得害了怕。❷指军队作战的阵容部署。

【阵仗】zhéng zhang(词)场面、阵势、世面。[例]没经过大~。

【镇番人】zhéng fan rèng(熟)指古代镇番(今甘肃省民勤)迁徙至宁夏的人。

【镇物】zhéng wu(词)❶指采用巫术镇治邪祟。[例]在房梁上下了~。❷不容易消化的食物。[例]那是个~,少吃点。

【这么个】zhéng mo ge(词)❶犹这样。[例]都别说了,我看~(办)。❷犹这样的。[例]原来是~人!

【这么些】zhéng me xiē(词)形容多。[例]~活,我一个人能干完?

【整了个㞞形】zhéng le ge sòng xìng(熟)比喻被整得狼狈不堪。

【整奘】zhéng zhuang(词)形容聚在一起的东西(物或人)大而整齐。[例]这袋大米~得很。|派来的劳动力~得很。

【正蛇二鼠三月牛,四兔五猴六月狗,七猪八马九羊头,十月金鸡架上愁,十一白虎当道卧,腊月老龙不抬头】zhēng shè ér chù sān yue niù,sí tú wù hòu lú yue gòu,qí zhū bá mà jiù yàng tou,shí yue jīng jī jiá shang còu,shí yí biá hu dāng dáo wó,lá yue lào lòng bú tài tòu(谚)迷信认为生在上述月份里的人为犯月,命硬。

【正月十五】zhēng yue shí wu (词)即元宵节。

【正月十五卖门神——迟了半月】zhēng yue shí wu mái mèng sheng—chì le bán yué(歇)比喻太迟或错过了时机。

【正愁的不愁,愁的内官子没㞞】zhéng còu di bú còu,còu di mí guān zi mú qiù(谚)比喻为不该愁的事发愁。内官:太监。

【正大光明】zhéng dá guāng mìng(词)指言行正义、正派,公开、公正。[例]找对象是~的事,为啥要躲躲闪闪?

【正当年】zhéng dāng niàn(词)即正是身强力壮的年龄。[例]十七十八力不全,二十七八~。

【正当午时】zhéng dang wú shi (词)正中午。

【正当中】zhéng dāng zhōng(词)犹正

中间。[例]一箭射到~。|坐在~。

【正儿八经】zhéngr bá jìng(词)❶正经,严肃而认真。[例]~地谈一谈。❷真正的,名副其实的。[例]那可是~的山蘑菇。

【正干】zhéng gán(词)指做正事儿。[例]人只要~,不愁日子过不好。

【正好好】zhéng hào hao(词)正好,正合适。

【正经】zhéng jìng(词)❶正好,正想着。[例]我~不想干呢,你还想辞退我!❷正规、正派。[例]本来就不是~人,你还相信他!

【正经事】zhéng jíng shí(词)指正式、重要的事。[例]没啥~,随便坐坐。

【正事不干干虚事,背斗子捞毛吃屄食】zhéng shí bú gán gán xū shí,bēi dóu zi láo mào chí bī shi(熟)对不务正业者的骂语。背斗子:拉皮条。

【正适当】zhéng shí dang(词)犹正合适。[例]面条咸淡~。

【正主意】zhéng zhù yi(词)犹正确的主见或主张。[例]这主义那主义,吃饱肚子是~。

【政权】zhéng quàn(词)地名。原属通桥乡,今属望远镇。[例]~乡(1955年)。|~大队(1966年5月)。|~村(1983年6月)。

【政台】zhéng tài(词)地名,由政觉台(庙)得名。原属通桥乡,今属望远镇。[例]~大队(1963年)。|~村(1983年6月)。

【政治队长】zhéng zhi duí zhàng(词)20世纪60年代末至70年代中期农村生产队一度设置的负责政治思想工作的队长。

zhi

【支差】zhī chāi(词)当差,服劳役,也比喻白干活。[例]买了个牛,老给别人~着呢!

【支定】zhī díng(词)站定或挡定不动。[例]你歪,你厉害,我~叫你打!

【支赌】zhī dù(词)为聚赌者提供场所和赌具,从中抽取头钱的行为。[例]他家经常~。

【支更】zhī gēng(词)打更,守夜。[例]半夜里碰见两个~的。

【支哄】zhī hong(熟)应付、搪塞。[例]要实干呢,不能拿嘴~!

【支酒场子】zhī jiù cháng zi(熟)指临时设置的小型酒宴。

【支起羊角士,不怕马来将】zhī qi yàng jué shí,bú pá mà lài jiáng(熟)象棋术语,指把士(仕)支到九宫左(或右)上角,可别住位于四六路的马,防止其卧槽将军。

【支情】zhī qìng(词)犹领情。[例]给了好处也不~。

【支渠】zhī qù(词)从干渠往斗渠引水的渠。

【支应】zhī ying(熟)指招待、应酬。

[例]我在厨房炒菜,你在外头~人。

【支支哽哽】zhī zhi géng geng(词)形容支支吾吾说不清楚。[例]还是你亲自去,让娃娃去,~的说不清。

【支支糊糊】zhī zhi hú hu(熟)形容做事不扎实,不牢靠。[例]要钉就钉牢实,不要~的,过不了几天又掉了。

【支支吾吾】zhī zhi wú wu(词)指说话吞吞吐吐,含糊其辞。

【支砖】zhī zhuān(词)比喻设置障碍或制造矛盾。[例]专门给人~!

【芝麻开花节节高】zhī ma kāi huā jié jié gāo(词)比喻节节上升,越来越好。

【芝麻绿豆大的官】zhī ma lú dou dá di guān(熟)比喻级别极低的小官。

【芝麻绿豆大的事】zhī ma lú dou dá di shí(词)比喻微不足道的小事。

【枝子】zhī zi(词)❶指树枝。❷指晒干做柴火的树枝。[例]抱些~烧炕。

【知不道】zhī bú dáo(词)犹不知道。[例]问:"这事是谁干的?"答:"~。"

【知道把尿都尿到裤裆里了】zhī dao bá suī dōu niáo dao kú dāng ni le(熟)调侃语,谓即使你知道也迟了。[例]甲:"我知道。"乙:"~!"

【知恩不报非君子】zhī ēng bú báo fēi jiōng zi(谚)明知受了别人恩惠却不思报答,这种人算不上有德行的人。

【知根知底】zhī gēng zhī dì(词)指对人对事有比较深入彻底的了解。[例]用人最好用~的。

【知过者必改】zhī guó zhe bí gài(熟)谓知道错了就要改正。

【知人知面不知心,画虎画皮难画骨】zhī rèng zhī mián bú zhī xīng,huá hú huá pì nàn huá gú(谚)比喻要了解一个人的内心是不容易的。

【知足常乐】zhī zú chàng luó (词)谓知道满足的人总是快乐的。

【脂膘】zhī biao(词)即脂肪。[例]光吃五谷不长~。

【膣油】zhī you(词)阴道里的脂肪。

【只知其一，不知其二】zhí zhī qì yí,bú zhī qì ér(词)谓只知事物的一面而不知另一面，或只看到表面现象，不了解实质。

【执法如山】zhí fá rù shān(词)比喻执行法律像山一样不可动摇。[例]包文正~。

【执迷不悟】zhī mì bú wú(词)形容固执地坚持而不觉悟。执迷:执着,着迷。

【执意】zhí yí(词)指固执地坚持自己的意见。[例]他~不去,我也没办法。

【直脖子狼】zhí bó zi làng(词)比喻性格耿直、不善拐弯的人。

【直肠子】zhí chàng zi(词)❶比喻心眼儿直,有啥说啥,不会拐弯抹角或隐瞒。❷比喻性格直爽,说过撂过不记仇。

【直出直进】zhí chú zhí jíng(词)❶指

进出家门时不跟家人或客人打招呼(失礼)。❷指依仗特殊身份而随便出入某些部门或关卡。

【直杵杵】zhí chú chu(词)❶形容说话直白,不防前后。❷指有可能扎伤人体的带尖的棍棒或工具。[例]铅笔~的,不要指人。

【直矗矗】zhí chú chu(词)形容细高的物体直立着。[例]他~地站在那里。

【直戳直攮】zhí chuó zhí nàng(词)形容说话直截了当,过于直白。[例]要婉转点,不能~地问人家。

【直尕尕】zhí gá ga(词)形容物体挺直,硬梆。[例]双手把磨盘举过头顶,腰还~的。

【直贡呢】zhí góng nì(词)一种精致、光滑的斜纹毛织品或棉织品,质地厚实,多用来做大衣或鞋的面料。

【直过扬蹚】zhí guo yàng tàng(熟)形容旁若无人,直接出入。[例]门也不敲,就~地进来了。

【直截了当】zhí jié liào dàng(词)形容说话做事不绕弯子,干脆爽快。

【直杠子脾气】zhí gáng zi pí qi(熟)比喻脾气耿直。

【直来直去】zhí lài zhí ké(词)形容说话直率,不绕弯子。

【直篱撅萝】zhí li juè luó(词)直篱:做篱笆的树枝。撅萝:折断了的枯萝蔓。比喻像上述两种难以实密服帖码放的东西。

【直溜】zhí liu(词)形容物品或道路笔直。[例]路修得可~了!

【直溜溜】zhí liú liu(词)形容物体挺直或人畜径直到达目的地。[例]毛驴拉着车不用人牵,~地进了自家院子。

【直人】zhí rèng(词)指正直、直爽的人。[例]他是个~,说话不绕弯子。

【直死贼】zhí si zèi(熟)比喻性格粗犷、说话口气生硬的人。[例]那是个~,打死不说软话。

【直挺挺】zhí tíng ting(词)形容腰身挺直地站着或躺着。[例]腰~的,弯都懒得弯一下,能学个太极拳?

【直筒筒】zhí tóng tong(词)形容圆柱形的直筒。[例]套炉子要上小下大,不能套成个~。

【这会子】zhí hui zi(词)犹这时候,现在。[例]早不说迟不说,偏搁在~说!

【这向子】zhí xiáng zi(词)犹这些日子,这个阶段。[例]~忙得很,顾不上。

【这些子】zhí xie zi(词)方位词,指这儿,这点。[例]把东西放在~就行了。

【这一向】zhí yi xiáng(熟)犹最近,这个阶段。[例]~忙,没给你打电话。

【值当】zhí dang(词)值得,合算。[例]花了钱能买到好东西,也~。

【值估】zhí gu(词)值得、有意义,相配。[例]跟那种人置气不~。

【纸被】zhí béi(词)指死人入殓前盖在身上的白纸。

【纸坊】zhí fang(词)自然村用词。[例]

朱家~(在李俊镇雷台村)。|李家~(在李俊镇侯寨村)。

【纸坊路】zhí fang lú(词)自然村名。在杨和镇惠丰村。

【纸里包不住火】zhí ni bāo bú zhú huò(词)比喻事实是掩盖不了的。

【纸牌漏了风，输得沟子松】zhí pai lóu le fēng,shū di gōu zi sōng(顺)比喻玩牌者最怕自己的牌被别人知道。

【纸票】zhí piao(词)旧指字据。

【纸上谈兵】zhí shang tàn bīng(词)比喻空谈理论,不解决实际问题。

【纸活】zhì huo(词)指办丧事时用彩纸扎制的花圈、纸幡、人马以及生活用品等。

【纸糊的】zhì hū di(词)比喻不坚固、不耐用的建筑物或物品等。[例]铁打的洪广营,~宁夏城。

【纸糊老鼠洞——自哄自】zhì hū lào chu dóng—zí hòng zí(歇)比喻自己欺骗自己。

【纸烟】zhì yān(词)即香烟。

【至多】zhí duō(词)指估计出来的最大限度。[例]看上去~15 岁。

【志一志】zhí yi zhí(词)指通过复称复量验证。[例]我怀疑他的秤不准,用公家的秤~。

【志验】zhí yan(词)犹验证、比对。[例]这种事我~得多了。

【志志子】zhí zhi zi(词)用非量具量出并记下物体的大致尺寸。[例]量个~子,回去照着做。

【制服呢】zhǐ fú nì(词)用粗毛纱织成的呢子,多为斜纹,质地紧密,主要用于做秋冬季制服。

【质原原子】zhí yuàn yuan zi (词)质问,对质,问清根源。[例]专门跑来~。

【质怨】zhí yuan(词)犹埋怨。[例]娘老子要把心拿公,否则要落儿女的~。

【质证】zhí zheng(词)犹凭据,证明人。[例]你说他偷的,有啥~?

【炙人呢】zhí rèng ni(词)火焰灼热、辐射的感觉。[例]炉子烧得~。

【治得了病治不了命】zhí de liao bíng zhí bú liao míng(熟)谓医生只能治病救人,无法保证病人不死。

【治不了病，要不了命】zhí bú liáo bíng,yáo bú liáo míng(顺)对某些假冒低劣药品的讽刺。

【置气】zhí qí(词)怄气,赌气,闹别扭。

【置家】zhí jiā(词)指创建家业,置办家产。[例]他不爱~,把钱全花在吃喝穿戴上了。

【指甲都抠通了】zhí jia dōu kōu tōng le(熟)比喻为达到某种目的而费尽心机。抠通:人爬行时因指甲着地而磨损出血。

【指甲裤裤子】zhí jia kú ku zi(词)指甲根部连着肉的地方。

【指甲子】zhí jia zi(词)即凤仙草,也叫指甲花。

【指头蛋子】zhí tou dàn zi(词)指(趾)

头肚儿。

【指头缝缝子撒的】zhí tou fēng feng zi sá di(词)形容东西太少,不敷使用。[例]你那几个钱,不够我~。

【指头似的一个】zhí tou xi di yí ge(熟)意为就一个子女,像指头一样重要、宝贵。[例]老俩就~娃娃,还早早走了(死了)。

【指向】zhí xiang(词)指可作为质押、还债的经济来源或抵押物。[例]你说到期还款没问题,先说说你的~在哪里?

【指着爷爷化布施】zhí zhe yè ye huá bú shi(熟)比喻打着某种旗号骗取施舍或帮助。

【指给】zhì gei(词)犹指定、分配。[例]把渠边的三亩田~儿子。

【指导员的挎包——盛(成)问题】zhì dào yuàn di kuá bāo—chèng(shèng) wéng ti(歇)俏皮话。比喻有问题或不像话。[例]我看你这个人是~!

【指东打西】zhì dōng dà xī(词)指说话文不对题或空言不实。[例]那个人说话老是~的,不能信。

【指鸡骂狗】zhì jī má gòu(词)比喻表面上骂这个人,实际是骂那个人。同指桑骂槐。

【指教】zhì jiao(词)指点,教导,教育。[例]人受~武艺高。

【指名道姓】zhì mìng dáo xíng(词)明确地说出或喊着名字。[例]站在门口~地骂。

【指屁吹灯】zhí pí chuī dēng(词)比喻靠不住或指望不上的人。

【指亲戚,靠邻居,肚子饿得拧绳绳】zhì qīng qi,kào lìng ju,dú zi wó di nìng shèng sheng(谚)谓过日子要靠自己的劳动和创造,完全依赖别人只会饿肚子。

【指山卖磨】zhì shān mái mó(熟)谓指着山上的石头向别人推销石(头)磨。比喻以似是而非的东西行骗。磨:用石头砸制的磨。

【指手画脚】zhì shòu huá jué(词)形容说话时用手脚示意,也比喻瞎指挥,乱加指点批评。

【指小姨子把后误了】zhì xiáo yi zi bá hóu wú le(谚)谓指望小姨子给姐夫生子留后是靠不住的。比喻自己的事要自己做,不能把希望寄托在别人身上。

【指指戳戳】zhì zhi chuó chuo(词)形容在背后指点讲说。[例] 自己检点些,免得叫别人~。

zhong

【中巴老腰里】zhōng ba lào yāo ni(熟)指半中间。[例]会开到~他才来。

【中不溜】zhōng bú liū(词)犹中等。[例]在同行里头,他的技术是个~。

【中干沟】zhōng gán gōu(词)永宁县排水沟之一。1972—1974 年开挖,起于望洪镇新桥滩,至杨和林场沟入黄河，全长 18.5 公里。

【中华民国】zhōng huā míng guo（词）即清朝灭亡至中华人民共和国建立期间的国家名称和年号。简称民国。

【中看不中用】zhóng kán bú zhōng yóng（熟）形容外表好看，没有实际用处的人或物。

【中农】zhōng nòng（词）旧时农村中占有土地和部分生产工具，一般不剥削他人，也不出卖劳动力的自耕农。

【中堂】zhōng tang（词）指挂在厅堂正中的大幅字画。

【中卫有个莫家楼，半截擩到天里头】zhōng wei yóu ge mó jiā lòu，bán jiè rú dao tiān lí tou（顺）"莫家楼"系民间传说，现为宁夏中卫市沙坡头区柔远镇莫楼村。

【中腰】zhōng yāo（词）自然村名，在望洪镇新华村。

【中银太铁路】zhōng yìng tái tié lú（词）中卫—银川—太原的铁路线。2011 年 1 月 11 日通车。路经永宁县。

【中中】zhǒng zhōng（词）犹中间、中心。[例]爸爸指着照片说："站在~的那个人就是你爷爷。"

【中风不语】zhóng feng bú yù（词）即脑卒中失语，常用于讽刺故意不说话或不回答别人提问。[例]为啥不说话，难道得了~了？

【忠臣】zhōng cheng（词）❶忠于君主的大臣。❷比喻对主子效忠的人。[例]狗是~，猫是奸臣。

【忠良】zhōng liàng（词）旧指效忠君主和国家的人。[例]报国~无下场。

【忠孝不能两全】zhōng xiáo bú nèng liàng quàn（谚）忠：古指忠君，现指忠于国家和人民。孝：孝顺父母。顾了忠就顾不上孝，常常不能两全。

【终究终了】zhōng jiu zhōng liào（词）犹最终，到头来。[例]老年不娶少年妻，~是他人的。

【终身大事】zhōng shēng dá shí（词）指关系自己一辈子的大事，多指婚姻，也指解决公职等问题。

【盅子】zhōng zi（词）泛指陶瓷茶杯酒杯等。

【钟头】zhōng tou（词）泛指时间。[例]有你磨蹭的~，早到学校了。

【种不上好庄稼是一年，娶不上好婆姨是一世】zhóng bú shang hào zhuāng jia shí yí niàn，qú bú shang hào pò yi shi yí shí（谚）谓夫妻要共同生活一辈子，所以男子在选择配偶时要特别慎重。

【种到石头上都开花】zhóng dao shí tou shang dōu kāi huā（熟）比喻人勤手巧，把种子撒到哪里都有收获。

【种稻见麦穗，割麦见稻穗】zhóng dáo jián miá suí，gé miá jián dáo suí（谚）旧时种植生长期短的稻、麦品种，经常出现这种现象。

【种瓜得瓜，种豆得豆】zhóng guā dé

guā,zhóng dóu dé dóu(谚)比喻造什么因,得什么果。

【种花】zhóng huā(词)即种牛痘(一种预防天花的有效疫苗)。

【种了别人的地,荒了自己的田】zhóng le biè reng di dí,huāng le zí ji di tiàn(熟)比喻只顾帮助别人,误了自家的事。

【种了个苦】zhóng le ge kù(熟)指花了好多时间和力气种出来的东西。[例]这些瓜~,叫一场冷子(冰雹)全给毁了。

【种上糜子能出谷子】zhóng shang mì zi nèng chú gú zi(熟)诘问语。犹谁生的娃娃能不像谁?比喻子女受父母的遗传和影响,在许多方面都很相像。

【种一葫芦打一瓢】zhóng yí hú lu dá yí piào(熟)形容土质不好,产量低。[例]剩下的都是些~的湖边地。

【种种子是真的】zhóng zhong zi shi zhēng di(熟)责骂语。比喻上代遗传给下代的品行。[例]~,奇随那个老子,坏透了!

【众口难调】zhóng kòu nàn tiào(词)比喻做某件事情很难让所有人都满意。

【众人的老子没人哭】zhóng reng di láo zi mú rèng kú(谚)比喻公共事业无人关心。[例]路冲坏了没人修,~啊!

【众人拾柴火焰高】zhóng rèng shí chài huó yán gāo(词)比喻人多力量大。

【众人是圣人】zhóng reng shí shéng reng(熟)谓人多智广,可以集思广益。[例]~,开个群众会,叫大家想想办法。

【众人抬船是个轻的】zhóng reng tài chuàn shí ge qīng di(谚)比喻让大家分担困难和任务,每个人的负担都会轻些。

【重车】zhǒng chē(词)指装载着货物的车。[例]~要开稳点,小心出事故。

【重腾腾】zhóng téng teng(词)形容东西掂在或提在手上有一定重量。[例]这只鸭子~的。

【准尺】zhóng chi(词)标准、准信儿。指说话。[例]他说话哪有~。

【准定】zhóng díng(词)肯定,一定。[例]今天他~来。

【准信儿】zhóng xíngr(词)指准确的消息。[例]找个可靠人,问个~。

【肿包子】zhòng bāo zi(词)对两腮凸出者的戏称。

【肿屄大象】zhòng bī dá xiáng(熟)形容不善言辞或口舌笨拙。

【准保】zhòng bào(词)肯定,准定。[例]只要坚持锻炼,病~能好。

zhou

【州有州官,县有县衙】zhōu yòu zhōu guān,xián yóu xián yà(熟)州、县指古时行政区划。比喻属于哪里管辖的事就到哪里去反映,去申诉,不要乱找。

【诌屄打卦】zhōu bī dà guá(词)比喻胡诌八扯，说不到点子上。

【诌屄凤】zhōu bī fěng(词)❶轻微骂词，犹表达不完整，不准确。[例]说不上个~，还爱说！❷自谦用语。犹制作的东西不合格，不完美。[例]我也做不出个什么~，别嫌弃，凑合着穿吧。

【诌屄日麦仁】zhōu bī rí miá reng(熟)比喻信嘴胡说。

【诌三打四】zhōu sān dà sí(词)比喻答非所问，信口乱说。[例]他年纪大了，说话~的，别问他。

【周家坑】zhōu jia kēng (词) 自然村名，在胜利乡先锋村。

【周郎妙计安天下，赔了夫人又折兵】zhōu làng miáo jí ān tiān xia，pèi le fū reng yóu zhé bīng(谚)比喻本想讨便宜，却受到双重损失。详见附一。

【周三径一，方五斜七】zhōu sān jīng yí，fāng wù xiè qí(熟)民间工匠计算圆周率和正方形四边与对角线长之比的口诀。

【周吴郑王】zhōu wú zhéng wàng(词)比喻毫不谦让地坐在不该坐的显要位置。[例]大人还没坐，娃娃倒~地坐到上岗子了。

【周折】zhōu zhe(词)波折，麻烦，不顺利。[例]当初要是听我的话，哪能费这么大的~。

【周正】zhōu zheng(词)端正，周到。[例]娃娃的头长得~得很。

【粥喽喽喽】zhōu lōu lōu lōu (词)唤鸡的声音。

【搊货子】zhóu huo zi(词)即木偶。比喻无主见、受人操纵的人。

【搊头日大脑】zhóu tou rí dà nao(熟)骂语。即装模作样、滥竽充数。[例]就你这个能力，还~的当队长呢！

【纣棍】zhóu gong(词)放在驴大腿后、尾巴下、两端用绳子与鞍子连接、防止鞍子前移的木棍。[例]为个驴~，砍倒紫荆树。

【咒人】zhóu rèng(词)祈求鬼神降祸于所恨之人。

【㤘得很】zhǒu di hèng(词)形容性情固执，不爱说话。[例]见了人~，好像谁跟有仇似的。

【搊】zhòu(词)❶指把东西往上举。[例]~旗。❷指怂恿、教唆。[例]叫旁人一~，就跟家里人闹。

【搊幡拉纤】zhòu fān lā qián(熟)指送殡的孝子们在棺材前面举着纸幡，牵着布纤，为亡灵引路。

zhu

【诸孔明】zhū kóng ming(词)即诸葛亮。[例]你比~都算得好！(有讽义)

【猪八戒】zhū bá jié(词)小说《西游记》中的角色。法号悟能，是唐僧的二徒弟。

【猪八戒不成事，就招了嘴上的祸】zhū bá jié bú chèng shí，jiú zhāo le

zuí shang di huò(谚)借古典小说《西游记》中因猪八戒多嘴饶舌而坏事的情节,比喻藏不住话,因言招祸。

【猪八戒放了个屁——一股子神气】zhū bá jié fáng le ge pí—yí gú zi shèng qi(歇)对神气十足者的讽语。

【猪罢嫌老乌黑】zhū bá xiàn láo wu héi(谚)比喻有同样缺点的人不要互相嫌弃。

【猪屄狗奶头】zhū bi gòu nái tou(熟)指一母所生的小孩,也比喻拖儿带母不利索。[例]我就不去了,~的不方便。

【猪鼻子插葱——装象】zhū bí zi chá cōng—zhuāng xiáng(歇)比喻装模作样。

【猪不啃的苤莲】zhū bú kéng di pié lian(熟)比喻长相过于丑陋的人。苤莲:一种根茎类植物,可做蔬菜。

【猪槽里没食猪咬猪】zhū cào ni mú shí zhū yào zhū(谚)比喻物质菲薄时,人与人之间矛盾增多。

【猪吃上花椒——闭了语了】zhū chí shang huā jiao—bí le yù le(歇)猪吃上花椒后叫不出声。常用来批评别人不积极发言或关键时刻不说话。

【猪得很】zhū di hèng(词)比喻不讲卫生,邋遢。

【猪的鼻子向着猪的牙】zhū di bí zi xiáng zhe zhū di yà(熟)比喻有共同信仰、爱好或利益的群体成员互相关照祖护。

【猪多没好糠,人多没好汤】zhū duō mú hào kāng,rèng duō mú hào tāng(谚)比喻集体灶的伙食比较粗糙,比不上人少的伙食精细可口。

【猪耳朵】zhū ér duo(词)车前草的幼苗,野菜之一,煮熟可食。

【猪耳葪葪,上锅窑窑,烧滚水水,烫猪毛毛】zhū er dào dao,sháng guō yào yao,shāo gòng shuí shui,táng zhū mào mao(儿)指将车前草的幼苗放在开水里煮熟。"猪耳葪葪"见"猪耳朵"条。葪为同音借用字。

【猪疙瘩】zhū gé da(词)❶窝囊,不讲卫生。❷不爱说话,性格孤僻。[例]是个一锥子扎不动的~。

【猪拱拱】zhū gòng gong(词)猪的上嘴唇,可拱掘泥土。

【猪狗不如】zhū góu bú rù(词)形容人格低下,品行极坏。

【猪灌肠】zhū guán chang(词)指用猪肠子自制的香肠。

【猪克郎】zhū ké lang(词)指半大的猪。

【猪没骨头靠墙走】zhū mú gú tou káo qiàng zou(熟)讽语。比喻事事依附他人。有时也用于赌气。[例]我~呢,离了你照样行!

【猪懞了还甩甩耳朵呢】zhū mēng le hài shuài shuai ér duo ni(熟)对做事笨拙者的讽语。

【猪气】zhū qi(词)比喻死气,不活泛。

【猪气疙瘩】zhū qi gé dá(熟)形容女人话少,死气,不活泛。[例]~的,家里来了亲戚也不问一声。

【猪屎羊鞭子】zhū qiu yàng biān zi(熟)形容木头不直或挖的沟渠弯曲多。

【猪肉干饭】zhū rou gān fan (词)指用掺有大肉的炒菜就米饭。干饭:米饭。

【猪少卖了钱】zhū sháo mái le qiàn (熟)对争吵的诙谐说法。常用于制止吵闹或劝架。[例] 你们吵啥呀,难道~?

【猪生狗独】zhū sēng góu dú(词)本指动物互相欺生。比喻人孤僻、冷漠、不合群。

【猪捅棍】zhū tōng gong(词)猪屠夫所用的细铁棍。生猪宰杀后,用~在猪皮下捅出气道, 吹进空气使猪体鼓胀,便于脱毛。

【猪娃娃】zhū wà wa(词)即猪崽。

【猪往前拱,鸡往后刨,各有各的门道】zhū wáng qiàn gòng,jī wáng hóu pào, gé yóu gé di mèng dao(谚)比喻每个人都有谋生方法和手段。

【猪瘟】zhū wēng(词)俗称烂肠瘟,是由黄病毒科猪瘟病毒属的猪瘟病毒引起的一种急性、发热、接触性猪类传染病。

【猪窝】zhū wō(词)❶猪睡觉的地方。❷比喻居所或床铺邋遢窝囊。

【猪嫌狗不爱】zhū xiàn góu bú ái (熟)比喻小孩过于调皮或当家主事者得罪人多,惹得大家不喜欢。

【猪眼窝】zhū yán wo(词)比喻没眼力,分不清真假好坏。

【猪嘴搭在驴槽上——搭了个高】zhū zuǐ dá zai lǜ cào shang—dá le gé gāo (歇)比喻自不量力,想得高。

【竹篮打水一场空】zhú làn dà shuí yí chàng kōng(熟)比喻费了力却没效果。

【竹马子】zhú ma zi(词)社火中的~舞蹈。比喻走路轻捷迅速。[例]小孙子跑得跟~似的。

【竹皮暖壶】zhú pì nàn hù(词)指竹壳热水瓶。

【主角子】zhú jue zi(词)家庭或单位里起骨干作用的成员,也指戏曲里的主角。

【主雅客来勤】zhù yá ká lài qìng (谚)谓主人热情周到,客人才愿意多来。

【主麻日】zhù ma rí(词)指伊斯兰教的星期五聚礼日。

【主袄子】zhùo ao zi(词)永宁回族用语,即棉袄。

【主儿】zhùr(词)对某种人的蔑称,犹货色。[例]不是好对付的~!

【碱得很】zhú di hèng(熟)笨拙,不灵巧。[例]我这个人~,不会干巧妙活儿。碱:柱子下面的石墩。

【磞根子】zhù gēng zi （词）愚蠢，笨拙。也用于自谦。[例]我是个~，不会做细致活。磞：柱子下面的石墩。

【煮熟的鸭子飞了】zhǔ shú di yá zi fēi le（谚）比喻已到手的东西失去了。[例]新娘子一逃婚，等于~。

【柱基石】zhú jī shi（词）即垫在柱子下面的石头，用于防潮、防腐、防蛀。

【伫天伫地】zhù tiān zhù dí（词）形容人个子高。[例]才十八岁，就长得~的。

zhua

【抓兵】zhuā bīng（词）旧军队强抓公民服兵役。

【抓茶】zhuā chà（词）回族茶俗。即给盖碗内配放各种茶料，并摆放到客人面前，沏上开水。

【抓的】zhuā di（词）即抱养的。[例]这个娃娃虽然是~，可比亲生的还贵重。

【抓的哥哥，抱的姐姐】zhuā di gē ge，báo di jié jie（熟）泛指领养的子女。有靠不住的意思。

【抓赌】zhuā dù（词）指捉拿赌徒，查禁赌局。[例]开展了为期一周的~行动。

【抓饭】zhuā fan（词）回族饮食名称。回族穆斯林宴席最后端上桌的一道饭。用江米及桂花、核桃仁、苹果片、梨片、葡萄干、枸杞、红枣等做成，现在多称作甜饭，以区别于新疆的抓饭。

【抓狗儿子看狗母子】zhuā gòu èr zi kán gòu mú zi（谚）比喻说媳妇要看其父母的人品。

【抓官差】zhuā guān chāi（词）比喻假借公事临时派差。[例]我们的人都是拿钱雇来的，你别想~（白用）。

【抓阄】zhuā jiū（词）指从预先做了记号的纸卷或纸团中每人取一枚，以决定谁该得到什么或做什么。

【抓牌】zhuā pài（词）麻将术语，即揭牌。

【抓天捞地】zhuā tiān láo dí（词）形容小孩顽皮好动的样子。

【抓挖】zhuā wa（词）指调教、使唤牲畜或其他动物。[例]从小爱~个牲口。

【抓娃娃】zhuā wà wa（词）即抱养孩子。[例]两口子结婚几年不生养，想到医院里抓个娃娃。

【抓瞎】zhuā xiā（词）形容事前没准备，临时忙乱着急。

【抓小辫子】zhuā xiáo bián zi （词）比喻抓住缺点作为把柄。

【抓养】zhuā yang（词）犹抚养。[例]爹妈把我们~了这么大。

【抓药】zhuā yué（词）指司药按处方称取中药，因要用手抓，故称。

【抓抓挖挖】zhuā zhua wá wa（词）形容男女间打闹玩耍。

【抓屎抓尿】zhuā shì zhuā niáo （词）形容抚养子女的艰辛。[例]父母~把我们养了这么大，容易吗？

【髽角子】zhuā ge zi（词）即髽髻，妇女盘在脑后的头发。

zhuai

【跩实】zhuái shi(词)形容体型胖而结实。

zhuan

【专业户】zhuān ye hú(词)指农村专门或主要从事某种生产活动的农户。[例]养鱼~。

【砖包城】zhuān bāo chèng(词)指墙的四角包砖、主体墙砌土坯的平房。

【砖茶】zhuān chà(词)指压成砖块状的茶叶。[例]阿左旗的人爱喝~。

【砖根子】zhuān gēng zi(词)旧时农村盖房,在基石和土坯墙间砌几层砖(一般为3—5层),起防潮和美观作用。

【砖头打石头——实打实】zhuān tou dá shí tou—shí dá shí(歇)指说话做事实实在在。

【砖头瓦块】zhuān tou wá kuái(词)犹破砖烂瓦,也用来比喻土壤僵硬。

【转的】zhuán di(词)即佛教所说的转生、转世。常在嗔怪、斥责、辱骂时使用。[例]饿死鬼~(贪吃)。

【转业军人】zhuán yé jiōng rèng(词)指直接从部队转入地方分配工作的三期以上士官、军官及文职干部。

【转正】zhuán zhéng(词)❶指某些组织的非正式成员变成正式成员。[例]新招员工试用期满即可~。❷由副职转为正职。

【转帮】zhuǎn bāng(词)指鞋帮和鞋底裂开。[例]鞋~了,趾头露出来了。

【转出转进】zhuǎn chú zhuǎn jíng(熟)形容心神不宁,出来进去地不停走动。

【转麸子城】zhuǎn fū zi chèng(词)丧葬祭奠内容之一,又称"越狱"。即用麦麸在地上画一个卍字形的"城",由道士带领孝子们在"城里"反复疾走,以将死者灵魂引向冥间大道。

【转筋】zhuǎn jīng(词)肌肉痉挛,抽筋。[例]我的腿子老~。

【转了一辈子锅台】zhuǎn le yí béi zi guō tài(熟)比喻做了一辈子家庭妇女,煮了一辈子饭。

【转磨磨】zhuǎn mō mo(词)形容着急却想不出办法,在原地来回走动。[例]急得在地上~。

【转脑子】zhuǎn náo zi(熟)嗔语。指头脑糊涂,不灵活,认死理。

【转盘路】zhuǎn pàn lú(词)指便于车辆交错行驶、不致拥堵的盘旋道路,如立交桥等。

【转陀螺亲】zhuǎn duo luo qīng(词)指比来比去的远亲。

【转弯子】zhuǎn wan zi(词)犹主意,心计。[例]脑子里~特别多。

【转湾】zhuǎn wan(词)地名用词。[例]李家~(在李俊镇古光村)。

【转向】zhuǎn xiáng(词)犹迷失方向。[例]每次来到这里就~。

【转颜转色】zhuǎn yàn zhuǎn sé(词)

比喻因情绪变化而引起的面部表情变化。

【转转】zhuǎn zhuan(词)随便走走看看，也用于邀请亲戚朋友到家里坐坐。[例]有空到我家~。

【转庄子】zhuǎn zhuāng zi(熟)指小手艺人到村庄里招徕生意。

【转字】zhuǎn zi(词)指手工纳制鞋帮的一种图案。

【转弯抹角】zhuàn wān mó jué (词)❶形容沿着曲折的道路走。❷比喻曲折隐晦的话。[例]~地说了许多废话。

zhuang

【庄户人家】zhuāng hu rèng jia(词)指农民。[例]~三件宝,鸡叫狗咬娃娃吵。

【庄户人家三件宝,鸡叫狗咬娃娃吵】zhuāng hu rèng jia sān jián bào,jī jiáo gòu yào wà wa chào(熟)旧时农民的一种自我满足说法。也比喻静怡、安详、淳朴、快乐的农家生活。

【庄户人家生得犟,不置铺盖光置炕】zhuāng hu rèng jia sēng di jiáng, bú zhí pū gai guāng zhí káng(谚)指旧时农民无钱置办被褥,只能把土炕烧热取暖。

【庄家】zhuāng jia(词)指某些牌戏或赌博中每一局的主持人。

【庄稼成了】zhuāng jia chèng le(熟)指农业丰收。成了:收成好。

【庄稼活】zhuāng jia huò(词)即农业生产劳动。[例]他是干~的把势。

【庄稼一枝花,全靠粪当家】zhuāng jia yí zhī huā,quàn káo fěng dāng jiā (谚)比喻庄稼要增产,就要多施肥,合理施肥。

【庄田地】zhuāng tiàn dí(词)指农田和农活。[例] 看了《西游记》,误了~。

【庄子】zhuāng zi (词) ❶自然村用词。[例]张家~(在胜利乡先锋村)。|解家~(在望洪镇农丰村)。❷村庄。

【庄子上】zhuāng zi shang(词)城里人对农村的泛称。[例]~来了一伙亲戚。

【装大头毛虫】zhuāng dá tou mào chòng(熟)比喻冒充有地位或某方面的能力。

【装蒜】zhuāng suán(词)比喻装糊涂,装腔作势。[例]真会~,明明知道,却说不知道!

【装大尾巴狼】zhuāng dá yí ba làng (熟)对不懂装懂、装腔作势者的讽语。

【装疯卖傻】zhuāng fěng mái shà(词)为了避祸或其他原因,故意装作疯癫痴傻。

【装哄】zhuāng hong(词)犹假装、欺骗。[例]起来吧,别~了,知道你没睡着。

【装乎式样】zhuāng hu shí yáng (词)犹装模作样,假装。[例]~的说是有了病,实际上没病。

【装进去】zhuāng jíng ke(词)有意无

意地把别人或自己牵连进去。[例]说话稍不小心,就把自己~了。

【装老的衣裳】zhuāng láo di yī shang(词)指寿衣。[例]早把~准备下了。

【装聋作哑】zhuāng lòng zuó yà (词)指装作没听见,故意不说话。

【装聋作哑最为高,嘴尖毛长是非招】zhuāng lòng zuó yá zuí wèi gāo,zuì jiān mào chàng shí fēi zhāo(顺)一种明哲保身、遁世避嫌的做法。嘴尖毛长,比喻遇事爱多嘴。

【装模作样】zhuāng mò zuó yáng(词)做作,故作姿态。

【装腔作势】zhuāng qiāng zuó shí(词)拿腔拿调,故意做作,借以唬人或引起人的注意。

【装人】zhuāng rèng(词)犹体面、争气。[例]礼物买贵点,~!

【装神弄鬼】zhuāng shèng nóng guì (词)❶假扮鬼神给人禳灾治病。❷装鬼神吓唬人。比喻玩弄手段蒙骗人。

【装孙子】zhuāng song zi(词)❶装可怜相。❷被迫顺从、服软。[例]该~的时候也得装。

【装洋蒜】zhuāng yàng suán(词)装腔作势,装糊涂。

【装腰包】zhuāng yāo bāo(词)装入私囊。[例]我又没把钱~,有什么错?

【壮得很】zhuáng di hèng(词)回族用语,指肉肥。回族忌猪肉,猪肉多肥膘,故在说肉肥时不说"肥"而说"壮"。[例]这个羊~哪!

【壮胆子】zhuáng dán zi(词)帮助对方使之胆子大。[例]姐夫出差不在,姐姐胆子小,叫我晚上到她家,给她做伴~。

【壮丁】zhuáng dīng(词)年轻力壮的男子。特指国民党统治大陆时期参军入伍的青壮年男子。[例]抓~。

【状子】zhuáng zi(词)即民事起诉状。[例]把~递到法院。

【壮枕头】zhuáng zhéng tou(词)指旧时用荞麦皮、稻壳、胡麻稳等充填枕头。

【奘米】zhuàng mi(词)颗粒大而整齐的稻米。[例]筛些~送朋友。

zhui

【追根问底】zhuī gēng wéng dì(词)犹问清情由和底细。

【追节】zhuī jié(词)民俗,男女定亲后,每逢重大节日,准女婿要带着礼物到女方家拜望岳父母。

【锥子扎不动地的时候】zhuī zi zhá bú dóng dí di shì hou(熟)比喻土地完全冻结的严冬。

【坠子】zhuí zi(词)❶吊在下面做装饰的小件。[例]耳~。❷流行于河南等地的一种曲艺,因主要用坠琴伴奏而得名。

【赘肉】zhuí róu(词)指动物或人肚皮上松弛多余的肉。

【拽上】zhuí shang(词)拉扯,结伴。

［例］走哪里非把妹妹~。

【拽展】zhuí zhàn（词）拉、扽、拽。［例］把绳子~。

zhuo

【捉个虱子也是双眼皮】zhuó ge shé zi yé shi shuāng yàn pì（熟）对自吹自擂者的讽语。双眼皮：形容眼睛长得好看。［例］就你日能，~！

【捉掀】zhuó xiān（词）"花花子"术语，出牌人故意将别人"吃"不了的大牌分次发出。一旦"掀"牌人失败，便要多出"掀"钱。

【捉贼捉赃，捉奸捉双】zhuó zèi zhuó zāng，zhuó jiān zhuó shuāng（谚）比喻要以证据说话。

【捉住的不放，放开的不望】zhuó zhú di bú fáng，fáng kāi di bú wáng（熟）指抓住老实人就让其拼命干，而对溜号躲猾者不加过问。比喻领导无方。

【捉住鸡巴跳小渠子】zhuó zhu jī ba tiáo xiáo qu zi（熟）鸡巴：男子的生殖器。小渠子：很窄的渠沟。形容生怕掉到渠里。比喻过于谨慎小心。

【桌帏】zhuó wei（词）指围在桌子周边的布或绸缎装饰物。［例］没吃过勒（liá）~的席（比喻没见过世面）。

【桌子板凳一样高——平起平坐】zhuó zi bàn deng yí yáng gāo—pìng qì pìng zuó（歇）比喻地位相当。

【着气麻话】zhuó qi mà huá（熟）指招气、受气。［例］快分家吧，搁在一搭里~的，图啥呢？

【着耳】zhuó èr（熟）有意识、专心地（听）。［例］他说话的时候我没~听，所以没印象。

【着急三忙】zhuó ji sān màng（词）形容急急忙忙、慌慌忙忙。［例］~的能炸好个馍馍？

【着了一肚子瞎气】zhuó le yí dú zi xiá qí（熟）着：受到。瞎气：冤枉气。

【着气】zhuó qí（熟）指受了气。［例］有心脏病的人最怕~。

【着气筒子】zhuó qi tóng zi（词）指引起矛盾、纠纷的物品。［例］买了个摩托车，一家子人都争着骑，简直成了个~！

【着实】zhuó shi（词）形容继续进行且程度加重。［例］工作才开了个头，以后的困难~多着呢！

zi

【姿格】zī ge（词）比喻娴静文雅有礼貌。［例］这个娃娃~得很。

【姿势】zī shi（词）表情，神态，样子。［例］看你那个~！

【吱里哇啦】zī li wā lā（词）形容吱哇乱叫的声音。［例］猪饿得~乱叫呢。

【孳蔓】zī man（词）即繁衍孳生。［例］先买个乳牛，慢慢就~多了。

【滋润】zī rong（词）❶保持湿润。❷过得舒服自在。［例］活得真~！

【吱声】zí sheng(词)做声,吭声,说话。[例]问了几遍不~。

【髭胡】zí hu(词)指男子上嘴唇的胡子。

【只愁经念不下,罢愁没人给供养】zí còu jīng nián bu xiá,bá còu mú rèng géi góng yang(熟)念经:指阴阳、道士诵经。供养:念经时供奉的馒头。比喻只要把活计做完,不要担心没报酬。

【只愁前头的路不平】zí còu qiàn tou di lú bú pìng(熟)比喻为了赶路或完成任务,只希望道路平坦、工作顺利,不考虑别的。

【只愁养,不愁长】zí còu yàng,bú còu zhàng(熟)指只要能生下孩子,不愁长不大。

【只顾低头拉车,不顾抬头看路】zí gú dī tòu lā chē,bú gú tài tòu kán lú(谚)比喻只埋头具体事务,不看方向和大局。

【只看见苍蝇噙的,没看见骆驼驮的】zí kán jian cāng ying qiè di,mú kán jian luó tuo tuò di(熟)噙:用嘴叼。比喻堵塞漏洞只看到小的没抓住大的。

【只听锅碗响,不见饭上来】zí tīng guō wàn xiàng,bú jián fán sháng lai(熟)❶形容做饭磨叽。❷比喻只做样子,没有实际效果。

【只有个再一再二,没有个再三再四】zí yóu ge zái yí zái ér,mú yóu ge zái sān zái sí(熟)指事不过三。

【只有耕不完的地,没有累不死的牛】zí yòu gēng bu wàn di dí,mú yòu luì bu sí di niù(谚)提醒人们要保持体能,珍惜性命,劳逸结合。

【只有九十九,没有一百一】zí yóu jiú shi jiù,mú yóu yí bia yí(熟)❶比喻设想和实际总有差距。❷指物资经过转运捎带,只会减少,不会增加。

【只有千年的名,没有千年的人】zí yòu qiān niàn di mìng,mú yòu qiān niàn di rèng(谚)谓人的生命是有限的,而身后的名声是长久的。从这个意义上说,名声比生命还重要。

【只有误了的庄稼,没有误了的官司】zí yòu wú le di zhuāng jia,mú yòu wú le di guān si(谚)谓种庄稼受季节限制,不能耽误农时;而打官司不受季节限制,什么时候都可以进行。

【只有享不了的福,没有吃不了的苦】zí yòu xiàng bú liáo di fú,mú yòu chí bu liáo di kù(谚)谓某些福分可能享受不到或不会享受,而只要愿意吃苦,人人都能做到。

【只有用不完的劲,没有花不完的钱】zí yóu yóng bu wàn di jíng,mú yòu huā bu wàn di qiàn(谚)谓人的力气可以再生,而钱财再多也有花完的时候。

【姊儿妹子,各锁柜子】zìr méi zi,gé suó guí zi(谚)指即使是同胞姊妹,出嫁后也是各巴各的光阴,各管各的钱物,互不掺和。

【籽子子】zí zí zi(熟)指子粒。[例]菜~。

【紫羔子皮】zí gāo zi pì(词)指一种黑色的二毛皮。

【紫河车】zí hé chē(词)中药名。用人的胎盘(胞衣)加工而成。

【紫花子】zí hua zi(词)一种植物的花,旧时用其熬水染白布。

【紫金花纸业】zì jīng huā zhí yé(词)即宁夏紫荆花纸业有限公司,始建于1989年。以制浆和生活纸制造为主。

【紫皮蒜】zí pi suán(词)即红皮蒜,辣味较浓,与白皮蒜相区别。

【紫肉】zí rou(词)即瘦肉。

【滓泥】zī mì(词)指水底长期沉淀沤积的黑泥。

【自不觉】zí bú jué(词)即不自觉,没有觉察到或故意装糊涂。[例]大家都笑你呢,你还~。

【自产自销】zí chán zí xiāo(词)即自己生产、自己销售产品。

【自打】zí dà(词)犹自从。[例]~结了婚,就不往外头乱跑了。

【自大一点臭】zí dá yí dián chóu(熟)以"臭"字由"自""大"和一点组成,讽刺骄傲自大的人。

【自古英雄出少年】zí gù yīng xiong chú sháo niàn(谚)谓从古至今的许多英雄人物,在很小的时候就做出不凡的业绩,显露出英雄本色。

【自己不小心,惊动四邻】zí ji bú xiáo xīng,jīng dong sí lìng(熟)谓行事要小心,免得一家出事,惊扰周围的人。

【自己的事自己了】zí ji di shí zì ji liào(熟)指自己惹下的麻烦自己了结。

【自己的娃娃乖,别人的庄稼歪】zí ji di wà wa guāi,biè reng di zhuāng jia wāi(熟)一种偏爱自己儿女、羡慕别人庄稼的心理反应。乖:听话、机灵。歪:长势茂盛。

【自己方便,与人方便】zí ji fāng bian,yù ràng fāng bian(熟)谓做事不仅要考虑是否有利于自己,还要考虑会不会给别人带来不便。

【自己给自己套笼头】zí ji gèi zí ji táo lòng tou(熟)犹弄巧成拙,作茧自缚。

【自己人】zí ji rèng(词)比喻一家人或值得信赖的人。[例]都是~,有话尽管说。

【自己一身猴毛,还说别人是妖怪】zí ji yí shēng hòu mào,hài shuó biè reng shi yāo guái(谚)比喻不说自身毛病,专挑别人缺点。

【自己养下的】zí ji yáng xia de(熟)指亲生子女。[例]~,能推给谁呢?

【自己种一耙,强比给人苦一夏】zí ji zhóng yí bá,qiàng bì gèi rèng kú yí xiá(谚)旧指自己种一耙宽的地,也比给别人打一夏天短工收入多。

【自苦自吃】zí kù zí chí(词)指自己劳动养活自己。

【自留畜】zí liù xú(词)合作化后留给

农民个人饲养的牲畜，产品归个人所有，后来全部收归集体。

【自留地】zí liù dí(词)指农业集体化后留给农民个人耕种的少量土地，产品归个人所有。

【自留地里打冲锋，集体地里养精神】zí liù dí ni dà chōng feng,jí tǐ dí ni yàng jīng sheng(顺)形容社员在自留地和集体地里干活的不同态度。

【自鸣钟】zí mìng zhōng(词)泛指带有闹钟的时钟。

【自摸】zí mō(词)打麻将术语。即通过自己揭牌而和牌，可赢双倍的钱。

【自然】zí ràn(词)❶当然。[例]你是他老子，他~听你的。❷表情自若，不拘束。[例]刚整了容，见了熟人显得很不~。

【自然而然】zí ràn èr ràn(词)必然会这样。[例]工夫下到了，~就成了。

【自身难保】zí sēng nàn bào(词)指自己的生命安全没保障。[例]自己都~了，还顾得上别人？

【自生自灭】zí sēng zí nié(词)形容自然地发生，自然地消亡。[例]对民间艺术如果不加保护，就会~。

【自始至终】zí shì zhi zhōng(词)指从开始到结束。

【自言自语】zí yàn zí yù(词)形容自己对自己说话。

【自以为是】zí yì wèi shí(词)总以为自己的想法、说法、做法正确，听不得别人意见。

【自由散漫】zí yòu sán mán(词)形容不接受制度约束，不守纪律。

【自由市场】zí yòu shí chàng(词)❶农贸市场的俗称。❷经济学指金钱、货物的流动完全根据所有者个人意愿进行。

【自找对象】zí zhào duí xiáng(词)指自己做主恋爱并结婚。与包办婚姻相对。

【自知之明】zí zhī zhi mìng(词)指对自己的优点和缺点都有透彻了解，能正确评价自己。[例]人贵有~。

【自作聪明】zí zuó cōng ming (词)指自以为聪明，过高地估计自己，以致做出错误决定，采取错误行动。

【自作多情】zí zuó duō qìng(词)❶一厢情愿地做出种种表示，想以此博得对方欢心。❷自以为对方对自己有好感。

【自作自受】zí zuó zí shóu(词)指自己承担所犯错误的后果。

【字对】zí dui(词)悬挂于正屋正中墙壁上的题字或对联。常以"中堂字对"连用。

【字力】zí li(词)对文化水平或写作能力的俗称。[例]他~好，叫他写。

【字镘】zí mán(词)指硬币的正面(字)和背面(镘)。

【字是黑狗，越描越丑】zí shi héi gòu, yué miào yué chòu(熟)谓毛笔字写完不要描画，否则越描越不好看。

【渍】zí(词)❶尘垢沾积在物体上。[例]箱盖上~了一层垢茧。❷颜色深。[例]这个布的颜色太~。

【子曰】zī yuē(熟)本指“孔子曰”,引申为说法、理由等。[例]今天说不出个~来,我们就不走!

【子不教，父之过】zí bú jiáo,fú zhi guó(词)指养了儿子不教育,是父亲的过错。

【子盖】zí gai(词)指棺材底部较薄的副盖。

【子丑寅卯】zì chòu yìng mào (熟)比喻原委、名堂、理由。[例] 一定要叫他说出个~来!

【子母扣】zì mu kóu(词)一种由金属制成、凸凹相嵌的纽扣。又名暗扣。

【子孙后代】zì sōng hóu dái(词)指一个祖先传下来的后裔。

【仔细】zì xi(词)指过日子(花钱)节俭、细心。

zong

【怂子为匪】zóng zì wèi fēi(词)指怂恿子女做坏事。

zou

【诹——】zōu(词)呼唤人的声音(向远处呼唤时带拖音)。

【走不了大流】zóu bú liao dá liù(熟)即大致不错,大方向不错。

【走不脱】zóu bú tuó(熟)因有人看守或监视而离不开(逃不了)。

【走处】zóu chu(词)指可去的地方,多指闲游或串门。[例]除了女儿家,再也没个~。

【走到浪里】zóu dao láng ni(词)比喻事情进行到高潮或人相处得正热火。[例]俩人正~。

【走到天尽头】zóu dao tiān jing tòu(熟)❶比喻走到很远的地方。❷谓不管走到哪里。

【走的走,散的散,谁家子不回沟门子烂】zóu di zòu,sán di sán,shuì jià zi bú huì gōu meng zi lán(儿)旧时农村儿童晚上玩耍结束时督促各回各家的话。

【走犊】zóu dú(词)即母牛发情。

【走个门子，吃一盆子】zóu ge mēng zi,chí yi pèng zi(熟)谓刚吃过饭走到另一家,还能吃一盆子。常做盛情劝人吃饭用语。

【走个外头】zóu ge wái tou(词)上厕所的隐语。

【走旱路】zóu hán lú (词) 肛交的代语。[例]不走“水路”~。

【走后门】zóu hóu mèng(词)比喻利用职权或托关系等非正规途径办事购物。[例]这个东西是~买来的。

【走了】zóu le(词)死了的隐语。[例]别输液了,叫我早点~算了。

【走扇】zóu shán(词)指门扇、窗扇由于质量差或变形等原因而自动开启。

【走上水】zóu sháng shuì(熟)比喻处于有利地位。[例]这几年他一直~。

【走投无路】zóu tou wù lú(词)比喻处境极其困难,找不到出路。[例]要不是到了~的地步,也不会找你。

【走脱了】zóu tuó le(词)犹逃脱。[例]多亏你来搭救,我才~。

【走一处不如守一处】zóu yí chù bú rù shóu yí chù(谚)❶劝寡妇最好不要改嫁的话。❷谓固定住户最好不要迁往别处。均有求稳怕变的意思。

【走账】zóu zháng(词)把新发生的会计事务登记到账簿上。

【走着瞧】zóu zhe qiào(词)犹等着看。表示胸有成竹、绝不让步的意思。[例]不信,咱们~!

【走着一个计,站着一个计】zóu zhe yí ge jí,zhán zhe yí ge jí(熟)形容诡计多端。

【奏了一本】zǒu le yí bèng(词)旧时大臣向皇上提建议,现指向上级告状。

【绉巴巴】zǒu bá ba(词)指衣服或织物抽搐、起皱。

【走大路的】zòu dá lú di(熟)路人,局外人。[例]家里的活你不干,难道叫~来干?

【走坟】zòu fěng(词)回族丧葬习俗,又叫"游坟"。一般在聚礼、节日会礼之后或亡人的生辰、忌日,家人(男性)请阿訇前往坟地念经,以尽搭救亡人之责。

【走风】zòu fēng(词)❶透风,漏风。[例]被子没窝严,~着呢。❷走漏消息。

【走孤了】zòu gū le(词)形容形单影只,没有同伴,易受坏人袭击。[例]万一~,碰上坏人咋办?

【走话】zòu huá(词)说话泄露秘密或互相传话。[例]说个不~的话,两个人早就勾搭上了。

【走江湖】zòu jiāng hu(词)指闯荡江湖,卖艺为生。

【走街】zòu gāi (词) 即赶集、上街。[例]今天插完秧,明天~。

【走街串巷】zòu gāi chuán háng(词)形容走遍城乡的大街小巷。[例]挑着货郎担子~。

【走驹】zòu jū(词)母马母驴发情。

【走路哼哼哼,吃饭嗵嗵嗵】zòu lú hēng hēng hēng,chí fán tōng tōng tōng(谜)对猪的生活习性的形容。

【走马观花】zòu mà guān huā(词)比喻大略浏览或粗略视察。

【走马上任】zòu mà sháng réng(词)旧指官吏到任,现比喻接任某项工作。

【走门户的】zòu mèng hu di(词)指走乡串户做生意或耍手艺的人。[例]~人,不讲究吃喝。

【走南闯北】zòu nàn chuáng béi (词)形容到过的地方很多,见过世面。

【走娘家】zòu niàng jia(词)即回娘家。[例]三天两头~。

【走时】zòu shì(词)指兴时,走运。

【走时的先生瞀的回头的病】zòu shì di xiān seng māo di huì tòu di bíng(熟)比喻正好碰到形势好转，收到事半功倍的效果。回头病：已经好转的病。

【走势】zòu shi(词)比喻表现。[例]这回就看你的~。

【走田】zòu tiàn(词)即下地，出工。[例]妈，我~呢，你把娃娃看好。

【走窝】zòu wō(词)指猫的发情和交配。

【走形式】zòu xìng shi(词)指表面上经过某种形式敷衍了事。[例]说是招投标，实际是~。

【走学房】zòu xué fang(词)旧指上学。

【走羊】zòu yàng(词)一种简单的棋类，棋子儿就地取材，随地可弈。也叫老虎吃羊。

【走夜路唱曲子——给自己壮胆呢】zòu yé lú cháng qú zi—gèi zí ji zhuáng dán ni(歇)对自我壮胆的揶揄。

【走油】zòu yòu(词)指狗发情、交配。

zu

【租子】zū zi(词)特指旧时地主向农民收取的地租。

【足心】zú xing(词)满足之心。[例]人要有~，不能太贪婪。

【卒子过河顶个车】zú zi guó hè díng ge jū(谚)比喻地位卑微者如环境适宜，也能发挥大作用。

【组织军事化，行动战斗化，生活集体化】zú zhi jiōng shi huá，xìng dong zhán dóu huá，sēng huo jí tí huá(熟)"大跃进"时期对社员的要求。

【祖太太】zú tái tai(词)高祖母。

【祖太爷】zú tái ye(词)高祖父。

【祖宗】zù zong(词)❶家族中的先人。[例]老~。❷某方面有特长的人。[例]吃肉的~。❸长者自称。[例]~是你欺负的！

【玊住】zú zhu(熟)用东西把孔洞塞(堵)住。[例]拿柴草把涵洞~。|为啥不说话？难道嘴叫东西~了？

【玊子】zú zi(词)即塞子。[例]瓶~。玊：堵塞。

【助力】zú lí(词)犹帮助，支持，扶助，怂恿。[例]他(她)敢这么做，是有人在后头~呢。

zuan

【钻】zuān(词)指经常或长时间待在某个地方。[例]你天天~在麻将馆里，日子还过不过呀？

【钻辈历】zuān běi li(词)指自降辈分。[例]既然想攀亲，就别怕~。

【钻到钱眼里了】zuān dao qiàn yán ni le(熟)比喻爱钱如命。[例]简直~！

【钻狗洞】zuān góu dong(词)指男子生活作风不正。也指长辈乱伦。[例]一辈子净做~的事！

【钻关】zuān guān(词)指从别人两腿间钻过，多用于儿童游戏。

【钻天柳】zuān tiān liù(词)杨柳科柳属植物,落叶乔木,树干较直,高大,树形优美,生长速度快,可做绿化树种。

【钻天入地】zuān tiān rú dí(词)指对突然失踪的不解和诧异。[例]刚才还在这里,突然不见了,难道~了?

zui

【嘴笨得棉裤腰似的】zuí béng di miàn kú yāo xi di(熟)形容笨嘴拙舌。

【嘴不饶人】zuí bú rào rèng(熟)争胜好强,善于斗嘴,不肯忍让。

【嘴不稳】zuí bú wèng(熟)指不善于保密。

【嘴不值钱】zuí bú zhí qiàn(熟)比喻不守秘密,爱传闲话,搬弄是非。

【嘴臭】zuí chóu(熟)比喻出口就伤人。[例]人是个好人,就是~,容易得罪人。

【嘴大吃四方】zuí dá chí sí fāng(谚)民间认为嘴大的人有口福,走到哪里也饿不着。(唯心)

【嘴淡了】zuí dán le(词)对闲极无聊、说出令人不快的话的人的斥语。

【嘴淡了,盐串了,小米子干饭撇烂了】zuí dán le,yàn chuán le,xiào mi zi gān fan pié lán le(顺)义同"嘴淡了"条。

【嘴咕嘟嘟】zuí gu dū dū(词)❶形容因无人陪伴而感到冷清。❷没东西给客人吃,让客人干坐着。[例]娃娃来了没个吃的,~的。

【嘴叫鳔粘住了】zuí jiáo biáo zhān zhu le(熟)嗔怪语。犹为什么不辩解?鳔:鳔胶。

【嘴噘得能挂个膏葫芦】zuí jué di nèng guá ge jiáo hú lu(熟)形容人生气时嘴噘得老高的样子。膏葫芦:旧时盛装膏车油的小型陶瓶。

【嘴里不打折】zuí ni bú dà zhe(熟)犹直截了当地说。[例]~呢,你们商量好了,才征求我的意见!

【嘴里吃馒头,心里还没数】zuí ni chí màn tou,xīng ni hài mú sú(熟)比喻自己做的事自己心里清楚。

【嘴里的味都说干了】zuí ni di wéi dōu shuó gān le(熟)形容说话太多,口干舌燥。[例]~,他就是不听。

【嘴里没骨头】zuí ni mú gú tou(熟)比喻说话不算数或经不住盘问,很快就说出实情。

【嘴里盛不住话】zuí ni chèng bú zhu huá(熟)指没有保密习惯。

【嘴里说的不是心里的话】zuí ni shuá di bú shi xīng ni di huá(熟)指言不由衷,言行不一。

【嘴溜子】zuí liú zi(词)形容能说会道或耍贫嘴的人。

【嘴里没个说的了】zuí ni mú ge shuo di le(熟)对信口开河或说出不得体话者的嗔怪语。[例]~,长辈也敢骂?

【嘴上的肉贴到脸上——嘴薄脸厚】zuí shang di róu tié dao lián shang—zuì bò lián hóu(歇)形容能说会道,

厚颜无耻。

【**嘴上没毛，办事不牢**】zuí shang mú mào,bán shí bú lào(谚)比喻年轻没经验,办事不牢靠。

【**嘴上抹石灰——白吃**】zuí shang mó shí hui—biá chí(歇)比喻吃东西不出钱。

【**嘴是两张皮,各说各有理**】zuí shi liáng zhāng pì,gé shuó gé yòu lì(顺)比喻每个人都认为自己是正确的一方。

【**嘴头子利索**】zuí tóu zi lí suo(熟)形容口齿清楚,语速快。

【**嘴硬**】zuí yíng(词)❶指自知理亏却不认错。❷指跟尊长说话不用敬称。

【**嘴硬得鞋底一样**】zuí yíng di hài dí yí yáng(熟)指向长辈问话不使用尊称。

【**嘴硬沟子软**】zuí yíng gōu zi ruàn(熟)犹色厉内荏。即嘴上硬,心里害怕。

【**嘴拙**】zuí zhuó(词)即嘴笨,不善言辞。[例]我~,说不来个话。

【**嘴子**】zuí zi(词)❶指具有口、嘴作用的结构物或附属物。[例]壶~。❷高出或突出的地势。[例]山~。❸麻将术语。[例]算~。

【**嘴比蜜甜,心比蛇毒**】zuì bí mí tiàn,xīng bì shè dú(谚)犹口蜜腹剑。

【**嘴扁着**】zuì bián zhe(熟)❶比喻口头表达能力差,不会说话。[例]你难道~,为啥不说?❷指牙齿脱光,嘴唇收缩。❸指嚼不动食物。[例]你们不吃,全留给孙子,难道自己~呢?

【**嘴底下的话**】zuì dí xia di huá(熟)指随时可以用来反驳或反问的话。

【**嘴都说薄了**】zuì dōu shuó bo le(熟)形容苦口婆心地劝说。

【**嘴儿嘴儿地**】zuìr zuìr di(熟)形容跟人顶嘴。[例]不但不听,还~伤损人。

【**嘴尖毛长**】zuì jiān mào chàng(词)比喻喜欢提意见,搬弄是非。

【**嘴尖舌快**】zuì jiān shè kuái(词)比喻喜欢插嘴,乱加评说。

【**嘴伶**】zuì lìng(词)指小孩学话快,吐字清楚。[例]娃娃~得很。

【**嘴绵了**】zuì miān le(熟)嘴软了。有认输、害怕之义。[例]一见证据,立马~。

【**嘴面子**】zuì mian zi(词)指嘴头子,口头表达能力。[例]请个~好的人跟他说。

【**嘴巧**】zuì qiào(词)❶形容口齿伶俐,能说会道。❷指善于说奉承话,获得他人欢心。[例]她~人好,谁能比得上?

【**嘴巧不如人好**】zuì qiào bú rù rèng hào(熟)讽刺语。指嘴会说不如人长得漂亮。

【**嘴巧占三分,人好占三分**】zuì qiáo zhán sān fēng,rèng háo zhán sān fēng(熟)指能说会道,而且长得漂亮的人。有讥讽义。

【**嘴勤屁股懒**】zuì qìng pí gú làn(熟)形容只说不做或说得多做得少。

【**嘴软了**】zuì ruán le(词)形容口气缓和下来或准备认输。同"嘴绵了"。

【嘴骚】zuì sāo(词)说话粗野,出口伤人。[例]大人~,教出来的娃娃嘴更骚。

【嘴脏，还说汤香】zuì zāng,hài shuó tāng xiāng(熟)对馋嘴者的讽刺语。嘴脏:嘴馋。

【嘴脏】zuì zāng(词)即嘴馋、爱吃。

【嘴长】zuì chàng(词)喜欢多嘴或多管闲事。[例]都怨我~,把事情说坏了。

【嘴长惹是非，衣裳长了刷露水】zuì chàng rè shí fěi,yī shang chàng le shuá lú shui(熟)劝人少管闲事别多嘴,免得惹麻烦。

【嘴肿得包子似的】zuì zhóng di bāo zi xí di(熟)形容人口头表达能力差。

【嘴甜心苦】zuì tiàn xīng kù(词)比喻嘴上说得好听,心里打坏主意。

【嘴稳】zuì wèng(词)指口紧,不轻易泄露秘密。[例]那个人~,不传闲话。

【嘴窝下了】zuì wō xia le(熟)犹无言以对。[例]看到证据,才把~。

【嘴甜】zuì tiàn(词)比喻说话亲切,使人听着舒服。[例]见了人~一点,留个好印象。

【最挑梢】zuí tiāo shāo(熟)即最拔尖、最好的。[例]这是队里~的骡子。

【罪该万死】zuí gāi wán sì(词)形容罪恶极大,处死一万次都不解恨。

【醉八仙】zuí bá xiān(词)形容酒后醉醺醺的样子。[例]酒量不行,还爱喝,一喝就喝成个~。

【醉鬼】zuí guì(词)讥称醉酒者。

【醉醺醺】zuí xiōng xiōng(词)形容人喝醉酒的样子。[例]每天都喝得~的,站在街上乱骂人。

zuo

【作弄】zuō nong(词)犹戏弄,耍弄。[例]叫人把东西送来,又说不要了,纯粹是~人!

【作践】zuō jian(词)指无缘无故地自我摧残。[例]~自己。

【作蹋】zuō ta(词)糟蹋、作践,无事生非,跟自己过不去。[例]成天在家里~。

【作成灰】zuǒ chèng huī(词)人死后化作泥土。[例]他就是~,我也能认出来。

【作恶】zuó é(词)❶指得罪人。[例]你们当好人,叫我~。❷做坏事。

【作恶多端】zuó é duō duān(词)指做了许多坏事,罪恶累累。

【作恶人人皆知，行善不必张扬】zuó é rèng rèng jiē zhī,xìng shán bú bí zhāng yang(谚)指作恶的人必定受到大众谴责,做善事不张扬才是真正的善行。

【作废了】zuó fěi le(词)❶指人才被埋没、糟蹋。❷因失效而废弃。[例]电影票一过期就~。

【作怪】zuó guái(词)指捣鬼、起坏作用。[例]把他搁在家里~呢。

【作假】zuó jià(词)指言行不实或故作客气。[例]没吃就吃,~挨饿呢。

【作累】zuó lui(词)原指人无缘无故地

作践,闹事,难以伺候。比喻天气多日阴沉却不下雨。[例]天~的日子多了。

【作难】zuó nàn(词)犹为难。[例]姊妹互不相让,叫爹妈~。

【作死】zuó sì(词)指作践,找死。[例]好没无干地哭,~呢!

【琢磨】zuó mo(词)揣摸、研究。[例]不干正事,专门~人。

【左傍个】zuó báng ge(词)即左边。[例]往~搡一搡。

【左挂子】zuó guá zi(词)即左撇子。指用筷子、拿钢笔和使用劳动工具时惯用左手的人。

【左面子】zuó mián zi(词)左边。[例]吆车要站在~。

【左性子】zuó xíng zi(词)性情偏执怪癖。[例]就那么个~人,心里没啥。

【左右手】zuó yóu shòu(词)比喻得力助手。

【左膀右臂】zuò bàng yóu beí(词)比喻得力助手。[例]副经理是经理的~。

【左思右想】zuò sī yóu xiàng (词)多方面反复思考。[例]~,觉得不对劲。

【左眼高,右眼低,家中必定有贤妻】zuò yàn gāo,yóu yàn dī,jiā zhōng bí díng yòu xiàn qī(熟)用来判断男子家中有无妻室的唯心说法。

【左眼跳财呢,右眼跳挨呢】zuò yán tiáo cài ni,yóu yán tiáo ài ni (词)迷信说法,左眼皮跳要进财,右眼皮跳要挨打或倒霉。

【坐班】zuó bān(词)❶即坐牢。❷指按规定时间在固定地点办公。

【坐地分赃】zuó dí fēng zāng (词)原指盗贼就地瓜分赃物。现多指匪首、窝主自己不动手而坐在家里分得同伙偷盗来的财物。

【坐江山】zuó jiāng shan(词)指统治天下,执掌政权。

【坐劲】zuó jing(词)比喻有主意,拿得稳。[例]家长要有~呢,不能由着娃娃胡来。

【坐禁闭】zuó jíng bi(词)❶把犯错误的人关在屋子里反省。❷比喻闭门不出。[例]整天钻在屋里不出来,就像~呢。

【坐井观天】zuó jìng guān tiān(词)比喻眼界小,见识少。

【坐空月子】zuó kōng yué zi(词)指妇女流产或生产时婴儿死亡。

【坐蜡】zuó lá(词)比喻陷入被动或难以解脱的境地。

【坐了上岗子,热屁打嗓子】zuó le sháng gáng zi,ré pí dà sáng zi(顺)对争坐首席者的讽语。

【坐冷板凳】zuó lèng bàn deng(词)比喻因不受重视而担任清闲职务。也比喻长期等候分配工作或长久等待接见。

【坐守不安】zuó shou bú ān(词)形容坐着也不是,站着也不是,焦躁不安的样子。

【坐台大爷】zuó tai dá ye(词)比喻只指挥别人,自己不动手做。

【坐天下】zuó tiān xia(词)指执政掌权,管理国家。

【坐席】zuó xí(词)指参加宴席时入席。[例]你~了没有。

【坐有坐相,站有站相】zuó yóu zuó xiáng,zhán yóu zhán xiáng(熟)教导人从小养成良好礼仪习惯和行为姿态,举止端庄,优雅礼貌,坐立有规。

【坐在核桃树下歇阴凉】zuó zai hé tao shú xiá xié yīng liang(熟)调侃语,比喻悠闲自在,有不满义。核桃比喻睾丸。

【坐着坐着,天上掉下个祸来】zuó zhe zuó zhe,tiān shang diáo xia ge huó lai(熟)比喻安分守己的人遇到天外来祸。

【坐庄】zuó zhuāng(词)指在牌戏或赌博中做庄家。

【座子】zuó zi(词)指直立物体的底座。[例]台灯~。

【凿子】zuǒ zi(词)打孔或挖槽的工具。

【昨儿个】zuòr ge(词)即昨天。[例]我是~来的。

【做】zuó(词)指男女性交怀孕。[例]除非叫他爹妈把他再~上一回!

【做坨】zuó tuò(词)榨油工序之一,将磨碎的油料放进铺有麻把子的罗框内,用麻把子把油料包裹严实,形成饼状。

【做大的】zuó dá di(词)❶旧时称正妻为~,称妾为做小的。❷泛指长辈。

【做人情】zuó rèng qìng(词)以某种行动或物品结好于人。[例]拿公家的东西~。

【做贼】zuó zèi(词)指偷盗,当小偷。[例]~的,剜洞的。

【做大事的差不下吹鼓手的钱】zuó dá shi di chā bú xiá chuī gù shou di qiàn(熟)做大事:举办红白喜事。吹鼓手的:吹唢呐的。比喻干大事业的人欠不下跑腿打杂者的工钱。

【做工】zuó gong(词)指产品制作工艺的细致程度。[例]衣裳的样式好,~也好。

【做官当老爷】zuó guān dāng láo ye(词)形容高高在上脱离群众。

【做官是一时的,做人是一世的】zuó guān shi yí shì di,zuó rèng shi yí shí di(谚)谓做人比做官更重要,时间更长。

【做了个驴粪官,管的闲事宽】zuó le ge lǜ feng guān,guán di xiàn shi kuān(顺)对多管闲事者的讽语。

【做亲】zuó qīng(词)指联姻,结成姻亲。[例]爱亲~。

【做手脚】zuó shóu jue(词)比喻暗中捣鬼耍花招。

【做寿】zuó shóu(词)指庆祝生日,多用于老年人。

【做铁活】zuó tié huo(词)即打铁,做铁器活。

【做小】zuó xiào(词)即做妾。[例]当大的(长辈或正妻)不正,惹得~的胡弄。

【做贼的不富,舍散的不穷】zuó zèi di bú fú,shě san di bú qiòng(谚)回族谚语。舍散:施舍,散乜贴。谓偷盗不能致富,施舍、救助穷人不会致贫。

【做贼剜洞】zuó zèi wān dóng(熟)做偷盗之事。

【做贼心虚】zuó zèi xīng xū(词)做了坏事怕人知道,心里不踏实。

【做质证】zuó zhí zheng(词)作证,对质,做证人。[例]是他把老张家的狗毒死的,我能~。

【做庄稼】zuó zhuāng jia(词)即种地,经营农作物。

义类排序目录

一、时空名物类

1. 天文宇宙

(1)太阳

阳光

光线

(2)月亮

(3)星辰

(4)历法

2. 自然现象

(1)气候

3. 时令季节

4. 时间概念

5. 本县地名

(4)老地名用词

(5)农场

(6)山岭关隘

(7)河泉井渡

(8)灌渠

(9)排水沟

(10)道路车站

(11)湖泊

6. 毗邻地名

7. 地势泥土

(1)局部地形

(2)土地土质

8. 动植物名

(1)动物

野兽

小动物

鸟类

昆虫

菌类

9.吃穿住行

(1)饮食

食材(粮菜肉蛋)

做饭烹饪

饭食

其他食物

油脂调味

鞋帽袜

家具

卧具

燃料

供暖

10. 其他物品

用具

文化工艺品

贵重物品

杂品

(2)矿产金属

二、人体行为类

1. 身体部位

(1)整体形象

(2)身体器官

相貌

医药

养生

睡梦

2. 情绪欲望

(1)情绪

喜乐

气怒

3. 器官感觉

4. 性格个性

(16)迟钝木讷

(17)闲散懒惰

(21)痴呆愚笨

(22)明哲保身

(23)谨小慎微

(24)服软认输

(29)残忍毒辣

(30)另类怪异

5. 年龄生死

(1)年龄阶段

怀孕

婴幼儿

6. 肢体动作

7. 语言动作

(2)谈论

正常谈论

背后议论

告知声明

求告

健谈

(3)劝解

媾和

劝慰语

道歉

(4)呼喊吵闹

喊叫

喧闹

吵架

(5)口才

(6)絮叨

(9)自杀

(10)寻机

(11)核实

(12)侍奉

(13)挑选

(14)洗涤

9. 心理思维

10. 劳动工作

11. 社会活动

12. 不良行为

三、人际关系类

1. 恋爱婚姻

(1)婚姻

择偶

媒妁

婚配

夫妻

(3)美色

(4)调情

2. 家族家庭

(1)谚语

(2)传统观念

贞洁

孝悌

(3)亲情

亲情

父母之爱

家庭

兄弟姐妹

子孙

家教

(4)生产

分居

3. 亲属称谓

(1)嫡亲

(2)近亲

(3)远亲泛称

4. 友人称谓

5. 其他称谓

(1)外人

(2)敬称

(3)自称

6. 关系亲疏

四、涉农词汇类

1. 农业生产

(1)作物

粮油

瓜菜等

(2)农活耕作

运输工具

车马挽具

化肥农膜

蓄排灌设施

其他设施

常用语

病虫害

(6)农谚

(7)采集

(8)丰歉

2. 农村农民

贫困

五、非农行业类

1. 工业作坊

(1)企业

(2)产品在产品

(3)作坊

(4)工匠

(5)手工缝纫

(6)编织

2. 商业交易

(1)商业术语

3. 其他行业

(7)杂类

泛称

赌博博彩

乞丐

奴仆

六、口语歌谣类

1. 交流用语

(1)招呼

(2)应答

应答

不知

赞同

反应

(3)询问

2. 态度表示

(1)承诺鼓励

承诺答应

(2)提醒警示

(3)威胁

4. 习惯用语

(1)审美

赞美

美术

(2)口头语

(3)估计猜测

5. 顺口溜汇

6. 民间歌谣

7. 谜语对联

(1)谜语

(2)对联

8. 讽刺幽默

(1)讽刺

讽刺

指责

嘲讽

(3)调侃

(4)戏谑

(5)笑话

9. 粗言詈语

(1)詈语

痛骂

咒骂

斥责

指桑骂槐

抨击谴责

(2)批评

轻骂

嗔怪

怨词

(3)轻蔑

(4)耻笑

七、状态场面类

1. 数量程度

(1)数量

(2)程度

(3)标准

2. 范围方位

(1)以内

(2)以外

(3)方位

状态

局势

开闭

印记

色彩

(7)混乱紊乱

(8)弄险

(9)整洁

(10)热闹

(11)恐怖

(12)事情

5. 形容比喻

(1)大小

(2)多少

(3)速度

6. 最终结局

八、乡风民俗类

1. 儿童游戏

(1)体育游戏

(2)智力游戏

2. 民间文体

(1)文艺

演艺

3. 娱乐游戏

(2)麻将

(3)象棋

(4)扑克

4. 汉族风俗

(1)春节

春节

迷信用语

迷信活动

迷信用品

迷信设施

阴间

5. 三教九流

(1)信佛

(2)道教道士

6. 回族习俗

8. 蒙满拾零

(1)蒙古族

(2)满族

九、哲理谚语类

1. 人生经验

(1)生活经验

(2)实话实说

(3)识人用人

2. 处世做人

(1)处人接物

(2)谦虚谨慎

谦让

谦虚谨慎

(3)勤俭节约

(4)正派坦荡

3. 警示告诫

4. 格言俗语

(1)事物规律

(2)社会现象

(3)古训

十、社会文明类

1. 政治词语

(1)执政

(2)政治运动

2. 历史词语

(2)人物

真实人物

艺术典型

(3)古典著作

(4)古代用词

(5)侠义起义

(6)史实

友好相处

公开公正

慈善

节约

(5)文明礼貌

俗谚

日常用语

祝福语

[附录一]

部分词目详解

(一) 天文历法

【北斗七星】 由天枢、天璇、天玑、天权、玉衡、开阳、摇光七颗星组成的斗形天体。古人把七星联系起来想象成为古代舀酒的斗形。天枢、天璇、天玑、天权组成斗身，古曰魁；玉衡、开阳、摇光组成斗柄，古曰杓。北斗星在不同季节夜晚的不同时间出现于天空的不同方位，古人就根据初昏时斗柄所指的方向来决定季节：斗柄指东，天下皆春；斗柄指南，天下皆夏；斗柄指西，天下皆秋；斗柄指北，天下皆冬。

【回历】 即伊斯兰教历，为太阴历。太阴历以月球绕地球 1 周而又与太阳相会为一年，1 年 354 日 8 时 48 分 34.092 秒。一年 12 个月，单月大，30 天，双月小，29 天，尚余 8 时 48 分 34.092 秒，故置闰，约 3 年一闰。

【入伏】 伏是避暑之意。有初伏、中伏和末伏，共三伏。“夏至三庚数头伏”，是确立初伏的依据。从夏至数到第三个庚日为初伏，第四个庚日到第五个庚日为中伏，立秋后的第一个庚日到第二个庚日为末伏。夏至到立秋之间有 4 个庚日的，中伏为 10 天，有 6 个庚日的，中伏为 20 天。什么叫“三庚”，我国古代用天干、地支合并记载时间。天干的数字有 10 个（甲、乙、丙、丁、戊、己、庚、辛，壬、癸），地支的数字是 12 个（子、丑、寅、卯、辰、巳、午、未、申、酉、戌、亥）。把天干与地支相配，就得甲子、乙丑、丙寅、丁卯……交叉配合 60 次，称六十花甲子。“三庚”就是遇上 3 个“庚”字。由于天干是 10 个，所以每隔 10 天就出现一个庚日，如庚子日、庚寅日、庚辰日等。一年 365 天（闰年 366 天）都不是 10 的整倍数，今年某一天庚日，明年不一定是庚日。由于庚日变化不定，所以每年入伏的日期不尽相同。

【山有多高，水有多高】指再高的山上也会有水。从自然角度看，主要原因有四：第一，由于重力作用，地球表面的水总是往下流的。但地球是对称的，地表水到达地球表面任何位置的机会是均等的，人们在这里看到的山峰，在地球另一面却是最低点，因此，地表水会自然达到这些“最低点”。第二，地球自转会产生离心力，只要有流通渠道，地球表面水就有可能被“甩”向地球任何位置。第三，由于水的吸附作用，地下水会沿着山的岩缝到达山顶。第四，山顶冰雪融水和后续雨水会渗入山体，或者被树木吸收储存，再通过土壤和岩缝渗透出来，形成地下河流或泉水。从而就有了 ~ 的说法。

【三年两头闰，三年两不闰】我国的农历是根据太阳的行程来划分的。公历一年有 365 或 366 天，农历一年只有 354 或 355 天，几年过后，公历年与农历年所差的天数越来越多。为了补足农历年所差的天数,就设置了闰月，即一年中额外多加一个月(称闰月)，有闰月的这一年称为闰年。为了更精确地与公历配合,前人找到了“十九年七闰”的规律。但闰月不是平均分配的，所以就可能发生“三年两头闰,三年两不闰”的情况。

（二）生产活动

【高温堆肥】沤制堆肥的一种方法，即把秸秆和人粪尿、牲畜粪尿等混合后堆积在坑里或地面上，通过微生物使秸秆分解，放出热量，腐熟后做肥料。

【二十八天的乏夫】夫，民夫。旧时参加干渠岁修工程的工期一般为一个月，到了二十八天，民夫们已疲惫厌倦，无心再干。形容干活不起劲。

【包油】也叫打油，老式榨油工艺。分小榨和大榨。小榨用榔头(重约 50 市斤)砸楔子，挤出油坨中的油脂，大榨用油梁的杠杆作用挤压出油脂。包油的主要工序是：选料、炒料、磨料、掺水踏渣、包坨、压榨、轧碎第一遍油饼、上蒸锅、二次包坨、二次压榨等。

【伏子】油坊里碾碎油饼的工具。下为直径约一尺、厚约半尺的石坨，中间有眼儿，安一米多长的木杆。用两手抓住木杆，一只脚踩石坨，在砸碎的油饼上移动搓碾，把油饼碾成细末儿。

【照子】本指铜镜。这里指为了让马驴互相交配(马驴是异类，不会自行交配)，由配种员拉来一头与公畜同类、引诱公畜的母畜。当公畜阳物勃起时，迅速把同类母畜拉开，让公畜与异类母畜交配。做诱饵的母畜叫~。

【擀毡】❶人工加工毛毡的一种方法。首先是弹毛：把原料清洗去尘，用绳子绕过房顶上的桁条把弓悬起，把生羊毛放在弓下的案子上，擀毡人把“拨子”套在胳膊上，拨动牛筋弓弦，一遍遍地绷弹羊毛，直到松软。其次是铺毛：根据需要尺寸和薄厚，将弹好的羊毛均匀地铺在竹帘上；铺一层毛撒一些面粉，喷一层食油，用沙柳条把羊毛打理平整。再次是擀毡：卷起竹帘，用绳子捆紧并浇上热水，用脚来回搓滚，直到水分挤出、羊毛基本黏合，然后拉展四角，重新卷起毛毡，用系在高凳上的绳子搂住，人坐在高凳上抓住绳子另一头（通常是二人合作），提上放下，用脚搓擀，直到完全黏合——一条毛毡就制成了。❷闹新房时强迫新娘仰卧在床(炕)上，由其他人抓住新郎四肢，爬在新娘身上，像~一样在新娘身上来回搓揉，在娱乐中打破新人羞涩，顺利度过新婚之夜。

【紧酒慢油】紧打酒、慢打油系旧时奸商做法。旧时的散酒和香油都用坛子或大缸盛装，出售时须用提子(斗)从缸里往出提(舀)。卖酒时，售货人将提子猛然伸进酒坛，又猛然提出，通过漏斗倒入顾客自带的酒瓶里。看似很满，实际上一斤酒只有八九两。卖油则正好相反。香油呈黏液状，从油缸里提上来时，提子外面沾满了油，不住地往下流淌，这时如果马上装进顾客自带的油瓶里，一斤油就多出一二两；采用慢提方法，则只少不多。

【剟花】剟读 duo，刺、戳的意思。手工刺绣的一种。工艺流程是：将棉布撑于“绷子”（两个叠套在一起的竹圈）上，把图案描绘到棉布上，用一种状似注射针头的空心绣花针，将锦线从针的顶端穿入，从末端的针眼引出，然后用带着锦线的针头在棉布图案上按顺序扎进拔出，即可绣出有立体感的图案了。

（三）农具器物

【二牛抬扛】由两头牛合拉的老式步犁。由犁头、犁身、扶手、扯杆、犁担子组成。把犁担子放在两头牛的脖子上，引索前进。这种犁的犁铧用生铁铸成，呈三角形，犁尖如矛，犁裤如蛤蟆张口，便于木制犁头嵌入。犁身由犁扯杆（长六尺八寸）和犁头(与扶手相连)组成，在扯杆和犁头夹角处有尺余长的撑木，起固定作用。犁扯杆末端有一个眼儿，穿一小木棍儿，连接牛犁担上的短绳。牛犁担以一根圆柱体木杠为主，上有四个眼儿，以两个一组分布在横木两头，眼里插木条，叫隔档尺(详见“隔档尺”条)，下有“仰横子”(详见“仰横子”条)。两头牛的脖子分别卡在两组隔档尺内，一齐牵引着步犁前进，故称“二牛抬杠”。这种犁把土翻向两边，开小沟状，下一犁翻起的土可压住前一犁的土。犁二遍地的时候可与第一遍的犁沟交叉进行。

【老牛车】又名牛车，旧时农村主要运输工具，用于拉运粮草、土粪等。长约4.3米（一丈三尺），宽约1.43米（四尺三寸），高约1.74米（五尺八寸）。

【老牛车辐条】长约67厘米（2尺），宽约10厘米（3寸），厚约4厘米（一寸多）。每个车轮有18根，呈辐射状安装在车头腰间，与车辋（共9个）连接(每个车辋2根)。

【车头】即大木车的车毂。腰鼓型，一般用榆木制成，用于安装辐条、辋子和穿插车轴。~长约40厘米（一尺二寸），两头直径约40厘米（一尺二寸），中间直径约44厘米（一尺三寸）。外围两头用铁箍箍紧。中心凿圆孔，内侧大（约五寸）外侧小（约四寸），嵌铸铁车钏。车轴从孔内穿过。

【牛车车轴】长度四尺三寸（1.43米），用木质坚韧的整根原木（一般为榆木）制成。中间部分23~27厘米（七八寸）见方，两端为轴头，穿过车头（毂）孔。轴头长度约50厘米（一尺五寸），圆锥体，大头直径约五寸，小头直径约四寸。轴头上镶有内外两组车锏，和车头（毂）孔里的车钏接触。

【牛帮索子】帮套的牲畜拴缚套绳的弯木。凸出部分有槽儿，两头有眼儿，套绳从眼中穿过。在绳眼和凸点之间还有两个长方形眼儿，安装两根可以活动的木条，叫“隔档尺”。木条上端有堵头，下端拴“仰横子”（绳子和弯木棍儿），拦在牛脖子下面。用时扣住，不用时解开。~亦可以在牛拉犁、拉耙、拉耧时使用。

【铁车】旧时农村运输工具，由马、骡拉运，也叫马车。因车轮外侧包有铁瓦，又名~。它与牛车的区别除牵引牲畜不同外，还有三个明显的区别：一是车轮比牛车小（牛车五尺二寸，铁车四尺二寸）；二是车辋（车轮外框）触地一侧包有约三分（1厘米）厚、二寸（7厘米）宽的铁瓦，侧面嵌有分布均匀的“梅花钉”（牛车车轮全部为木质）；三是车辕前面没有车索头。

【扎扶子】马、骡、驴牵引农具时卡在脖子上（拥脖前）的一种挽具，构造是：两根木棍，上端用绳子连按，下端有活扣绳子，中段各有两个眼儿，绳索从一个眼里穿过，再从另一个眼里穿出，将两个绳头结在一起，即成。使用时，将~的牵引绳与农具相连接，扣上下端的扣绳即可。

【犁担子】两头牲畜牵引犁耙时合用的农具，分“牛犁担”和“马犁担”。“牛犁担”又分耕牛专用和牛马(骡、驴)合用两种。牛马(骡、驴)合用又分高低平行和一高一低(叫“渐渐高”)两种。“渐渐高”犁担套牛的一边直接用木杠加“隔档尺”，套马、骡、驴的一边为上下有木杠加“隔档尺”。“马犁担”为马骡专用，上下有木杠，之间有“隔档尺”。

【木耧】播种工具，有三腿和单腿两种。三腿耧用于播种小麦等种植密度大的作物，单腿耧用于播种间种大豆（又称豆耧）。木耧由斗子（分前仓和后仓)、耧腿（下部为空心)、扶手和耧杆（套牲畜处）等组成。耧腿上安装铁制耧铧。播种时，由一人在前面牵引牲畜前进，一人在后面摇摆扶手，让种子通过耧腿入地。在第二个耧仓中，有一个叫“拨横子”的小装置，由一根约三寸长的薄竹片和一根细竹签组成十字形，竹签下面吊着用砖头磨成的小球（拨横垂垂子)，随着耧的摇摆而拨动种子，使种子从大仓流入小仓，漏进耧腿的空心部分，播进土里。

【耙】弄碎地里土块的农具，木框铁齿。木框长约 2.1 米，分四档，宽约 60 厘米，厚约 7 厘米；铁齿长约 16 厘米，分两排安装于木框两边，共 23 根，一边为 11 根，一边为 12 根。

【磙子】用石头制成，打碾和滚田的工具。打碾用的石磙长约一米，直径约 80 厘米，磙田的磙子叫条磙，长一米至一米五，直径约 25 厘米，用于压碎小土块和保墒。磙子一般由石磙和磙架（四方或长方形木制框架）组成，在石磙两端的中心处，装有生铁磙窝子（也叫磙脐子)，在磙架对应的地方，装有生铁磙尿（也叫滚鸡)，插在磙窝里，便于连接和滚动。各种牲畜都可以拉磙子。

【绞锥、绞棒】畜力车拉运粮禾时绞紧绳索的用具，均为一米多长的木棍，绞锥带尖。车辆拉运较多禾、草时，先将绞锥插入禾、草底部，将拴在车尾的弯铁管或牛帮索套在绞锥上，再将大绳的一头拉及绞锥（另一头固定在车厢前面的车辕上)，缚在绞棒一端，利用杠杆原理，经多次旋绞，把绳索绞紧，达到固定禾、草的目的。

【石磨】在农村没通电和使用磨面机前，用于磨碎谷物的工具。按用途分为面粉磨、油磨（榨油用)、豆腐磨、手摇小磨等。石磨由两片圆形石头（磨扇）组成，放在用土坯砌成的高约二尺的泥台上。由人推或牲畜拉。面罗分细罗和粗罗，头三遍用细罗，筛出的面粉叫白面，后两遍用粗罗，筛出的面粉叫黑面。

【羊皮筏子】一种古老的水上运载工具，当地人叫“排子”，由十多个羊皮“浑脱”并排绷在木架杆上制作的气囊“船”。浑脱的制法是将羊杀死后从屁股上开口，掏出内脏，然后从开口处自后而前像脱衣裳一样把囫囵羊皮剥下来，割去头蹄。经鞣制、充气扎口，就成了浑圆气鼓的浑脱。木架杆横杆细，竖杆粗，经纬交织。一般的排子由13个浑脱分三排组成，上下各五个，中间三个，上下错开陈放。浑脱与架杆用绳索相缚连接。皮筏很轻，湿水后不过一百多斤，浮力极好。使用时，排子匠用一只小木桨拨水，使排子按需要转动方向，顺水而下。现多为旅游器具。

【立木房子】一种土木结构的房子。建房时，在墙里埋上若干木柱，木柱下端有基石，上端与横梁连接。然后用泥巴将木柱封住，与墙壁成为一体，可以提高房屋耐久性、抗震性。

【扯炕】火炕的一种，它不是把燃料填进炕洞让其自燃，而是把燃料一把一把地点燃，通过烟囱把热量吸进炕箱，把炕面烤热。也有在炕的一边盘上泥炉，炉膛里的暗道通往炕箱。炉火燃烧时，靠烟囱的吸力，把炉内一部分热量吸进炕箱，达到热炕的目的。

【蹲箱】摆在地上的箱子，样子像人蹲着，故名。通常都是一对，木制，红色油漆，盖为半开，是婚娶必备家具，用于盛装衣物或粮食。箱身大致尺寸：宽93厘米（二尺八寸），高65厘米（一尺九寸五分），厚64厘米（一尺九寸）；箱身下面有架子，高30厘米（九寸），宽、厚与柜身相同。箱身和箱架总高度约95厘米（二尺八寸五分）。

【府绸】最早指山东省历城、蓬莱等县在封建贵族或官吏府上织造的织物，其手感和外观类似于丝绸，故称府绸。府绸常用原料有纯棉、涤棉等。

【毛蓝布】一种用棉纱纺织，天然染料——靛蓝染色的棉布，适合做外衣。一般的坯布在染色前都要经过烧毛处理，使布面平整、光洁，而毛蓝布则不，在染色前无需烧毛，染色后布面保留一层绒毛，故称“毛”蓝布。

【针拼子】旧时妇女随身佩戴的扁形针袋儿，约三分之一个手掌大小，形状依个人爱好而定。~由外壳和内舌组成：外壳为布制，稍硬，三面封闭，一面开口，顶端有小孔；内舌（称舌头子）为棉胎布面，绵软，用于别针。内舌上端有细绳，从外壳上端小孔穿过，用于将内舌拉入外壳。小绳末端有母襻，可挂在衣服一侧的纽扣上。内舌下端有小穗儿，用于将内舌从外壳中拉出。外壳上绣有花鸟图案，舌穗上缀有小珠等饰物。

（四）历史典故

【六六大顺】一切顺利的意思。一说来自易经，易经有六爻（yao）之说，六爻与六爻相重为一别卦，其中一卦为顺利之意，故有~的说法。再有，“六”与“溜”谐音，有顺溜之意，两个六连在一起就是大顺溜的意思。古人赋予“六顺”各种具体内容，载入古籍。

【广成子的徒弟——一道金光】形容违背诺言，一去不返的人。广成子，古典小说《封神演义》中“十二金仙”之首。其徒殷郊，奉其命携法宝“翻天印”协助姜子牙。半路受申公豹挑唆，违背誓言，转投商纣王攻打姜子牙。后被姜子牙和燃灯所败，受犁耕（用犁把人犁成两半的刑法）而死。

【姜子牙在此，诸神远避之大吉】民间传说，姜子牙是元始天尊（道教鼻祖）的小徒弟，奉师命辅佐周文王、武王讨伐商纣王。伐纣成功后，姜子牙奉命封神。封完众神，发现自己没有封到，于是就爬到屋顶上当一个监督诸神的“监察官”。在各地玉皇阁的屋顶上，都修有面朝正南的小房子——“子牙楼”。民间建房上梁时，贴一写有~的条幅，可驱除凶神恶煞和厉鬼，确保建房顺利平安。

【十六两秤】旧时使用的秦制十六进位制（十六两为一市斤）秤。传说秦始皇统一六国后，由李斯负责制定新的度量衡标准。在重量方面他拿不定主意，于是请示秦始皇。秦始皇下了四个字的圣旨：“天下公平”，没有给出确切的数目。李斯便把“天下公平”四个字的笔画数作为标准，定出了一斤等于十六两。在此后的两千多年里一直被沿用。另，十六两秤也叫十六星秤，是由北斗七星、南斗六星加福禄寿三星组成。告诫做买卖的人要诚实守信，不欺不瞒，否则，短一两无福，少二两少禄，缺三两折寿。

【成也萧何，败也萧何】萧何，汉高祖刘邦的丞相，最初荐韩信为大将，后设计助吕后杀了韩信。

【八哥的嘴巧，说不过潼关】意为再好听的谎言，也经不起事实的检验。典出民间故事《王莽追刘秀》。据说西汉末年，王莽到处追杀刘秀。一日，刘秀顺着山根小路逃到潼关南塬，回头一看，远处尘土飞扬，追兵快到跟前。可眼前是一片平地，无处藏身。这时，他看见附近有一农夫犁地，就请求农夫救他。农夫一挥鞭子，把犁头往土里深插下去，犁出一条深沟，刘秀趁势往犁沟里一躺，农夫用泥土盖往他的身子。王莽追兵到来，问农夫看见刘秀没有？农夫答："我忙着耕地，没看见什么刘秀啊。"这时一只八哥从空中飞过，看见躲在犁沟中的刘秀，叫道："犁沟！犁沟！"刘秀在心里骂道："多嘴的东西，你的嘴再巧，也说不过潼关去！"从此八哥就只会学舌，不会说话了。这时，一只喜鹊落在旁边的树上，叫道："瞎说，瞎说，不在这儿！"刘秀在心里感激道："真是个报喜鸟啊！"从此喜鹊就被人们称为报喜鸟。追兵听喜鹊这样说，再看看眼前的土地，没发现什么，便调转马头到别处去了。

【王莽替刘秀操心】 白替别人操心。王莽是西汉末年的外戚，篡位为新朝皇帝。刘秀是西汉皇族后裔，利用绿林起义军的力量推翻新朝，成为东汉皇帝。王莽政权相当于西汉到东汉的过渡时期,如果没有王莽夺权,就没有东汉。

【只说你过五关斩六将，不说你走麦城】《三国演义》故事。蜀将关羽收到义兄刘备书信，欲前往寻兄，但曹操闭门不见，便不辞而别。他没有通关文牌，受到曹操守关将官阻拦，便斩将过关。计有洛阳太守韩福、牙将孟坦、东岭关孔秀、汜水关卞喜、荥阳王植和滑州秦琪。此为关羽一段辉煌历史。汉建安二十四年，关羽在荆州失守后败走麦城，为吴将截获，斩于临沮。后以走麦城喻陷入绝境。

【周郎妙计安天下，赔了夫人又折兵】 《三国演义》故事。周瑜为了夺取荆州，假意将孙权的妹妹许配刘备，趁刘备到东吴招亲之际，扣留了刘备。刘备按照诸葛亮预先交给的锦囊妙计，带着孙夫人逃离东吴。周瑜尾追无果，反遭蜀兵讥讽："~"。

【老令公的兵——越带越少】 老令公，又称杨令公，北宋名将杨业。初为五代北汉将领，善骑射，人称"无敌"。归宋后，任知代州兼三交驻泊兵马都部署。屡败契丹，战功卓著。雍熙三年（986 年）宋军北征，业因矢尽援绝，被俘，绝食死。《宋史》有传。后来小说、戏剧中以杨业事迹为线索演绎为杨家将故事。

【陈世美】 传统戏曲《铡美案》(也名《秦香莲》)中的一个人物。陈世美考中状元后被皇帝招为驸马，不认前妻，并派韩琪杀妻。韩琪自刎，前妻向包公告状，包公将陈世美处死。后世将贪图荣华、喜新厌旧、抛弃前妻的男子叫陈世美。

【六六六，五魁首】 猜拳令。"六六六"有顺溜之意。"五魁首"是

“五经魁首”的简称。明代科举分五经试士，每经第一名为“经魁”，即“魁首”。乡试中，前五名必是某一经的“经魁”，故称“五经魁首”。后来，“五魁首”（也有叫“五经魁首”的）被聚餐喝酒者作为猜拳行令的祝福语。在当地酒令中，从一到十都有词句，如“一心敬你”“二家有喜”“三星高照”“四季发财”“五经魁首”“六六大顺”“七个巧鹊”“八抬你坐”“九长寿”“十满堂”等，也有应景成句，临场发挥的。

【铁打的洪广营，纸糊的宁夏城】传说康熙访宁夏时，有一天骑着毛驴到宁夏府北面的洪广营私访。天色已晚，想在洪广营借宿，就去叫城门。但守门的军士不愿违反军规给他开门。康熙就用钱买，军士还是不开门，并说：“就是康熙皇帝来也了不开门。”康熙没办法，只好连夜返回宁夏城。因为夜深了，宁夏城已关闭。康熙便掏出银两贿赂守门军士，军士便打开城门放康熙进城。第二天，康熙对洪广营的将士大加褒奖，称之为“铁打的洪广营”，对宁夏城的将士严加处罚，称其为“纸糊的宁夏城”。后来还将这两句话题字，留给宁夏府。

【满城】指银川市满城。清雍正元年（1723年），在宁夏府城东北五里处（今银川市兴庆区丽景街街道办事处）筑城，为八旗兵营，称宁夏满营，俗称“满城”。清乾隆三年（1739年）1月3日晚8时左右，宁夏发生特大地震（震级为8级，震中烈度为10度）。宁夏满城“官署兵房倒塌无存”。乾隆五年（1741年）五月，在宁夏府城西十五里平伏桥东南建新满城（今银川新城前身），历时13个月，至乾隆六年（1742年）六月竣工。1913年，宁夏满营解散，宁夏省宁朔县署从省城移至此，将满营将军署改建为宁朔县行政公署，为宁朔县城。

【旗】地名用词。明末，为防御外敌入侵，在玉泉营以北设烽火墩放烟火为号，共有一~、二~、三~、四~4个墩，与各墩相邻的自然村即以墩得名。如青铜峡市邵刚镇二~村的二~，李俊镇西邵村的上三~、下三~、四~寨。（见《青铜峡市志》2004年版第38页）

【千岁】中国封建社会时期对仅次于皇帝地位的人的尊称。如高出皇帝辈分的王爷以及与皇帝同辈的皇族，太后、皇后、权臣封王，附属国国王（自称）等。

【讹兵团】1947年11月，马鸿逵的儿子马敦静在率兵支援榆林时伤亡惨重。为了补充兵力，采取不论是亡是逃是俘，一律“一官罚五兵，一兵罚三兵”，在宁夏强抓壮丁，凑起一个有老有少的团。老百姓称这次抓兵为“讹兵团”。

【胡传魁进了沙家浜——不走了】根据现代京剧《沙家浜》里的一句台词改编。胡传魁，“忠义救国军”司令，带领队伍来沙家浜追剿新四军受伤战士。中共地下工作者阿庆嫂为了弄清他们是长住还是路过，试探性地问刘副官：“这回来了，可得多住些日子啦？”刘副官说：“这回来了就不走啦。”此歇后语即来自这句台词。

【抗美援朝】即抗美援朝战争。1950 年 6 月 25 日，朝鲜内战爆发。7 月，以美国军队为主组成的“联合国军”入侵朝鲜，并把战火引向中国边境。10 月 8 日，中共中央做出“抗美援朝，保家卫国”的战略决策，组成中国人民志愿军，于 19 日开赴朝鲜前线，与朝鲜人民军共同抗击侵略军。同时在国内掀起抗美援朝群众运动。经过五次战役，将“联合国军”和南朝鲜军由鸭绿江边赶回“三八线”，迫使敌方于 1953 年 7 月 27 日在《朝鲜停战协定》上签字，抗美援朝战争胜利结束。

【三魂】古人认为人身上有三魂六魄，据传这种说法来源于道家。三魂为天魂、地魂、命魂。即精、气、神。三者的关系是：天魂为神，亦即灵魂；地魂为气，亦即觉魂；命魂为精，亦即生魂。灵魂由天降而来，生魂乃父精母血所生，觉魂由地而生。

（五）民间传说

【父母的心在儿女上，儿女的心在石头上】父母时刻惦念儿女的安危冷暖，儿女却惦记着父母的钱财。民间传说，有个老汉，生有五个儿子，到了晚年，他不能干活，儿子们都不愿养活他，只好一人生活，境况凄惨。一天，村里来了个和尚，说是要收购“五花宝石”。他来到老汉家门口，见门口放着一块坐人的石头，故作吃惊地说：“啊，这不正是我要找的‘五花宝石’吗!”村里人闻讯，纷纷前来围观。和尚来到老汉屋里，对生病在炕的老汉说：“你门口这块石头，是无价之宝，我要购买。今天没带银两，你把石头锁在箱子里，好生看管，过些日子，我带银两来取。”说完走了。和尚走后，老汉真的把石头用水洗净，锁进箱子。五个儿子听到这事，争着要把老汉接到家里养活，一时竟争执不下。最后老汉决定：一个儿子家里待 10 天，轮流服侍，直到寿终。儿子们都怕石头被别人偷走，每天都要到老汉家里看看箱子。可是，直到老汉去世，和尚也没来取石头。这时，一位老者说：“这哪里是什么‘五花宝石’啊，是和尚在点化你们呢!”

【二百五】头脑简单、做事鲁莽的人。民间故事：从前有一个秀才，多次赶考均未得中。到了老年，心灰意冷。所幸连得二子，不胜欢喜，给长子取名成事，给次子取名败事。有一天，秀才有事出门，给儿子们说：今天我不在家，赶我回来，成事要写300个字，败事要写200个字。并让妻子监督。晚上秀才一回来就问妻子，两个儿子各写了多少字？妻子说，成事不足，败事有余，都是二百五。

【进去一个武状元，出来一个文状元】调侃语，源于民间故事。老员外有三个女婿，大女婿是文状元，二女婿是武状元，三女婿是种地的。大女婿和二女婿自恃身份高贵，看不起三女婿，经常进行嘲弄。三女婿心里明白，但从不计较。有一天，老员外设宴招待三个女婿。大女婿和二女婿又想借机奚落三女婿，便提出以作诗论输赢，输者喝酒。同时规定，诗里必须包含“尖尖”“圆圆”“上上”“下下”“进去”“出来”六个词。老员外觉得有意思，就毛遂自荐当裁判。大女婿摇头晃脑地念道：“笔头子尖尖笔杆子圆，上上下下纸上悬，进去犹如龙戏凤，出来写就梅花篆。”老员外点点头。二女婿一挽袖子说：“枪头子尖尖枪杆子圆，上上下下头上悬，进去就像蛇钻洞，出来好似桃花开。”老员外摇摇头。三女婿不慌不忙地说：“屎头子尖尖屎杆子圆，上上下下屄上悬。”听了这两句，大女婿捂住耳朵说：“草包!”二女婿一挥手说：“流氓!”三女婿笑笑说：“别急，还有呢。”接着说，“进去一个武状元，出来一个文状元。”老员外笑得前仰后合，大女婿二女婿紧皱眉头——从此再也不敢小看三女婿。

【马奶奶的油香——大奉敬】马奶奶，旧时当地人对马鸿逵母亲的敬称。回族每逢过节或过乜贴，都要炸油香（油饼），并将熟肉削成薄片，放在油香上，叫“包份子”，分送清真寺驻寺人员及左邻右舍。相传马鸿逵的母亲乐善好施，炸的油香大，送的“包份子”也大，故有“马奶奶的油香——大份儿”（后引申为“大奉敬”）的说法。

【马是旱龙】民间传说。有一户人家养了一匹母马，生了一匹小公马。小公马长到一岁多的时候，发育成一匹剽悍的种马。主人让它给别人家的母马配种，以此赚些草料。有一天，主人突发奇想，想让公马跟它的生母交配。公马不干。主人就想了一个办法：用东西把公马的眼睛蒙住，让它跟母马交配。事后公马知道了此事，就跳黄河自尽了。

【孟姜女哭长城】 民间神话故事。相传孟姜女为秦始皇时人，其夫范喜良被抓去修筑长城，她不远万里给丈夫送寒衣，却不见丈夫。有人告诉她范喜良已经死了，她悲痛欲绝，大哭于长城之下，直哭了三天三夜。她的真情感天动地，城墙为之崩塌，露出范喜良的尸骸。孟姜女哀痛至极，投海而死。后人以这个故事歌颂纯真的爱情，控诉封建帝王的暴政。

【死治司马懿，好的在后头】 有民间故事说，蜀国丞相诸葛亮死后留下一本奇书。魏国大将军、大都督司马懿设法弄到后，急忙翻阅。书里第一页上写着“死治司马懿，好的在后头”。司马懿又气又好奇，用手指在嘴唇上蘸一下口水，继续往后翻。翻一页，还是“死治司马懿，好的在后头”。一直翻到最后一页，都是一样的内容。但他却一命呜呼。原来这本书是诸葛亮生前用剧毒药水浸泡过的。

【炸了营】 即炸营，又称“惊营”“营啸”，军事用语。指部队夜晚留营时，在没有接到任何指令的情况下，全体官兵盲目紧急集合的一种反常行动。一般表现为，夜晚部队宿营，半夜之中，忽然有人睡“癔症”了，急忙起床穿衣，其他人误以为紧急集合，也赶忙起床穿衣。等全体人员集合在一起时，却发现没有任何人下达集合的命令。

【赵将军的儿子——讨吃毛】 败家子。民间故事。姓赵的将军有个儿子，脑子有毛病，经常拿了家里的元宝藏在身后让其他孩子猜，谁猜着了，元宝就归谁。孩子们围在他身边，站在后边的孩子给前边的孩子送暗号，前边的孩子就知道他手里有几块元宝，他就把元宝给了“猜中”的孩子。长此以往，家里的元宝都叫他“输”光了。

【天打五雷轰】 意为如果干了伤天害理的事，会遭到上天各种形式的惩罚。也用于赌咒发誓。“五雷”指金、木、水、火、土五种物质，即金雷、木雷、水雷、火雷、土雷。金雷指刀剑、金属、铁器、车祸等；木雷指棍棒、高处摔下、树木压住等；水雷指溺水、水淹、在行走中出意外、生病等；火雷指火烧、电击、雷击等；土雷指土埋、房屋倒塌、高处掉物击中等。被五雷击中者必定是罪孽深重的人。

（六）民俗口语

【高兴】 形容人浮躁、轻狂、自负、骄傲、目中无人的样子。《朔方道志》："俗讥人浮躁轻狂也。"

【烩小吃子】宁夏传统名小吃，以夹板和丸子为主料，用羊肉汤烩制而成。又称烩夹板丸子。夹板制法：羊肉洗净剁成肉泥，拌入鸡蛋、淀粉、葱末、姜末等料，制成肉馅。将制好的肉馅平抹在和了鸡蛋的面皮上，上面再盖一张面皮，压实后用刀切成菱形块，下油锅炸至金黄色捞出，即为夹板。丸子制法：将肉馅挤成丸子，下油锅炸熟。烩制时，将锅内的羊肉汤烧开，下入夹板、丸子，煮熟后勾进淀粉，放上菠菜（或其他调味菜）、佐料即可。口感软嫩，味道鲜美。

【四大碗】指1960年代前，当地农村汉民红白喜事待客的菜肴，一碗是大块红烧肉（碗底垫有豆腐或土豆块），一碗是素炒莲花菜，一碗是夹板丸子，一碗是凉菜（有绿豆芽、胡萝卜丝、油煎豆腐丝等）。

【酸酪蛋子】即奶酪，蒙古族食品，分生奶酪和熟奶酪两种。生奶酪的做法是，把鲜奶倒入筒中，经过翻搅提取奶油后，将纯奶放置热处使其发酵。当鲜奶有酸味后，再倒入锅中煮熬，待呈豆腐状时，将其舀进纱布，挤压除去水分。然后把奶渣放进模具或木盘中，或挤压成形，或用刀划成方块，晒干待用。熟奶酪的做法是，先把熬制奶皮剩下的鲜奶，或经过提取奶油后的鲜奶，放置几天，使其发酵。当酸奶凝结成软块后，用纱布把多余的水分滤掉，放入锅内慢煮，边煮边搅，待呈糊状时，将其舀进纱布里，挤压除去水分。然后把奶渣放进模具或木盘中，或挤压成形，或用刀划成不同形状。放置在太阳下或通风处，使其变硬成干。

【出迷疹子】一种治疗小孩昏迷嗜睡疾病的土法（迷信）。在"合合子"（合读ge，木制量具，一升的十分之一）或茶杯里装满小米，包上红布，由成年女子拿在手中，在病孩身上轻轻点掇，口中念念有词。然后看"合合子"或茶杯里哪一边的小米缺了，添满继续进行。连续三遍，根据"合合子"或茶杯重复缺米的一边，就知道冲犯了哪个方向的神鬼。再进一步祈祷"医治"。

【叫魂】旧俗（迷信）。家里有人生病，被认为是魂丢到外面。由家人拿着病人的衣服，天黑后到村子的街道上大声连续呼喊病人名字（或称谓）和"回家来"。喊到家门口，家里人应答"回来了"。如此反复三遍。另外，农历正月初七晚上也有子女给父母~的习俗。

【解行】gài xing 民间为幼儿治疗轻微疾病的办法（迷信）。由年长妇女怀抱病孩，指间捏着从自己颈后拔下的汗毛，轻轻点掇病儿身体，口中念念有词，借以驱除病患。

【送头】一种医治头痛的迷信方法。迷信认为，人头痛是因为被鬼“汤”住了，因此要用送汤水、烧纸钱的方法医治。过程是：将一碗清水放在头痛病人所睡的炕沿下（对准病人的头），取三根竹筷，由操作者把筷子的小头蘸上水，用手指捏拢，筷子大头朝下，立于水碗中间。然后以猜测的口气一边说：“是某某吗，你把他（指病人）放泼实点，给你两个钱使去。”一边调整手里的筷子，直到筷子停立在碗中（说明“汤”人的鬼被言中）。这时，操作者点燃事先准备好的白纸（即纸钱），放在菜刀上，在病人头上身上旋转几次，再把纸放在水碗上方烧尽，让纸灰落入碗中。接着用菜刀将立着的筷子砍倒，端起水碗，用中指蘸水，在病人眉心、前心、后心、手心上画十字，再把水端到门外的十字路口泼掉。回到家门口时，用菜刀在门框上击打两下，一边进屋一边不停地问：“好了吗?”屋里人立刻应答：“好了。”操作人将菜刀压在病人枕头下面，一套~的程序就完成了。

【羊毛疔】又叫羊毛痧，羊毛疔瘤。初发者头痛，全身寒热，状似伤寒，心腹绞痛，日夜不休，伴以呕吐，大便不通。继而前心区及后背部出现疹状红点，再变成紫黑疹点，用针挑之，可得状如羊毛之物，故名。

【掏麻雀】也叫捏码子。回族民间贸易中的传统议价方式。商品交易时，双方伸出右手在袖筒里通过互捏指头来探价，或将衣物搭在两人手上靠手摸价。其表达方式为：伸拇指表示一，同时伸出无名指与小指表示二，同时伸出小指、无名指和中指表示三，同时伸出小指、无名指、中指和食指表示四，同时伸出五指表示五，同时伸出小指与拇指表示六，拇指、食指与中指捏在一起表示七，同时伸出拇指与食指表示八，食指伸出并带勾表示九，伸出一个拳头表示十。十以上的数字则需伸出两次，如先伸出拇指和食指，再伸出一个拳头，表示八十，等等。

【碰瓷】古玩业行话，意指个别不法之徒在摊位上摆卖古董时，别有用心地把易碎裂瓷器摆在路中央，专等路人不小心碰坏，借机讹诈。现指故意和机动车辆相撞，骗取赔偿的敲诈勒索行为。

【早喂猫，晚喂狗】指根据猫和狗的觅食习惯和发挥作用的时间而喂食。猫在白天基本捕不到老鼠，若不给它喂食，就会因饥饿而“叛逃”；若晚上给它喂食，又会因吃饱而不逮老鼠，失去捕鼠的作用。狗白天无须“坚守岗位”，可到外面自行觅食；晚上是它“值夜班”的时间，若腹中饥饿，就会“离岗”觅食，失去看家护院的作用。因此要~。

【縢子】縢的本意是古代人佩戴的香囊，也有负荷的意思，引申为使平衡。南朝《玉篇》曰：“两头有物谓之縢担。”粤语称扁担的两头为“縢头”，如挑猪时为使扁担两头平衡，便一头挑猪，一头用一石头平衡，此石头即叫“縢石”或“縢猪石”，运完猪后石头就不要了。永宁方言中的“縢子”一词，有愚笨、痴傻义，估计与“縢石”有关。

（七）游戏体育

【吃五子子】旧时农村孩子（多为女孩）玩的一种小游戏，可以锻炼手指灵巧和反应敏捷。工具是5个直径约2厘米的“子儿”，用厚陶片砸成，也有用羊拐（羊的膑骨）的。可以一人玩，亦可多人比赛。玩法一般为五个步骤：第一步，将5个子儿抓在一只手里，先往上抛出一个子儿（脑袋），接着把剩下的4个子儿放在地上再快速抓起，同时接住落下来的“脑袋”，使5个子儿都在手里；第二步，将5个子儿抓在一只手里，往上抛出“脑袋”，把剩下的4个子儿按3个和1个分别放在地上，快速抓起其中三个子儿并接住落下的“脑袋”，再往上抛出“脑袋”，抓起剩在地上的一个子儿，并接住落下的“脑袋”，使5个子儿都在手里；第三步，将5个子儿抓在一只手里，往上抛出“脑袋”，将手里的4个子儿以两个一组分别放在地上，快速抓起其中两个子儿，接住落下的“脑袋”，再抛出“脑袋”，抓起地上另外两个子儿，使5个子儿都在手里；第四步，往上抛出“脑袋”，将手里的4个子儿撒开在地上，按以上程序，一次一个地抓完地上的子儿，使5个子儿全在手里；第五步是，往上抛出“脑袋”，将手里的4个子儿撒开在地，快速将4个子儿一次性从地上抓起，并接住落下的“脑袋”，使5个子儿都在手里。至此，一套~的游戏完成。在进行中，如果出现失误，则暂时退出比赛，由其他人接着玩，依次循环。

【打片】旧时农村男孩子玩的一种游戏。工具：叫“片”，系用厚陶片砸成的直径约十公分的圆片（也有用铁做的），铜钱或杏核儿（叫钱）。规则：先在地上画个直径尺余的圆圈，玩伴们把按同等份凑起来的“钱”放在圆圈中心。在距圆圈约10步远的地方画一条横线（叫杠，音 gáng）,所有人依次站在圆圈处，把“片”扔向“杠”，以距“杠”最近者为先，压住或超过

“杠”者无效。按决出的名次先后，人站在“杠”上，把“片”小心地投向圆圈里的“钱”。推出或砸出圆圈的“钱”即归投“片”人。第一个人没获得“钱”，第二个接着投“片”，依此类推。所有人都没投中，则以最后一人“片”的落点为准，由第一个投“片”人站在此处，用“片”砸圆圈内的“钱”，砸出圈外的“钱”即归投“片”人。“钱”全部从圈内砸出后，一轮游戏结束，重新凑“钱”，开始第二轮游戏。

【赶猪】农村牧童的一种体育游戏，也叫“打卵（lǎn）子”“打木球”“打铆球“等。卵子：动物的睾丸。这种游戏不限人数，一般须组成两支人数对等的队伍进行比赛。赛前，先在平坦开阔的地面上挖出两个距离约10米的小坑，叫“牢”，双方各守一个。（人少时，也可设一个“牢”，相当于篮球的打半篮）活动的器具有二种：一种是一截长约6厘米、粗约3厘米、两头椭圆的小木轱辘，叫“猪”“卵子”或“木球”，以下简称“球”；一种是长70~100厘米、粗约3厘米的木棍。开赛时，以“打沙锅”来决定谁做第一轮的攻方。接着，守方队员站在自己牢坑一边防守，攻方出一个队员在自己牢坑前用棍子敲一下，声明“碰牢”，随即将“球”抛起，用木棍将“球”击向对方（击空了中可重来）。守方队员若能用棍子将飞来之“球”截击回去，则攻方无效，攻手出局；若守方没有在空中将“球”截住而使之落地，则攻方有效。这时，守方队员须将“球”从落地处捡起，投向攻方的“牢”；攻方须用棍子拦“球”“护牢”。若拦击成功，即用木棍丈量从“牢”到“球”落地之间的距离，计算分数（一般一棍为一分）。若攻方拦击失败、使“球”落入“牢”内变成死“球”，则攻方攻手出局。当攻方队员全部出局，守方就变为攻方，后半场比赛继续。全场比赛结束后，以双方所得分数多少判定胜负。胜方可对负方进行惩罚，一般是由胜方一名队员用木棒将“球”击出，由负方派一名队员从击球点跑向落球点将球捡回，边跑边发出“啊”声，一气呵成，不能中断，否则要重新受罚。

【花花子】当地的一种纸牌，由一到十二点的四组牌组成，共48张。（一）各张牌的名称：一叫“地”或“红坑”，二叫“二板凳”，三叫“长三”，四和五叫“喜喜”，六叫“锤六子”，七叫“幺七”，八叫“红八”，九叫“牛九”（分牛八和牛九），十和十一分别叫“红十”和“黑十”，十二叫“虎”，十三叫“天”。（二）游戏规则：要~需要4人，每次出3人，一人闲坐（坐底），三人轮流揭（抓）牌，每人16张。头家若有6张以上不被下家吃住的牌，即可先赢。若赢不了，则以一张牌扣地，声明“扣了”，让二家“掀牌”。二家若觉得自己手里有好好牌，则声明“掀牌”（古时以掀起头家扣在地上的牌表示，现以口头表示），由头家出牌。二家能吃住头家出的牌，并达到6张，即为赢；达不到6张时为输，再问三家（底家）掀不掀。底家若掀，方法同二家；若不掀，还可问头家掀不掀，若头家不掀，则本局结束。一局结束，头家暂退，坐底的（闲人）上台，二家为头家，依次轮流。（三）成副规则：“老天”、“黑十”（也叫墨十）和“红八”可组成一副“摆”；一二三可组成一副“鱼”；4张一样的牌叫“亮子”；四和五可以组成“喜喜”（也可以是3张或4张，但2张四或2张五叫“母喜喜”，不赢“喜”钱）；“牛八”和“牛九”可以组成“牛”（可以是3张或4张，但2张“牛八”和2张“牛九”叫“母牛”，不赢“牛”钱）；一人同时揭到两副“摆”和两副“鱼”时，叫“龙凤齐”（共12张）；4个“天”加一张“黑十”、一张“红八”叫“四天挂摆”（共6张）；四个“地”（即一）加一个二一个三叫“四地拉鱼”（共6张）。（四）大小规则：“天”最大，单张的“天”可以吃（压住）任何一张单张牌而不被别的牌吃；成对或3张的“天”不能吃成副的“牛”和“喜”；组成“亮子”的天可以吃声明为“亮子”的4张牛，不声明的不能吃；“摆”可以吃“鱼”，“双摆”可以吃“双鱼”；成副的“喜”不能吃人，也不被人吃，“母喜”（两张四或两张五）例外；成副的“牛”可以吃除“天”“喜”和“牛”以外张数相等的牌；“四天挂摆”可以吃“四地拉鱼”。（五）输赢规则：1、出牌人一次出牌中至少有六张不被人吃时，即为赢；2、出牌者不被人吃的牌超过十一张时，叫“跳”，其他人再无赢牌机会；跳牌最多不超过十六张，不小心超过十六张叫“胀黄了”，不赢。3、一局开始，头家有优先出牌权，若不成牌（不被吃的牌达不到六张），即声明“扣了”，同时问二家“掀”不“掀”（要不要上家出牌供他吃），二家若不“掀”时，即问三家；三家也不“掀”时，本局结束，下局开始；二家三家在“掀”牌后没赢，要给出牌人赔“掀”钱。4、一局中赢牌的只能有两家。只要头家不被吃掉的牌不超过十张，二家或三家就有赢的机会，因一局中不被吃掉的牌最多可达十六张；揭到“龙凤齐”的人，不论排位第几，都可抢先赢牌，俗称“抢头”。（六）术语：“五毒一张膏药”，即五张成副的“牛”或“喜”加一张“天”；“喜斤头”，即2天一副“摆”加2“喜”；“牛斤头”，即2“天”一副“摆”加二“”牛；“虎斤头”，即二“天”一副“摆”加二“虎”；“拔五不输双”，即头家在给二家或三家出牌时若将手中五张别人吃了不的牌出下去，即使不赢，也不会出现同时输给二家和三家的情况；“甜牌”，即赢家的牌里没有“牛”或“喜”，赢的少。（七）牌谚：“单鞭救主，底家受苦”“牛斤头，见了三副子栽跟头”“三天抹了帽，忙把鱼子撂”“亮子吃亮子，丑得没样子”“天虎不见，捶头子乱攒”“双摆鱼儿大，钩九十一下”等。

【斤头】浙江南阳方言里有“包斤头”一词，即把各种干果、糖果分别用红纸包成若干个一斤重的纸包，作为订婚或送人礼品。“花花子”里的各种“斤头”，也有打包的意思，是否为南阳“斤头”的借用，值得研究。

【砍牛腿】要“花花子”的另一种说法。因在牌局中有“砍折牛腿”的玩法而得名。一般指“掀牌”人有三“牛”一副“摆”（“牛单鞭”）或三“牛”，对天挂“摆”（“牛斤头”），上家出的是对子，“掀牌”人只得拿出二只“牛”来吃对子。这样一来，就少了一张有效的“牛”。若是“牛单鞭”，就“滚了掀”，要输钱；若是三“牛”一副“摆”，则少赢一个“牛”钱。

【踢方】也叫跳房子，小孩玩的单腿游戏。在地上画一九格图形，每格二尺见方，以布料做的小方袋（方包）为工具，从右下角第一个方格开始，依次将“方包”扔进去，再用一只脚逐格踢出来，出界者为败，由其他人接替。

【走羊】（词）又名老虎吃羊，一种简易棋类游戏，有“老虎”二只，“羊”24只，“老虎”吃完“羊”或“羊”困死“老虎”者为赢。

【磕板】一种捕捉麻雀等小鸟的简易装置。即用小木棍将木板（或方砖）的一边支起，木棍下端拴有绳子，下面撒上粮食；待小鸟到木板（或方砖）下面吃食时，捕鸟者猛拉绳子，将木棍拉倒，小鸟即被压在~下面。

（八）政治术语

【土地改革运动】1950年6月30日，中央人民政府公布了《中华人民共和国土地改革法》，在全国开展土地改革运动。土地改革的总路线是：依靠贫农、雇农，团结中农，中立富农，有步骤、有分别地消灭封建剥削制度，发展农业生产。土地改革的基本内容是：没收地主的土地和财产，分配给无地、少地农民，把封建剥削的土地所有制改变为农民的土地所有制。到

1952年底，除西藏等少数地区外，土地改革在全国农村完成。

【镇压反革命运动】 1950年7月和10月，中共中央、国务院和最高人民法院分别发出了镇压反革命活动的指示，12月起在全国开展了大规模的镇压反革命运动。打击重点是：土匪、特务、恶霸、反动党团骨干和反动会道门头子等五个方面的反革命分子。到1953年运动全面结束。基本上肃清了大陆残余的反革命势力，维护了社会安定。

【高级社】 即20世纪50年代的高级农业生产合作社。特点是在初级社基础上，土地归集体所有，牲畜及其他大型生产资料折价入社，由社分期付款，逐步转为集体所有。实行统一经营，集体劳动，"各尽所能，按劳分配"原则。

【四清运动】 指1963年至1966年中共中央在全国城乡开展的社会主义教育运动。开始时，农村四清为"清账目，清仓库，清财务，清工分"。1965年1月"二十三条"（中共中央《农村社会主义教育运动中目前提出的一些问题》）下发后，四清为"清政治，清经济，清组织，清思想"。

【六种人】 "四清"运动时内定的二三类专政对象，简称"六种人"。包括"敌伪党团骨干分子，反动会道门的中小道首，敌伪军（连长以上）、政（保长以上）、警（警长以上）、宪（宪兵）、特务，刑满释放人员，表现不好的地、富成员，有现行反革命活动的人等"。他们虽有政治历史问题，但不够戴地、富、反、坏的"帽子"，实行敌我矛盾按人民内部矛盾对待的政策。

【基干民兵】 我国民兵分为基干民兵和普通民兵。28岁以下退出现役的士兵和经过军事训练的人员，以及选定参加军事训练的人员编入基干民兵组织。其余18—35岁符合服兵役条件的男性公民编入普通民兵组织。女民兵只编基干民兵，人数控制在适当比例内。

【评功摆好】 评定成绩，摆出优点。20世纪60年代曾在全国范围内开展的活动。所有工厂、机关、学校、农村都组织群众评功摆好。简单说，就是找对方的成绩和优点。起到增进团结、缓和关系、提高信心、促进工作的作用。

【五讲四美】 1981年2月15日，全国学联、全国伦理学学会、全国总工会、共青团中央、全国妇联、中国文联、中国语言学学会、中华全国美学学会 、中央爱卫会等九个单位，联合做出《关于开展文明礼貌活动的倡议》，在全国人民、特别是青少年中开展文明礼貌月活动，大兴"五讲四美"

之风。“五讲”，即讲文明、讲礼貌、讲卫生、讲秩序、讲道德；“四美”，即语言美、心灵美、行为美、环境美。中宣部、教育部、文化部、卫生部、公安部等发出通知支持开展这一活动。此后，这项活动又和“三热爱”（“热爱祖国、热爱社会主义、热爱共产党”）活动相结合。于是，从城市到农村、从内地到边疆，“五讲四美三热爱”活动迅速开展起来。

（九）伊斯兰教

【进教】回族接纳非穆斯林皈依伊斯兰教的礼仪。一般多发生于青年男女结婚之时，如一方是回族，另一方是不信仰伊斯兰教的其他民族，这时非穆斯林的一方要到清真寺大小净，接受宗教礼仪的宣导，并按回族习俗举行婚礼。以便日后生活中能逐渐理解和增强对伊斯兰教的信仰，尊重回族生活习俗，家庭和睦。

（十）名胜古迹

【南门楼子】银川市老城南门城楼。位于南薰东路和中山南街交叉处。总高 27.5 米。其中砖包台基高 7 米，长 88 米，宽 24.5 米。台基中央建有歇山顶重檐二层楼阁，高 20.5 米。相传为明朝朱棣在灵州时所建。清乾隆三年（1739 年）毁于地震，乾隆五年重建。清宣统三年（1911 年）毁于战火。民国初年修复。素有“小天安门”之誉。

【四棵树】指位于李俊镇李俊村的四棵银白杨，清雍正年间栽植，距今 200 余年。呈四方形排列，株行距均为 8 米，树高 28.8 米，直径 1.67—1.77 米，主干现已枯萎，侧旁发出新枝。

［附录二］

特字特词略考

永宁方言属中国北方方言，有音无字的情况很少。但永宁方言是各地移民语言的大融会，在长期的口口相传中，出现了一些走音、变调和讹读现象。要想用汉字把全部永宁方言表达出来，需要做一番研究。作者在编撰《永宁方言精选》时，为了尽可能做到音字一致，对一些特殊用字进行了大略考察和辨析，现将部分特殊用字分列于后。

【嗌】 āng 应答词，相当于唉。《朔方道志》:“音盎，皆诺词也，又口然而心不然也。”

【爸爸】 bá bá《朔方道志》:“满人称父曰爸，其汉回皆叔父称。”

【罢】 bá 本义为停止、完毕等。这里是借用，意为别，不要。例：~惹他。

【白皙皙】 biá zhé zhe 脸色发白，缺少血色。《汉语大字典》(袖珍本1616页）解为白皙。清·孙枝蔚《房兴公新姬》诗:“定解微须夸皙白，莫教纤手织流黄。”

【匾】 bián 把裤脚、衣袖挽起来。《汉语大词典》（普及本）第153页“匾”“④谓把裤脚、衣袖等向上折迭”

【堡】 pù（词）有城墙的村镇，多用于地名。《朔方道志》:“俗转普音，小城也。”

【毕了】 bí le 完了，完结，没指望。例：~，这回的招工是没希望了。唐·杜牧《阿房宫赋》：“六王毕，四海一，蜀山兀，阿房出。”

【熚】 原音 bi,方言读 bié，如：~豆子。|~火烧卵子(睾丸)。意为像火星迸到睾丸上一样暴跳起来。《汉语大字典》（袖珍本962页）解：“象声词，烈火爆声。”

【标致】 biāo zhi 五官端正好看。《朔方道志》:“俗以品貌、骨骼隽峭为标致。”

【睰花】 bié huā 即爆米花。睰：豆荚爆裂，木头或木制品因干燥而裂缝。《汉语大字典（袖珍本》第676页有此字，义为“曝干”(晒干)。

【藏亲戚】 cáng qing qi 即串亲戚，走亲戚。《朔方道志》:“藏藏，藏读苍，去声。闲游之谓，曰浪浪。”

【嘈】 cào 呼喊他人声。《朔方道志》:“俗读如走音，发语词，怒而呼之将詈也。”

【蕐】 chán 碾米磨面的遍数。例：把头蕐二蕐面单另收上，留着过年吃。《汉语大字典》年（普及本第1369页）解：“磨粟；舂了再舂。”

【仯子】 chào zi 固执、倔强、动辄大吵大闹的人。《汉语大词典》普及本第217页这样解释：“通‘怊’，固执。元无名氏《陈州粜米》三折：老包性儿仯，荡他活的少。”

【皻】 cù。看，张望，寻视。《汉语大字典(袖珍本)》第1072页有一个目加皮的cu字，义未详。本书以其同音而借用。

【畜】 xú 熏，呛。例：油烟~得人头痛。《汉语大字典》(袖珍本第1095页)解：“方言。熏；呛。《西游记》：那里面秽气~人。”

【剫】 zhà 永宁方言把剁掉手指头、砍断细木头等叫剫，还把用铁锹在地上剁出痕迹叫“剫迹迹子”。《汉语大词典》（普及本182页）对“剫”字的解释是：“切断、铡断。”《乡下秀才》里用了这个字。

【敾麦子】 chuǎn miá zi 用石碾或臼除去谷物上的芒须、皮壳或杂质。《汉语大字典（袖珍本)》第1479页有此字，义为小舂。

【扚】 dí 撕咬。例：你没钱？你的钱叫猫拽了还是狗~了？ “拉引，手掐。”

【蹯人】 duán rèng 骂女孩的话，犹撵男人。例：你这个菲人（下贱的女人)，跑到哪里~去了，喊也喊不应？

【憣】 fán 明白，反应敏捷。例：点眼就~。《汉语大词典》（普及本第1178页）解：“心动，心变动。”

【菲人】 fēi reng 微薄、下贱之人，多用来骂女人。例：你这个~!《汉语大字典》(袖珍本第1399页）解：菲，“微薄。如：~材；~礼。”

【猲子】 gè zi 小狗。例：板凳~跳门槛，又蹿沟子又蹿脸。《汉语大词典》（普及本第641页）解：“传说中的野兽，状如狼。又短嘴狗。”

【沟子】gōu zi 永宁方言把屁股叫“沟子”，如“精~娃娃”，“验着~裁裤子”“跟在~后头”等。有的文学作品中把“~”写作“尻子”，意思对，但音不对，“尻”的读音是“考”而不是“沟”，用来表达永宁方言不合适。还是用沟为宜：一、《汉语大词典》年（袖珍本第 1028 页）对“沟”的解释有“泛指和沟类似的洼处”；二、符合永宁方言用语形象化的特点；三、西北各省区及四川、河南等地也这样叫。

【瓜蠡】guā li 舀水的瓢。20 世纪 60 年代以前，永宁方言把瓢叫~。因过去的瓢大多是葫芦做的，葫芦又叫瓜，一开两半就是瓢。“蠡”呢？“蠡”字有一个义项是瓢，如以蠡测海。“瓜”和“蠡”连起来，就叫“~”，也是对古字的沿用。后来，永宁方言把用树根挖制的瓢也叫~。

【核】hù 果核。《朔方道志》：“俗谓，果核为胡。”

【燋】jiáo 永宁方言把引火烧东西称“燋”，如：“哪天把老娘逼急了，一把火把你的房子燋了！”《汉语大词典》年（普及本第 1484 页）里的解释是“引火的火炬，俗称引火”。

【角】gé 动物的角或角状物。《朔方道志》：“俗转各音，如牛角、羊角之类。”

【揭挑】jié tiao 揭短。《金瓶梅词话》第二九回：“你纵容着他不管，教他欺大灭小，和这个合气，和那个合气，各人冤有头，债有主，你~我，我~你。”

【今日】jiēr 今天。《朔方道志》：“俗转节而。”

【科】kuō 意为修剪、削除，引申为严管。例：好树不用~，~出来也歪趔。|~鞋底。

【恐】kóng 因空旷寂静或黑暗使人感到恐怖害怕。例：乱坟滩里可~了。《左传·僖公二十六年》：“室如悬磬，野无青草，何恃而不恐？”

【劙】lì 把擀好的大面张对折，然后用菜刀划切（劙）成面条，叫长面。《汉语大字典》年（袖珍本第 153 页）解：“割、划开。”

【礼饷】lí xiang 指礼物。［例］把~送重点。北魏郦道元《水经注·谷水》：“各致~，并辞不受。”

【里】ni 做方位名词时读 ni。《朔方道志》：“里或呢音。”

【理性】lí xing 道理。［例］你那些臭~，根本讲不通！|《官场现形记》六回：“这算什么话？要人走，钱不还人家，这个~倒少有。”

【落琐】luó suo 垃圾。据考证，垃圾原来的读音是 le se，新中国成立后，汉语字（词）典里将其改为 la ji，但台湾的国语还坚持原来的老读音。广东、香港、上海等地的方言也读作 le se。永宁方言把垃圾叫 luó suo（落琐——借用同音字），读音与 le se 相近，应是在保留南来移民对垃圾一词老读音基础上的变调。

【连油】lián yòu 狗的交媾。《汉语大字典》袖珍本 1649 页“连”字条第 8 项解“指牲畜交配。《吕氏春秋》：‘犬彘乃连’。”

【剅】liè 用刀割。例：把后腿上的肉~下来。《汉语大词典》(普及本第 179 页）解：“割。”

【瞀】māo 永宁方言把看一看叫瞀一瞀，把看病叫“瞀病”，看望别人叫“瞀人”。许多作者在写这个字时常用“眊”字。但“眊”字在字典里的意思是“眼睛昏花”。眼睛昏花，怎么“眊”呢？因此应当用“瞀”字。《汉语大字典》(袖珍本）和《汉语大词典》年（普及本）里在解释这个字时，有一个同样的义项：“看望”。《汉语大词典》(普及本)还举例说：“我瞀我七妹妹去。”看来，用“瞀”是对的。

【塓】mī 用泥巴抹墙。例：刮风扬场，下雨~墙。《汉语大字典》(袖珍本第 209 页）解：“抹墙。”《新唐书》：‘又敕朝义筑三角城居粮，终日毕，未~而思明至。’”

【明日】mièr 明天。《朔方道志》：“俗转灭而。”

【磨勚了】mò yí le 器物慢慢磨损。例：锹把~。《汉语大字典》（袖珍本第 166 页）解：“器物磨损失去棱角等。”

【諞一諞】pián yi piàn 谈谈，聊聊。諞：聊天，闲谈。还有一个同音字“谝”，有吹嘘、炫耀义。《汉语大字典（袖珍本）》第 262 页有此字。

【潽】pū 水溢出。例：快看看，别让锅~了。《汉语大字典》(袖珍本第 153 页）:“液体沸腾溢出。”

【肷窝】qián wo 牲畜腰胯间软凹处。《汉语大字典》(袖珍本第 912 页）做此解释。例：车把势趁那头烈骡子不备，一把抓住它的~，使劲往上提了几下，那骡子顿时痛得撒尿，从此再也不敢在车把势跟前调皮了。

【青鷞】qīng zhuang 苍鹭，亦称老等、灰鹳。《汉语大词典(普及本)》第 2030 页：“青鷞zhuang 鸟名,即青庄。清李元《蠕苑·物知》：鷞，春翰也，青庄也，信天缘也。长喙修项，高足秃尾，不善捕鱼，终日凝立，不易其处，鱼过则取之，或俟鱼鹰所得而坠者，拾以自食。”

【渠堺】 qù bai 控制和拦挡渠水的堤岸。各种辞书里和电脑字库里都没有这个 bai 字。本地出版物上为了使文字和方言读音保持一致，常常自造一个“土”字旁加“拜”字的“bài”字，已沿用成习。在《汉语大字典（袖珍本）》第 211 页里，有一个“土”字旁加繁体“敗”字的 bai 字，解释为：“小堤”。与永宁方言中“渠 bai”的“bai”字相符合。但土旁加拜字的 bai 已为广大读者所接受，本书就从众自造了该字。

【去】 kè❶离开所在的地方到别处，与来相对。［例］我走呢，你~不~？❷弄、做。［例］别把它~坏了。湖南、湖北、云南、四川、贵州、山西以及老北京的旗人等发此音。湖北《松滋方言词语》：“去，ke 是去的旧读音。”

【繎】 ràn 永宁方言把纠缠不清叫“繎”，比如，这人繎牙得很等。《汉语大字典》年（袖珍本 1497 页）里对“繎”字的解释是：“丝纠结难理”。

【饶是】 rào si 相当于尽管，任凭。例：~临走前我还安顿了几遍，他还是把乱子闯下了。《汉语大字典》(袖珍本第 1925 页）解：“饶，连词，相当于任凭，尽管。《红楼梦》：‘饶这么严，他们还偷空儿闹个乱子来。’”

【韶】 shào 不明事理、动辄大吵大闹的人。《汉语大字典》(袖珍本第 1383 页)解释为“傻”。

【鼠迷】 chù mi 丑陋、不好看、丢人。例：穿西服戴帽子，~死了。参阅《汉语方言常用词典》540 页。

【四海】 sí hài 喻指人豁达、热情，宽厚。《金瓶梅词话》第七回:“你老人家不知，如今知府、知县相公也都来往，好不~。”

【投】 tòu 等到，及至。例：~你把肉打来，客人都走了。《汉语大字典》(袖珍本第 802 页）解：“介词。表示在某一时间之前，相当于‘到’‘临’。王安石：‘~老心情非复昔，当时山水故依然。’”

【歪】 wāi❶力气大，特别能干。［例］小伙子干得可~了！❷显示厉害。［例］做错了，还~得不行。❸顶撞、反驳长辈。［例］儿子把妈~了一顿。《朔方道志》:“强狠曰歪，谓人强暴不直之意。”

【委靡咂血】 wēi mi zá xié 形容萎靡不振、偎偎擦擦的样子。清代(一说为元末)长篇小说《醒世姻缘传》第八九回有“软脓咂血”一词。犹言软嫩虚弱，不中用。

【稳子】 wéng zi 稻麦等庄稼打碾后产生的芒屑、碎秸。《汉语大词典》(普及本第 1994 页）解：“稳子，稻麦芒屑。”有人写作“芠子”，不对。

【跒】 qiā 大步跨过。例：小渠渠子，一~就过去了。《汉语大字典》(袖珍本第 238 页）解：“方言。跨。”

【狎】 há 普通话读 xiá，古汉语读 hā（哈），《说文解字》《唐韵》《广韵》：“胡甲切。”关中人保留古音，读 hǎ。狎在汉语里有两层意思：第一，轻佻、不庄重，做坏事。关中人自古以狎表示坏，用的地方很多，凡是行为不正的人称为狎人、狎货，狎东西，狎胚子。嫖客就叫狎客。《左传·昭公二十年》:“水懦弱，民狎而玩之，则多死焉。”狎，即不好，只贪玩。《战国策·赵策四》:“公之客独有三罪：望我而笑，是狎也；……”狎，在这里当轻慢、不正派讲。

【小颠困子】 xiào diān kong zi 小挫折，小教训。颠困：颠仆，困窘。宋·司马光《涑水记闻》卷一：“太祖初即位，颇好畋猎。坠马，怒，自拔佩刀刺马，杀之。既而叹曰：‘我耽逸乐，乘危走险，自取颠困，马何罪焉？自是遂不复猎。’”

【些许】 xuē xú 很少，轻微。《朔方道志》:“些转学音，许转薄音。俗言少也。”

【朽了】 qiú le 腐朽，腐烂。［例］这根木头~。网载：吉林省伊通满族自治县人说“朽”为 qiu。宁夏银川旧时有清朝留下的满族军余。

【斁气】 yì qi 嫌恶。例：小区里到处是狗屎，~死了。《现代汉语词典》解:“(书）厌弃，厌倦。”

【有情可原】 yòu qìng kè yuàn 按情理有可原谅的地方。出处：南朝·宋·范晔《后汉书·霍胥传》：“光之所至，情既可原，而守阙连年，终不见理。”

【咋想数】 zà xiáng su 犹怎么办？有啥办法啊？数：道数，方法，技巧。《商君书》[数]道数，方法：“故为国之数,务在垦草。”汉·王充《论衡》策略，权术：“以计求便,以数取利。”

【灶利爷爷】 záo li yè ye 当地对灶神（灶王爷）的习称。(隋)杜台卿《玉烛宝典》引《灶书》称：“灶神，姓苏，名吉利。”灶利的“利”可能由此而来。

【扎】 zá 扎实，非常，程度重。例：那个小偷今天叫别家打~了。| 日子过得美~了。《汉语大词典》(普及本第 567 页)解：“狠，极。”

【绽】zán 饱满、鼓胀。农谚云："秋分秋，秕绽一律收。""秕绽"二字是反义词，分别代表不饱满和饱满，字典里没有跟饱相吻合的 zan 音字。永宁方言中把许多在普通话里用"zh"做声母的字读作"z"声母，如"扎"读"砸"，"争"读"增"，"助"读"足"，"栈羊"读"赞羊"等。这是南方口音融入的结果。按照这个"规律"，在"zhan"音字里查找，发现"绽"字有一个义项是"饱满""凸出"，于是确认上面那条农谚里"秕绽"的"绽"就是"绽开"的"绽"。

【鷾鸽郎】zhāng ge lang 一种生活在湖泊里的小水鸟。《汉语大词典(普及本)》第 2030 页："青鷾，生北乡湖荡中，颇肥"。

【衠】zhōng 纯粹，清一色。例：一~~的好大米。《现代汉语词典》(第五版 1797 页)。唐人薛能《寄终南隐者》诗："扫坛花入梦，~竹露沾衣。"

[附录三]

永宁政区沿革

永宁县建于 1941 年 4 月，是当时的宁夏、宁朔两县分别划出一部分设置的。1972 年划归银川市管辖。

永宁建县时，从当时宁朔县划出的是其东北部的村堡望洪、王太、杨和、旺全、增岗、靖益、魏信、新城等；从当时宁夏县划出的是其东南部的村堡通贵、通朔（今永固）、镇河、张政、许强、许旺、杨显、丰盈等。始驻望洪堡，数月后迁至杨和堡。当时全县设 14 个乡，以数字序号为名。

1949 年 9 月宁夏解放后，永宁县人民政府成立，实行区、乡制，全县调整组建为 7 个区 55 个乡。1950 年经两次调整后为 6 个区 48 乡，如下：（1）一区，驻杨和堡，辖杨和、惠丰、纳家户、王太、大东、东全、北全、王全等 8 乡；（2）二区，驻望洪堡，辖望洪、西玉、曾岗、东和、西和、李家桥、唐铎、靖益等 8 乡；（3）三区，驻望远桥，辖上河西、板桥、东魏信、许旺、南杨显、北杨显、丰盈等 8 乡；（4）四区，驻新城，辖新城、盈北、双渠口、烟村墩、砖渠、五里台、红渠口、河西南等 8 乡；（5）五区，驻掌政桥，辖掌政、镇河、立强、河西寨、强家庙、通南、通贵、通北等 8 乡；（6）六区，驻关帝庙，辖新水桥、旧满城、东前城、民乐、塔桥、燕鸽、汉西北、汉西南等 8 乡。

1951年6月，四区的6个半乡和六区的3个半乡划归银川市。原四、六两区未划归银川市的5个整乡和2个不完整的乡调整组建为6个乡，区名改称第四区，驻五渡桥。1955年，撤销原有5个区，38个乡合并为19个乡，除个别外，多为2个乡合并为1乡。19个乡分别为：杨和、望洪、王太、东全、北全、唐铎、增进、双和、板桥、胜利、杨显、望远、政权、新银、燕鸽、塔桥、掌政、永固和通贵。1956年增设永华乡。

1958年9月，全县人民公社化，实行政社合一，撤销乡建制。永华乡划归银川市管辖，归属战斗公社（后更名为良田公社）。全县组建为4个人民公社，即以杨和、东全、北全3个乡合并组建为和平公社，以王太、望洪、唐铎、增进、双和等5个乡合并组建为红旗公社，以杨显、胜利、板桥、望远、塔桥、新银等6个乡合并组建为胜利公社，以政权、掌政、燕鸽、永固、通贵等5个乡合并组建为星火公社。1959年，胜利、和平、红旗、星火4个公社分别改名为望远、杨和、王太、掌政公社。

1960年3月，掌政公社除政权大队外，划归银川市管辖。8月，将原宁朔县辖内的李俊公社大部分（6个生产大队）和小坝公社的五坊、东风两个生产大队划归永宁县管辖，永宁县将划入部分（除东风生产大队外）组建为李俊公社；将东风生产大队划归王太公社。王太公社更名为望洪公社，所辖的王太生产大队划归杨和公社。1960年永宁县的4个公社及所辖大队如下：（1）李俊公社，驻李俊堡，辖李俊、五坊、宁化、团结、友爱、古正、宋澄等7个生产大队；（2）望洪公社，驻望洪堡，辖望洪、东风、双和、农声、唐铎、增进等6个生产大队；（3）杨和公社，驻杨和堡，辖杨和、王太、朝阳、北全、永丰等5个生产大队；（4）

望远公社，驻望远桥，辖望远、胜利、板桥、杨显、塔桥、政权、新银等7个生产大队。

1961年，4个公社调整划分为8个，即：李俊、望洪2公社划出团结、友爱、许桥（原五坊）、东方（原东风）4个生产大队组建为仁存公社，驻许家桥；李俊、望洪2公社划出宋澄、唐铎、增进3个生产大队组建为增岗公社，驻姚家庄；望远公社划出胜利、杨显2个生产大队组建为胜利公社，驻大观桥；望远公社划出板桥、政权2个生产大队组建为通桥公社，驻通吉桥。1963—1981年各公社先后对所辖生产大队调整划小，由45个增至70个。

1964年掌政公社由银川市划归永宁县管辖。1972年11月，掌政公社划归银川市管辖，同时还将望远公社的塔桥大队划归银川市大新公社。

1982年4月，在县人民政府驻地杨和堡设置了杨和镇。1983年，公社体制改革，各公社均改称乡。1984年，撤销李俊乡，改设为李俊镇。1993年，撤销望远乡，设置望远镇。至此，全县下辖杨和、李俊、望远等3镇，仁存、望洪、增岗、杨和、胜利、通桥等6乡。

（以上资料出处：《宁夏现代政区变迁沿革》，冯茂著，宁夏人民出版社1998年9月第1版）

补充资料

▲2000年，永宁县辖3镇7乡，即杨和镇、李俊镇、望远镇、仁存乡、望洪乡、增岗乡、杨和乡、胜利乡、通桥乡、金沙乡（黄羊滩区虚拟乡、闽宁村虚拟乡、海原吊庄虚拟乡）。

▲2003年7月，仁存乡并入李俊镇，称李俊镇，驻李俊堡；增岗乡并入望洪乡，称望洪镇；通桥乡并入望远镇，驻望洪堡，

称望远镇，驻望远桥；金沙乡并入胜利乡，称胜利乡；撤销闽宁开发区、玉海经济开发区，成立闽宁镇；杨和乡改为杨和镇；县城杨和镇改为杨和街道办事处。（同年，望远镇高桥村划归银川市金凤区，望远镇望远村、白鸽村部分生产队划归银川市兴庆区）全县为5镇1乡1个街道办事处，70个村委会，9个居民委员会(含玉泉营和黄羊滩两个国有农场居委会)。

▲本书“题记”称：永宁方言“使用范围遍及银川市永宁县、兴庆区、金凤区、西夏区、贺兰县、灵武市，石嘴山市平罗县、惠农区，以及吴忠市利通区、青铜峡市川区等，面积约12000平方公里，人口约200万人”。据官方公布数据，至2014年，银川市总面积9555平方公里，人口212万人；石嘴山市平罗县面积2251平方公里，人口26万人；惠农区面积1254平方公里，人口19万人。吴忠市利通区面积2424平方公里，人口35万人；青铜峡市面积2445平方公里，人口27万人。上述各地土地面积和人口合计数大于“题记”中的数据，是剔除了部分非纯永宁方言区域和人口之故。

参考书目

闵家骥等：《汉语方言常用词词典》，浙江教育出版社，1991 年 5 月。

耿文辉：《中华谚语大辞典》，辽宁人民出版社，1991 年 11 月。

高葆泰，林涛：《银川方言志》，语文出版社，1993 年 5 月。

林　涛：《中卫方言志》，宁夏人民出版社，1995 年 9 月。

永宁县志编审委员会：《永宁县志》，宁夏人民出版社，1995 年 11 月。

晁继周，韩敬林等：《现代汉语词典（第五版）》，商务印书馆，1996 年 5 月。

宁夏百科全书编纂委员会：《宁夏百科全书》，宁夏人民出版社，1998 年 9 月。

冯　茂：《宁夏现代政区变迁沿革》（节录），宁夏人民出版社，1998 年 9 月。

罗竹风等：《汉语大词典（普及本）》，汉语大词典出版社，2000 年 8 月。

曲　伟等：《当代汉语新词词典》，中国大百科全书出版社，2004 年 4 月。

宛志文等：《汉语大字典（袖珍本）》，四川辞书出版社、湖北人民出版社，2006 年 9 月。

姜自力：《小东方》，宁夏人民出版社，2006 年 9 月。

林　涛：《东干语论稿》，宁夏人民出版社，2007 年 4 月。

纳志祥：《纳家户旧事》，宁夏人民出版社，2008 年 8 月。

张文轩，莫超：《兰州方言词典》，中国社会科学出版社，2009 年 2 月。

西　莽：《乡下秀才》，宁夏人民出版社，2009 年 7 月。

商务印书馆：《新华字典（第 11 版）》，2011 年 7 月。

林　涛：《宁夏方言概要》，宁夏人民出版社，2012 年 5 月。

百度百科《在线新华字典》，2013 年。

后 记

经过数年笔耕，《永宁方言精选》终于付梓并与读者见面了。

如本书“序言”“题记”所说，永宁方言是各地移民和当地回汉各族人民语言的大融会，是一个丰富的语言宝库、珍贵的非物质文化遗产。编撰方言专著，是传承、保护这一“非遗”的重要方式之一。

这项工作专业性强、耗时费力、义务劳动，个人鲜有涉足。我之所以在年近古稀、身罹疾患的情况下逞“牛犊”之勇，接触这项工作，原因有五：一是已经退休，有充裕的时间和基本生活保障；二是年龄适宜，能承上启下；三是生于永宁，长于永宁，听的说的都是永宁方言，对永宁方言用字、释义有一定把握；四是爱好方言收集（始于1965年），掌握一定数量方言词语，不将它们收集起来，传承下去，有些可惜；五是爱好写作，自学汉语言文学专业，长期从事文秘工作，有筛选、整理方言的文化基础。“老牛亦解韶光贵，不等扬鞭自奋蹄。”强烈的时间紧迫感和社会责任感促使我挑起这副担子。

然而，进入正式编撰后才进一步发现，这项工作比我想象的要难得多，它不是一般的文学写作，而是一项十分浩繁的“工程”：不仅要尽可能全面地把永宁方言词语收集起来，还要认真辨析和筛选；不仅要列出条目，还要做出比较中肯的解释，提供必要例句；不仅要按照汉语拼音排序、给词目注音、按方言发音标调，还要按科学意义大致分类排序；不仅要写出初稿，还要反复修改、校对；不仅要义务编撰，还要自筹资金张罗出版。面对“工程”，我做了两手准备：在有生之年能完成最好，如完不成，就作为一种资料留给后人。所幸社会安定，身体尚可，从2009年11月起，通过各种渠道收集方言词语：一是从记忆中挖掘，二是从拙作《乡下秀才》中选取，三是借助有关书籍和互联网提示（共参阅资料约3600万字），四是向他人请教等。战胜疲劳疾患，耐住清贫寂寞，不舍寒暑，日夜兼程，潜心编撰，反复校改，终成书稿。

此书的出版，使我如释重负——艰苦的编撰工作告一段落，可以松口气了；又有些忐忑不安——这个“丑媳妇”能否博得“公婆”（读者和专家）的喜欢，经得起实际的检验？转念一想，著书旨在尽责，优劣任由评说。只要能为抢救、传承和保护永宁方言这份非物质文化遗产、彰显地域文化、保护文化多样性、拉近人与人之间的关系、促进社会和谐和社会进步，为当地青少年探究、传承家乡母语、外地人了解永宁方言并同当地人进行交流，为学校语文教学、新闻及文学工作者写作提供一些方便，为汉语方言调查研究、普通话推广、民族共同语丰富发展等发挥一点作用，就不胜欣慰了。

本书的编撰出版得到永宁县委宣传部、县文广局、县文联和李俊镇党委、政府的重视支持，得到方言专家林涛教授的热心指点并为之作序，得到唐旭峰、唐旭辉、王成（原永宁县政协主席）、王洪英（回族，女，原永宁县文联主席）、裴礼等好友及家人的鼎力襄助，出版、印刷企业的专业人员付出了艰苦劳动，在此一并表示谢忱！

作 者

2015年6月9日于银川